歐美、
拉美與
未來世界

國際政治
經濟學

馮建三 著

「歐洲人野蠻不符合正義……已經使許多不幸的國家破滅荒廢。」（Adam Smith, 1776,《國富論》）

「現代歐洲的起源不是財產分配的公正劃分，也不是勤勞的獲得，而是征服與暴力。」（John Stuart Mill, 1848,《政治經濟學原理》）

「戰爭的危險起於……美國或英格蘭的帝國主義，遠多於來自共產主義……克服西方世界的帝國欲望……不會有戰爭。」（H.A. Wallace, 美國副總統, 1941-45）

「停止軍備競賽……幫助聯合國解決經費問題，使它成為更有效的和平工具。」（J.F. Kennedy, 美國總統, 1961-63）

「就在美國鼻尖之下，我們進行社會主義革命。」（Fidel Castro, 1961）[1]

「我們有必要以二十一世紀社會主義作為追求與建構人類前景的理念，不是蘇聯那種社會主義……也不是國家資本主義。」（Hugo Chavez, 2005）[2]

「社會主義的真正目的，正是要克服並超越人類發展的掠奪時期，當前狀態的經濟科學對闡明未來的社會主義，沒什麼幫助……社會主義是由道德目標所指引。」（Albert Einstein, 1949, *Monthly Review*）

「人不獨親其親，不獨子其子；使老有所終，壯有所用，幼有所長，矜、寡、孤、獨、廢疾者，皆有所養。男有分，女有歸。貨，惡其棄於地也，不必藏於己；力，惡其不出於身也，不必為己。」（〈禮運大同篇〉，西元前五百至一百年）

---

[1] 卡斯楚等人在1959年元旦取代舊政權，革命初步成功。兩年多後美國在1961年入侵古巴豬玀灣（Bay of Pigs），卡斯楚才在4月16日、也就是革命兩年多之後，首度宣告古巴要進行「社會主義革命」。

[2] 查維茲在1999年就任委內瑞拉總統，屢受美國壓制，並有2002年美國默許的兩日政變失敗後，查維茲在2005年1與2月先後在「世界社會論壇」與「社會債務高峰」會議演講，首次宣告委國要奉行「二十一世紀社會主義」。

【簡目】

自　序　沉舟側畔千帆過　病樹前頭萬木春　17

第一章　歐美資本主義的勝利與失敗　33

　　資本主義的誕生及其改革　34
　　美國媒介在自由中完成宣傳　60
　　英國媒介的「有權無責」　81
　　回應英美的霸權　112
　　歐洲是希望，也是局限　152
　　北約將歐洲帶入戰爭　163
　　暖化會毀滅人類文明嗎？　208

第二章　活潑的古巴人　進步的人文表現　239

　　卡斯楚與格瓦拉　240
　　台灣與古巴　259
　　美國的覬覦與霸凌　285
　　古巴的堅定與成就　316
　　古巴的生化醫療表現　358

第三章　委內瑞拉的世界小姐與二十一世紀社會主義　371

　　委內瑞拉新聞　真假虛實　372
　　朝野左右較勁　美國的角色　402
　　委內瑞拉堅韌　有退有進　429
　　拉美粉紅浪潮的崛起、受挫，再起　452

第四章　**未來世界與另一種知識**　481

　　研究文化　482
　　研究經濟　523
　　研究政治　541
　　研究新社會　555
　　研究新社會的人　606

【詳目】

第一章　歐美資本主義的勝利與失敗　33

資本主義的誕生及其改革　34

資本主義是怎麼來的？　34
西歐人向外擴張　改變地圖　謀殺空間　36
資本主義最高階段的帝國主義　帶來進步？　40
資本主義更高的階段：賣水賣空氣賣陽光　42
美國的資本主義是「超級帝國」　43
美國顛覆尼加拉瓜　電影看得到　44
美國記者看偏看扁俄羅斯　47
美國說　台灣與南韓是模範生！　49
人類尚未完全解放　這是當然的　51
第三路線　也有兩種　53
台灣的第三路線　55
改革資本主義的努力　還在進行　56

美國媒介在自由中完成宣傳　60

《解讀媒體迷思》　60
媒介的自律欠缺物質基礎　61
媒介無所不在　65
鼎鼎大名的傳媒　另有文章　69
CNN與BBC的組織文化　70
《讀者文摘》：帝國主義跨國串連　74
好萊塢：招納觀眾又一招　75
杭士基：美國是流氓國家　77
杭士基：自由世界的驚人宣傳成就　78

英國媒介的「有權無責」 81

執迷的英格蘭式偽君子　81
英國報紙有權無責，BBC也是嗎？　82
《經濟學人》影像圖騰的異數　85
《經濟學人》診斷民主光環的褪色　90
《經濟學人》色厲內荏　蘇格蘭要獨立　92
《經濟學人》抓狂　英國人造反　94
倫敦竊聽風暴的前世、今生與未來　96

回應英美的霸權　112

全球趨勢與在地抵抗　112
拉美人反攻北美　影音新氣象　116
美國人的文化行動主義　是「顛覆進行中」　120
美國記者要推翻政府　125
輿論監督無罪　美國不能恩將仇報　127
加拿大學童的覺醒與行動　128
歐陸會繼續臣服美國嗎？　130
法國1968還有意義嗎？　132
南韓媒介改革的「歹竹出好筍」　133
南韓媒介改革蓬勃進展　135
泰國的廣電改革　136
馬來西亞的媒介批評與改革　137
國人放棄反資、反美、反霸　139
華裔美國人偶然從政　140
《台北之春》的反抗敘事　142
選年度好書是一種批判方法　146
中譯好書作為抵抗的方法　148

歐洲是希望，也是局限　152

歐洲人的政治力調節市場　152
歐洲人卻對希臘人不公正　156

「模範生」BBC　二十年後成為政府喉舌　157

北約將歐洲帶入戰爭　163

俄羅斯的眼淚　163
俄侵烏　美國是教唆犯？　165
俄烏戰爭　烏克蘭也不能免責　166
「憤怒反戰」能讓俄烏停戰嗎？　167
回覆針對「反戰聲明」的質疑與挑戰　169
俄烏停戰的四種方式　179
新媒介年代　政府仍在編戰爭理由　180
釐清罪責　重建烏克蘭　182
白宮借刀殺人　輿論開始清醒？　183
真相真有力　白宮要學加拿大　185
歐美不認說謊、誤判　俄烏戰難了　187
烏克蘭入北約能止戰？　188
俄烏戰爭的「無價值受害者」　190
俄羅斯躺著也中槍？　194
北約以戰止戰　恐重蹈美越戰覆轍　196
烏克蘭之鑑　備戰不避戰是必戰　198
避戰第一步　從揭發真相開始　200
美國占便宜　川普在賣乖　201
歐美若誠實　俄烏本可永久和平　203
製造敵人　犧牲言論自由　205

暖化會毀滅人類文明嗎？　208

氣候變遷致死　數倍於戰亂　208
台灣肺腺癌　太平洋島國滅頂　與暖化有關　210
川普總統說　中國大陸製造氣候變遷謊言　211
美國富豪宣傳不需減碳　213
串流看影視　耗能排碳很大量　214
巴黎氣候協定生效了　只有一家報紙重視　216

減暖化　大學有責任動起來　降溫地球　217
聯邦政府不動　加州自訂零排放　219
地理工程可以減碳嗎？　220
參觀核電廠　不如調整產業結構　222
核電便宜嗎？古巴人拒絕核能發電　224
減量消費與生產　減少干擾地球　226
讓地球降溫，台灣動起來！　227
美國新聞媒介報導氣候變遷：經濟、意識形態與不確定性　228
傳媒辯論罪與責：造成氣候變遷　誰的責任　231
不能只有碳稅　要雙管齊下　234

第二章　活潑的古巴人　進步的人文表現　239

卡斯楚與格瓦拉　240

卡斯楚接受橄欖枝　雷根總統搞宣傳　240
菲德爾暢談宗教二十三小時　242
卡斯楚與格瓦拉　243
球王心繫卡斯楚與格瓦拉　244
切‧格瓦拉有個詩人兒子　禮佛修禪　246
卡斯楚說　台灣有權申請入聯　248
卡斯楚沒有行禮如儀　250
曼德拉擁抱卡斯楚　252
八月十三日的英仙座流星雨　253
菲德爾走了　《人民日報》沒有說古巴反美　255
卡斯楚生前最後評論：「川普信用掃地」　256

台灣與古巴　259

台灣人淺談古巴革命　259
看世界　不能只用二分法　260
第一個台灣爵士樂團　Taipei Cuban Boys　261

原住民在台灣與古巴　263
高玉樹　台北市長從紐約飛往哈瓦那　266
陳菊　高雄市長緣慳哈瓦那　268
台灣人遇同鄉　還有美國人　270
台灣人在古巴探勘政治　272
台灣創紀錄　電視製播古巴系列新聞　279
接近古巴的另一種方式　281
《新寶島》　古巴人與台灣人互換島嶼　283

美國的覬覦與霸凌　285

覬覦古巴兩百年　285
邁阿密放電波　要「提振古巴的自由」　291
美國弄巧成拙　古巴「難民」反攻　292
殺雞儆猴　美國處罰三個人　293
美國派兵　古巴派醫生　295
華府封鎖　美國人來古巴治肺癌　297
封鎖古巴　拜登恐得不償失　298
白宮縱容恐攻　古巴半世紀死三四七八人　299
深入美國反恐　古巴五勇士的故事　301
美國的選擇　313
古巴會不會有鄧小平　要問美國　314

古巴的堅定與成就　316

《低度開發的回憶》　316
深情凝視哈瓦那　320
兩個古巴　不是天堂與地獄　322
看活潑的古巴人　進步的人文表現　327
古巴國際主義五十年　328
古巴革命六十年　同性結婚明年可望合法　345
古巴人公投　先辦十四萬場討論會　346
古巴歷史是美國的一面鏡子　347

古巴的生化醫療表現 358

古巴海外醫療服務　美國抹黑 358
別忘了古巴生技產業 360
古巴晉身生化製藥巨人的故事 362
古巴「神奇藥品」可能攻克新冠肺炎 368
古巴醫生會得諾貝爾獎嗎？ 369

第三章　**委內瑞拉的世界小姐與二十一世紀社會主義** 371

委內瑞拉新聞　真假虛實 372

淺析委內瑞拉大選新聞 372
美國與台灣傳媒的委內瑞拉形象 373
沒有國際新聞　可以是件好事 378
張冠李戴　假照片的真相 380
有消息就是壞消息 382
三人成虎　委內瑞拉變成貓 384
七成多委內瑞拉人　體重年減八點六公斤的新聞 385
暗殺總統　誰有錢買無人機 392
美國新聞誤導台灣善意 393
又搞委內瑞拉政變　美國再次失敗 394
霸凌裝人道　委國不聽話　美國搞顛覆 396
〈委內瑞拉的啟示〉經濟學者搞錯了 397
不要霸凌委國　美國快回頭 399
風傳媒說　委內瑞拉出現「武昌起義」 400

朝野左右較勁　美國的角色 402

委內瑞拉不是烏克蘭 402
《經濟學人》很注意「二十一世紀社會主義」 403
執政黨不要告反對派 405
反對派大勝的原因 407

反對派的真面目　410
委國反對派　公然要求美國派兵　411
執政黨會走向獨裁嗎？　413
紐約人權組織　這次是白宮打擊委內瑞拉政府的工具嗎？　414
美國霸凌　委國經濟雪上加霜　421
委內瑞拉的低迷　美國有責任　422
美國利用委內瑞拉搞選舉　425
委內瑞拉的厄運　起於不服從美國　426

委內瑞拉堅韌　有退有進　429

世界小姐與二十一世紀社會主義　429
誰不相信「民主」？寫在委內瑞拉被孤立的大選過後　436
委內瑞拉逆水行舟　小有成績　443
委內瑞拉的社區電台　445
委內瑞拉催生「南方電視台」　447
委內瑞拉社區電視　走入國際　449

拉美粉紅浪潮的崛起、受挫，再起　452

古巴打前鋒　委內瑞拉與巴西繼起　452
墨西哥起義　驚動拉美　455
巴西電視在1980年代的民主貢獻　461
巴西工人黨繼續執政　西方主流失望了　462
拉美團結　古巴重返「美洲國家組織」　464
巴西最受歡迎的總統　為何入獄？　465
巴西政變　美國默不作聲　467
白宮影響巴西與阿根廷　網飛成工具　469
白宮反控中俄「干預內政」　作賊喊捉誰　474
拉美政績第一　玻利維亞總統「辭職」　476
拉美粉紅再起　墨西哥創紀錄　478

第四章　未來世界與另一種知識　481

研究文化　482

傳播政治經濟學開山祖師　掀起盲點論戰　482
傳播政治經濟學與文化研究會師台北　487
文化研究第一人　胸懷另類社會的方案　490
《查泰萊夫人的情人》催生「文化研究」　501
霍爾的文化研究：經濟一開始就在制約　503
布赫迪厄的「文化素養」說　政經與文化研究者一起推崇　504
布赫迪厄投身電視改革　511
布赫迪厄：新聞暴露了經濟暴力的社會成本　513
整合兩種文化　一新經濟耳目　516

研究經濟　523

研究「經濟」與研究「政治經濟」　523
孤僻自賞不足為訓　法國學生要求經濟教學多元化　534
經濟學要「開放胸襟」　劍橋學子的方案　536
創造具有人味而負責的經濟學　哈佛大學經濟系學子「共享宣言」　538

研究政治　541

美國的選舉困境　541
內政不修　連累美國形象　543
美國衰退　中國大陸是否崛起　545
新聞不公正　川普坐收漁利　546
總統參選人桑德斯　要改革美國新聞　548
美國先進口絕望　後有川普　549
拜登總統要「重建美好未來」　551
社會主義正在拯救美國　553

研究新社會　555

忽聞海上有仙島　高子請你來作夢　555
公共新聞學與自由社會主義　562

自由社會主義　566
市場社會主義　572

研究新社會的人　606
個人歷史與當代記憶　606
勞動者在挖掘意義　608
勞動者的內外團結　619
員工參與公司治理　620
社會運動者可以是攔路虎　622
交流串連是人生的樂趣　624
新聞人示範民主　626
記者要求政府積極作為　628
請政治人物認真想像　629

自序

沉舟側畔千帆過　病樹前頭萬木春

　　百多年前，追逐市場、西方資本集團你爭我奪，再以巴爾幹半島突發的行刺事件，引爆成為第一次世界大戰（歐戰），催生了蘇聯。

　　日本侵華、第二次世界大戰（歐戰）與蘇聯因素，先有蔣介石領導抗日，後使台灣脫離殖民而回歸中華民國；再過四年，中華人民共和國誕生，中華民國轉進台澎金馬，兩岸分治至今。

　　美國精心製造美元霸權逾半世紀、領銜催生符合資本律令的自由貿易四十餘年之後，服務業蓬勃而製造業疲弱、貿易與政府赤字累積龐大、超高軍事支出、貧富差距有增無已，遂有川普（D. Trump）第二度當選總統。

　　川普的美國會終結自由貿易嗎？川普不再數落他國專制，美國與中國大陸及與俄羅斯的關係會改變嗎？會危及美元霸權嗎？「川普求習近平，視台灣如桌上的筆尖」，這對分治的兩岸，有特別意義嗎？

自由好名聲　常遭濫用

　　「自由自由，天下古今多少罪惡之名，假汝以行！」羅蘭夫人（Madame Roland）在斧鉞斷頭之前，警示世人。法國大革命後期的掌權派，竟以自由、平等、博愛等理念之名，行恐怖政治之實。

　　進入19、20世紀。密爾（J. S. Mill）在1836年批評英國的墨爾本首相，指他宣傳俄帝的專制，引發更多的恐俄情緒，實則是為了增加國防開支，爭奪中亞控制權。歷史學家泰勒（A. J. P. Taylor）在1967年有書，表示大多數政治家說自己「出於高尚動機行事」，但捲

入戰爭後就稱,「這並非出於本意」。現實主義者俾斯麥「窮盡其他手段」才選擇開戰,「奪人生命,數以千計;20世紀人稱『正義』的戰爭,魂歸黃泉,以百萬計。」英國工黨首相布萊爾卸任後,1999年在芝加哥演講,表示對民主和自由人權的更高道德立場的宣稱,是英國最成功的出口,不讓美國掉入孤立主義。但是,英國如同美國,聯袂北約發明人道戰爭之說,轟炸塞爾維亞(Serbia)七十餘日。其後,北約入侵伊拉克與利比亞,兩國及敘利亞等國人民至今不得安寧,生活更見悲慘;中東與北非奔往歐洲的難民,為當地排外、極右的政治力量加溫。

更難堪的是,不再言說理想,不再虛偽。強權赤裸現身,無視真實,違逆民意。2023年10月7日以來,以色列以哈瑪斯奇襲為由,一年之內,已殺至少十一萬八千九百零八名巴勒斯坦人(其中七成是婦女與幼童),占加薩5.4%人口;這是九十九位在加薩服務的美國醫護人員志工,聯合撰書給美國總統的公開信函所述。若採其他推估,是死六萬多至三十三萬人。以軍刻意可能多於不知情,射殺兩百三十二位記者等傳媒工作人員;美國內戰、兩次世界大戰、韓戰、越戰、1990年代的南斯拉夫戰爭,以及本世紀的阿富汗戰爭,死於戰地的傳媒人數總和不及此數。以軍轟炸加薩的炸彈數量,以平均面積計算,是越戰期間,越南、高棉與寮國三國所承受的兩百五十倍。以軍的錢與軍火哪裡來?相當部分來自美國。一年之內,美國撥付179億美元軍援,是前七十二年美國給予以色列年均軍援的六至七倍。但是,以軍轟炸加薩不久,美國民意就有66%的人要求美國推停火案,不是軍援!然而,除了愛爾蘭、西班牙、挪威等少數國家,英、德等西方更多高所得、宣稱自由民主的國家,不但沒有遏止以色列,而是順從美國,成為以色列對加薩、對巴勒斯坦人的種族清洗與滅絕之共犯。他們的理由是,以色列不是屠殺大量巴勒斯坦人,是正當行使自衛權![1]

---

1 馮建三(2025)〈兩種國際政治、兩種戰爭新聞:巴勒斯坦與以色列〉。《台灣社會研究季刊》第130期。4月。頁157-301。

自由貿易　歷史的強制

　　川普說，跟美國有貿易順差的國家，剝削美國，對岸是「頭號剝削者」，「台灣搶走晶片生意」。因此，他在今（2025）年4月2日宣布「對等」關稅，想要減少逆差、振興美國製造業等等。

　　不過，這些修辭刺耳。武力與美元霸權如美國，能遭剝削？不可思議。他國只能遭美國制裁（霸凌），最嚴重是已經承受超過一甲子的古巴，委內瑞拉從2017至2024年則因美國封鎖，石油收入累計損失該國GDP的213%，每天約7,700萬美元。

　　台積電製作高階晶片雄霸世界，但《經濟學人》報導，在晶片生產鏈，從「設計、製造、封裝與測試」，美國專擅設計而分得產業鏈生產價值的38%，台灣包括台積電僅及11%。另說iPad，若售價100元，美國得32元利潤（單計蘋果就有30元），南韓、台灣與他國分別是7、2與6元利潤，大陸與他國勞動力各得2與5元，物料與分銷零售成本是31與15元。再看iPhone，「亞非拉三大洲社會研究院」細查，售價若100元，單計蘋果利潤是58.5（另一數字是39.45），南韓與歐盟是4.7與1.1，台灣與日本都是0.5%，他國5.3%，物料成本21.9%，中國大陸與他國的勞動成本是5.3。

　　川普修辭的另一面是，從以前到現在，從台灣到對岸，很多對美國的出超國，經常破壞環境與壓低勞動權益，生產物美價廉的產品，供應美國在內的市場。這個分工是歷史的強制，是特定結構的自由選擇。於是，台灣自由從事更辛苦（「竹科、南科周遭　身心科診所暴增」）、更耗電的晶片製造而取得之價值僅略多於美國四分之一；對岸從事iPad與iPhone的裝配組合等勞動收入而僅及美國利潤的十幾分之一。處境更困難、收入更低的國家，接受外資，同樣也受限於歷史結構，自由決定接受不公平的分工位置。

　　進口工業品便宜，美國同類產品競爭無力。起自1976年的小額貿易逆差逐年擴大至今，近兩年達7,734與9,184億美元，佔GDP約2.8%與3.2%。美國貿易逆差連續近五十年，若在他國，經濟早就崩盤，美國何以安然無恙？關鍵就在美元霸權，各國央行的美金盈餘

「幾乎沒有選擇」，形同只能「借給美國政府」，美國對他國「強制性貸款」，華府以其書作為「培訓手冊」之一的赫德森（M. Hudson）如是論證。

　　脅迫的同時，還有利誘。美國所得高、市場大，以低關稅、自由貿易之名，讓自己成為很多國家的（最）重要貿易對象，歷經四十餘年而造成他國的依賴之後，翻臉祭出「對等」而實則是財政教授陳國樑稱之為「土匪」的關稅。這是高瞻遠矚、治療美國製造業衰退的遲到手術，或者，這是幕僚的藥方投合川普短視近利的飲鴆止渴？

　　若屬後者，愚者千慮終究也有一得。川普沒有錯的是，美國促成的自由貿易，起於曲解李嘉圖（D. Ricardo）；他的比較利益說，國際貿易引為理論依據。但各國以自己的優勢，更能有效率生產專擅的產品，彼此交換而讓參與各方都能得到好處，必須滿足三個前提：所有人都能找到工作、貿易各國的技術能力相當，以及，本地資本進場投資，不是海外資本看上你的低廉勞動或環境成本或市場而進入，亦即資本不能自由流動。但自由貿易是這樣子的嗎？不是，一開始就不是。早在比較利益論問世之前百餘年，因為英國從印度進口海量棉布與棉衣，《魯賓遜漂流記》的作者狄佛（D. Defoe）在1708年已有紀錄：「棉織物無聲無息地潛入了我們的家庭……無所不在。」棉織品價格低廉，使得相關行業的北英格蘭人工作無著，1719年曾經因為生計受損，有兩千紡織工人一路南下逼近倫敦暴動。又因棉布僅在夏季穿著，因此每到7、8月就生事，人穿棉布常遭騷擾，甚至有人「被拔得一絲不掛」，還有人私闖民宅，「揭發屋主持有棉織物」。製造業產品的自由貿易，出現負面效應；涉及文化、價值與意識形態者，爭議更大。為了給予自己的影視人員有比較公平的、減少好萊塢成品對其工作條件的侵蝕，南韓人曾經進入戲院，若是播放美國電影，就在戲院放蛇！這個行動很戲劇化，但主要訴求是，他們責成政府有效執行銀幕配額制度，亦即戲院每年必須以46%場次播放南韓電影。若是沒有這個民心士氣與政策，他日韓流就不可能出現。

　　南韓影業現在已經壯大，銀幕配額的保障不再關鍵。這是另一個活生生的例子，說明沒有哪一個地方的各種產業，在仍然屬於幼稚

（infant）的階段，竟能不給予補助、不管制海外相同產品的進入（關稅是管制的方式之一），就能存活，更不要說茁壯。這個幼稚產業論，最早正是由美國人自己提出與實踐：漢米爾頓（A. Hamilton）。他是開國元勳、憲法起草人之一，也是首任財政部長，在《製造業報告》書，他「主張在美國建國初期應保護本國工業，抵禦技術更先進的英格蘭製造商所帶來的不公平競爭。」因此，該報告書出版的1791年，美國已經有著作權法，但在1891年，才將保障延伸至外國產品；其間的百年，能抄襲就不必一定自己研發。作為後進於英法的工業國德意志人，後來的日本人、南韓人，以及兩岸的華人，都是漢米爾頓的學生。或者，就說他們如同漢米爾頓，都是調整資本經濟邏輯，沒有亦步亦趨而進入死胡同。

出版於川普第一任的2017年，有書《製造強國：製造業為何依然至關重要》已經認同川普挽回製造業的用心，但也感嘆，1987年的《製造業至關重要：後工業經濟的神話》乏人搭理三十年。現在，川普在美國享受自由貿易數十年後，祭出比第一任更廣泛的土匪關稅，既要取錢，也要迫使相關國家談判。但是，美國技術勞工短缺且製造業每十萬人僅用兩百九十五部機器人（2023年，南韓是一千零一十二，而居次的大陸將近五百）；工廠平均已五十年，且三分之一橋梁老舊；建廠所依賴的營建業七十餘年來的生產力不增反減；驅逐非法移工惡化營建業勞動力的不足；電網老邁等基礎設施不足。這些現況都不利製造業回流，不講或少用補助的川普，藉此就想重建製造業，或至少拾回高階晶片的製造廠，能夠成功嗎？等著看。

美國、俄羅斯與中國大陸

蘇聯總書記赫魯雪夫在1956年批評史達林，指他搞個人崇拜。中共震驚並在次年質疑蘇聯領導權威，雙方持續齟齬，1963至1964年升高為《人民日報》連續發表九篇文章批評蘇共；1969年再有珍寶島兩週武裝衝突事件。此時的蘇聯不僅軍武強大，經濟實力同樣驚人，軟實力也不俗（新加坡前總理李顯龍曾為此學俄語，且成績不

惡），美國於是啟動聯中抗蘇戰略，國安顧問季辛吉在1971年密訪北京。

蘇聯從1928至1983，年均經濟成長4.9%，高於英美日德；「社會主義指令經濟能夠運作乃至繁榮」。舉世最暢銷的英文經濟學教科書，至今約有二十個版本、四十多種譯本，賣出累計至少四百萬冊，至1989年版都這樣說；該書作者是諾貝爾經濟學獎第一屆得主薩繆爾森（Paul Samuelson）。同年，MIT梭羅（Lester Thurow）教授也稱讚蘇聯的經濟「了不起……足以與美國相提並論」。

當時，無人知道，蘇東波很快來到，蘇聯也在1991年底和平解體。俄羅斯首任總統葉爾欽次年6月訪美並在國會講演，表示：「在全世界散播社會糾紛、敵意和空前的殘暴行為，對人類社會灌輸恐懼的共產主義……垮台了，永遠垮台了……我……保證：在我們的國家，我絕不會讓他復活……共產主義沒有人性！自由和共產主義勢不兩立！」

一年前還是蘇聯總書記、最高領導人，自詡是民主社會主義者而推動改革與開放的戈巴契夫說，他對葉爾欽口出如同主導西方的「意識形態大感震驚」。只是，當時的民調確實也說，74%俄羅斯人表示，美國是他們最喜愛的國際友邦。不過，同樣的事實是，俄人平均壽命，從1989至1994年由六十五歲降至五十八歲；至第二任總統普亭（N. Putin）執政的本世紀第一年，該國人口已減少五百八十萬。俄羅斯的GDP在1991年將近5,180億美元，至1999年跌至不到1,960億，普亭就任總統的2000年回升，仍僅2,598億，到了2021年已是2.266兆、2024是2.41兆美元。這就是說，爆發於2022年的俄烏戰爭，無論是起於北約挑釁、設局而要弱化俄羅斯，或是相反，出於北約推進自由民主的「善意動機」而使羅斯愚蠢犯罪，三年多來，已使俄烏死傷重大。但是，歐美對莫斯科的嚴厲經濟制裁，尚未重創其經濟，俄羅斯的GDP在2022年是跌了2.1%（烏克蘭跌28.8%），但2023及2024年的GDP成長3.2%與4.1%，高於美國的2.0%與0.8%，也高於歐盟二十七國平均的0.7%與1.2%。

俄烏交戰另有兩個政治效應。一是「全球南方」（Global South）

一詞出現六十餘年，但用以指涉美國對中俄的新冷戰，或者，用以概括指涉曾遭殖民的國家，正是在2023年、亦即俄烏戰爭爆發快一年以後。中俄使用這個詞彙更頻繁，不是西方領導人，表現在2023與2024兩個年度，《聯合報》紙版有一一四篇出現該詞（引述習近平等等政治人），《紐約時報》僅有七篇。支持美國外交政策的《經濟學人》也承認，出於遭到西方殖民的經驗，就算是同情烏克蘭的非洲國家，仍然認定西方虛偽；在哈瑪斯奇襲以色列之後，它們「對西方的虛偽」，更是感受尤深，「在全球南方大多數地方，美國與其盟友幾乎從未如此不受歡迎」。

第二是中俄兩國軍政經關係更見密切，兩國站在「全球南方」領頭羊的位置，得到凸顯。普亭就任領導人以來，海外訪問或參加活動最多的國家，就是中國大陸，有二十二回；習近平也是，最常走訪莫斯科，達十一次。在經貿方面，北京與莫斯科在2021年，雙邊貿易低於1,500億美元而僅有2%以人民幣結算，至2024年約2,450億美元而有95%以兩國貨幣結算。

俄烏交戰因此也連帶展示，美元霸權衰退。美國在1971年8月禁運黃金，結束金本位，代之以美元，各國的美金盈餘常以購買美國公債等方式持有，美國政府等於對海外美元徵稅。這個事實，川普出面作證。去年，他在競選期間揚言，要對不肯使用美元的國家課徵「100%關稅」；川普等於是說，不用美元等於不對美國納稅，那就另取。然而，美國在2000年必須償付的公債，單計利息已約2,130至3,620億美元，至2024年高達8,820億至1.2兆美元（台灣該年GDP是7千多億美元）。美元持有人（國）對美元的信心因此減弱，反映在各國外匯存底在2000年有71%是美元，但2024年減至58%。美國印鈔票給境外持有者，對執政者固然方便，但也扭曲美國經濟，包括政府不對有能力而特別是超級富豪課稅以取代或減少取之於公債的比例。在海外，想方設法希望另創國際支付系統，削弱部分美元的霸權，於是此起彼落。去年，全球南方的重要組成金磚國家在俄羅斯喀山（Kazan）召開高峰會議，成員由五國增加至九國（今年印尼加入，另有泰國、馬來西亞等八國是夥伴國），重要課題之一，就是評

估俄羅斯所提的替代支付系統，能否如同大陸的建議，就近學習並轉用國際清算銀行（BIS）開發完成的mBridge？由於西方領導BIS，中俄等國的想法應該落實不易。但是，美元霸權對美國內外的利弊問題，引發關注已多，單在前兩年，至少就有六本專書，完全聚焦或局部在此討論。

在川普當選前完成的《我們的美元，你們的難題》，近日出版，同樣就此探究。作者是IMF前首席經濟學者、現任教哈佛大學的羅格夫（Kenneth Rogoff），他以局內人的資歷，審視七十年來，全球財政的紛亂及其前景。他提出很多人的看法：美元的優勢地位，很可能被推翻。不過，他的對比，較少人論及。他說，直到1970年代，蘇聯為首的盧布貨幣集團的經濟是全世界羨慕的對象，蘇聯的經濟增長如火如荼。當時，許多專家認為，蘇聯經濟規模趕上美國不僅可能，而是一定會。但是，蘇聯居然解體了。現在的美國，也會出現這種讓人意外的變化嗎？似乎荒唐。但誰又能百分之百確認會或不會。羅格夫則說，歐元、人民幣、數位貨幣的創新與使用，乃至難以監管的虛擬貨幣，是可能蠶食，但未來一段時間美元仍有優勢。他因此認為，威脅美元霸權的最大因素，來自美國內部（政府債務的膨脹、白宮對美聯儲備的干預、川普政府混亂的施政包括對司法獨立的侵蝕，也包括改變現在使美國是贏家的全球貿易體制），致使投資（機）者對美元突然失去信心，覺得持有美國資產不安全，也許會使美元崩盤。這是天方夜譚嗎？這會在美國出現嗎？川普正在這樣做嗎？川普或其後繼者，不會調整嗎？若不調整，未來的美國總統團隊，會跟進川普的作風與政策嗎？這些疑問，尚無確定答案。

兩岸關係與美國

美國太平洋司令部司令戴維森在2021年3月宣稱，對岸「可能在2027年以前入侵台灣」。見此判斷，美國在台協會理事會前主席卜睿哲等人聯合撰文，「試圖反擊」，但《紐時》、《華郵》、《華爾街日報》及其他傳媒都拒絕刊登。他們感嘆「戰爭迫在眉睫」有賣相，呼

籲審慎評估事件的新聞與評論則乏人問津。最後，該文僅在美國公共電台網絡的網站露臉。

其後，海內外的大小媒體，多數時候也說台海兵凶戰危。但是，很奇怪的，如果真有發生戰爭的危險，並且幾乎所有人都不願意戰爭，那麼，為何這些傳媒，都不願意投入相同，或更多資源，報導與討論要有哪些「理性認知」與「情感準備」，才能免除戰爭，真正達到兩岸永久和平，間接貢獻世界。

主要的海外傳媒不此之圖，也許真可以用狗咬人是常態、不算新聞，因而不是常態的人咬狗、戰爭，反而有了賣相？戰爭不利世人，台海兩岸之外不是戰場，會受牽連，但人們感受也許淡些。兩岸直接受害於戰爭，特別是受創將更嚴重的我方，按理更有需要，必須理性討論與研判避戰趨和之道，卻也遠非如此，詭譎至極。

解嚴以後，我國歷來的總統，無人不說和平。但真正主張兩岸恆久和平相處的人，包括總統，至少需要有一個「理性認知」，也要設法多傳播與溝通、多多說服他人，最好說服所有國人，包括近年票投執政黨的人，也說服執政黨與在野黨。

這個理性認知是，如果台澎金馬主張獨立，或者，台澎金馬借殼中華民國實質獨立、不尊重歷史並且逢對岸就反，具有正當性；那麼，北京主張統一並不是沒有正當性。近來聯合國2758號決議案常見提及，但該案沒有改變基本事實：中華民國創建將滿一百一十四年，台澎金馬屬於中華民國已近八十年。兩韓尚未永久和平，有停戰協議，但民間幾乎沒有往來。兩岸沒有停戰協議，法理上處於內戰，對岸沒有放棄武統，但兩岸各有需要，已讓民間經貿文化來往三十餘年，是稱明智。

接下來，是否如同海基會董事長吳豐山所言，兩岸終將更上層樓，都有「智慧」，不再堅持僅有自己有主張獨立或統一的正當性，而是據理力爭的過程，同樣承認對方主張的正當性。若最終能有這個智慧，結果就是協商。假使堅持只有自己正當，就會僅存對抗。

真正主張兩岸和平相處的中華民國國民，最好也要有一個「情感準備」，同意、事實上也無法否認，大多數台澎金馬人從歷史、文

化、血緣的標準來看,也是中國人,即便從政治上,目前不是、未來也不必是中華人民共和國國民。但是,透過協商,兩岸的人會找到一個彼此都能同意的政治實體相互容納,雙方也就都成為新的中國人。行政院近日說,台澎金馬設籍「人口2.6%為原住民族群,另外來人口占1.2%,其餘人口占96.2%」。漢人消失,官方這個怪異的「創新」,是傷害感情,也是知識倒退。本世紀或解嚴以前,主張獨立的人,同意同文同種,政治上若要獨立,並無不可;可能是在本世紀,特別是最近幾年,開始無知,以為主張不可能的文化與血緣去中,會增加獨立的正當成分。這種違反常識的言詞不可能為人接受,但是否會激起反感而增加國人的這個情感認知,尚難逆料。

理性認知與情感準備若都具備,兩岸統合的金門模式2.0就能開啟;彼此心存「隨風潛入夜,潤物細無聲」,避免王超華博士稱之為「傲慢、自娛」的叫陣,兩岸體制更能良性互動。假使只有理性認知,也有可能達成金門模式2.0,但協商過程會比較不順利。金門模式是說,金門與廈門、漳泉及福建省來往良好,那麼,2.0就是兩岸統合不僅於此,還會有更豐富與更可取的內涵。

假使以上的理性認知,以及情感準備,都無法具備,那麼,兩岸最後仍然終將統合的可能性,必然遠大於現狀的維持。逝者如斯夫不捨晝夜,並沒有永遠的現狀,本世紀三位總統的現狀,兩岸親疏關係都不同,維持現狀,是要哪一種?吳介民教授說,雖有八成國人要維持現狀,但僅兩成認為可以長期維持現狀。此說已是明證,顯示主流民意的理性,知道兩岸現在的政治關係必然改變。進一步說,這個理性應該不會選擇趨向必然與對岸為敵的、聯合他國以抗中保台而追求不可能也不可欲的獨立,而是最終會選擇趨向兩岸統合,接近而不完全是歐盟的模式;或者,承認現存模式的不足,有待兩岸共創新型態的共和互利之模式。執政黨若是不肯正視這個理性,無能或仍然無法自拔而只知以抗對岸、反對岸、恐嚇國人要減少兩岸的政經文化交流,心存以此作為鞏固執政權柄的手段,是自欺欺人而將貽害世局。在野黨若是不知體察從而更為廣泛且細緻闡述與發揮這個理性,也就無法脫離執政黨設定的言詞迷障、只能在枝節計較而無法取得意識的

主導,勢將辜負不同意執政黨路線的選民。心存這個理性的人與社會團體,假使眼見朝野政黨都掉入維持現狀的漩渦而不敢、無意或無能脫離,也就只能努力讓人民的力量克服黨政的惰性,若成,就是示範黨政以真正的民主。

欠缺理性認知而無金門模式2.0的引導,很有可能統合在對岸所說的一國兩制。此時,究竟是鄧小平最早提出的一國兩制;或者是習近平說的一國兩制台灣方案;又或者,可能會是另一種關係,但在我們看來更不理想,乃至演變成敬酒不吃吃罰酒的局面,就得思量。

果真如此,已經有很多人在猜測,如同當年美國與我斷交,現在是中國大陸與美國談妥,北京提供華府我們尚未能知道的條件,翻轉美國現在的兩岸政策,不阻撓,甚至要求台北與北京統一。但是,對於我國,這不是最差的過程,最壞的是我們變成烏克蘭2.0。第二任的川普,是任命了反中的國安顧問、國務卿與國防部長。但在三個月之後,川普撤換正副國安顧問,也讓柯伯吉(E. Colby)政務副國防部長「看管」出身傳媒的國防部長。柯伯吉原本信誓旦旦且有專書,主張美國應該減少對歐洲與中東的承諾,但要不惜任何代價捍衛台灣,確保台灣安全,但獲得任命之後,柯伯吉改口,指台灣對美國並非本質地那麼重要,台灣要自保,國防經費應該增加至一成的GDP。川普又說,若中國大陸願意開放市場給美國,將有利於「統一與和平」。見此,美國國務院趕緊補充,指白宮政策不變;我方總統府則稱,此說與我無關,學者則說「這句話充滿可能性」。

川普的知名特徵,是他的不可預測。假使川普再次生變,或者,川普以後的美國路線,再次回返新保守主義,乃至合流於國際政經現實主義如米爾斯海默的路線,主張為了維持美國的霸權與國際秩序,要力挺台澎金馬,亦即以之為代理人對戰大陸,如同拜登總統任內五度表示,對岸若動武美國必將介入。局勢假使如此更迭,美方不再模糊而是明確介入,卻又不能遏阻對岸,將使台海戰事延長,於我真是有利嗎?我方政府似乎也認為,只要增加軍費,積極備戰就能避戰,口說自由民主,就能招來國際支持,嚇阻對岸乃至擊退北京的攻勢。假使這些認識誤區不變,那麼,最糟糕的過程,就是中華民國作為美

國的代理人,繼續對抗北京。最後,大陸知道動武對世界與對自己都是災難,但因目前尚不明朗的原因,最後仍然透過戰爭而統一;或者,北京未必兵戎相見,但另有手段,我方難以招架而美國束手無策。事若至此,兩岸終須一談,但已有江心補漏之失。

這會是兩岸統一的烏克蘭2.0模式,會有經濟、人命與大地海域蒙受重大損失與損害,也使從無怨仇的兩岸人民,轉而惡意相向,如同烏克蘭的遭遇。俄烏第一次和談在2022年3至4月,已將成局,卻在英美干涉下無法執行。川普今年就任後介入幹旋,烏克蘭更願和談,但卻面對俄羅斯自認勝券在握而不疾不徐,造成川普「私下坦承難調停俄烏」。歷史無法逆轉,但他人的前車之鑑近在眼前,執政者若不取後事之師,反而尚存僥倖之心,難道不是「顏之厚矣」而要變成飛蛾撲火、天下笑之?早日協商並不損害而是自尊自重的展現,若再三迴避而全無準備,後果難道不是「秦人不暇自哀,而後人哀之;後人哀之而不鑑之,亦使後人而復哀後人」耶?

再記:

劉禹錫的「沉舟側畔千帆過,病樹前頭萬木春」,可以描繪當前兩岸與世界情勢的不良善,但眾人已在努力,要使未來更好;「無須等待宏偉烏托邦未來,我們都可行動,微小在所不計。未來是無限連續的現在。」這個更好世界的部分面貌,古巴與委內瑞拉曾經示範。

瓜地馬拉研究員莫拉雷斯(Henry Morales)計算從1999至2015年間,古巴對外的無償醫護支出金額,超過715億美元,等於是在這十七年,古巴對全球南方為主的國家,提供的醫療與技術的無償服務,占其每年GDP的6.6%;歐盟與美國的援外金額,分占其GDP的0.39%和0.17%。在這段期間,古巴海外醫護拯救六百萬生命、完成十三點九億次診療、一千萬台手術、接生兩百六十七萬名嬰兒,培養七萬三千八百四十八名外籍醫生。若再計入1960至1998年,以及2016年以後的貢獻,就更可觀。委內瑞拉結合古巴,兩國2004年起聯手,主推「我們美洲人的玻利瓦爾聯盟」(ALBA),強調國際合作

及相互扶持，不是無端競爭而疲憊人力、破壞環境。具體作法以委國豐富的石油作為後盾。委國（三千多萬人口）以低於國際價格的方式，依照約定，出售石油至另十個會員國（人口合計四千餘萬），這兩種價格的差額（人口不滿三百萬的牙買加，一年可達6億美元），指定用於多種社會福利的提供、小型生產事業的啟動等等。

　　古、委的這些成績不是明日黃花，但自身的內政有缺失，以及，較大的原因，來自美國政治霸凌與經濟封鎖，致使兩國近年來，支持休戚與共精神的主客觀條件銳減，也是實情。假使對岸的一帶一路能夠重振兩國在這個方面的能力，最好；假使尚未而來日可期，亦可讓「習近平再喊全球南方」的時候，得到更好的響應與期待。這是由外而內，古、委模式的美譽雖然褪色，對於大陸境內的相關興革與走向至善，或許會有借鑑意義，能起連環、由內而外的正面作用。

　　對岸的崛起，至今和平，不同於美國。百歲辭世的美國前總統卡特，在2019年說，「美國是世界歷史上最好戰的國家……建國兩百四十二年只有十六年處於和平狀態。」晚近，對岸海空軍在東海（釣魚台）、南海與台海出沒而有物議，林正義教授認為，這是對手跨越紅線而「北京……『後發制人』，但常是『加倍奉還』」。習近平去年回覆倫敦《金融時報》，表示北京不會因為美國利用台灣挑釁而動武。台人可以放心、信其言嗎？取決於我們自己。

　　「第一位加入民進黨的大學教授」蔣年豐撰述小冊《民進黨與新中國》；中央研究院院士、建國黨第一任黨主席李鎮源「主張台灣獨立，正是要為發揚中華民族精神作準備」。假使台人不以兩人之念為荒誕或時代錯誤，而是善事體會，使創造轉化用於今世，兩岸就無戰爭陰影。更積極的前景，則在中研院院士楊儒賓的自信與期許，清晰現身：「天下乃天下人之天下……鬆綁中國、中華的多元內涵，為了台灣，為了中國，為什麼台灣不能執行中國夢？」

　　　　　　　　　馮建三。2025/5/27。盼猴三閱月，歸逢登山口。

國際政治經濟學：
歐美、拉美與未來世界

第一章

歐美資本主義的勝利與失敗

資本主義的誕生及其改革

資本主義是怎麼來的？

　　這不單是一本科普書，在普及生物地理及人類學知識的同時，本書作者更以淵博學養、洗鍊文采與殷勤善意，挾科普以明志，全書三十多頁次[1]，再三問道，為什麼人類社會存在不平等（為什麼是歐洲人殖民美洲，而不是美洲人殖民歐洲等等），並反覆提醒讀者，個中原因與人種無涉，種族主義者休矣。惟值得讀者注意的是，閃閃發光亮晶晶的鑽石（作者英文姓氏 Diamond 的意譯），也有可能讓人愈是注目欣賞，愈是可能目眩之餘，看偏了真相。

　　作者的這個問題，與盧梭相同，不過他提供了不同的答案。盧梭指人為適應環境而發展出來的私有財產，是造成人不平等的關鍵，作者則說問題的核心，正出在地理環境。

　　攤開地圖，我們將立刻發現，相較於美非澳洲，歐亞大陸的主要特徵是面積最大、人口最多，因此較能創新；可供馴化的動植物種類繁多（三十九種大種子植物與十三種大型的馴養動物，反觀美洲是十一與一種，北非是四與零種，澳洲只有二與零種），於是領先其他各洲，提供當地人類較佳條件，率先由狩獵採集進入農耕時代，從而站在這個最初的優勢，決定日後進展的高下。歐亞最後一個特徵是東西走向的地理軸線，所以地中海區的農業文明易於橫向移植，美洲與非

1　頁 16, 19-20, 29-30, 91, 95, 101, 154-6, 162, 175, 178, 208, 260, 325-8, 349, 353, 370, 391, 416, 426-7, 430, 445, 449-50。本書主旋律是第八至第十章，前後各章可視為它的序曲、前奏、協奏、變奏與重奏。

洲大陸都是南北型，動植物縱使可能遷徙，速度也慢了許多，而南北氣候的差異，必然亦使失敗機率大增。

為了論證這個地理生物史觀應能成立，作者另以兩首曲子伴奏前舉主旋律。它們是：南島語族的形成，起自華南人殖民了當今東南亞（包括台灣）、大洋洲，甚至非洲的大島馬達加斯加，卻又不及於新幾內亞；而西非的班圖人，從西元前三千年起，開始從內陸草原向南進入海岸森林，然後吞噬了郭依桑語族與匹格米人，其間遠因，也得歸諸地理環境的差異。

行文至此，作者從頁四五五至四六二，先發制人，回答細心讀者的疑惑：肥沃月彎或中國這兩個因地理條件好而先有農業的地區，為什麼後來落後歐洲，反之，為什麼歐洲後來居上？戴蒙教授說，原因還是出在地理。月彎「生態系非常脆弱」，中國「地理通達」使政治與文化太早趨於統一，斲傷原創力。歐洲則生態繁複且長期分裂，至今未能統合。但成也地理，敗也地理，會不會太過辯證了？短短八頁真能讓人釋疑嗎？

戴蒙提出的地理因素，或許是解釋歐洲近世興起（富裕）所必要的，但不充分。要趨近於充分，也許韋伯與馬克思對資本主義的論述，可以有更大貢獻吧？韋伯說歐洲之富，起於禁欲（以應基督新教之召喚）後而有的資本積累與擴張，馬克思則說為富不仁，資本主義起於殘暴鎮壓與掠奪。戴蒙的地理說，停留在以環境置換人種，形同告訴讀者，歐洲人只是運氣好（聰明才智可能猶低於新幾內亞人哩），但他們住在好地方，所以就這樣富裕了，既不是禁欲（所以富裕得有道理），也不是不仁（所以富裕沒有正當性）。這麼簡單的說法，即使出於善意（抨擊種族主義者），最多也只是容易入耳，卻對釐清史實，不必然有太大裨益。

(《中國時報》1998/11/19 第42版／開卷周報。原標題〈槍炮、病菌與鋼鐵〉，評介的是《槍炮、病菌與鋼鐵：人類社會的命運》，該書在2019年出版二十五週年時，連同作者戴蒙的其他著作的新譯，再次推出。)

西歐人向外擴張　改變地圖　謀殺空間

西歐人麥卡托（Gerardus Mercator）在1569年，將地球由三度空間轉化成為二度空間的地圖，並把歐洲人放在中心，因應當時歐人展開海外殖民航行之用。

這張後世稱為麥卡托投影法的標準地圖，流傳至今，仍然是絕大多數人認知世界地理空間分布概況的依據。這張地圖北半球大，是實際面積的四倍多，位在南半球的拉丁美洲與非洲只及實際面積的四分之一，歐洲超大，雖然實際面積小於亞洲，但單是北歐三國就比印度大了兩倍多，雖然後者實際上是前者的四倍。

以後見的反省眼光審視這幅地圖的意義，將要疑惑，在當年國際旅行尚不發達的時候（現在發達一些，不過，還是少數閒錢兩全者的玩意兒），在照相都還很是昂貴的年代，看慣這幅圖的南半球及第三世界的人，會不會在已被殖民的情境中，復在心理上又矮了半截、輸了氣勢，以為自己在邊陲，地方又小，那麼，讓來自中心的歐洲人掌控，可能總有些道理？反之，歐洲人以自己為中心，逐漸衍展出白種人的優越感，表現在麥卡托地圖，也就毫無奇怪之處。

國際權力關係界定了世界地理空間的呈現方式，這個呈現方式則反過來強化既成的權力關係。然而，還不僅只是如此。到了資本積累進入新的階段，挾持新的交通與傳播科技衝進世界舞台以後，更是造成人的空間感知結構為之丕變。假設參商不相見，但是可以打電話，那麼，參在台北而商在台南，又與參在英國而商在台南，則英國與台北有什麼不一樣？電話謀殺了台灣與英國之間的地理空間。年節塞車，台南至台北開車十多個小時，搭飛機從洛杉磯至台南，一樣十多個小時，則美國與台北有什麼不一樣？飛機謀殺了美國至台灣之間的距離。

當然，有人會說，以上兩起謀殺，並非沒有代價，越洋與國內長途電話的差價，以及飛機票與汽油費的差額，總有兩、三萬元，不算太少，約略是尋常人家一個月的薪資。此話不假，但電視，尤其是透過衛星而跨國傳送的電視節目出現以後，謀殺空間所花費的金錢代

價，在廣告作為財源的電視制度下，表面上卻不見了，也就是人們已經很難察覺了。咱們坐在家中收看三台的新聞，花了多少錢？若是收看英國BBC、美國CNN的新聞，又是花了幾多？兩者的收看成本，到底差價多少？算得出來，才怪。既然如此，這就難怪心思敏銳的德里羅（DeLillo）有言，「對於大多數人來說，所謂世界，只有兩處——他們的住家以及他們的電視機。」而巧於熔鑄新詞的莫利（D. Morley）則要說，這是一種新經驗，是「全球共本土於客廳」。當然，莫利應當再加一句：這種腳踏本土的實地，耳目卻馳騁在全球的空靈符號，兩者之間造成的歧異，可能會產生哪些結果？事實上，這也就是三十多年前，英國碩儒威廉斯（R. Williams）所說的「流動的藏私」（mobile privatisation）發揮至頂點以後，逼迫我們正視的問題：個人在家中斗室，隱密則隱祕矣，但與此同時，卻又透過衛星影像的同步傳送，產生與時代脈搏等時跳動的流動感覺，這一切，究竟具備了什麼文化意義？

舉個切身的例子。

住屋擁擠如香港、台灣、中國大陸乃至日本，成天看著老美「一般」民房的花草綠地寬闊平房，久而久之，作何感想？是會認為老美何人也，而余又何人也，為什麼不能如法炮製？換言之，是略有冷納（D. Lerner）所說的「期望之上升」的情緒嗎？（然後，客觀條件既然無法滿足期望，於是挫折了期望，再擾亂了社會的消費秩序甚至政治安定？）或者，僅是豔羨，透過符號進行了替代性參與，觀眾這就退回知足常樂的自慰巢穴、接受現實如此無可改變的安排？會不會居然自慚形穢，竟緣此產生了自苦的潛意識，甚至刻意自虐，覺得老美一定比較聰明，發展如此科技，因此合當國富民強？

或者，以上列舉的四種情景都沒有出現。反倒是最不可能的情形發生了：主動積極的觀眾，啊，就此而義憤填膺，深深覺得這實在不公平，在台灣工作得如此辛勞，收穫怎麼會與老美差距如此巨大？於是，若是此人是總統，他她就發動大批移民前往新大陸，此人若是一般公民，他她就自己移民，美國人不准？沒這話，越洋到美洲，要什麼簽證許可？歐洲人當年跑到美洲時，非但沒有問過印第安人，並且

滅人族類。若是移不了民,必須待在台灣,那總要將老美統治階級取之於邪惡之原始積累的不義之財,撈出一點來花用。具備這層心理防衛機轉以後,很多現在引起道德恐慌的爭議,可以休矣。比方說,國人在家觀看翻版的好萊塢影帶時,必然心安理得,而錄影帶出租店與第四台照租照放不誤,新聞局官員與警察不取締,司法單位不受理本國人與好萊塢的所謂侵權案件,總之,國家機器合當虛與委蛇一番,於民眾這種形式的「自力救濟」,不鼓勵,但亦不禁止,並且有時候默許。

凡此種種環繞著媒介而橫生的現象,一方面是個人的真實位置,隱退至私人的家庭領域,另一方面透過電視的聲光形色,卻是大舉擴張了人的「公共」之符號空間,如何理解此一宛若朝向相反方位行進的運動?

現在仍然流行於美國與台灣,並攫取了研究人員大部分精力的傳播研究典範,對於類似的問題還是鮮有置語。主要癥結是學院人執守於前人創造的地盤,下焉者固然不用多談,只知在數理模式打轉,弄些數據跑電腦,完全不理會「垃圾進垃圾出」的訓誨;上焉者則兀自在知溝、議題設定、涵化研究,乃至文化研究與傳播的政經研究等等名詞術語的迷魂陣打轉,困坐成堆文字海,泅水但求不被溺斃而猶有未殆,哪裡有辦法理會外邊已然形將崩盤的地理疆界,究竟如何回應?這種情形,放在台灣更是嚴重,除了我們複製美國,相因成襲以外,語言及教育過程的障礙,更是讓後進學子不敢跨出傳播與媒介的範圍,盡情汲取其他學科的養料。

怎麼辦呢?

如同稍前所說,空間所以會被傳播科技謀殺,其來有自,必須從資本主義的歷史進程找尋根源。因此,如果傳播科技謀殺空間這個事實,提供我們機會超前現有成規,不再受到美國主流媒介、傳播研究的約束或宰制,那麼,認真研究資本主義與文化的關聯,應該是相當必要的一個工作。去(1993)年12月中旬,美國與歐洲聯盟就關稅暨貿易總協定的電影與電視節目等產品,達成了協議,亦即美國同意這些事關「文化」認同的「工業」產品,可以不必完全適用美國向來

強力主張的所謂自由貿易之原則;因為,果真完全適用,則好萊塢式的影片所席捲的歐洲市場,將比目前的規模還要來得巨大。若以1993年的數字為例,英國票房最賣座的前十九部電影均為美國片;西班牙電影只占有本國市場的20%;德國低至9%;義大利90%的電影市場為好萊塢囊括;唯一例外是法國,但法片占其市場比率亦只達37%。所以,歐洲人當中,以法國為首,聲稱必須以歐盟整體力量抵擋洋蠻人,維護歐洲的文化認同(至於歐洲文化是什麼,而歐盟政策能否湊效,另有爭議)。即此事實,已經清楚展示,資本主義的世界經濟體系,在其積累資本的過程,如同前兩次世界大戰,藉由其核心帝國的成員之內鬥,由武而至文,生動地凸顯了文化需求與經濟邏輯,矛盾之處,表現在跨國的商業影視文化,最為強烈。

任教牛津大學的人文地理學家哈維(D. Harvey)說,「值此資本主義在全球找到了它的發揮空間,一日大似一日之際……再要將地方、社區、城市、地域或甚至是族國等等概念,當作是本來合當如此,則令人難以苟同……但反過來說,懷抱全球性眼界的抗拒與轉變策略,卻又非得從地方與社區的實體開始,無以起始。」近年來在知識界(台灣在內)享有盛名的傅科說,當前這個時代,「是最具有空間意義的時代」。詹明信則稱此時的文化邏輯的空間特殊性正是「晚期資本主義」。《觀看的方式》的作者柏格亦體認到,讓我們難以眼見資本主義之真相者,是空間而不是時間因素。

「全球思考,就地行動」(Think globally, act locally.),這句生態主義者的口號,廣為應用,就連政客也要說「胸懷世界,立足鄉土」之類的話。假使轉用在本文的脈絡,則我們應該問,在資本增殖跨越了地理空間的限制,在最短時間內,借用傳播科技謀殺了空間的連鎖效應,已經有如原子分裂一般地進行之際,有意問津解密電子傳播與文化現象的人,難道還要固守所謂傳播理論的城池嗎?難道行政劃分之需要,遠多於知識分工之必然的大眾傳播相關科系,真能獨攬這個現象的研究嗎?或者,不在、不出身這些科系的人,難道就捨得將如此重要的課題,拱手讓給大傳科班的師徒嗎?

(《廣告月刊》1994/4。原標題〈空間被謀殺以後的傳播理論〉。)

資本主義最高階段的帝國主義　帶來進步？

〈不再硬拗殖民說　柯要建立認錯文化〉，台灣四家主要報紙當中，最支持台北市長柯文哲的一家，對於柯P都已義正辭嚴地批評。

但是，還有一個問題。

這家報紙認為柯P要認錯，柯P後來也確實認錯。但認錯的原因是什麼？這是大問題，最好釐清。

如果是因為道德有虧，不敢觸犯眾怒，所以認錯，那麼，這只是情感的屈服，不是理智的認知，也就不是完整的認錯，來日故態萌生，不但再說醜話，還會持續影響施政與外交的走向，那就更傷人心。口是心非、口服心不服，都是陽奉陰違的種子，最好避免。

殖民在道德上無法讓人接受，如同強暴使人成父或成母，當事人必然無法言謝。然而，如果殖民果真帶來「進步」，怎麼辦？認錯的柯P，批評柯P或者還沒有批評他的人，會不會嘴巴礙於顏面，不敢多說。但內心仍然留存，甚至認同類似柯P的說法：「被殖民久不是什麼壞事；你看，新加坡被殖民最久，所以新加坡比香港好，香港比台灣好，台灣比大陸好。」

什麼是「好」，不容易界定。但柯P只用「文化」來衡量，不合道理。政治、經濟、文化等各層面的表現，無法逐次對應，也不是經濟必然決定文化。但「倉廩實而知禮節，衣食足而知榮辱」，倒也不失是一個合理的說法，不但符合日常生活的經驗，也禁得起社會研究的考核。

因此，與其用文化界定好與壞，不如庸俗，就用經濟表現來檢視。殖民者真讓殖民地取得了更好的經濟表現嗎？

印度被殖民的歷史，從一百多到三百多年，端視怎麼界定。至於中國，也許是次殖民，也許是半殖民，但未曾被完全殖民。若說印度的經濟表現勝過中國，很難讓人信服。非洲與拉丁美洲被歐美納入殖民的歷史，比新加坡、也比香港多了一、兩百年，按照柯P的邏輯，兩個大陸的經濟應該要比新加坡與香港，好很多！

台灣與南韓也可以比一比。台灣被日本殖民，始於1895年。韓

國遭日本合併稍晚十五年,是在1910年。近十年的台灣經濟,不能說優於南韓。

已逝、馳名東瀛的台灣史學家戴國煇提醒我們,清朝「洋務運動前台灣資本已甚可觀」。他說,1893年,日本出口金額是9,000萬日圓,台灣出口是945萬海關兩,換算成日圓是1,400萬。台灣當時人口不到兩百八十萬,日本是四千零七十二萬左右。經此換算,台灣人被日本殖民前兩年,人均出口值是5日圓,是日本人均出口額2.2日圓的兩倍多。這就是說,日本還沒有殖民台灣以前,台灣經濟若以出口值衡量,已經把桃太郎拋到九霄雲天之外。更奇怪的是,日本沒有被殖民,現在是世界第三大經濟體;美國也沒有被殖民,是最大或第二大經濟體。

柯P假使不再比較殖民地,而是比較殖民者與被殖民者,得到的答案當然立刻翻轉;沒有被殖民的國家,整體表現顯然更好。與其說這是狡辯或者歪論,不如說這是當頭棒喝。問題不是殖民更久,是不是就能更文明,是不是就有更好的、更進步的經濟表現,而是沒有被殖民的歐美日,更為亮麗。因此,有沒有一種可能,前殖民地的不亮麗,是因為前殖民主歐美日的亮麗所造成?

這個可能性是不是存在,學術界辯論很久了。早逝的英國共產黨人學者比爾·華倫(Bill Warren, 1945-1978)認為,列寧根本搞錯了。列寧說,帝國主義是資本主義的最高發展階段,致使殖民地別無發展資本主義的可能。華倫說,剛好相反,帝國主義改造了殖民地,帶入了資本主義的生產模式,因此就有資本主義式的「進步」。

依照柯P的發言,反推他的真實認知,他應該是屬於華倫派。差別是,華倫與列寧相同,都認為在資本主義之外,另有更高層次的經濟與文明,也就是社會主義。至於柯P怎麼想,也許發行十萬份,已經訪問柯P一次的《外交政策》雙月刊,應該再次來個訪談,為讀者解疑。

(香港東網2015/2/10。原標題〈柯P說 帝國主義帶來了『進步』〉。)

資本主義更高的階段：賣水賣空氣賣陽光

台北市政府宣布兩年之內，將開發陽明山的湧泉，利用紫外線及過濾等方法，掏出乾乾淨淨的泉水，每瓶24元出售。

經一事長一智，沒有經驗過的東西，別人再怎麼說，總搭不上腔。喝礦泉水這回事也可以作如是觀。很多人弄不懂，無色但說不定有嗅的那個水，怎麼還值得掏腰包購買。

汽水沙士可樂清涼及運動飲料，有點甜有些酸，另外也許還多些熱量、化學離子，比起水來，略勝一籌，拿來當作解渴之用，象徵青春活力、熱情洋溢，好像是有幾分吸引力。但礦泉水呢？老郭常買來飲用，純粹是懶惰求方便，不肯自己燒水，又嫌飲水器不乾淨。奇怪的是，消費者文教基金會公布了多次調查結果，表示市面礦泉水符合衛生規定的極少，為什麼台灣每年還能售出大約上億瓶的礦泉水？

可能也是懶惰求方便，難不成真的相信電視廣告片的宣傳，看到顆顆晶瑩剔透、綠葉之間滾動的水珠，就是手中的礦泉，飲入口中就宛若親臨自然，撫慰久被都會節拍禁錮的心靈？

消費者怎麼想的，弄不清楚。但生產者的動機，當然是水有點賺頭，不賺白不賺。自來水太普及，賺頭少，弄些顧客要另外花錢買的水，利潤高些。北市自來水事業處面臨營運赤字的壓力，因此一頭栽進這個行業，預期泉水問世五年以後，盈餘兩億五千萬元，正是這個用意。

水、空氣、陽光等等大自然物產，原本是大家共同擁有的。到了現在，一樣樣與我們剝離，先買水，哪一天空氣汙濁得不像話、陽光給高樓大廈遮得照不著，買空氣買陽光也就不稀奇，有點像是拍賣大自然留給我們的祖產哩。

(《中國時報》1993/3/1 第27版／人間副刊。原標題〈賣水賣空氣賣陽光〉。)

美國的資本主義是「超級帝國」

美國總統候選人「川普要台灣付保護費」，這句話讓人耳朵不順，股市玩家也驚嚇。只是，川普另有更刺激的話。在2017與2018年，他兩度公開說，美國有權得到伊拉克和敘利亞石油，以其作為美國「攻擊這些國家的軍費賠償！」2020年在競選期間，他又重申，任何遭受美國攻擊的國家，「美國有權奪取其自然資源，以此補償攻擊的成本。」

但是，這種戕害生命毀損地球，卻又想要第二度壓迫受害者，讓他們另掏腰包「補償」加害者的詭譎想法，除了存在於川普的腦海，其他高官也曾口吐真言。並且，假使川普等人要向受害貧國取財，是一種「豪奪」的想法；另有一種「巧取」，不是停留在言詞，而是業已存在半個多世紀的作法。

「豪奪」的想法，比如，也出現在柯林頓與歐巴馬的前朝官員、現任拜登總統國內政策顧問譚登（N. Tanden）的發言。她曾經敦促白宮要利比亞交出石油儲備，以此資助美國發動「新冷戰」的開支。她說：「我們有龐大的預算赤字，它們有大量的石油。」譚登深知，大多數美國人會因為軍費巨大而不介入國際事務，因此，「如果我們想繼續參與國際事務，那麼讓石油豐富的國家支付我們的部分成本⋯⋯並不瘋狂。」

《美國憲法的經濟觀》曾引發巨大爭議，因其論證美國的「外交政策勢將為了帝國，導致永遠的戰爭」。該書作者比爾德（C. A. Beard）的當代繼承人赫德森（M. Hudson），以《超級帝國主義：美國帝國的經濟戰略》提供了「巧取」的論證。該書除了有多種譯本，聯邦政府或許為了知己知彼，了解外界怎麼批評自己的政策，據說引該書作為「培訓手冊」之一。

美國在1945年持有世界黃金儲備59%，三年後增至72%，但在韓戰及1954年開始積極介入越戰之後，至1968年美國黃金儲備僅剩100億美元。這個時候，美國財政部宣布停止黃金出售，然後再於1971年8月宣布黃金禁運，等於結束金本位。赫德森認為，這使各國

央行的美金盈餘「幾乎沒有選擇」，形同只能「借給美國政府」，以購買美國公債等方式持有，聽任美國政府對其持有之美元「徵稅」。隨著本世紀山姆大叔國際貿易逆差的擴大，華府對（美金）外匯存底豐厚的許多央行，課稅更多了：1980年代美國年均貿易赤字是GDP的1.75%，雖然在1990年代降至1.14%，本世紀至2022年則高達3.75%。國防支出在以上三個區間，分別占了GDP的6.16％與3.58%及3.95%，無論那個區間，俄中日韓與歐盟所有國家的國防經費加總，都還不如美利堅。

在赫德森筆下，這是前所未有的「超級帝國」的現象。以前是歐洲大國你爭我奪，是私企業競爭，同時各自以軍事武力登場，爆發為兩次世界大戰。現在僅有一家，是美國「國家軍事和總體經濟力量作為一個行為系統的動力」，表現為在1960年代以前，美國政府以債權國地位左右國際組織，其後逆反常理，變成「債務國」身分，居然支配全球金融！自由世界「幾乎束手無策」，聽任自己的美元讓美國「揮霍於軍事和民用消費，投機於金融和房地產泡沫」。受害最深的日本則說，這是「帝國循環」，意指華府利用美元是國際結算貨幣的地位，透過各種操作來保持美元的國際流暢，「從而收割世界各地的財富。」

（《聯合報》2024/7/19 A10版。原標題〈除了川普要台灣付保護費……看美國對世界的巧取豪奪〉。）

美國顛覆尼加拉瓜　電影看得到

這件事情，可能是台灣史上第一遭。上個月，台北地檢署懷疑某女子是嫌疑犯，為拉丁美洲毒販洗錢，檢方查扣她1,500萬美元存款。事有湊巧，雙十國慶即將在美國首映的好萊塢電影《殺死信差》（*Kill the Messenger*，電影公司正式譯名為《告密者》），同樣與拉美

毒販沾上邊，但主角是從事調查報導的美國記者，旁及主流傳媒與美國政府。

美國加州的《聖荷西水星報》（*San Jose Mercury News*）分三天，在1996年8月刊登〈黑暗聯盟〉（*Dark Alliance*）這篇長達兩萬字的調查報導時，衛布（Gary Webb）出道專職記者已有十六年，任職水星報八年。

〈黑暗聯盟〉的故事起自1979年。這是美國與我斷交的那一年，已在尼加拉瓜主政四十餘年、親善台灣的蘇慕沙（Somaza）家族，同遭美國總統卡特棄若敝屣。台、尼的差異是，台灣當時無人能夠取代蔣氏，尼加拉瓜則群雄虎視眈眈，但美國未能如願，無法將其屬意的勢力護送登台，反而，努力多年的左翼聯盟桑定政權贏得民心，遂能取而代之。

次年底雷根大選獲勝，1981年元月入主白宮，撲滅紅色勢力不遺餘力，因此極力支持右翼的尼加拉瓜反叛軍Contras。錢怎麼來呢？部分來自尼加拉瓜毒販在洛杉磯的銷售利潤，美國中央情報局（CIA）可能未曾直接協助，但對Contras派員參與其間，心知肚明。現任美國國務卿凱瑞（John Kerry）在初次當選參議員時，曾在1989年完成聽證與調查後，發布正文四百頁、附錄六百頁的報告，指出單是為了援助Contras，國務院就至少給予毒販80多萬美元（注意，這是毒販作為國務院與Contras之「中間人」的「傭金」，不是Contras得到的金額），讓毒販協助，轉送「人道」援助金給Contras。

這是民主國家很難承受的醜聞，應該是新聞熱點。不過，究竟是當時美國海內外事件太多，稀釋了醜聞的衝擊力道；還是「初次嶄露頭角」的凱瑞太過「人微言輕」，主導不了議題；或只是美國政府公關厲害，迷亂了第四階級的神經，乃至於是主流傳媒的失職而未曾大作，並不清楚。要之，1989年的美國各大傳媒距離相應不理、沒有給予報導的程度，所去無幾。事隔七年，情況不同了，21世紀傳媒感受最大的差異，20世紀末已經萌芽。網路普及的年代當時已經進入第三年。衛布最初的動機只是在於徵信，但他將該篇調查報導所依據的各種文件、訪談全文及記者的筆記，全部奉送上網，無疑方便了

其他管道（收音機脫口秀、另類刊物及網站，以及口耳相傳）的代為轉發、傳達與放大。所有這些大小不等，正式與非正式的管道，前呼後擁也就產生了繪聲繪影、杯弓蛇影的效果。這次，發行全國的美國主流媒介再也無法遮掩，只能回應。

不過，大媒介這次還是不很老實。起初，招數還是老的：不理會，反正人多健忘，新聞日新月異，後浪很快就要淹沒這個根本就是「老掉牙的舊聞」。

這裡，「官方報告」與「調查報導」各有特色的性質，顯現了。前者硬邦邦，後者活生生。在法庭受訪的毒品低階中間人、身陷尼加拉瓜監獄的人、與Contras叛軍來往的銀行、據此抽絲剝繭所揪出的華府決策圈，交織在衛布的調查報導，這裡有更多的細節與證據，栩栩如生地呼應了凱瑞委員會的結論。新聞報導此時如同文學，又有偵探小說的味道，社會大眾開始有更多人動容，草根群眾有了呼應。假使要說這是網路「新媒介，打倒舊媒介」的第一回，也可以，雖說當事人付出了龐大的代價。

因為，《紐約時報》、《華盛頓郵報》與《洛杉磯時報》不知是見不得人好，覺得弊端捲動的大新聞竟由小報揭發，顯得本身不夠負責，因此惱羞成怒；或者，三報純粹就事論事，兼且認定衛布的報導有太多瑕疵，因此為了新聞事業的尊嚴，必須自行糾錯。三報不約而同，投入大量人力（《洛時》派了十七人！），努力想要找出衛布報導的不足與可疑之處，目標是要挫損其公信力，或最好是使其信譽掃地。《紐時》還說，衛布的系列調查引起軒然大波，顯示黑人讀者很容易就會遭致「陰謀理論」的影響；有了這樣的評論，難怪論者會說，《紐時》的反應根本就是公然的種族偏見。有人認為，三報的行為固然激發一些憤怒，但寒蟬效應更大，如果稱讚衛布就會惹惱它們。最激烈的重擊來自衛布的主編，《聖荷西水星報》在刊登衛布調查報導後兩個月左右，發表社論批評衛布，〈黑暗聯盟〉系列報導與所有附件也從網站移除！

曾在1990年得到普立茲獎的衛布只能離職，但未屈服，外界也有雪中送炭。1996當年，他得到「灣區專業記者年度獎」；1997年獲

頒「另類新聞事業傳媒英雄獎」。1998年出版《黑暗聯盟：CIA、Contras與古柯鹼爆炸》，這本書也是電影《殺死信差》的編劇依據之一。但據說衛布後來四處寄發履歷，遍求記者職務，沒有報社給他面試機會，後在加州州議院擔任調查員工作，2004年底頭中兩槍殞命，有人說是謀殺，但較多人認為是自戕。

去（2013）年，好萊塢即將拍攝衛布故事的消息傳出後，《聖荷西水星報》呼籲想要前往觀看這部電影的觀眾，帶著懷疑的心情，因為衛布「空有激情，卻不公平」、「連CIA都沒有採訪」。不過，也有人為當年抹黑衛布而懺悔，《洛杉磯時報》前記者凱茲（Jesse Katz）公開認錯並道歉，表示當年的任務之一，是要讓衛布的報導顯得沒有公信力。

10月2日，《台灣醒報》說，〈墨西哥掃毒有成　四大毒梟全落網〉。這是好消息，但毒品問題會就此減少或消失嗎？難說。同理，《殺死信差》能為衛布再爭公道，或是爭議必將浮現，仍然未知。唯一確認的是，好萊塢拍了一部應該值得一看的電影。

（媒改社《媒體有事嗎》週評2014/10/7。刊登的標題是〈《殺死信差》電影還活著〉。）

美國記者看偏看扁俄羅斯

在美國，兼領新聞與政治的知名人士，並且至今發揮影響力者，李普曼（Walter Lippmann）是翹楚之一。他與人分析1917年7月至1920年3月期間，《紐約時報》對俄羅斯內戰的報導。在1920年發表長文，指出《紐時》沒有揭露真相，而是依據立場報導：「有關俄羅斯的新聞正是事例，說明新聞人並沒有呈現真實，而是呈現他們希望看到的景象。」[2]

2　這段文字在2023/7/30補入。

跟隨作者的步伐，從面積約略相當於台灣的西非國家多哥（Togo）開始，接著北非埃及，接續著土耳其、伊朗、中亞，南下印度次大陸，然後東渡中南半島，前後大約走了二十個國家。

讀者一頁一頁的看，自然不免眼界大開，頓時有了從陌生得到新知的收穫。比如，因為何梅尼下達懲罰《魔鬼詩篇》作者的命令，以致在西方備受汙衊的伊朗，其實禁酒之風，遠比想像中鬆懈，女性地位也不很低，更有趣的是，伊朗雖然禁止領帶，卻不禁牛仔褲，因為後者「對窮人和中產階級都實用」，領帶則不然。

印度東南方的里錫河谷，它的成功故事，「罕為人知」。沒有西方專家，沒有外來資金，而是自力找到了「解決人口過剩和環境惡化」的方案。富裕學生和當地村民一起勞動。貧窮學童則舉止良好，各安其位，相互支持學習，沒有任何孩子面露「美國貧窮兒童的慍怒或茫然的表情」。

然而，對於平日就留心國際新聞及世局動態的人來說，厚近六百頁的這本調查報導，好像又有些似曾相識的感覺，怎麼在還沒有開卷之前，就彷彿在腦海已經預留了位置，準備容納書中對於這些國家的描述。這並不是說我們對於作者提供的掌故、歷史材料與統計資料等等，早有見聞。作者的這些文字，有賴參考專書才能穿插於適當的章節，一般通訊社的外電，不會也無暇顧及。

這也不是說，書中所述，我們早就心知肚明。我們有的是模糊印象，如第三世界國家的貧窮日甚、殖民遺毒致使人民彼此傾壓的情況更加嚴重；又如，這些國家慣常見到的貪汙索賄、政府效能不彰，竟至社會幾乎已經成為無政府狀態（這也是本書原文副標題）。

但是，如果說任何作者都很難走脫，任何書寫都會沾染政治意識形態的痕跡，都會在其訊息的報導過程，複製時下某些流行的價值觀或偏見，並因此而加以強化，那麼，本書似乎也不能倖免於這個窠臼，表現在全書至少有十一處[3]，清楚展現了作者對前蘇聯集團及美歐的心向。

---

3 頁226, 338, 343, 349, 368-70, 374, 386, 389, 396, 484, 523。

比如，作者說，屬於前蘇聯一部分的中亞國家，欠缺地圖與人口普查報告；與此對比，法帝國至少還在西非殖民地留下這些資源，方便他們釐訂「國家」身分。美國移民是自己的選擇，中亞移民則被史達林強迫。西非若落後，至少還有西方飲料充分供應，中亞則無。西非巴士站的公廁，都比中亞任何廁所乾淨，顯見「共產主義對中亞文化的破壞」之嚴重。西非社會瓦解之象已經顯露，但仍有羞恥之心，不像中亞人。旅客填寫的表格，在中亞都懶得收回，「比非洲還糟」。假使這些都是特別值得一提的事實，因此說不上是扭曲，那麼，作者提及里錫河谷很多教員來自Kerala（發音似更接近克勿魯，不是克拉拉），卻完全不提此地長期受共產黨統治。再者，既已親身經驗了寮國邊境官員不收賄賂，態度也不惡劣，作者的評語是，此乃「我遇過最奇怪的共產邊境」。見好而不肯定，反引以為怪，這就不能不讓人懷疑，作者至少下意識地遺忘與敵視第三世界國家。

　　最後，在寫完本書的時候，作者另有相當「篤定」的感觸與憂心。他認為美國等國家「正要撤退到如要塞一般的民族主義。」（頁12）此話讓人大吃一驚。在這號稱全球化的年代，在美國境外斷續走動將近二十年、為美國媒介撰稿的作者，何以會有這個結論？是美國等國強勢階級以全球化之名，鞏固與擴張本身的利益？若是如此，作者真應該再多寫一本書，好好說清楚講明白。

（評介R. D. Kaplan〔吳麗玫譯2000〕《世界的盡頭：種族與文化的邊境之旅》。台北市：馬可孛羅。刊登在《中國時報》2000/10/12，第43版。）

美國說　台灣與南韓是模範生！

　　這本書以非洲最大國奈及利亞的記者、劇作家兼社運領袖肯‧薩羅－威瓦（Ken Saro-Wiwa），於1995年11月10日被其軍政府處決作為開始，以一通全，具體展現了第三世界國家的困境與覺醒。

1961年，由印度、埃及與南斯拉夫發起，被稱為「歷史上最偉大和平運動」，最多曾代表了全球半數人口的不結盟國家，召開了第一次高峰會議，標舉對抗帝國主義、殖民主義與種族隔離。

　　當時，在美蘇對峙之下，絕大多數非洲國家的糧食生產都能自給自足。古巴以外的拉丁美洲國家在軍人主政之下，採取了進口替代政策，卻未能脫離美國的霸權軌跡，培育了依附理論的沃壤。中國的自力更生，已醞釀路線之爭，文化革命隱然蓄勢待發。台灣與南韓得到美援的羽翼，正準備以出口導向，積極參與山姆大叔主導的資本國際分工體系。

　　歷經三十年的推移，到了1990年代，局勢丕變。其間，非洲戰亂頻仍、烽火遍地，智利這個自由主義經濟學家眼中的拉丁美洲經改模範生，還是有三分之一家庭的收入，買不起基本口糧。全球最富有與最貧窮的20%人口，收入比例從1960年的三十比一，惡化為1991年的六十一比一。

　　文盲、童工、疾病、營養不良、土地與水資源耗損、空氣汙染、住房短缺、都市瘤、貧富差距，幾乎所有我們想到的、可以表徵人類墮落現象的概念，不成比例地高度出現在第三與第四世界。

　　與此對比，東亞呈現了相當不同的景觀。南韓與台灣在快速經濟成長的同時，達到了相對均富的要求。香港與新加坡兩個地區與城邦國家的所得水平，直追歐美。中國經改快速進展，鄧小平說要十年之內將國民生產總值翻兩番，不但完成，而且超前。

　　怎麼解釋這樣的差序格局？對於作者來說，歷經戰後五十多年的變動，從現代化、依附到世界體系理論，從自由市場萬歲到國家掛帥的發展至上，從社會主義的解放手段到意識形態終結於資本主義的勝利，多種曾經引領一時風騷的詮釋典範，如今再也沒有任何一個能夠專擅，再無獨自讓人信服的能力。

　　於是，剩下的是不能求簡的答案，折衷或超越左右的第三道路。美帝等新舊殖民國家，吾輩理當譴責。他們受惠於不等價交換，以工業品換取窮國的石油、蔗糖、各種農礦原料；他們也支援，甚至指揮政變，致令許多全球南方國家的革命志業中輟。然而，從南亞、中南

半島到非洲,很多國家窮兵黷武、政權傾覆頻繁、內政不修、專制獨裁、統治階級豪奢、腐敗浪費公帑、效率不彰,又豈能不為本身社會的每況愈下而負責?

作者的這種態度,既可說述而不作,精要地組織了可讀的材料,讓人很快掌握了現實的圖像。作者也可以說是複製了某種無可奈何的語境,使得讀者很難從中找到安身的立場,以致不知進退。當然,對於台灣的主流階層,本書說不定讓他們顧盼自雄,認為海島今日的成績果然非凡,適足以證明,他們理當無怨無悔,繼續執守依附於美國的發展路線。

(評介W. L. Bernecker〔朱章才譯2000〕《第三世界的覺醒與貧困,1995.11.10哈科特港》。台北市:麥田。刊登在台灣第一家無紙版僅電子化的《明日報》2000/7,該報2000/2/15日創辦,次年2月21日停刊。)

人類尚未完全解放　這是當然的

看到《革命將至》這個書名,膽顫心驚。讀之,思緒起伏。

1914年,歐洲列強搶奪商品市場,爭端不能解決,第一次世界大戰爆發,不到四年,第一個共產國度蘇聯意外誕生。其後,體制危機持續,經濟大蕭條召來納粹,在西方,蘇聯及歐陸共產地下黨人抵抗法西斯居功厥偉,遂有戰後許多歐亞國家投入共產懷抱。

共同敵手納粹既然覆亡,昔日並肩作戰的美蘇兩國,歧異立刻顯現而進入冷戰,但這其實是資本主義世界體系兩種路線的內部對峙。到了1980、90年代之交,共產政權在歐洲解體,單極、美利堅獨大的格局成形。從此,先前因為意識形態的競爭,願意以接近充分就業,以及較高水平的福利給付,換取與鞏固民眾忠誠的西歐國家,已經不再需要戒慎恐懼。過去二十年來,西歐失業率因此居高不下,直至現在,敏銳的年輕人如本書作者,甚至說出:「我們的失業就是我

們的工作」、「沒有虛構也能活得非常好的世代，不指望退休、不相信有工作權這回事」，「一舉逃避工作」是未來的希望！

　　與失業逆反，過勞與職業身心傷害如影隨形，大量湧現。體制不能協調，只是矛盾。解放個性、坐擁「移動式的私人空間」，實現在智慧型手機、平板電腦及網際網路的結合，但事與願違，「這種能動性令我們失根、孤絕、流離」。環保理念深入人心之際，綠色產業崛起收割之時。財富的積聚愈來愈多，貧困的人只多不少。科技愈來愈見發達，人未解放，是科技駕馭了人。

　　現況讓人義憤填膺，列寧當年的提問《怎麼辦？》注定不請自來。本書以將近四成篇幅，從事心理建設之後，提供與說明革命的教戰守則。行動者可以單幹，但不能永遠是孤鳥，聚首、串連、結社與組織，都有必要，但又得戒慎，不能「期待組織」。實際行動至少分作三類。「廢除金錢」彼此交工生產所需、「減緩工作速度」、「避免直接對抗」，這些是溫良恭儉讓，沒有風險。世界各大都市的空間幾經炒作，早成生產過剩的商品，買不起房；四處都是為投機而興建的住宅，「占領空屋」就是廢物利用的最佳手段。道理相通，「毀損機器」與「洩漏企業機密」（軍政機密，已在維基洩密網站），只要不被抓到，就可盡情施行。最激烈的手段就是「搶劫商店、街頭開戰、群眾暴動、癱瘓港口、永久消除電腦資料、炸毀發電系統」，果然，「革命不是請客吃飯」。

　　世人能夠響應，採取這些行動，邁向目標嗎？本書以優美散文寫成，作者自稱「隱形委員會」，表示「共產主義……要謹慎使用」。他們的目標是什麼？作者是無政府主義者嗎？若要拋棄共產主義，書中何必多次提及？若要擁抱，謹慎究竟又指什麼？這是個謎。答案有二。共產主義是荒謬的代罪羔羊，不宜使用，如（2011年）7月初馬來西亞政府以「復辟共產主義」為名，逮捕馬國社會主義黨人。與前相反，美國著名右翼民粹的電視人貝克（Glenn Beck）連續三年在節目中提及本書。貝克曾經「幫倒忙」，大力倡導海耶克（Friedrich August von Hayek），卻讓學界因人廢言，「無法認真看待海耶克」。負負得正，貝克詆毀真正的共產信念，會讓歷史信譽不佳的共產黨人

鹹魚翻身於一時一地嗎？

無論為何謹慎，本書源出法國而不是他邦，顯示法蘭西不愧是激進社會主義思潮的重鎮。法共不但不改名，政治實力雖然連年衰退，仍然可以拿下第三。提及共產主義，還有誰不談白度（Alain Badiou）？同樣，瓜塔里（Felix Guattari）及奈格里（Antonio Negri）去年重印的《結盟新路線・自由新空間》，不就在思索與辨認「共產黨人的組織問題」嗎？

（《中國時報》2011/7/23第22版。原標題〈人類尚未解放　他們高喊革命〉，書介《革命將至：資本主義崩壞宣言＆推翻手冊》。作者L'insurrection qui vient〔隱形委員會〕，譯者：隱形委員會台灣分部。台北市：行人。）

第三路線　也有兩種

化繁為簡，意識形態有兩種，左派與右派，第三路線也有兩種，左傾的第三路線與右傾的第三路線。

這個分法當然不是馬老三說的。

楊世雄在《第三條路哲學》的譯序說，該書透過對比社會主義，「主張資本主義制度的合理性」，提供改良資本主義的「理論基礎」。楊氏對其師，也就是前書作者烏茲（Utz）的闡述，十分正確。一方面，烏茲對市場競爭的惡形惡狀描寫深刻，「受制於競爭原則的人，必然疲於奔命，人性就毀於這種競爭之下……並……導致對自然的剝削。」另一方面，除了改造人之認知以外，烏茲提不出制度面的解決方向，卻反其道而行，主張「維持最小的公共部門」，投向了經濟自由主義者的懷抱。

左傾第三路線的最佳詮釋者，可能正是馬克思與恩格斯本人吧。他們一百五十年前發表的《共產黨人宣言》，不是以純紅左派自居，大聲朗誦反動、保守、批判的烏托邦社會主義與共產主義之不是，最

後號召「全世界工人，團結起來」嗎？老馬炮轟的這些流派，或可說是代表了左傾的第三路線。

場景拉回當下世局。從去（1997）年五一勞動節法國社會黨選勝，英國工黨踵繼，一直到上個月底德國社會民主黨入主波昂（柏林），左翼力量盤旋上升，使得馬克思詆為金融貴族代言人的《經濟學人》週刊，也不得不印製「紅色星星，閃閃發光」的標題。

不過，西歐這些發自第三路線的紅光，同樣有些向右閃，有些向左閃。

英國首相布萊爾（Tony Blair）與德國新科總理施洛德（G. Schröder），算是右傾，這就是為什麼主張生產工具私有、市場競爭與自由貿易的《經濟學人》，對他們讚譽交加，大大表揚，說布氏採取了「毫無社會主義色彩的實存立場」，對於施氏，則鼓勵他「勇敢些，丟掉與綠黨組成聯合政府的計畫」。

距離左邊較近的是法國總理喬斯潘（L. Jospin）與德國社民黨黨魁拉方田（O. Lafontaine）[4]，週刊不說他們是老而彌堅、擇善固執，而是替他們戴上糟老頭子、食古不化的帽子，甚至指其具有拿破崙的跋扈性格。然而，他們反核能、反北約飛彈布署，主張砍國防預算而增加教育支出，有什麼錯嗎？他們反對公用事業繼續私有化、質疑市場機能、重視透過稅賦手段支應社會福利的需求，有什麼錯嗎？

第三路線逡巡兩極之間，左右雙方都要爭取。工黨內部反布萊爾的左翼草根聯盟，最近一舉攻占四席常委，聲勢驚人，布氏雖然是媒介寵兒，但能否無往不利，可再觀察。施洛德與拉方田，前者領政，後者主黨，德國的第三條路右轉或左轉，年內或要見真章。法國保守黨總統席拉克，去年已經大意失荊州，如今與喬斯潘較勁不已。

相對於歐洲人熱力四射，角力第三路線之內涵的時候，台灣似乎老神在在，好像打算從一而終，緊緊擁抱走資路線。執政黨說要擴大內需，誰的需要？資本家資金找出路的需要嘛。民進黨美麗島系說要

---

4 拉方田在2014年與左翼政經學者、國會議員 S. Wagenknecht 結婚，她的政黨在2024年元月成立，於9月地方選舉一鳴驚人，得票率13.5%，成為第三大黨。

減稅,誰的稅?同黨新潮流派系都要同室操戈,有錢人的稅嘛。對比台灣兩黨如此同心同德,為資本操心,西歐的第三條路之爭,格局大了不知凡幾。

(筆名「馬老三」,《中國時報》1998/10/14第37版/人間副刊。)

台灣的第三路線

紀登斯(Anthony Giddens)來訪,沉寂一時的「第三條路」再起漣漪,若說三年前他在此間出版的中文譯作,已很難讓人掌握其確鑿意旨,則紀登斯的現身說法,並不能讓這個滑溜的概念更加清楚。雖然如此,舉世知名的學人親臨,仍提供了觸媒,讓我們再次從自身的角度作些文章。

紀登斯宣稱自己超越了左與右的傳統窠臼。這就是說,如果左邊是中央計畫型的社會主義,右邊是自由放任的資本主義,「第三條路」可能是國家帶領的資本主義,也有可能是採取分權機制的市場社會主義。

假定如此,那戰後台灣的經濟成長經驗,歷來都是一種由國家在前規畫的資本主義第三路線,這大約也符合三民主義發達國家資本的說法。套用同樣來自倫敦政經學院的Robert Wade教授對台灣的評價,則戰後很長一段時間,台灣顯示了在特定層次裡「政府管理市場」之成功例子。

但最近數年來,這個發展型國家(developmental state)卻在轉變,它日漸遠離國家資本主義的第三路線,好像快要滑進了通向自由放任的通道,特別是表現在電影與電視等視聽文化上。

號稱全球最自由化的香港,人口不到本地三分之一,公部門投入廣電的年度預算約新台幣20億,台灣的公視是9億,若是比對歐日以千億計,則香港更能說是第三路線。再看電影,與台灣有近似歷史過

程的南韓,仍然強力以銀幕配額作為反好萊塢壟斷的利器,透過這個機制,南韓電影去年領有49%的票房。反觀台灣,早就已經棄守這項政策,電影拷貝數也幾無限制,如今對觀眾來說,看國片已是天寶遺事。

(《聯合晚報》2002/4/15 第2版。原標題〈第三條路〉)

改革資本主義的努力 還在進行

「金融風暴」、「金融海嘯」,2008年入夏以後,人人琅琅上口。但是,我們親身目睹與經歷的這些現象是一種自然而然、必定發生的「風暴或海嘯」嗎?顯然不是,這是人禍。語言很重要,與其言必稱風暴或海嘯,不如採用鄭村祺的建議,使之正名為金融「核爆」。

相同道理,《震撼主義》這本書所揭露的「經濟新自由主義」三十餘年歷史,也是名實不符。「新」與「自由」都是正面的、吸引人的字眼與概念,但克萊恩(Naomi Klein)信而有徵,讓讀者看到迥異的景象。

首先,它完全不同於羅爾斯(John Rawls)所強調的公平正義之「政治自由主義」。其次,它是對亞當・斯密(Adam Smith)的曲解。斯密在《國富論》雖然戲謔地提及市場有隻「看不見的手」,但這句話至少有九或十種意思,不一定是最小政府論。根據後人詳細考察斯密的著作,發現他贊成或鼓吹政府干預的情況至少有三十五種,赫然包括藉助管制以「取代市場來增進效率」、透過「租稅來重分配所得」與「約束國際貿易」等等。這些構成公權力介入與規範的理由,足以讓今日的經濟新自由主義、市場原教派(market fundamentalism)、以為只有一種市場的人,大驚失色。

最後,它對語意的誤用也同時是對民主的背叛。如同風暴海嘯掩飾了人為的核爆,「自由」則掩飾了這樣的自由其實根源於殘暴不

仁、其實根源於特定的一些偏執所故意製造的血腥。海耶克與傅利曼（Milton Friedman）是偏執的代表。1973年9月11日皮納契（A. Pinochet）在美國總統尼克森及其中央情報局的外應下，發動軍事政變以飛機轟炸智利總統府，推翻民選的阿葉德（S. Allende），隨後再鎮壓與殺害成千上萬的異端。對此，海耶克大言不慚地說，「我個人寧取自由主義的獨裁，而不是民主政府卻無自由主義色彩……軍事政變後，在皮納契年代的個人自由，遠比前朝大得多了，我還真無法在智利找到任何一個人會不同意這個說法。」2005年美國紐奧良淹大水後，高齡九十多的傅利曼撰文表示，他從「悲劇」中看到「大刀闊斧改革教育體系的機會」。若說這類思維與習慣是「趁火」打劫，還不是完全那麼準確。本書談及的許多案例（特別是伊拉克），更接近於「放火」打劫。經濟新自由主義的信仰者磨刀霍霍、虎視眈眈而積極地等待災難發生或設法催生災難，以便與大權在握的政府大員及其代言的大資本，共同推進「自由市場」的擴大速度。

實情既然如此，作者以「災難資本主義」作為本書的副題，就很貼切。另外，克萊恩還有一大貢獻。她清楚地表明，顛覆字義的「經濟新自由主義」，並不是起源於1979年的英國與1980年的美國。早從1960年代，它的偏執與宗教一般的熱情就在發酵，到了1973年在智利「初試啼聲」，其後才是英美與拉美國家。至1985年，透過美國的「廣場協定」之所謂華盛頓共識，英美的經濟新自由主義推向全球，次年起關稅暨貿易總協定的烏拉圭回合談判開始，至1993年底暫告完成，象徵「新」的聲勢上揚，簡直可以說是遍地開花。

生活在槍口下的強制自由，很多人不免焦慮、憤怒、不解、無奈、無辜、低迷、氣悶、無力、慶幸與僥倖。然而，這些反應並不窮盡人的動能，生命不停地找尋出口。人固然不能從心所欲，卻秉持信念而行。總有人相信歷史還沒有終結、人類還有另一種未來、另一種生活方式，是以努力構思與行動、結社與串連，永不止息。

1994年，墨西哥原住民在北美自由貿易協定生效之日，起而反抗，「蒙面騎士」震驚世界。1995年「世界貿易組織」成軍，其後進展無法平順。1999年部長會議首次在美國本土舉行，六萬餘社運者

群集西雅圖火爆抗爭。其後，反自由貿易而追求公平貿易的力量日有所成，2001年從巴西開始的「世界社會論壇」水漲船高、年年舉辦而延續反抗聲浪。世貿組織的部長會議在2008年無法達成協議而停擺，不見得比較可喜的、以美國為首的雙邊協定蠢蠢欲動，但以區域為主的協作關係，從1992年低於五十項，至2008年超過了兩百項。其中，受害最早也最深的拉丁美洲，1998年起由查維茲（Hugo Chávez）領軍，大唱反調。他在2005年祭出大旗「二十一世紀社會主義」，優先推動區域合作而有「玻利維亞另類美洲組織」反擊自由貿易，「要讓每個國家提供自己最擅長生產的東西，換取自己最需要的東西，不受全球行情左右。」至今（2009）年3月，委內瑞拉之外，巴西、烏拉圭、玻利維亞、智利、尼加拉瓜、厄瓜多、阿根廷、巴拉圭與薩爾瓦多等九個國家也都由左翼政權主政，再加上古巴五十年國際主義的示範，拉美的動向及其得失成敗，世人不得不矚目。

　　兩岸三地的動作雖小，倒不能說是缺席。2005年中國有八萬七千起抗爭事件，參與的工農人數超過四百萬。「六四」二十年，北京出現「2009北京六四民主運動研討會」，香港則有十五萬人薪火相傳燭光晚會。台灣落後，但有識之士對於主流政黨大加撻伐，成功大學台灣文學系、浩然基金會與世界和平婦女會則聯合在6月6至9日以四整天，辦理「反轉思維：重新連結生態與經濟的另類發展」研討會及「另類全球化工作坊」。本地草根工作者數十人之外，海外同道來自古巴、巴西、墨西哥、西班牙、比利時、瑞士、澳洲、蘇丹、印度、印尼、韓國、北京與香港等十三個地方，再為台灣進步的在地國際串連留存軌跡。

　　克萊恩的筆勝於劍，文字生動、邏輯井然而論理有據。她飽覽群書，又行萬里路，走訪拉美亞非至中東許多國家。作者的調查鼓舞新聞人，也讓學院工作者景仰，見賢思齊、有為者亦若是的心思冉冉浮現。全書具有歷史縱深，也帶領讀者親臨現場，我們需要的國際觀，就在這裡。書出之日，適巧是這次核爆的引燃點，也就是美國次級房貸敗象已經清楚展現的2007年。中譯本則剛好作為歷史見證，「驗收」作者的論述果然是未卜先知。

（2009/6/7，紀念巧克力，走猴山－草楠大榕樹。）

（〔推薦文之一〕Klein, Naomi〔吳國卿、王柏鴻譯2009〕《震撼主義：災難經濟的興起》〔2015年重印〕頁41-4。台北市：時報。原標題〈市場原教派有一隻殘暴的手〉，另刊於《工商時報》2009/06/13 C5版，標題是〈揪出操弄災難經濟的黑手〉。）

美國媒介在自由中完成宣傳

《解讀媒體迷思》

本書作者法羅斯（James Fallows）義憤填膺，張羅證據，論稱大眾媒體愈來愈是如同蠹蟲，點點滴滴啃蝕著美國的民主根基。

這個說法真是大膽。在許多人的心目中，美國的新聞事業代表第四權，無時無刻不在有效地監督與提振民主政治與生活的內涵，對應於此，現任《美國新聞與世界報導》總編輯法羅斯的這本近作，讀來叫人吃驚。有人認為它混淆視聽、誇大其詞，也有人認為它敲響警鐘、振聾發聵。

「無的放矢、胡亂臆測、為錢作事、腐化新聞事業、尖牙利嘴、勝過實質內容、幸『災』樂『禍』、名利雙收、自我膨脹」。這些形容詞（是本書各章節的小標題，還不只是內文！）怵目驚心，但法羅斯意猶未盡，痛快淋漓地發洩怒氣之後，趁勝追擊，宣稱美國的菁英記者在文化議題上固然較具有批判精神（如反對死刑、接受同性戀等），但在碰到稅賦與福利等經濟事務時，卻「遠比上一世代記者保守多了……不太……支持工會」。

有了這樣的記者，於是媒體所透露出的美國景象，望之令人喪氣，閱聽大眾從中無法培育自己的公民身分，不會覺得自己有力量介入社會。馳騁耳目，公共事務變成了名流醜聞，政治新聞如同連續劇，與娛樂相類。更糟的是，不肯合汙的媒體，慢慢察覺發行量、收視率下滑，「增加了覆亡的機會」。

對於這整個荒謬的現象，作者以健保改革方案的新聞為個案，詳細為讀者解構。美國人花在醫療的金額是其他國家的兩倍（而且還有

三千多萬人無法得到醫療保險的服務），但嬰兒猝死率與國民平均壽命卻較低。可是，每當美國政府在向新聞界說明改革方案之時，記者「交頭接耳，傳遞紙條，毫不專心」，等到報告人話鋒一轉，臧否人物時，記者卻「立刻有了反應……傾聽……迅速記下……每一句話」。結果毫不讓人意外：改革方案進行一年以後，美國人「依然搞不清楚……方案的基本事實」。

讀到這裡，台灣民眾或有似曾相似的感覺。從去年的藝人女兒命案。到今年處長與兩個女人的故事，以迄最近的北高兩市長的候選人新聞，我們的媒體會輸給美國同業嗎？才怪。

作者在隆隆砲火之後，另有建議。法羅斯指出「公共新聞」是一個出路，記者無論科系出身，只要跑線夠久，加上合理的自我要求，必定足以作為那一個領域的小專家，於是可以「連結媒體與群眾」，使民眾能夠認為傳媒所報導、評論的議題，與他們息息相關。最後，可惜的是，本書的論點有一大漏洞：若公共新聞真是出路，何以少見實行？作者仍把實行公共新聞的希望，放在新聞業界的自律、自我期許。但商業競爭的摧殘之下，自活猶有不逮，說自律未免遙遠，歷來也沒有看到成功的例子。是該看看北歐等國的事例，責成國家提出政策，節度商業競爭的時候了。（另見本書頁563的討論）

(《中國時報》1998/6/25 第42版／開卷周報。書介《解讀媒體迷思》〔James Fallows, 1996／林添貴譯1998〕。台北市：正中。)

媒介的自律欠缺物質基礎

《兩種資本主義之戰》這本書出版十餘年後，愈來愈多的世人都已通曉，儘管美國優勢階層所表徵的價值及經濟安排，較諸所謂的歐陸萊茵模式，實在是更不適於永續發展的需要、實在是更阻礙了人類文明合理境界的完成。

但是,由於《傳媒是美利堅的天下》,也由於許多國家的音像媒介競相仿效或被迫屈從於逐利邏輯,這就使得主流權勢跨國聯繫所帶動的形勢,強於現實。於是,敗絮其中的諸般社會問題、消費至上帶給生態的嚴苛負荷,最多僅能在金玉其外的閃閃光芒中,若隱若現、載浮載沉。

因此,了解美國,或者更精確地說,除了從流行媒介了解美國的面貌之外,我們有更大的必要,多方從不卑不亢與翔實可靠的作品,努力全面地了解美國媒介的歷史根源及其當前面貌,從中探求變化美國媒介面貌的力量,並從中探求另一種跨國傳媒的連結想像與方式。

《問題媒體:二十一世紀美國傳播政治》正就是這樣的一部近作,它以平實誠懇與務求對話的用語,而不是徒托片面講述的言辭,揭示了當前美國新聞與娛樂媒介的表現,受到了制約,也就是受制於資本力量逐漸坐大後,竊奪了憲法第一修正案的解釋權,混淆了屬於個人層次的言論自由與制度層次的新聞自由。

不但如此,自由從來就不是不需要資源來加以滿足的,這也就是說,消極自由與積極自由都需要社會資源來滿足,二者的差別不在於前者要求國家不作為而後者容許或鼓勵國家的介入。這個觀點在《權利的成本:為什麼自由依賴於稅》這本書裡,有了簡潔易懂的舉證與論述。

是以,不但偏向個人層次的「言論自由」,需要社會習俗或政府強制力的保障(如言論是否侵犯名譽,得由司法單位認定及裁決罰則,而司法機關的運作有待稅收支持),就「新聞自由」來說,更是如此。

令人扼腕的是,通說只看到了國家強制力對於新聞自由的戕害,卻沒有同時正視一個事實,此即新聞與傳播自由的目標,如果是要讓閱聽人得到多樣的資訊、看法與「偏見」,如果是要讓閱聽人享受合理比例的宜家宜室與促狹詭異或乃至「不入流」的娛樂,如果是要讓閱聽人得到足夠的寓教於樂之機會、充分的生活慰藉與「發洩」,而不是讓閱聽人經常深陷「五色令人目盲,五音令人耳聾,五味令人口爽」的茫然、憤怒與「傻樂、無厘頭」,那麼,作為並非對立於市

場,而是應該規範市場的強制力之持有單位,國家必須投入合適水平的資源,國家也必須制定相應的政策,才能讓傳媒運作在合理的市場結構中,較為完善地扮演其理當承擔的角色。

然而,這裡另有一個問題。國家應該這麼做,但國家實際上是怎麼做的?以美國來說,「聯邦通訊傳播委員會」(Federal Communication Commission, FCC)可說是名聞遐邇,很多國家(包括台灣)奉之為傳媒管制機關的圭臬。

但是,讀者從本書將可清楚得知,FCC距離它所應該扮演的理想角色,其實相當遙遠。怎麼辦呢?作者以潘恩(Thomas Paine)的積極入世態度與能力,記錄了草根社團與學術界的合作,鋪陳了近幾年來,各造在戮力從事的過程,有效挑戰FCC的若干成績。

1996年,美國國會通過FCC的《電信法》,其後,從1930年代以來就相對欲振乏力的媒介改造運動,開始有了較為廣闊的運作舞台。原來,管制放寬後,財團得到更大揮灑空間,損及傳媒的工作環境,致使傳媒表現及其內容不能不連帶遭受影響,於是閱聽人的不滿升高,形同支持媒介之結構改造的力量,增加了大批的生力軍。

在此背景底下,作者等人於2002年聯合籌組了「自由傳媒學社」(Free Press)。2003年6月,FCC放寬了單一財團所能持有之媒介資源上限。此時,美國許多非營利社團都動了起來,群起反對FCC,他們在當年11月假威斯康辛州舉辦了全美國第一次的傳媒改造論壇,吸引了一千七百多人參加。12月,FCC的新產權規範遭到國會的局部修正,到了2004年,法院也對非營利低功率電台(電波範圍5.6公里,至今年5月全美有六百三十二台在播音),裁定了有利的決定。2005年元月初,FCC宣布不對這個裁定提起最高法院之訴,至此,FCC等於是承認,它必須回到2003年6月以前的基礎,重新對媒介產權的集中上限之規則,另行研擬並召開公聽會。

不過,這並不表示財團與FCC就要罷手。美國各傳媒改造社團對此心知肚明,他們的集結、討論、串連與遊說,仍然絲毫不敢懈怠地推動。既然有這個具體的目標作為聚集民氣的動力,這也就難怪今(2005)年5月13至15日的第二屆全美傳媒改造論壇,總計吸引了兩

千多人。他們依據各自經濟所得之差別，以85至185美元的註冊費，奔赴聖路易斯安那，交換美國媒介及其改造的資訊與看法，共商大計，培育相互支持的感知結構與能力。

在台灣遙遠觀察美利堅的媒介表現其及改造運動，體會到的並不是隔岸觀火的事不關己，而是油然升起了感同身受與借鏡取經的念頭，這也是本書各譯者在2003年底得知本書即將出版時，旋即聯絡並得到陳巨擘先生的支持，迅速在除夕當天取得樣書，從農曆年節就開始準備投入於翻譯工作的重要原因。

藉由這本譯書的出版，除了帶給國人認識美國傳媒的另一種角度與知識，譯者也希望向成立已經十餘年的各媒介工會、「台灣新聞記者協會」、「傳播學生鬥陣」與兩年多的「媒體改造學社」致意，譯者並希望邀請關注台灣與世界傳媒表現的朋友，不但要求傳媒人士要能具有專業能力與倫理認知，也能一起思考與評估先哲話語的意義：

> 改造傳媒者並不將傳媒自律與傳媒他律對立起來……反之，改造媒介者力圖展示，自律或他律均有其物質情境，這些情境消失則自律或他律的傾向也就消失。傳媒改造者不以道德律令責人：有為有守，切忌違反專業等等。反之，傳媒改造者心知肚明，自律一如他律，在特定的環境裡，都是個人自恃（self-assertion）的必然形式。所以，傳媒改造者決不以「利潤歸私意義之下的」傳媒專業自律為名，要求消滅「偏見、不入流、發洩、傻樂與無厘頭、侵權、八卦、荒腔走板」。

（2005年5月22日大屯溪走小觀音山火山口）

（Robert McChesney〔羅世宏、魏玓、唐士哲、林麗雲、王菲菲、王賀白、馮建三等七人譯2005〕《問題媒體：二十一世紀美國傳播政治》譯序。台北市：巨流。）

媒介無所不在

積極參與媒介與社會改造及批評志業的季特林，在本書中採取了「不哭不笑，只是理解」的態度，冷眼解剖了（美國的）媒介。

《媒介無所不在》（譯名暫定，本書指稱的媒介，主要是「電視」）是一本這樣的書：開始展讀的時候，讀者心有期待，自忖作者既然是美國六○年代學運標竿人物之一，至今也依舊經常現身公共電台臧否時事，且頻繁在主流報章雜誌與網路的電子空間，以文字分析及批評世局，那麼，季特林在剖析美國媒介的現狀、指認其矛盾屬性之後，理當會以倡議未來的媒介改造方向，作為本書的結語。開宗明義，季特林確實也在首頁就說，這本書一如所有的書，「因不滿、因心中仍有期望」而寫作。

但是，不滿什麼呢？美國的媒介是私人的天下，是有欺瞞、是有意識形態限制了我們、是有太多的性與過度的暴力、是減少了好的與真實的與正常的內涵、是腐蝕了藝術的品質、是破壞語言的素質、是使得「民主大抵化減為枝節之事」、是扭曲了政治以致公共生活變成可有可無、是使得人們難以動員，並且「依賴電視而娛樂歷來都是預測」人們很少參與公共事務的「最大因素」（p.6, 164-6）。

作者是美國少數出身社會學，後轉而研究傳媒且卓有成就的學人之一，對於傳媒的這些惱人病症，他是感受深刻。但除了說季氏不滿傳媒，我們其實可以說，作者撰述本書的動力，可能更在於他不滿意人們對媒介現象的反應方式。

在他看來，面對無所不在的媒介，時人有九種泅泳於媒介浪潮（media torrent）的模式（或說「導航的風格」，第三章）：

一、聲刺的現象（on being sound-bitten）。季特林自述，1991年美國攻打伊拉克後，他為了善用機會談反戰的理由，於是接受了四小時電視訪問。事後，畫面卻僅出現了數秒對他的訪談，其他是記者的旁白，以致畫面及他的發言，顯得像是支持戰爭。

二、迷哥迷姐（fan）。明星現象讓他們能在狂亂的媒介浪頭，保留一絲稍能確定之感覺，對於迷哥迷姐來說，明星「讓我有尊貴與穩定的感覺」。

三、內容批評者。相對於「迷」，批評者因嫌惡傳媒內容而發其議論。所有人同時是迷與批評者，而在消費社會裡，再怎麼激進無情或無謂的批評者，都能有其利基寸土。

四、偏執狂（paranoid）。他們與批評者可說是一線之隔，脫胎於各種不等模式的皮下注射論，包括了法蘭克福學派的文化工業觀、拉查斯斐與墨頓（Lazarsfeld and Merton）的麻醉負功能說等等。

五、愛現者（exhibitionist）。這是一種對媒介的正向偏執，他們可說御媒介之風而行，人上了媒介，特別是電視，總產生一種「地位賦予」的效果（若出現在電視螢幕，總有人會說，我看到／聽到你在電視上，雖然你說了什麼，我已經不太記得）。

六、反諷者（ironist）。他們說，各種媒介奇觀，其實不過是無足輕重的花招，由於有了這種自恃，他們也就衍生高人一等的感覺。

七、干擾者（jammer）。與內容批評者同，差別在於他動手改變了媒介訊息，使其產生對抗主流意識的作用。比如，挪威年輕人喬漢森（Jon Johansen）因研發破解DVD分區密碼的技術而遭審判，其父不屈服於森嚴法制設定的意識網羅，反而勇於接受菁英媒介的訪問，意圖翻轉喬漢森的形象。他說，「喬漢森的祖父在第二次世界大戰時與納粹作戰，我在1980年代時，親自攜帶捐款，進入波蘭支持團結工聯對波共的鬥爭，喬漢森此刻正在創造歷史，正在為自由而戰。」

八、分離者（secessionist）。他們認為媒介偷竊了人們的時間，形同盜竊了生命，使人的能力為之浪費，於是他們採取了行動，如關電視機一段時間等等。

九、澈底摧毀者（abolitionist）。也就是把傳媒，特別是電視逐出生活，「整個社會必須被迫（譯按：免於媒介涉入的）自由。」

但是，季特林又說，這種有哭有笑的理解方式仍有所不足。他似乎更願意採取「不哭不笑，只是理解」的態度，冷眼解剖（美國的）媒介。

季特林認定，以上九種反應多少已將媒介切割看待，惟我們必須「將媒介當作整體，重新掌握其不斷擴張的無邊無際之性質，然後解釋何以此種現象成了我們的文明之中心」。並且，這是現代性所展示的核心現象之一，其間，與其說媒介使我們受制於「全景式的監控」，不如說媒介讓我們的日常生活，都彷彿沐浴在「各種光鮮亮麗、喧譁紛擾所形成的氛圍之中」（the panoply of appearances）（p.46, 209-10）。

　　究竟這樣的媒介氛圍、這種追求速度的動力緣何而來？季特林不願意只是說，此乃科技失控、利潤至上的結果，是人們「逃避」的驅力所致、是人們本來就有追求感官刺激的結果，是「晚期資本主義」的必然產物。在這裡，作者透露了某種減除了樂觀之情的麥克魯漢式的形式主義，乃至於命定論的嫌疑。[5]

　　他說，當代的美國媒介風情，自有其數百年的演進史，是經濟擴張及個人欲望的結合，打從一、兩百年前的暢銷書，就很少是為統治菁英說項，而當前不同階級與種族的分野，到了接觸電視的經驗，分歧已經小了許多（p.19, 28-9）。至於競爭的動力，除了是人之理性與求生本能的要求之外，競爭必然強調的「速度與追求速度的欲望，其實是我們的感官本能……是人類生物性的一環」（p.81），這個性質展現在當代的美國媒介，則是聲刺秒數與文句長度的縮短（pp.96-102）。本書最讓人詫異、不解之處，或許是最後一章，它似乎重複了新自由主義者的論調，徒然陳述美國流行文化因得力於國內的多元異質性，是以等於是在出口前，業已測試其普遍美學的訴求力，又得力於美國沒有歐洲封建或統治階級的美學訴求，以致其產品只求讓人放鬆、沒有負擔，也就能夠吸引世界各地的人。季特林特別列舉了東歐與智利為例，說明美國電影等流行文化的魅力，無可抵擋。

　　在現實生活裡，季特林積極參與媒介與社會改造及批評的志業，

---

[5] 雖然作者在三度提及麥克魯漢時，兩次對麥氏有所批評（p.10, 176, 207），如指麥克魯漢的「地（全）球村」，未提及其間有人豪宅大廈、有人茅舍屋瓦，而村民說的是美語、穿的是牛仔褲、喝的是可口可樂。

但顯現在本書的寫作要旨與觀點,卻並不能明白讓讀者知悉,究竟美國媒介的進步出路何在?這是作者的寫作策略,刻意要以盡其在我、成之在天的「下注」心理而成書嗎(p.1)?最不濟,作者是要讓自己落得「剩有文章供笑罵,哪能詩賦動江關」的訕笑下場;最好的結果則是作者仍然期望自己的論述實踐產生了說服力,於是論述也就有了物質力量,各種改革人士接受了他的建議,不再從效果、內容的角度來看媒介,而是將其當作是「整個生活方式的核心情境」,駐足審視後,「或許……我們才能知道,轉換頻道之外,我們對整個媒介現象,想要怎麼處置。」(p.210)季特林這句結語,究竟是要表達什麼呢?是什麼也沒有表達,而僅只是反映的心境,認為美國的超穩定結構,若無戰爭帶來的破壞,再無任何質變的可能(p.163),是以不如與媒介和平共處?是作者束手無策?還是另可作較進取的解讀?[6]

(刊於《新聞學研究》第80期2004/7,頁159-164。評介:Todd Gitlin〔2001〕. *Media Unlimited: How the Torrent of Images and Sounds Overwhelms Our Lives*. NY: Henry Holt and Company.)

---

[6] 比如,作者在書中仍多次認知到,有關媒介產權、近用媒介、改善媒介內容之爭鬥,仍會繼續;他也提問,「誰又管我們是否沐浴在豐富繁茂的影像聲音呢?又有何傷?或許這也不過是好玩而已。只是,眼前的暴力、疾病、不平等、壓制、荼毒與其他全球痛楚,都有規避的可能。意念及此,我們就有道理煩憂……是否市民的責任義務感,為此鬆散?是否人們的自滿自得與健忘,因此就不更自覺地浮現?是否這種媒介格局最終造就了權力的寡占集團?……我們可還能寄望,我們能夠轉用這些新的媒介,使之作為動員民眾之用、作為促進社會運動之料,使之涌汨感知之泉,以作創造全球市民社會之資?」(如p.209, 120)又如,他是說,與其專注媒介而思考改革,不如思考如何使其與社會更新的工作,一起共進?畢竟媒介是社會整體的一部分,媒介改造與社會改造不能分割。從事前者的人,必須揚棄保守者、自由派及科技烏托邦派所共同擁護的「理念:更多時候都要有更多的媒介」(more media, more of the time)。後者既能體認「求快是勞工之敵」,且保守與激進者相同,都「緊緊擁抱資本主義的革命惡魔……慶賀於熊彼得的『創造性毀滅的狂風』,那麼,是否有人能起而「組織一個『慢社會學社(students for a slow society)』(p.209, 105, 115)」?

鼎鼎大名的傳媒　另有文章

　　動聽的傳媒故事，多多益善，儘管動聽的理由，不盡相同。
　　《倫敦時報》，也就是《泰晤士報》（The Times）在梅鐸入主後，二十多年前大幅改組人事，總編輯任期從平均十一年，陡降至二點二年；然後是領銜，他率英國全國性報紙之先，帶頭採用新技術，一夜之間五千餘人失業；再來是十年前，《泰晤士報》採取降價等策略，報份大舉增加，險些壓垮《獨立報》。
　　《紐約時報》雖然也有不好的名聲，如獲得普立茲獎的哈伯斯坦（David Halberstam）在著作中說，統治階級喜歡有份像《紐約時報》這樣的報紙。1919年創刊、訂戶以勞工階級為主的《紐約日報》自稱「以不是《紐約時報》為榮」。但是，《紐時》努力減少廣告及政府的壓力，還是可以肯定。
　　如1992年上任的小阿瑟說，「編輯部必須民主化……性別平權化……提升黑人及婦女出任高級主管」，他又主張，《紐時》應該從依賴廣告為主（約80%），走向發行與廣告各半。另一方面，繼1978年為保護消息來源，《紐時》記者坐牢四十天、報社付出相當於四千多萬台幣訴訟費及罰金，今年《紐時》記者再次為堅守採訪倫理，拒絕透露新聞來源而入獄。對比之下，《時代雜誌》折腰，繳出了記者的採訪筆記與資料，實在是有損傳媒的尊嚴。
　　同樣是「時報」，倫敦與紐約顯然是兩種經營模式。值得知悉與思索的有趣故事，還有很多。比如，彭博資訊的東主是怎麼選上紐約市長的？《金融時報》雖然服務財經管理階層，卻也是所有英國平面媒介當中，設置最多勞工路線記者的機構。《經濟學人》對美國近年來的智慧產權立法趨向嚴苛而不是同等重視合理使用，多有不平之鳴。BBC翻轉外界對公營傳媒的認知，不但率英國各種平面與電子媒介之先，揭發政府入侵伊拉克的不當傳播行為，也因為經營效率太好，竟然遭忌，在2001與今年，兩度引來財團傳媒聯手，要求英國政府限制BBC的經營自由。
　　作者見多識廣，成就本書，他提供的事蹟，雖然不能讓人直接複

製,但這類書讀多了,點滴在心頭,日後遇到必須派上用場的時機,也就比較不會有「方恨少」的遺憾。本地讀者若能廣泛、深入與反思地接觸這類資訊,假以時日,想來對於促動台灣傳媒的進步,不無裨益。

(推薦序之一:Mark Tungate〔王乃純譯2005〕《媒體巨擘:全球二十大媒體品牌的行銷策略》。台北市:華文網。)

CNN與BBC的組織文化

本書很可一讀,試從頭說起:形塑BBC與CNN這兩個重要傳媒機構的首任舵手,也就是奠定二者組織文化氛圍的負責人,性格相當接近。

BBC的雷思(John Reith)之父權作風,素為人知。他聲稱人們的需要,定然與欲求有所差別,並且主要應由廣播從業人員依據其專業,判斷二者之別。CNN的透納(Ted Turner)「青出於藍」。據當年與他共同創辦CNN的熊飛德(R. Schonfeld)出版於2001年的書,透納曾與古巴卡斯楚獵鴨。返回後,他說:「卡斯楚哪是共產黨人,他跟我同,獨裁而已。」此話不知是侮辱了卡斯楚,還是恭維了自己?

性格同,但這個性格所要成就的理念,南轅北轍。BBC代表的是公共廣電服務,CNN是在私有財產且商業經營下所可能達到的廣電服務水平。本書列舉的三項標準,道盡了二者的差別。BBC眼中的廣播職能,應該是構成「社會基礎設施的部分」;CNN則視之為「市場商品」的一種。雙方認定的觀眾,一是「民主社會的公民」,一是「市場中的消費者」。在BBC看來,競爭的增強適足以造成節目品質及其多樣性的減少;CNN因進入廣電業較晚,是以強調競爭,它認為唯有競爭機制才能提高節目的多樣性。

本書的寫作完成於1999年、出版於2000年,其後世界電視業的走向,顯示截至目前為止,BBC模式仍然領先。

CNN在1996年與時代－華納集團合併，動力之一是要迎戰當年升空的福斯（Fox）新聞網，以及MSNBC（微軟與通用電子的合資）頻道。其後，CNN投入的資源繼續增加，惟業績並未好轉。到了2001年1月，它解聘十分之一雇員（四百人左右），該年前半的收視率比起2000年同期，掉了2%（廣告則少了6%），其競爭對手，也就是前述的兩家新聞頻道分別上升62%與25%。九一一發生後，CNN連續六天沒有播廣告，為此減少收入3.5億美元，其他新聞台沒有播廣告的日數少了兩天。另一方面，其支出增加，派出七十位工作人員至中亞與中東，超過過去派遣採訪任何國際事件的人數。2001年，CNN國際頻道的內容僅剩8%的美國節目與新聞，遠低於1996年的70%。

看來，走向國際的路線並沒有替CNN帶來更多營收，至少可以找出兩個原因。

一是競爭者增加了。如1991年美國第一次入侵伊拉克時，電視國際頻道只能依賴CNN。十二年後，亦即美國二度入侵伊拉克的2003年，CNN員工數固然已經是當年的十倍，也有最大規模的部署，派遣了也是十倍於平日記者數的兩百五十位人員在波灣。但是，此時世界上大約已經有十二家頻道二十四小時在播報，包括BBC與福斯（分別布置了兩百人與一百人）。CNN的新聞固然較持平沉穩、較沒有那麼赤裸裸地愛國，但收視所得，硬是弱於去（2004）年8月被美國媒介改革社團指為「誤導視聽，欺騙大眾，欺騙之深之廣，惡名昭彰已極」的福斯。看來，曾在1996年辱罵「這個狗娘養的（son of a bitch）梅鐸（Rupert Murdoch，按：福斯的大老闆）集團……妄想控制整個世界……這是正義與邪惡之戰……以後我不要再提這個渾身找不出一塊好料的雜種」的透納，恐將更要氣結。

至於法國、瑞士、比利時與加拿大聯合推出的二十四小時國際法語頻道，以及法國政府2004年出資的CII國際法語頻道（年度預算約840萬美元），雖然無法與CNN國際台競爭（一年12億美元左右），但咬掉一小口CNN等英語頻道的觀眾，還是有能耐的。半島電視台（Al-Jazeera）也已經宣布將在2006年，也就是開辦第十年時，再增添

英語頻道。

　　第二是作者提及的「波動的收視率」。這是說，CNN要在大新聞爆發時，才能屢次贏得高超的收視率，從中既可打造聲望，也能替日後的業績開山闢路。如1986年挑戰者號太空梭失事、1989年天安門事件、九一一及各種戰爭（如兩次波灣之戰），確實都能讓CNN成為重要新聞來源。雖然如前所說，其耀眼度業已隨競爭者的加入而減淡，然而，成也蕭何、敗也蕭何。正也是因為僅依賴新聞專業頻道，別無其他節目類型作為支撐其收視高點的依靠，以致大新聞不可期，並且，即便有了大新聞，各競爭頻道也會競相投入。於是，CNN僅依靠新聞的運作模式，不見得討好，雖然其品牌形象俱在。

　　對BBC來說，由於客觀時勢使然，進入國際競爭與否，並非其可完全選擇。但BBC在走向國際化的路途，已經使得其營運邏輯有了兩種，而不是僅遵循公共服務。如本書所述，BBC海外電視新聞頻道等營運的動力，在於取國內執照費之所得，向外投資，祈求其能獲利，回饋英國執照費收視戶。但英國有識之士認為，這種可算是某種廣電民族主義的作法，或許因BBC的歷史形象、國際地位及優異的競爭力，因此不無實現的機會（如2001年，BBC的海外電視營收，回流至BBC母機構的額度，折合台幣將近60億），但市場競爭的常態將使得這個果實如同危卵，不能長青，到了那個時候，公共服務精神勢將更要遭到腐蝕而東折西扣，最壞情況則動搖BBC的根本，也並非完全不可想像。

　　當然，BBC必須面對的挑戰，並不是「國際」競爭，而是「競爭」本身，並且，至今私部門遊說政客，兩面夾攻BBC不遺餘力的程度，展現於2001年入夏的那一場戲，堪稱誇張。當時，踵繼原已推出的五個數位頻道，BBC再向主管單位「文化、媒介暨體育部」申請，預定再增設四個頻道。沒有想到，英國所有私人商業電視公司在7月5日決定，彼此暫時不再爾虞我詐交相爭，並破天荒地找到了共同敵人BBC。他們鳴金收兵，槍口一致對準BBC，聯合向媒介部施壓，以BBC競爭力太強為由，要求媒介部不准BBC擴張！最後，BBC僅獲得增加兩個頻道的權利，其中包括日後頗受菁英刊物《經

濟學人》週刊讚揚，以知識分子為主的頻道。該刊歷來都主張私有化BBC，但仍然有這個肯定之聲，殊為不易。

本書出版四年多以來，大財團時代－華納一方面以雄厚的財政資金奧援CNN，另一方面改組其人事，除前面已提及的裁減員額，華納總部也改派以經營娛樂業起家的凱納（Jamie Kellner，曾以搞起福斯新聞著稱），以及首推好萊塢明星作為《時代雜誌》封面的艾薩克森（Walter Isaacon）入主高層，冰凍了CNN的創始幹臣。未來CNN是否會更加高明，其組織文化是否會逐漸轉變而至完全不同，仍有待觀察。

同理，BBC的執照在2006年就要到期了，2004年8月，新成立未滿兩年的英國傳播事務主管機關（Ofcom）也彙整並發布了第一輪各界對BBC轉型的看法。2005年3月2日英國的文化、媒介暨體育部也如期公布了綠皮書，解除了外界的憂慮，該部同意繼續讓BBC以執照費作為最主要的運轉資金，所有執照費也全部保留給予BBC，而不是如先前一度提出的想法，提撥部分執照費給BBC以外的單位製作節目（這等於是逼BBC瘦身）。惟BBC得到這個肯定與支持後，是否能夠不但自保，並且發揚光大其初衷，將公共服務的理念與實務盡量也在國際間散發，減少或取消其國際電視頻道的商業考量，並擴大釋放版權的規模，充實公有電子園地的內涵，也著實仍然有待爭取。

閱讀本書，必定有益。讀者可以從中取得充分的知識，不但掌握這兩家傳媒組織及其文化，也緣此具備了能力，在自行觀察與研判其動態的意義之餘，另生如何評斷本國廣電傳媒的領悟。

（2005年3月5日政大相思林祕密基地仰望樟山寺步道）

（推薦序：Lucy Kung-shankleman〔彭泰權譯2005〕《透視BBC與CNN──媒介組織管理》。台北市：亞太。）

《讀者文摘》：帝國主義跨國串連

今年稍早，《讀者文摘》進行了一項實驗。它選定了二十個西歐城市，十二個美國城市，然後將內含大約50美元的兩百多個荷包，「不小心地」散落在這幾座城市的動物園、加油站、電話亭等等公共場合。

結果，掉落在歐洲的荷包，58%物歸原主，比美國的67%低了不少。

這是什麼意思呢？我們也許可以猜，從這個簡單的數據對比，比較粗心的讀者，說不定會油然得到印象，覺得美國人還是比歐洲人來得老實、可靠。

真實的美國，是否就是《讀者文摘》中的美國，見仁見智。但本書作者很清楚地指證，這家發行量僅次於聖經、行銷一百二十七個國家的雜誌，打從七十四年前創刊，就一直「偽善、假道學」，讚揚、推廣保守的生活與價值觀。

刊物問世的前七年，文摘對於轉載的文章，「一毛錢也沒付」版權費，因為它認為轉載文章「等於為那些雜誌提供有利的宣傳」。不久以後，形勢逆轉，文摘從不付轉載費，跳到另一個極端，也就是開始「預刊投資」，文摘與另一家刊物談故事構想，並負責作者的稿費，卻只要求文章在友刊登出後的轉載權，到了1976年，這個性質及其他第一手來源的文章，一度高達全部內容的80%，但讀者卻還以為他們看到的是全美雜誌已經刊出的文章之精華，殊不知其中很大部分是《讀者文摘》自己設計出來的。另一方面，許多從預刊得到好處的雜誌，對於《讀者文摘》的作法愈來愈反感，認為他們的編輯權已經受到侵害，《紐約客》甚至指控文摘四處撒錢（五十多年前，短短數頁的文章，美金兩千五百，文摘也曾出兩萬五千要共黨領導人布勞德撰文，但布氏擔心被抹黑而拒絕），「……開始生產出美國雜誌的大部分內容……令人起雞皮疙瘩。」

在內容方面，《讀者文摘》曾經為了在佛朗哥統治時期的西班牙發行，不惜讓它的任何版本不刊登任何批評西班牙的文章；又「基於

反共熱忱」而和尼克森建立緊密關係,當水門醜案爆發後,「堅拒承認……態度幾乎……歇斯底里」,卻照樣打擊華府官員、民主與共產黨員、工會、國稅局、環保人士與大學生;另一個共和黨總統雷根則更進一步,不但認為《讀者文摘》是「權威消息來源」,他還任命該刊編輯湯林森(K. Tomlinson)出任「美國之音」負責人,後來湯氏又轉任文摘總編輯。許多年來,關於文化、媒介帝國主義的爭吵,喋喋不休,環繞著「國」與「國」之間的支配或對抗,轉個不停,讀完這本書以後,我們這才恍然大悟,原來,所謂帝國主義,說的並不僅止於國與國的關係,它更是涉及了不同國家之內,特定生活方式與意識形態的跨國串連。本書作者能夠從一本雜誌企業的發展史,找尋出這麼多商業的、保守帝國的行徑,實在是難能可貴,不過,譯成中文時,如果能夠仿效文摘作法,擇本書精華的四分之一而譯之,相信會更好。

(《中國時報》1996/8/8 第43版。書介:John Heidenry〔林麗冠、余慕薌1996譯〕《讀者文摘傳奇》。台北市:智庫。)

好萊塢:招納觀眾又一招

　　這是一部好書,譯筆暢達,在眾多翻譯的電影書當中,似乎獨樹一幟,至少有兩個特色。

　　第一,出於史學人士的書寫,透過他們的眼光看電影,或可達到寓教於樂的作用。本書為美國史學會叢書之一,假借通俗作為入口,期望導引美國觀眾登堂入室,在賞析聲色之餘,增添人們對歷史的興趣與知識。最近幾年來,此間出版了許多古籍漫畫版,二者功能或有相類。

　　惟需注意,作者是美國學者,復得遷就好萊塢的取材,則書中所謂的歷史,半數集中在第二冊所著墨的本世紀(彷彿歷史不及百

年),也就是美國取代英國,成為全球霸主的這段期間,可算是其來有自。不過,全書具有最濃厚階級政治意識的五部影片,倒也在這裡出現,文氣持平,無論是寫美左傾記者的支持蘇俄之1917年的革命,或是寫美國黑人民權運動人士麥爾坎X的故事,讀者得到的專業與平衡的評述,遠多於激發義憤與行動的敦促。

其次,本書的(中文)編輯用心,頗見創意。扣除首尾兩篇,由史學者與導演對談歷史電影,以及《帝王的最後回顧》之外,其餘六十一篇的每一篇長度與體例大致相當,控制得宜。

正文的鋪陳在邊欄圖片與文字的佐翼下,相得益彰,電影情節的描述與作者引述的歷史資料,同步進展,然後歸結於該事件(人物等)的「後來」之發展,方便讀者從容出入虛構與史實之間,文末所附錄影片的小檔案與背景書目,對於想要進一步了解該電影或題旨的人,助益頗大。

欣賞了這本質佳的工具書之後,竟然有點緊張。並不是覺得我們應該自慚形穢,無法創作這樣的書(台灣的電影幾乎已被好萊塢囊括殆盡,我們的史學者就是想寫,也沒有這麼多電影可寫);也不是不滿作者無心曝露好萊塢為票房而迎合保守口味(如《侏儸紀公園》的原作,貪婪的資本家遭遇了暴力結局,但電影讓我們看到的卻是,慈祥和藹的老人領悟貪婪之心不可有,終能全身而退)。緊張的是,如果說這本書是好萊塢電影的周邊產品,拉高了好萊塢電影的文化位階,提高了我們品嚐它的興趣、意願與能力,那說不定它也等於用另一種方式,馴服了更多人,證明了好萊塢席捲台灣電影市場的正當性,甚至必要性哩,乖乖。

(《中國時報》1998/5/21 第43版。書介:Carnes, Mark C.〔編 1995/王凌霄譯 1998〕《幻影與真實:史家眼中的好萊塢歷史片》。台北市:麥田。)

杭士基：美國是流氓國家

大家都知道，美國的兩黨政治及三權制衡，交替已久。大家也都知道，美國從1968年以來，就有了《資訊自由法》，至今執行已有三十五年。美國又有世人稱羨的憲法第一修正案，言論與新聞自由的成文法保障，讓英國人很想見賢思齊。美國又是法治國家的表率，律師多如牛毛（雖然有人說這是另一種為興訟而訴訟、是寄生蟲）。美國的高等教育在全世界最為發達，又有八成民眾參與一種以上的非政府組織。

因此，美國即便內政的修明尚不完善，至少可以名列群倫之一。既然如此，又說外交是內政的延長，閱讀這本書的人，一定不免奇怪，作者杭士基怎麼會說美國是「流氓國家」呢？美國外交怎麼可能霸道呢？

閱讀這本書，請先讀最後兩章。您將發現，號稱美國史上經濟擴張最久的1990年代，致使挨餓者增加50%而達近三千萬人。貧困、孩童營養失調、死亡率人口、入獄比例，美國業已「穩占龍頭」，而工作時數比起1970年代則平均一個在職的美國人，多工作了一個月。（作者忘了提及，美國已經投入國民生產毛額的14%以上於醫療保健，高於歐日50-100%，但還有四千多萬國民無法得到醫療服務。）

於是讀者得到了另一種美國的內政圖像。這個時候，再轉到前面七章，分別（交叉）講述美國以舉世首強之姿，封鎖古巴長達四十年，將中南美洲視為自家後院，見不得智利與尼加拉瓜的轉向（年初就任的巴西工人黨總統魯拉，小心，小心。本書二三三頁說，美國要把海地變成「加勒比海的台灣」，不知道這是什麼意思？），然後，美國為了「防範未然」，縱容哥倫比亞右派民兵組織大肆殺戮平民百姓，使人流離失所（單在1999年6至8月，就有二十萬民眾被迫遷離家園）。1960年代中後期至晚近，美國縱容印尼屠殺本國人民幾十萬人，東帝汶人二十萬，到供應武器，充當劊子手，充耳不聞接受其軍援僅次於以色列與埃及的土耳其政府，已經殺害庫德人近萬，同時「生產」了二至三百萬難民。

在美國聯手英國、澳洲而很有可能違反聯合國，逕自攻打伊拉克，據稱可能是全世界最大反戰集結即將在2月15日（元宵節！）在世界許多地方同步發動的現在，閱讀《流氓國家》這本書可說正是時候，足以加強心理建設（《中時》2月12日小社論認為，美國攻伊有理。隨便塗鴉的該文作者，若及時讀了這本書，就不可能有那種荒唐的說法了？）。

如同作者的其他書籍，這本書也值得一讀。杭士基（N. Chomsky）頑強抵抗的意志與能力垂三十餘年不見衰退，他的著作等身，惟翻譯為中文者還不多，除了語言與心理等「專業」著作之外，本書可能是繼《9-11》之後僅有的第二本。稍見可惜的是，本書的中譯品質還可以有些改進。

(《破週報》2003/2/21 第30版。原標題〈內政不修，外交橫行：美國〉。書介《流氓國家》〔Noam Chomsky, 2000. *Rogue States: The Rule of Force in World Affairs*. South End Press／林祐聖譯2002。〕台北市：正中）

杭士基：自由世界的驚人宣傳成就

事實勝於雄辯，人人琅琅上口。難題在於，事實是什麼？這不是後現代論者的提問，不是哲學上的冥思玄想，也不是以「事未易察，理未易明」作為諒解新聞失實的藉口。

這是意有所指，是本書作者杭士基許多年來不厭其煩，再三提醒其國人及世人者，美國的主流媒介簡直就是最高明的宣傳者。最高明，因為身在其中，習焉不察，迥然有別於威權國度中的有良知之人，後者意識清楚，前仆後繼，以政府及受其嚴厲管制的媒介為敵。這樣，我們就看到了一幅非常奇異的景象：號稱與共產主義對立的自由主義信仰之國度，其媒介從業人員雖然無須聽命於高官、不從命也大致沒有丟掉差事之虞，但依本書之說，美國的媒介居然是三者有其

一,承擔了列寧口中「集體的宣傳者」之角色！他們的價值觀、想法乃至於利益與出身背景,與政商界人士重疊之處,多於衝突。

杭士基之說,不免惹來非議。總有人愛指控他是工具論者,看不到政商之間的衝突,看不到記者的自主,看不到媒介揭發權貴的隱私瘡疤,看不到凡夫俗子的能動性。不過,行為的發言效能,比起言詞,更強更有力（actions speak louder than words）,對吧？1960年代的杭士基已經是語言學眾所公認的原創思考者,若不是對常人心存信念、若不是認定高懸標準鞭策媒介仍有作用,他如何能夠、如何願意四十年如一日,專業之外,並且透過各種訪談與講演,以及數量驚人而適時更新的文字,持續抨擊美國主宰權勢集團的虛偽（特別是外交政策）？杭士基老而彌堅,不知老之將至、已經至,雖然早就可以從心所欲,卻選擇繼續「逾矩」,攻堅邪惡。

杭士基的指控,其實是一種提醒。如同在評論英國報紙對巴黎公社事件的報導時,馬克思提醒人們,「直到現在,還有人以為,基督教的神話能夠在羅馬帝國時代成長,原因是印刷術尚未發明。正巧相反。當代的日報與電報,頃刻間將各種事件傳遍全球,編織了更多的神話……一天之內,神話數量之多,還比先前一世紀所製造者,還要來得可觀。」

世人,特別是台灣人,迷信美國的程度,已至豈有此理的地步,正需要杭士基的當頭棒喝。這裡不妨舉個與媒介有關的例子。

由於我國新聞局的定位錯亂,近十年來,許多有識之士認為,既然新聞局先前的管制效能不彰,且與新聞局亦職司國家宣傳的職掌衝突,因此應該改制。其中,爭執惡鬥不已的藍綠,在美國之前,有了共識。現在,各政黨流派都說,台灣有必要模仿美國的聯邦通訊傳播委員會（FCC）,成立傳播委員會。

但是,這個委員會比起新聞局,會高明多少？裁判固然重要,遊戲規則（如媒介的公私產權比例、結構及內容的規範寬鬆等等）更是重要。但多年來,吵著要換裁判的聲浪,淹沒了要澈底翻修規則的呼籲。即便我們只談裁判,但FCC是怎樣的裁判呢？四十多年前,FCC前首席經濟學家史麥塞（D. Smythe）就指控,他說FCC是美國私人

產業的「欽定工具」。今年6月，苦勞網整理了美國「公信力中心」（Center For Public Intergrity）發布於5月22日的報告，揭露FCC官員在最近八年，總共接受了各大媒介集團280萬美元的旅行招待，其中這些官員最常被招待的地方是賭城拉斯維加斯，共有三百三十次。FCC主席鮑威爾（Michael Powell）接受了8.4921萬美元共四十四次的旅行招待，其中目的地最多的也是拉斯維加斯，總共十一次。另外一名FCC政策計畫辦公室主管派柏（Robert Pepper）從1996年9月到2003年3月的七十九個月中，總共被招待一百零四次，共花費14.9595萬美元。若說FCC和傳播媒介是互利互生的體系，是美國官商勾結、「裙帶資本主義」的具體典型，誰曰不宜？

馬克思批評媒介，卻無礙於他的事業起於在報社擔任總編輯、無礙於他終生勤勞地透過撰寫時事評論與分析，既多少貼補家用，也作為干預社會的手段。杭士基也是這樣。我們希望台灣也會有更多的人，努力戳破主流的媒介說法與意識，讓國人能夠洞視，美國所提供的防護傘不但可能不是台灣安全、幸福與否的最大保障，反而不無可能是賣台的真正根源。

（推薦序之一：Noam Chomsky〔江麗美譯2003〕《媒體操控》。台北市：商周。原標題 Actions speak louder than words，頁11-5。）

英國媒介的「有權無責」

執迷的英格蘭式偽君子

尚未蓋棺，就已論定。

在大方向上，長期支持柴契爾（Margaret Thatcher）夫人財經政策的《經濟學人》，論政歸論政，月旦人物卻一點都不含糊，不興瞎捧。這份歷史已有一百五十年的週刊，很老實地說這位英國第一位女首相，標準的是「英格蘭的傳統偽君子，自以為符合她之利益者，非但在道德上是正確的，而且自以為是，認為眾人都應當支持」。

若真有人想要翻讀這二十八章、近七百五十頁的大部頭書，最好先記得《經濟學人》這段公正而入木三分的評語。

在集體意識舉世衰退的1970年代末期，類如柴契爾這型政治人物的上升，毋寧說是幸運之神眷顧，讓她得以順勢而起，鐵娘子卻誤認為自己打敗了工黨。阿根廷一群笨蛋將領「侵略」福克蘭，等於是天送佳音，意外地幫助保守黨大贏了次年的選戰；四次大選，保守黨得票率連連下降（由1979年的43.9%至1992年的41.9%），卻猶能執政，英國的選舉不採取比例代表制，是最大功臣之一。

對於這些時代動向，回憶錄不去著墨，反倒渲染英雌色彩，強調自我的剛毅堅忍造就了時勢；甚至等到人頭稅（書中稱之為社區稅）、匯率與全民健保系統等等重要政策，由於不得人心，因此惹得黨內重臣接二連三求去，最後並導致她在1990年11月辭職下台的情況下，柴契爾還是繼續在壯己聲勢，說要「堅定立場」；儘管她自己延聘的保守學者，或是有司官員，在研究之後，都認定BBC不宜播廣告，而須以執照費作為主要財源，柴契爾還是「深表疑慮」，她的

剛愎自以為是,委實少見。

回憶錄也用了兩章多的篇幅記錄了保守黨擊垮工會的過程,語氣洋洋自得。沒錯,今年德國公用事業大罷工、法國二十五萬人上街頭的景象,是已經在英國消失,但英國失業人口還是三百多萬,經濟情況還是比德法糟。書中說工會運動是英國經濟低迷的罪首,分明不符事實。

最後,讓人感到興味的是,這本自傳值得中譯嗎?若說這位過氣的政客頂著餘輝,替自己撈錢以外,還能幫助書商賺金,那真是台灣的不幸。若說真要幫助國人認識這位奇異鐵娘子的真相,1989年出版的《我們當中的一個:柴契爾傳》(*One Of Us*),合適多多。

(《中國時報》1994/3/17 第43版。Thatcher, Margret〔月旦小組翻譯1994〕《柴契爾夫人回憶錄》。台北市:月旦。)

英國報紙有權無責,BBC也是嗎?

在威廉斯大力背書下,當年僅三十出頭的資淺學院工作者、社運積極分子得以出版了這本著作。以後見之明,年輕的作者柯倫與西頓(James Curran and Jean Seaton),並沒有辜負威廉斯彼時的舉薦。因為,本書第一版在1981年問世之後,即已廣受歡迎,至2002年已增修到了第六版[7](中文本譯自1997年的第五版)。至於印數,則當在二十刷以上。冷門的學院創作而能得此佳績,實在很難得,叫好叫座,洵非易事。

如果只看書目,實在無足為奇。不就是「英國報業史」(七章)、「英國廣電史」(十五章)、「媒介理論」(四章)與「媒介政治

---

[7] 2024年是第九版,書名調整為 *Power Without Responsibility: Press, Broadcasting and the Internet in Britain*。

學」（三章）等相當平凡的，也有點老生常談的話題嗎？特別是還在晚近幾年以前，多所大學不都列有外國，實則以英美報業史為主的必修或碩士班研究所必考的科目嗎？而媒介理論不就很接近「傳播理論」這個至今都是必修及入學必考的科目嗎？

如人飲水，冷暖自知。讀者得親自品讀，才能恍然大悟於本書提供的閱讀經驗，很可能有別於過去的教科書。原因出在作者的史觀，從書名可見一斑。柯倫與西頓的基本立場，認為英國的報紙及廣電媒介是「有權無責」。

表面觀之，這說不上是什麼史觀，反而很像是任何民主國家常見的景象。不是這樣嗎？不談從蔣中正、蔣經國至李登輝總統的時候，都會大聲抨擊台灣的電視之表現不堪，近兩年的駱志豪事件、中時事件與〈壹週刊〉事件，不是都有政府高官表示，媒介的新聞自由過度氾濫，致使國家安全有遭受危害之虞嗎？也就是民主政府的官員，其實經常指責媒介享受了太多的權力，卻沒有相應的責任承擔。其中最戲劇性的指控，莫若1969年11月13日，美國副總統安格紐在共和黨大會發表演講時，開宗明義之所言：「今晚，我想要請各位將注意力對準眼前這一小撮人，無論是哪一位總統在講演，他們都手握權柄，可以決定是否駁斥一國之尊，非但如此，他們在報導我們國家大事時，可以任意選擇、呈現與解釋……他們決定了千萬美國人對於國事與世界局勢的認識……但這是公平的事嗎？這一小撮人、未經選舉，卻掌握了如此巨大的權力，足以影響得有民意託付的政府，難道不是應該質疑的現象嗎？」

兩位作者有的是史觀，不是有權人物的任意漫評。讀者應該可以清楚看出，這個史觀主要是展現於作者的言之有物，很有說服力的指出，英國既有世界上最不壞的廣播電視制度及表現，又有世界上階級分化堪稱嚴重的報業結構，及刺探窺密成風的狗仔小報。生活在英國的人，假使不看報紙，而只聽廣播或看電視，則他或她對周遭環境及世局的認知，很有可能要廣於、深於僅看報紙而不接觸廣電的人（假設有這樣的人）。

這種看起來很不協調（至少就台灣讀者來說不怎麼可思議）的情

況其實事出有因。作者在本書中業已說明,關鍵就在於從1920年代起,英國政府應合了當時的知識菁英、工運、社會運動之訴求,大力介入廣電媒介的產權及營運設計。日後,同樣在這些力量的推擠下,國家仍然沒有完全為資產階級所俘虜,還是有一定程度的自主表現。但是資產階級的力量大致已一統傳統報業,表現在英國對於報業結構的管制幾乎不存在,見於南歐法國、北歐瑞典、挪威等國的大舉介入報紙,英國可說付諸闕如。對立於將英國報業史看成是「第四階級」,是爭取、是保障自由的長城之史觀,兩位作者很挑釁,但也很有說服力的宣稱及舉證,「十九世紀中期並沒有開創報業獨立自由的新紀元……〔而是〕出現了一個新的報業檢查系統」(中譯本,頁12-13),在廣告興起成為主宰報業性格之後,銷售量即便高達百萬份以上,如《每日前鋒報》(*Daily Herald*),也只能因其勞工色彩而消失於市場。

　　簡要言之,本書採取歷史社會學的論述取向,並非年代沿革的史料堆砌,卻又見論述的縱深。它所處理的媒介,從傳統的報章雜誌、廣播電視至當前的新傳播科技(有線、衛星、數位等)與資訊社會之說;最後,作者另闢專章,以相當篇幅論及媒介改革方向,也評估其可行性。作者既然認為英國的媒介「無責」,則其實也透露了他們在歷經歷史的觀察,已斷言要求媒介自律是不可能的,或說在自律之外,不能同時不訴諸政府的行動(這又與台灣至今的主要論述或社會不滿媒介之活動所提出的主張,亦即在媒介自律中打轉,有很大的不同),因此說,「適當的國家干預手段……帶來的影響是自由和解放,而不是壓迫。」(中譯本,頁123)

　　當然,什麼才算是適當,這是關鍵所在。個中界線或許不容易拿捏,惟可以確定者,有二。一是以廣電來說,即便英國已有龐大的公共廣電體制,作者似仍以為,國家仍得有更多的介入,才能在新科技時代,繼續提供公共服務。其次是,就英國的報紙來說,國家的行動應該指向課徵主流報紙廣告稅,藉此支應新的、但觀點邊緣的報紙之創辦與存續。作者的這些觀點,並非創見,而是作者亦參與的英國媒

介改革社團（http://www.cpbf.org.uk）之主張之一[8]。

最後另有兩點說明。第一是翻譯的文字，頗為可讀，也在適當的地方，添加了若干譯注。惟以「政治性宣傳的節目」翻譯party political programme可能招來誤解（中譯本，頁286-7）。它其實不是「節目」，而是我們所說的政黨「廣告」，也就是由業者協商之後，無償提供給英國政黨在平時使用的政黨時間（這與台灣得由政府編列預算向業界購買時段相較之下，又顯得台灣政府實在厚愛電視業者）。第二，與本書同樣處理英國報紙及廣電的另一本著作，亦即Ralph Negrine博士的《英國政治與大眾媒介》（2001年，台北：木棉，蔡明燁譯）亦值得一讀。該書多次引述了柯倫與西頓的這本書，固然多處語帶贊同，但也透露了雙方對歷史的解釋，以及對改變現狀的期許，觀點有別而重點互異。

（《新聞學研究》第74期2003/1，頁153-5。原標題〈國家解放媒體，市場束縛新聞？〉。書介：James Curran & Jean Seaton〔1997／魏玓、劉昌德譯2001〕《有權無責：英國的報紙與廣播媒體》。台北市：國立編譯館。）

《經濟學人》影像圖騰的異數

行不改姓，坐不改名，江湖味十足的阿哥，拍起胸脯，表示光明磊落。相形之下，抓起筆桿搖一搖的文字工作者，自比縮頭烏龜的人，就多了一些：左顧再右盼，竟然以為讀者成群，致而懼怕出名，於是或寓意深遠，或遊戲人間，五花八門的筆名，紛紛應運出籠。真假名之外，還有空頭。比如，本世紀初，社會學者韋伯曾經進行過報

8　創立於1979年，2018年11月解散（網址在2025年元月仍可使用）後，擴大為英國媒改主要組織「傳媒改革聯盟」（Media Reform Alliance，https://www.mediareform.org.uk）。

紙的比較分析。他發現,當時德國與英國的報紙,採取不署名的制度,文章一出,真真忘了作者是誰。這樣的現象有什麼意義呢?不愧是社會學一大宗師,韋伯真的是見微知著,他問:報章雜誌的文章是否署名,對於大眾媒介這個組織,以及媒介旗下的撰稿人或記者,是不是有不同的意義?是否代表了雙方利益並不一致?比如,不署名則文責由媒介擔負,但媒介也因此可以盡收權威聲名。反之則容易出現明星記者,挾個人聲望,大則以令媒介組織,小亦可以提高個人撰述的自主空間。

看來,小小的一個署名制度,雖說不起眼,卻竟然可以影響到個人與組織的權力關係,沙中看世界,本領非同小可。不過,韋伯所說的情況,到了今天已經發生很大變化。先拿報紙作例子,除了「純」新聞以外,記者署名已經是世界各國的通例,包括當年韋伯所提的倫敦《泰晤士報》。再看雜誌,我們似乎也已經認為,記者具名從事報導或是評論,一向如此而天經地義,從美洲著名的一些週刊(如《時代雜誌》、《新聞週刊》等)到歐洲的德國《鏡報週刊》,哪個不是正文未動,先來個無冕王的大名大姓?只是,通例之中,還是有特例老古板。並且,特例可能更會引起人興趣,讓人想要一探究竟,看看它到底有什麼本事,而又為了什麼,到了20世紀末還在堅持百年前的傳統。

這篇文章為您介紹的,正是這麼一本於世風不合,與同儕有異的雜誌:《經濟學人》(*The Economist*)。該刊歷史悠久,是英國最富盛名,國際化也最深的週刊(大概有半數以上在英國境外賣出),迄今仍然採取不署作者名姓的制度。從篇頭翻至篇尾,只有在偶爾為了紀念或是其他特別原因,我們看不到任何一個作者或是記者,《經濟學人》只以「本刊」的名義向讀者報導與評論,文章撰述人則請隱姓埋名於字裡行間。

長期以來,作風不改的《經濟學人》,到底是怎麼樣的一份刊物?請看下文。

＊＊＊

當馬克思飛躍而細膩的心思停止了悸動，移轉迅速的指尖再也使不動筆鋒，三十年前被他在〈霧月十八〉這篇論述階級抗爭最為具體的論文中，指為是拿破崙三世代言人的《經濟學人》，恰好到了不惑之年。夠格站出檯面，被馬克思指名道姓「羞辱一番」的刊物，顯然不是小角色。確實，《經濟學人》主張放任自由[9]，市場第一的古典立場，迄今不但沒有悔意，並且愈戰愈勇，1980年代的英相柴契爾，美國的牛仔雷根，雖然反動，在該刊筆下，卻變成了政治英雄。另外，相應於馬克思德國浪漫時期的文采，《經濟學人》也絕非泛泛之輩，我們甚至應該說，文字風格是該刊的一大特色。《經濟學人》最富盛名的編輯白芝皓（W. Bagehot, 1859-77）曾說，文章「平庸適格之外，也要虎虎生風」（animated moderation）。

以此來衡量《經濟學人》，還算沒有離譜。白氏創造出來的文字編修傳統，本世紀主要由柯羅塞（G. Crowther）承繼，然後發揮。此公出任《經濟學人》1938至1956年的主編。柯氏要求記者先把事情「弄得簡單易懂，然後大膽陳述」（simply, then exaggerate）。他的信仰是，再怎麼複雜的論點，都可以用平易的英文講清楚，短句勝過長句，文章不用術語，抽象的說理則是能免則免。不過，柯氏同時也強調，記者撰文，態度應當有如圍坐爐火旁邊，與智友促膝夜談。為了要維持這種言簡意深的境界，《經濟學人》發展出了嚴格的改稿制度。柯氏的前任主編萊頓（W. Layton）爵士經常不辭辛勞的改寫記者文稿。耗費的時間經常長達數個小時，這種情況一直延續到今天。文人相輕，無分中外，即使功夫了得，改稿有理，還是不免惹來閒言閒語。該刊的特派員就經常抱怨，語帶嘲諷向編輯挑釁，「是不是就連聖經上的文句，您老兄都想改它一改呢？」

政治立場與文字風格之外，《經濟學人》充分的資料與扎實的論

9　但自由市場不是指稅收要少，筆者統計2023年10月至2024年9月，得知至少有八篇文章，主張執政黨應該加稅維持公共服務的品質。

據,也使得敵手又恨又敬。該刊不但廣為學界人士倚為最新資料來源,它的專欄文章,如「學派概述」(school in brief),也履次被選為相關論文選集的導論之作。此外,《經濟學人》每年總會增出專刊數十次,短則二十頁(如全球藝術品市場),長則經常七十頁(如世界銀行業),這些專刊叫好之餘,每每隔週即另行單獨重新印行,高價第二次出售,足見受重視程度。以這些主觀的字眼形容,意猶不足,這就拿起尺與計算機,多花些力氣,量量算算,得出些客觀的資料,供作參考。請看〈表1〉,高齡已近一百五十歲的《經濟學人》,比起七十未滿的《時代雜誌》與《新聞週刊》,到底是證明薑是老的辣,還是顯示後生可畏?

表1 英美三份新聞時事週刊的比較分析,1990-2010[10]

	年代	新聞與評論頁數				圖片平均面積(cm2)	圖與文的比率(%)	廣告頁數	定價(台幣)元
		總頁數	表格(幅)	彩圖(幅)	黑白圖(幅)				
經濟學人	1990	63	43	0	65	50	11.4	50	100
	2005	66	30	61	2	50.2	12.2	42	185
	2010	96	19	67	3	80.4	24	28.8	250
新聞週刊	1990	47.3	6	0	84	88	35.1	21.7	95
	2005	52	6	60	14	83.8	28.5	20	150
	2010	64		75	0	138.05	68.28	20	200
時代雜誌	1999	47.3	6	82	0	67	26.4	16.7	100
	2005	80.6	3	184	6	213.3	59	19.4	150
	2010	64		93	10	78.26	55.32	14.6	200

資料說明:
取各年11月分最末一期週刊。封面與封底,封面裡與封底裡不列入計算;內容頁與讀者投書列入新聞與評論頁數。2005與2010年分別由李信漢與蔡蕙如統計。

10〈表1〉資料更新至2010年。

看圖還是讀文字？

尚未能夠閱讀之前，我們已經習慣於以雙目觀看圖像，因此，看圖說話是人們學習語言文字的一種重要方式。現在，電子以及印刷影像的生產與複製，日愈簡便而快速，致使人的這種「原始本能」更是凌駕文字之上，儼然將要主宰大部人的認知方式，如此情況在美國尤其發達。《今日美國》數年前創刊的時候，誰料得到它竟成功地發行至今？以後見之明論斷，業界人士認為，該刊成功的部分因素，在於翻新的編輯手法，整份報紙以電視為師，特重圖片，以此吸引大量讀者。以影像為圖騰，流風所及，遍及美國，就連本來應該以文字見長的論述性雜誌（如《時代雜誌》與《新聞週刊》），看來也已經無法置身其外。

我們從〈表1〉羅列的資料可以清楚地得知，《新聞週刊》每用了一個單位篇幅的文字，就搭配了三分之一強的圖片，《時代雜誌》則是四分之一強，而《經濟學人》只略高於十分之一。再就其他圖片資料（幅數與大小）來看，也是《新聞週刊》占頭，而《時代雜誌》以彩色見長，屏棄黑白畫面。圖片／映像／彩色畫面出現在英國的《經濟學人》的次數，少得太多。相形之下，它的數據表格多得讓政府報告都要見絀：按平均數看，幾乎每一頁出現，另兩份刊物的表格，相加再乘上三點五，還略少於《經濟學人》一期的表格數量！

比較了新聞與評論，轉進廣告比一比。大致說來，《經濟學人》的廣告以一整頁為單位，方便讀者跳過不讀。《新聞週刊》與《時代雜誌》就霸道了些，文章不時被攔腰一截，正文才讀了一半，就要被迫與廣告文案來個餘光接觸。《經濟學人》的亞洲版，銷數約是四萬份，只有另兩刊的五分之一到六分之一；但它的廣告，全版彩色價格（1987）約是美金5,000，仍然可以達到《新聞週刊》（23,000）的四分之一弱，《時代雜誌》（25,000）的五分之一。《經濟學人》的編排手法「偏袒」讀者，但從以上的廣告費用來看，廣告客戶似乎沒有，或是無法因此壓低廣告費率？

自從文化的生產進入機械化時代以後，很多社會中堅憂心忡忡，

覺得文化形將消逝，人類就又由此退回野蠻，大大的感嘆精緻文化慢慢地失去了生存空間。面對如此庸俗的文字或聲像，眼見大眾媒介無孔不入的滲透，真是讓人痛心人心不古，道德風氣敗壞，文化品味低落；有些人就順著這樣的想法，一路思考下去，發展出來的就是所謂的「烏合之眾（或譯大眾）社會」的理論。以類似的角度觀察社會現象，問題不少，其中之一是它沒有注意到，即使是雅致文化的消費者（如受過較多教育的人），他們也同樣有「烏合之眾」的習性，強行把人二分，並不符合事實。

　　以我們對三本雜誌的分析比較來看，最為明顯的一個事實是，《經濟學人》提供的資訊，遠比另兩家美國週刊強上數倍，並且三者的售價相當（台幣100元），但三刊在亞洲的銷數，如前文所說，卻是《經濟學人》遠遠地落後。為什麼呢？美國在國際間的政經軍事與文化霸權是個可能的因素（比如，本文沒有分析的《美國新聞與世界報導》，雖然水準平平，竟然也曾經在台灣以中譯本，同步出版了多年，直至去年夏季）。另外，這不也再次佐證，圖片勝過文字，映像長於說理，彩色壓倒黑白的時代，不單只是吸引「大眾」，對於高教育程度的人（亞洲地區能夠閱讀這些英語刊物的讀者），同樣是有「致命的吸引力」嗎？

（《中國時報》1991/9/2 第27版「載波台」專欄／人間副刊。原標題〈影像圖騰的異數：介紹《經濟學人》〉。）

《經濟學人》診斷民主光環的褪色

　　《經濟學人》近日推出長文，大談民主政體的問題。該刊表示，二戰之後，民主成為各國亟思看齊的治理模式，最大動能是美國的富強。現在，今非昔比。美國不但國力衰退，近年兩黨極端對立，致使政務不彰，甚至連續兩年兩度瀕臨無法償還債務的窘境。以人口論，

印度是最大的民主國,卻又拙於長期投資,地方公共建設落後許多。

究竟是哪些因素致使民主政治的成績不但在很多第三世界不如期待,就連歐美老牌民主國家亦問題叢生,導致吸引力降低?美國外交經常違逆民主原則,支持不得民心的集團發動以違法手段(包括政變)取代民選政府,包括2002年的委內瑞拉與2009年的宏都拉斯。民主龍頭如美國竟有這種紀錄,注定讓人對美式民主失去信心,雖然《經濟學人》「為賢者諱」,對此不言不語。

「美國因素」之外,這家創辦一百七十一年、前年發行量已達一百五十七萬份的週刊另提兩個角度,解釋民主光環褪色的可能原因。一是2007至2008年的金融核爆,再就是「中國因素」。

核爆事屬「突然」,中國崛起的趨勢則在核爆後更見明顯,儼然成為世界經濟的重要推力之一。中國的高速成長伴隨極大的副作用,因此在2008年制行《勞動合同法》;又僅用了兩年,就將退休給付涵蓋的人數增加了兩億四千萬人,顯示其政治效能仍稱可觀。美國皮尤(Pew)中心2013年的全球態度調查發現,85%受訪中國人「非常滿意」國家走向,美國只有31%。另一項對歐洲聯盟七成員國的調查則說,2012年有一半以上受訪者「不信任政府」;英國權威民調同年發現,62%受訪者同意「政治人所有時間都在說謊」的陳述。對於民主政治犬儒到了這個水平,相當驚人。

不過,《經濟學人》認為中國另有「深層困境」,難以更上層樓。因此,它好整以暇,一方面以更文明、更不挑釁、更簡約的方式提出了已在西方流行多年的「中國威脅論」:「民主天生更為優越而必定勝出的信念,先前曾經遭受共產主義的挑戰,現在,中國是更具有說服力的威脅。」另一方面,它認為各國若能透過直接(參與)民主,補正代議民主的缺失,縮小政府的規模,民主重光之時就指日可待。

以公投等直接民主的方式決定公共政策,確實可以補正選舉後,聽任政治人物決定一切所造成的民主赤字。不過,《經濟學人》舉加州與芬蘭的例子,佐證直接民主的可貴,但與此同時,卻又對於委內瑞拉大力推動、獲得很多專家好評的參與民主,嗤之以鼻,指委國是

「自上而下（所發動）的參與把戲」、「參與是指參加辯論，找出執行指令的最佳方法。」若說《經濟學人》有關直接民主的建言，採取雙重標準而顯得虛偽，那麼，有關政府規模應該縮小的說法，也有自相矛盾，似是而非之處。該刊同期引述了一篇學術報告，確認德國、瑞典、丹麥與法國等每生產100元，大約就有45至55元歸由政府重新分配使用，這四個國家比起英美日義（只有大約30至40元歸由政府支配），其經濟成長較快，社會也更為平等。

所幸，愚者千慮，必有一得，遑論明智如《經濟學人》。民主政府應該縮小規模的建言，當然會有正確的應用對象：美國支出在各種情報事務與人員的預算，在2012年已比2002年多了一倍，達700億美元，比台灣年度總預算還多個一、兩成，高得過頭，難怪史諾登（Edward Snowden）義憤，起而揭祕。政府這類支出若要縮小，所有人都會贊成。

（《人間福報》2014/3/10第5版。原標題〈《經濟學人》談「中國因素」〉。）

《經濟學人》色厲內荏　蘇格蘭要獨立

明天週四，蘇格蘭就要公投是否獨立。週四，這個怪異的中間日期。不太清楚怎麼會弄個週四投票，反正1931年以後的大選，英國選舉投票都是固定在週四。英國朋友說不出所以然，但猜測週五發週薪，若有人賄選買票，查核難度增加；再者，週五拿了錢，跑酒館的人總會喝得忘了或懶得投票。因此，就是週四了。

但蘇格蘭為何要離開英格蘭呢？我們的A型獨派在意「給台灣的啟示」，多文明啊，去留就在投票間，住民自決，啥十三億人決定。B型獨派也就是中華民國派與統派則提醒，不要高估英格蘭紳士，英國首相、保守黨黨魁卡麥隆是偷雞不著蝕把米。蘇格蘭有五十九個國會議員席次，保守黨在蘇格蘭居然僅得一席。兩年前，卡麥隆不反

省、不調整政策,竟然頗有「你奈我何」的姿態,缺你,我照樣執政!至少,他認定(當時,確實無人敢於逆料,公投統獨如同現在那般勢均力敵)反正獨立過不了關,投票正好來個下馬威,挫挫蘇格蘭民代的氣焰。

假使這麼看,蘇格蘭求去,起點是保守黨不得人心。不是這樣嗎?在英國讀大學,學費一國三制。英格蘭一年六千到九千英鎊,但威爾斯政府給予其子弟較好貸款條件,蘇格蘭呢?看齊歐陸多數國家,免費。或說,讀書自由自在、不求功利學科也可以,來日收入若多,自然透過稅賦回繳。這不但是先付後付之別,精神也是完全兩樣。蘇格蘭人還說,不要核子武器,獨派已經說了,假使公投通過,停泊在格拉斯哥西方的海軍基地之三叉戟核潛艇,2020年以前必須離開。不但學費與國防意見大相逕庭,獨派的信誓旦旦更是上了報紙頭條,建國後第一件事情就是要借貸,以數十億英鎊計,終結英國政府已經推行多年的經濟撙節政策。

本期《經濟學人》對於這三個議題,少言不語,固然認知這次運動「讓(獨派的)人振奮」,評價則是「扯淡、無稽之談」。獨立與否可能是瞎說,但蘇格蘭想要終結撙節的規模與方式,很可能剛好背離《經濟學人》最在意的財政主張,因此惹來該刊色屬內荏的反應。

伍爾夫(Martin Wolf)是《金融時報》專欄評論作家,影響力很大。近日出版將近五百頁的《移位和震盪:金融危機讓我們上了一課——我們還要再上一課》。他說,金融核子爆炸後,各國採取撙節搞法,致使資本沒有出路,有效需求老是拉不上去,也不穩定,這個大病症若不矯正,體制早晚要出問題。支持這個說法的人多了,不缺伍爾夫。

但是,相對於右派人人奉之為聖經的《華爾街日報》,最多只是中間派的伍爾夫,竟然提出這個解方,斬釘截鐵:「要用更大的財政赤字」作為「天然平衡槓桿」,抵銷「私部門的節衣縮食」。然而,工薪階級其實早就是月光族啦,是大資本家只會打著社會企業行號的名稱迷惑人心,這些大資本最多捐贈一些銀兩,卻也是守財奴,更喜歡拚命投機於房地、股票與各種金融衍生商品等等。甚至,伍爾夫

說，眼前體制無法好轉，除非依靠「永遠的財政赤字」，「完全由中央銀行供應」，藉此迫使銀行將存款水平換成安全的政府公債，銀行也就不會為此崩盤，同時避免了依靠私人資產所會造成的榮枯循環！

《經濟學人》大驚失色。這位中間派怎麼一回事，這還得了！公權力的計畫可行，私人的市場壞事！是可忍孰不可忍，友報（皮爾森集團透過《金融時報》擁有半數《經濟學人》股權）首席、大名鼎鼎的自由派經濟評論員竟然「背信棄義」，斯人而有斯言！怎麼辦呢，《經濟學人》一方面不忘恭維，「這本書很重要，任何參與制訂經濟政策的人，應該都要捧讀。」他方面笑裡藏刀，批評作者的資料與統計多如牛毛，偏偏沒能說明，何以這個方案可行，「不太能夠讓懷疑者信服」。是該說明。但多少有權有識的人做了多少後患無窮的事，誰又在事前說明瞭了？何況，伍爾夫的解方顯然與蘇格蘭獨派的經濟道理接近，若讓蘇格蘭實踐，是不是可能會是檢驗真理的更好方案？

（媒改社網站：《共誌與傳播、文化與政治email一小品》〔4〕2014/9/11）

《經濟學人》抓狂　英國人造反

到今年，訂閱《經濟學人》剛好三十年，從未間斷。在這段期間，就記憶所及，從來沒有看過這本週刊對一位政治人物，一位與該刊立場南轅北轍、世界觀也完全不同的人，並且是一位在最近一個多月，還是籍籍無名的政治人，投入這麼多的報導與評論：連續五期，或小報或大報。不否定的時候也有，但篇幅往往很小；更多是挖苦、揶揄、冷嘲熱諷，大有氣急敗壞、抓狂的樣子。

誰是這位政治人？

就是上週二（2015年9月15日）在倫敦聖保羅大教堂參加第二次世界大戰終結七十週年紀念活動時，雙唇緊閉將近三分鐘，全程不唱英國國歌，剛剛當選英國最大在野黨，近年曾經連續執政十四年

（1997-2010）的工黨新黨魁，就任才只三天的國會議員柯賓（Jeremy Corbyn）。

柯賓不唱英國國歌，如同蔡英文總統在即將到來的雙十國慶，若是也不唱國歌，必然都要引來側目。

柯賓反對君主制，主張廢除王室，要他唱英國國歌，實在難以啟齒。如果開口，當今國王是歷史上在位最久、超過一甲子的伊麗莎白二世，柯賓就要唱《天佑女王》；幾年之後，柯賓就得另唱《天佑吾王》。不願意唱國歌的柯賓於是只能起身肅立，站穩身軀，致敬二戰陣亡將士。

不但反對封建遺跡的王室，柯賓讓《經濟學人》跳腳的原因，若是善意理解，在於刊物的「公忠體國」。它說柯賓出任黨魁，工黨就會內鬥不停，如此一來，慘了，因為「好的政府需要穩健的反對黨監督執政並讓其肩負責任」。工黨該副德行，注定要讓保守黨躺著幹，高枕無憂之餘，同樣就是保守黨外無強敵，內就彼此再生派系的間隙、磨擦與勾心鬥角，約翰牛的國政於是只能堪虞。

惟若從根源再看，《經濟學人》對柯賓的「重視」，難道完全沒有另一種可能性？

這就是說，這本菁英刊物深謀遠慮，想要防微杜漸，撲滅五年之後的新氣象？柯賓所代表的世界觀與人倫秩序不是主流，現在，柯賓不再人微言輕，已是可能獨當一面的未來首相，這些理念大有機會，不再默默無聞，而是可能成為公共辯論的議題。一旦有這個變化，民主政治的內涵，就是因為柯賓出任工黨黨魁而豐富。甚至，更進一步，柯賓出掌英國國政，可能如同1970年代末的柴契爾夫人，扮演了標誌的角色；儘管他與柴契爾所象徵的意義，剛好逆反。

柴契爾首相當年就位，宣告經濟新自由主義登場。柯賓五年後若是上陣，屆時七十歲的他，成為終結英國經濟新自由主義的象徵，那就太美妙了。即便柯賓不能，但支持柯賓的人，包括大批具有理想色彩的年輕人，這些人自發而樸實，假以時日，不正符合外界對年輕人作為新興的變革力量之期待嗎？這樣一來，柯賓就是開風氣之先，他的路線就會後繼有人。

風行草偃,假使大家跟進,主張裁減核子武器,批評經濟撙節的政策無法解決問題等等柯賓的招牌政策,就會變成常識;柯賓琅琅上口的詞彙,無論是公平、正義、環保、團結,或是共和不封建,距離落實的時日,就要近些。先前,諸如此類的話語,偶爾也會出現,但言者往往敷衍,不是當真。柯賓不同,並無戲言,他是認真信守、遵循這些價值,遇有機會,就會執行相應政策的重量級政治人物。

　　因此,《經濟學人》本週對早在一個月以前,局勢就很明朗的工黨黨魁選舉結果,先是故作詫異狀,藉此再次以嚴詞宣洩不滿。它說,柯賓當選,「太讓人驚訝啦,這是災難一場。」

　　刊物是在說誰的災難?柯賓個人即將無法勝任而離職的災難,還是《經濟學人》預測英國因為沒有好的反對黨,致使保守黨鬆懈而對英國民主政治造成災難?或者,是屢屢遭到主流輿論唱衰的柯賓居然不倒,致使刊物預測失準的災難?最快幾個月,最慢不到五年,就會見到真章。

（香港東網2015/9/20。）

倫敦竊聽風暴的前世、今生與未來

前世：政治階級的勝利

　　倫敦《世界新聞週報》（*News of the World*）（簡稱《世界報》）的竊聽與行賄風暴,[11]百年難得一見,其來有自。四十多年前,隨著梅鐸挾澳洲家族企業所得,擴張英倫之初,就已逐漸成形。

---

11 這起案件的細部沿革見李筱雯〈電話竊聽案與梅鐸帝國〉（2012）,《新聞學研究》111期,頁199-231。

1969年，梅鐸首次進入英國傳媒事業，先後購買了兩家報紙。一是1843年創刊、1950年代銷量曾達九百萬份的《世界報》；第二家是銷量超過百萬、支持勞工運動的《每日前鋒報》，改名為《太陽報》(*The Sun*)。《太陽報》易幟後，調整版型，與《世界報》風格相同，前者在週一至週六，後者在週日出版，雙雙追求聳動新聞，藉以招來讀者。《太陽報》更在1970年開「風氣」之先，首創第三頁刊登上空女郎全版照片，蔚為英國小報「傳統」至今。[12] 入主兩家報刊不到四年，梅鐸荷包十分飽滿，遂從1973年起從中取金，西渡美國開辦報紙。

　　接手之初，梅鐸維持對總工會的承諾，《太陽報》的黨派立場並不改變，1974年初見搖擺，1979年大選時，《太陽報》正式轉向，標題大剌剌〈這次一定要投保守黨〉。保守黨上台後，次年創設法案，準備更新與開發倫敦港區。當時，英國報業勞資糾紛十分嚴重，《泰晤士報》在1978年12月1日關閉，1979年11月12日重新開張，梅鐸在1981年成為該報與《週日泰晤士報》(*The Sunday Times*) 的新東主。至此，梅鐸擁有英國四報，總計占有英國全國性報紙三至四成的發行量。依照一般認知，單一業主控制這麼高比例的報份時，其股權買賣必定要由主管機關先行評估與聽證，才能決斷是否核可。然而，出乎眾人意料之外，或許出於投桃報李，也可能肇因於原業主要脅限期完成交易，保守黨政府逕自核可，並未移送競爭委員會審查。

　　背倚強大的黨派靠山，梅鐸宣稱，美、澳的印報機，五人能操作，倫敦竟然是十八人。對他來說，約翰牛太過懶惰，追求高效率的資本，斷無忍受之理，即便報紙是地方產業，無須海外競爭。

　　事實上，早在1978年，梅鐸集團已經蓄勢待發。他在倫敦舊港區，先行購買十三畝地，準備興建新廠，推行電腦化作業。如果成功，除了節流（裁員），更可開源，報社搬離市中心艦隊街後，黃金地段便可出售，賺取巨筆差價。經過部署，梅鐸萬事俱備，只等吹響

---

12 2025/1/20按，該報愛爾蘭版在2013年8月、英國版在2015年1月起，不再出現第三頁女郎，他報陸續停止這種版面，2019年4月後該版面終結。

號角。此時，保守黨入主唐寧街，創造了許多有利的條件，包括修法後，資本的流動愈來愈自由寬廣，工會行動備受綑綁，勞工奔走串連與相互支援的空間日漸縮小。

　　對於資方的動向，工會並非沒有注意，只是雙方歷經多次談判，無法達成協議。1985年初，梅鐸召來澳英美的經理人員，齊聚紐約共商大計。他們決定避開傳統的組版方式，訓練記者直接輸入，瓦解排版工人。與此同時，各工會陸續接獲消息，知道資方手段，但大多不肯相信梅鐸真會採取這個殺手鐧。年底，梅鐸的律師建議，為求節省大筆資遣費，不妨引誘工會在不合法的情況下罷工。他的策士又獻計，為避免火車工會支持報業工人，致令報紙無法送出，就得祕密訓練工人，以貨車送報。經過這些嚴密的運籌帷幄，1986年1月24日工會果然罷工，梅鐸順勢解僱五、六千人，警方調派大批人手，騎著巨馬逡巡，確保報紙送往各地，兼可阻隔麇集瓦平（Wapping）廠外的大批抗議人潮。各方激烈衝突，一千兩百六十二人遭逮捕，四百一十名警員受傷。1987年2月5日，圍廠一年多的工會行動收場。其後數年間，各大報陸續外移（路透社2005年才搬遷），艦隊街徒留其名，象徵英國全國報業的所在，實質卻已不再。

到了1992年大選前夕，梅鐸與保守黨政府的親密關係更見戲劇性地展現。當時，托利黨人執政已經十三年，人心思變，鐵娘子柴契爾夫人也因保守黨內鬥敗陣下野一年多。多數政治觀察家認定，三個主要政黨無一能夠過半，選舉結果很可能是工黨主導的聯合政府，或者，工黨甚至可能以些微比例勝出，單獨執掌國政。選戰揭曉後，跌破眾人眼鏡，保守黨四連任！何以如此？雖然事後諸葛，分析家仍然不免說，這不是工黨選戰之敗，是梅鐸報紙的勝利。許多年來，《太陽報》等四家報紙日日演練，中傷工黨，其激烈程度，從該報在大選當天（4月9日）的整版「報導」可見一斑：它設計一燈泡，將工黨黨魁金諾克（Niel Kinnock）的頭像置放中間，大字標題說：〈如果金諾克今日勝選，離開英國的最後一人請關燈〉。（見左頁圖）

　　再隔五年，眼見（新）工黨大選勝券在握，梅鐸在1997年力邀黨魁布萊爾「參訪」澳洲。其後，《太陽報》二度易幟，翻轉對保守黨將近二十年的支持，公開向布萊爾輸誠，雙方維持親密關係十載。2007年元月，《世界報》記者古德曼（Clive Goodman）及其聘用的私家偵探穆凱爾（Glenn Mulcaire）因竊聽罪入獄。梅鐸愛將、總編考爾森（Andy Coulson）堅稱不知情，只以監督不周為由辭職。考爾森沒有蟄伏太久，布萊爾2007年6月在黨內失勢，準備三度換旗的梅鐸隨即在7月另結新歡。他看中日後出任首相的卡麥隆（David Cameron）。究竟是卡麥隆不以考爾森的汙點為意，還是他禁不起幕後東主的誘惑？究竟是保守黨主動引入，或是早就有人居間穿梭示意，不妨繼續爭論或臆測。但重點是，布萊爾下台不到一個月，卡麥隆已經聘用考爾森主導其傳播與公關事務。更「有趣」的是，考爾森以高薪（27萬5千鎊）任職保守黨要職、離開《世界報》總編職務半年以後，梅鐸仍然繼續提供健保、汽車等價值數十萬鎊的分期給付。這個離職後的優待，僅僅只是雙方最初僱傭契約的一部分嗎？各方物議。在這段期間任職首相的梅傑（John Major）日後曾有證詞。他指出，「很明顯，梅鐸先生不喜歡我們的歐洲政策，並希望我改變歐洲政策。如果不改變，他不能、也不會支持這個政府。」

　　梅鐸－柴契爾－布萊爾連線超過四分之一世紀，它所表徵的現

象,不同於紐約市長彭博(Michael Bloomberg),也迥異於義大利總理貝魯斯柯尼(Silvio Berlusconi),後面這兩位傳媒大亨直接從政、三任首長職務。梅鐸不興此道,他的戰略是樹立與操弄影武者,循此,他與英國的傳統政治生態產生幽微、深邃的聯繫。巴內特(Anthony Barnett)教授引用奧彭(Peter Oborne)的分析與用語,直呼這是《政治階級的勝利》。[13]

奧彭提供了詳細的論證,指出19世紀的英國創生了一種古典自由主義的公共服務信念,眾多貴族、產業實業家與中產階級無不引以為圭臬。這些社會中堅宣稱,公共服務必須自我規範、是值得投身的光榮召喚,他們自居是無私、不受腐化、不納賄賂、拒被收買的一群。到了1970年代,這個倫理取向開始轉變,柴契爾與新工黨陸續登場,政治階級打造成形,促成這個轉變的代言人,大多出身牛津與劍橋,言必稱人民,實則充滿算計與操弄。對於他們來說,公職之中自有黃金屋,財富暗藏在「傳媒與政治領域的融合」過程。針對傳媒在這種腐化關係的角色,奧彭闢有專節描寫,個中要角正是梅鐸。

1990年「新聞集團」(News Corporation)舉債已達40億美元,不久後因利率下降、柴契爾政府的衛星政策等等利多,[14]短暫兩、三年之間,梅鐸居然否極泰來,最生動的對照是,1992年的新書《梅鐸:帝國的衰微》到了1994年第二版時,必須增闢專章說明帝國何以未見衰微,至於副標題,改成了「勝利大逃亡」。更有一項調查發現,1995至1998年間,新聞集團及其關係企業總營收約澳幣54億元,卻只繳稅3.25億,稅率6%,但澳、美、英的公司稅依序是

---

13 Oborne, Peter (2007). *The Triumph of the Political Class*. Simon & Schuster.
14 2025/1/20按:英國的傳統無線電視內容至今仍是收視主流,2024年9月以串流方式看到這些內容的人首次超越直接從無線平台收看,但在串流平台看到的內容,31.56%來自BBC,38.17%來自另三家無線電視台。惟至今仍是市場領導者的無線台,因英國政府偏厚梅鐸擁有的衛星電視系統,很長一段時間,必須支付上架費給梅鐸,不是衛星系統因轉播無線內容而必須支付版權費,在2011年之前,每年就耗用BBC1,000萬英鎊,其後減少至450萬,加上其他三家無線台,仍是1,000萬。BBC領銜在2014年初威脅要收取內容轉播費後,衛星系統才停止收上架費,另三家也受益,同樣不再繳納。

36%、35%與30%，同一時期，迪士尼集團稅率是31%。

政治與傳媒權力既然交融，新聞監督功能只能衰退，梅鐸手下的總編輯任期相對短暫，不外兩個原因。一是業主政經利益與傳播專業衝突，總編輯只能走人；一是總編輯領命從事，績效良好，另有「晉升」。二者必居其一，要不，總編輯何以任期明顯縮短？梅鐸之前，《泰晤士報》營運一百九十五年，總編輯十四人，平均一任約十四年，其後迄今三十年，一任四年半。《太陽報》一任平均五年。梅鐸接手以前，《世界新聞週報》總編輯一任十七年，其後兩年半。1821年創刊的《衛報》，至1956年有總編輯八人，一人十六年多，其後至今總編輯三人，平均一任超過十八年。

今生：梅鐸的轉型與危機

尼爾（Andrew Neil）曾經擔任梅鐸的總編輯，1996年，他出版回憶錄《全盤揭露》（*Full Disclosure*）。書中追述1985年的英國情境，當時，各大工會欲振乏力，唯有印務工會氣焰高張，仍舊「挾持」全國報業。尼爾毫不掩飾，赤裸喊出梅鐸的心聲，「我們不幹掉印務工會，誰來宰他們？」

梅鐸果然大勝，其後無堅不摧，北美版圖最稱可觀。1985至1986年，梅鐸購進福克斯（Fox）影視集團，籌辦第四家電視網；1996年開辦新聞頻道，不講公正、不求冷靜，它以辛辣意見區隔市場。美國社團製作《驅逐福克斯：梅鐸摧毀美國新聞專業》紀錄片，要求司法部取消福克斯「公正與平衡」的商標，但清議不敵已在興起的極右訴求。2010年，福克斯營收15億美元，毛利8億，超過競爭對手CNN與MSNBC的獲利加總。饒是如此，美利堅畢竟地廣人眾，梅鐸無法炮製英格蘭的「政治階級」。不但不能，山姆大叔財大氣粗的傳媒集團，多如過江之鯽，大老闆CNN創辦人透納更曾辱罵「這個狗娘養的梅鐸集團……妄想控制整個世界……。」

雖然有人惡言相向，在美利堅，梅鐸尚稱一帆風順。近年來，馬失前蹄的例子當中，僅有兩例值得一記。2005年，新聞集團斥資5.8

億美元購買社交網站「聚友」（MySpace），2011年6月出脫，僅得3,500萬。另外，大亨雖然在1985年就已揮師中土，迄今仍然還沒有從神州大陸占到便宜，因有書名曰：《魯伯特的中國冒險：梅鐸虧了錢，找到了老婆》。

網際網路興起以後，報紙收益占新聞集團的利潤比例，已從2002年的30%，下降至2010年的13%。不過，報紙這個形式雖會式微，新聞之利不會消失。新聞集團必須想方設法的是，建構網路報紙的新付費模式，亦即減少對廣告的依賴，力邀或誘使讀者攤付更多的新聞編採成本，為此，梅鐸有兩個考量或說策略。

一是網路新聞的新付費模式，已見成功例子，《金融時報》與《華爾街日報》這兩家財經刊物最為知名。雖然並非專攻財經，泰晤士日報與週報的讀者群，知識程度與經濟收入都比較高，加上舊有模式已使兩報虧損經年，網路付費作為新模式，因此雀屏中選，梅鐸要在這裡試點。其次，為了提高實驗的成功機會，梅鐸必須以大帶小，透過強勢的電視資源，迫使、誘使或說在觀眾不經意下，點選套餐而不是單選電視，如此，報紙的網路新聞就等於得到電視觀眾的補貼，就新聞集團來說，就是不同部門的交叉補貼。因此，在泰晤士兩報採行網路付費的前夕，梅鐸在2010年6月15日提議，要以「超級天價」120億英鎊，購買「天空衛視公司」（BSkyB）的61%股份。天空是英國最大的付費電視公司，訂戶將近千萬，至2011年6月底的前一年，營收65.97億英鎊（BBC收入約40億），毛利10.73億。

梅鐸這廂才拋出購買之意，那廂文化部長韓特（Jeremy Hunt）立刻暗示，此議過關不成問題。韓特何以忙不迭地說OK呢？很怪。一來過關與否涉及跨部會，文化部長急著表態所為何來？其次，三十年前柴契爾政府未作評估，逕自同意梅鐸擴張，藉口是原業主虧損連年，若非梅鐸承接，兩報即將關閉，如今天空炙手可熱，股權交易並無急迫性，何需快速通關？合理的推論是，韓特等人都是「政治階級」的成員，他們暗通款曲猶有不足，公然眉目傳情才能加速交易，節省成本。

這個購併案的另一個疑點是,梅鐸一直是BSkyB最大股東(握股39%),難道還不能逕自行動,指揮電視營運嗎?何以梅鐸需要完全控制,才能整合電視與網路報紙的資源,使其成為套餐?借助強勢電視(特別是天空歷來都以高價買斷體育賽事轉播權),增加乏人問津的網路報紙的訂閱人數,何以需要持股百分之百?最大股東難道不能逕行這個競爭策略嗎?是因為其間涉及電視對報紙的補貼,其他股東必然不肯嗎?真相有待外界考察,但收購61%股份的新聞一出,各界震動,如果梅鐸如願以償,英國傳媒的壟斷與政治階級的融合又要強化,不是民主之福。學界及傳媒改革社團旋即串連,面訪及遊說政治人物、透過網際網路連署、募款與勸誡等等,使盡渾身解數。業界也沒有閒著,2010年10月12日,英國左中右壁壘分明的報紙,以及主要電視機構(包括BBC),史無前例地組成陣線,聯合具函,要求英國政府否決這個收購案,當天的《衛報》另有跨版圖文,質疑〈他已經是傳媒巨人　但梅鐸還要成為英國的貝魯斯柯尼嗎?〉(見上圖)

　　在各大傳媒當中,《衛報》反對購併案最力,雖然梅鐸的擴張對於其他報紙的立即及長期影響,遠遠超過《衛報》之失。須知,《衛報》中間偏左,這個世界觀在英國報界獨樹一幟,新聞集團的報紙即

便不是與其南轅北轍，至少並無重疊，泰晤士兩報網路付費模式縱使成功，《衛報》實無流失讀者之虞。

　　學界、社團、新聞界未曾聯袂，但不約而同反對收購，仍然無法讓保守黨要人更弦易轍。傳播署（Office of Communication）在2010年底發表報告，指梅鐸若得核准，不符公共利益，因此建議另由競爭委員會深入調查。不料文化部長韓特不採傳播署的建議，反而直接與梅鐸談判！首相等人偏袒新聞集團之心，至此圖窮匕見。外界不能不繼續抨擊，所幸，竊聽案此時已經開始加溫，遂使新聞集團在2011年3月宣布調整收購的部分內容，政府是以再也不能一意孤行，不得不宣布將在調查與研究之後，於2011年7月8日定奪。反對力量不敢「敬候佳音」，他們持續宣傳、遊說與施壓。假使反對者只是埋怨、坐而言、徒呼無力而負負，政府早就審批過關。不計成敗、先問是非，這個態度與行動終究換到時間，改變的契機得以創造。在這個過程，《衛報》居功厥偉、獨占鰲頭。

2002年初春，十三歲少女杜勒（Milly Dowler）返家途中遭人綁架，遇害殞命。十年後，律師於2011年7月4日指控，《世界報》當時曾經竊聽杜勒，誤導了警方與家屬的研判。（見左頁圖）消息傳出，注意事態變化許久的新聞傳播學界迅速成軍，發起「停止竊聽運動」，眾多名人，如《你是我今生的新娘》男主角休葛蘭（Hugh Grant），紛紛積極響應，相形之下，性質與《世界報》相同的其他報紙不見喧囂，「安靜得讓人困擾」。它們在商業競爭的壓力下，窺私成癮的強度也許稍遜梅鐸旗下的報紙，但對此事不無虛心理虧之處，是以不敢聲張。另一方面，菁英報紙與公共服務取向的廣播電視確實大肆報導與評論，如銷量超過《泰晤士報》（50萬）約30%的《每日電訊報》（Daily Telegraph）在2010年只見竊聽新聞一則，7月4日之前半年只有三十一則，5日後一個月，內外電子短評、投書與內稿高達六百七十則。

　　《衛報》更早介入，從2006年起，它就已經著手調查竊聽案（包括杜勒事件，共二十八篇），並且鍥而不捨地追蹤。2007年有四十三篇，2008是四篇，但2009年陡升至三百五十二篇，2010年是一百九十篇，今年前六個月是五百八十六篇，7月5日後三十天，更達一千一百九十六篇。正因為有這些表現，政治與經濟主張迥異於《衛報》的《經濟學人》，即便支持、甚至崇拜梅鐸「創新」的企業精神與高明手腕，至此都不得不說，竊聽醜聞得以曝光，「多虧《衛報》傑出的扒糞。」

　　《衛報》總編輯羅布杰（Alan Rusbridger）回顧說，竊聽新聞的急速增加，事出有因。大衛（Nick Davies）由編制記者轉為自由撰稿身分後，仍然長期效勞《衛報》，從事調查報導。大衛追蹤了數個月，2009年初，他得知小梅鐸（James Murdoch）曾支付100萬美元，祕密掩蓋《世界報》的犯行。到了7月9日，《衛報》確認，除了已經服刑的古德曼，《世界報》至少另有兩位記者涉入竊聽，背後更有高層級主管指揮。見報後，警方說要就此了解，但用不了幾小時，很快就發表簡短聲明，宣稱再無新的事證需要調查！原來，倫敦都會警局的新聞聯絡員四十五人，有十人曾任職於新聞集團！政府立

法設置、1991年起掛牌運作、向報章雜誌課捐（2009年是183萬英鎊以上）作為營運所需的「報業訴願委員會」雖有調查，卻與警方相同，同樣表示並無其他疑點，竊聽純屬個別記者的行徑。國會不滿，另行調查，但梅鐸身邊紅人，前《世界報》另一位總編輯布魯克斯（Rebekah Brooks）連面子都不給，拒絕前往國會應訊。事後，許多民代說，此姝勢大，不敢開罪，以免其手下如雲之記者，言論對渠不利云云。11月，《世界報》某記者控訴資方對其霸凌威嚇，法院裁定記者勝訴，獲得賠償100萬美元。但這則新聞，又是只見《衛報》披露，倫敦其他所有報紙照樣視若無睹。布魯克斯甚至放話，《衛報》將為其「不實」報導屈膝求饒。

2010年入春，保守黨大選勝利，不但《衛報》總編輯羅布杰曾經秉持報人勸諫之責，另有其他來源也提出諍言，但卡麥隆對於考爾森的汙點紀錄，仍然不以為意，考爾森還是晉升，主導首相公關傳播業務。卡麥隆真沒有識人之明嗎？可能，但更可能的解釋是，梅鐸勢力龐大，籠罩英倫政壇二十五年，位居「政治階級」的樞紐，誰不願結交？誰敢開罪？執政團隊第二號人物，財政大臣奧斯邦（George Osborne）在勝選後一年間，就與新聞集團高層會晤十六次！

2011年1月5日，《世界報》再有一位記者涉案被捕，考爾森不得不在21日辭謝唐寧街職務，4月又有兩名記者次第入監。7月4日杜勒的遭遇曝光後，梅鐸仍想，斷尾應該就可以求生，他在6日宣布將在10日關閉銷量兩百六十萬份、已有一百六十八年歷史的《世界報》。但外界錯愕、無一領情，包括羅布杰都說，問題不在《世界報》，關報無理。倫敦政經學院教授則說，這是「現代史上最驚人的公關行動」。[15] 聲勢低迷的在野黨黨魁密力班（Edward Miliband）背水一戰，激發輿情響應，遂有11日文化部長韓特見風轉舵，指梅鐸購買天空是否恰當，將再由競爭署調查；12日工黨提案，政府被動跟進，於是工黨、自由民主黨與保守黨聯手，要求梅鐸撤回購買案；13日，眼見無力可以回天，梅鐸宣布，購買61%的BSkyB股份之議，

15〈世界末日？斷尾求生！〉《聯合報》，2011/7/9: A29。

就此打住,算他違約,罰金3,850萬英鎊,自當支付。同日,首相卡麥隆說,警方所檢視的一萬一千頁資料有三千八百七十個名字,記載四千支手機門號與五千支電話號碼。其後六天,英國警政與新聞集團核心幹部(包括布魯克斯)共有七人陸續辭職或遭收押。稍候,新證據顯示,新聞集團曾提供高額封口費(23萬英鎊)給古德曼,希望他不要將報社捲入。此事曝光後,新聞集團聘請的律師團吃驚之餘,連說他們的工作「並不包括偵測出更多的犯罪行為,也不是要提供訴訟人良民證」。20日,英政府確認週前所提並公布細節,指示成立委員會對竊聽與行賄案展開調查,為期至少一年,將對傳媒的他律與自律,(交叉)產權、市場結構、記者編採文化與行為及其倫理等等課題,進行研究後,提出改造方案以供有司機關參考。

未來:傳媒改造能夠成功嗎?

　　保守黨與新工黨都是「政治階級」的成員,他們改造傳媒的意願並不明顯。密力班不是新工黨,在竊聽案固然扳回一城,但他走離新工黨的路線能有多遠,尚不清楚。梅鐸雖已八旬,鬥志未見歇緩,假使他韜光養晦,「事過境遷」後捲土重來,重新申請買入天空,也不讓人意外。

　　竊聽案還在浪頭時,保守黨國會議員已經開始進攻。保守黨人說,輿論聚焦在梅鐸,根本搞錯對象,他的報紙影響力很小!英國人最重要的新聞來源是電視(70%),BBC又占所有電視新聞的七成收視時間!加上BBC在網際網路與收音機的力量,更是非同小可。如果再以明星節目,也就是BBC權威的電視節目「新聞之夜」(News Night)與晨間收音機節目「今日」(Today,每日六至九點),BBC新聞的影響力更大,不限制BBC,卻對創新新聞事業的企業家指東道西,合適嗎?

　　保守黨人忙於移轉視聽,偏偏忘了竊聽一案顯示,BBC其實也沒有完全遠離政治階級。BBC固然在2003年暴露新工黨侵略伊拉克的錯誤與不當,但BBC不總是能夠在重要議題發揮這種監督作用,

更不可能是《每日郵報》(*Daily Mail*)主編指控的「文化馬克思主義」者。何況,官方調查不一定公正,BBC因伊拉克案引來新工黨成立赫頓(Hutton)委員會,調查BBC的專業水平,該會竟以35:0譴責BBC,完全背離一般人的看法。二戰之後,英國政府曾經三度(1961-62、1974-77,以及1990)對報業結構與表現,提出調查報告,惟多年來,報紙新聞編採的倫理或市場結構,並未變得更為合理。這次能夠例外嗎?

各方力量捲動,躍躍欲試。英國最有規模、1979年成軍的「傳媒改造學社」(Campaign for Press and Broadcasting Freedom)摩拳擦掌,準備緊抓這個「數十年難逢的契機」。2001年創設的「民主開放」(Open Democracy)網站在7月推出系列討論文章,8月發動四波「英國傳媒改造」辯論。對於記者的責任,這些討論自有檢討,對於病灶的「結構」根源,同樣清楚指陳:「過度依靠廣告的、有毒的、瘋狂追逐利潤的、沉迷在獨家的新聞文化。」怎麼改革?表揚優秀的記者與傳媒,從來都有這類獎勵活動。英國欠缺的是歐陸,特別是北歐與法國對於傳媒(報紙)的定位與制度設計:報業首先是重要的資訊傳輸管道與公共論壇,扮演重要的民主與文化功能,報業系統的政治屬性,理當濃郁於商業色彩,二者若能兼顧固然很好,至若社會與經濟效益衝突時,就得另行規畫,補助報紙就是必要的手段之一。2008年,瑞典給予報業的直接補助費是5,150萬歐元(約合當年11.08億台幣),義大利是1.5億,而法國是9,200萬(若加上間接補助則是15億)歐元。並且,這類補助與時俱進。

《經濟學人》的看法屬於另一類型,只從「個體」切入。熊彼得(Joseph Schumpeter)論證帝國主義的源頭,起自政治人的「權力意志」(will to power);《經濟學人》則說,竊聽風暴肇始於梅鐸奇特的人格與作風,甚至是「畸形與乖僻的心理」。美國黃色新聞鼻祖之一赫斯特(William Randolph Hearst)搞出美西戰爭,英國報業大亨比弗布魯克爵士(Lord Beaverbrook)自居王者。個性不極端,企業不偉大;雖然詭異心靈成就事業,接著就侵蝕功績。梅鐸輕視並打破英國建制,其後,傲慢性格不再是資產,而是負債。病原既然歸諸個

人，改造傳媒就是改造從業人員，具體手段之一，就是敦促記者簽署公共與專業服務誓言；稍進一步，就是提高報章評議會的權力，增加自律組織向業界取捐以監督業界的財源，至少看齊德國；稍進兩步，就會制訂比較嚴格的隱私法與資料保護法；大膽一些，就會表明，公共服務廣電的「公正不偏私」之法律規範，或許也得派用在報紙，若有不實報導，報紙應以相當篇幅，刊登當事人來函等等。

然而，無論是傳媒改造學社的結構論，或是《經濟學人》的個體論，都還沒有討論一個問題：竊聽、跟追、暗訪、喬裝、隱匿身分或其他手段，如果是記者發現事實所必須，卻又法所不容，怎麼辦？2003年的英國，就有三十一家報刊、三百零五名記者委託同一私家偵探社四千宗工作，其中，大多數均須以非法方式完成任務。除六宗之外，僱用的報章確實幾乎都是小報。但必須注意的是，《衛報》的調查新聞主任雷大衛（David Leigh）五年多前曾經自述，為了調查賄賂與腐敗等等「公共利益」題材，他曾經竊聽，而「英國報紙或電視，沒有哪一家不曾偶爾從事不合法的調查方法」，雖然「設局欺騙、謊言與辛辣手法只能是最後才訴諸的手段」。問題在於，資料保護法不區分公益與否，違法採集的新聞是否一定符合公益，顯然也會出現不同見解。因此，即便信譽良好，碰到外人拿出雷大衛的自述，以此質問《衛報》時，答案也只能是制式文章：「社方並沒有，也從來不會授權進行竊聽」，雖然其後的警政調查確實認可其辯護，指「雷大衛……是極少數的案例，我們相當清楚地確認，基於公共利益的考量，我們不考慮起訴」。

這是難題，無法輕易解決。但《衛報》應該提出兩個建議，己立立人、利己利人。

一是討論記者的有限特權，是否需要延伸，在類似雷大衛的案例時，可以使其不違法，或者，至少屬於微罪不舉？多數國家肯認記者職能的特性，遂有司法彈性。1993年9月歐洲法庭裁定高溫（Bill Goodwin）「不透露消息來源」屬於傳播自由的行使，並不觸法。美國則有四十個州與哥倫比亞特區創制盾牌法（shield law）認可這個權利，雖然記者仍有敗訴的例子。此外，《衛報》將有更大貢獻，假

使渠在發動討論時,能夠將記者的定義,從「身分」移轉至「功能」,[16]不僅保障全職記者,擴展至偶爾兼事,而我們經常以公民記者相稱的人,只要其揭露與報導符合公益,亦可獲得保障。

二是,即便界線不總是明朗,即便很多時候必須依照個案的實際表現才能知曉,但新聞的公益與私利之分,必然存在。《太陽報》、《世界報》等傳媒的竊聽或其他不守法手段,是為了牟利而例行為之,《衛報》等等是為揭露腐敗等公益而作,且是偶爾為之的最後手段,二者顯有差異,若是不分青紅皂白,各打五十大板,顯然並不合理。那麼,透過合適的公共政策,誘使或鼓勵傳媒,使其增加公益性質的調查,減少只是為了搶奪商機卻侵犯隱私的採訪,是否理當設定為一個辯論目標,即便付諸施行必須有更長時間的規畫?畢竟,並非所有新聞業都扮演民主或公益的功能。誠如《經濟學人》的新聞產業長篇報告所說,除了少數例外,這類「負責任的新聞事業」經常叫好不叫座,投入成本遠高於例行新聞,經常難以在商業競爭中牟利,「總是(需要)……補貼」。[17]誰來補貼?這是問題。

《每日郵報》總編輯戴克(Paul Dacre)據實坦陳。他說,名人醜聞瑣事帶來巨大的市場效益,缺此收入,他們供應的公共事務新聞與分析,勢必大量減少,從而「民主過程勢必受損。」[18]兩類新聞一取市

---

16 劉靜怡(2009)〈數位時代的「記者特權」:以美國法制之發展為論述中心〉,《新聞學研究》,98期,頁139-192。2011年7月29日大法官689號釋憲文認可這個觀點,見次日《中國時報》2版報導,及朱淑娟(2011)〈公民記者自由民主進步指標〉,《蘋果日報》8月10日。

17 Standage, Tom (2011). 'The News Industry: bulletins from the future', *Economist*, July 9th special report, p.7.

18 完整引述文字是:「如果大量發行的報紙沒有報導醜聞的自由,那麼,這些同樣也投入相當篇幅報導與分析公共事務的報紙,是不是還能夠維持大量的發行?我想不太可能。這樣一來,民主過程勢必遭致不良的影響,其理至明。」「對於《世界新聞週報》我素無所好,但多年來該報揭發了許多重要事例,對於腐化與性偏差行為歷來不假詞色……假使該報再也不能報導這類新聞,那麼該報及其政治報導與分析,最終很可能消失。」Paul Dacre's speech in full-2008-11-10,http://www.dailymail.co.uk/news/article-1084453/Paul-Dacres-speech-full.html#ixzz1OUe5A426

場,一取政治,這是一報之內兩種文體的交叉補貼,雖然這個作法經常惹來虛偽之譏。本世紀以來,泰晤士兩報虧損連年,《太陽報》與《世界報》的利潤如泉湧出,兩類報紙的交叉補貼,在新聞集團內部完成。《衛報》最近這幾年亦無盈餘,2011年3月底前的一年,赤字達3,830萬英鎊(約7.8億台幣),全由「衛報傳媒集團」(Guardian Media Group)其他企業的盈餘挹注。

表面視之,《衛報》與泰晤士兩報相同,都是集團內部的補貼。但兩報南轅北轍。《衛報》出於「價值理性」,1936年以來,該報就透過信託手段(2008年法律性質改變,但目標相同),確保集團的存在目標,就在維持《衛報》營運的獨立、專業及正直。梅鐸周全泰晤士兩報,純屬「工具理性」,如果他認為再無盈餘可能,或是無法換取他的個人政治或社會影響力,就會出清兩報。

然而,人生無法必勝,「天生不穩定的市場」不會優惠《衛報》集團,即便其動機光明磊落,比起新聞集團的工於心計,可喜許多。怎麼辦?公共政策必須出場,若不能駕馭,至少理當協調傳媒的市場競爭。1960、70年代迄今,瑞典、挪威等北歐國家與法國,正是這麼做的,2011年1月,挪威傳媒公會與時俱進。他們致書文化部長,表示報紙既已進入數位發行與傳輸的年代,傳統的報紙補助就得延伸至電子版本。英國政府與傳媒是不是會因竊聽之禍而得福,是不是能夠見賢思齊,甚至後出轉精,倫敦奧運會後,也許就會揭曉。[19]

(北京《讀書》月刊,2012年1月,頁63-74。)

---

[19] 英國首相在2011年7月卡麥隆下令進行「公共查詢」,由列維森(Brian Leveson)法官主持,分作兩部分,第一部分將在2012年底提交報告,估計花費560萬英鎊。這兩部分的查詢,又分作四項主題:「報業與公眾」、「報業與警察」、「報業與政治人物」與(強化報業自由與正直的規範)「建言」

回應英美的霸權

全球趨勢與在地抵抗

《誰擁有傳媒：全球趨勢與在地抵抗》這本論文集承先啟後，來得正是時候。試從一個小故事說起。

紐埃（Niue）在1974年獨立，人口兩千，主要收入來自觀光與漁獵。1990年代末，紐國取得了nu.作為國家頂級網域名稱。未幾，有位美國傳媒企業家用一萬美元，向政府官員買下這個網域名稱。其後數年，利用nu.註冊的個人與商家已超過二十萬，透過該網域而進行的各種交易，金額至為可觀，但紐國政府無法取得分毫。

得知這件事情之後，「基督教世界傳播協會」（World Association for Christian Communication, WACC）的活躍分子旋即展開抗議與遊說，最終，負責管理網域事務的「網際網路名稱與數位位址分配機構」（Internet Corporation for Assigned Names and Numbers, ICANN）裁定，該網域名稱應該返還紐國，但美商拒絕。

紐埃獨立於1970年代，當時，人們日後稱之為「新世界資訊與傳播秩序」（New World Information and Communication Order, NWICO）的爭論方當登場。到了本世紀，爭論NWICO的雙方，也就是美國統治集團為主的國家以及發展中國家的傳媒結構，固然都在市場中運作，但兩造所認可的世界觀、國與國、人與人的關係，歧異還是存在，歷史顯然並未終結。這也就是本書編者之一湯瑪士（Pradip N. Thomas）所說，紐埃這起爭議多年的事件，其實是全球實況的具體反映（p.297）。

這場延續NWICO的大辯論，在不同國家都在進行。在泰國，學

界及社運者提出許多主張,要求公民及社區組織,均應該擁有權力,使用廣電資源,具體的制度設計有三個。它們分別是各省均應配置電波資源設置另類電台;各電台應提撥20%時段作為社區節目之用;第三則是應保留20%電波頻譜作為「人民部門」使用(對立於「國家」及「私人」這兩個部門)。歷經了許多回合的辯論拉鋸戰,第三個主張出線,新廣電及新電信法第26條不但白紙黑字將此建言寫入,它更說,「如果人民部門的組織尚未能有效運作,無法適時掌握這些資源,廣電委員會必須提供充分的協助,以求人民部門仍然可以使用適量的頻譜資源……人民部門的營運必須非營利、遵守公益。」

到了去(2005)年10月,泰國國會授權成立了十七人遴選委員會。第一階段接獲一百零三人申請,其中有六十人通過初選,得到面訪的機會。今年3月,進入廣電委員會的十四位委員候選人名單出爐(應選七人),但至11月中旬,不但名單仍未移送泰國國會批准,而且部分遴選委員還被檢舉,指他們與某些候選人有「利益衝突」。目前訴訟案仍在泰國行政法院審理。

截至這裡,泰國媒體改革社團與學界的成績,應該說是頗為可觀,但改革力量未來的進展能否再下一城,仍然不能掉以輕心。原因之一正就是戴克辛(Thaksin Shinawatra)這位電信及電視大財主已入主總理職務。再來則是Ubonrat Siriyuvasak教授所說,泰國的媒體社運動能,往下扎根的速度與廣度還是不足,她擔心行政部門的軍方利益及財團的聯手(前文提及的十七人遴選委員會,大致由他們掌握),又將使得改革成果賴以確保的草根力量,盤旋徘徊,遲滯不前。

確實如此,甫於去(2005)年底結束的聯合國「資訊社會世界高峰會議」(World Summit on Information Society, WSIS),不正就留著一個ICANN的大尾巴嗎?美國主張,ICANN應該維持民間社團的身分,並且繼續歸其商務部管轄;大多數開發中國家則認為,ICANN不妨成為聯合國的組織,使其運作更民主,讓各國政府得以更有效地決策參與權。假使接受後者,按理,以後就不會再有紐埃這類事件。但是,如同當年紐埃事件沒有塵埃落定,ICANN花落誰家也因為兩方爭執不下(歐盟提折衷方案),因此WSIS即將結束前,聯合國就

已經宣布,從2006年元旦起連續五年,繼續舉辦「網際網路治理論壇」(Internet Governance Forum, IGF),尋覓各方都能接受的治理內涵與權力歸屬、分配。

無論是當前的IGF,或是彼時的NWICO,在在涉及究竟我們有沒有辦法透過社會力量,要求國家進場,盡量向公共利益靠攏,在較大規模與較深層次,將傳媒市場的營運過程,納入民主的治理與規範架構。或是,我們終究無法不屈膝於資本自由的流動意志與動能,於是大者恆大、富者愈富,致令所有小國寡民者、所有資金並不殷實者,以及所有追求另類傳媒市場的社會力量,都被資本的黑洞捲入漩渦,無法脫身?

假使讀者希望先掌握本書對於這個大問題的基本看法,不妨先讀高丁(Peter Golding)教授的序言、編者的說明,然後再讀本書的第一部分(「理論與政策篇」三章,特別是第二章)與第三部分(「民主傳播的未來篇」兩章)。如此,讀者也就進入了橫跨三十餘年的國際傳播拉鋸戰,也等於是戴上了銳利的知識眼鏡,我們就更能夠掌握與理解,過去幾年來,環繞聯合國教科文組織的各種活動[20]的來龍去脈,各種發言者何以這麼說,而其意義又是什麼,屆時也就更加清楚而透明。有了這個座標,各種施為者與結構的聯繫,也得到了更為動態的展現。

第二部分的論文是本文集的主體,涵蓋東歐、中歐、加勒比海英語系國家、非洲南部十餘個國家、拉丁美洲、中國、印度、奈及利亞與馬來西亞,合計十章的個案研究。據筆者所知,歷來關於傳媒產權的紀錄與立論之文字,可能以本文集的蒐羅最為廣泛。這些論文得來不易,是WACC這個具有進步色彩、對於解放神學也有相當同理心的組織,從1997年至2001年間,主辦了八次工作坊才能得到的成績

---

[20] 本世紀最初六年的最重要項目,除了稍前所說的WSIS,還有2001年與2005年10月相繼通過的「文化多樣性宣言與公約」,後者的全名是《保護文化內容多樣性暨藝文表達公約》(Convention on the Protection of the Diversity of Cultural Contents and Artistic Expressions)。2025/1/20按:該公約已在2007年3月生效。

之一。

　　這十篇文字大抵呼應了高丁教授的序言，站在反對「新古典自由經濟主義」的立場發言。眾所周知，資本的集中化與利潤歸私導向，確實引領了過去二十年來，從傳統文字影音傳媒至各種新傳播科技的發展。本書的大多數篇幅不能無視於此，自得如實討論與記錄。然而，不僅只是灰色的紀錄，本書也提供了值得深思的事例。

　　比如，1963年，前南斯拉夫已經將「刊行意見權」（right to publish opinions）入憲。到了1980年代，在公民及（特別是）報業人員支持下，這個權利與答覆權、更正權得到了廣泛伸張的機會，組成南斯拉夫之一的斯洛維尼亞（Slovenia）共和國甚至在1985年出現了一個重要案例，即最高法院判決該國主要日報 *Delo*，必須刊行一位公民抨擊高層的評論。南斯拉夫的工人自治模式也適用於傳媒，員工擁有參與選任管理階層與總編輯的權利。然而，在1980年代、1990年代，南斯拉夫解體、變天之際，新廣電法通過後，該權利不但消失了，而且在權錢交加之下，從業人員處境與民眾得到的資訊質量，下墜至另一種不堪的境地，唯一保有員工參與權的是斯洛維尼亞，但也一度旁落，至1994年才重新恢復（pp.57-61）。在所謂歷史終結之前，早先的實存社會主義（actually existing socialism）之國家傳媒的內部結構及其表現，較諸終結之後，竟然有某種更為民主的表現，這不能不讓人詫異。

　　又如，牙買加獨立後，政經仍受前殖民勢力影響，電台卻屬例外，大抵仍是本地事業，直至2000年BBC進入，取得營運執照，外來力量才重新入侵（p.77）。翻讀至此，不免讓人驚訝，作為一個公共服務的組織，BBC何以如此熱中，是英帝國還魂還是另有隱情？再如，在象徵資本自由流動的WTO運行之前，許多非洲國家即已集會，提出「非洲資訊社會啟動」方案，表達要以自己所需要的內涵，界定引進新傳播科技的種類與速度，促進非洲的發展，而不是聽任跨國資本的營運邏輯所決定。至今，還有國家能有這個氣魄，相當不容易，這算是取法乎上，因此不至於全盤皆沒嗎？在涉及外資規範的例子，辛巴威（Zimbabwe）相當值得注意，該國2001年4月通過新廣

電法,除禁止外資持股,也排除政黨的經營權利,但同時要求民間業者每週提供六十分鐘時段,說明政府的各種公共政策(pp.102, 115-16)。這是要讓執政黨永遠發言,在野黨無話可說,或是1960年代「傳播與發展」典範的時代錯置之安排?

傳媒能否反擊資本自由化的壓力,社會能否責成國家提供資源,營造較佳傳媒環境,各方力量猶在相持。本書曾提及印度資訊自由法,但不表樂觀,擔心立法進度流於緩慢,國家機密範圍太大(pp.223-24)。所幸,實況是,該法在本書出版之後,已經在2005年5月11日完成較周延的《資訊權利法》(Right to Information Act),取代了先前在2002年通過,卻未曾執行的較差的版本。印度的新進展,外界大致肯定。看來,地球不是平的、是圓的,是變動不居的。擁護民主的人,不得不面對資本自由化所連帶造成的困局,對於台灣,也是這樣,如同《新聞公害的批判基礎》一書所說,解嚴至今為止的台灣,傳媒大致擁有了免於遭受黨政力量直接干預的環境,但是,傳媒呈現另一種墮落與扭曲,因此,第二波民主必須處理,社會如何要求國家積極與有效作為,既規範營運結構又以合理資源創設公共媒介。閱讀這本文集,有助於連結本地與國際,得到培力(empowerment,另譯「賦權」)的效果。

(《台灣民主季刊》第3卷第4期2006/12,頁191-6。原標題〈第二波民主化:傳媒改造〉。書介 Pradip N. Thomas and Zaharom Nain (eds., 2004). *Who Owns the Media: Global Trends and Local Resistances*. London: Zed Books.)

拉美人反攻北美　影音新氣象

2003年9月底,華倫提(Jack Valenti)宣布,「美國電影公會」(Motion Picture Association of America, MPAA;其實是好萊塢大廠,不是所有美國廠商的聯合組織)將不再分送影片給六、七千位會員及

影評人。他們若要預覽參加競賽（如奧斯卡獎）的電影，必須在指定時刻，親自到紐約、洛杉磯兩大城市的指定戲院。華倫提還要求，其他製片商必須比照辦理。

新聞傳出，群情譁然。各中小型製片商眼見好萊塢得寸進尺，意圖更加嚴苛依照自己的形象，打造所有人的電影行銷手法，怒不可遏，準備一狀告進法院。到了2004年初，因為可能身陷反托拉斯法的訴訟，華倫提也就鳴金收兵；不再造次之後，早就想要退休的華倫提乾脆順水推舟，總算在八十四歲完成宿願。

擔任MPAA執行長將近四十年以來，這是華倫提的最大挫敗。這件事情無法動搖好萊塢的根本，但囂張、頤指氣使的好萊塢，氣焰已經收斂，還是讓人稍稍有些快意。假使要向前徐行，邁向大快人心之路，可以從這本譯筆流暢的小書起腳。

本書篇幅雖然有限，作者卻能深入淺出，既有歷史縱深，同時饒富當代情境，扎實立論，很不簡單，成績不俗。特別是，作者提醒讀者，「別無選擇」（there is no alternative, TINA）的說法，並不是那麼正確。四海都有努力的人追求出路，並且小有成績。

廁身傳播科技日益發達的人，感知結構既充滿全球化的影音圖文符號，也浸淫於本地的日常生活，二者交織。

國際傳播賴以進行的架構，主要是在美國為首的私人資本利益之驅動下，形塑完成。但地球是圓的、在變動的，美國傳媒固然領先全球，但隨其經濟力相對式微（1981年起，美國貿易從盈餘轉為赤字，1998年是1,680億，至2005年已達6千多億美元），它也遭遇了更多的挑戰，可從兩大層面觀察。

第一，來自其他國家的政治考量或資本動力。第二，聯合國教科文組織（UNESCO）等機構的公共服務及合作的精神與實作。或多或少，這些實例已經從不同層面，對於美國傳媒的利益與觀點，有所調整，或說展開了瓜分的行動。

第一個層面表現為兩種情況。一是美國以外的傳媒產品進入美國，特別是隨衛星傳輸費用陡降，這就讓進入衛星電視行業的門檻降低不少。於是，移民美國的人（包括台灣人）往往得到機會，得以透

過衛星電視,接觸母國(或母語)影視節目。其中,墨西哥及中國分別代表了兩種模式。

居住在美國的中南美洲移民後裔,已達四千多萬(約占美國總人口的14%),墨西哥電視業者(如Grupo Televisa)也就有了商業動機,藉由衛星對這些西語人口傳輸影視節目,大舉獲利;因此,比如,美國境內最受歡迎的西語電視公司Univision,2005年的股市值達120億美元。中國則基於經濟崛起後,由政治力推動,希望在美國為主的國際社會取得更大的發言機會。如2002年起,北京容許美商「時代-華納」與「新聞集團」的頻道在廣東落地;藉此,中國換取了央視頻道透過前兩家公司的安排,進入美國部分有線電視系統。

二是在政府資助下,許多國家都推出英語或本國語電視新聞頻道,等於與美國CNN展開局部競爭,以兩種風貌現身。一種出於商業動力,在這方面,有一個吊詭出現在BBC,對內,它可能是舉世最成功的公共服務廣電機構,但它對外的電視業務,卻以商業掛帥。BBC海外電視新聞頻道營收,在2005年度達9,080萬英鎊。另一種並非追求利潤,而是為了闡述本國的(政治等)觀點,故由政府撥款,自行經營或是資助本國商業機構,呈現本國的節目。其中以英語發音者,包括中國大陸央視第九頻道、阿拉伯世界的半島電台(英語頻道開播較晚),以及七個南韓單位聯合在1996年推出的阿里郎電視台(但有部分韓語節目)。以本國語發音者,包括預定在2006年底開播的法國CII(法政府一年支持4千萬美元),以及以委內瑞拉(一年支持1千萬美元)為主的TeleSur西班牙語新聞頻道(已在2005年夏季開播)。

第二個層面同樣分作兩種情況。一是各國推動政策,善用國際條約,阻卻美國傳媒(特別是音像產品)的跨國寡占或壟斷。如1948年開始執行的《關稅暨貿易總協定》(General Agreement on Tariffs and Trades, GATT),其第四條就對電影貿易設有特殊規範:「任一締約國如對已沖洗電影片制定或維持內地數量之管制……應以放映配額之方式為之。」該協定運作至今,援用最成功者應該是南韓。由於社運團體的督促與施壓,從1994年起,南韓政府逐次落實配額措施,

南韓影片占本國戲院的票房比例,從1993年的15%左右,爬升至2001年以降,每年均超過50%。另一個重要的國際約定,起於UNESCO在1995年提出的報告,書名是《我們的多元創意》。該書力陳必須建立「全球的公共領域,容納另類聲音」,具體方案是,以「全球範圍為主,補助公共服務及社區媒介」。對美國影視席捲全球很有戒心的人,據此繼續努力,在十年之後的2005年10月,UNESCO透過具有法律效果的《文化多樣性公約》,一百四十八國支持,僅有美國及以色列兩國反對。這個國際公約的意義在於確認,各國若是願意以政策與法規引導與建構影音等等文化環境,沒有任何國家包括美國能以自由貿易為口實,阻卻該國的願景。

二是很多政府提供了若干接觸非主流傳媒(特別是電影)的機會。同時,也有非營利機構透過合作社的方式,借助網際網路,有效流通聲光與文字。台灣即便欠缺積極傳播政策,在這方面也有尺寸之得。這裡是指,經費主要來自新聞局的金馬影展從1990年起,加列了「國際影展」,每年吸引眾多青年學子。其後,商業性質的藝術電影,開始以影展面貌出現,然後北高兩市與其他縣市也相繼投入金額不高,但對於拓展多元觀影經驗的各種主題影展也有貢獻。根據吳廷勻統計,1996至2000年間,這類由地方政府舉辦的影展,引進共兩百一十四部國人平日難以接觸的電影;假使是私部門為兼顧商業試探而引進,那麼,2001至2005年所放映的非主流電影有四千四百二十四部,數量高達前五年的二十倍。

基於分享、刻意排斥廣告收入而由參與者無償製作與提供資訊的組織,以「維基百科全書」最為知名。它萌芽於2001年初,2004年伊始,已有四十一萬條目(其中,英語是十九萬條),到了2006年元月已經來到兩百六十萬(含一百二十種語言,英語一百一十萬以上),遠超過知名的大英百科全書,每日造訪維基的人數,也超過BBC與《紐約時報》,志願撰稿者人數,也從2004年1月的九千六百五十三人,至2005年6月的四萬七千八百二十一人。

這些例子顯示,商業競爭及利潤追求之外,合作及分享也是創作或流通影音與文字的動力,規模較大者如維基百科全書,規模較小者

如小眾電影或紀錄片。這類實例已經有小部分得到公權力支持,假使各國政府或跨國組織(如UNESCO)能夠擴大支持,各地提供相應於自己能力所能企及的材料(如一年若干部電影、紀錄片、歌曲……),以數位形式製作,成立(比如)「國際數位內容合作社」,無償或採取「創用CC」(creative commons)的作法,應該足以讓各國人士擁有比現在通行的主流作法(競爭利潤),來得有更多機會,接觸與使用更為豐富與多樣的傳媒內容與文化。

(推薦序:Peter Steven〔孫憶南譯2006〕《全球媒體時代》。台北市:書林。原標題〈邁向文化多樣與創意公有〉。)

美國人的文化行動主義　是「顛覆進行中」

「文化行動主義」的企圖無他,就是邀請或刺激人們當下就地反思,方式五花八門,包括透過突兀的內容與鮮明的對比。

有些文化行動是低成本、低風險,也不需要大眾傳媒的中介。比如,俗稱廁所文學的內容,固然很多言不及義而乏善可陳,卻也不乏一些具有時評作用、能夠引起共鳴的符號或文字。有些是低成本、風險略高,很多時候可以透過傳媒而擴大其訴求,如1990年5月,一些大學生抗議總統提名軍事強人為行政院長,於是以「小蜜蜂」自居,群集老三台噴漆抗議;又如2005至2008年間,政治大學與北市華山文化園區出現多次塗鴉事件,也可併入這一類。

在這些形式之外,對準主流文化惹人不快的現象,積極進行文化干擾(culture jamming)的行動,自然不會放過傳媒而不用。這個時候,文化行動本身就是另類媒介的內容,二者合而為一。

最近這幾年,透過播放這類文化行動影片,公共電視豐富了我們的影音經驗與視角。其中,涉及本地傳媒者有二。一是形同預測《中國時報》易主的《那一天,我丟了飯碗》(2005),另一則檢討台灣

衛星新聞台惡劣競爭下的《有怪獸》現象（2007）。去（2008）年，曾經發行這兩部影片的「台灣媒體觀察教育基金會」再接再厲，推出加拿大的《文化干擾》，同樣非常好看。《沒問題俠客修理世界》（*The Yes Men Fix the World*）這部讓人過目難忘的影片，是不是能夠再由公視播出，我們不妨拭目以待。

若說今年全球最風光、最好看的紀錄片，可能就是《沒》，即便不中亦當不遠。1月19日，該片在美國日舞影展首映，觀眾起立鼓掌歡呼。一週之後，這個場面接續在柏林、阿姆斯特丹等等國際影展重演，獲得觀眾最佳票選獎。任何看過影片的人，莫不雀躍、怦然心動想要炮製，包括6月在台北影展上映時，它在百餘部影片中脫穎而出，「最受青睞」。到了7月底，美國最主要的電視電影頻道家庭票房（HBO）跟進首播。10月上旬，《沒》片還要在紐約電影論壇登場，此前往後的系列相關串連與在地行動，也是此起彼落，十分熱鬧。

轟動美歐亞許多國家的原因，並不是因為麥克‧波南諾（Mike Bonanno）與安迪‧畢裘邦（Andy Bichlbaum）這兩位「唯唯諾諾」之人，（曾經）教授傳媒與影視美學等課程或深諳行銷，而是影片本身的兩大特點使然。

首先是俠客的努力。他們的容貌看來無邪、表情誠懇又像是只會點頭稱是，這個「唯唯諾諾」的「造型」給人一絲喜感之餘，恰好可以讓受訪者不疑有他，觀眾則對他們產生信賴感。他們幾乎是無為而治，「修理」資本世界的第一步工作，僅只是架設網站，等著外界邀訪。這等於是離江三尺垂釣，願者上鉤，責任自負。我們可以說，兩位俠客以其人之道還諸其人之身，資本的競爭本能、貪婪與無孔不入的本性與驅力，自動登門造訪，他們接著就是有如上帝傳達福音，說出世人想要看到的場景。

這裡，就是《沒》片大快人心的更重要理由。雖然出人意表，片中的故事卻有共通的敘事方式與結構，傳達了時人的樸素心理與信念。人們認同、樂觀其成乃至於願意力促其實現的價值、公平正義與是非，往往受挫於既成的權勢結構，卻在本片得到短暫與「虛幻」的宣稱乃至於落實，開啟了後續行動的能量。於是，很奇妙地，流暢與

生動的紀錄片搖身一變，宛如有了劇情片的訴求效果與渲染作用。

除了穿插諾貝爾經濟學獎得主米爾頓・傅利曼（Milton Friedman）及其信徒的訪問片段，暗示或邀請觀眾一起聯想或正眼看到，所有悲慘的經濟故事，是不是有此意識形態的根源？除此之外，影片大致分作六段，「金骷髏人」、「萬能逃生器」、「以氣候變遷受害者製成的生質燃料」、「都發局」卡崔娜颶風（Hurricane Katrina）國宅新聞、「紐約時報天大好消息（健保改革方案過關等）俠客版」，以及「陶氏化學公司」（Dow Chemical）的印度故事。

這六段故事的共同點是，創作者自得其樂，就好像是任何塗鴉、廁所文學以及對於相因承襲的商業、政治或傳統符號之變身或改造，從事者假使不能從中得到宣洩、出一口氣或甚至是歡愉的感覺，則其從事就不可能持續、更談不上長遠積累。其次，這些干擾確實讓觀賞者心生認同，從嘴角牽動到捧腹大笑，從思索個中道理到響應或自行模仿行動，都讓觀賞者從中得到培力的機會。

六則故事當中，最突出的特色是「陶氏」行動。它直接產生當下效果，作者因此將它放作第一則故事，吸引目光。

1984年12月3日，印度中部麻達雅省首府波帕耳（Bhopal）一家殺蟲劑工廠毒氣外溢二十七噸，除了數萬公頃土地至今不能使用，方圓一百公里而不是最早說的四點五公里範圍，也都受到影響。這次災難發生後三天已死一萬人，後來，再有一點二萬人失去生命，一萬四、五千人必須接受終身醫療照顧。（按，至2024年12月仍有超過五十萬人未能復原，飽受長期的呼吸道、眼疾與免疫系統能力減弱等等痛楚。災區民眾罹癌、生育的子女身體殘缺比例，是一般人的八與七倍，但災區至今仍有十五萬人居住，因房價便宜。）1989年，工廠母公司「聯合碳化物」集團以傷者平均一人約500美元、死者家屬2,000美元的代價，賠償了事，其發言人說，對於多數印度人，這筆數額「很好啦」。

事件發生第二十年的前夕，「聯合」已被「陶氏」收購；此時，兩位俠客的網站再次立功。他們得到超級大獎，上鉤的是全球最知名、最有公信力的傳媒機構英國廣電協會（BBC）。接下來，新聞史

上讓人啼笑皆非有之、錯愕而難以置信有之、振奮人心有之的大事件，於焉發生。

2004年12月3日，畢裘邦好整以暇，以「陶氏」發言人的身分出現在BBC的巴黎攝影棚。面向號稱人數達三億的全球觀眾，他清楚地發言、再三地強調，「陶氏決定清算『聯合』公司，從中取得的120億美元將全數用於補償印度受害人、清理土地，以及研究陶氏公司其他產品是否另有危害。」新聞傳出，真的公司立刻否認，卻引來更多報導及猜測。在收發與澄清的二十三分鐘之內，股價暴跌20億美元。

生命無價、健康無價，一家企業二十年後幡然醒悟、終於覺今是而昨非，稍稍以阿堵物亡羊補牢數十萬受害者，雖然無法恢復生命也不能讓傷者完全復健，卻總算是遲來的正義，顯然理當歡呼。為什麼股票市場逆其道而行？日常可以好話說盡、企業社會責任可以很動聽。但是，所謂甲之肉乙之毒，衝突就在這裡顯現。如同兩位俠客所說，他們以真話傳達所有社會都擁抱的價值，卻不被股市認可。那麼，是普世價值有問題，還是股市所代表的貪婪有問題？一定有人想要申辯二者並無衝突。真沒有衝突嗎？陶氏公司事後雖然不滿，卻一無提告（但投入一千餘萬製播商業形象廣告），原因估計有二。一是如同凱因斯所說，「股市就是大賭場」，輸贏只在股東之間，無啥好說。二是啞巴吃黃連，擔心若是說出了苦，會有連環效應，會讓資本的猙獰面目更加暴露無遺。有朝一日，報紙既有股市行情版，但也同時設置工作傷害與失業以及生態環境破壞版，二者並列，那麼不衝突之說才能開始取信於人。

「區區」一部作品不一定不能驅動正面的變革。1906年辛克萊（Upton Sinclair）的小說《叢林》（*The Jungle*）驚醒美國人，在總統羅斯福的大力協助下，催生了肉品檢驗等相關修法工作；1966年，先有電視電影雙棲導演肯洛區（Ken Loach）以《凱西回家》（*Cathy Come Home*）揭示英國遊民的真實生活，後有遊民庇護所的成立；廣州《南方都市報》陳峰2003年對孫志剛命案的調查報導及其後跟進的輿論風潮，致使中國大陸廢置被指為違憲的收容遣送制度。《沒

片及大多數報導、評論或文化干擾,無論是圖文或影音,大概很難取得這麼讓人欣慰或感動的成績。特別是《沒》片,兩位俠客在片尾似乎已經表明,文化表意若能結合群眾,才有可能推進好事的實現。有趣的是,該片居然在HBO得到放映機會,那麼,是權勢在手的人自己同樣不滿體制嗎?是被「滲透」嗎?或者,是HBO判斷放映能夠營利,並且可以宣示「天下英雄盡入吾彀中」的成分,遠遠超過它可能召喚的抵抗或顛覆意識?

不要忘了,還在六年前,大導演史東(Oliver Stone)接受HBO委託,完成古巴強人卡斯楚(Fidel Castro)的紀錄片《指揮官》(*Commandante*),另有故事。當時,史東沒有想到的是,HBO認為該片對卡斯楚太好,等同是「為匪張目」,拒絕播放該片至今。史東前年在蘇黎世影展揶揄地說,「這些人要等卡斯楚故去後,再放映與炒作,以便海賺一把嗎?」

大資本HBO是否作此盤算,無人可知。不過,不滿當下體制的人或許可以從卡斯楚對海明威(Ernest Hemingway)的評價,得到啟發。他說,《老人與海》這本書:

> 最出色的地方是……主人公……孤獨一人在海上,自言自語,沉思冥想,反省生命、夢想、奮鬥……苦苦努力到達終點,得到的不過是他捕捉到的大魚的一具屍體。

從事文化干擾的人,自然不能心想事成,卻無礙於自比「老人」。即便只是得到屍體,老人的故事已經流傳,後續有人。一個老人得魚屍,不會所有老人盡得殘骸。

(《今藝術》〔2009/9〕頁118-20。原標題〈「唯唯諾諾」其實是「顛覆進行中」〉。2025/1/28按:《沒問題俠客修理世界》新版本已在2017年以創意公有方式供人自由觀看:https://www.youtube.com/watch?v=GG1XeixJqcI)

美國記者要推翻政府

美國前國務卿歐布萊特承認,美國對伊拉克的禁運,導致了至少五十萬伊拉克兒童的死亡。但即便如此,她還是這樣跟記者說,「我們認為這個代價,划得來。」聽到這樣的言語,任何人,特別是伊拉克人,都有了推翻美國政府的正當理由。

本書作者是美國人,她也要推翻美國政府。她寫成本書,大聲疾呼,鼓動美國人民推翻美國政府。

作者賀芬頓說,美國已經「被撕裂成兩半」,貧富差距愈拉愈大,1964年的美國有三千六百萬人生活在貧窮線以下,到了現在,數字還是一樣。沒有處方藥物補助,沒有保險補助的美國兒童,達一千一百萬。當前二十四至三十四歲的美國男性收入,比1973年少了三分之一。

為什麼這樣?美國政府被財團、特殊利益所俘虜。從1997到1999年,在華盛頓登記有案的說客,增加了37%,他們每年花費1.4億,平均三十八個專業說客「伺候」一個國會議員。舉個實際例子,為了追求最大利潤,藥商不願意花錢研發治療窮人最容易罹患的疾病,卻寧可投入於改善生活「困擾」的產品(如禿頭藥品等等),偏偏製藥業這種澈底的自利行為準則,也是政府制定政策的圭臬。面對這種局面,這就難怪年輕人特別覺得政治跟他們沒有什麼關係,更有64%的人認為,政府是由「追求私利的大財團所操縱的,沒有考慮全民的福祉」。那麼,擁有憲法第一修正案作為屏障的美國媒介,至少能夠發揮第四權,善事監督政府與財團的惡搞吧?那可未必。在本書作者的眼中,美國的大眾媒介花了太多時間挖醜聞,卻對大財閥的違法亂紀,無所置語。比如,美國聯邦調查局以三年時間,偵查ADM公司操縱物價的陰謀,媒介多數卻不聞不問,提及這則新聞的有線電視,則只提供了「平淡無味的報導」,原因是美國ADM是它的廣告大客戶,每年投入了超過3千萬美元。

這還沒有完。美國債台高築,從被稱作是偉大總統的雷根時代開始,就翻轉了美國的貿易出超,並從1981年起連年入超,在號稱新

經濟的時候,還是相同。到了去年,據說高達將近4千億美元,總負債則超過了兩兆美元。

可是,美國至少有三大法寶,不但足以遮掩其社會弊端,更能確保美國的主流價值、主流階層的生活方式瀰漫全球,吸引他國社會的中上階層,共同奔赴美利堅。

第一是美元作為世界貨幣的優勢。全世界所流通的美金,每一百元有六十多元是在美國境外跑來跑去。這也就是說,美國借錢、吸金的能力一把罩,只要這個情景不變,貿易赤字也暫時不礙事。第二是美國的媒介,不但行銷全世界,在科技日新月異的現代,電子媒介在大賺輕鬆錢的同時,也極力推銷了美國。甚至,本書作者憂懼十分的美國人對於政治的冷感、不投票,在許多外國人筆下,居然可以搖身一變,成為正面的價值,代表了美國「社會沒有尖銳對立」。第三是國防武器。大家都說冷戰已經結束,蘇聯不但垮台,並且國民壽命減低,哪來餘力與美國對抗?中國也忙著投入經濟改革,哪有功夫較量軍備?但美國軍火商硬是不肯罷手。於是美國政府就拚命點火,對伊拉克禁運還不夠,還要再對伊拉克發射飛彈,消耗一些軍火。同時,小型星戰計畫的NMD、TMD更是進行得如火如荼,好像外太空人要入侵美國。

所以,美國政府是應該被推翻。但我們都知道,知易行難。賀芬頓其實也沒有什麼好辦法,雖然她的書是說「如何」推翻,倒也瞧不出太大名堂:改善美國選舉獻金的辦法,設立捐贈密室,如同不記名投票,使捐贈者身分無法為政黨知悉;要求媒介「多報導我們未來的希望」,喚醒媒介這隻看門狗;也寄希望於新科技,如網際網路的「民主在線計畫」等等。也許,美國政府是無法推翻的,只有其他國家的政府,會被美國顛覆;也許,美國政府不是不會被推翻,而只是時候未到。如果本書書名不是譁眾取寵,那至少作者相信的是後者。

(推薦序之一:Huffington, Arianna〔高忠義譯2001〕《如何推翻政府》。台北市:商周。)

輿論監督無罪　美國不能恩將仇報

　　記者揭露政府軍情暴政的自由與責任，是否得到弘揚，或是遭到壓制，近日可能就要揭曉。維基解密在2006年創辦後，創設特別機制，方便吹哨人隱匿身分揭露不法，糾正很多環保、金融、貪腐等等惡行，廣泛得到認可，獲有數十獎章推崇它推進公共利益的成績。

　　好景不常，它在2010年釋出影片，顯示美軍僅是一次行動，就已在伊拉克濫殺無辜十多人，包括兩位路透社記者的畫面公諸於世之後，白宮開始攻擊，先斷其捐款後要抓人。差別在於，歐巴馬年代，減刑後吹哨人出獄，又說，若要將維基解密創辦人阿桑奇（J. Assange）繩之以法，與其協作的所有傳媒含《紐約時報》，變成都要因新聞自由犯罪，白宮不敢觸犯眾怒。川普上台後，情勢逆轉，2019年5月轉以間諜法起訴阿桑奇，並求刑最高可達一百七十五年。

　　見此，更多肯定維基解密貢獻的人，群起組織與敘述並積極遊說，要求白宮撤回起訴，讓因為美國要求，致使入獄並在英國已打引渡官司七年，身心遭致巨大傷害而有生命危險的阿桑奇，早日重獲自由。他們強調，阿桑奇受吹哨者之託，與新聞界合作而呈現事實讓美國改善軍情行為，於美國於世人，都大有貢獻，美國不能恩將仇報。

　　持續至今四年多的「捍衛阿桑奇，新聞自由無罪」運動，業已創造前所未見的現象，僅能擇要略說。聲援總部在美國，九大都會都有分支，另有海外二十二個組織，發布近兩百次新聞稿、線上與實體活動超過百回。過去四年，以阿桑奇為名的英文專書，竟達五本，展現記者、學者、行動者等知識社群投入的深廣。英美法德西五國與維基解密合作的報刊，在前年底聯合撰文支持阿桑奇後，其主編上週再次受訪，表達相同意見。

　　政界也沒有閒著，要求美國從善的力量如後。五位總統（含巴西、墨西哥與哥倫比亞三位現任）與澳洲總理（阿桑奇是澳洲人），以及澳洲國會創紀錄單為一人而跨黨派，以八十六票對四十二票通過決議，都是要求美國撤回對阿桑奇的起訴。相同訴求，同樣見諸美國跨黨派參眾議院數十人努力九個月後去年底的提案，還有，墨西哥九

十七位、巴西百位，英國三十五位國會議員也已聯名徵求支持。

上個月底，歐洲議會票決，要求歐盟執委會與理事會評估，是否理當就阿桑奇即將遭引渡至美國一案，發表聲明，繼之以政治辯論。3月1日，繼聯合國前後兩位酷刑特別報告員，在親身訪視與調查後，呼籲英國不要將阿桑奇引渡至美國，聯合國表意自由特別報告員 Irene Khan 也強調，若英美堅持官意，勢將嚴重影響全世界的新聞界伸張表意自由。

最後，兩週前在倫敦法庭為阿桑奇辯護的律師 E. Fitzgerald 指出，英美引渡條約規定，「如果引渡請求的罪行是政治犯罪，則不得引渡」。他告知法官一件重要事實。先前在美國，揭發越戰報告書的 D. Ellsberg，以及 N. Chomsky 都曾在聽證會，引述美國政府自己的措辭，論證阿桑奇的政治動機，以及本案確實是「典型的政治犯罪」。因此，英國法院在即將宣布的引渡與否之裁定，不但應該說，英國依法不能引渡阿桑奇至美國，並且另有義務，必須調查維基解密揭露的美國政府之戰爭罪行，是否屬實。（2025/1/29按：美國司法部在2024年6月下旬在認罪協商後，阿桑奇獲得自由返回澳洲，但已創下記者揭露符合公益的新聞仍將觸法的例子，因此，10月1日歐洲委員會議會大會決議阿桑奇是「政治犯」，並警示世人，指美國作為已對新聞自由產生寒蟬效應；是以，跨黨派國會議員響應積極群體的倡議，在11月提案要求美國總統赦免阿桑奇。）

（《聯合報》2024/3/4 A10版。原標題〈輿論監督無罪　美國不能恩將仇報〉。）

加拿大學童的覺醒與行動

本書作者柯柏格十二歲的時候，讀到新聞。他震驚於重獲自由的馬西，在掙脫童工身分並為反奴役童工而奔波時，被人狙殺，從此「覺醒與行動」。

他先影印文章給同學，然後逐步擴大，在加拿大成立了「解放兒童」的組織，並展開海外聯繫工作，在十三歲生日前夕，由二十餘歲的朋友陪伴，展開（東）南亞印巴孟尼泰等五國，為期近兩個月的查訪之行。

奔波道途，所見景象，重現了19世紀英國工廠調查員的紀錄。八歲女童面無表情，整天蹲坐，赤手光腳毫無保護，指頭足板沾著汁液血漬。她在處理數千支用過的、液體流滿地的注射針筒，分類回收。如果被針頭扎到，罹患疾病，頂多用水清洗，沒有人為她治療。

在全球化的時代，有十三億赤貧人口，每天生活費低於一美元，其中七成是小孩，包括了兩億五千萬童工，五千五百萬在印度，八百萬在巴基斯坦，近五百萬在尼泊爾。針筒女孩面貌模糊，少人聞問，悲慘際遇，化作沒有生命的統計數字，如同泡沫，轉瞬間消滅無影。但這還不是故事的全部。

舉世最富庶的美國，有一千五百萬人處於飢餓狀態，其中約四百萬是十二歲以下孩童。在美利堅，生活在全國收入中數（不是平均數）一半以下的人，占所有家戶數22%，比土耳其都高，僅次於墨西哥的26%。

這究竟怎麼一回事，為什麼會這樣？

柯柏格開始探索這個問題之初，結結巴巴，無法回答聽眾的質疑。年長他六歲以上的大學生問他，白人過問第三世界國家的童工境遇，不就是白人帝國主義的干涉嗎？如果真要消除童工，不是要讓這些國家的失業率升高，以致經濟情勢更加嚴峻嗎？（頁35）

但不忍人之心，不只是讓作者行萬里路，也讓他更有效更明確地汲取知識：童工的普遍存在，已經是白人帝國主義的作祟所致。類如「解放兒童」等組織的干預，剛好是對帝國現象的糾正，不是其延伸。人群的困境固然有其地理國界的面向，卻有更深層的階級因子。富人每年可以花費400億美元在高爾夫，偏偏不肯付出60億，讓全球這些童工都有機會受教育。美國富甲天下，賣武器賺大錢有餘，援助貧國卻縮手，只提供0.1%國民生產毛額，丹麥等小國則可高達1-2%。印度國民所得最低之一的喀拉拉邦（Kerala），童工比例只居

3%，可見事在人為，低收入不妨害政府將國民教育與公衛等社會福利列為優先。（頁305, 307）

當然，也許因為年輕，沒有了意識形態包袱與抱負，作者尚未察覺，無論是他稱道的北歐或喀拉拉邦，乃至於亦寡童工的古巴，其實有個共同點：它們都執行了某種社會主義路線。這本書可以讓人感動，可以讓人汗顏，可以讓人思齊，歡迎一讀。

(《中國時報》2000/7/6第43版。原標題〈解放兒童〉。書介：Craig Kielburger〔周靈芝譯2000〕《解放兒童：一個12歲男孩的覺醒與行動》。台北市：大塊文化。)

歐陸會繼續臣服美國嗎？

明年，台灣的中央政府總預算折合美金約700億，歐洲聯盟是1,050億。這就是說，沒有人民可供其直接管轄的歐盟機關，相比於必須服務兩千多萬人的我國政府，年度開銷多了將近一半。

歐洲人投注大筆銀兩，讓渡部分國家主權，打造歐盟這個超國家組織，有其歷史成因。

本世紀前四十多年，歐洲各國資本集團爾虞我詐，競爭慘烈，為掠奪市場而迫使國家奴役人民，在兩次歐戰當中，彼此殺戮，禍及世界。歷經這些慘絕人寰的大戰，歐洲人領受了教訓，亟思尋求出路，於是有了第二次世界大戰後，起於德法義荷比盧創設煤鋼共同體（1951年），並在今（1999）年元旦由十一個國家率先啟用單一貨幣（歐元）的政經整合過程。

但歐人的努力，是不是能夠以超國家的集體力量，節度、甚至進而翻轉資本積累的非理性衝動，達到法國經濟學家烏里（P. Uri）的願景，也就是歐盟各國是否真能體認到「市場力量……無法見容於當代社會……國家……的職責就是提供福利、安全及完全就業，並增進

所有公民的福祉」(頁14),顯然沒有人膽敢逆料。

可喜的是,本書作者以「盲人騎瞎馬,夜半臨深淵」的自謙態度論事,以及「保持悲觀,以提醒大家別掉以輕心」的審慎立場(頁275),勾勒了歐盟未來走向的五種模式,倒是可以讓讀者得到不少觀察、研判的素材。

這五個模式從樂觀到悲觀,先是歐盟政經乃至文化均能整合,穩定高成長的前景來到,歐洲因此重新領先美日與東亞,「重振雄風」,發生的機率是10%。其次是經濟日趨整合,政治未必,35%。再來是德法及荷比盧以歐盟為禁臠,致使英國退出,造成歐洲永難癒合,25%。各國保護主義旗幟高漲,經濟惡化,20%。最後是經濟持續衰退,引發民族主義情緒再度被搧風點火,貨幣聯盟澈底瓦解,大災難陰影無處不在,10%。

本書敘事動態,但有不足,因為,塑造以上模型的動因,並不是人口老化、社會福利優厚與否、稅賦高低、經濟成長快慢、失業率增減與勞動力市場是否自由化等等,這些是方法學上所謂的「中介變項」,最終的變項還在於古老的勞資衝突,究竟如何取得妥協。比如,本書英文版付梓前夕,英國工黨入主唐寧街,簽署了保守黨向來反對的歐盟「社會憲章」,硬是使英國勞動力市場,不再能夠像往常那麼自由(歐盟主要國家中,英國全職工作者,每週工時超過四十六小時的比率最高,達30.9%,經濟情況最差的希臘,列居第二,也只有16.9%)。再如,去年德國社民黨選勝,新任的財政部長拉方田,正設法要讓各國的公司與個人所得稅,向德國的較高水平看齊。若要針對歐洲勞資、性別乃至種族的歧異等動力有所了解,從而有助於讀者解析書中所述的五種或其他模式,何者較可能出現,也許比本書稍早出版的《社會主義百年史》之類的書籍,用處大些。

最後,站在不是歐洲人的身分讀這類書,總還想探詢,歐盟是成是敗,對於台灣與中國大陸的關係,可以有些什麼啟示?本書無言。事實上,若作者就此議論,倒嫌越俎代庖,希望本國研究者能夠就此立論。

(《中國時報》1999/3/18 第42版／開卷周刊。原標題是〈歐元啟示錄〉。書介：David Smith〔齊思賢譯1999〕《歐元啟示錄：轉捩點上的五條路》。台北市：先覺。)

法國1968還有意義嗎？

1968年5月的巴黎，竟夜之間，毫無預警地，大學生以星火燎原的勁猛，捲動工潮，熊熊燒向富裕的貧乏、喧鬧的死寂、自由的僵硬、熱情的冷漠。憤怒不需要理由。造反有理。

已在英美四處流竄的嬉皮文化，在法國只是零星點綴。法國學生是有很強的政治意識傳統，但這不免是「自滿被動的政治化」，何況政府已扶植不搞政治的學生組織相抗衡。一般意義的經濟危機，付諸闕如，舞照跳，馬照跑。前十年高教擴張，大學生從十七萬暴漲至六十萬，教育支出增加相對緩慢，於是圖書館、講堂、食堂人滿為患，但學生鬧窮，比諸其他地方，並無特殊，何況，現階段「吃苦被剝削」，換取日後晉身為剝削者，論斤計兩，還是上算。

至於共產黨等等派別不一的左翼政黨與團體，非但與學生的發難、工會的蔚起麇集無關，這些左支右絀的組織，更是被遠遠拋在革命情勢之後，墮入洪荒，學生領袖龔本第的嘲諷答覆，宣布了共產黨的無能與破產，「『一百萬人都有了，還有什麼不可能？就算到了革命那一天，你也會突然告訴我們別搞了……』」。

在直接行動面前，所有理論失去光彩？是嗎？不全是。推推敲敲，寫於事件發生的同一年，作者之一奈仁說，「不能說5月學運僅是個偶發事件。」因此，我猜，奈仁不是要否認前面所提的各種因素，他只是從中要論證出一個更為根本的、可信的、足茲號召日後行動的理由與信念，從頁一三六起，他的分析基點已呼之欲出，正是歷史物質論：文明發展至戰後二十多年，人類克服了匱乏，「物質的豐

饒頭一回被人們『視為當然』」。

　　既然如此,為什麼人類反其道而行,分工日細而不是走向隨時可換工作的全人遠景？在豐饒成長的一代銘心地感受到了異化的痛苦,於是狂飆飛奔,卻又在徒有自發,欠缺有效組織以求綜攬協調下,重回而不是衝決網羅,「一切又退回既存模式。」

　　但歷史是辯證的,作者對1968的紀錄與分析,當然不在緬懷已逝,而是要鞭策當下,靈動未來,是以,若有人讀此書,而將1968及其相關論述,都只當作是措辭,當作是各種競逐的文本,顯然謬誤大矣。午夜夢迴,讀斯書「必使良善之人發羞恥心,營苟之人生錯亂感」,頑廉懦立,信然。

　　本書結構分作兩個部分,如同中文版序作者所說,前半是「散文詩般的描繪」,讓我們得有親臨現場、身歷其境的感覺,對於趙剛宛若創作般的翻譯,重現原作風貌且貼切譯注,亦值得讀者給予掌聲。

(《中國時報》1999/1/21 第42版／開卷周刊。原標題是〈法國1968〉。書介：Angelo Quattrocchi & Tom Nairn〔趙剛譯注1999〕《法國1968：終結的開始》。台北市：聯經。)

南韓媒介改革的「歹竹出好筍」

　　台灣有線頻道播出的南韓電視劇《藍色生死戀》,收視頗佳,竟至於在4月下旬的時候,台視、中視、華視與民視等四家無線電視台,競相爭取,要求八大授予再次播放的權利。

　　韓劇在台灣播放已經有些時候,業界認為,最近的搶播風潮還沒有到達頂點,最高潮大約還有半年才會到來。

　　南韓電視作品有此成績,可能與全斗煥有關。對,很諷刺,南韓電視的經濟與文化表現,如果得力於該國的電視生態,那麼,這樣的生態,來自於二十一年前的強人威權暴政所種植的根苗。有惡因結善

果,是弔詭,卻可能也是實情,也是閩南話歹竹出好筍的寫照。

1979年南韓總統朴正熙遇刺身亡,軍事強人全斗煥次年得權,為了鞏固勢力,他推動所謂的「大眾媒介重組」。其中包括強制將當時私營的TBC電視網國有化,使之成為韓國放送公社(Korea Broadcasting System, KBS)的第二電視頻道。另一家私有的MBC,亦改組為非營利事業,70%股權也交給KBS。1980年12月,全斗煥又創設了韓國放送廣告振興公社(KOBACO),有權核可所有電視與廣播所播放的廣告,並且代替各電視與收音機電台安排節目,降低了惡性競爭的程度。在廣告收入方面,80%歸廣電公司持有,15%給予廣告代理公司,KOBACO保留6%。兩個月之後,全政權又為了舒緩已成嚴重社會問題的補習填鴨等等問題,讓KBS使用UHF兩個頻道播放全國性質的教育節目。至今,南韓公營的電視頻道有五個,收入以廣告為主,但每個月一家收視戶也得另繳韓圜5,000執照費,完全私營的電視僅有一家,是1991年底開播的首爾電視。

當時,南韓人民對此重組,從觀眾到電視記者都覺得反感,也有反抗。早在1982年,南方農民因KBS嚴重扭曲農業事務的報導,拒繳執照費,亦有KBS新任執行長因為形象與政府太接近,遭到員工抵制而無法進入辦公大樓。

不過,隨著南韓的政權及社會的民主化(其中也包括了許多在漢城與地方的媒介監督、改革活動的持續進行),不但阿里郎的電視新聞有了變化,其他類型的節目似乎也有了可喜的成長,反映出來的景象之一,可能就是南韓電視戲劇在海內外(如台灣)的收視情況,頗稱熱烈。

全斗煥改組電視產權的惡意,意外地發揮了看守的功能,保存很大一部分的電視資源,使私人與財團無法染指,成就了南韓近年的電視表現。若有錯誤的美麗、歹竹出好筍,這算是一樁。

(香港《明報》2001/4/23。原標題是〈南韓媒介改革的暴力根源〉。)

南韓媒介改革蓬勃進展

南韓有個報紙節,當天(4月6日)下午,以記者為主,並同時結合了公民社團與學院人士,總計有代表三、四十人,在「共進參與民主協會」(People's Solidarity for Participatory Democracy, PSPD)的樓層,舉行了記者會,正式宣布最近一波的媒介改革綱領。

傍晚,成立已經將近五十年、阿里郎第一家私人廣播公司基督電台(Christian Broadcasting Syetem, CBS)的員工代表,在報業基金暨記者總工會暨廣電廣告基金大樓,手持標語,向來往的人群抗議,數說CBS的管理階層經營不善。

人口超過千萬的漢城,進步運動的能量頗為驚人,對抗權勢集團或帝國的活動,幾乎無日無之。其中更讓人詫異的是,南韓的媒介改革運動一波接著一波,近二十年來並無衰竭,甚且應該說是日趨蓬勃。阿里郎也很願意在自保之外,為世界的弱勢者付出,成立於1993年,後來更名為「影像多元文化聯盟」(Coalition for Cultural Diversity in Moving Images)的運動目標是,集結全球有志之士的努力,讓好萊塢在各國電影的占有率低於50%。

全北大學教授金承洙猜測,相對於勞工運動因經濟低疲而擴張不易,媒介改革的訴求對於資產階級統治的挑戰,比較看不出有立即的危險,因此推動起來所受到的阻力亦比較小些。另一方面,媒介改革也似乎比較容易贏取中產階級的認同,光州大學教授林東郁說,光州人口只有一百二十萬,每年已有能力籌募接近於20萬港幣的基金,作為推動工作之需。他自己每週至少在光州參加一次活動,每個月又搭飛機一小時,北上漢城參與協調會議。

接下來,任何人都想要知道的是,為什麼南韓民眾有此熱情與能力?是其媒介的表現太糟,讓人難以消受嗎?可是,南韓擁有《韓民族日報》,論政立場類似英國《衛報》、法國《世界報》。反觀台灣,至今都還不能說擁有任何具備進步內涵,並且能在市場中存活的週刊,遑論報紙。南韓的電視更讓人吃驚,有線電視不怎麼發達,無線電視則有公營KBS的兩個頻道(其中第二台播放廣告)、準公營的文

化電視台（播廣告）、教育部所屬的兩個超高頻教育頻道，以及一家私產權的首爾電視網。各地並且依據經濟力量，至少由地方製作10%的節目。這顯然也比台灣優越。至於電影，南韓片占有將近其國內市場的四成，台灣不到1%。最後當然可以有個偷懶的答案，台灣的國家認同問題造成太多內耗，但阿里郎沒有這類焦慮，以故有成。

（香港《明報》2001/4/9。）

泰國的廣電改革

媒體大亨出任政治首長的例子，今（2001）年已有三起。由前往後，分別是1月有泰國戴克辛的政黨囊括過半國會席次；接著是5月時，義大利人再次容忍貝魯斯柯尼出任總理；最近則有紐約人在本（11）月7日選出了彭博為新市長。

其中泰國特別值得一談。在金融風暴的淒風苦雨當中，泰國1997年的新憲法倒是開啟了新一輪的廣電媒體改革運動。根據新憲法第四十條，所有無線電波頻譜，都是國家資源，必須作為公共利益之用。

這個看似平淡無奇的宣稱（台灣廣電法第四條也是這樣說的），卻有其不能輕忽的重新肯定之功（許多年來，美國一直有強大的遊說集團，要求美國政府放棄廣電資源的公共利益之信託管理模式）。再者，格外值得一提的是，這個憲法條文是泰國媒體改革團體戮力爭取所致。並且，他們並沒有停留在形式的條文層次，而是在過去四年來，艱辛地投入了心力，企圖將憲法的精神轉化為具體的法律措施及制度安排。

官方先在1998年2月成立委員會，準備起草符應憲法要求的規章制度，其中最重要的是，它想模仿美國的聯邦通訊傳播委員會及加拿大的廣電暨電信委員會，集中媒體及電信科技事權於一體。然而，由

二十五個社運團體及學界組成的憲法第四十條監督團認為,媒體內容及人們的傳播權是否得以伸張,固然與電信網路的健全及效率高低不能無關,但是,依他們的分析,卻又察覺,泰國融合媒體及電信的作法,勢必以科技整合的經濟邏輯為由,澈底支配了傳播權的需要。

就比來說,泰國與英國媒體社運者有相同的看法與掛慮。英國方面,最快要到明年,才能得知融合或分立的主張,何者得到支持。但泰國部分則已經揭曉。

泰國社運團體歷經三年多的纏鬥,在反對黨的協助下,先將此議題廣為曝光,使其成為有待辯論的公共政策。他們接著廣泛說明及宣揚相關的媒體之社會與文化論據,最後在去年3月成功翻轉了行政部門的決議。國會總算通過法律,設置了廣電及電信兩個分立的規範機關,雙方只在必要時,聯合就電波的分配一起會商。

(香港《明報》2001/11/13。)

馬來西亞的媒介批評與改革

從知道,再到爭取,然後失之交臂,終又與迪澎結識於課堂與山林之間,至今剛好十年。

負責新聞系行政工作的第一年,迪澎得到台灣獎學金,要到指南山麓就讀博士班。當時我看了他的經歷,很是期待。未幾,得悉迪澎創業了,或說,在對新聞事業的強大認知與對馬來西亞社會責任感的驅動下,不能前來木柵,而得就地打拼,為《獨立新聞在線》的新興投注心力。

未幾,動如脫兔的「策略資訊研究中心」(SIRD)負責人張永新來台參加陳光興主辦的研討會。返回馬來西亞後,他讓黃國富先聯繫,並交由李凱倫安排我前往馬來西亞交流。這是2008年元月,我第一次與迪澎見了面,並且再次欣喜。原來,迪澎大學本科時就讀的

國立馬來西亞理科大學傳播學院,他所熟稔,而世界觀及研究進境也與其親和的兩位先生,Zaharom Nain與Mustafa K. Anuar,都是二十多年前我在英格蘭讀學位時的老朋友。這是初次到馬來西亞,得以見識與學習之外,另一個意外的溫故知新。

沒想第二個意外是不好的消息。從馬國返回台灣的第二年,按理會是各校亟欲爭取的迪澎,再次申請新聞系博士班時,不知何故,竟未能進入政大就讀。就在即將緣慳之際,賴鼎銘校長透過國富的說明後,及時伸出援手,同時也為世新大學招入了一位能夠為世新爭光的學子。

此後至2012年迪澎返鄉的三載期間,我們在課堂與其他場合如登山,有了更多的交流,也有更多機會,斷續拜讀迪澎的文章。現在這些五、六十篇的文章結集成冊,對於馬國的貢獻已在其中,對於台灣在內的海外人士,若要關注與了解馬來西亞的(傳媒)動態及其未來應該遵循的道路,更是不能或缺的紀錄與分析。

迪澎的筆耕成績可喜,從傳媒的自由到壟斷、經濟與勞動、教育及改革和專業倫理,觸角廣泛、材料豐富而論證清晰,個中我有個印象,或說覺得願意借用這個機會,跟進凸顯與強調的是,迪澎對於社會及傳媒的變化,不願意屈從於階段論的窠臼。

這就是說,各個社會儘管都有各自特殊的脈絡,但也有相同之處。就其相近的部分來說,我們不能說社會或政治或經濟的變化,決定了傳媒的變化,儘管二者的變化可能產生相近的轉向,卻也不能說二者形影相隨,不能說前者轉左或轉右,傳媒必然就是須臾相應,亦步亦趨的左進或右縮。堅持不能只是從階段論看待世界與在地社會,很有必要也符合事實,不能說政治威權或族群政治消退之後,才能談論與講述傳媒公共性的制度與表現這些議題。

讀書人與任何希望社會向比較合理方向演變的人,總是以靜如處子卻又枕戈待旦的認知與準備,耐心地善事準備與盡量勾勒並逼近而釐清,透過交流、檢討與批判,建構來日的傳媒與社會及政經文化環境的應然面貌,輯錄在本書的文字,就此提供了良好的示範。

（推薦文之一：莊迪澎〔2016〕《批判與改造：馬來西亞傳媒論衡》。吉隆坡：嘉聯會出版基金。原標題〈為迪澎搖旗〉。）

國人放棄反資、反美、反霸

　　看世紀末，跨國公司向你走來？

　　這本抒情感性文集，總共輯錄了三十篇美麗散文，大致上以三分之一強的篇幅潑墨台灣（與大陸）的情懷，使用了約略相近的功夫美繪（西）德國，剩下的兩個長篇則用心數說巴勒斯坦與以色列無奈的歷史恩怨。

　　這些最長達一萬八千多字，短只一千三百餘字的美文，旅行家與記者的味道兼而有之，若干時候，難免出現因為隨興聯想致而前後邏輯並不協調的情形。比方說，假使台灣與大陸的差異，不是民族性的不同，而「不如說是發展階段的落差」（頁142），那麼，台灣與歐美等國的差異，何獨不然？散文的感性對象，豈能是台灣的「移民……難民心態……伸縮性……草莽性……閩性」（頁46-8）？何須嘆息台灣欠缺曠野另有「深層的文化因素」（頁104），而又何必管它中國人與德國人的差別在「中國人靠米飯過活，德國人靠秩序」（頁196）？

　　當然，感性散文的書寫，重點不在追求知性的連貫。只是，認真看待，我們倒也可以發現，感性無法憑空渲染，從書名與代序的內容可以讀出，作者站在一個客觀條件上，讓她可以從容、從不徬徨的位置發言，無需、也不可能感同身受於必須從困境中打開出路的情景，作者因此能夠大方地放棄「反資、反美、反霸權、反跨國公司、……反消費主義」（頁271，全書唯一提及這些字眼之處）的立場，而「只剩下一個最低的要求：平庸的政治經理沒有什麼不好，只要他遵守並且維護自由的遊戲規則。」（頁21）

　　不過，這可能不是一個「最低要求」，它其實是每個人都正在親

眼目睹的現象。在美日歐等資本跨國霸權公司作為主體的社會秩序下，從內政到外交，也就是從單一國家的事務到國際政經文化接觸，在在均已被關稅暨貿易總協定（即將蛻變為「世界貿易組織」）的緊箍咒圈定，動則得咎，任何政治經理只能平庸，很少能有其他選擇，並且，他她們還必須雙手捧奉國境子民，遵守跨國資本欽定的「自由」經濟之遊戲規則。

　　作者提及，亡國以後，東德市面上「突然充斥著童年的書」，顯見他們需要藉著懷舊來減輕被西德併吞的痛苦（頁274）。那麼，在面臨中共（但究其實，也有美日的）強大壓力下，需要曾以《野火集》等報章文論五編（至今總數應該已經賣出四、五十萬冊，平均十多戶就有一本），燒遍番薯頭尾的作家，以迥異於建制說法的故事，射擊從來不曾存在的社會主義紅靶心，才能舒緩焦慮之情，應該也是其來有自吧？而前五本文集的知性犀利筆鋒，直有魯迅所謂「匕首」雜文的銳勁，針針見血，轉至如今，化作長短不居的感性散文，雖然動人，卻是失去準頭。

（《中國時報》1994/4/21第42版。原標題〈野火餘爐映襯世紀末？〉。書介：《看世紀末向你走來》〔龍應台，1994〕。台北市：時報文化。）

華裔美國人偶然從政

　　機緣湊巧，最近看了幾本好看的書。好看，是因為題材生動，原著與譯筆流暢。但好看之外，卻有陷阱。去年戴蒙出版了《槍炮、病菌與鋼鐵：人類社會的命運》，作者說是要探索為什麼人類會有不平等，但所提供的答案，卻又回到他聲稱要避免的地理決定論，讀者如果不去深究，輕則強化自己沒有生在歐美的感嘆，重則忘卻奮進以打破不平等的必要。

　　10月底出版的《偶然生為亞裔人》也有相同的情況。

照講，這本書設定的讀者是美國人，作為台灣人，出版商為什麼出版它，而本地人又有什麼理由讀它呢？可能有兩個。

第一，本書談認同問題，或者，較精確地說，談認同於統治階級開明派。就這個層面來說，任何社會，包括台灣，當然都會有人關切認同問題，因此也就可從作者的心路歷程，採擷養分。

再來，對於主動選擇、親人安排或其他原因，已經或想要取得美國人身分的人，作者提供了成功融入美國主流階級的故事，他把個人的成長傳記與思維，相當有重點的、調和的，放到了美國歷史的發展背景。

作者劉柏川約略能聽講些國語，年未滿三十，多次為柯林頓撰寫演講詞，現任白宮內政委員會副主委。書中似乎沒有太多的感傷，比較明顯可見的是誠懇的心意，對於克服種族差異及刻板印象的努力，以及對於美國社會的信心，「美國不再是白色，而且永遠不會再是白色」、「最能讓我引以為榮的是中國變成自由民主的國家，像美國這樣」。作者體魄強健、性格迷人、文采可親，在中國與美國經貿外交關係日趨緊密的世紀末，華裔美人的身分亦可說是躬逢其盛，最能契合兩國交往之需要，因此，當他隨團訪問北京時，中國副外交部長單獨請他午膳，而作者雖也提及其脆弱之處，但更意識到了雙重身分的優勢，「如果你有這身分，你會不用嗎？」

但，這本書能夠讓人興起同理心嗎？答案端視我們對美國的認識。過去二十年來，無論是保守派還是開明派當家，美國都是推動金融自由化的主力，以吸金大法，形成跨國階級聯盟，移轉他國資金至美，填補美國生產少於消費的窘況（至今積累債務已達1.9兆美元，大約占其國民生產毛額的五分之一）。其中，近幾年來被稱作是泡沫經濟已告破產的日本，很怪異，卻擁有1兆餘美元的債權，它的很大一部分就是投資在美國（包括股市）。台灣誇示的千億外匯，相當成數也等於是用來金援山姆大叔。

照理，舉債如此巨大，美國所有的人應該是多少「雨露均霑」，生活水平都能得到改善。實際情況卻是，就在美國債務高漲的同時，美國社會的絕對與相對貧窮人數，卻是有增無已，這兩年來，美國政

府雖然出現了預算盈餘,對於貧富差距的擴大,仍然束手無策。

對於美國如果有了這樣的認識,想要成為美國人的人,至少應該有兩種選擇。一種是認同這種美國,於是言談舉止之間,也就透露了優勢階級的身分。另一種是認同於另一種美國,加入改造這種美國的行列。出生在加州而「不得不」取得美國籍的宋楚瑜之子宋鎮遠,作何選擇?

(《中國時報》1999/12/9 第42版。原標題〈偶然生為亞裔人〉。書介:劉柏川〔尹萍譯1999〕《偶然生為亞裔人》。台北市:天下文化。)

《台北之春》的反抗敘事

阿肥(丘延亮教授)投入十年功夫完成這本書,很好看、值得看,有真性情的感性,有歷史縱深的知性。所有這些文字,若是能夠、應該也能夠激勵當代與來日的讀者,浮現古今連動、人我攸關的意識,可以醞釀與增加自我培力,進而結伴、結社的意願與能力。

翻開這本章回誌,不同讀者會有各自的跌宕起伏、感悟與收穫。

章回誌一出場,有靜謐、有熱鬧。透過殷海光,全書大大小小的人與事,很多已在此率先現身。小說《未央歌》與《長夜》描述截然不同的昆明西南聯大,透露了國共爭鬥與八年對日抗戰的不同面貌。《中華雜誌》的胡秋原、美國來客海耶克,以及後來在芝大跟阿肥「幹過不只一場架」的傅利曼,加上忘年互信,並且與作者親切互動的殷海光,各自秉持不同的思想與信念,對兩岸關係與美國現象的理解雖有異同,卻已先後登台;山地原住民、校園動靜、藝文音樂民俗戲曲人事乃至「兒女私情」,已在候傳。

「台北之春」知識群體在1960年代的活動,固然是主體,但1930年代的時代氛圍及其中譯作品,包括19世紀末帝俄文學,也是其養分的來源;1970年代鄉土文學運動以降的台灣情事,乃至今日世局

及其走向,都在阿肥筆下行走。

分章逐回閱讀,勢必對於阿肥怎麼能有那麼大的能耐,可能倍感難以置信,也可能慶幸自己有緣有幸,得以經由這些篇章,替代地親炙其人其事。或僅是萍水相逢,或是有深刻交往,作者居然短暫數載、亦即就在二十歲上下的(前)弱冠階段,相識或結交的同輩或長輩,以及就此相應產生的求知與行動,已經繁複到足以成就本書的水平。近自下鄉的音影與民俗之田野調查,遠至國際局勢的注意、觀察及意見形成,阿肥竟可篤定到了日後擇善固執的程度。這是少年老成,彼時若能預見當今,會說阿肥他日必是老而彌堅。

這些文字發自肺腑、心正意誠,回憶與紀錄、查對與考證,也許未必完全準確,卻已經努力傳達真實,有待人們以各自習慣的方式與步調,接觸、品讀及體會,或頷首或搖頭,或驚奇或不過爾爾,或現在與他日有感,或竟至毫無感應。讀者反應的異同,事有必然,是隨人隨緣之事。雖然,若是可能,阿肥最大的希望,應該是自勉、同時也「召喚振衣再戰」。人之可貴,在有理念,不是善意而自以為是,甚至以口號化妝虛矯的那一種,是自期也自詡要讓言行相近靠攏,是希望即便小德出入,至少要能大德不踰閑,期盼增加廣為招來頑廉儒立的機會。

《台北之春》所說的事,無不值得知道,僅說三項。

一是,本書自有臧否。比如,張道藩任立法院長但要做畫家作家而請辭十五次;又如,余光中翻譯梵谷傳「竄改」「社會主義」一詞。不過,作者主要是以字存人,在念舊、感懷、傷逝、抱不平及致敬的敘述中,流傳年少友人、學人與長輩的大小事跡。金山第一個考上台大的同學辯才無礙、引經據典、公認康德專家而德文全部自修、得到全鄉集資在台北市衡陽路購置整層樓並由青梅竹馬的同學就近照顧!「單槓」遭診斷罹癌而截肢,日後讀醫,見己肢成為教學器材並注明彼時誤診,單槓無癌而下肢已離身!王競雄以「兩岸休兵,隔岸競治」為題上蔣介石萬言書而受政治壓迫不知所終。影響史惟亮、許常惠的兩人之一是1920年遠赴法蘭克福大學研究政治經濟、後擁抱音樂的「少年中國學會」創辦人王光祈。「拒絕悲觀」的陳紹馨談

「韋伯左派」，他的〈中國社會文化研究的實驗室──台灣〉一文，僅有徐正光是知音，陳紹馨當年對歐美學者及其侍從的中國研究之質疑，至今有效。人稱老師獨有阿肥「叫」之以「俞伯伯」的俞大綱，以識人之深廣並且用心提攜後進獎掖來者，形同貢獻「地下文化局」十五年（1963-77）。

二是原住民。阿肥對被損害與被侮辱的人包括原住民，天生的義憤沒有隱沒，是後天在母親身教及藏書與阿肥自學過程中益發凸顯，因此能夠讓人感受到他的同理心而願意親近。後來，阿肥因不肯受洗而離開的三育書院，倒是提供機緣，讓他與排灣族人何雨郎成為至交後，阿肥就此得到接納而進入部落「見習」與生活。此時，他自稱親身目睹與察覺愚蠢政策對族人的危害而有「政治覺醒」，也就更有說服力。同理心來自感性，在有了知性支撐之後，更能持久堅持與推進。十六歲初次上山的阿肥，研究、響應與推進原運已近一甲子，當年他在進入原鄉之前，已經先行熟讀到了現在還是為人閱讀的林惠祥之《文化人類學》。林氏出身台灣，前往廈門讀書，後在馬尼拉得到人類學碩士學位。在中研院院長蔡元培委託下，他成為日本人以外，第一位投身於斯的研究者。以林石仁之名，他領中國護照，於1929年「冒死進入日殖下的台灣」原民部落，次年出版《台灣番族之原始文化》。

三是在地認同、兩岸關係與國際現實並理念。任教香港後多年，阿肥在台北出版的第一本書《後現代政治》，這樣說「養我、育我，我眷、我愛的台灣」；在本書，阿肥定位自己是「國際主義者」。結合二者，就是陳光興所稱的「在地國際主義者」，亦即愛鄉愛世人，將生活在不同空間的人之利害，同等重視，並且努力讓自己的信念與實踐結合，即便這個言行一致的理念，很多時候無法操之在我，但相較於時下有些說法，口稱世界一家彼此合作共蒙其利，實則刻意造成內外有別你爭我奪剝削剩餘的狀態，仍然值得肯定與倡議。本書的主軸邀請我們看到，1960年代橫掃拉美、亞洲、非洲與歐美的狂飆運動，本地同樣也有感應，即便是超級的縮小版，一個時代的風潮彷彿自有動能，警備森嚴的台灣也無法密不透風，雖然怪異或說必然的

是，相關資訊的流入來自美國與日本！其中，日本外交官淺井基文指陳映真「真的愛台灣，因為他對台灣的愛和忠誠，他才為了台灣選擇統一這條路」。這個見證對今日的國人使用「親中、反中」的語彙，會有啟發。如果淺井的認識正確，如同對中國大陸政權深有戒心（即便對更大的中國來日轉向「正確」的路徑沒有斷念、未曾心死）的阿肥也同意者，那麼，在這兩句語彙之前，可以加入「愛台」，使成為「愛台親中」與「愛台反中」，會很恰當。也許，這可以更能溝通彼此，減少扣帽子導致的曲解，避免誤蹈「親中」意味「不親台或不愛台」的言詞陷阱，進而也許較多的空間得以拓展，闡述「親中」與「反中」的「中」，究竟是指涉哪些內涵？

最後，月前曾跟阿肥提及俄羅斯與烏克蘭，當時沒能多說，現在略作補充，希望阿肥同意。此事重大，不僅涉及俄烏與美國及北約。

去年底，《經濟學人》一筆帶過天主教宗方濟各的看法。他說，俄羅斯入侵也許是美國率北約挑釁多年所造成。願意把這句話納入，對於比《紐約時報》更鷹派、更自以為是自由民主與正義代言人、更有技巧地報導與評論，並且認定俄羅斯是要恢復帝國的《經濟學人》，已屬不易。但是，該刊很快追補一句，指教宗出身拉美而「對美國存在深刻不信任」，因此有這個批評。

但不信任美國政府的人，哪裡僅只是拉美人或教宗？美國人也比比皆是。俄羅斯發動戰爭，是愚蠢也是犯罪。美國並不愚蠢，是以尊重主權的國家自主外交之旗幟，多年逐步挑釁「有成」。假使白宮早就預判，持續也逐步升高挑釁，終有一天，莫斯科會愚蠢到發動戰爭，那麼，若是批評美國與北約挑釁惹禍，或甚至是設圈套，一定沒有道理嗎？或者，提出這個質疑美國的問題，就是「疑美、憎美、厭憎民主的三位一體」嗎？

讀了《台北之春》，不只是知道已經發生的人與事，對於眼前（還在）發生的人與事，《台北之春》的文字所表露的人生觀與世界觀，應該與讀者也能產生有益的互動，有助於形成讀者自己對俄烏戰爭的看法。

（丘延亮〔2023〕《台北之春：六十年代的章回人文誌》〔第三卷清議〕頁II-V。台北市：唐山。）

選年度好書是一種批判方法

  今年進入決選的非文學類書籍，共有五十本。其中十七本聚焦特定的地理空間，除了近年持續關注的中國大陸與西藏，今年多了拉美、北韓……，世界的圖像在我們眼前似乎有個趨勢，逐漸不全以歐美日為主。

  《拉丁美洲：被切開的血管》是一部經典。《帖木兒之後：1405~2000年全球帝國史》破除歐洲中心論，雖然說服力是否足夠仍有爭論，但值得推介。不過，今年佳作如林，最後投票仍割捨。北韓金正日對人民不仁，世人多有所聞，讀《我們最幸福》、《這就是天堂！我的北韓童年》兩本書，仍感驚悚。中共自認解放農奴，藏人卻說若無中國，他們「幸福快樂、心滿意足」，《龍在雪域：1947年後的西藏》則說，這兩端的看法都是「政治迷思」。美國記者書寫《尋路中國》，好看而隔岸觀火，政治犯詩人廖亦武的《六四‧我的證詞》是民族、人類之痛。這幾本書都經過熱烈的討論，最後敗陣。

  中文創作依然量少，但議題清晰有力。《流轉家族》略微涉及霧社事件及其人物，從「政略婚姻」寫起、帶過謝雪紅，家族史就是台灣近代史，故能脫穎，《真相‧巴萊》就此雌伏。趙剛《求索：陳映真的文學之路》，這本認可中國社會主義革命，也對其墮落有痛苦感受的動人文字，若能因此捲動華人平實地議論這個命題，作者貢獻已在其中。港人之作《剩食》，透過舉證對港府喊話，舉證「我們每個人」都有減少廚餘的能力。

  其他幾個重要議題，都因體例架構、影響內容深度等考量，只能割捨。《被遺忘的1979：台灣油症事件三十年》調查報導惜不深入，

但對國人集體記憶的留存與建構,意義仍在。《崩世代》透過學術支援社運,以翔實的統計與論據,記錄也控訴統治集團之不仁。《溼地‧石化‧島嶼想像》記錄環保運動的小小斬獲。

日本震災引發的核能危機之後,再讀《車諾比的悲鳴》,或能對於地狹人稠、地震不斷,卻仍意圖擴充核能發電,縱容耗能產業與遷就浪費之生活方式的台灣,再請三思。另外,《一平方英寸的寂靜》提醒我們,聲音亦是環保議題,也有評審獨鍾。《塑膠:有毒的愛情故事》如果多些塑膠減量使用及其政策的故事,那麼,人固然不得不用塑膠,卻已對地球多了一分尊重。

前幾年科普書引進較少,今年卻十分亮眼,而且可讀性特別高。被評審譽為「近乎完美的科普寫作」的《海拉細胞的不死傳奇》,是作者窮十年之力,取得家屬信任而有的一本書,讓人稱奇;人體實驗的自主權爭議,當事人與社會是輸家,「商業利益大獲全勝」,叫人不平。《生命是最精彩的推理小說》從生活取材,逐步引領讀者一窺分子生物學的奧祕,順道提示學術競爭的無奈與成功的「僥倖」。另外,《別睜大眼睛看魔術》、《誰在操縱你的選擇》、《為什麼你沒看見大猩猩?》,甚至發現DNA的《克里克》,都探討了神經科學(與行為經濟學),它們以不同的方式說明,人的意識並不完全自主,因此「有限理性」更能有效說明人的(經濟)行為,完全自利的理性不是事實。《下班時間扭轉未來》也說,人在分享與合作的過程中得到滿足,維基百科因此得以壯大。這種利他成分,在1964年《自由之夏》千餘反種族歧視的志工身上,展現無疑,他們豐富了自己,變化了美國。

晚近爆發於2008年前後的全球性金融危機,仍是財經類書籍的主要、燙手的議題,四本財經書只有《海盜船上的經濟學家》單表人之自利,未見利他及人性之複雜(如非理性)。反之,《大債時代》(解剖金融衍生商品肆虐的根源)、《大逃稅》(富國、富人取利,卻譴責貧窮受害國)與《金融斷層線》都是踏實之作,《金》以作者之權威,以及其解釋與分析面比較寬廣,進入十大。《正義》從講堂到電視,平衡講述不同政治哲學的人性觀及其制度安排,很快贏得評審

青睞。

《別睡，這裡有蛇！》不單趣味盎然，知性的刺激也極豐富，逐頁翻讀這本好看耐看的書，不止有人類學、語言學、文化研究的收穫，讀者自我更新與尋求另類生活的動力，已經孕育其中。

(《中國時報》2011/12/24 A23版。)

中譯好書作為抵抗的方法

楊芩雯、馮建三

> 能做的事，非常之少。
> 但是，倘若沒有我，
> 統治者會更加安穩。
> ——布萊希特，〈致後來者〉

2016一整年，古巴彷彿明星，盤據國際新聞熱點。3月春暖花開，歐巴馬成為相隔八十八年來第一位出訪古巴的美國總統；11月底一代強人卡斯楚離世，沒隔幾天Jetblue和美國航空排定的商業航班，雙雙飛往哈瓦那。

出版圈沒閒著。時機難逢，一年內台灣書市出了四、五本古巴書籍。除了過往常見題材如攝影集《時光封塵・哈瓦那》、旅遊書《古巴Discovery》，另有長居古巴二十餘年的西方記者，也端出了紀實書寫《被遺忘的古巴人》，一向把南美放在心上的南方家園主推切・格瓦拉外孫執筆小說《三十三場革命》。然後是重拳揮擊，由美國政治家湯姆・海登（Tom Hayden）與古巴外交官里卡多・阿拉爾孔（Ricardo Alarcón）以對談形式著述、馮建三譯的《聽好了，古巴很重要！》。

只要說到古巴，政大新聞系教授馮建三的名字常隨伴在側，上述書籍他譯了一本，為兩本寫序，又掛名推薦另一本。在他的諸多頭銜裡（例如523登山會會員），還有個是自2007年至今持續籌備中的「台灣古巴後援會創辦人」，定期編輯「古巴通訊」向會員發送。他在上個世紀90年代與2015年到過古巴，明年還要再去一次。

　　「也不懂西班牙文，也不是很有錢可以包車到處走，就看看。回來跟你們炫耀說『你沒去過吧？我去過了喔。』好像沒辦法比這更多了。」問他對古巴有愛嗎？「沒有迷戀，既是我們的優點也是缺點。太理智了，沒有衝動，沒辦法迷戀。」這兩段話顯現出馮建三講話的特色：喜歡挖苦自己多於說漂亮話；敘事主體少見單數的「我」，總是複數的「我們」。

譯書生涯從遠流「傳播館」開始

　　1990年拿到英國李斯特大學（Leicester）大眾傳播學博士，隔年回母校政大新聞系任教，此後譯書十餘本。教學與研究之餘，馮建三報刊評論寫得特別勤，譯書本數特別多，而這兩者在學術圈的升等都不算數，充其量叫做外務。

　　馮建三回想，譯書生涯的開始，算是躬逢其盛，「當時剛解嚴，台灣社會力量往上衝，反映在很多層面。在媒介就是報禁解除，一片大好。（政大新聞系的）陳世敏老師為主，潘家慶、鄭瑞城兩位老師為輔，跟遠流王榮文談，談的翻譯條件比現在好很多，不可思議。你可以自己提書單，願意翻譯什麼書，他就去接洽……是中文世界第一套大規模翻譯傳播相關的英文著作。」這是遠流出版社傳播館書系的開端。

　　謙稱自己運氣好，又對翻譯有興趣，就這麼一路至今。對於有本業的人，譯書自然有原則。「認同的書才會翻譯。按照你的了解，覺得這本書對社會、學術界應該有幫助、應該引進，大概都有這種前提。不然幹嘛，食飽傷閒啊？」馮建三說話夾雜流利台語，少不了點綴幾個感嘆語氣詞。

馮建三舉《統理BBC》為例，這是他最早為遠流傳播館譯的四本書之一。「這本書被認為是寫BBC寫得最好的一本，講管理過程中組織的變化，面對挑戰怎麼處理，比如說同性戀、勞工要怎麼報導。那本書有一位原來同意翻譯的老師後來沒有意願，陳世敏老師問我，我枵鬼假細膩，不能露出太爽的樣子。那時候用的一句話叫『固所願也，不敢請爾』，白話文是『本來就是我要的，不敢跟你講而已』。」

一天之中對於工作時間的安排，馮建三會劃分少則兩小時、多則四小時給翻譯。「有點像燒東西，短於這個時間不行，等於剛燒溫就又冷掉了。」除了著重譯文的正確，他傾向把長句改短，符合中文的習慣。

20世紀的最末十年間，遠流傳播館出書豐碩，隨後逐漸停頓，許多書也已絕版，「事後才知道機會稍縱即逝」，馮建三形容。現今譯作散見時報、五南、巨流等出版社，以及最新出版《聽好了，古巴很重要！》的聯經。這本書的回憶錄性質，不同於過往經手的理論書，他主動向聯經發行人林載爵提議，恰好對方也認為值得引介。

用長遠眼光，暫離悲觀世局

在馮建三看來，適合看這本書的讀者有好幾種。第一種是單純想看故事的人。貌似堅硬的書，其實內藏柔軟情懷。作者海登與他的對談者阿拉爾孔，在60年代各自是美國和古巴的學運領袖，多年後回顧一切是非，細數古巴跟美國之間究竟發生哪些交鋒。例如書裡提到，同情古巴的美國人發起砍甘蔗運動，成立二十多年來，已將八千多位美國人送往古巴砍甘蔗，在鄉村工作與學習。這段描述與前往澳洲、日本打工度假的台灣年輕人，形成各自時代、地域的有趣對比。

至於關心國際政治、關心古巴，甚至將其視為人類未來一種實踐可能的人，也能讀到古巴當前面臨的問題。馮建三特別提到，書中引德國詩人布萊希特的〈致後來者〉，來交代海登和阿拉爾孔的心情。他們用各自的方式努力過了，「用我們現在很多人常說的話：接下來就是你們的事了，對吧？不過詩寫得比這句話好。」

此外，對理論有興趣的人，在書中可以看到馬克思主義的當代討論。不搞武裝革命之後，馬克思主義的信奉者要怎麼調適面對？

近年馮建三的研究領域，其中一項是市場社會主義與傳播媒介。「舊有的分類有用嗎？夠用嗎？很多人會繼續挑戰這個東西。」他舉稅收占GDP比例來說明，經過一百年，英國稅賦約從10%上升到30%，歐洲有些國家占到40-50%。「這給人一個信心，就是人是有可能變的吧？大家好好相處，包括對環境、對動物好好相處，這個願望應該可以是繼續不變的吧？相處不是嘴巴講我尊重你是同志就算了，尊重之外你要給人家實惠啊，不是Lady First就算了，Lady First之後，要往同工同酬去走。」

在言談中提到左派，有時引起的反應好像是講了什麼髒字。馮建三解釋，左派思想在白色恐怖時期是遭到鎮壓的對象，有此脈絡，在台灣左派大概會被當成笨蛋，而不是壞蛋。「比如說陳映真，他碰到人家都在罵中國的時候，包括中國內部的朋友，有點說你是站著說話腰不疼。他也知道，怎麼會不知道？我猜啦。我不認識陳映真先生，我覺得對這樣的人，可能痛苦又更深。」

對於社會主義，馮建三的理解很簡單：「童子軍口號『我為人人，人人為我』是理解社會主義很簡單的途徑。」他認為〈禮運大同篇〉早就是很清楚的藍圖，只是男有分女有歸（指職業之分和歸宿）的觀念要調整。「不會因為我小孩子懶散，我就說，幹，給我滾出去，不要給你吃飯。我不會說按照你住房子的大小跟你收租金。你家裡人生病的時候，就算平常關係不好，你不可能不去看。這就是社會主義常講的『一個人的不自由，就是全體的不自由』。」

最後他特別交代，不要寫他是個左派。真正的左派都不講的。

（楊芩雯〔2016/12/5〕原載於OKAPI閱讀生活誌之【譯界人生】，原標題〈政大新聞系教授馮建三：又不是食飽傷閒，認同的書才翻譯〉。）

歐洲是希望，也是局限

歐洲人的政治力調節市場

歐洲聯盟經濟低迷，法西斯捲土重來，在西方蠢動已有時日。《查理週刊》的餘波繼續盪漾，法國之外，非洲尼日已經有十人隕命。當雜誌社人員從「站著死，不要跪著活」的角度來看新聞自由時，悲劇時而出現，上次是十年前的丹麥漫畫。

假使從這些悲劇，以及造成悲劇的殖民後遺症審視歐洲，或者，假使審視繼歐洲而崛起的美國對第三世界的作為，那麼歐美不是學習，而是要被譴責的對象。

認識歷史之後，回到現實，則仍然有課可以學習。市場較早形成，工商較早發達的歐洲，業已發展較高的相對政治能力，調解市場而沒有遭致市場吞噬，成績優於美日及其他地區，仍然值得誤解市場及其機制的台灣人學習。我們不妨列舉兩項重要指標，對比美歐。經濟成長與分配，就看德國與美國。電視的民主與文化乃至經濟表現，英美反差相當強烈。在網路年代，電視仍然是社會大眾最重要的娛樂與資訊來源。

美國經濟從1980年代開始，每年入超，出口金額低於進口，2013年入不敷出的額度，高達4,003億美元，差不多就是台灣當年的國民生產毛額（GDP，4,847億美元）。台灣不是小國，在全球一百多國家當中，GDP依據不同機構資料，排名第二十六至二十八。台灣政府一年的預算，用於兩千三百萬國民，也才800億美元左右！2013年，人口不到美國三分之一的德國，出超倒有2,560億美元。顯然，就經濟成長來說，德國高明多了。

另一方面，德國分配經濟成長的果實，同樣遠比美國值得稱道，透過政治介入後，基尼係數在2010年是0.30（數值愈低所得差距愈小，瑞典約0.21），美國是0.37。德國的經濟發展質量勝出美國，究竟怎麼辦到的？可能與德國的政治力促使「市場社會化」有關。

假使只看市場收入，德國人所得的不平等其實大於美國。在政治力介入前，德國基尼係數是0.56，高於美國的0.47。不過，德國政府從資本、土地與人民口袋取得之稅收，遠高於美國。在2012年，德國人每生產100元，大致有38元由政府使用；美國是24元。這筆錢當中的相當部分，就是德國制訂社會政策的後盾，移轉用於福利的重新分配，包括在德國讀大學，學費乃至於部分生活費，都由各邦從稅收提撥，學生在學期間不需支付，這等於是就學者日後入社會，若收入較高，自然就能透過較高稅額回繳公庫。有人增有人減，因此就使市場分配的差距，在社會政策的調節下為之縮小，程度遠高於美國：德國基尼係數的落差為此減少了0.26，美國僅減少0.09。

法國人米歇爾・阿爾貝（Michel Albert）在二十多年前出版《兩種資本主義之戰》，認為萊茵模式雖然在經濟增長與社會福祉乃至於文化繁盛，無不勝過美利堅模式，卻因英語的優勢及《傳媒是美利堅的天下》（借用湯斯托〔Jeremy Tunstall〕的書名）之威力，致使世人不但對此不甚了了，反倒是屢屢誤認。

閃亮者未必是金，阿爾貝的書提供了鮮明的例證，特別是，如果對比歐洲與美國，兩地電視服務民主社會與政治的績效，更是大相逕庭，優劣立判。早在1961年，美國聯邦通訊傳播委員會（FCC）主席米諾（Newton Minow）就對ABC、CBS與NBC三大電視業者在內的廣電公司，發表了「荒原講演」。該次講演已是20世紀美國百大講演之一，其間，歷來FCC主席當中，比較得到好評的米諾，曾經這樣表示：「電視若好，再沒有更好的電影、雜誌或報紙。但是，電視若壞，傳播環境再也不能更壞了……請跟我來，在您的電視開始播送節目時，靜靜坐在螢光幕前直至收播，您應該會同意，眼前是貧乏不毛的荒原大漠。」

將近半世紀後，學者在2007年聯手，針對芬蘭、丹麥、英國與

美國的主要電視頻道，進行大型調查。他們發現，美國人不但對於國際公共事務所知最少，對於國際軟性新聞所知比例亦最低，比如，只有50%美國受訪者知道2008年奧運將在北京舉行，另三國介於68-77%。並且，假使控制因為教育、所得、性別、年齡所造成的公共知識落差，這個距離更是明顯。在歐洲國家，即便教育程度與所得偏低、即便是少數族裔、即便是年齡高或女性，其公共知識水準比起美國相同背景的群體，明顯高出許多。

何以如此？重要原因之一，就在晚間黃金時段（七至十一點），美國四大電視網安排娛樂節目，歐洲電視則安排四至五次當日新聞或專題。這項大規模調查的結論是：「歐洲電視在其公共服務傳統下，更能將公共知識帶給弱勢群體……社會包容（social inclusion）的成效較佳。」重要原因是公共服務廣電機構（public service broadcasting/media, PSB）常受檢視，要求服務所有人，否則其執照費或政府撥款將受威脅，商業電視為了利潤，卻反過來迎合社會條件較好的人群，以及，迎合人們視聽習慣中，比較容易被商業撩撥的口味。

本世紀，各種通信傳播進入數位階段之後，歐洲各PSB的創辦宗旨，更能契合新科技的特性，可以說是新媒介的時者也。

這是因為，PSB既然追求公共服務，不是要賺錢滿足股東荷包的欲求，因此就有動力，盡量採用創意公有的非商業授權條款，發揚公平使用的精神而限縮著作權的擴張。PSB將其影音圖文透過各種通路與平台，力求在最大水平，任意讓人透過傳統電視，或是新興的網路、電腦及手機等設施，隨時盡情使用。在此過程，PSB就朝向了全媒介的路徑進展，成為公共服務「媒介」（public service media, PSM），不再只是「廣播電視」。

但是，有趣的事情發生了。1980年代，歐洲人批評PSB的重點，是說它如同國營事業，效率不彰、浪費資源。但是，二十年後說法剛好逆反。現在，競爭者的攻擊，變成是指控PSB太有效率，影響了商業媒介的生意！特別是在2008年金融核爆後，商業傳媒廣告一時銳減，卻把帳算到PSB，幾乎所有歐盟國家都出現政治壓力，要求PSB不能將其服務向新媒介擴張，也就是不能真的成為PSM。在這方

面,英國的例子更是誇張。2001年初,BBC打算調撥其商業部門的盈餘,增加四個數位頻道,無須政府出資,也不增加執照費。結果,英國所有商業電視公司,加上美商時代－華納、迪士尼與福斯集團,聯手施壓,要求英國文化部制止,理由是BBC不播廣告,節目討好,他們吃不消。最後BBC果然不能如願服務,頻道僅能增加兩個。

2003年,BBC推出「數字教材計畫」,放在網路,所有英國人都可免費使用。不久,教育材料出版商及數字軟體業者攻擊,說BBC妨礙它們的商機。結果BBC奉命撤退,節省英國家長成本,廣受好評的線上學習系統,被迫在2008年關閉。到了2005年,數位收音機業者埋怨了,理由相同,大家都聽BBC,他們的數位頻道怎麼辦?2006年,居然報紙都有話要說。哪家傳媒記者人數比得上BBC?公信力高、網頁可親、影音文字內容多樣的BBC,會不會襲奪報紙的網路讀者?

2010年英國政府說,至2015年,英國各級政府減支25%,BBC也得減16%。即便如此,BBC還得配合文化部政策,2013年起,支持地方電視台,每年投入5千萬英鎊,向其採購節目。由於BBC的表現秀異,百多年前曾遭馬克思指為是財政金融階級代言人的《經濟學人》也老實地說,BBC「大幅砍預算⋯⋯是政治壓力所致,不是品質⋯⋯BBC⋯⋯在提升英國人生活品質的貢獻,在提升英國海外形象的貢獻,比起政府所提出的任何其他構想與作為,都要來得大。」的確如此,民調顯示,73%受訪者信任BBC,遠高於商業的獨立電視台(61%),也高於菁英階層的《金融時報》(48%),英國發行量最高的《太陽報》則僅有9%的人相信。

我們不是在找尋天堂,歐洲也不是天堂。歐洲列強製造戰爭,殖民他國,現在,歐洲以政治力調節市場機制的成績,雖然不宜誇大,仍有所成,或許這是歐洲彌補其歷史罪愆的一種方式,讓世人能夠清楚政治力與市場應當有的關係。

(兩岸公評網2015/2/1。原標題〈不是地獄　不是天堂　但政治力調節市場可學歐洲〉。)

歐洲人卻對希臘人不公正

6月最後一個週六,「八仙樂園火災 國際媒介顯著報導」的同時,希臘總理齊普拉斯(Alexis Tsipras)宣布,國際財團與債權人對希臘改革政策的方案,是希臘人「難以承受的」重擔,是對希臘人「勒索的最後通牒」。

齊普拉斯不能接受,因為民選政府決斷本國前程的權力,已被三巨頭(the Troika,歐洲央行、歐盟執委會與國際貨幣基金組織)篡奪,希臘執政聯盟的決定當晚獲得國會支持,將在7月5日舉行公民投票,訴請人民否決海外債權人的要脅。

希臘經濟危機是2008年金融核爆的一部分,希臘危機未能得到合理解決,會是歐盟整體危機能否舒緩與解決的風向。危機的成因有內有外,外部的地緣政治、軍火與海外金融集團的炒作與利誘,內部的腐敗,都是,但成因絕對不包括很多媒介渲染的社會福利太好,更不是希臘人慵懶成性。事實剛好相反。

根據「經濟合作暨發展組織」(OECD)發布的資料,在列入其統計的三十多個國家(包括大多數歐盟會員國)當中,希臘歷年工作時數幾乎都高居第一。危機核爆之前,希臘人2000年的年均工時是兩千一百三十小時,OECD會員國平均是一千八百四十五小時,到了最新(2013年)發表的數字,這兩個數字是兩千零三十七與一千七百七十小時,整日高喊撙節的德國是一千三百八十八小時。

希臘的社會福利真的很好嗎?外界著墨最多的是退休金,但希臘退休金很慷慨嗎?必須看比較的基準。

若不看細節,單說國民生產毛額GDP用在支付退休金的比例,希臘在2012年確實在歐盟各國最高,超過17%,第二至第四的法國、義大利與奧地利是15%多些。但不要忘了,這是因為2009年以來,三大巨頭強迫希臘採取撙節政策,致使經濟翻轉無力,國民生產毛額持續下降所致。從2009至2012年,希臘的GDP減少了15%。分母(GDP)變小,分子(退休金占GDP比例)當然就變大。何況,到了2013年,希臘政府硬是將這個比例壓低到了13%,差不多就是

德國這個強硬撐節派的規模。

　　但希臘能跟德國比嗎？希臘高齡（超過六十五歲）人口比例歐盟最高，達20%，假使僅計算用在這群長輩的金額，希臘老人每年得到的金額，低於歐盟各國平均數約20%。希臘高齡人口有15%生活在歐盟界定的貧窮線以下，也比歐盟平均的13%多些，這是兩年前的數字，一年多來，只會更糟，不是更好。若以2014年的數字看，希臘兩百五十萬退休人員，有45%生活在歐盟界定的貧窮線以下，更讓人震驚。

　　希臘危機解決了，就是歐盟經濟困境有了出路的時候，這不是說希臘經濟規模能夠動見觀瞻，而是若能解決，則意味他們採納了真正心懷公共利益的公共知識分子的見解，而不是狹隘階級利益的方案，遂以希臘能解，他國困境也能從中找到借鏡。

　　《金融時報》刊登了諾貝爾經濟學獎得主史迪格里茲（Joseph Stiglitz）、《二十一世紀資本論》作者皮凱提（Thomas Piketty），以及前義大利總理達萊馬（Massimo D'Alema）等二十六位政治經濟學者聯名發表的文章，〈最後時刻，籲請經濟理智與人文精神〉。他們說，撙節不是改革，不要撙節，不是不要改革，但「若要希臘政府堅守過去已經執行，卻已證明失敗的老方案，根本就是大錯大誤。希臘選民已經拒絕，很多經濟學者（包括我們自己）從一開始也就認定，這些老方案根本誤入歧途」。

　　三巨頭誤入歧途，要以希臘為犧牲，接著就是歐盟其他國家。歐洲人是否屈服，仍待時間檢驗。

（《人間福報》2015/7/7　第1版。原標題〈公平對待希臘人〉。）

「模範生」BBC　二十年後成為政府喉舌

　　對於英國工黨首相布萊爾來說，2003年7月17日是個讓他終身

無法忘懷的日子。

布萊爾是西方主要國家當中,最為支持小布希政府入侵伊拉克的政治人物。17日當天,他在美國國會接受盛大歡迎,春風滿面、得意洋洋。

相同一天,警方證實,科學家凱利(David Kelly)博士、也是英國政府有關伊拉克生化武器的首席顧問,割腕自殺、陳屍鄉間。

布萊爾旋即召開小組會商,決定指派前北愛法官賀頓(Lord Hutton)擔綱,進行獨立調查。回溯這次調查的來歷,可以將其演進大事紀,列為〈表2〉。

表2　導致英國政府進行賀頓調查的大事紀

2002/9/24	英國政府公布伊拉克武器檔案。
2003/5/22-23	BBC記者吉利根(A. Gilligan)會見凱利(D. Kelly)博士。
5/29	吉利根在BBC最重要的新聞評論廣播節目《今日》宣稱,政府「加料、炒作」伊拉克檔案。
6/1	吉利根在《週日郵報》指控首相辦公室主任侃博(A. Campbell)「加料、炒作」伊拉克檔案。
6/6	侃博向BBC抱怨吉利根。
6/30	凱利寫信給主管,承認與吉利根會面。
7/6	BBC理事會支持吉利根的報導。
7/8	政府宣布可能的消息來源。
7/9	國防部舉行記者會,出現凱利的詳細背景資料,吉利根的消息來源形同公布。
7/15	凱利出席外交事務委員會。
7/16	凱利提交證詞給情報與安全委員會。
7/17	凱利割腕自殺,布萊爾宣布將授權進行調查。

賀頓在2004年1月28日發布調查報告[21]，涉及兩大重點：(1) 英國政府是否操弄新聞媒介，以求民意更能支持對伊戰爭？(2) 英國國防部是否沒有善盡責任，洩漏凱利身分而導致其自殺？

　　這份報告的結論是，兩項指控都不能成立，或者，政府與國防部即便也有責任，卻屬於微罪可以不舉的類型。與此對比，BBC理事長戴維斯（G. Davies）是否該為無能查出記者的錯誤而負責、BBC執行長戴克（G. Dyke）是否管理不善、BBC新聞部主任山布魯克（R. Sambrook）是否未檢視記者的證據就逕自支持記者吉利根，則成為賀頓報告的抨擊重點。賀頓說BBC這些高層主管，確實糟糕、糟糕透了。即便已經有人指出，「賀頓報告」的附錄文件顯示，英政府確實不能說沒有操弄媒介之實，國防部也不能不對因洩密而導致凱利自殺負起責任[22]。

　　既然賀頓調查幾近一面倒地批評媒介，撫慰政府，則英國輿論大譁，可想而知，台灣在內的許多華文媒介也因BBC的地位而有很多相關報導。

　　其中，有些評論者替BBC擔心，憂慮英國政府在BBC執照即將屆滿的2006年，可能會對BBC採取私有化等行動，批評賀頓「自認是政府行政體系的一員」，調查並未獨立於行政權之外，難以取信於

---

21 調查發表時，賀頓再三強調，決定訪問誰、哪些問題相干，都是他一個人的最後裁定與責任。這份七百四十頁的調查（包括各種文件與證詞），耗資200萬英鎊（約合當時的新台幣1億2千萬）。

22「賀頓報告」的文件顯示，英國政府2002年9月的原初措詞是指伊拉克總統海珊下令後，其迫擊砲可在四十五分鐘內，以生化武器攻擊伊拉克英軍，不是打擊英國駐紮在賽普路斯的軍隊。惟政府對新聞界公布時，變成「情報顯示，海珊準備使用生化武器，這是他的部分軍事布署」，且隱含可發射飛彈作遠程攻擊。凱利把這個情況向來訪的BBC記者吉利根說明。吉利根據此指責英國首相府新聞主任侃博「加料炒作」整個事件，操弄媒介。當時，工黨政府眼見媒介標題紛紛說，海珊能在四十五分鐘內發射飛彈威脅英國，確實高興萬分，自覺操弄媒介成功。惟賀頓報告說，不能以此證實布萊爾或侃博意圖「加料炒作」。賀頓調查又說，可能致使凱利自殺的身分洩漏問題，國防部發布的是凱利背景的詳細資料，但沒有指名道姓，是記者詢問之後，凱利的身分才被證實。賀頓表示，我們不能期望凱利名字永遠不為人知。

人。研究BBC的人緩頰，表示BBC新聞太平庸枯燥，不免有記者要使新聞更有看頭些，於是就有了吉利根的報導方式，也許情有可原；但另有人認為，這種堅持記者正確，政府有問題的「叛克」新聞作風（punk journalism），也當檢討。

在林林總總的反應中，同樣值得正視的反應另有三種。第一是BBC兩位最重要的主管，也就是理事長戴維斯與執行長戴克，雙雙掛帥求去。戴維斯的妻子任職工黨高層祕書，他在就任BBC理事長前，就曾以經濟專業發表專論，分析何以在新科技年代，BBC的產權形態與財政來源，對英國的影視業的健全與民主政治的運作，至關重要。戴克是影視媒介人老將，領導BBC成績秀異，惹來私人電視台攻擊BBC與民「爭收視率」，長期以來，他也是工黨捐款者。這就是說，兩人在政治上都接近工黨，專業無虞，因此獲得任命。但在碰到號稱獨立的的報告嚴重偏袒政府時，兩人不惜以最嚴正的辭職，代表BBC向政府抗議。BBC記者工會也捍衛記者專業與社會形象，罷工三日，群起抗議，聲援自己的主管。第二，事後不同組織的三種民調顯示，英國民眾信任BBC的人數是信任政府的三倍等等。輿論也大致超越黨派與左右的差別，支持BBC。一些報刊還說，賀頓報告對於英國政府來說，「大大幫了倒忙」，又說賀頓是「文過飾非之輩」。第三，英國的主要媒介改造社團「新聞與廣電自由運動組織」（Campaign for the Press and Broadcasting Freedom）強化了動能，準備籌集7萬多英鎊，作為未來兩年左右的社會推廣與政治遊說之用，總目標則在捍衛並擴充BBC所表徵的媒介公共服務之精神與實作。

俄羅斯在2022年2月24日愚蠢犯罪，入侵烏克蘭。但這個愚蠢與犯罪，何以產生？歐美媒介含BBC，大多認定俄羅斯是無緣無故，僅出於俄羅斯或普亭（V. Putin）的帝國野心。因此《經濟學人》至2023年7月22日，還在以「俄羅斯未受挑釁」就發動戰爭為由，聲稱國際法仍有空間可以讓西方代烏克蘭向俄羅斯求償。BBC在戰爭爆發後至今（2023年7月底）的表現，並無研究可作舉證的依據。不過，這裡仍提供五個線索，反推BBC在這次戰爭的表現，確實更接近英國政府的喉舌，不是專業監督政府的守門人。

首先，外界指控BBC記者與英國情報單位合作，不見BBC或當事記者否認。《衛報》也有記者遭到相同批評，亦無反駁。

其次，BBC收音機第四頻道（Radio 4）在2022年5月31日製播三十六分鐘的〈烏克蘭：不實資訊的戰爭〉，指控「有些學者、記者與名人……質疑西方政府對戰爭的敘述，卻助長了俄羅斯的不實宣傳。」在遭到當事人（倫敦大學新聞傳播副教授、主持「捍衛真相研究室」，也曾任英國傳媒改聯盟理事長的J. Schlosberg）的抗議後，置之不理。

再者，筆者平日工作習慣打開BBC World Service收聽新聞，工作時間多長，大致就將該新聞播報當作背景，沒有印象曾經聽過對立於官方說法的評論；甚至，最重要的事件，2022年3月底俄烏在土耳其（與伊拉克）斡旋下已經談妥停火協議，但當時的英國首相強森（B. Johnson）一週後飛抵基輔（稍後美國也相同），表示北約不接受，於是戰爭繼續。停火結束戰爭，以外交解決爭端，應該重要，但BBC等傳媒不談，或者顧左右而言他。在其他媒介，主要傳媒僅有《獨立報》（*The Independent*）資深記者M. Dejevsky提供另一種不同且時而對立主流的資訊與見解。前BBC記者R. Aitin也問：「戰爭悲劇發生之前，西方將俄羅斯妖魔化，在多大程度助長了悲劇的發生？」BBC是他的前工作單位，至今其網站的新聞流量也全球第一，妖魔化俄羅斯的傳媒，不會沒有BBC。

第四，英國小眾媒介記者J. Cook以《衛報》知名記者G. Monbiot為例，說他有兩種立場，無法一致。一是對內，他明確也長期批評英國與資方的菁英，不斷掠奪地球資源破壞生態環境，中飽各級而特別是大企業的利益。二是對外，他對相同的這批菁英卻禮讚有加，不無認定他們是善良，認為他們支持戰爭，是出於人道關懷，是在保障烏克蘭人。Monbiot對世界理解細微，贏得很多人的心靈，因為他對國內政治解剖至真可信，暴露西方企業財團與政治人聯手，加上傳媒大亨對地球對人的福祉造成的破壞與傷害。但是，何以他竟可以有這樣的結論，彷彿內政與外交無關，有若國內良窳與全球動向分屬兩界不相關聯？何以同樣一股勢力的內政施為大有問題，但這個統治集團在

烏克蘭的所作所為，卻完全沒有問題？從右翼報刊，BBC及《衛報》，都在傳達烏克蘭的觀點，說法一致，基輔就這麼可以信賴？Monbiot 碰到西方說自己是人道介入、捍衛民主對抗專制，或說西方與俄羅斯帝國主義正在作戰，就都精神抖擻，這正是英國（西方）主流傳媒乃至一些左派的通病。

第五，但未必是最後一點，本文之後數篇有關俄烏戰爭的評論，主要立場及舉證，是俄羅斯犯罪，但罪人不是僅有俄羅斯，假使用愛爾蘭退休史學教授羅伯斯（Geoffrey Roberts）的用語，那麼，「烏俄戰爭是普亭扣下扳機，但烏克蘭與西方把槍上膛。」下列短評涉及的事實與觀點，大多來自另類傳媒，雖然仍有一些來自英美主流傳媒，但大致是滄海一粟。

BBC記者J. Marcus曾在2014年2月7日，全球獨家，揭露美國「歐盟助理國務卿」V. Nuland在與美國駐烏克蘭大使G. Pyatt通話的「Fuck EU」聲中，安排烏克蘭新政府的重要人事，這是重要證據之一，顯示白宮介入烏克蘭政局已至政變的地步。八年之後，讓人不解也扼腕的是，BBC昔日的表現若是芳草，現在已是蕭艾。

（2004年完成撰述，沒有發表。經改寫並納入2022年2月24日俄烏戰爭後，BBC等主流傳媒的報導與評論，首次刊行。）

北約將歐洲帶入戰爭

俄羅斯的眼淚

不要說望之不像總統,電視上的葉爾欽,哪裡還像個人?目光全無,簡直殭屍,看起來讓人毛骨悚然。俄羅斯總統行將就木,卻還在權力戲局中兀自掙扎,這也許是他自己的選擇。但自從前蘇聯解體以來,俄羅斯人民的粗死亡率已經上升了45%,再怎麼說,也不會是他們自己的選擇。尤其是俄羅斯成年男性,從1989年至1994年的平均壽命,下降幅度讓人難以置信;從六十五歲降至五十八歲!葉爾欽竟然已經比一般俄羅斯男子多活了七年。

再換一個方式來加深這個可怕的景象。

俄國人這種出世的速度,等於是每個月有兩萬人加快死亡,而在先前號稱共產的時代,這些人可能會活得久長許多。與此對比,車臣戰爭還沒有停止的時候,每個月平均殺死的人大約是兩千四百。

所以,大家都在問,究竟怎麼搞的?如此急遽飛竄的數字,到底是怎麼發生的?

是因為俄國治安變為太壞,殺人事件太多。本月中旬俄國通過法律案件,允許人們合法擁有槍枝自衛,固然不是遏阻行凶成風的正確方法,但正好顯示為了錢而亡命之徒,真有多如過江之鯽的樣子。前些日子,一位朋友遇見俄國移民,問她對於英國的印象,他再也沒有想到她脫口而出的是:「這裡很安全,沒有人拿槍,連警察都不帶。」朋友一陣錯愕,登時對不了口。

因此,治安也許是原因之一,但比重應該不高,否則所有外資早就撤光。

還有人從蘇聯時代的統計數字造假灌水來解釋。共產黨把自己統治下的人民生活水平大加誇張，於是壽命也跟著「自動增加」。另外，也有人說，這與共產黨下台以後，醫療制度的改變有關，單是1989與1993年之間的預算就少了一半，其間卻偏偏又爆發了白喉與霍亂疫疾。

不過，俄羅斯人口學及人文生態研究中心，以及哈佛大學公共衛生學院去年夏天的新研究報告，在比對資料並作不同邏輯推敲以後，認為事實並不如此簡單。他們發現死亡最嚴重的男性，年齡大半介於二十五至五十九歲之間，而醫療經費銳減，最先影響到的是青少年人口。由於無法找到更為可信的其他原因，他們也只能說，沒有任何單一因素造成，現象很複雜，但應該與「變天」所帶來的壓力有最深層的關係，「蘇俄的死亡率危機，集社會之經濟、社會與政治病態學於一身」。

死硬派前共產黨人也許會說，這個壓力來自於人民的憤怒而轉為自戕。他們眼見自己的國家從一等強權，變成軍士數個月發不出薪水；他們轉眼間從發號施令的角色，突然搖尾乞憐猛向先前敵人招手或借錢或招徠投資；他們以前可能是以貨易貨，東歐集團等國自己貿易，一切按照計畫行事，如今被拋入茫然無所預告前程的爾虞我詐、市場競爭。忍受不了煎熬的中年人，「輕」則酗酒而至傷身、慢性結束生命，嚴重一些的人，選擇立刻求去：1990至1995年，英國每十萬人的自殺人數不到八個人，蘇俄則高達六十六人。

自由市場萬歲派的人也許會說，這個壓力是被解放的人，不知福之將至，錯把短暫的不順遂當成不再逆轉的厄運，他們因為誤認而落落寡歡。英國有家自由市場萬歲派的雜誌是這麼說的，「歷史上，唯一能夠找到與俄羅斯當前經驗比擬的例子，似乎是美國內戰以後的南方黑人。對於這些黑人來說，從奴隸身分解放出來，意味著幾乎五十年壽命的減少。」

(《聯合報》1997/1/28 第37版／聯合副刊。)

俄侵烏　美國是教唆犯？

俄羅斯入侵烏克蘭人神共怒，聯合國通過譴責俄羅斯決議案，僅五國反對。身為史學家、也是末代美國駐蘇聯大使馬特洛克（Jack F. Matlock）卻在俄羅斯入侵前一週，發文表示「也許我錯得離譜，但我的狐疑驅之不去，我們正在目睹策畫好的劇碼，美國傳媒的要角大肆予以放大」。

俄羅斯入侵次日，《美國展望》季刊訪問學者李溫（Anatol Lieven），他說，這場戰爭「比罪行更糟」，巨大傷害烏克蘭，俄羅斯若一意孤行，也可能重複美國在越戰的命運。李溫認為，烏俄兩國的地緣與歷史文化及宗教關係太密切，若是強逼烏國入俄或入歐，都會讓烏國分裂，而這次戰爭爆發，另有西方太不負責任，特別是德法雖然拒絕，美國卻持續「假裝要讓烏克蘭加入北約」的「極度不道德」成分。

外界也許不解，俄羅斯軍備強大，就算烏克蘭加入北約，又怎麼敢入侵俄羅斯，何況，烏克蘭尚未加入，若要打擊，不是應該針對美國嗎？俄羅斯可能會說，相比於美國地理位置優越、高枕無憂，周圍都是其後院花園，美國卻一直維持龐大的國防預算，舉世無敵，自己若是以欺小忌憚大作為警示，即便觸犯眾怒，也是在所不惜。

俄羅斯不讓北約擴張，由來已久。主動解體蘇聯的前總統戈巴契夫（Mikhail Gorbachev），在三十二年前就呼籲，為了全歐一體，北約與華沙公約組織都「應予廢除」。然而，華沙組織沒了，北約卻還在，五年後他因此再度提醒，彼時的美國國務卿與德國總理也都口頭承諾，「北約不會向東擴展」，但隨後的發展卻非如此。今（2022）年1月，《聯合報》曾報導，稱烏克蘭的緊張情勢源於美國背信。而在俄羅斯入侵當日，《德國之聲》亦稱「上世紀90年代，美國的代表的確曾向俄方……承諾……西方內部也存在某種反對北約向東歐擴張的政策討論」。

眼見烏克蘭人備受蹂躪，「阿拉伯與中東記者協會」感同身受，因為從巴勒斯坦到敘利亞、阿富汗、利比亞再至葉門，乃至伊拉克與

庫德族人，多年來都還在承受相同的家園與性命及親情友情的傷痛。他們在上月底籲請各國媒介也能關注他們的苦難，並請提供更多的實質援助。2003年，《紐時》與《華郵》都犯下大錯，宣傳伊拉克擁有大量毀滅性武器，讓美英在沒有聯合國同意下，仍振振有詞入侵伊拉克，造成當地重大死傷。

俄羅斯這次入侵烏克蘭，主犯是俄羅斯，但假使馬特洛克、李溫及相同的看法與質疑都正確，美國難道沒有使烏克蘭人誤認可以加入北約，並可因此得到安全保障的教唆責任，以及給予俄羅斯入侵藉口的引誘責任嗎？

（《聯合報》2022/3/5 A11版。）

俄烏戰爭　烏克蘭也不能免責

《聯合報》報導，巴西前總統魯拉日前接受《時代雜誌》專訪，表示烏克蘭戰爭爆發，雙方都有責任，因此，烏克蘭總統澤倫斯基不能免責。

這個觀點狀似譴責受害者，讓人不忍。但如細究，能發現魯拉的反省之論不無道理。這位2010年任滿兩屆後仍有86%民眾支持，今年底可能再勝選而重掌國政的魯拉，應該追究澤倫斯基2019年贏得73%選民支持，何以在就任總統後，卻無法挾強盛民意的支持，執行他和解俄羅斯的選前訴求？

美國俄羅斯專家柯亨教授曾說，有個大障礙，雖僅有5%選票，但有美國支持且占據內閣要職的烏克蘭法西斯派警告，「假使繼續與普亭協商，他們會除掉澤倫斯基。」

另一方面，民主黨眾議院處理川普總統彈劾案，在2019年也相當熱烈，檯面理由之一是川普扣留美國軍援，以此交換澤倫斯基採取不利其競選對手拜登的行動。彼時，負責該案的民主黨眾議員謝安達

說，「美國要援助烏克蘭及烏克蘭人民，我們可以在那裡與俄羅斯作戰，我們不需在美國與俄羅斯作戰。」

澤倫斯基原本應該如競選所說，執行《明斯克協議》，讓兩個烏東州自治，如同美國聯邦的「邦」，包括恢復講其母語俄羅斯語作為官方語言之一。但是，去年8月情勢已糟到武裝的極右派抗議者，公然在總統府外面至少傷及八位警員。今年1月澤倫斯基任命的國安局長達尼洛夫宣布，「執行《明斯克協議》，等於毀滅烏克蘭。」《華盛頓郵報》2月初報導，「基輔反對與俄語區分離派協商，這是關鍵障礙。」俄羅斯入侵前兩週，《紐約時報》都有新聞，指澤倫斯基即便只是表示要與俄羅斯商談，「都會有極大政治風險」，極右派領導人胡迪門科威脅他，「若要簽署和談文件，一百萬人就會走上街頭，政府就不會是政府。」

俄羅斯自稱的「特別軍事行動」開打後，烏克蘭十一個反對黨被禁止活動，最大反對黨黨魁入獄，3月第一週至少兩位主張與俄羅斯和談的地方首長遭暗殺，烏克蘭與俄羅斯談判團隊首號代表、國防部情報員基里耶夫在第一回合談判後也遭謀殺（有說是光天化日下喪命，有說是國安局下手）之後，還有媒介指控他是「叛徒」。至於被指控親俄的記者、人權活動者與異端的下場，從騷擾、監禁與拷打，那就更多，部分名單也見搜集與公布。

(《聯合報》2022/5/7 A11版。)

「憤怒反戰」能讓俄烏停戰嗎？

慕尼黑第五十八屆年度安全會議的第二天、俄侵烏戰爭將滿一年前夕，政治立場不同的多個團體，2月19日在華府與舊金山等至少九個城市，發動「憤怒反戰」，提出俄烏協商談和等十個訴求。這場不該有的戰爭，已經讓雙方死傷太多。

美國參謀聯席會主席密利上將去年11月指出，兩國各死十萬軍人。同月底，歐盟執委會主席馮德萊恩說，除十萬軍人陣亡，烏克蘭另死兩萬平民。這個月初新聞傳出，挪威國防軍司令估計俄軍約十八萬人死傷，烏軍約十萬人，另死三萬名平民。[23]

　　俄羅斯人口三倍於烏克蘭，這些來自不同來源的判定，顯示國土之外，烏克蘭人受創嚴重。密利近日因此再次表示，兩國「都不可能達成軍事目標」，結束戰爭要談判。

　　美國總統拜登及其國安團隊，是否會、何時會採納密利之言，無人知道。但北約已經兩度拒絕。以色列甫卸任的總理貝內特在本月初說，去年3月初，他接連會見或聯繫英美德法及俄烏領袖，俄烏雙方以烏克蘭不再尋求入北約等條件，同意停火；但英國首相攻擊之，法、德務實，拜登模稜兩可，最後，西方不接受貝內特的斡旋。

　　去年入秋，兩位美國前國安與情報官員在《外交事務》發表專文表示：「根據我們在2022年4月與多位美國前資深官員談話，俄烏談判人員似乎已經同意達成暫時協定，大要是俄羅斯撤回至2月23日以前的位置，俄羅斯以此交換烏克蘭承諾不尋求加入北約，並且要有一組國家給予烏克蘭安全保證。」然而，當時的英國首相突然造訪基輔，要求烏克蘭停止與俄羅斯談判；十多天後，美國國防部長奧斯丁表示要「弱化俄羅斯軍力」，也就是不停火。

　　然後是5月20日，《金融時報》記者問烏克蘭前總統波洛申科（Petro Poroshenko），他表示，他簽署但不執行原本可以不讓戰爭發生的《明斯克協議》，「是要來買時間讓烏克蘭建軍……」。記者追問，現在爆發戰爭他沒有悔意嗎？波洛申科說「一點也不……俄羅斯發動侵略後，你沒有聽到任何批評（沒有執行《明斯克協議》）的聲

---

23 2025年2月3日按：美國政府大致依據烏克蘭提供的數字，估計至2024年10月初，俄烏死傷人數，大約是俄六十一點五萬而烏四十八萬。但美國John Hopkins大學戰略學教授M. Vlahos在2025年1月10日根據多種來源的估算是，烏克蘭在2022年的三千三百萬人口已經減半；戰爭前十八個月死三十三萬，至今陣亡、殘廢、失蹤約九十二萬人。2023年，六十五萬適齡男性逃離烏克蘭。2024年的逃兵人數二十萬以上。

音。」其後兩週,德國傳媒與「自由歐洲電台」訪談時說得更直白:透過簽訂、但不執行《明斯克協議》,「我們完成想要成就的所有事情。我們的第一個目標是阻斷威脅,或至少延遲戰爭的發生;這就給我們八年時間,重新整建經濟成長,同時建立強大的軍隊。」

這個例子顯示,相比只能建言協議停火的軍人,掌握決策權的政治人物更不重視生靈塗炭、大地蒙塵。反戰團體若能讓政治人回心轉意,大善。

(《聯合報》2023/2/20 A10版。)

回覆針對「反戰聲明」的質疑與挑戰

友人近日通知,對於我們的「反戰聲明」及筆者的後續短文,有兩位先生另提不同意見與解讀。其中一位稱我們是「四醜」,這不免讓人覺得,若提其名,是否對等為宜?但修辭對等,等於是不敬相向,未必是合宜的對話方式。因此,這裡不呼其名,僅引其文與其書,並對該書提出一些疑問,也對「四醜」文有關「克里米亞」等議題的批評,略作補充。

在此之前,先回覆趙君朔先生對拙文〈不挑釁不仇中　兩岸就和平〉的質疑。

「草螟弄雞公」:誰成最大傷者?

如趙文所說,我看到白潔曦博士一文,確實「興沖沖」。不僅我,希望降低兩岸戰爭風險的人,都會樂意看到這篇文章。

3月30日,一位學界前輩[24]來電,說他年內兩度撰文,投稿給

---

[24] 邵玉銘教授,他在《此生不渝:我的台灣、美國、大陸歲月》(2013)一書,自述

《外交事務》(*Foreign Affairs*)。一篇論稱白宮應該鼓勵我國政府與北京多溝通,一篇談兩岸在統獨與維持現狀之外,應該有第三方案,但該刊明白見告,無法刊登。

對比之下,白潔曦的主要論點,是在呼籲「避免自我實現的預言」,這與在備戰以外,同時尋求溝通、交流與探詢兩岸統獨以外方案的用心,可以說是殊途,但同歸於希望阻止戰爭發生。

該刊不願刊登「溝通」與「第三方案」兩文,原因也許涉及、也許非關立論的觀點,但刊登了白文,這在該刊更多鼓勵備戰才能止戰的聲浪中,應該算是「空谷跫音」吧?

白博士的論文宗旨應該在此不在彼,不在「美國官方是想要嚇阻兩岸間可能的衝突,而不是去挑起」——關於這一點,傅大為的「一封反反戰朋友的好意來信」已對美國提出不同判斷;吳永毅的〈歐布萊恩黑暗的「台灣想定(Scenarios)」〉,對國人理解美國的大戰略應該會有幫助。筆者則希望另起一文延伸相關討論,包括傅泰林(Taylor Fravel)的觀點——也不在美國是否挑釁。

何況,挑釁與否,由誰認定?持平地說,無法任何單方說了算,惟在俄烏(與北約)之間,在中美(與台灣)之間,我們應該無法否認,莫斯科與北京若認定北約及美國是挑釁,承擔最大後果的是烏克蘭與台灣,不是美國。

就俄羅斯愚蠢入侵烏克蘭這件不幸的犯行,即便北約認為自己沒有挑釁,顯然沒有改變俄羅斯認定,北約挑釁已經到了其所能忍受的極限,已經危及其國安。我們的「反戰聲明」已有引述,指出非主流

1977年撰寫三篇文章,建議以「德國模式」與美國談判美台關係,卻因違背當時「漢賊不兩立」國策,未能在《聯合報》專欄刊登。隔年6月,政大國關中心主辦「中美大陸會議」,邵與丘宏達、高英茂、熊玠與冷紹烇商議,「看法一致,都認為應以德國模式主動出擊……我們草成一文……試投《中國時報》」仍無法刊登。但《聯合報》在6月14日於二版刊登。邵的三文則在1982年自刊於《國史與國事》文集。邵另提一則有趣的故事:他在1982年隨返國寄回兩百多箱圖書,警總沒收十二本有關列寧、史達林、毛澤東的圖書,政大國關中心在1984年收到國安局寄達這十二本書,說要「館藏」,此時已是國關主任的邵趁便予以收回。

的西方,也有很多人同樣作此認定;全球南方國家沒有響應對俄羅斯的經濟制裁,可能也是認定,俄羅斯入侵有罪,但有罪者,不是只有一國。蚱蜢自認不挑釁,只是機靈在跳舞,雞公可能氣呼呼而束手無策,也可能咬下蚱蜢,或讓蚱蜢周遭的生命受傷受害。

援引李喜明的「不對稱戰略」

前參謀總長李喜明的專書《臺灣的勝算》,可能會認定我們是「一廂情願」的和平主義者,但應該會同意拙文對他的引述,以及隨之而來的提問。

拙文說「原先為人肯定的不對稱戰略,如果已成明日黃花,原因何在,和美國有關嗎?」請注意兩點。

一,李將軍指2021年3月以後,「不對稱作戰」為基底的「整體防衛構想」一詞……列為軍中禁忌,再也無人提起。「不對稱」一詞若仍使用,內涵與李喜明所述,也有差異。這不是我說的,是李將軍的觀察與結論。該專書出版於去(2022)年9月,距今剛半年,因此拙文先問「如果已成明日黃花」,表示李將軍所說屬實嗎?緊接著,又再問,若真如李將軍所說,「原因何在,和美國有關嗎?」這不是合理的詢問嗎?

趙先生引去年5月《金融時報》的報導,指美國言行一致,不讓台灣購買先進戰機和戰艦,言下之意,應該是指美國僅願意提供不對稱作戰所需的武器。這裡,仍有五點疑問,需要釐清:

一,是因為李將軍沒有注意到美國這個決定,因此在他四個月後出版的書,仍然認定台灣對「不對稱」的理解與實踐,背離了他的規畫嗎?

二,是因為這還只是個個案,並不足以推翻他對台灣軍事實況的論證?

三,是因為「美台商會」仍會透過遊說等手段,讓美國軍方或白宮修改或推翻其軍事意見嗎?

四,再者,何以「台灣現任軍方高層不認同」李喜明的不對稱戰

略，我們究竟需要哪一種戰略？

五，這是表示，卸任的李將軍與白宮有共同意見，「現任軍方高層」與「美台商會」的意見則與前者對立，那麼，總統應該代表我們接受哪一組意見？

李喜明將軍清楚說明，台灣沒有能力「報復嚇阻」，也無法「延伸（結盟）嚇阻」。台灣僅存「拒止性嚇阻」，就是台灣「憑一己之力」自衛，要讓對方「相信」我有能力讓對岸即便試圖三軍總動員登陸取台，必須付出大代價之外，也不會成功。

這個見解與美國主流立場是一樣的。但他畢竟是台灣人，對台灣的深切情感與護衛，華府未必能有，因此，就有該書第五章點到為止的重點：

> 過去幾年台灣的大陸政策官方與部分媒介的發言……在民間孕育出來的仇中、反中情緒……對台灣的國家安全及經濟發展，絕對有弊無利。

這個意思如果在這本書消失，全書就是複製華府主流的新保守派之立場，就沒有了本地特徵，讀這本書而予以推介的人，能夠不凸顯這個重要觀點嗎？必須凸顯。這個凸顯違反了全書的宗旨嗎？一點也不，剛好相反，是讓武將的在地底蘊得以呈現。

趙先生認為，「芬蘭的自我克制並非通例，台灣未必適用」。正是。但容請在這裡補充兩點。

一是如拙文所說，芬蘭的新聞自由歷來名列前茅，卻又自我克制。自由與克制，可以不衝突，若我們理解而不是對立二者，我們的新聞自由內涵會更豐富。就此來說，芬蘭先前的克制，不是通例的另一個意思，不是我們不需學習，是更需要學習。

二是趙先生引了卜睿哲專書的其他段落，很好，但這可能適足以說明拙文是「畫龍點睛」，不是「斷章取義」。拙文說，芬蘭的克制例子「可能冒犯一些國人」。卜睿哲會不知道嗎？如同李喜明，他會不知道近年來，台灣存在未必有道理的仇中反中惡中的現象，因此需

要有些節制嗎?趙先生引述的其他文字,應該可以讀成是卜睿哲要化解,或迴避他人對他的誤解或抨擊。卜睿哲知台,表示美國利益與台灣利益並不相同,明示國人理當明辨雙方異同。

他又說,為了減少對岸敵意,我們說我們的政治身分,不是中華人民共和國人,完全正確,但在文化與歷史內涵,我們說自己是中國人,不也是緩和兩岸緊張關係的一個可能作法嗎?即便這是小小的一步,也不是關鍵的一步,但既然「不以善小而不為」,我們何不強調,積跬步至千里的自我惕勵?卜睿哲又說,對岸不會主動講,但台灣若願意提出邦聯或類似的模式作為兩岸關係的引導,雖然是險棋,對台灣會有任何不利嗎?

拙文用了幾次假設或提問:「原因何在,跟美國有關嗎?……是美國挑釁而我們配合在先?還是北京近年來的船艦軍機越線在先?國人同樣有不同意見。……(卜睿哲的)舉例可能冒犯一些國人。」是希望若有人看了拙文,會同意筆者在表述自己的意見之同時,並沒有視而不見其他意見或判斷的存在。

現在寫作這篇文字回覆,如果沒有遭來譏諷,指這只是以「特定行文方式」,乃至「狡猾行文」以求躲避批評,那就太好了,若是這樣,不同想法的溝通,也許效能更好一些。

回覆「四醜」文對「反戰聲明」的三點疑問

「四醜」一文質疑「反戰聲明」,大致也許是三點:(1)俄羅斯簽署1999年的伊斯坦堡協議,同意歐洲各國可自由選擇同盟。(2)北約東擴,是東歐、北歐要自保。(3)俄羅斯併吞克里米亞的問題,必須處理。

對於(1),我們的看法是,蘇聯解體後將近十年,俄羅斯亂成一團。葉爾欽(Boris Yeltsin)在1991年7月至1999年12月擔任俄羅斯總統,普亭(V. Putin)經其提拔而當選總統。

葉爾欽在1992年訪問華府,在美國國會發表演說,一面倒向經過美化的自由市場體制,但忽略了運作有效的市場體制,無法旦夕建

立完成,結果是這個讓人「大感震驚的意識形態」,崩壞自己國家的經濟、醫療健保體系,男子的人均壽命從1989年的六十五歲急降至1994年的五十八歲!

俄羅斯內政亂,外交同樣出軌,又怎麼保證繼任的人,即便是葉爾欽選定,一定會遵守?傅大為提醒,最慢在2005年,學者已經分析,後來的俄羅斯未必會承認該約的原因。退一步言,俄羅斯違反承諾,北約違反不能東擴的承諾。我們可以批評俄羅斯不守承諾,但也必須批評美國,前國務卿貝克(James Baker)在1990年2月9日保證北約「不向東擴一吋」的承諾,何以不算數?

關於(2),我們需要有同理心,支持曾遭俄羅斯侵略的國家。但傅大為的提醒,再次有理。這些國家不止曾經遭俄羅斯侵略,上個世紀兩次世界大戰,入侵者不是德國嗎?俄羅斯自己也曾遭德法等國侵略,法德幾乎是世仇,今日不是握手言歡一甲子以上了嗎?若允許我們往前再推,波蘭不也在17世紀初入侵,讓俄羅斯進入歷史黑暗期嗎?

然後,俄羅斯連結普奧在18世紀末瓜分,竟使波蘭亡國百餘年。人類若更文明了,就必須結束冤冤相報。晚近七十多年來,從「歐洲煤鋼共同體」一路成長到現在的歐盟,不就是為了和平共處嗎?法國總統從戴高樂到密特朗,都曾寄望建立大歐洲,納入俄羅斯,從蘇聯總書記的戈巴契夫,到俄羅斯總統的葉爾欽與普亭,都是熱切回應。

這個願景在蘇聯解體、東歐變天的後冷戰時期,按理更是可行,但究竟是哪個或哪些國家,使其無法出頭?在華沙公約消失,北約不再存在敵人時,持續認定敵人還在,執意好勇鬥武而不是解甲歸田,真有道理嗎?大歐洲若成形,東歐等國還需要一朝被蛇咬,永遠怕草繩嗎?

假使我們真要放棄這些和平願景,是否可以問,北約一路東擴而俄羅斯隱忍,是俄羅斯犯了姑息北約的錯誤,還是北約欺人太甚,不肯見好就收而得寸進尺,兵臨最後的紅線烏克蘭?俄羅斯入侵是犯罪之外,最大的愚蠢後果,是以「特別軍事行動」的發端,讓北約振振

有詞,反過來說北約自己的存在,不但有理,並且還要擴張。

關於(3),克里米亞在2014年以後,透過公投及莫斯科的接受,已經成為俄羅斯聯邦的一個部分。但是,大多數國家包括中國大陸都沒有承認,即便力挺烏克蘭的歐美乃至烏克蘭自己,都認為不可能取回克里米亞,但無人敢公開承認。烏克蘭無法取回克里米亞,除了莫斯科不肯恢復舊觀,可能還有兩個原因,涉及克里米亞人的民意傾向。

談克里米亞問題

一是近因。烏克蘭失去克里米亞,是因為基輔的廣場政變,有美國身影,即便白宮及其支持者,如同「四醜」作者,故意視而不見存在的證據。他們若不是提都不提,就是輕筆帶過而只說「信者恆信」,自認這是擇善固執,沒有考慮這也可能是冥頑不靈的表現[25]。

---

25 「四醜」作者認為美國從不侵略:在副標題是「烏克蘭抗俄戰爭的歷史源起、地緣政治與正義之辯」的這本書,這位作者投入很大篇幅反駁北約東擴是俄羅斯入侵烏克蘭的原因。該書作者的另一個驚人之論是:「美國的戰爭『本質』」不同,冷戰後除2003入侵伊拉克,「絕大部分所謂『侵略』都是『正當的』『合法的』」。但即便是伊拉克,也不是完全沒有道理,因為美英自認得到聯合國安理會的干預授權!聯合國真授權了嗎?還是只是美英自認得到授權?自己認定就可以干預,並且是以戰爭手段干預,這是「正義」,還是特別惡質的傲慢與霸凌?
美英入侵伊拉克,找不到任何「大量毀滅性武器」這個入侵的最大理由後,《紐約時報》與《華盛頓郵報》承認錯誤,自責當時不該成為政府傳聲筒,不該沒有質疑「大量毀滅性武器」之說,兩報向讀者說明也道歉。美英入侵伊拉克二十年前夕,同樣大力反駁東擴論,同時認定俄羅斯的帝國野心才是惹禍根源的《經濟學人》,至少也發表了評論,認為小布希「應該為」入侵伊拉克而有「悔意」,因為「伊拉克戰爭已經威脅了美國的民主」。
以上兩報一刊對美國的支持強度,超過大多數主流傳媒,較諸「四醜」作者,至少相當,若不是更多。但在不同時間點,以不同方式,它們都質疑了伊拉克戰爭的合理性與後果,至少是以後見之明,修正了自己昔日對美英入侵伊拉克的立場;「四醜」作者去年出版的書,對美國的外交政策,力挺到了敢於冒天下的大不韙,真的是道德勇氣的表現嗎?
當前,美英入侵伊拉克的後果,還在遺害世人。「伊斯蘭共和國」順勢崛起,數年

我們沒有米爾斯海默（John Mearsheimer）那般「勇敢」，也沒有完全認同現實主義的看法，但是，他說的一定不成立嗎？

> 流行西方的見解，都說烏克蘭危機幾乎完全要怪罪俄羅斯的侵略⋯⋯普亭併吞克里米亞是長久以來，俄羅斯要復甦蘇維埃帝國的欲望⋯⋯。但是，這個見解錯了：美國與其歐洲盟邦才是最必須為此危機負責的兩造。
> 1990年代中期以來，俄羅斯領導階層就堅決反對北約擴張，近幾年他們一清二楚表明，他們不會坐視對他們很有重要戰略位置的鄰邦轉成西方堡壘。普亭認為，非法推翻烏克蘭民選的親俄羅斯總統（他們稱之為「政變」，很有道理），是最後一根稻草。他的回應就是拿下克里米亞，他擔憂這個半島變成北約基地，他也在讓烏克蘭不穩定，直至烏克蘭放棄加入西方的各種功夫。

克里米亞之後，烏東兩州在2015年初就宣布獨立，俄羅斯一直沒有承認，普亭還「削」主張要承認的官員。普亭是在入侵前才承認兩州是獨立共和國，以此宣稱應獨立友邦之請，出兵烏克蘭。若是願意回顧這個還很晚近的事實，再要堅持普亭有領土擴張野心的人，也許會說他善於偽裝與忍耐，在等待時機而已。

二是遠因[26]。克里米亞在1992年5月5日宣布脫離烏克蘭，完全獨

後雖遭驅離，但流竄他地，在非洲等地另有類似的極端武裝組織出現。「美入侵伊拉克20週年　災難未止」「不見和平　當地人依舊活在暴力衝突中　三分之一陷入貧困」。美國布朗大學集結三十五位專人，透過調研發現，伊拉克遭入侵至前年，估計死了平民28.0771至31.519萬人，這是有跡可尋的推估，真正人數「很可能還會更多」。中東與北非因戰亂，逃離家園前往歐洲成為難民，因人數多而在歐洲引發排外極右力量的壯大。

26 以下四段談的遠因，編譯自美國羅德島大學和平研究與非暴力問題教授彼得（Nicolai N. Petro）的著作，他曾經擔任老布希總統的國務院蘇聯政策特別助理。他最新（2022年12月）的著作是《烏克蘭的悲劇：古典希臘悲劇讓我們學習衝突解決的作法》（*The Tragedy of Ukraine: What Classical Greek Tragedy Can Teach Us About Conflict Resolution*. De Gruyter.）。

立，並訂於8月舉行公投。烏克蘭國會宣布克里米亞獨立非法，授權總統克拉夫丘克（L. Kravchuk）使用任何手段阻止其獨立，僅持兩週後，克里米亞國會撤銷獨立之議，換取分權，可以有自己的總統與總理，同時有權可以舉行自己的地方公投。雙方危機暫時消除，但有相當比例克里米亞人，持續想要成為俄羅斯而不是烏克蘭一部分，這個核心問題，沒能解決。

主張與俄羅斯同一國的政黨黨魁梅什科夫（Y. Meshkov）在1994年當選克里米亞總統，危機再現。當時的烏克蘭總統庫契馬（L. Kuchma）在1995年得到葉爾欽支持，派軍隊抓人並把梅什科夫遣送至俄羅斯，廢除克里米亞憲法也廢除克里米亞總統職位。

三年後，新的克里米亞憲法通過，宣布烏克蘭語是克里米亞的唯一官方語言，並且特別指明克里米亞是烏克蘭不可分離的一部分。最後一位由烏克蘭任命的克里米亞首相在2018年訪談，出人意表地解釋，何以克里米亞一直是「一個俄羅斯的地區」。他又說，他再三對基輔發出警示，表示若基輔政府不讓這個半島有更多自治，它會衝入俄羅斯懷抱。

很多人質疑克里米亞在2014年3月16日舉行的公投，指責那不是在正常條件下舉行。但是，從1994至2016年共有二十五次民調，顯示70%以上的人要入俄，另有五次則僅25%至55%。西方贊助的民調在2014年以後同樣發現，重新與俄羅斯統一的支持度很高，知名的美國Pew中心在4月主持的民調則說，91%克里米亞人認為，2014年的公投，是在自由與公平環境下完成。德國的「東歐與國際研究中心」（Center for East European and International Studies）在2017年的調查說，79%的人表示投票意向會與2014年相同。

另有很特出的是，美國的《外交事務》在2020年的調查發現，克里米亞的韃靼人認為，成為俄羅斯一部分讓他們生活更好的比例，從2014年的59%上升到2019年的81%。俄羅斯在2014年之後，以更多的聯邦經費進入韃靼語言的教育，興建了超過一百五十座新的清真寺，承認韃靼語言是克里米亞的官方語言之一，而在烏克蘭統治年代，從來無法做到這一點。

俄羅斯是非法併吞克里米亞，但如同烏克蘭第一位總統克拉夫丘克在2019年指出，這是因為：

> 加利西亞（Galicia，在烏克蘭西部）這個地區具有非常強烈的攻擊性，認為自己的意識形態最為正確，對烏克蘭人最為重要，而這種意見遭到烏克蘭有不同意識形態（或更準確地說，是對烏克蘭情境有不同觀點）的所有地區之反對。基輔若要重新取回克里米亞的忠誠，必須承認自己的那些政策（特別是強制要烏克蘭化），造成了烏克蘭社會的分裂。如若不然，基輔重新取回這些領土的過程，必將重新要遭遇新起一輪的暴力。

克拉夫丘克的看法，澤倫斯基之前的烏克蘭總統波洛申科提供了證詞。台灣人看到他在2014年12月以總統身分的演說，不可能不震驚。他將烏克蘭人分為兩種，一種是烏東地區的人（較高比例以俄羅斯語為母語的烏克蘭人），是「他們」，一種是其他烏克蘭人，是「我們」。他說：

> 我們會有工作，而他們沒有。我們會有退休金，而他們沒有。我們的退休工人和孩子會有補貼而他們沒有。我們的孩子會去學校，去幼兒園，他們的孩子只能待在地窖裡，因為他們什麼也不會，正是如此。

法國戰地特派員、紀錄片導演博內爾（Anne-Laure Bonnel）在2016年完成的《頓巴斯》（*Donbas*），是透過引述前面這段講詞，抹黑波洛申科嗎？還是，她生動也符合真實地掌握到了證據，佐證了克拉夫丘克的觀點？

（聯合新聞網「鳴人堂」2023/4/11。原標題〈回覆趙君朔與「四醜」文針對「反戰聲明」的質疑與挑戰〉。）

俄烏停戰的四種方式

降低生命傷亡、減少破壞大地，開始烏克蘭重建的優先方式，已有答案，就在二十一歲美國國民兵特薛拉（J. D. Teixeira）在4月揭露的俄烏機密戰情。這些外洩軍情之中，僅烏俄死傷規模遭質疑有誤，其他「很可能」都真實，亦即烏克蘭即便發動春季反攻，不太可能改變雙方的對峙。

這個看法跟美國參謀聯席會主席密利已經三度陳述的見解，完全相同。既然俄烏無一能夠取勝，和談結束戰爭應該是理性選擇。

再者，《華盛頓郵報》說，特薛拉洩漏軍機的原因之一，是他認為俄烏「兩國共同之處，多過差距」，他希望朋友「不受⋯⋯宣傳的影響」。因此，止戰的第二途徑，來自《聚焦外交政策》據此而有的推論。該刊認為，「特薛拉是代言人⋯⋯內心深處從來不認為政府是美國的一個部分⋯⋯若說美國國家安全堪虞，（這類型的）美國人更是威脅，多過中國人或俄國人的威脅。」華府若是真想以烏克蘭弱化俄羅斯，但又同意這個論點，就得調整認知，轉而注意「蕭牆之禍」，不要再拿莫斯科或北京作文章。白宮不寄望習澤通話能帶來正面變化，既然如此，拜登不如自行協調止戰之路。

但美國若真執意以尊重烏克蘭為名，實則繼續使之犧牲，藉此換取俄羅斯的弱化，那麼，也許俄羅斯會重蹈四十多年前的覆轍？在美國誘發下，蘇聯在1979年如同此次，以友邦邀請為由，入侵阿富汗，後果是九年多之後，耗費數百億乃至近千億美元，戰死上萬軍人與更多阿國人，最後仍然必須全軍撤離。有人認為，兩年多之後，蘇聯解體，入侵阿富汗對其國力的侵蝕，是原因之一。今日俄羅斯若認為自身也可能陷入往年的險境，應該就會主動求和。

俄烏止戰的方式，不限於前述三種。還有第四種，美國重演越戰的苦果。越戰期間，麥克納馬拉（R. McNamara）擔任七年多國防部長。他在1996年出版回憶錄，向美國人民（但沒有向越南人）道歉，表示沒有更早坦承相告，越戰將是漫長的血腥戰爭。他也不說，在1968年北越發動新春攻勢兩、三個月後，國防部已對戰局很悲

觀，遠比老是說我軍威武、形同鼓勵戰爭的「媒介……悲觀許多」；麥克納馬拉更沒有說，在新春攻勢之前，他自己其實已經「私下認定」美國無法取得軍事勝利！

結束俄烏戰爭的越南方式，不會出現嗎？無人知曉，但俄入侵烏克蘭之後，已有很多美國專家認為，白宮同時對抗中俄集團，可能的結果之一損人不利己，是「世界末日」（Armageddon）。近日，著有《俄羅斯陷阱》等專書的畢比（G. Beebe）則提醒「拜登，時候到了，請和盤托出烏克蘭情勢」，官方自己對戰爭的理解與其公開的聲明相互矛盾，「越南的幽靈已在浮現」。

（《聯合報》2023/4/29 A12版。）

新媒介年代　政府仍在編戰爭理由

俾斯麥在19世紀操作假新聞，誘導普法怒目相向，提早激起戰爭而統一德國。據說，報業大亨赫斯特派記者前往古巴，表示「你提供圖片，我提供戰爭」，支持美國以緬因號戰艦在哈瓦那遭炸沉為由，發動美西戰爭。

20世紀，日本殖民總督先以《台灣日日新報》連續刊登四十四篇專文，指「獰猛的太魯閣蕃」殺害了善良的日本人，皇軍別無選擇，必須發動戰爭予以「懲治」。進入21世紀，前美國國務卿辦公室主任維克森（L. Wilkerson）說：「當我們想和誰開戰的時候，我們就『發明』理由。」小布希總統在2003年入侵伊拉克，策士發明的最知名理由，就是伊拉克擁有「大量毀滅性武器」。美軍攻進巴格達掘地三尺，無法找到。次年，引導美國輿論的《紐約時報》與《華盛頓郵報》，相繼向讀者致歉，表示自己不該輕信而淪為華府喉舌。

有些傳媒未能阻止政府發動戰爭，反成幫凶的憾事，在新媒介年代同樣存在，時而可能更為嚴重。這是因為，多種社交媒介平台成為

發散地,鞏固同溫層的機率擴大,溝通不同意見的效能減弱。它們變成輸送帶,轉傳或製造神話、假消息、不實或仇恨等等有害內容,民主運作需要兼具共和與自由多元的新聞環境,受到更大破壞。

很多政府在因應的同時,另行成立網軍,投入資訊與認知戰。俄烏戰爭爆發後,即便美國防部已有六萬(中情局的十倍)雇員隱藏身分在線上世界運作,國務院仍然成立「不實資訊治理局」,後雖關閉,但十二位出身國防與情治單位的前官員,很快聯名發表公開信函,呼籲美國重視臉書、谷歌等等巨型社交媒介的中央化能力,指其足以檢查資訊流通,有助美國推進外交訴求。共和黨人則發起法律戰,指控不少智庫與大學的不實資訊研究與聯邦政府合作,如同三大傳統無線電視網與CNN,也如同《紐時》及《華郵》等等,都在壓制保守派言論。在英國,「傳聞」BBC與《衛報》的知名記者與政府情治機關合作,壓制質疑北約之聲。

不過,俄烏戰爭爆發,誰是罪人?英美主流傳媒的認定,影響力似乎局促一隅,兩個觀察。一是認定犯罪國家僅及俄羅斯者,其實是少數。雖然罕見,《紐時》仍說,全球南方、也就是占全球85%人口的發展中國家,在俄侵烏之後,「其民眾對俄羅斯的好感,還是略高於美國。」他們認為,若無西方將近三十年的輕蔑與醜化,也無北約挑釁危及俄羅斯國安,戰爭不會發生。

其次,西方另類網媒與異端(其實,包括很多美國前任高階官員,從百歲的季辛吉至前國防部長培里等等)不斷努力發言,重申白宮早就知道,北約東擴必定惹禍;而普亭在入侵之前,根本沒有擴張領土的野心。這些努力也許有了效果,去年秋天民調發現,只有6%的人說,美國最該關注的三個議題,包括俄烏戰爭;十多天前,僅17%的人說美國支持烏克蘭不夠,但美國不斷加碼,宣布將送F-16戰機,這是尊重還是犧牲烏克蘭人?

《克里姆林宮的奇才》去年在巴黎出版後,大為轟動,已經翻譯為三十種語文,今年10月英文版將在美國問世。書評者認為,屆時這本小說透過人物鋪陳而提出的問題,對北約而特別是對英美,會是當頭棒喝:西方與俄羅斯的關係搞成現在這個模樣,歐美領導層一味

怪罪普亭，難道就能證明自己一無瑕疵嗎？

(《聯合報》2023/6/27 A11版。世界新聞媒體年會系列專文③。)

釐清罪責　重建烏克蘭

　　7月中旬起，從《紐約時報》到CNN，美國主要傳媒陸續報導，烏克蘭遲至6月4日發動的春季反攻，因軍火等供應不足，暫時止歇。

　　7月26日烏軍再次進攻，8月1日至今，英美傳媒出現這些措辭：交戰四年的第一次世界大戰，德國及英國分別有六點七萬與四點一萬人截肢，而烏克蘭在二度反攻前，已有五萬人截肢，「但真實數字可能更高」(《華爾街日報》)。西方訓練的烏克蘭軍旅「僅接受四到六週的武器綜合訓練」，反攻的「每一哩都是血腥戰鬥……進入臨時醫療站的傷兵從不間斷……數字龐大」，北約成員國送達前線的裝備，已有五分之一遭摧毀，西方估計烏軍傷亡超過十萬。(《紐約時報》、《衛報》)

　　獨排眾議的是《經濟學人》，它強調，去年普亭「部分動員」三十萬人，7月修法後，徵召年齡上限從二十七歲調高至三十歲，將增加四十萬人。但這些新兵通常「訓練不良且裝備殘缺，很多人已經被殺或受傷」，差不多就是「砲灰」。彷彿是聽到這個說法，俄羅斯國防部4日宣稱，烏軍反攻至今已有四萬三千人隕命，俄軍則摧毀烏軍各種軍火約四千九百具，包括二十六架飛機、九架直升機、一千八百三十一部坦克與裝甲車（包括德製黑豹坦克二十五部、法製AMX坦克七部，以及美國戰車二十一部）。

　　5日，沙烏地阿拉伯倡議的俄烏問題會談，中印美等四十餘國參加，會議第一天「小有進展」。俄烏停火總要來到，只是時間早晚，再戰是雙方傷亡持續上升，更多人家悲痛，蒙塵的大地哀鳴不止。除了「和談應尊重烏領土主權完整」，雙方停火後，修補與重建烏克蘭

的課題，必須先行規畫，要項有二。消極面是，制止已經發生，西方金融資本與烏克蘭政經寡頭對其土地與農業的巧取豪奪（烏克蘭2021年的680億美元出口，五分之二來自穀物等農產品），要尊重烏克蘭市民社會、學界與農民的要求，改正土地法並將那些發戰爭財而形同盜竊的行為，取消其法律效果。

積極面是知恥近乎勇，俄羅斯入侵犯罪，但西方必須承認自己也有責任。

愛爾蘭史學家、專研俄羅斯與德國的羅伯斯（Geoffrey Roberts）近日說，「烏俄戰爭是歷史上最可避免的戰爭」，但最後是「烏克蘭與西方把子彈上膛，普亭扣下扳機」。這個用語相當傳神，儘管看法並非創新，是從季辛吉至美國前國防部長與現任中情局局長等等長串人士所說，北約多年來在烏克蘭的部署是在升高對俄羅斯的挑釁，使莫斯科認定早日開打烏克蘭，比日後交戰北約，來得符合其國安利益。最後，如同巴西總統魯拉所說，與北約相互為用八年的基輔政府，也有責任。

俄羅斯、北約與基輔政府對戰爭的爆發，承擔不同程度與性質的責任，那麼，三方都需出資投入重建。課徵俄羅斯海外資產的營業利潤（每年約30億美元）百分之百，轉作重建烏克蘭之用，據說仍可符合國際法。這個金額距離重建總額4-5千億美元仍很遙遠，但若每年課徵，加上北約會員國每年理當承擔的金額，至少可以減少烏克蘭對金融資本的借貸。

（《聯合報》2023/8/7 A11版。原標題〈倡議和平　重建烏克蘭〉。）

白宮借刀殺人　輿論開始清醒？

美國總統拜登在8月29日通知國會，將首度給予台灣軍援8千萬美元。同一天，五角大廈宣布額外提供2.5億美元軍援給烏克蘭，而

四度訪問基輔的民主黨參議員布魯蒙索（R. Blumenthal）在其選區報紙撰文，表示：「所有美國人，即便無感於全世界民主政體的自由與獨立，應該都很滿意我們在烏克蘭的投資……烏克蘭已經挫損半數俄羅斯軍事力量……沒有任何一位美國女子或男子受傷或隕命。」

有些美國人自稱替天行道，藉此挪移資源，不把稅收用於改善本國民眾福祉，卻滿足軍火商，同時完成借刀殺人的勾當。布魯蒙索有此表白，聯邦眾議員謝安達（A. Schiff）在2019年也說：「美國必須援助烏克蘭……我們可以在那裡與俄羅斯作戰，我們不需在這裡與俄羅斯作戰。」兩國開戰後，布蘭德斯（Hal Brands）教授之言，更讓真實躍然紙上：「現代史上最無情也最有效的戰爭，目標就是俄羅斯……關鍵是要在當地找到……代理集團，願意殺戮、願意就死。然後，你得給予大量武器，這樣才能對你的敵手，施加致命的重創。這就是華府與其盟友今日在對俄羅斯做的事情。」

俄羅斯死傷慘重是事實，惟烏克蘭並非不淒慘，但該國人口若全部返國，也僅俄羅斯三分之一，而其政經軍事力量有賴美國等北約盟國支持，世銀則宣布俄羅斯的經濟力量，在西方制裁下，依照實質購買力計算，去年仍是世界第五（超越德國）。俄羅斯液化天然氣今年前七個月的最後出口地，52%是歐盟國家，比例竟高於前兩年。

部分基於這些認識，美國主流傳媒尚肯刊登異見的《新聞週刊》，近日表示「人可固執意見，但事實不是任何人可以獨占」，因此，除非美國甘冒核戰危險，否則「這次戰爭最可能的結局是烏克蘭被擊敗」。第五屆唐獎得主、曾任三屆十五年聯合國祕書長特別顧問，8月訪台的薩克斯（J. Sachs）教授心有戚戚，認為再不停戰，「就是在摧毀烏克蘭」。

西班牙最重要日報《國家報》刊登創辦人、也是對該國與拉美世界最有影響力的十位人士之一的 J. L. Cebrián，日前亦出時評，率先承認白宮在2013年支持廣場政變，導致俄羅斯併吞克里米亞。這也是歐洲主要報刊，首度認定這次衝突「是代理人戰爭」，造成歐盟民主方案臣服於北約軍事目標，若不停戰，結局將是「戰死最後一位烏克蘭人」。

英國《衛報》則刊登李溫的判斷。他說，很少俄羅斯人支持戰爭，但開打至今，基於該國1990年代的混亂與苦楚的教訓，也很少人支持烏克蘭的堅持（莫斯科歸還克里米亞，也歸還去年開戰後取得的烏東四州）。李溫說，未來可能有三種發展。一是烏克蘭改變，承認俄羅斯取得新領土；二是普亭壓制的極端民族主義派得勢，致使俄羅斯重回二戰的「全面戰爭」；最後是北約加碼與升高戰情挫敗俄軍，從而普亭下台與俄羅斯混亂的機會為此增加。這位溫和的國際政論家說，最後一種的可能性雖低，但若發生，俄羅斯將如同一戰後的德國，成為歐洲不穩定的新原因。

（《聯合報》2023/9/2 A12版。原標題〈美借烏殺俄　輿論開始醒？〉。）

真相真有力　白宮要學加拿大

加拿大下議院議長羅塔（A. Rota）辭職，因烏克蘭總統澤倫斯基日前訪加時，他安排九十八歲老兵洪卡（Y. Hunka）同台，並領銜國會議員兩度起立鼓掌，致敬他「為烏克蘭獨立，並對抗俄羅斯至今的英雄。」

新聞傳出，很快有人指出，在二戰期間，洪卡對抗俄羅斯並不光彩。實情相反，他參與納粹屠殺烏克蘭猶太人，雖然另有七百萬烏克蘭人對抗納粹。更糟糕的是，洪卡寫於2010至2011年的部落格文字，還說那是他「一生最快樂的時光」！

真相真有力，假使拜登總統如同羅塔，確認下列報導與評論屬實，進而承認先前的錯誤，俄烏戰爭就有停火乃至和平談判的機會。

華府外交智庫資深研究員 D. Davis 是標竿人物，主張「烏克蘭終將戰勝」，近日轉變，指「西方領導群未能意識到，風險已在出現，戰爭拖延愈久，俄羅斯會更茁壯，不是更弱化」。《紐約時報》報導，俄羅斯戰前一年生產一百部坦克，現在兩百輛。砲彈生產則是一

年兩百萬，是戰前西方估計的兩倍。所有軍火生產在莫斯科動員下，是西方的七倍。還有，俄羅斯因物料與人力比較便宜，成本遠低於西方，如歐美的155毫米野戰砲一枚耗費5千至6千美元，相仿的俄羅斯製品是600美元。《經濟學人》則說，俄羅斯的坦克與砲彈還不止於此，假使計入翻新的數量，坦克是一年五百至八百輛，砲彈還有五百萬存量，一日發射一萬五千枚，可以連發一年。

烏克蘭方面，與美國情報社群有關的智庫Jamestown Foundation說，烏克蘭人口現在已經縮減至兩千萬，比台灣還少，並且，這兩千萬當中還有一千零七十萬退休人員。它估計，烏克蘭已經動員兩百萬人，等於是十分之一人口，澤倫斯基月前開除徵召兵員的負責人，理由是腐敗，但可能也因為根本沒有足夠的人可以徵召。

資深調查記者赫什（S. Hersh）認為，普亭入侵烏克蘭粗暴愚蠢，但他近日訪問負責對抗蘇聯間諜活動的老練美國情報官員，發現：「烏克蘭已經沒在反攻了……如果烏克蘭下令軍隊繼續進攻，軍隊就會叛變。士兵們已經不願意再繼續送死了。」

這些，加上西方對烏克蘭的支持能否持續，疑問日大，最驚人的是素有最挺烏克蘭形象的波蘭，其總統近日卻因烏國農產品進口及澤倫斯基的發言，回嗆表示：「烏克蘭表現得如同即將淹沒的人……極其危險，有能力將你拉入深淵……也把救援的人沒頂。」

誠如地緣政經研究員李溫所說，西方繼續增援，是可以讓戰爭持續更久，也確實可以弱化俄羅斯，但必然同時毀了獨立的烏克蘭──俄羅斯似乎現在已有此意，即便本來並無，畢竟，若有此意，俄羅斯在2014年兵不血刃合併克里米亞的同時，早就會在彼時烏克蘭軍事力量最薄弱的時候，拿下烏東地區──若烏克蘭被毀，又怎麼加入歐盟？

（《聯合報》2023/9/28 A14版。）

歐美不認說謊、誤判　俄烏戰難了

《聯合報》報載北約祕書長史托騰柏格（Jens Stoltenberg）指「今日烏克蘭，明日台灣」。意思是，俄國若勝，會有骨牌效應，下一個就是「北約安全」受威脅，而「世界會變得更危險」。

但是，四個多月前，他在歐洲議會外交與國防聯席委員會講話，明確承認烏克蘭若不入北約，俄羅斯就不會入侵，亦即莫斯科並無擴張領土之念。

那麼，究竟哪一種說法才是事實？察其言。普亭在2000年首次參選總統前，接受《紐約時報》訪問，表示「任何人對於蘇聯的消逝若無悔意，就是沒有心肝；但若是還有任何人要讓蘇聯復生，那就是沒有腦袋」。

普亭在開戰前一年多，有三篇相關講詞。若閱讀後，可能也會同意普亭無意恢復帝國。他說，烏克蘭排斥俄羅斯，但何不學習「西方經驗……奧地利和德國、美國和加拿大毗鄰而居……種族組成和文化上很接近……但仍然是主權國家」。他又說：「列寧和他的戰友……非常粗暴……列寧主義……比錯誤更糟糕……當然，過去的事無法改變……我們……承認新的獨立國家。」以及，「俄羅斯尊重在前蘇聯地區成立的各個國家，始終尊重它們的主權。」

觀其行。普亭如果真想擴張，2008年8月不是有個絕佳機會嗎？俄羅斯兵臨喬治亞首都僅一小時，他沒有承認要從喬治亞獨立的兩個共和國之後予以併吞。因此，美國前國防部副部長布萊恩（S. Bryen）說：「俄羅斯並不打算將衝突擴張至烏克蘭之外。」美國與德國的調查承認，2014年克里米亞人八成挺獨立，符合該地過去二十年的民意，並無造假。普亭以此為由，使克里米亞進入俄羅斯，這究竟是他領土野心的展現，還是美國支持基輔政變所造成，仍有爭議。但彼時烏克蘭兵力虛弱，英國情報顯示，其後備軍人在2014年超過八成不報到，真要擴張，當年不是俄羅斯的最佳時機嗎？2015年烏東兩州宣布獨立，克宮不理會，直至七年後的開戰前夕才承認，並以此為由出兵；曾任澤倫斯基發言人、總統辦公室主任的阿列斯托維奇1月中

旬說，前年三月底，開戰才一個多月，他領銜與俄羅斯談判，雙方達成臨時協議，俄軍撤回而烏克蘭承諾不入北約，但後來美英不同意，致使破局。

若有擴張領土的野心，俄國不會有前述表現。或者，美國老布希總統的蘇聯政策特別助理，前年出版《烏克蘭悲劇》的彼得（Nicolai N. Petro）教授等人所說，才是真相？他們論證，西方主戰派不願談判，主張支持烏克蘭以使俄烏對峙僵局繼續，其根本論點來自謊言，也就是拜登總統反覆提及，北約祕書長等人跟進複誦，它指普亭決定入侵時，是要征服並「消滅」烏克蘭。如果這個論點準確，那麼，如今謊言成為局部自我實現的預言，烏克蘭五分之一土地落入俄手。

堅持謊言，或許可以再讓美國與歐盟，通過新的610億美元、與四年5百億歐元的軍經援助。但是，誠實是最好的政策，歐美應該承認說謊，或至少是誤判，然後將這筆千餘億美元，轉用於重建戰後的烏克蘭，不是繼續弱化俄羅斯與傷害烏克蘭。

（《聯合報》2024/2/1 A12版。）

烏克蘭入北約能止戰？

美國國務卿布林肯（A. Blinken）走訪北京，要求中國大陸停止支持俄羅斯軍工業，「否則準備制裁部分中國銀行」。北約祕書長史托騰柏格也說，假使大陸希望友好西方，「必須停止……幫俄國。」

這兩位先生的辭令，也許僅是不得不提出的外交訴求，北京是否同意，無法知道。兩人嚴以責人，寬以待己，倒是頗有只准州官放火，不許百姓點燈的味道。或者，假使採取比爛原則，任何人或企業或國家協助俄作戰固然不合道德，美國與北約說謊或誤認而挑釁、設圈套或教唆而激起莫斯科愚蠢反應，遂生俄烏戰爭，難道這不是更不道德嗎？

何況，就連《外交事務》這份經常捍衛西方外交政策的刊物，不是也在本（4）月16日有專文嗎？在〈本來可以結束烏克蘭戰爭的會談：一頁失敗的外交祕史提供未來談判的教訓〉這篇文章中，兩位作者說，歷經一個半月以上的多次實體或線上會談，至2022年4月，也就是俄烏交火還不到兩個月，雙方都很積極，甚至可能已在安排普亭與澤倫斯基見面。烏方談判代表之一在去（2023）年11月於烏克蘭國內新聞訪談時表示，「俄羅斯直到最後一刻都希望……我們（將）採取中立。這對他們來說，最重要，如同芬蘭，在冷戰期間一樣採取中立，我們並承諾不加入北約，他們就準備結束戰爭。」

但雙方協定涉及他國要給予兩國安全保證，特別是烏克蘭，更需要美英法乃至中國大陸等國家確認，若再遭入侵，這些國家保證會迅速馳援，予以制止。這就是說，俄烏固然達成初步協定，但若沒有他國願意透過外交途徑，給予保證，協定無從達成。於是，可能因為俄羅斯軍事未占上風，但更可能是因為英美先後出面制止，無意以外交斡旋結束戰爭，於是失去兩年前就讓戰爭落幕的機會。

當時，杭士基稱之為美國攻擊犬的英國，由首相強生在4月9日成為開戰後第一位前往基輔的國家領袖，他當面對澤倫斯基說，不能信任普亭。繼之，25日美國國防部長奧斯丁也到基輔，他說要「弱化俄羅斯」。這難道不是圖窮匕現？西方老說俄羅斯有領土野心，先烏克蘭後他國，現在俄羅斯不要領土，要與烏克蘭和平相處，英美卻率北約之先，不肯授以援手，沒有試著玉成其事，難道不是透露要以烏克蘭弱化俄羅斯的不良居心嗎？

北約理當跟進中立國愛爾蘭教授羅伯斯的用心。他雖然在俄烏動武同一年，就有論文追蹤開戰前幾個月的俄羅斯動向，解釋並同情莫斯科何以動武的原因。兩國交戰兩年之後，他知道莫斯科占上風多時，戰爭拖愈久對烏克蘭更不利，雙方也會有更多死傷。但他不忘結束戰爭是第一要務，因此在本月18日撰文，建議普亭以政治家風範，讓烏克蘭加入北約，理由是俄羅斯已因北約的弄假成真，取得烏東四州作為緩衝。俄國不宜也不需要多取，而北約的集體決策可以減少烏克蘭復仇的念頭，他認為，這比任何安全保障，來得都更穩定。

(《聯合報》2024/4/28 A11版。)

俄烏戰爭的「無價值受害者」

《聯合報》與《中國時報》[27]，在同一天刊登了內容完全相同的一篇長文，三萬五千字，也就是將近四個整版的文字。

如果這種事竟然發生，必定是大新聞。

即便這篇文字是總統在緊急危難時的文告，或者，即便它是商業廣告，能夠讓兩家知名度與影響力相當的媒介，同時刊載如此長篇大論，而且顯然與影像圖騰時代背道而馳的字海，也應該算是讓人側目的新聞。

這種事不發生在台灣，而是發生在美國。

9月19日，美國的《紐約時報》與《華盛頓郵報》一起發行了八頁的特刊，在炸彈客（the Unabomber）[28]要求的期限屆滿前五天，印

---

27 按：當（1995）年尚無網際網路，兩報占了台灣報紙發行量六或七成以上。
28 炸彈客本名 Ted Kaczynski，哈佛大學博士、加州大學數學教授，1996年被捕，2023年6月10日死於獄中，年八十一歲，相關專書見 Gibbs, Nancy et.al.（黃裕美等譯）《大學炸彈客：瘋狂的天才》。台北市：聯經。又，2024/12/12按：美國人、AI工程師曼吉昂（L. Mangione）在2024年12月4日於紐約市槍殺湯普森（B. Thompson）。湯普森是美國最大健保集團的CEO，年酬勞1,020萬美元。曼吉昂一週後被捕，表示美國用於健保的經費占了GDP的18%（台灣約6%、歐洲約10-12%），但仍有7.7%的國民沒有健保，每年四點五萬人因此身亡。已買保險者很難得到全額理賠，一年造成六十五萬起破產。美國醫保集團有著名的三D（deny：拒絕申請；defend：法庭自保；depose：不把病患當病患）。不幸遭槍殺殞命的湯普森，他供職的集團在2023年拒絕病患申請的比例為32%，整個行業平均也有16%。謀殺不正當，但槍殺案的根源，是美國醫療體系病入膏肓。美國人均壽命排名世界第四十二，2024年的平均壽命是七十九點二五歲，低於古巴的七十九點三三歲。這些事實讓曼吉昂義憤，認為商業健保行業是「寄生蟲」。警方調查，發現他曾閱讀「大學炸彈客」的文字，接受其「政治革命」動機，乃至於認定「科技進步的速度……危害現代社會」，於是模仿炸彈客，試圖以暴力解決問題。

行了這篇呼籲世界群眾,起而對抗「工業化的技術統治」的檄文。在這篇題名〈工業社會及其未來〉的冗長文章,作者說世人應該推翻的「不是政府,而是當前社會的經濟與科技基礎」。在他看來,難以名之的熱情擁抱與使用科技成品的社會氣氛,「讓我們一頭栽入,無法瞻前,亦不能顧後,孟浪地衝向全然不可逆料的無知境地,危殆已極。」炸彈客至今殺了三人,並在十六起攻擊事件中傷害了另二十三人,十七年來仍然無人知曉他是誰,超越了1940年代的「瘋狂炸彈客」(the Mad Bomber)的紀錄,後者在十六年內,於紐約置放炸彈三十枚後被偵破而琅璫入獄。此次炸彈客是在6月時,公開要求這篇闡述其想法的文章,以及其後三年的年度續文,必須在《紐約時報》,或者「其他廣為人閱讀,發行全美國的出版品中」刊登,否則他將繼續殺人;不過,炸彈客又說,刊登以後,他還將保留不殺人也不傷人的破壞行動。

美國聯邦調查局(FBI)為了這起事件,可以說是上窮碧落下黃泉。FBI動用了全球最大的超級電腦,遍查堆積如山的法醫等犯罪刑案資料,從1970年代炸彈客初現的伊利諾州起,一直追蹤到今(1995)年4月他最近的可能居住地北加州。不但如此,FBI還從19日發表於兩大報的長文,判斷作者應該是非常嫻熟科學史的人,於是將該文送請這個領域的數十位專家過目,央請他們協助辨識炸彈客的身分。當然,常見的方法FBI也已運用——懸賞100萬美元,鼓勵遍布全國的線民提供線索,開放專設電話供人通風報信,不到半年的時間就接到了兩萬通,但所獲有限。因此FBI與司法部長情商《紐約時報》與《華盛頓郵報》發行人,在公共安全的理由下,出版特刊登載炸彈客全文。時報的薩茲柏格說,「我們是在不得已的情況中,知所正確的選擇」;郵報的葛蘭姆則說,按照新聞事業的理念,任何報紙都不會屈服,但「為了大眾的安全,我們決定刊出」。

雖說如此,許多同業卻另有意見。《今日美國報》的創辦人之一就說,「新聞界應該中立⋯⋯如果⋯⋯全文刊登他的宣言」,誰又能確保「不會造成更多人喪生」。隔洋的《經濟學人》週刊則揶揄《紐約時報》,說該報標榜多年的「所有刊登的新聞,均屬宜室宜家」,

簡直笑話,這份具有英格蘭人嘲諷本領的菁英刊物,在評論文的收尾時,又順便掃了7月時迫使《國際前鋒論壇報》繳交誹謗金額90多萬美元的李光耀與吳作棟一大腳,它說美國兩報的作法,使得「除了新加坡政府的來函之外,新聞從業員從此又多了一種『不刊出就給你好看』的威脅。」

在面臨如此嚴肅局面的時候,有人出場攪局,雖然並未實現。專刊女體照片的《閣樓》(*Penthouse*)雜誌發行人古稀翁(Bob Gucclone)在《紐約時報》刊登廣告,表示該刊發行量大於炸彈客選定的報紙之銷量總合,應該很適合作為一個論壇。炸彈客不領情,並說如果他被迫只能有較不受尊敬的《閣樓》刊登長文,則將再有一人受害。古稀翁聞訊之後,隱藏慍氣,並提出更大的誘餌,應允在無限制的期間,炸彈客每隔一個月可以來稿一頁以上,而《閣樓》將一字不易加以刊登。還有,為了擔心炸彈客不動心,古稀翁透露了一項業務「機密」;過去二十五年來,《閣樓》一直是美國國防部銷售最好的雜誌。言下之意是這些讀者,正是炸彈客最需要訴求的對象。

(《聯合報》1995/10/3 第37版/聯合副刊。原標題〈「小」手段,FBI與媒體,團團轉〉。)

2024/11/25補充說明

將近三十年前,發生在美國的「恐嚇」事件,或許可以是另一個證據,說明俄羅斯人與烏克蘭人,對美國都是「無價值受害者」;烏克蘭甚至可能是更無價值的受害者。反之,這個時候,誰是「有價值的受害者」?這個聯想是否流於並無道理的比附?在讀者讀了上面這篇昔日短文之後,再請看以下新增加的說明。

「無價值受害者」是赫曼(E. Herman)與杭士基(N. Chomsky)在1980年代末原創的重要概念,指美國友邦迫害的人,對美國政府沒有價值。反之,不順從或反對美國(外交等)政策的國家,遭其政府迫害的人,就是「有價值的受害者」。

我們怎麼知道？證據就在美國主要傳媒對於「無」的報導與評論數量都很少，遣詞用字也趨向平淡，不會激發讀者的情感；但對「有」則大量報導與評論，並且常有細部描述與足以動情的文字，激發讀者的義憤。

俄羅斯入侵烏克蘭，是愚蠢罪行。但是，美國、北約成員國（特別是英國、德國與法國），乃至烏克蘭極右派政治勢力，以及烏克蘭總統澤倫斯基沒有遵守自己的競選承諾，未能執行足以讓戰爭不會發生的《明斯克協議》，他們並不是無過。惟如前述幾篇評論所述，西方在尊重烏克蘭主權與自主的「善意」言詞之下，美國在內的西方諸國之錯誤盡皆得到掩蓋，因為戰爭第一槍由俄羅斯擊發，致使大多數西方高階軍政人士，並不承認北約同樣犯罪。

戰爭無贏家，只有生命耗損與大地蒙塵。僅說人命。美國參謀聯席會主席密利上將在2022年11月指出，俄烏各死十萬軍人。同月底，歐盟執委會主席馮德萊恩說，除十萬軍人陣亡，烏克蘭另死兩萬平民。2023年2月挪威國防軍司令估計俄軍約十八萬人死傷，烏軍約十萬人，另死三萬名平民。4月走漏的美國情報說兩國死傷三十五萬人而俄羅斯損失更多，但因傷亡數字太高，《經濟學人》認為該數字應該遭塗改過。6月，出身西點軍校後轉學術的米爾斯海默則在參考多方說法並有自己的軍事判斷後，指出進攻的烏克蘭沒有死傷輕於俄羅斯的道理，烏每隕命五人而俄喪命一人的說法，應屬誇大，他認為烏俄軍人陣亡比，可能是二對一。

這些數字何者準確，依照過去的經驗，無法得到驗證，但西方政府及其主要傳媒，對密利、對馮德萊恩所示消息的披露已經很少，對米爾斯海默的專業判斷，更是不予理會。於是，無論是烏克蘭人或俄羅斯人，都是外國人，都是「無價值受害者」。或者，如果更進一步，我們仍然可以說，俄羅斯人的死傷數量會得到更多的報導，因此是「有價值的受害者」，藉此白宮可以給外界一個印象，俄羅斯終究會難以承受，甚至服輸。這些印象加上其他原因，就有美國國務卿布林肯說：「莫斯科已輸掉俄烏戰爭。」（聯合報2023/7/25 A8版）報導烏克蘭人的死傷勢將更少，畢竟，多談多報，難免就有較高的機會讓

美國民眾產生印象，覺得華府／北約以尊重烏克蘭的選擇為理由，是不是不惜讓「烏克蘭戰至最後一個烏克蘭人」。對於可能造成更多烏克蘭人犧牲，美國傳媒披露更少，於是，相較於俄羅斯人，烏克蘭人的「無價值受害者」色彩，竟然來得更為濃厚！

回到「炸彈客案」，美國傳媒聽從FBI的專業建議，因擔心無辜美國人受害。政府機關重視本國人命，傳媒配合刊登炸彈客聲明，卸除威脅，應該是合理的反應。那麼，有多如過江之鯽的美國政府高階官員，許多年來不斷闡述，北約東擴而特別是在整軍備武烏克蘭八年而東擴至俄羅斯門口的烏克蘭，必然激起俄羅斯的激烈反彈，嚴重之處，就是發動戰爭。那麼，既然明確知道俄羅斯的反彈難以避免，何以美國不能縮手？在2022年2月14日，亦即美國示警俄羅斯將要入侵數週之後而俄羅斯發動入侵之前十日，美國駐（前）蘇聯最後一任大使馬特洛克講演，表示「常識」可知，「終止北約東擴」危機就消失，美國卻不動聲色，致使馬特洛克懷疑，這是一場「被蓄意促成的危機」。

炸彈客的行為違法，但FBI與兩大美國日報願意配合，為其張目而大篇幅刊登炸彈客的聲明，這是重視美國人命的表現，很有道理。美國率北約違反「不東擴一吋」的口頭承諾，明知故犯而不惜將戰火引至烏克蘭，完全無理。美國何以有這個無理作為？重要甚至唯一原因，難道不是戰爭不在本國發生，受害犧牲是他國的「無價值受害者」，因此美國／北約任性為之，並祭出民主對專制的大旗，遮掩真相嗎？並在這種誤判或虛偽之中，為自己的經濟與國安埋下更為不安的種子嗎？

俄羅斯躺著也中槍？

俄羅斯入侵烏克蘭以來，原本已在放大俄羅斯不是的歐美傳媒，對莫斯科的抹黑也就更多。現在，喬治亞的境外影響力法，一年前立

法失利，近日已在國會通過，後卻遭總統否決，再使美英傳媒的報導與評論又是一面倒。西方指控該法是「俄羅斯法」，歐盟也警告去年底剛取得入盟候選國資格的喬治亞，若真執行該法，將「不利於申請入盟」。

不過，喬治亞「團結網絡」市民與工會活躍女士A. Rochowanski 與 S. Japaridze提醒，該國有兩萬五千個NGOs，真正發生作用者，九成乃至全部資金都是來自境外。執政黨「喬治亞之夢」和大多數反對黨的意識形態非常一致，無不相信技術官僚，國家政策因此也都是出自（外國）專家，利用所謂客觀的數據和技術來設計。加入歐盟是多數民眾的意願，執政黨與反對黨也都頂禮膜拜。

舉國入歐盟的意見相同，何以執政黨干冒國內抗議和歐美壓力的風險，要通過所謂的「外國代理人」法？答案就在，過去大約五年，一些每年得到外國資金數百萬美元或歐元的NGOs，[29] 不僅參與黨派政治，對於當今執政黨固然親歐，但也同時親俄的立場歉難同意。於是，他們否認執政黨的合法性，不僅在選舉中支持反對派，他們在歐美政府默許下，也激進到呼籲推翻當今政府的地步。

兩位女士問：若在歐盟，會同意其NGOs有這種行為與政治主張嗎？在民主與憲法程序之外，推進不排斥暴力之革命性權力變革，可以嗎？她們又問，歐盟本身的法律，並不禁止各國對NGOs的財政來源進行監管，喬治亞現在這部法律，不也是這個作用嗎？何以如今歐盟官員威脅要以此破壞喬治亞的入盟進程，這是一種很不體面的手段，是要假借民意，勒索喬治亞政府嗎？

---

[29]《哥倫比亞新聞評論》與「南方電視台」在2025年2月報導，「美國國際發展署」（USAID）的工作之一，是在全球布署美國需要的複雜傳媒戰略，如烏克蘭的傳媒有90%收入，來自USAID為主的外部資助。該機構在全球培訓六千兩百名記者、資助七百零七家私營媒體機構與兩百七十九家與「獨立傳播」有關的公民組織。有人質疑這是以「新聞自由」，包裝美國需要的敘事。USAID約有一萬員工，2023年預算約700億美元；2025年的預算有2.68億美元資助「獨立媒體」，川普就任總統後，宣布大幅裁員與預算。有人說，這對美國有害，對美國自認的競爭對手如中、俄，是利多。另有人說，川普會改個形式，延續過去USAID等美國機構的工作。又有人提醒，USAID也會用真正的援助，掩護前述居心不良的算計。

最後，她們指出，喬治亞本土之內，或是其國境之外對俄羅斯的抹黑與尖叫，倒是另有作用。一來，喬治亞公眾的恐懼和怨恨俄羅斯的情緒，再次瀰漫，以為新法是要阻其入歐。再則，進入歐盟事小，克里姆林宮對烏克蘭入歐盟都不反對，怎麼會反對或阻撓喬治亞進入？真相就在，喬治亞的西方夥伴早就另有地緣政治的偏執，表現在2008年，美國無視於同盟國的反對，業已承諾要讓喬治亞入北約。

　　目睹歐美這些表現，英國的大乘佛教學者和修行者，也是音樂家的B. Holland發表評論，指這是「美國民主基金會」等機構企圖推進「外交政變」。萬一成功，B. A. Thomason甫於4月底完成的博士論文《確保帝國安全的民主實作》，焦點包括該基金會以「民主促進論」之名行顛覆海外政府之實，倒是可以再增添一個案例。[30]

(《聯合報》2024/5/23 A10版。原標題〈勒索喬治亞　歐美推進外交政變？〉)

北約以戰止戰　恐重蹈美越戰覆轍

　　美國在1968年北越春季攻勢後，已知無法取勝，詹森總統因此不敢尋求連任。換黨執政後，尼克森聽從季辛吉，擴大戰爭至寮國與高棉，打算「用轟炸把敵人逼到和平談判桌」。

　　這種戰場失利，卻緊抱對抗並升高戰情，信奉「以戰止戰」的幻想，從俄烏開戰至今，一直存在。

---

[30] 美國參眾兩院已在2017年立法，編列五年15億美元的「反俄羅斯影響基金」。同樣有很好的詞令（支持各地「加強民主制度和進程，並對抗俄羅斯影響和侵略……支援獨立媒體、調查新聞以及致力於……增強公民社會監督組織，維持網際網路的資訊完整。」），但實際用意，如同本文所述，是在相關國家如喬治亞，扶植未必符合當地利益的親美力量。美國眾議院也在2024年9月10日以三百五十一票比三十六票通過《對抗中華人民共和國惡意影響基金授權法案》（H.R.1157）五年為期，每年財政年度將撥款3.25億美元作此用途，但至2025年2月3日，參議院尚未通過。

近日北約也加碼介入戰爭，僅舉其三。首先，北約第一批F-16戰機，即將啟程送往烏克蘭，這是荷蘭簽發出口許可證的二十四架。其次，烏克蘭攻擊克里米亞港口，以美國提供的集束炸彈殺死五名俄羅斯海灘遊客，傷及一百多人。俄羅斯堅稱，若無美國衛星導引，這類攻擊無從奏效。俄外交部長召見美國大使，指美「已成衝突一方」，克宮又宣布，「美國直接介入殺平民，不可能沒有後果。」這是莫斯科在虛張聲勢，還是為避免外界狐疑多時的戰略核武之使用，克宮將以更強硬的作為報復，直至引發雙方直接軍事對抗危險的邊緣？不知。但下週將在華府登場的北約峰會，主軸之一，就在重新宣稱俄羅斯必敗，同時，再次宣傳升高戰局才有談判籌碼。

但是，結局也可能如同往昔，北約會重蹈美國半世紀以前的覆轍，慘痛的代價只增不減，同樣由烏克蘭承擔，即便俄國也將受創，徒留美國及他國的軍火工業繼續以殘害生命、毀地毀物大發其財。為己謀、為其國人國土謀，乃至為避免核戰與第三次世界大戰的風險而自救救人，澤倫斯基總統應該要再次思考，更弦易轍，自行與莫斯科和談，理由有四。

一因戰事不順。烏克蘭從去年反攻不成，失利至今，月初再失烏東「兩村與重鎮」。二則來日戰爭仍無取勝可能。烏克蘭前武裝部隊總司令V. Zaluzhnyi說，要獲勝，要錢要人。美國未來一年610億美元軍援不夠，要五倍以上；增員戰士則需四十五至五十萬。但3月的全國民調顯示，依新法必須入伍的人，願意受徵召者，十僅居一，肯「拿起武器」者是8%。即便送兩萬犯人至前線，所能增加的新兵仍然低於十萬，而司法部長日前說，僅三千餘囚犯願意為了「回家」而轉身分成為戰士。三是基礎設施破壞嚴重大，民生困難。僅說電力，澤倫斯基上個月表示，俄羅斯已摧毀烏克蘭八成火力發電和三分之一水力發電能力。基輔已經全力新建或修護電力系統，但官方說，今年冬天的電力缺口，每日四至八小時，某些地區十小時更是無法避免。能源供應商則說，民眾每天可能僅有五至六小時有電可用。

最後，俄羅斯多次表示，願意依前年2月開戰一個多月後，兩國取得協議、但遭英美阻撓的草案所設定的條件再次和談。表面上，這

無法符合澤倫斯基要求俄軍全面從烏東撤離的要求。但有人提醒，如同全世界只有土耳其承認北塞浦路斯獨立，克宮將克里米亞與烏東領土入憲，也僅是俄羅斯的片面作為，無須成為俄烏和談的障礙。他日再有轉機，俄烏另就領土再議，空間仍在。早和談，減少烏俄受殘，晚和談，烏克蘭受害只會增加，已有人分析，基輔隨時將有難以逆料的戲劇性大事，乃至出現白宮不會阻止的政變，這些預測若是成真，烏克蘭會更被動。

(《聯合報》2024/7/5 A10 版。)

烏克蘭之鑑　備戰不避戰是必戰

　　美、烏總統即將在白宮會面，如果拜登繼續不同意澤倫斯基之請，就是幡然醒悟而沒有一錯再錯，亦可算是將功贖罪，同時一舉兩得，可以讓賴清德總統，頭腦從糊塗轉清醒。

　　烏克蘭有「勝利計畫」，包括要求美國放行英法已經同意，且英國首相十多天前，親自前往白宮遊說拜登，請其讓兩國給基輔的兩種飛彈（射程約兩百五十公里），可以攻擊俄境目標，而最好是美國也放行自己可達三百公里的飛彈。

　　當時，俄羅斯總統普亭先行「撂狠話」，表示若是放行，他將認定這是北約直接參戰。拜登並不示弱，於是「駁斥俄羅斯的威脅」，但次日隨即改口，轉而「認真對待普亭的話」。三天後，溫和的英國地緣政治專家、記者轉學界的李溫還是不放心，他說，英國不是美國貴賓犬，其實是拉布拉多犬，牠精力充沛而喧鬧，喜歡把主人拖進附近的灌木叢或水坑，但英國這隻拉布拉多犬野心更大，顯然是想把牠的主人拖入一場世界大戰。無獨有偶，同日，人在莫斯科擔任《基督教科學箴言報》記者將近四十年的魏爾（F. Weir）也另文解析。他指出，克宮劃定俄烏戰爭多條紅線後，多次以自己龐大的戰略核武威

脅，及俟紅線遭跨越，普亭沒有任何行動。但魏爾提醒，「這次不同」，他指出西方觀察家並沒有意識到，「普亭可能是莫斯科目前最溫和的政治人，如果不是他，我們可能會由普亭前顧問卡拉加諾夫（S. Karaganov）之類的人集體掌權，現在他們已公開表現出不耐煩而質問，『為什麼我們還沒有按下按鈕？』。」

面對這個危險懸崖，《經濟學人》很不負責。該刊半年前已說，失去五分之一國土的烏克蘭，若與俄羅斯和談而能有成，「已是最不壞的選擇」，意思是說，若談和，不會再有領土損失。8月烏克蘭攻入俄境庫斯克（Kursk），它也表明無法挽回頹勢。對於英法美飛彈即便攻入俄境，該刊知道無法逆轉戰情，但卻以社論主張，拜登理當「鬆綁防衛者的束縛」，也就是三國飛彈都當放行。如此，烏克蘭可以出口惡氣，多咬俄羅斯幾口。這個建言的背後，似乎是猜測，普亭這次的紅線依舊只是紙老虎；也似乎再有存心，想藉此看看有無空間，可增加拉普亭下馬的機會。

戰局混沌，普亭昨日「主持俄羅斯核威懾會議」。拜登是將聽取國安顧問蘇利文這類現實主義派的研判，不把俄羅斯可能使用戰略核武當作只是恫嚇；或是接受國務卿布林肯這類新保守主義派的意見，放行三種飛彈？茲事體大。對於總統賴清德來說，或當注意，類似事件在二十年前，也在台灣上演。

當時，阿扁總統辦理防禦性公投，美國疑慮這是入聯公投，踩了對岸的紅線。國務卿鮑威爾（C. Powell）對北京說，美國不會容許。與其對立，新保守派要角錢尼（D. Cheney）副總統與國訪部長倫斯斐（D. Rumsfeld）執意挑釁北京，「幾乎每週」都要阿扁繼續推動。小布希總統後來取鮑威爾等現實派的立場。眼前，萬一是新保守派得勢，烏克蘭乃至歐洲很可能遭殃，更嚴重則是世界陪葬。賴總統日前〈拒簽和平協議　以備戰達避戰〉，難道烏克蘭積極偕同北約備戰八年仍然不幸戰火焚身的災難，不是近在眼前的慘痛教訓嗎？備戰而無其他方案，備戰不會是避戰，是必戰。

(《聯合報》2024/9/28 A14版。)

避戰第一步　從揭發真相開始

俄羅斯國防部長說,「十年內恐在歐與北約開戰」。若德國前總理梅克爾的看法為真,出身經濟學的這位防長,並非主張莫斯科攻擊北約。他是警示,北約與美國的政經與軍事部署完成後,可能就會刺激、挑釁與誘發克里姆林宮先下手而惹出事端;如同2014年美國「玉成」烏克蘭極右派政變八年後,挑釁俄羅斯犯罪而侵烏快滿三年。

梅克爾近日出版的回憶錄,根據記者的解讀,重點之一是「俄羅斯領導層竭盡努力,避免因烏與北約衝突」。這是合理的看法,畢竟,北約海陸軍力對俄羅斯的優勢,大於三比一;戰機優勢是十比一;北約長期戰爭的經濟能力也使俄羅斯相形見絀。《美國保守派》雙月刊主編梅特拉（S. Maitra）半年前有書,遍觀史料、案例與俄之軍事行動,結論是莫斯科國安受到威脅時,才會使用武力制衡,其軍事目標是平衡地緣政治,欠缺占領土地的意願或能力。法國學者托德（E. Todd）說俄人口縮小,只求維護領土現狀,不是擴張。

克宮現在占有烏克蘭近兩成領土,剛好是證據,不是顯示俄羅斯要取人土地,而是支持前三人的見解:俄烏戰爭爆發一個多月後,兩國已在土耳其完成和平協議,俄撤軍而烏克蘭不入北約。彼時若執行,烏克蘭不再損失寸土,但英美當時出面,否定協議,他們的目的,近日再次顯現。美國防長說,「我們要弱化俄羅斯」,英國前首相強森上個月底受訪,承認「我們發動代理人戰爭」。

可能有人認定,梅克爾、梅特拉、托德與更多有相同看法的俄羅斯專家,觀點並不正確,惟這不是重點。要處在於,假使傳媒不先入為主,而是一本初心,平衡呈現事實與意見的多種面向,是不是可能減少事後諸葛的悔之已晚?

美國在2003年入侵伊拉克,官方理由是該國擁有大量毀滅性武器,華府必須先下手為強,不能肆虐後才出面收拾殘局。但美軍與北約若干響應國家派兵入內後,掘地三尺,未見武器。次年,《紐約時報》與《華盛頓郵報》在5月與8月於十版與頭版向讀者道歉,表示不該沒有查核而誤信官方宣戰的口實,不該扮演說謊政府的喉舌。但

再回頭已是百年身，伊拉克國不成國，其後伊斯蘭國捲起的動亂至今沒有結束，中東北非難民因鄉土遭破壞而大量湧入土耳其與歐洲，捲起排外浪潮至今。

同樣，就俄烏戰爭，西方主要傳媒幾乎沒有誠實轉載，遑論穩定、持續與不斷凸顯梅克爾等人的觀點；對於早在2022年入秋至今，一些半學術或銷量不大的雜誌，已經陸續揭露多次，也提供允稱詳細的證據，指陳英美在開戰後就阻止和談的過程，西方檯面上的傳媒也罕見報導。反之，對立於此的說法，一開始定調至今：戰爭爆發當日，拜登總統就說，這是「無人挑釁」而不必爆發的戰爭；去年此時，為了給予烏克蘭新的軍援600多億美元，他說，「如果普亭在烏克蘭獲勝，他……會攻擊北約盟國。」

戰爭無法完全由傳媒挑動，但傳媒恪遵自己的行業準則，盡量呈現戰爭事實的兩面或多面，設法給予互斥的意見都有露臉的機會，也許仍可減少戰爭的發生機會。「歐洲委員會議會大會」10月1日表揚阿桑奇，認為他是受白宮迫害的「政治犯」而不是危害國安的刑事犯。阿桑奇有一句名言：「如果戰爭起自謊言，和平也能夠從揭發真相開始。」如果這太樂觀，新聞界仍然理當用此提醒與敦促自己，敬重本業也是強化公信力的不二法門。

（《聯合報》2024/12/19 A13版。）

美國占便宜　川普在賣乖

溫文儒雅的《哥倫比亞新聞評論》（*Columbia Journalism Review*）10日出版專文，出現這樣的標題：〈報導瘋狂的國王〉川普總統。不過，川普不瘋狂，只是得了便宜還賣乖，三個例子信手拈來。

第一個例子是，川普說台灣賺走了美國晶片錢，但《經濟學人》去年8月就已分析，指這是信口開河，實情是台灣僅在各級晶片當

中,支配先進晶片供應鏈的「製造」,但美國在「設計」見長。以最近(2022年)可得的資料為準,美國藉此取得晶片產業價值的40%,台灣的製造僅得11%。最近,我們的駐美代表俞大㵩也說了:每售出1美元晶片,美國公司賺0.38美元,台灣僅得0.11美元。

錢已賺飽、賺多,反過來信口雌黃,要以加稅來賺更多,人心不足蛇吞象的古諺,由川普現身示範。川普首任總統,宣稱要提高關稅,增加美國製造業就業人口。但至2023年,美製造業人口還在下降,反之,關稅如常的德、加、義各增1%、3%與5%。再任的川普重施故技,黔驢技窮的成分,很可能多於後出轉精。

第二,至去年,約有一千萬無證照移民在美國工作,占美國勞動力6%。歐巴馬總統執政的年代,每遣返十一位非法移民工,本地出生者跟著減少一個工作機會。相關研究說,若遣返一百三十萬移民工,美國就業率會永久減少0.6%。建築與營造業有無照工一百五十萬人,很難進口或自動化取代,遣返可能使新房短缺而推高房價;同樣,十多年前歐巴馬驅逐無照移民時,這個效應已經發生。最後,無證照移民工離開,政府財政也會短少收入。這是因為,無證照的人無法得到福利,健保補助、公共房舍租住與其他補助,統統沒有。但是,他們的薪資要扣繳社會安全與醫護健保費,他們也仍須繳交消費稅,而消費稅雖然只占聯邦政府收入不到1%,但占了州和地方政府收入可能在30%以上。川普現在得意洋洋的笑聲,他日一定不會成為哽咽的低鳴,乃至嚎啕大哭的哀號嗎?

最後,上個月《時代雜誌》有篇文章,標題很準確與誠實:〈拜登的烏克蘭勝利,澤連斯基的失敗,為什麼?〉答案就在該刊的遣詞用字,仍然不敢,或說不願意使用俄烏開戰後,西方與全球南方國家知情人士早就熟知的常識:美國要以烏克蘭作為代理人,弱化俄羅斯。刊物訪問負責督導俄羅斯政策的Eric Green,他說,白宮自始設定三個目標,但不含要讓烏克蘭勝出,也不含在白宮看來,憑藉西方的強大支持,烏克蘭也無法讓烏東與克里米亞回歸基輔。因此,拜登僅含糊以對,「支援烏克蘭,需要多久就支援多久」。換句話說,美國「仁至義盡」,即便自知沒有勝算,但只要烏克蘭當權派而特別是

極右派要戰鬥,那就支持,不講的歇後語是,抱歉了,俄烏兩敗俱傷,當然也就意味基輔結束戰爭後,必然滿目瘡痍。

至於戰爭對美國的影響,拜登沒有說謊,他指軍武援烏是「聰明投資」,政府會使用數以百億計的資金,製造軍備充實武器庫存,至少有十二個州的軍火產業跟著就要鼎盛。川普更是直來直往,表示援助可以,但烏要與美「合作開發稀土」等等礦產。落寞的是歐盟,一因俄烏開戰而失去取得廉價能源、經濟為此衰退,最慘的是德國,極右派為此更有發展空間;二則歐盟去年執行關鍵礦物法,必須採礦,但在境內開採,困難很多,達標不易。歐盟至前年底,援烏約850億歐元,遠多於美國的700億,如今眼睜睜看著烏克蘭肥水旁落,至少是美國而不是歐盟主導開發。[31]

(《聯合報》2025/2/12 A12版。原標題〈美占便宜 川普還責乖〉。)

歐美若誠實 俄烏本可永久和平

歐洲啟蒙年代的重要法國文人伏爾泰深具批判精神。不過,他對凱薩琳女皇(大帝)及在她領導下(1762-1796)崛起的俄羅斯帝國,可說是目眩神眩,先後撰寫了一百九十七封相當正式的信函,盛讚她是啟蒙霸君,又說「我若年輕些,會想變成俄羅斯人」。

一直到當代的法國總統戴高樂與密特朗,積極、消極程度不等,但都認同大歐洲包括俄羅斯。假使這些思維延續也能落實,或許,透

---

[31] 2025/2/12按:一位日文中文皆熟的日本教授,在川普就任後一週,以群發的電郵有如後觀察,並非沒有根據,因在此留字記錄,他說:「台灣比日本更加依附美國。現在的主人是川普。不論朝野雙方甚至媒體評論家,都在將川普的瘋狂行徑正常化,解釋為主人深思熟慮的策略,並爭相討好主人以取悅他的心情。甚至還有人嘲笑日本見不到川普。在這一點,台灣從殖民地時代起就沒有進步。當時的台灣菁英拚命向主人表現媚態,企圖證明自己比朝鮮人更適合成為大日本帝國的臣民。」

過法國作為領銜之一，歐盟早就延伸至烏拉爾山；北約在蘇東波之後，也就隨著華沙公約解散後跟著消失。於是，早就天下太平的歐洲，說不定還能成為橋梁，讓俄羅斯與美國有更良性的互動，達成更大規模的核武裁減與削減國防支出。不必川普現在似乎隨便說，也就未必落實的彼此各減軍費50%。

今非昔比，美歐都不誠實，遂有禍端至今。若要亡羊補牢，讓受害最深的烏克蘭減少苦難，必須承認美歐也要為戰爭負責，犯罪者不是只有入侵的俄羅斯。

川普要和平，很好，但何必太高傲？何況，若有錢賺，川普未必愛和平。在第一任總統期間，美國輸送至烏克蘭的軍火金額可能15億美元，並且有致命武器；在他之前的歐巴馬，四年沒有出售致命槍砲，總額可能也少了5億。拜登任內對我軍售83.9億美元，在他之前是第一任的川普，是182.78億美元。

川普數落拜登，但不肯明言，小布希總統在2008年執意宣布要讓喬治亞與烏克蘭入北約，早就將已經存在的禍端暴露得更明顯，而2013至2014年美國在基輔搞出政變，就是最近的導火線，致使莫斯科攫取民心早就不在烏克蘭的克里米亞，並在八年後爆發入侵戰爭。

歐洲三個大國，同樣不肯面對歷史與當代的真相。俄羅斯沒有入侵西歐國家，是法國拿破崙在1812年攻進莫斯科；是德國納粹在1941年入侵後的兩、三年間，使今日的聖彼得堡當時有三分之一人口、也就是七十五萬居民因遭圍困而餓死。總計，蘇聯在二戰期間減少兩千七百多萬人，半數在俄羅斯。由於男性殞命太多，蘇聯在1959年首次戰後人口普查時，俄羅斯、烏克蘭與白俄羅斯的女性人口比男性多近兩千萬。

再看當代，十年前，俄烏在法、德斡旋與督導下，簽訂《明斯克協議》，若確實執行，便無入侵之事，但法、德一事無成，放縱俄烏雙方互控對方不守約定。英國更是好戰。在開戰後一個月，俄烏已經談妥停火草約但尚未最後定案，此時，英國首相強森突然成為開戰後第一個飛往基輔的西方元首，表示不支持。這不正應驗了澤倫斯基的認知嗎？三年前此時，接受《經濟學人》獨家專訪，他說，「在西

方，有一些人並不介意戰爭持續下去，因為他們認為這將意味著俄羅斯被拖垮，即使這可能導致烏克蘭的滅亡，並以烏克蘭人的生命為代價。」澤倫斯基不是在說當時的強森，現在以英法為首的多數歐洲國家嗎？

歐美承認自己如同俄羅斯都已犯罪，日後北約就可解散或不再挑釁，歐洲也就永久和平。既然各方都有罪責，重建烏克蘭所需的資源理當商議，讓美歐俄烏各自比例分攤，讓烏克蘭開礦還錢的比例盡量減少。

歐美如果能夠誠實，兩岸也要誠實。假使歐美不誠實，兩岸也可以成為西方的表率，誠實面對歷史與當代。北京從本世紀起，已經在政治談話與法律文件，不再明說中國只是中華人民共和國，是要兩岸融合才是完整中國。台北要有自信，做好協商與談判的人才與各種必要的準備，讓雙北談出一個彼此都能接受的中國內涵，也就可以永久和平。一昧備戰，不肯雙管齊下，必生禍端；北約供應軍火，培訓烏克蘭部隊八年，戰爭仍然發生，不是鴕鳥的人，都會記取教訓。

(《聯合報》2025/3/9 A11）

製造敵人　犧牲言論自由

龍應台近日在《紐時》的專文，所言甚是，「和平與自由的唯一路徑」，是與中國大陸和解共存，賴清德總統卻反其道而行，將對岸視為「境外敵對勢力」。歐美也在製造敵人，但只有我們是「草螟弄雞公」，更不明智。

製造敵人的後果之一，就是言論遭扭曲與自由縮小。每年的4月7日是政府明訂的「言論自由日」，但先前陸配「亞亞」說她沒有主張武統，是不要戰爭；陸委會卻認定那些可能經過斷章取義或加料、原本僅在對岸流通的影音，就是武統而「不用辯論」。這個態度，是

有權者只求滿足特定人群業已偏失的認知,忘了前參謀總長李喜明在其著作中的期期以為不可:「國小而不處卑,力少而不畏強,無禮而侮大鄰,貪愎而拙交者,可亡也。」

　　美國拳頭大,遠邦不敢飛彈襲擊;東西有海洋,南北都是小國,更無遭人軍事攻擊的國安威脅。白宮製造敵人,起自內部分裂,以俄中為敵,才能團結兩黨。《紐約時報》至去年的前五年報導,都說俄羅斯是威脅他國的侵略擴張者,逾千篇文章,僅一篇正面——暖化有利寒冷國家如俄羅斯。前年底至今,華府更離譜地製造新敵人,指凡是批評以色列政府等於反猶太;大學校長為此辭職、聯邦政府威脅斷絕大學補助金,引發師生控告白宮違法,至少已有七起。以國不乏良心之士,包括2013年起任職國防部長兼參謀總長四年的亞阿隆(Moshe Ya'alon),在去年底他嚴詞批評以軍對加薩的種族清洗,他會反猶太嗎?

　　歐美研究俄羅斯者,至少可以二分:占上風的一種,執意認定俄之帝國野心不死。主張至少從1990年代以來,俄無意也沒有能力擴張的人為數不少也持續發言,卻相對不受重視。當前,川普改變美國的中俄政策,除是否持續仍得觀察之外,已經引來歐洲主流強大不滿,指責響應川普的人是「叛國、通敵、投降」的詞彙紛紛出籠。但這種認定,盲點明顯;俄軍若真如此強大,三年有餘卻死傷累累,無法攻克烏克蘭,合理嗎?烏克蘭將軍近日都說:「太久啦!外界以虛假的萬花筒看俄軍,指其是所謂的舉世第二強大軍隊。我們已經曝露真相,國王沒有穿衣服。」

　　歐洲製造敵人來嚇自己,後果是國防預算增加,但歐人社福的權利意識與回擊力量不弱,是否會容許政府加稅卻只是圖利軍火商而無涉國安?是否同意減少基本生活的保障而移轉稅入至國防?必有爭議。屆時衝突四起、挫敗有黷武傾向的人,並非不能想像。

　　歐洲的希望,說不定來自反俄最嚴重的英國。當地七成七的人認定俄羅斯要為爆發俄烏戰爭負責,但「英國改革黨」黨魁法拉吉(Nigel Farage)一直主張是北約東擴造成。去年7月英國大選該黨得票率一成四,今年3月初支持度已經上升至二成五,僅次於表示若烏

克蘭要打就持續支持的工黨首相,該黨支持度從三成四降至二成八,至3月底再降至二成一。英國是否率歐洲之先與俄羅斯和解,是大事;我們能否善體事實,不以妄念為理念,與對岸協談和解之道,也是大事。

(《聯合報》2025/4/7 A13)

暖化會毀滅人類文明嗎?

氣候變遷致死　數倍於戰亂

　　歐洲議會大選後,綠色環保主張大放異彩,德國總理梅克爾「乘勝追擊」。上週四,她接受邀請,在美國哈佛大學對畢業生講演,除了暗批川普,梅克爾的三十五分鐘講詞也呼籲學生起身對抗氣候變遷,得到十多次(三次起立)熱烈鼓掌。

　　氣候變遷不是小事,將近四百年前的異象,是今日的借鏡。當時,世界各地戰爭頻繁,至今僅二次世界大戰可以比擬。

　　比如,1638至1644年間,環太平洋帶有十二次大型火山爆發。這是有史以來的最高紀錄。那個時節,千百萬噸硫磺懸浮大氣遮蔽陽光,日照等活動連續七十年低迷,全球降溫一、兩度,改變了降雨型態,乾旱與水患等災情異地並舉,頻繁發生,中國受害最重,人口在17世紀減少達五千萬!在歐洲,17世紀也很可怕。一百年間,僅有1610、1670與1682三年沒有戰爭!從海島英國到歐洲大陸,各國內戰或彼此征戰頻繁,單看德語系人口,減少達25-40%,也就是有六至八百萬死於戰亂。

　　回顧歷史,人們從中有哪些學習與領會?

　　有人或許主張,正是因為戰爭,遂有因應戰爭而必然衍生的國家機器之擴大與其能力的打造,然後才是葡萄牙、西班牙,以及荷蘭、英國與法國啟動的大航海及海外殖民的暴力年代,工業革命與現代文明於是得以誕生。假使這是歷史事實,應該不會有人主張要發動戰爭,以便文明能再新生及演化。反之,世人的努力,取了一些成績,1980年代,因為內戰或社會衝突以致每十萬人致死接近四人,三十

年後的現在,已低於一人。

　　梅克爾對哈佛學生的呼籲,應該這樣理解:17世紀是氣候驟變的天災轉成人禍;當前的地球熱化是人禍,已經或即將帶來災害,然後,可能再要惡化成為戰亂。這就是說,如果人類不能提煉正確認知,並據以轉化為減少碳排放量與減少增溫的行動,那麼,極端氣候導致的糧食短缺、貧窮、災難與戰爭之厄運,可能還要再來。

　　面對氣候變遷,人們迄今的反應有四種。一種是否認有氣候變遷這回事,以川普及其支持者(僅15%認為科學家所說是真相)為代表,雖然其年輕支持者已有約六成認為地球熱化且影響了美國為真。其次是依賴科技,移民與開發外太空資源,代表人是研發並販售(無人)電力車等企業有成的馬斯克(Elon Musk),以及世界首富、亞馬遜集團創辦人貝佐斯(Jeff Bezos),兩人分別以火星及月球為目標。第三種是課徵碳稅,高潮之一是今年1月,三千五百多位美國經濟學者聯名,就此呼籲川普推動,5月22日有七十五家美國企業(總收入2.5兆美元)破天荒,一起造訪國會,要求立法。第四種主張是「綠色新政」,類似提法在澳洲與加拿大及英國都有,但以年初,美國七十餘位參眾議員推動者最為知名。他們力主公共投資,以便在2030年以前將美國電能需求100%轉為再生能源,雖然2006年以來,綠色新政已在美國各層級政治場合陸續出現。

　　四案當中,最後一個顯然最稱基進。德國擁有舉世最為強大的綠黨,相比歐美其他國家,梅克爾領軍的德國投入綠色能源的力道也是數一數二,比較接近本案。不過,除川普等人反對之外,也有更激烈的人認為,第四案僅只是把資本主義無邊消費的動能「漂綠」,不夠澈底。

(《人間福報》2019/6/4第11版。原標題〈投入綠色能源　對抗氣候變遷〉。)

台灣肺腺癌　太平洋島國滅頂　與暖化有關

　　表面上看,「川普命美企撤出大陸」以及「高屏肺腺癌年增率是北部十五倍」這兩則新聞,好像風馬牛不相及。但是,二者都是以鄰為壑,病灶相同。

　　從1995至2015年,台灣的肺腺癌病患一直增加。起初,北部人的病發比例原本高於南部人。後來,工業從北遷南,南部的石化產業則在地不走而持續汙染空氣,以致1993年起,高屏大氣的能見度就比北部差,南部的空汙比北部嚴重十多年之後,其2007至2015年的肺腺癌人數增加率,竟至高達北部人的十五倍,是使得高屏民眾每百人的病發人數,從原本低於北部,到了2012或2013年起,開始超過北台灣。

　　相較於一國之內的研究,空汙的跨國乃至於跨洲的效應,其研究相對困難。但兩年前已經有第一份成果發表在《自然》。該項研究顯示,每年因為空氣汙染致使早逝的人口,一年是三百五十萬,其中有九成是PM2.5造成,又有約22%是因為製造業與勞務的出口所導致。換算成輸出產值與就業人口,等於是北美及歐洲這些富裕地區的消費者需求,使得中國大陸每年就有十萬八千六百人提早捐軀。

　　不過,發動貿易戰的川普及他的策士並不這樣看。他們不強調這是富裕國家「輸出汙染與公害」到(相對)貧窮的國家,而是認定,對岸同胞襲奪了美國藍領的就業機會,美國人吃了大虧。川普也不說,這些產品除了汙染對岸或越南等地的環境,並使其國民減壽,大多數也是在賺辛苦錢。就以「蘋果」的兩大產品為例,2011年的iPad每實現100元的價值,蘋果就拿了30元利潤,對岸賺取的是員工的薪資,僅有2元(台灣與南韓分別也拿了2與7元利潤)。2016年9月在對岸組裝完成的iPhone,每100元的價值美國取29.98元,對岸拿的是3.57元。

　　以鄰為壑的不公正現象,不限於因為產業的移動而造成,人類活動所造成的溫室效應,同樣存在這種後果,並且無端受害的情況可能更加明顯。

工業革命以來的氣候暖化推升海平面，發達國家如英國在1953年大水災之後，於泰晤士河設置防洪閘，1980年啟用後，十年間僅需關閉八次，但隨海水溫度上升及其捲動的大潮，本世紀以來已經關閉一四四次！歐洲最大海港鹿特丹在1997年完成的防洪閘，可以確保不再受漲潮之害（1953年曾因大浪衝破堤防，致死將近兩千人）。

　　英荷等國有技術、有錢，也有能力自保，不受溫室海潮效應的左右，但太平洋很多島國可就困難了，密克羅尼西亞的總統在巴黎氣候公約簽訂的2015年就說，人類活動造成的氣候變遷與海平面上升，使得根本沒有工業生產的他們，竟得面臨「潛在的滅族」！

（《人間福報》2019/8/26 第11版。原標題〈貿易戰與肺線癌　都是以鄰為壑〉。）

川普總統說　中國大陸製造氣候變遷謊言

　　美國總統川普認為，人類活動造成暖化、危及地球生態，是假的。早在2012年，川普就以推文說，氣候變遷的說法，根本是中國人製造的謊言，用意是要讓美國人少用便宜的燃煤發電，挫損美國製造業的競爭力。當選總統後，他在前（2017）年6月宣布，退出而不履行前任總統依照巴黎公約所做的減碳承諾。

　　去（2018）年底，更離譜了，美國十三家聯邦機構（包括太空總署）總計三百位科學家，依照1990年的法律規定，窮四年時間，聯合完成一千六百頁的第四次全美氣候變遷評估報告，對美國已經遭受暖化的衝擊，提出了詳細的解說，包括洪水與乾旱更頻繁，病蟲害散播更快。過去一百二十年，海平面業已上漲十六至二十一公分，趨勢假使繼續，未來八十年會高達一公尺，美國海岸財產每年將有五千億至一兆美元的損失。結果，川普說：「我不相信。」

　　但是，事實證明川普所說，不是真的。十年前，燃煤在美國還占有發電量的50%，現在不到四分之一，這不是美國強制煤礦關閉，是

燃煤發電的成本愈來愈沒有競爭力,其成本在美國早就超過了風能與太陽能。目前還是用很多燃煤的越南,英國智庫都說,越南這些再生能源的發電成本,最快在2020年就會比燃煤便宜。還有,即便美國自己不用而要出口,很有可能也會遭致有強大環保意識及政策的加州抵制,不讓盛產煤礦的懷俄明州使用其港口向外運煤。

本(8)月初,至少另有兩起行動,對抗川普。一是農業部研究員、氣候科學家L. Ziska在任職二十年後,辭職掛冠。原因是他有驚人的發現發表在專業期刊,指氣候暖化使二氧化碳含量過高,損及稻米養分,全球以稻米為主食的數十億人口當中,可能有六億人將受波及。但農業部禁止他接受媒介訪問,並且要求共同作者(任職華盛頓大學)也不能宣揚這項發現。Ziska不肯,於是走人。

川普當總統之後,Ziska是最近的例子。先前,在2017年有J. Clement因氣候變遷對阿拉斯加的影響研究,今年2月M. Caffrey因不接受長官要在報告動手腳,以便隱藏氣候變遷的發現,也是被迫離職。7月底則是國務院官員Schoonover投書《紐約時報》,表示上司阻止他提供書面意見給眾議院,陳述氣候危機對國安的潛在影響,他只好去職。

到了本月中旬,由紐約州檢察長L. James領銜,聯合美國共二十九州與大城市,具狀控告聯邦環保署,指其無權弱化歐巴馬年代所推行的乾淨能源方案,該政策要求美國各州在2022年以前,大舉減少碳排放量,同時鼓勵各電廠引進更多天然氣或綠色能源,捨棄石化電能。

(《人間福報》2019/8/30第11版。原標題〈川普雖作梗　美國綠能仍繼續前進〉。)

美國富豪宣傳不需減碳

8月底經濟部能源局公布,台灣去年的人均碳排放量,比前年減少了大約1%。若統計正確,這對環境保護是好消息。在美國,8月底有兩位知名人物辭世,外界看重他們,剛好也跟地球增溫及減碳議題密切相關。

第一位是魏茲曼(M. Weitzman)。他在1974年出版論文,探討一個問題:汙染必須管制,大家都同意。接下來,見解就有不同。管制汙染,是政府應該直接對廠商課稅,也就是所謂的汙染者付費,就結束了。還是,政府應該設定環境所能容忍的汙染總量,並給予廠商不等的汙染配額?日後,該文不但成為所有公共經濟學課堂必讀,也是今日議處碳排放問題時,必須回顧的論點與推理。

雖說這是「價格」與「數量」管制之爭,但相同的是,政府制訂管制所需要的資訊都不充分,因此,不論是哪一種方式,都必須面對不確定的後果。在此,魏茲曼顯得相當審慎,已有八本譯著在台出版的史迪格里茲(Joseph Stiglitz)認為,魏氏在兩種方案僅能選擇一種的時候,應該會傾向於選擇總量管制,不是完全取汙染者付費。

是這樣嗎?現在,暖化若未減緩,可能招來文明與地球的毀滅陰影,正在檢驗這個看法。去年的諾貝爾經濟學獎得主認為,每噸碳排放課徵30至40美元,並容忍本世紀前的增溫不能高於前工業化年代3°C(四年前的聯合國巴黎協定,規定是1.5°C,最多不能超過2°C),應該就可接受。這個分析完全是成本效益的考量,魏茲曼相當反對,他認為,為了避免災難的風險,人們當會願意支付不計其數的努力與資源,阻止毀滅發生。

然而,即便魏茲曼正確,前提也得無人作梗。但比他早四天離世、個人資產五百億美元、世界排名第十一的富豪科赫(D. Koch)是個攔路虎,總統川普不算,他是在美國散播「不需減碳」的頭號人物。

早在1991年,他就成功阻止了老布希總統,使他無法實現減少碳排放的承諾。近年來,為了打敗或至少鬆動科學界的共識,他成立

或贊助智庫、展開政治遊說、辦理多種研討會，打擊暖化之說乃人類造成、再不矯正則生靈更加塗炭而絕非危言聳聽等等主流知識。單是為了達到這個目標，也就是讓「氣候變遷懷疑論調」瀰漫美國，科赫已經浪擲一億兩千萬美元。此外，為了發展政治連帶及影響力，他也僱用了一千兩百人，是共和黨全國委員會工作人數的三倍。

對了，科赫在內的財團另有一招，他們組織專人撰寫時評，質疑氣候變遷說，也反對政府介入管制。美國主要傳媒歷經多年的學習及理解，已經較少呈現懷疑論者的無理取鬧，但在言論版，很多時候仍然可以看到挑戰暖化說的文章，原因在此。

（《人間福報》2019/9/9 第 11 版。原標題〈美國富豪投入鉅資　質疑氣候暖化〉。）

串流看影視　耗能排碳很大量

聯合國「氣候行動峰會」剛結束，對制訂與施行減碳政策不力的政治人，特別是美國總統川普，瑞典十六歲的環保少女桑柏格怒目相視，說出「你們怎麼可以這樣？」的畫面，讓人永遠難忘。

峰會之前，法國有個智庫發布了一項報告，響應氣候危機的行動號召。雖然沒有成為輿論焦點，但該報告的題材相當重要，也跟我們的日常生活息息相關。

它說，不看傳統紙媒（書報雜誌），也不看在寬頻網路流動的文字（如維基百科全書；又如，假使各報網路版僅有文字與圖片，但沒有影音可供點選），如果只是測量在寬頻流動的影音內容（太空偵測地球等用途的影音流量不列入，僅計算YouTube、春宮黃色影音內容的網址，以及臉書、谷歌等社交頻道的流量），2018年這個部分的觀看所排放的溫室氣體，加上觀看所必然要使用的手機、電腦或電視等設備之生產，以及其實在地上但被錯誤取名「雲端」的資料中心，就

占了全球總排放量的2.4%！

這個數量很大嗎？很大。全世界飛行器的排放量「才只有」2%。更嚴重的是，如果人們使用數位科技及影音觀看的增長趨勢不變，至2025年，這個比例還會倍增至5%以上（超過水泥製造業）。

如果再以比較生活化的對象作為說明，那麼，全球觀看寬頻「色情影音」的溫室氣體排放量，竟然已經相當於法國家戶整年的水平！臉書與谷歌及Instagram等社交媒介的流量，以及單看YouTube，就分別相當於三分之二與74%的「色情影音」流量。再看網飛、亞馬遜等付費影視串流影音，其一整年的溫室氣體排放量，則與今年底即將舉行的第二十五屆《聯合國氣候變化框架公約》締約方會議的主辦國智利，不相上下！影音串流耗能確實巨量，收看十小時高解像影片，流量就相當於維基百科的數百萬篇文字形態資料的總和。

由於我們用眼睛看，用耳朵聽，所看所聽的「內容」一直放在「雲端」，或下載至我們的電腦或手機，我們可能比較不會覺得這是在耗用資源。這與米食蔬果肉魚吃了就少了、就沒了的感覺，是兩種經驗。

或許是影音圖文的消費與使用具有這種特性，致使一般在討論減量消費有益環境保育的時候，很少看到對於影音節目製作與傳輸的檢討。這就使得4K、8K等高解像畫質的追求，5G的速度追求，幾乎全部都是正面的呈現，沒有考慮其對環境的傷害。

怎麼辦呢？法國智庫這份《氣候危機：影音串流難以永續使用》提問，它呼籲社會就此辯論，不是停留在個人生活習慣的改變，是要更多，要從系統設計等製造與供應過程動腦，比如，多數網站如YouTube都有自動播放系統，以此慫恿用戶不斷消耗同溫層的內容直至厭煩，應予改變。

（《人間福報》2019/9/30 第11版。原標題〈氣候危機：影音串流難以永續〉。）

巴黎氣候協定生效了　只有一家報紙重視

　　巴黎氣候協定生效當天（4日），《聯合報》予以凸顯，放為頭版頭條，該報第三版並且大篇幅檢視台灣的減碳議題。《自由時報》將這則新聞放在十版，寫了約七百多字，但《蘋果日報》與《中國時報》並未提及。

　　相同這一天，美國有一支球隊，在相隔一百零八年之後，重新取得球賽冠軍，我們的四家報紙倒是不約而同，無不大篇吆喝。

　　除了三分之一頭版，《自由》在報紙最後一落的〈運動天地〉另提供整版，其讀者投書版也有短文，主要是借題說台灣棒球。《聯合報》與《中國時報》都是頭版五分之三，但照片非常醒目，《中時》慷慨加送第六版全部，《聯合》捐出第三版五分之三；兩報另有評論，《聯合》的標題甚至說，這支球隊獲勝，代表「MLB征服全球」。《蘋果日報》投入頭版的所有篇幅，加上論壇版的頭題，讚歎這是〈世界大賽裡　無盡的文化堆積〉。「世界」大賽？不就單單是美國人打美國人的球賽，怎麼會是「世界」？

　　即便美國自稱「世界杯」，實在也看不出我們何以必須跟進，遑論凸顯而以山姆大叔的說法為說法。歐洲人、印度人、伊斯蘭教國度或非洲人，乃至於中國大陸，都不能說很熱中棒球，美國的棒球怎麼可能征服「全球」？

　　事隔一百零八年再次稱冠，確實有些人情趣味，若要報導，也有道理。但是，應該不需要如此熱情擁抱。我們的四家綜合報紙捨棄平日的競爭，或者說，正是因為有競爭，才顯得它們如同合唱團團員，共同創造了說不定是絕無僅有的「世界」報導量的第一。

　　四報捐棄顏色與立場，彷彿俯首甘為美國牛，一起高聲朗誦，四個頭版都有兩個字：「封王」、「封王」、「封王」，再「封王」！甘拜下風快樂稱臣、心悅誠服，積極同意到了這個程度，舉世罕見。近鄰南韓就算沒有朴槿惠總統事件，要讓《朝鮮》、《東亞》、《中亞》與《韓民族日報》等四報出現這種反應規模，很難想像；與阿里郎同樣有美國駐軍、國際政治以美國馬首是瞻的日本，要說其《讀賣》、

《產經》、《朝日》與《每日》會有這個編輯政策，匪夷所思；至於不怎麼打棒球的香港，《東方》、《蘋果》、《星島》與《明報》，想來對這個趣味新聞，若有感應，頂多就是幾百字，加張圖片吧？假使有人整理美國的《紐約時報》、《華盛頓郵報》、《洛杉磯時報》、《華爾街日報》與《今日美國報》，不知是否會嚇一跳，發現台灣報紙對美國棒球的捧場，比起美國的同業毫不遜色，甚至有過之而無不及？

對於美國球隊一百零八年後捲土重來、再登寶座的新聞，四報對其價值都是高度肯定。這不是突如其來，四報演練已有多年，特別是每年開春，報導奧斯卡頒獎典禮的盛況，台灣傳媒奉送好萊塢的版面，舉世屬一或屬二，頂多僅次於美國。2011年，平板電腦iPad問世、其後賈伯斯（Steve Jobs）辭世，四報宣傳或致意的篇幅以「版」計，包括美國的所有國家，僅以「則」算。

究竟台灣報紙對這類新聞的擁抱，是民眾心向的反映，或者只是報社編採人員的固執與建構，有待推敲。確定的是，《自由》，還有特別是《蘋果》與《中時》，應該提升氣候協定的新聞價值，至少要與球隊一百零八年重獲冠軍的人情趣味，等量齊觀。

(《人間福報》2016/11/17 第5版。原標題〈報導氣候暖化與美國球賽　我們自曝其短〉。)

減暖化　大學有責任動起來　降溫地球

聯合國「氣候行動高峰會」23日登場，本地多起響應，包括政治大學傳播學院等十四所高校與二十一家媒介，聯合發起「讓地球降溫，台灣動起來」；也包括台灣青年氣候聯盟呼籲「總統候選人提出氣候政策」。

什麼政策？「碳稅」可以是討論起點。

政府曾在2009年表示，即將引入碳稅，但說完後沒有下文。去

年底,環保署又說,已在考慮碳稅,但財政部表示「沒有這個規畫」。全球已有數十個國家,加上美國幾個州,已在課徵碳稅,但聯邦政府還沒有立法使全美施行。因此,年初有超過三千五百位美國經濟學者提出該國歷史上最大規模的跨黨派訴求。

他們知道「框架問題」的重要性,因此他們刊登在《華爾街日報》的廣告,標題是〈經濟學者對碳紅利的聲明〉(Economists' Statement on Carbon Dividends),主張課徵碳稅,直至碳排放量符合要求,他們也主張,美國每年應將碳稅之所得,平均分配給國民。

他們認為,碳稅水平若是足夠,規範碳排放的其他現有政府管制,便可取消。聲明的連署人知道,川普總統是氣候變遷懷疑者,不會採行這個政策,但他們仍然做此準備,是因為後川普時代總會來臨,預先鋪路仍有必要。

不過,仍有很多經濟學者認為,碳稅可以課徵,但至少要同時注意兩個要點。

首先是不宜將所有經濟活動課徵單一相同的稅率。比如,在美國,有錢的消費者消耗更多的能源,但其能源稅並沒有依此比例繳納更多。

2018年11月底至今的「法國黃背心運動」,更是凸顯了這個問題。總統馬克宏要加徵燃料稅,這是可以減碳的。馬克宏在宣布燃料稅加徵之前,先對富人減稅,致使這個加稅減碳的政策,顯得欠缺正當性。

其次,周世瑀引國際貨幣基金組織月初出版的報告,指碳稅在內的機制難以解決暖化問題,因為這仍有短視與風險問題。諾貝爾經濟學獎得主的史迪格里茲與克魯曼(P. Krugman)更進一步,他們疾呼,千萬不要以為有了碳稅,便可驅除其他政府的規範與管制,這不可能也不可行。更重要的是,他們支持民主黨人提出的「綠色新政」:如同1930年代羅斯福總統的「新政」,氣候變遷是人類無法逃脫、迫在眉睫的危機,問題既然已經確認,哪有資源不夠不能解決的問題?

大舉投資綠能設備與人力,提供新型態的工作,限期轉換至再生

能源,這是唯一出路。沒錢?不可能,瑞典少女桑柏格在紐約說得好:十年前「政府有(七)千億美元救銀行,現在就能救地球」。沒有地球,哪來銀行?三尺童子皆知。政府再要裝傻,硬說缺金少銀,小子鳴鼓攻之。

(《人間福報》2019/9/23 第 11 版。原標題〈碳稅+綠色新政 才能減緩氣候暖化〉。)

聯邦政府不動　加州自訂零排放

14日聯合報系願景工程報導「煤電減少四成　英國只花八年」,這個消息振奮人心。同樣讓人鼓舞的新聞是,十年前,美國煤電占總電量大約一半,去年已經減至四分之一左右。今年4月,美國能源資訊局更公布,當月該國的再生能源發電量占了23%,第一次超過煤電(20%)。

英國朝野在2008年就有共識,通過《氣候變遷法》,大力發展離岸風電,至今其風電總量領先世界(大陸明年可望超越)。約翰牛率先投資,先行享受綠能的好處,對於世界也是大有貢獻,後發者得以站在先行者的基礎,以較低價格取得風能。

美國2015年推行「乾淨能源計畫」,懷疑氣候變遷的川普總統就任後,卻抵制少煤減碳。因此美國綠能的成績,不是聯邦政府主推,主要是環保社團、認為綠能有商機的經理人,以及州層次(民主黨執政居多)的努力。

加州2012年就開始課徵碳稅,去年碳價一公噸15美元且仍逐年調漲(年增率是通貨膨脹加上5%),該州在近日剛結束的聯合國氣候行動峰會,與瑞典聯袂,承諾將比巴黎氣候公約規定的2050年,提前五年達到碳排放歸零的目標。相形之下,德國月前的內閣會議歷經十九小時辯論,打算要在2021年才開徵碳稅,且起步是10歐元,

慢了許多，價格也嫌保守：環保經濟專家認為，以德國的條件研判，碳稅應該要50歐元起跳。

不僅自己減少燃煤與發展綠能，加州都會區在內的多個美國西海岸城市，也以汙染空氣等理由，早在2016年起就禁止內陸產煤的猶他州、懷俄明州生產的燃煤，經由其港口向亞洲輸送，除引發相關公司與這些港市訴訟，川普總統也以行政命令，於今年春天責成聯邦政府介入紛爭。

加州政府另有一項「壯舉」值得注意，尤其近日有「外送員四天二死」發生。就任州長八個多月的紐森上個月在報端發表評論，指他推動的劃時代法案（AB5）已經通過，即將實施。紐森說，人們不能再容忍「優步」、「來福車」等業者以科技平台業者自居，行迴避責任之實。它們不能以承攬為理由，躲避為其工作的人提供健保、福利、失業保險、有薪病假⋯⋯的義務。

雖然紐約市年初通過法律，要求優步必須在扣除駕駛的各種開銷後，支付最低時薪17.22美元，但加州新法無疑是更宏大的改良措施。因此優步等公司已對外放話，將投入鉅資，在明年發動公民投票，求能否決新法。花多少錢呢？外界在猜，可能是3千萬美元！

（《聯合報》2019/10/15 A13版。原標題〈（加州保護外送員槓優步）川普反減碳　加州自訂零排放〉。）

地理工程可以減碳嗎？

為了降溫減碳，今（2019）年初，美國史上最大規模的跨黨派訴求，應運而生。四位前美聯儲主席、十五位前經濟顧問委員會主席、二十七位諾貝爾經濟學獎得主，以及三千五百零七位學者在《華爾街日報》刊登訴求，發表〈經濟學者對碳紅利的聲明〉。他們主張課徵碳稅，直至碳排放量符合要求，他們還說，碳稅所得應該每年平均分

配給國民。

這起廣告聲勢浩大,但奇怪的是,因為碳稅等主張與論著,去年底得到諾貝爾經濟學獎的耶魯大學環境經濟學教授諾德豪斯(W. Nordhaus)不在簽名者之列。大前年聯合國第二十二屆氣候大會時,接受邀請而主持研究,並已在兩年前與英國倫敦政經學院教授史登(Nicholas Stern)等人聯合完成《碳價報告》書、也是諾貝爾經濟學獎得主的哥倫比亞大學教授史迪格里茲也沒有連署。

為什麼?諾德豪斯主張「氣候俱樂部」戰略,也就是先由足夠的國家課徵碳稅,然後對外推廣與施壓,具體方法是對沒有課徵碳稅或其額度不合理的國家之產品,徵收均一的額外關稅。這位新科「狀元」是為此而沒有簽名嗎?

不得而知。史迪格里茲未曾首肯的原因,比較清楚。三千多位學者的聲明有個傾向,似乎認定有了足額的碳稅之後,其他減碳的手段可以免除。史氏則在下個月將正式發表的論文,標題就說,必須雙管齊下,以價格與非價格手段,才能更有效舒緩暖化之害。他強調「深層偏好」(人們真正在乎的是什麼)對人們的行為所起的決定性作用。對於深層偏好,價格或政府規範更有影響,研究不多,但若僅對環境使用權設定價格,可能造成更多的碳排放,因付費即可;反之,強勢設定限制,是可能創造保護環境的倫理與行為準繩,長遠影響人的行事舉止。人的整體心態若要變化,要從石化燃料的經濟,轉至綠能經濟,必須要有法規啟動。緩慢而點滴的價格調整,很難達成目標。法規強制公司增加汽車能源效率,強制使用綠能燈泡,會比價格誘因更有效。

由於同時強調非價格機制,史迪格里茲更早之前,就已經為文支持民主黨人提出的「綠色新政」。如同1930年代的經濟大恐慌,美國政府透過新政,走出了蕭條而否極泰來,他也強力高呼,「氣候危機是我們必須面對的第三次世界大戰。回應不勇邁,無從脫險。有人批評新政太貴,我們付不起。但真正的問題是,我們禁不起不付,不付,就是整個人類文明的危害。」

對於危機,哈佛大學環境經濟學教授魏茲曼的感受可能更深。他

雖簽署聲明,但對發生機會也許很小的極端與毀滅狀態非常敏感,無論他是為此,或者、以及因去年的諾貝爾經濟學獎由諾德豪斯取得而不是肯定他的成就,遂日轉抑鬱而在8月底自殺,總是讓人感傷,也扼腕失去一位大家。

魏茲曼有很多創新的想法,其中之一是很少人申論,且外界物議以為大謬不然的「地理工程學」(geoengineering)手段。魏氏自然深知這個作法爭論太大,但1991年菲律賓火山爆發讓全球平均溫度下降約0.5°C。那麼,一年僅需10至100億美元,任何國家(他其實應該是指美國?)若願意,就能自行以現代技術手段為之,繞過困難的國際公約,等於是免費為全球開車、服務世界。每年若來一次,不就是成本最低的減碳降溫作法嗎?魏茲曼還特別為此撰文,詳細討論是否可能透過民主手段,以超多數決,作為執行地理工程減溫的依據。

這個大舉破壞地球環境在先,減溫在後的作法,除了有太多不可知的後果,也沒能減少海洋的酸化及其危害。這可能是慌不擇路、飢不擇食的後果,或者,這也可能是犧牲小我的環境,拯救大地球的想法與作法。無論是哪一種,無論是否可取與當取,地理工程學作為降溫的途徑,聽起來好像是挺怪異或甚至荒誕的建議。

(《蘋果日報》2019/9/22 A16版。原標題〈降溫減碳　美國經濟界的爭論〉。)

參觀核電廠　不如調整產業結構

那一天在電視上看到台電人員說,他們就住在蘭嶼核廢料儲存庫旁邊,至今身體健康好得很,體檢全部過關,因此居處更遠的雅美族人,其實更沒有理由擔心輻射問題。

這真是傷感情的說法。

如果此話為假,那為什麼公然說謊?如果為真,何必捨近求遠費功夫,把安全無虞的核廢料放在本島,甚至台北市不也可以?或者,

就近在總統府、行政院與立法院附近，挖個地下核廢料庫存廠如何？

再早三數個月，最近這次則是前幾星期，許多同事都收到了某兩個國立大學的公共行政學系及社會教育系代替台電公司發出的邀請函，名義是核能討論會與參觀核能發電廠，除了定點專車接送與便餐以外，承辦單位還在信中說，將補助參加者車馬費若干。

台電傷感情的話與公關活動，原因不外平息疑慮或移轉視聽，以求目前正在立院審議的千餘億核四預算，能夠順利通過。其實台電大可不必如此勞師動眾，白花銀兩又讓員工當白賊七。天氣這麼熱，三十六點八度哩，連續數天下來，能夠像施準這般，鐵下心腸不開冷氣的中產階級成員，如今已很稀少，欠缺能源、用電用水又達世界水平的亞熱帶台灣，尤其是北都會區的水泥叢林，等於是台電的天時地利人和條件，只要說幾句威脅的話，表示核電不來生活很熱，還有誰會管它核電不核電？有電再說。去（1994）年底今年初，不是有罷免擁核立委的票決嗎？少少的一、兩成投票率，弄得主辦罷免案的台北縣市兩位堅決反對核電的首長，灰頭土臉，而國民黨民意代表，仍然穩坐金交椅。

但台電再怎麼粉飾，可能都會白費心機，也就是說，想要擁有電氣生活的方便與舒適之外，人們對於核子及核電的恐懼，還是時常會被現實事件召喚出來。5月12日各國無異議通過禁止核子擴散條約無限期延長，原本好事，但既然美國的核武優勢仍在，列強也就不能全部放心，於是中共在15日再次核試爆，強化己方談判的籌碼，法國新總統席哈克宣布9月後將在南太平洋恢復八次核試，美國聞訊後則由國防部領軍想要核爆，壓制能源部等的反對。中法美這些行動，旋即引發輿論抨擊，尤其是法國，不但本國清議引為不妥，更有六千餘人走上巴黎街頭表示抗議，海外反應尤其強烈，如法國駐澳洲伯斯領事館遭到義憤公民投擲汽油彈，而澳洲新南威爾斯省的消防人員居然宣布，如果位在雪梨的法國總領事館因為法政府的核爆而有祝融之災，他們將不前往救火。

1982年的本月分，娛樂界及宗教界名流在列的一百多萬人，走上美國紐約曼哈頓，要求凍結核武，是美國至今任何社會運動當中，

集結最多人支持的一次。現在聲勢雖然稍弱,但這股反核動力卻不絕如縷,四處擴散,比如,9月初台灣環境保護聯盟繼東京與漢城之後,將在台北市舉辦「第三屆非核亞洲論壇會議」。台電與其每年編列大筆預算,招待不明就裡的冬烘,期望他們轉化為支持核電的種子,何不花點小錢,訴求輿論,指出石化業不但汙染環境,而且耗費巨量能源,不適合地窄人稠的台灣,則六輕、七輕走了之後,不也就等於省下巨額電量,降低對核能的依賴了嗎?

(《聯合報》1995/6/27第37版/聯合副刊。原標題〈台電何德「核能」?〉。)

核電便宜嗎?古巴人拒絕核能發電

葉宗洸教授今日撰文〈廢核代價 台灣知「德」多少〉,表示2006年德國民生電價每度折合台幣8.35元,2013年電價將達12.22元,主因是核能占德國的總電源比重,從28%減至18%,為此短缺的電力,另需較貴的「再生能源」補充所致。

不過,經濟部《能源報導》的專文說,與台灣同樣是海島的古巴,雖然沒有核能,但在2004年及2005年遭遇嚴重停電之後,古巴政府大力推動「能源革命」的成績相當可觀。古巴人說,「我們拒絕核能發電⋯⋯太陽才是真正⋯⋯的能源;陽光對所有人閃耀,沒有人能獨占。」他們派遣工作團隊,深入鄉鎮,分散電源,協助居民安裝再生能源設備,教導居民維修與操作方式。歷經三年,古巴減碳量達18%,深獲聯合國肯定。

另一方面,綠色公民行動聯盟剛好出版了《核四成本與能源方案》。內中列舉詳細資料與論證,表示德國電價(再次)上漲主要是「國際能源價格的攀升」,不是補貼再生能源。七成五電力來自核能的法國,反而經常缺電,並且其進口電能又有四分之一來自德國。法蘭西去年因此調整政策,決定下調核電比重,逐年將要降至50%。

《方案》又說,核四成本業已投入2,737億,已編或將編,但未審查的追加預算若計入,將達3,300億以上。核四若運轉四十年,含除役成本,還得再投入1兆1,056億。那麼,加入這些經費後,核電能算是廉價能源嗎?

所以,哪一種說法比較可信?如果我們的資訊與論點能夠充分翔實,並且正反雙方彼此對詰,那麼,即便先前擁核或反核立場堅定的人,可能還是會有機會調整認知,另作選擇。原先受到各種條件限制,迄今對於台灣是否應該發展核能、對於核四續建或停建還沒有形成看法的民眾,就更有機會在核四公投之日,前往表示意見。

核能是否便宜,核能是夕陽產業還是明日之星,替代能源與產業結構調整是否可行,這些牽一髮而動全身的問題,說法莫衷一是,真偽難辯。資訊若是無法透明,專業就會毫無用武之地,或是流於驕縱傲慢。

傳媒必須提供平台,扮演稱職的溝通角色,敦促擁核與反核雙方進行有效辯論。政府理當協助傳媒善盡社會責任,提撥充足經費,讓渡部分權力,不是偏向正方,而是正反雙方人數相當,共同成立任務編組的臨時組合,比如,「核四公投傳播委員會」,主動徵集、接受與編審各界資訊。

委員會將可靈活運用影音圖文,彙整與編輯相關論述與材料,然後以記名方式,註明贊成與反對納進特定資訊的委員。有了這些繁簡有別、呈現層次不同,能夠適應不同場合與人群需要的資訊組合,傳媒、政府或非政府組織,就可據以運用,更為有效地對外傳播、溝通或說服。

(《聯合報》2013/3/5 A15版。原標題〈核電公投/擁、反核該信誰 搭辯論平台〉。)

減量消費與生產　減少干擾地球

　　上週五，全球一百多萬青少年響應，同步異地舉辦城市遊行，要求各國政府努力減少碳排放量，為地球降溫，否則，暖化持續、海面上升、農作銳減，人類沒有未來。青少年是未來的主人翁，說法諷刺，他們何必上學，只好罷課！

　　兩、三日後，歐洲人以選票回覆。這次歐洲聯盟的議會代表選舉，不少人預測極右派會大勝，惟不僅〈民粹未淹沒中間力量〉，還有更令環境保育人士歡欣的是，歐洲人口最多經濟力量也最大的三個國家〈德法英綠黨　異軍突起　得票率兩位數〉。綠黨這次得到的席次從五十二增加至六十九，是歐洲第四大黨、德國第二大、法國則第三，英國綠黨擊敗執政保守黨，成為第五大黨。

　　若說傳媒，則對暖化議題較為積極的機構，可能是英國的BBC與《衛報》，它們數年前就與學界合作，研究新聞及其他內容，從產製、儲存再至輸送與閱聽眾的消費端，耗用了多少資源（及留下多少碳足跡），個中又有哪些環節可以改善以便符合環保要求。到了最近，《衛報》紙版更進一步，它在氣象版加入「全球二氧化碳量」，並列出各年數據，藉此維持人們注意這個議題，此外，《衛報》的新版寫作指南建議（不是強制）記者在遣詞用字時，不用「氣候變遷」，要用氣候「危機、緊急災難，或崩潰」，捨棄「全球暖化」而取「全球加熱」，不說「懷疑氣候變遷者」，要直白他們是「否定氣候科學者」。

　　若看國家，中國大陸可能名列前茅，雖然我們會看到〈2018中國碳排放增速　6年來最快〉或〈全球CO2排放再創新高　中國占碳排量1/4以上〉之類的新聞。這些報導並不是錯誤，但假使加入「時間」因素，便會看到另一幅面貌。比如，1850年以來，若以相當於今（2019）年的實質人均所得1.2至1.6萬美元為準，則各國在這個經濟水平的人均碳排放量，一年是10.2噸，對岸在2016年人均實質所得是1.4萬美元，排放是9.3噸，明顯是更低（美法英德等四國在該所得時，排放達16.6噸）；又如，對岸在2002至2011年間，碳排放量的

增加是每年約9.3%，到了2012至2016年陡降到了0.6%。

近年來，德國環保社團Germanwatch隨聯合國氣候變遷會議，發布對五、六十個國家的評比，也有相同的看法。前年，台灣（名稱是「中華台北」）排在五十四，僅「領先」美國與南韓等四國，中國大陸是四十一；去年，我們竟然還往後退到了「非常低」的五十六，對岸則攀升到了三十三（中等）。

中國大陸人均碳排放量低，一因人口多，平均也就低，也因為對岸發展再生能源，成績不俗，2017年已達26.4%，2018應該超過了三成。未來，對岸假使還要領袖全球，更讓世人刮目相看，要訣應該就是兩個：一是改變產業結構，淘汰耗能產業（但若以鄰為壑，如用碳稅將這些產業外移他國，那麼就整個地球來說，並沒有減緩地球熱化的效果）；二是減量消費，這等於是同步減量生產，這是減少干擾地球的重要途徑，也是人們從過勞從而精神壓力得到解脫的不二法門。

（《人間福報》2019/5/31 第11版。）

讓地球降溫，台灣動起來！

美國哥倫比亞大學新聞學院主辦的《哥倫比亞新聞評論》日前與該國創辦已有一百五十餘年的《國家》（*The Nation*）週刊聯合發起活動，並有英國的《衛報》協辦。

他們藉由「氣候行動高峰會」（Climate Action Summit 2019）即將召開，出面邀請新聞界從會議前一週開始，也就是從9月16日起，連續八天（至23日）盡量依據各自的條件，以重要的版位或時段，報導與評論相關議題。

舉凡個人對氣候變遷意識的提醒與強化，個人的居家與工作過程所能自行調整與落實的生活習慣，一直到勢將對所有人與經濟活動，都會產生影響的相關政策之理解、釐清、擬定、推行與監督及揚善，

都是披露與檢視的對象。

截至 8 月底,已經有一百七十餘家媒體響應了這項活動。他們表示,要在活動期間溫故知新,把面臨美國與世界的氣候變遷議題,從個人到社會的層次、從政治與經濟到文化等層面,給予較多的報導與評論。

台灣的傳播學界沒有類似《哥倫比亞新聞評論》的刊物服務新聞界,但政大傳播學院的同仁在論及相關議題時,得知這項「就地報導氣候變遷」(Covering Climate Now)的活動,深覺很有意義,也是傳播學界服務新聞界與社會的一次機會,因而擬定了發起活動。

第一階段:8 月 13 日起,由政大傳播學院為首開始聯繫四家綜合報紙,也就是《中國時報》、《自由時報》、《聯合報》與《蘋果日報》,主要是向報社說明,並爭取支持「就地報導氣候變遷」的活動,願意從 9 月 16 日至 23 日,盡量以顯著方式報導或評論氣候變遷議題。

第二階段:完成第一階段後,由政治大學等十四個學術機構(團體)及二十個傳播媒體,聯名具函邀請其他平面與電子媒體,參與這個活動,亦即盡量從 9 月 16 日至 23 日,以顯著方式報導或評論氣候變遷議題,並於 9 月 12 日以記者會形式,對外報告這次活動即將進行,同時公告參與夥伴的名單。

(政治大學傳播學院「氣候變遷與媒體」臨時工作小組編製(2019/9/12)《讓地球降溫,台灣動起來!氣候變遷議題媒體聯合報導行動新聞參考資料》。)

美國新聞媒介報導氣候變遷:
經濟、意識形態與不確定性

人們都同意,傳媒作為各種話題的消息來源,必有重要性。人的觀感從而行為都難免受其影響,但很少美國人研究,主要傳媒過去二

十多年來，報導或評論氣候變遷的「經濟、意識形態，以及不確定與風險」三種框架，是不是有了變化？

本文予以補足，研究從1988至2014年，「美聯社」、《紐約時報》、《華盛頓郵報》與《華爾街日報》的相關內容，總計一萬四千餘則新聞或評論。美國的氣候變遷專家漢森（James Hansen）在1988年於國會聽證會作證，《紐約時報》認為，「全球暖化起始」年，不妨就以此開始。

「經濟」框架是指，傳媒是怎麼報導氣候變遷對個人、對社會可能帶來的成本或效益。是著墨於採取特定行動（政策）所可能帶來的好處，還是說不採取行動也許將要導致的惡劣局面？是強調投資綠能會帶來的新形態工作，還是說為了減緩暖化，必須減少燃煤使用，會使更多美國礦工失業等等。

「意識形態」框架：個人對氣候風險的認知，經常與其團體身分的認同有關。至1997年底，美國共和黨人與民主黨人認定氣候暖化是重大問題的比例，並無不同，即便保守派認為，若承認暖化，就等於要由政府介入解決，與其意識形態比較不合。其後，美國政治更趨極化，對氣候暖化的認知與態度，以及主要傳媒的相應內容，也是這樣嗎？

「不確定與風險」框架：是否存在氣候暖化，對於其成因及後果，科學界有共識嗎？世界氣象組織及聯合國在1988年成立「政府間氣候變遷專門委員會」（IPCC），對其報告傳媒怎麼（不）說？假使傳媒因平衡原則，質疑IPCC，且對暖化與否及其成因與解方也莫衷一是，人們的態度會曖昧些，行動會遲緩些。

本研究的發現是，舒緩氣候暖化，將使美國增加「經濟」成本的內容，比例從1988至1996年的32.7%，減至1997至2005年的32.3%，再減至2006至2014年的24.5%。反之，報導暖化的舒緩，同時也報導這將使得美國經濟能有斬獲的比例，在以上三個區間，呈現增加的趨勢，依序是11.4%、14.6%與24.4%。

其次，傳媒基於「意識形態」取向而報導，不理會經濟的成本與效益之比例，其實很低。四家傳媒在三個時期呈現意識形態內容的比

例，無論是相較於前面所說的「經濟」框架，或後面即將提及的「不確定」框架，都是低了很多：先是5.8%略升至6.4%，後來又降至5.4%。這樣看來，即便美國選舉過程所透露的黨派政治是日趨兩極化，但隨時間前行，主要傳媒有關氣候變遷的相關內容，意識形態框架的比例並沒有增加（或應該說，在減少）。舒緩氣候變遷的行為或政策，傳媒呈現的保守意識形態很少反對，但也沒有支持，保守派框架若能支持這類行動，就比較能說服保守派與共和黨人，來日，科學傳播與記者仍得設想，怎麼理解保守派論點，使其支持氣候行動。

整體平均來看，1991（1988）至2014年間，《華爾街日報》有最高比例呈現「經濟成本」（43.8%，是《紐時》的兩倍），但也以最高比例呈現「經濟效益」（28.3%，《紐時》是22.3%），該報也有最多的意識形態內容，但也僅是9.3%，最高的「不確定」內容（26.2%，《紐時》是18.5%）。《華爾街日報》是保守意識形態的大本營，但在氣候變遷議題的表現，仍屬「合理」。

比起先前，主流傳媒現在更強調氣候變遷帶來的「風險與危機」，從1995至2014年，增加了35%。反過來看，就是屬於「不確定」內容的比例，四家傳媒的平均都在減少，在三個年代區間，依序是32.3%、21.2%與16.6%。美國主要傳媒不但愈來愈肯認，指氣候暖化由人造成是事實，懷疑氣候變遷及其是否人類活動所造成，聲量小了。並且，即便是進入了「不確定」框架，新聞大致仍支持IPCC的共識，因為IPCC的研究資料與證據有很合理的積累，說服的效果愈來愈明顯。這裡，應當注意的是，「意見版」反對IPCC共識的比例沒有明顯減少，這是氣候懷疑論者仍然占領的要地。新聞雖然要求中立平衡，但科學界對氣候變遷的證據明確，共識也高，並沒有讓新聞出現虛假的平衡，美國學界對虛假平衡的批評，應該更注意有相關組織，透過對特定智庫或專家的互動，撰發懷疑氣候變遷的言說，[32]

---

[32] 加稅減碳會減少石化業的利潤，業界及其他反氣候變遷者也就積極散播論調，質疑氣候變遷。老布希總統在1991年擬支持條約減碳，近日（2019/8/23）去世的富豪科赫（David Koch）當年以多種方式讓老布希撤回支持，包括在華府主辦研討會

不一定是傳媒或記者。

最後,四家傳媒使用的語言,愈來愈多是指涉此時此地,「現在」就在受到影響,不僅只是說遠方與未來。個中大意是,若不控制碳排放,就會危害美國,這與《京都議定書》在1997年簽訂時有很大不同。當時,美國產商界根本就反對採取任何方法舒緩氣候變遷,現在不同了,雖然石化產業還是靜默,但不少美國業界已經認定,投資綠能有利可圖,至少,他們公開承認,政府是需要採取行動,減少未來的風險。

(編譯自 Stecula, Dominik A., Merkley, Eric (2019) 'Framing Climate Change: Economics, Ideology, and Uncertainty in American News Media Content from 1988 to 2014', Frontiers in Communication. 2(4:1-15))

傳媒辯論罪與責:造成氣候變遷　誰的責任

《聯合國氣候變遷綱要公約》(*United Nations Framework Convention on Climate Change*, UNFCCC或FCCC)於1992年5月通過,1994年3月21日生效,但未規定各締約國的責任。1995年起,締約方每年底召開締約方會議(Conferences of the Parties, COP)。

從一開始,UN就認定氣候變遷固然是各國「共同的責任,但要

「全球氣候危機:科學或政治?」他們從1991至2009年間,投入數以百萬美元計,傳布懷疑氣候變遷的各種說法。見Leonard, Christopher (2019) *Kochland: The Secret History of Koch Industries and Corporate Power in America*, p.400。《衛報》記者取得的資料顯示,2002至2010年間,家產逾千億美元的科赫兄弟及其他捐贈者作此用途的金額,達1.18億美元,有一百零二家智庫或積極活躍的社團「受益」。見Goldenberg, Suzanne (2013/2/14) *How Donors Trust distributed millions to anti-climate groups*, https://www.theguardian.com/environment/2013/feb/14/donors-trust-funding-climate-denial-networks

有等差的承擔」,因問題之起,源自發達國家的物資消耗是大宗。2011與2012年兩次COPs的調查顯示,大多數代表認為,舒緩暖化的責任應該要採取「比例觀」,亦即已開發國家要承擔較高比例的責任。不過,這些國家也提出了「概念觀」,指為了減碳,他們是要有更大擔當,但不必然是比例減之。這兩類觀點的共識是,經濟發展位階不同的國家要有不同的承擔,但具體的減碳額度是什麼,就有爭論。各國傳媒在就此報導或評論時,應該就會反映這個爭論。

本研究作者選取兩組國家的傳媒。一組是富裕的澳洲、德國與美國;一組是發展中的巴西及印度。我們分析兩組國家的報紙,針對2004、2009與2014年共三屆的COPs,在各國選取自由派與保守派的報紙各一,檢視其在COPs開幕前一週至後一週的報導與評論,扣除通訊社,僅取各報記者自行撰發的稿件,五報各屆的報導量最低一百零八則,最高三百一十六則。

以前,是有研究發現,印度報紙責怪已開發國家造成暖化,並且期待它們解決問題。對巴西、中國大陸、墨西哥的研究,也有同樣的發現。另一方面,已開發國家的報紙大抵較少談開發中國家的減碳責任,或者,它們會說,指彼此都有「共同責任,但有等差的份額」。這些研究比較零散,也來自不同國家的不同傳媒與不同時段;本研究則歷時十年,研究相同傳媒。人們認為,氣候變遷問題無法僅在單一國家解決,必然是國際合作之事,因此,這是否是契機,透過對這個議題的報導與評論,已讓這些地方的傳媒,呈現了較多的全球公共領域色彩,各自的本位(國)主義的傾向,是否會略減淡?

本研究的發現可以歸納如後:

(1)「本國作為發達國家」應該承擔「因果責任」的比例,若以三個年代的平均比例來看,澳、德、美報紙認定暖化是其母國的「因果責任」達26%,巴西與印度作為「開發中國家」則有12%說應該是本國負責,平均差距是14%。這個比例的差異在2004年是8%,至2014擴大到了17%,似乎可以說發達國家的報紙減少了「護本國之短」,或發展中國家減少了對發達國家的指責。

（2）在「處理責任」，認為本國作為發達國家要負責的比例，三個年代整體之平均是28%，認為本國是發展中國家要負責的比例，平均是17%。這兩個數字在2004是28%與20%，2014年擴大為35%與11%。德、澳、美等發達國家認為本國要負責的數值若是三，則印度與巴西認為本身作為開發中國家要為造成暖化負責任的數值，就略低於一。

（3）發達國家報紙確實更可能譴責本國或其他發達國家必須為暖化負責，新興經濟體則譴責發達國家多些。但在處理暖化的責任方面，發達與開發中國家已在相向而行，這就是說，彼此都認知，各自有減輕暖化的責任。不過，由於兩組國家的經濟成長在2004至2014年間的差異明顯，因此，在這十年間，發達國家的傳媒逐漸將富裕國的責任減少，作為人口大國的印度與巴西則因經濟增長在這段期間加速，變成這兩個開發中國家報紙也逐漸加重本國的責任。

（4）「組內互保」的現象是存在的，亦即發達國家較少將暖化歸咎於本國以外的發達國家，開發中國家也較少指責其他開發中國家要為暖化負責。即便如此，報紙的分析仍然顯示正面的變化：雙方有「共同責任，但有等差的份額」之觀念，得到強化。這個發現值得強調，因為，對其他議題的研究顯示，新聞報導的我群與他群之區別一直存在，但是，到了氣候變遷議題，這個「黨同伐異」的現象雖然不是消失，但確實限縮了，五國報紙對於氣候變遷，各國都要有相應的減碳責任，比較有國際共識，即便共識尚不完整，但從2004至2014年間，似乎是有個報導趨勢，將我群與他群都呈現為，彼此要有相近的減碳責任要擔當。

（編譯自 Senja Post, Katharina Kleinen-von Königslöw & Mike S. Schäfer〔2019〕'Between Guilt and Obligation: Debating the Responsibility for Climate Change and Climate Politics in the Media', Environmental Communication. 13〔6: 723-739〕。）

不能只有碳稅　要雙管齊下

　　為了舒緩溫室效應，減少碳排放量，各國可以採取雙管齊下的作法。一種是透過稅的手段，課徵碳稅，或建立「排放量交易系統」（emissions-trading system, cap-and-trade）。另一種是政府透過法規，直接鼓勵某些行為，壓制他種行為。

　　截至去（2018）年底、今年初，全球可能有七十個國家、地區或城市，採取了第一種的碳稅或碳交易手段，估計涵蓋全球碳排放量的五分之一。[33]碳交易作法是各國核可企業排放額度，超過者便向未超過者購買，歐盟與美國部分地方，以及中國大陸在2018年起，均已採用。芬蘭從1990年開始收取碳稅。中國大陸、印度、日本、南韓、歐盟國家、加拿大、阿根廷、智利、墨西哥與哥倫比亞等國，以及美國加州等十個州，都有不同標準與作法的碳稅。澳洲從有到無，在2014年7月取消碳稅，招惹國際批評。

　　台灣最慢在2009年10月，財政部曾經表示，將在2011年引入碳稅，但迄未行動。2018年底，環保署說，行政院已經核定減碳方案，包括碳稅也在考慮之中，但是，財政部卻表示「沒有這個規畫」。[34]如〈圖1〉所示，報紙也是在2008與2009年有較多的碳稅（四十六與六十一篇）報導或評論，碳交易也是（四十與三十五篇）。《氣候變遷因應法》在2023年2月公布後，政府表示要先收「碳費」，每排碳公噸320元；環團則主張「碳費先行，碳稅更好」，起徵500元而至2030年是3,000元。但我國迄無提出碳費回饋國民的主張

---

[33] 取自 The Economist, 2018/8/18: 62 *When the levy breaks: dismal scientists seek cannier ways to make carbon taxes palatable*，以及 Brad Plumer and Nadja Popovich, April 2, 2019 *These Countries Have Prices on Carbon. Are They Working?* https://www.nytimes.com/interactive/2019/04/02/climate/pricing-carbon-emissions.html

[34] 翁至威（2018/12/19）〈財長：課徵碳稅　沒有時間表　與環保署說法背道而馳　強調政院未指示實施期程　明年不會納入施政方向〉《經濟日報》A17。邱琼皓、林昱均（2018/12/19）〈環保署研議　2020徵碳稅　財長表示還在規畫　目前並未設定時程〉《工商時報》A4。

（見後文）。

　　國際貨幣基金組織去年發表論文指出，碳稅若取每公噸 70 美元，減碳規模可望接近巴黎峰會設定的目標。各國政府取得的碳稅，可以轉來投資綠能，亦可補貼國民。

　　今年初，超過三千五百位美國經濟學者、四位前美聯儲主席、二十七位諾貝爾經濟學獎得主、十五位前經濟顧問委員會主席、兩位前美國財政部部長，提出美國歷史上最大規模的跨黨派訴求，他們知道「框架問題」的重要性，因此他們刊登在《華爾街日報》的廣告，標題是〈經濟學者對碳紅利的聲明〉，主張課徵碳稅，直至碳排放量符合要求，他們也主張，美國每年應將碳稅之所得，平均分配給國民（該訴求以付費廣告形式，2019 年 1 月 17 日在《華爾街日報》刊出）。《金融時報》則在 9 月 2 日刊登〈徵碳稅，能否避免　愈窮稅愈高〉，指法國經濟學家們設計另一套碳稅方案，可使低收入家庭不受影響，並從中獲益。

標題含碳稅和碳交易新聞報導篇數（1990-2018）

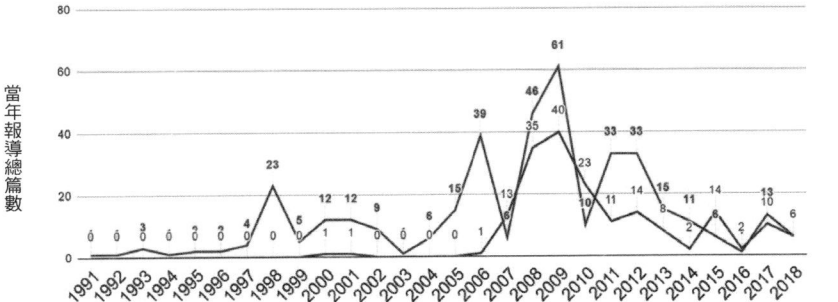

圖1　標題含碳稅和碳交易之新聞報導篇數（1990-2018）
製圖：呂俊葳。
說明：以上數字是以「碳稅」、「碳交易」為「標題」的關鍵字，查詢「台灣新聞智慧網」所得，包括《聯合報》、《聯合晚報》、《經濟日報》、《中國時報》、《工商時報》、《自由時報》、《蘋果日報》、《中華日報》與《人間福報》。

連署《華爾街日報》的專家認為，碳稅水平若是足夠，規範碳排放的其他現有政府管制便可取消。聲明的連署人知道，川普總統是氣候變遷懷疑者，不會採行這個政策，但他們仍然做此呼籲，是因為後川普時代總會來臨，預先鋪路仍有必要。

不過，仍有很多經濟學者認為，碳稅是要課徵，但至少要注意兩個要點。首先是不宜將所有經濟活動課徵單一相同的稅率。其次，政府的其他相關規範，仍然必要，不能僅取碳稅作為規範手段。

目前，強調二者必須兼顧的學者當中，美國哥倫比亞大學教授史迪格里茲相當突出。2016年，這位2001年諾貝爾經濟學獎得主與英國倫敦政經學院教授史登（Nicholas Stern）在聯合國氣候會議（COP）期間，接受邀請，與另十一位專家共同研擬碳價格議題，希望政策分析作為新的動力，協助「巴黎協定」控制地球增溫在2℃之內。2017年5月底，他們的成果公布，基本要點是，不宜在所有地方、對所有經濟活動在所有期限內，採取單一的碳稅。

今年，史氏更進一步，在10月即將刊登於《歐洲經濟評論》的論文，標題就是〈透過價格與非價格介入方式　處理氣候變遷〉。他再次表明「稅加法規」政策（tax-cum-regulatory policy），缺一不可：面對氣候變遷，兩者要能並用，既要碳稅，也要法規相繩，這正是現代公共財政學的主要見解。早在1984年，我國財政部就曾翻譯史迪格里茲與人合著的《公共經濟學講座》。以下，編譯這篇新論文的主要看法：

（1）碳稅不只是要議處氣候變遷，碳稅也會影響分配正義。比如，在美國，有錢的消費者消耗更多能源，但其能源稅並沒有依此比例繳納更多。2018年11月底至今的「法國黃背心運動」，凸顯了這個問題。馬克宏要加徵燃料稅，這是可以減碳，但抗議的人群說，「馬克宏關注『世界的終結』，我們『月底就要被終結』。」馬克宏在宣布燃料稅加徵之前，先對富人減稅，使得這個加稅減碳的政策，顯得更是欠缺正當性。

因此，有人認為，可以將碳稅所得直接派發給人民作為紅利，這就可以改變碳稅的政治經濟學，這個政策會有強大的再分配效果，可

望得到支持,因為這也同時達到減碳目標這個公共財。這樣一來,重視平等的進步派,以及偏好市場機制的保守派,就能同時支持這個碳稅形式。

不過,對於所有消費者課徵相同的稅率,不一定妥當。我們可以假設,有個J部門致使碳排放量更大(比如飛航部門),那麼,政府若對這個行業課徵更高一些的飛航稅,允稱合理也很合適,畢竟,這是相對有錢的人比較會使用的交通工具。若從生產面看,針對J部門課徵足量的碳稅,就是誘因或壓力,讓該部門的廠商比較會有創新的行為,包括投入足夠的資本,採取新的生產方式或技術,減少排碳。

然而,另一種論點也值得聽聞。他們說,若是對J部門課高碳稅,勢將導致該部門聯合遊說,淡化法規,若非反對高碳稅,就是要求自己被除外,他們也會宣傳,表示高碳稅對一般人將帶來負面影響。這些情況勢將窒息綠能政治。運用高碳稅是可以誘使,或迫使J部門有足夠的廠商改採低碳科技,但假使採用必須投入高額固定成本的技術,而其效益卻會透過其他廠商的學習,致使該效益外流,等於是採用低碳科技的好處無法完全由該廠商取得,那麼,廠商採用低碳科技的創新速度與幅度,也就受到影響。怎麼設計最優的碳稅軌道(在不同時段課徵不同碳稅率),「矯正」這個外部性,政府就得費神。

(2)經濟學傳統上都認定公民具有理性,那麼,為了地球、為了自己與後代子孫,人們理當強力支持碳稅,假使再有輔助手段,確保因碳稅課徵而受損的人得到補償,碳稅理當所向披靡,為人接受。但怪的是,採納碳稅且將其稅率訂在合適水平的國家,不能說是很多,反對之聲仍然強勁。何以如此?可能是新的政策讓當事人產生不確定性,這也就是風險的問題,由於人們不知道碳稅的效果,對於碳稅的期望值也就降低。同時,在低期望時,人們「不想損失」的傾向,遠比「想要有所得」來得明顯,這個「不想損失」對當事人是更為明顯的傾向之時,就更容易成為養料,培育並成為激發政治的積極行動。究竟是市場價格(的變動),或是政府規範內涵(的調整),對於人們的倫理與行為準則,會有較大影響,我們所知有限。

(3)「行為經濟學」有股新的流派,強調「深層偏好」(人們真正在乎的是什麼)對人們的行為所起的決定性作用。那麼,是價格還是規範,對人們「深層偏好」的改變會產生較大的影響?這方面的研究不多。但我們從很多例子可以看出,僅只是對環境使用權設定價格,可能致使人們更會「濫用」(造成更多的碳排放,因付費即可),反之,強勢規範設定一些限制,倒是可能創造保護環境的倫理與行為準繩,影響我們的行事舉止。

　　在許多國家使用塑膠,特別是使用塑膠袋的態度已經改變,為什麼?這些國家的塑膠袋政策可能扮演了重要角色,也就有愈來愈多的店鋪轉了向,使用紙製品及可重複使用的袋子。這個轉變大有深意。等於是每天,就在日常生活的過程,提醒人們環境的重要性,藉此,有助於強化挺環境的態度與價值。在店鋪開始對塑膠袋收費,藉此導引態度的改變時,顧客還甚至歡迎而不是給予白眼,若在二十五年前,那就不是這樣了。使用紙袋對於環保文化及意識的散播,也是一大助力。

　　這是政策透過小小的價格變動(當然,有人認為,從免費到對塑膠袋收幾分錢,已是很大的改變)引來行為的改變,再推進了倫理與行為準繩的改變。另有些國家的法規,是直接促進了社會變化。此時,依法引入綠能燈泡「可能」比其價格的變化,可以更快改變消費形態。創造新的準繩就是社會的協調與協作,可能無法透過價格的變化帶來最優的結果,透過法規,引導人們對紙袋及綠能燈泡的態度改變,可以更為清楚反映及強化相應的準繩。

　　人們的整體心態(mindset)若要產生重大變化,從石化燃料的經濟,轉至綠能經濟,必須要有法規來啟動整個工程。緩慢而點滴的價格調整,應該無法達到這個目標。法規「強制」公司增加汽車能源效率,或者強制使用綠能燈泡,會比價格誘因更有效,原因在於法規較能改變人們的心態。

(除另有說明,編譯自 Stiglitz, Joseph E. [2019] Addressing climate change through price and non-price interventions. *European Economic Review.*)

第二章

活潑的古巴人
進步的人文表現

卡斯楚與格瓦拉

卡斯楚接受橄欖枝　雷根總統搞宣傳

　　1985年的5月20日，如果美國前總統雷根沒有下令馬蒂電台（Radio Marti）開播對古巴宣傳，哈瓦那與華盛頓的關係可能早就改觀，冷戰提早四年結束，世界史的進程於是不同。

　　雷根的國務卿舒茲（George Schutz）認為，如果電台非得開播，選在7月4日美國獨立日，會比5月20日古巴獨立日恰當。國安會就此討論，席間所有人都贊同舒茲。只有美國新聞總署署長查理·威克（Charlie Wick）主張520。最後，雷根起立走向門口，停了下來，說：「各位，我得讓你知道我的決定。查理，你就繼續。下週，我不要聽到還要改變，或其他延後的說法，我不想聽。就是這樣。」

　　差不多與此同時，雷根在5月15日特任貝爾納多·貝奈斯（Bernardo Benes）飛往哈瓦納，帶著密件，準備拉近古美兩國的距離。卡斯楚（Fidel Castro）在辦公室接見，讀了雷根的信函：「總統先生，我想派特使前往古巴，讓貴我雙方關係正常化，終結經濟禁運。我亦將批准蔗糖配額給古巴。我所求於閣下者，僅在請求貴國終止對外輸出革命。」1979年尼加拉瓜游擊隊推翻腐敗但美國支持的政權，向左轉；同年，薩爾瓦多產生革命政府，推動土地改革及銀行與蔗糖等產業國有化，次年起內戰至1992年。雷根應該是認為，尼、薩（迄今仍是台灣邦交國）轉向，與古巴介入有關，遂想求和。

　　貝奈斯是古巴人，卡斯楚革命成功後，他遷居美國，但並未強硬反卡。他是鴿派，曾在1978年奉卡特總統命令，祕密會晤古巴高官七十五次，另單獨與卡斯楚洽談一五〇小時，成果斐然。古巴釋放三

千六百位政治犯,山姆大叔放行一百萬古裔美國人的十分之一,允其1978至1979年,自由返鄉探親訪友。

有了這層業績,雷根這次派使不但合理可信,意義尤其重大。在歐洲,1989年的柏林圍牆崩塌,不是東德自主選擇,遂有溫帶共產主義的連環解體。如果美國早在1985年主動解除經濟封鎖,已有可觀表現的熱帶社會主義古巴,成績也許會比現在更好。

卡斯楚最清楚信函的重量,表示三日後回覆。不過,僅兩天,他已決定:「請向貴國總統說,我接受橄欖枝,沒有任何保留。」卡斯楚惋惜古巴對於第三世界的影響力已經降低,但「為區域和平」,他願意結束對峙。聞言,貝奈斯等人在18日下午六時返抵邁阿密,深信美古對抗即將結束。沒想次日《邁阿密前鋒報》頭版標題赫然是:〈參議員說,馬蒂電台週一起對古巴播音〉。幾天之後,白宮再派貝奈斯回到哈瓦那商談細節,古巴官員此時關閉大門,拒絕再談,卡斯楚也在播音開始之日,終止兩國執行一百六十七天的移民協定。古巴起義軍電台(Radio Rebelde)說,「未來幾年,如果兩國關係困難,所有改進途徑受阻,這是我們捍衛尊嚴與主權必須付出的代價,但美國是唯一必須負責的國家。」

馬蒂電台在1990年又加入了電視,迄今用了美國納稅人5-6億美元,但當時古巴固然不鼓勵,國民若接收海外播音,並不違法;天候若好,甚至可以聽到美國NPR、ABC、CBS、NBC及邁阿密電視節目,反卡斯楚強硬派的電台也能入耳。雷根以為蘿蔔不足,遂又新創馬蒂電台作為棒子,多此一舉,浪費資源事小,錯失古美和解的歷史契機事大。

(《人間福報》2013/5/15 第5版。原標題〈一九八五年五月二十日 古巴與美國〉。)

菲德爾暢談宗教二十三小時

巴西神父貝托（Frei Betto）十多年前專程拜訪哈瓦那，待了將近兩個星期，密集與卡斯楚暢談，前後二十三小時，成書《菲德爾與宗教》（Fidel 是卡斯楚的名字，也是古巴人對他的稱呼），一時洛陽紙貴，高居中南美洲最暢銷書的排行榜。

在這本將近三百頁的書裡，從卡斯楚自幼的天主教經驗，到馬克思主義與宗教的關聯，無所不包；而事實上，卡斯楚在去年底再對教宗之訪問，重申歡迎熱忱時，亦再三援引本書，旁證他所謂的「背叛革命，就是背叛耶穌」的意思。

關於宗教，可談、該談的都已言盡於此，卡斯楚的態度，迄今也無變化。所以，這次教宗若望保祿二世到訪古巴，意義或許不在於宗教，而是在宗教的旗幟之下，不同政經立場的反覆表達，以及不同政經勢力的重新較勁。

古巴政府方面，既然掌握了主動權，似乎顯得從容自若。卡斯楚迎機、現場轉播，給予公假以便民眾參加歡迎活動，稱得上全國總動員，引領企盼教宗的拜訪；對於流傳在境內的笑話，如「為什麼教宗要訪問古巴？」「因為他要親眼目睹地獄是個什麼樣子」，古共恐怕也只是拿來自我解嘲一番。

敵視古巴路線的國外政府及輿論，反應呈現兩極對立。美國政府的行政部門與立法部門的主流，仍然堅持，除非卡斯楚的政治經濟政策大幅改變，否則實行已經將近四十年，而自前年起更予強化的禁運措施，美國不可能放緩。與此相反，從美國的南北鄰國墨西哥與加拿大，跨洋而至歐洲聯盟，乃至於全球性機構（如聯合國、世貿組織、世界衛生組織等），正好有不同的看法，無不大力譴責美國的作法。他們認為，使古巴脫離社會主義機制的方法，在於利誘，也就是美國應該無條件先開放自己與其他國家對古巴的貿易，若能如此，則卡斯楚垮台之日，自然在望。

對於移民美國的古巴人來說，教宗的訪問同樣讓他們五味雜陳。先是古巴的樞機主教邀請古裔美人趁此機會「朝聖」祖國。邁阿密的

大主教原已響應,準備租用大遊艇,裝載千人前往,並在遊艇內供應食宿餐飲,以免參加的人在古巴花錢,這類人認為此舉等於是資助了古巴政權。至上個月初,四百多人繳交了一千美元訂位,此時,教徒卻爆發了內訌。反對此行的人說,這將強化古巴共產黨的正當性,他們並動員了一萬多人在邁阿密的小哈瓦那區示威,火辣抨擊「朝聖」的荒謬,而由於這批人包括了教會的重要募款對象,教會最後不但屈服,還必須自行負擔取消行程所需付出的80萬美元成本。

剛好是一百年前,在台灣被日本殖民的第三年,美國也從西班牙手中搶下古巴,使之形式自主,實質卻被美國羽翼。戰後未久,卡斯楚清除了美國在古巴的政商關係,我們則在冷戰中投入美國勢力範圍的懷抱。現在,位在加勒比海的這個島國,雖然想要昂然不屈,卻在美國強權的壓制下,僅得有限的經濟迂迴空間;想到這裡,同樣是島國子民的我們,說不定會有好險的驚嘆:「幸虧」中國大陸「只是」政治上打壓台灣,經濟上卻雙手擁抱哩!?

(《中國時報》1998/1/23第11版。原標題〈古巴擁抱教宗　美國五味雜陳〉。)

卡斯楚與格瓦拉

蔡詩萍日昨在貴版專文,提及古巴的切‧格瓦拉(Che Guevara)與卡斯楚,本人有不同意見。

古巴從當年至今的路線都是立足本地、放眼天下的國際在地主義。格瓦拉1964年底在紐約聯合國大會「向蘇聯發了一炮」,並非沒有卡斯楚的理解、默認或贊同。特別是當年的古巴親蘇派力量大,卡斯楚了解古巴的自主與自尊,取決於是否有更多地方的支持,於是在「已經準備一段時間」之下,支持格瓦拉前往玻利維亞從事游擊戰爭。

1967年4月,游擊戰進行近半年,古巴機關報《格拉瑪報》刊登格瓦拉至亞非拉美三大洲團結會議賀函。該文引述古巴國父荷西‧馬

蒂（José Marti）的詩：「現在是點旺爐火的時候，燈光已經沒有多大作用。」格瓦拉接著表示，有必要「製造兩、三個以至更多的越南」。如果沒有卡斯楚支持，這封信函不可能出現。

賽門・雷亨利剛出版的《卡斯楚與格瓦拉：革命情誼》，對於兩人的惺惺相惜與內外分工，有最詳細的解說。張翠容採訪並詳加考察拉美九國的新作，月底將發行，她發現，一直到現在，不單是格瓦拉的理念、行動與事跡鼓舞世人，許多中南美洲的人，特別是年輕人對卡斯楚，也是推崇備至。

卡斯楚並沒有尸位素餐，也不是戀棧權位，他的力求無私與堅忍的戰鬥，延續了拉美國家另闢路線的香火半個世紀。大導演史東（Oliver Stone）新片《國境之南》（*South of the Border*），鏡頭所至，委內瑞拉、巴西、烏拉圭、玻利維亞、厄瓜多與古巴等許多親近卡斯楚與格瓦拉路線的總統，無一不現身說法，正就是格瓦拉與卡斯楚所聯合象徵的人類願景，還在生猛有力，閃閃發光的事證之一。

(《中國時報》2009/9/21 A14版。原標題〈關於切・格瓦拉與卡斯楚〉。)

球王心繫卡斯楚與格瓦拉

四年一度的國際足壇盛事，已在巴西十二個城市熱鬧登場將近三週。再十餘天，重約五公斤的「大力神杯」得主，是否如外界所料，將由地主國與阿根廷爭奪，就要揭曉。

阿根廷有梅西，巴西有內馬爾，十六強捉對廝殺之前，兩人各自已經攻進四球。不但今朝兩國名將互爭高下，足球有史以來，最知名的兩位球員同樣來自阿根廷與巴西。

本屆世界盃開踢前夕，報紙網站流量全球第一的英國《每日郵報》（*Daily Mail*）（每日獨特造訪戶一千兩百萬，今年網路廣告收入預估折合新台幣30億元）邀請百來位專才與資深球員，評選百位最

佳足球明星。第二名是七十四歲的巴西黑珍珠比利（Pelé，暱稱，全名是 Edson Arantes do Nascimento）。阿根廷五十四歲的迪亞哥‧馬拉度納（Diego Maradona）奪魁。兩人四度參加世界盃，比利曾轉戰美國，馬拉度納遊走西班牙與義大利，都是國寶。

1982年馬拉度納首度參加世界盃，表現不如預期，先後敗給比利時與巴西。1986年馬拉度納領軍再戰，立下汗馬功勞，阿根廷第二次取得神盃。其中，馬拉度納兩度有如神蹟般地破網得分，擊敗英國，膾炙人口而傳誦至今。

第一球狀似頭頂，其實是頭頂之後順手觸碰而撥入，但裁判沒有察覺。2008年，《一代球王馬拉度納》（*Maradona By Kusturica*）上映，南斯拉夫導演庫斯圖里察（Emir Kusturica）對這段往事的詮釋，相當符合球王當年的心境，也貼近國際政治的實況。勝球之後，馬拉度納從墨西哥電告妻子，「第一球我太白痴了……裁判沒注意我用手進球……」，他說這是「上帝之手」，意思是神要讓阿根廷贏球。從此，「上帝之手」的稱呼不逕而走。馬拉度納接著又說，「嘲笑英國佬真爽」，這是復仇。1982年，英阿交戰，英國軍艦、戰機齊發，奔馳將近一萬五千公里，主張福克蘭群島（Falkland Islands）是其領土，雖然群島距離阿國僅數百公里。戰爭造成英方陣亡二五八人，阿國六五五人殞命。

第二球則無爭議，馬拉度納一人帶球繞過六人阻撓，漂亮入網。拜科技之賜，人們至今仍可輕易看到這段影片，領受足球的美學與球王的神乎其技。

今年開賽之後，馬拉度納受邀為球迷講解與評論。舞台非比尋常，是阿根廷等七國聯合創辦於2005年，為提供進步新聞及另類觀點，藉此促進拉美統合的「南方電視台」（TeleSur）。古巴高齡八十八歲的前領導人卡斯楚在螢幕看到了馬拉度納，特地在6月23日修書，致「令人難忘的朋友：每天我都很有興味地在『南方』看你的球評……在我看來，任何國家的青年人必須都要接受運動教育，對於一些特別的男孩，還得包括足球……迪亞哥，我不會忘記我們的友誼，也記得你總是支持查維斯，這位倡導運動、拉丁美洲革命的友人」。

2000年,馬拉度納遭美國拒絕,無法入境,稍後,他前往哈瓦那治療與戒除毒癮。卡斯楚是他眼中的「父親、朋友」,他的左腿刺有卡斯楚的頭像,右臂紋上了阿根廷人、但因古巴馳名的格瓦拉之臉龐。在其自傳,馬拉度納寫道,「透過卡斯楚,謹以本書向所有古巴人致意。」馬拉度納2007年訪問委內瑞拉,以為「要見大人物,沒想到竟是更大的人物。我對查維斯有信心,我是查派。菲德爾所做的任何事,查維斯所做的任何事,在我看來,都是最好的事」。美國封鎖古巴超過半世紀,試圖顛覆委內瑞拉十餘年,球王迪亞哥·馬拉度納應該不會贊成。

(《人間福報》2014/7/2 第5版。原標題〈足球巨星的政治觀點〉。)

切·格瓦拉有個詩人兒子　禮佛修禪

再過十天,已經進行兩週、由文化部主辦的「台灣國際詩歌節」,會有六位海外詩人抵台,包括拉丁美洲的傳奇革命家切·格瓦拉的第五個兒子奧瑪·普銳斯(Omar Perez)。[1]

格瓦拉酷愛閱讀,包括詩。他以11世紀波斯詩人的四行詩集《魯拜集》,相贈女友莉麗(Lily Rosa Lopez)。1964年春,莉麗產子,便以詩集作者奧瑪·海亞姆(Omar Khayyam)為子冠名。

奧瑪從哈瓦那大學英語系畢業後,曾到義大利留學,後來也在荷蘭待過幾年,但主要是在古巴生活。1976年的古巴,除了透過暴力搞破壞的反卡斯楚恐怖分子,已經另有支持革命政府、但不同意其政治壓制的人,組成「古巴人權委員會」。他們採取和平手段,透過多種可能的方式,開展改革。或許是受到這股氣氛的影響,1982年代

---

1 後來,活動在台北市濟南路的「齊東詩舍」舉行,我前往參加也與普銳斯寒暄幾句,卻沒手機也不夠積極,未能拍照留念,也沒有留下他在哈瓦那的住址。

中後期任職藝文記者的奧瑪夥同朋友，參與了「派代亞」（Paideia）運動，這是某種文化與政治的異議展示。

到了1989年，就在蘇聯與東歐巨變的前夕，派代亞的言論與活動水漲船高，引來側目，奧瑪的記者工作沒了，政府讓他下鄉務農。其後，奧瑪並未脫離文化工作，他成為古巴知名詩人，兩度獲得大獎、三本詩集英譯，作品另收錄在慶祝古巴革命五十年的《島嶼全貌：古巴詩集六十年》。此外，他也是令名在外的翻譯家。透過奧瑪英譯者的訪問，讀者得知，所謂奧瑪因強硬對抗當局而入獄的說法，不是事實。奧瑪說，由於他了解這個「處罰」的性質要不了命，並且他所獲得的經歷與待遇不差，「我的例子不是啥極端情況，犯不著藉此嚴厲指責當道。」

外界謠傳，指法官在審理時，告誡他要以父親為師，不能「玷汙」父親。不過，雖然奧瑪確實是在下鄉當年，方始得知格瓦拉是生父，但說官方公開以此訓誡，根本不可能，畢竟對革命元勳指指點點是「禁忌」。一直要再過個一、兩年，古巴的文化與經濟才進入相對自由化的方向，當時，蘇聯幾乎切斷了與古巴的經貿關係，短暫三年，古巴人平均體重減少約九公斤。

美國九一一事件後數週，奧瑪受戒，成為1996年起已在古巴活動的禪宗之信徒。他認為，佛教禪宗對古巴的重要與意義，如同古巴國父馬蒂的誕生，以及1959年的古巴革命。他又說：「在我看來，資本主義世界老是繞著利潤與競爭，轉不出來。詩人應該避免競爭心態，在此，我並不怕給予規範的想法。」

不過，奧瑪有兩個不願意。一是，不太願意直接談古巴當前的問題。其次，他也不願意談格瓦拉。這個心緒不難理解，同時也必須尊重。畢竟奧瑪知曉父親的身分時已經二十五歲，對於任何人，都是冷暖自知。在這方面，奧瑪與格瓦拉的其餘五個小孩，有同有異。

切與祕魯原住民馬克思主義經濟學者佳德雅（Hilda Gadea）所生的長女（與母同名）在1995年古巴最困難時辭世，但仍然堅持「古巴革命的夢並未消逝，只是暫時休眠」。第二位妻子瑪曲（Aleida March）生養的四位小孩，老三是水族館研究員、老四是律師，兩人

都較少露面。約五年前接受張翠容專訪、相當活躍的老二卡美路（Camilo）主持「另類計畫」、「抵抗日益異化的世界」；長女是醫生、也是與母同名，今天（12月1日）剛好在英國萊斯特（Leicester）大學講演〈更好的世界是可能的〉。

(《人間福報》2014/12/1 第5版。)

卡斯楚說　台灣有權申請入聯

　　往東走太平洋，或者往西走大西洋，古巴距離亞洲都很遠。但今年入秋以來，不辭遙遠，先是日本首相安倍晉三，後有中國總理李克強，相去三天都拜訪了古巴。他們先與總統勞爾・卡斯楚（Raul Castro）會談，免除部分債務或簽訂經貿合約後，隨即也都登門造訪今年九十歲、很有奇里斯瑪魅力的老革命菲德爾・卡斯楚。

　　日本跟古巴的淵源很早，據說可以追溯至江戶時代，因此前年7月日本海軍訪問哈瓦那時，有人說這是「慶祝兩國建立友好關係四百週年」。二戰期間，許多日裔美國人移居古巴的青年島，1959年因古巴革命，又大量移出，但至今仍然約有一百位日裔居民住在該島，雖然很多人已經無法使用日文，但有報導說他們還是「維持日本傳統生活方式」。

　　2013年7月，古巴將飛彈等軍火藏在一萬公噸紅糖麻袋中運往北韓，在巴拿馬遭到查獲，美國沒有吭聲。大約同時，美國中情局前雇員愛德華・史諾登（Edward Snowden）攜帶祕密檔案到香港，接著尋求外交庇護，古巴一反常態未曾積極協助。顯然，當時美國與古巴的關係已在改變，等到兩國在2014年底宣布即將重新建交，日本外務大臣與古巴部長會議副主席也就相繼在2015年5月與7月，相互造訪。

　　古巴最多曾經有華裔人口一、二十萬，但不計中國留學生及近年

前往營生的人，如今老華僑可能不到一百五十位。古巴率所有美洲國家之先，在1960年承認中華人民共和國。切・格瓦拉兩度走訪中國大陸，古巴革命初期以切為首的親中派，曾與親蘇派激烈辯論古巴的經濟路線。但切進入玻利維亞打游擊，中方定調是冒進惹事，跟蘇聯一個鼻孔出氣。到了1969年珍寶島事件，中蘇反目至高峰，老卡斯楚在1970年代譴責中國交好美利堅。由於國際情勢轉變，老卡1995年到中國訪問八天。晚近，有趣或說有人不解的是，他在2010年提及，台灣有權利申請加入聯合國。

半個多世紀以來，中日與古巴關係的走向，大致可以從國際政治的變化找到線索。因此，中日領導人訪問古巴，在外界看來，就是兩國「競逐亞太的延長賽」、「新戰場」、「抑制北韓」。

不過，在亞洲，歷經人事滄桑，仍有不少國家與古巴的政治關係至今未曾改變，最明顯的是越南。積極從事美國學運、社會運動五十多年，也在大學任教的湯姆・海登（Tom Hayden）說，每個越南人都知道，古巴是第一個承認越共「合法、正當地代表」南越的國家，也都知道切在南美打游擊，是要創造「兩個、三個、更多個越南」，牽制美國對越南的侵略；古巴人則認為，越戰讓美國人攻擊古巴的機率大減，因此，越南人的鮮血也等於是代替古巴人而流。

日本首相訪問古巴，算是稀客，北京多些，越南又更頻繁，其總書記、政治局委員、總理或總統近年走訪哈瓦那，單是見報的次數，近年至少就有六次。至於古巴與越南的經貿會議與協作，那就更多。

越南協助非政府社團與古巴人民的交流，也是比較活躍。「古巴之友協會」（Instituto Cubano de Amistad con los Pueblos, ICAP）在歐洲有數百個夥伴團體，每年都以長短不一的時程，自費前往古巴參訪、從事簡易農事，並與當地人積極互動，甚至甘冒遭致美國政府調查的風險，1969年以後，美國青年團也開始組隊前往。

亞洲人可能因為路遠、經濟力也弱些，無法以歐美方式交流古巴人民，因此，1995年起，亞洲太平洋國家與ICAP合辦支持古巴的團結友誼會議，至今七屆，由寮國主辦一次，印度與斯里蘭卡與越南相同，都承辦兩次，日本與中國大陸掛零。就地理緯度、歷史與地緣政

治來說,台灣可以說是亞洲版本的古巴,卻與ICAP素無往來。近年來愈來愈多台灣人前往古巴,除了觀光旅遊,台灣人與民間社團也許應該聯絡ICAP,換個接觸古巴的方式了。

(刊登在東京發行的 5: Designing Media Ecology〔日文英文雙語〕季刊〔2016, Winter: 12-3〕。本文純為該刊而作,由劉雪雁博士譯為日本,中文標題是〈亞洲人在古巴〉。)

卡斯楚沒有行禮如儀

　　委內瑞拉總統查維茲(Hugo Chavez)10月8日確認當選,贏了對手將近10%,再次連任後,古巴前領導人、高齡已經八十六歲的菲德爾・卡斯楚沒有立即通電致賀。外界猜疑聲浪四起,指卡斯楚業已亡故。

　　這是因為,查維茲1994年以出獄未幾的「小卒」身分初訪哈瓦那,獲得卡斯楚給予熱忱接待與長談的際遇後,兩人共進社會主義的信念與實踐,成績斐然。

　　委國偏鄉中下階層民眾醫療、教育與參政水平,十多年來提高不知凡幾,正是因為有古巴醫生與教育人員的馳援,古巴則與拉美若干國家相同,為此得到一年相當數量石油的回報。

　　那麼,卡斯楚何以未能行禮如儀,迅速回應?可能原因之一,2006年入夏以後,他已經不是元首,公開賀電應該由小卡勞爾為之。其二,卡斯楚體能與智力衰退到了無法致意的地步?今年3月露面,6月寫了短詩譏諷鄧小平之後,卡斯楚已有數月沒有新聞見報。但查維茲當選、謠傳他故去的消息冒出後,「叛逃」至美國的女兒反而出面「駁斥」,表示未曾得到家電,辭世之說不可能。

　　18日,卡斯楚的現身方式,再次顯示他似乎思慮仍然無礙,卡斯楚親手簽名,致書古巴年輕醫生的信函,透過《格拉瑪報》和《起

義青年報》發表。古巴革命的成績，全民醫療及對外援助，正是一大亮點。

儘管在美國封鎖五十年，儘管前重要盟邦蘇聯集團崩潰二十餘年，古巴傲人之處仍屹立不搖。這是舉世唯一能夠同時兼得可持續發展，以及高水平人文發展（醫療、教育、體育、有機農業及人均壽命等表現）的國度。古巴的消費不足及表意自由尚有不足，部分原因或許還能歸咎於美國罔顧世界民意（歷年聯合國大會都以一八〇餘票對兩三票的懸殊比數，要求美國解除封鎖），一意孤行地反對古巴（不是一般人印象中的古巴反美），從公然顛覆到資助反古的外圍力量，無所不用其極，卻打著要將古巴民主化的旗幟。

菲德爾·卡斯楚也是人，棄世之日早晚來到，但對古巴業已啟動多年的轉型軌跡，不會有實質的影響。2010年11月勞爾公布《經濟社會政策綱要（草案）》後，全國分地區討論數個月，次年4月通過修正案，隨即在5月公布正式內容後，逐步啟動國營事業改革與再次開放私體經濟，至今跌跌撞撞，仍在摸索調整，未來究竟能否為世人走出一條「本土的可行的社會主義」道路，只能繼續關注，但確定的是古巴經濟平穩前進。

在政治方面，古巴的信心似乎增加中，一是異端、違法組織古巴人權與全國和解委員會，得到政府容忍而存在；二是異議領袖費瑞（Jose Daniel Ferrer）被關三日後就走出牢籠；三是公民出國出境需取得政府同意的制度，哈瓦那日前已經廢除，從明年1月14日起，古巴人可以自由進出國境，在海外停留期間也從十一個月，延長至二十四個月。

（《中國時報》2012/10/22 A13版。原標題〈古巴轉軌已是必然趨勢〉。）

曼德拉擁抱卡斯楚

南非前總統曼德拉（Nelson Mandela）以九五歲高齡辭世之後，本地傳媒與國際同業齊步，無不顯著報導及緬懷。英國《衛報》與美國《紐約時報》單是訃聞，各自就有將近七千字，若譯為中文，必定超過萬言。今年4月英國前首相柴契爾走下人生舞台時，兩報同樣撰寫長篇訃聞，惟《衛報》不滿四千，《紐時》五千多。

台北四家綜合報紙總計亦達五十則、六個版面以上的報導，並有評論稱，〈曼德拉精神可作為台灣的標竿〉。

哪些精神？曼德拉終生追求平等與自由努力不懈、結束種族隔離、老而彌堅、不戀棧權位、重人權、要真相要和解、倡寬容不怨尤……，確實讓人景仰。

不過，海內外傳媒鮮少凸顯的事蹟，同樣也很重要。

其中，相當值得一書的是，曼德拉與古巴前領導人卡斯楚的歷史淵源。1959年以前，長達一甲子，古巴是美國有錢人的後花園，貧富懸殊、製造業消失、礦產與七成可耕地盡入美國公司的掌握，卡斯楚等人當年革命成功，舉世的進步人士深受鼓舞，曼德拉在內。

1975年11月，古巴已經具備能力，出兵協助反（葡萄牙）殖民的游擊隊，擊退美國所羽翼的南非部隊。古巴天兵現身安哥拉首都魯安達（Luanda），美國錯愕不已，難以置信，小小島國居然膽敢派遣部隊到了遙遠的安哥拉！若指卡斯楚是蘇聯代理人，顯然更有道理，美國政府也更有台階可下。但實情是，哈瓦那確實自主，甚至未知會莫斯科。二十五年後，季辛吉在回憶錄中寫著，卡斯楚「是當年掌權的革命領袖人當中最純正的一人」。古巴擊敗南非白人政權，不但安哥拉人民抖擻，南非反種族隔離的力量同感振奮。

1990年曼德拉獲釋，數個月後，他的第一梯次活動就是在次年訪問古巴，隨後再走訪拉美大陸。兩人初次相見的影像讓人難忘。年長八歲的曼德拉走向迎面而來的卡斯楚，兩人擁抱，曼德拉讓卡斯楚坐下，氣氛親切活躍。曼德拉說，古巴人給了我們這麼多資源、醫生與人才培訓，但你還沒來過南非。曼德拉反覆多次，揮舞手勢，既誠

摯又熱情地說：「你要告訴我，什麼時候才要來？」滿臉鬍鬚的卡斯楚仰望曼德拉，略見靦腆地回答：「我還沒去過祖國南非，南非如同我的祖國。」卡斯楚的意思是，古巴人的祖先，有相當部分來自非洲，「假使現在能夠，我就跟你回去了。」曼德拉在1994年當選總統，卡斯楚參加就職典禮，首次踏臨南非。次年，曼德拉發表演說，感謝古巴在安哥拉內戰時，出兵參與對抗南非軍隊。他說：「古巴來到我們這裡，身分是醫師、教師、軍人與農業專家，但從來就不是殖民者……數以百計的古巴人真正是為此捐軀，投入鬥爭，儘管這場鬥爭是我們的，不是他們的。做為南非人，我們向他們致敬……永遠不忘這個史無前例的、無私的國際主義……。」「有許多人，包括許多強大有力的國家，再三要求我們譴責古巴……他們真健忘，膽敢要求我們抨擊幫助我們得以戰勝的古巴。這是對人之道德與原則的最大侮辱……我們永遠不會背棄古巴。」

　　南非的不平等局勢至今險峻，外界對於曼德拉遂有〈和解有功　治國乏善可陳〉、〈種族、經濟、平等　理想遠未達成〉的批評。歷經獄政折磨二七載，方始在垂幕之年執政五歲的曼德拉誠然必將以此為憾，他人卻無須僅是究責，汲取曼德拉精神，繼續逼退貧窮與不正義，提升人品及其物質基礎，更是道理。

（《人間福報》2013/12/11 第5版。原標題〈曼德拉與卡斯楚　南非與古巴〉。）

八月十三日的英仙座流星雨

　　近兩千年前，人類觀測到英仙座流星雨。至今，每年大約在8月13日，每小時最多能有六十顆流星劃過天際，菲德爾·卡斯楚就在九十年前的這一天誕生。

　　菲德爾是不世出的人物，天象的巧合或是注腳。今年8月法國學者藍羅尼出版《菲德爾·卡斯楚：被剝奪者的英雄》，不是過譽。說

古巴,「世界自然基金會」(World Wildlife Fund, WWF)指出,這個面積是台灣三倍的島嶼,是舉世唯一取得高人文發展指標(教育、醫療與體育),並符合永續發展要求的國家,即便古巴人不會滿意自己的消費質量。

整個拉丁美洲特別是其進步運動,得到古巴莫大鼓舞與支持,本世紀已見開花結果,世界各地貧富差距擴大,只見南美大陸縮小;歐巴馬前年與古巴同步宣告,雙方將要建交,重要因素之一包括這是拉美大多數國家的長年願望。今年哥倫比亞總統桑托斯,因與游擊隊和談四年有成,獲諾貝爾和平獎的肯定,雙方談判與簽約的地點就在哈瓦那。

西方知識界,特別是新左翼與美國民權及學生運動,在古巴革命激勵下更是風起雲湧。美國社會學家米爾士(C. Wright Mills)1960年走訪古巴,與卡斯楚深談三天半、長達六十小時,寫就《聽好了,美國佬:古巴在革命》這本暢銷書,大學生的熱情與理智並增,遂有兩年後的〈休倫港宣言〉為民主社會主義發聲。當年學運領袖海登延續米爾士精神,完成了《聽好了,古巴很重要》(筆者中譯後已由聯經出版)。美國前國務卿季辛吉的世界觀與古巴不同,卻也承認菲德爾「可能是掌權者當中最有革命意義的領導人」。

非洲十多個國家的反殖民歷史,特別是南非種族隔離的解除過程與安哥拉的獨立,都有古巴人民與菲德爾及其同志的貢獻。南非前總統曼德拉,生前擁抱菲德爾的影片讓人感動。他說,「古巴來到我們這裡,身分是醫師、教師、軍人與農業專家,但從來就不是殖民者……我們向他們致敬……永遠不忘這個史無前例的、無私的國際主義……。」

對於遠在他方的亞洲,古巴也有豐富的意義,特別是對越南。越南人都知道切·格瓦拉在南美打游擊,是要創造「兩個、三個,更多個越南」,牽制美國對越南的侵略。亞洲多國舉辦七屆的「古巴團結友誼大會」,越南負責其中兩次。

對於台灣,卡斯楚2010年受訪時提及,台灣有權利申請加入聯合國,他可能是說,台灣入聯的機會,要先進入友中與變中的方向。

美國前總統甘迺迪（John F. Kennedy）侄兒麥斯曾問卡斯楚，是否相信有神。卡斯楚繞著星星、月亮、太陽與各大小星球，說了又說。躲過美國中情局六三八次暗殺的菲德爾，現在自己引退，上帝是否存在，他不再言說，確定的是，認同古巴革命歷史的人認為，卡斯楚已是星辰，永恆發光。

（《聯合報》2016/11/28 A12版。原標題〈曼德拉也致敬　你不知道的卡斯楚〉。）

菲德爾走了　《人民日報》沒有說古巴反美

古巴革命領導人菲德爾・卡斯楚辭世了，幾乎所有外電報導都說他「反美」。假使查閱港台及中國大陸的報紙，就能發現個中差異。

對岸北京《人民日報》、廣州《南方都市報》等五家報紙，總計十多個版面，沒有「反美」兩字，台灣《自由時報》等四家綜合日報，以及香港《東方日報》等三家報紙，加總起來，倒是出現十六次「反美」。

為什麼有這個差異？原因之一，是對岸知道古巴反美，並且跟美利堅角逐世界，特別是亞洲政治領導位置，但不願在這個節骨眼聲張，以免讓人產生炒作的負面印象。

也許，但比較可能的原因是，港台在拉丁美洲或古巴都沒有特派員，習慣以西方通訊社或主流傳媒的眼光看待世局，人云亦云，跟著聲稱古巴反美國。

但假使古巴真的反美，港台跟隨的視線就很正確，逕自「進口」這種觀點，並無不妥，反而是節省人力的手段。問題出在，真相可能完全相反，是美國反對古巴到了封鎖不遺餘力的地步，至少美國聽任行政及立法分裂，玩兩面手法。

比如，10月聯合國大會，美國承認錯誤，第一次沒對古巴提案（反對、抗議或譴責美國封鎖古巴）投下反對票。

美國棄權了事（以色列因此也跟進棄權），形成與會的一百多國通過，無人反對，讓人小有鼓舞的局面。

外人可能無法知道，就算兩國建交，美國還是不斷對與古巴有商務往來的公司，祭出大額罰款，最近一例是11月14日，對跨國公司「國民油井華高」（National Oilwell Varco）及其子公司，重罰597萬美元。

古巴哪裡有經貿本錢反對美國？外界少有機會知道，美國為了南方農業州利益，2000年制訂《貿易制裁改良與出口振興法》（The Trade Sanctions Reform and Export Enhancement Act），就是用來「利誘」，古巴對此沒有拒絕，至今十多年，古巴進口農作物最大來源，正是美國。

卡斯楚1998年眼見中美洲颶風成災，多年思慮轉為動力，建成「拉丁美洲醫學院」（Latin American School of Medicine, ELAM），由古巴提供六年資源，無償培訓窮苦國家醫護人員，至今養成一百二十多個國家一萬兩千位醫生，包括來自東帝汶的人。

在非裔眾議員建言下，卡斯楚本世紀初，開始接受美國窮人進入這個醫學院，至今有兩百位在哈瓦那完成學業的醫生返回美國懸壺。

真相是美國反古巴，古巴沒有反美國，古巴主張自己要有主權。

(《人間福報》2016/11/28第9版。原標題〈美國反古巴　古巴未反美　只要主權〉)

卡斯楚生前最後評論：「川普信用掃地」

卡斯楚辭世後三天，台灣與香港傳媒的三、四百篇報導或評論，約有十幾分之一以美國總統當選人為主角，提及川普的古巴政策。

對於川普，古巴早有戒心。卡斯楚生前最後一篇評論在10月10日見報，指「川普信用掃地」。美國大選落幕還不到一天，古巴宣布

「提前軍演」。

　　好像是在回敬，卡斯楚前腳剛走，川普就發狠話，表示「卡斯楚是殘酷獨裁者」。這就讓人想起，選前就曾揚言要「反轉」歐巴馬主導的古巴政策，川普會不會來真的？

　　說不定會，並且，古巴還會大表歡迎。川普排外，「施政優先要務，驅逐三百萬非法移民。」但是，半個世紀以來，包括歐巴馬，美國不但鼓勵，並且還利誘古巴的「非法移民」。結果是，不少古巴人拿錢到手之後，重返哈瓦那就地消費，美國這種政策等於「資匪」，賠了夫人又折兵，特別是最近三年多，愈賠愈多。

　　美國「慷慨」的古巴移民政策，得從1966年說起。當時，美國制訂《古巴調適法》。從此，古巴人不需要任何理由、也無須合法進入，並且回溯至1959年1月，只要抵達美國，住滿兩年，就能取得永久居留證，再獲公民身分。十年之後，條件放得更寬，兩年減為一年。接著，1980年4月起，任何來到美國的古巴人，不必等待，美利堅政府立刻給予安置與補助。反觀其他國家，就算是政治難民，即便合法進入，最少也得等個五年才有補助。如此一來，對於古巴人，美國更是有無上的吸引力。

　　到了1995年，古巴反將美國一軍，同意任何想去美國的人都能即刻啟程，致使一、兩個月內，高達三萬五千人搭船抵達佛羅里達州。招架不住的美國不得不修法，遂有至今施行的「乾腳濕腳」政策：古巴人若能踏上美國土地（乾腳），就能取得權利，若在海域遭美國巡警截留（濕腳），就要遣返。

　　美國這種「泱泱大國」的氣派，優厚古巴移民，來者不拒的作風，到了2006年更見居心叵測。眼見古巴大量派出醫護人員在海外提供服務，賺取外匯回饋母國，小布希便想斬斷這個古巴的重要銀根，於是搞出新的方案，容許古巴醫護人員就近向美國機構「報到」，便可得到馬上辦、取得入美簽證的服務。十年來，透過這個挖角手段，美國總共襲奪島國六、七千位高級專業人力，惹得經常響應官方外交政策的《紐約時報》都說，富裕大國坐享貧窮小國成就的手法，「特別難以讓人接受」。

古巴沒有一籌莫展，而是應對自如。起自2013年元月，古巴人開始可以買賣民房、非法移民者的古巴房產也不再沒收。更多人於是有了能力，能夠租賣房產並搭機出國，因此很快也就出現報導，指出「大多數的近日移民經濟條件比起一般古巴人，來得要好」。哈瓦那也延長人民出洋得以停留的時間，從十一個月增至二十四個月，這就讓想要得到美國政府「好處」的人，完全可以滿足連續居留至少一年的要求。2015年9月，古巴政府也改變作法，受到美國蠱惑而趁海外行醫時「順便」轉往美國的人，不再遭受「叛徒」的指控，現在，他們隨時可以返鄉，重回崗位。

　　有了這些便利，近年來，古巴人每年移民美國的人數，總是超過法定的兩萬人很多。2014年底，兩國建交新聞傳出，很多人認為美國即將調整優待古巴移民的政策，更多的人於是「把握」所剩無多的優待期，競相奔往美利堅。

　　美國內政安全部的統計顯示，2000至2014年間，將近五十萬古巴人成為美國永久居民，約是合法人數的兩倍。其中，2014年底雙方正常化至今不到兩年，沒有簽證就抵達美國的人數已達十一萬五千人。若以美國的財政年作為計算區間，2015年四萬三千人，比2014年增加78%，2016年前十個月則有四萬六千五百人。

（《鏡》新聞網2016/12/2。原標題〈卡斯楚走、川普來　美國花錢如流水的古巴移民政策該變了〉。）

台灣與古巴

台灣人淺談古巴革命

貴版（10月28日）殷惠敏的大文，為了肯定巴西的「成就」，故意貶低古巴的成就，值得商榷。巴西總統卡多索，在殷所引的《拉丁美洲的依附與發展》一書裡，似未說與資本主義中心「脫鉤」是第三世界國家的唯一發展路徑，他是說後者在追求發展目標時，國內各方勢力的鬥爭結果，會反映在國家機器的性質，而國家面對強大的跨國公司，不是如同自由貿易者所說，將棄子投降，無所自主地成為跨國公司的馬前卒，而是雙方將繼續角力、衝突與妥協。卡多索的當今路線，仍受巴西的不同力量強大挑戰，現予肯定，說不定是早了些。

殷文又暗指古巴如同中國，為維護社會正義而不改善人民生活，那更是奇怪的邏輯，也與事實不符。古巴革命前，是美國後院（事實上，美國政府至今仍浪擲美國人金錢，在古巴南端強租軍港），貧富懸殊，如今全國無文盲，美國有4.5%文盲，巴西高近二成。

革命後，古巴三分之一高級人力移民美國，如今每千人有科學家與技術人員一點六人，第三世界國家只達零點五至零點九人。美國有兩、三千萬人沒有任何醫療保險，古巴的醫療科技不但發達，也早就實施全民健保，年初在經濟困難局面下，仍可派遣醫師協助南非鄉村人民。

對比美國海外駐軍為本國經濟利益張目，古巴1970年代違抗蘇聯的主張，介入安哥拉，協助打擊南非白人的種族歧視，其國際主義的胸懷至今仍受到南非黑人的感念。革命後，古巴致力消除種族歧視，黑、白、黃、棕等各色人種，平和共處，只要在當地街頭走過，

不難察覺他們對外人的開放態度。古巴醫療、教育、科技、農業與旅遊業有近三分之一主管是女性，固然仍非完全女男平等，但較諸許多美歐國家，已好很多。

近年來的古巴經濟是有困難，消費品是有不足，此等缺失也不能完全歸咎於美國的封鎖，這些都沒錯，但古巴在強敵環伺下，革命未滿四十年，成就很大，構成了敵人眼中的刺，這就是為什麼《紐約時報》稍前曾忿恨地說，舊日盟友已去，美國再予更大貿易制裁下，古巴猶然好端端，簡直是「政治上讓人迷惘至極」。

(《中國時報》1997/11/1 第11版。原標題〈古巴政治令人迷惘嗎？〉，該文以「古巴後援會台北分會會員」說明作者的身分，中時「時論廣場」主編來電詢問相關消息。林金源與紀駿傑先後在11月5與6日在相同版次，另以〈意識形態與政府干預〉及〈請以台灣觀點看待古巴〉響應。夏鑄九此時至政大演講，路間相遇，他詢問怎麼參加後援會。)

看世界　不能只用二分法

殷惠敏認為「跨國媒體功大於過」，這是他的價值判斷，是否屬實，可再徵引更多研究，互為證成或否證。

不過，若依照殷先生的邏輯，我們同樣會說，帝國主義帶給殖民國家痛苦，但也帶來「進步的」資本主義生產方式，兩相加減，所以帝國主義功大於過。可是，我們所要問的是，資本主義爭奪資源與利潤，造成帝國主義的興起，並在此過程，促動了近世許多社會的（矮化）發展，但捨此之外，人類有沒有其他發展的選擇？我們並不因此就承認資本主義是唯一的發展方式，更不可能就此說，算了，雖然資本主義帶來更大的貧富差距、生態問題、人際疏離等等，但資本主義也給另一些人更多消費財、更富裕、更能征服自然啊，所以兩相加減，資本主義「功大於過」。

正因為我們不是採取加減的方式在看世局,所以我們要問的是,除了跨國商業媒體的營運方式與新聞價值,我們還有沒有其他可能管道與空間,作為了解國際社會的憑藉?美國政府在1980年代初,退出聯合國教科文組織,顯然不支持這種空間的成長,原因之一,恐怕與倫敦市立大學教授湯斯托(Jeremy Tunstall)所說,「跨國媒體盡是美國財團天下」,不無關係。英國「世界基督教傳播協會」(World Association for Christian Communication)是過去十年來,最為積極推動「新世界資訊與傳播秩序」的機構,它正是殷先生所說的民間組織,不知殷先生是否贊成由它推動「新秩序」,以使我們較為接近「美麗新世界」?

(《中國時報》1997/12/4第11版。這篇短文回應殷惠敏在11月16日發表於同版的〈跨國媒體功過與新秩序迷思〉,投遞後得到程宗明等朋友協助,再能刊登。殷惠敏在1984年以筆名「漁父」與陳映真辯論依附理論等議題。他在1999年1月8日再於「時論廣場」(第15版)撰述〈古巴革命神話 在現實中褪色轉折〉,指「美國封鎖既已鬆動」,至2025年2月3日仍不是事實。)

第一個台灣爵士樂團　Taipei Cuban Boys

　　以優雅從容的姿態,再次讓美國吃驚,卡斯楚上週發表不連任總統與三軍總司令的公開信。昨日,古巴人民代表大會開幕,正式完成卡斯楚的預告,如外界預期,他的弟弟勞爾‧卡斯楚獲選為總統。

　　猜測後卡斯楚的古巴將是什麼面貌,早就是一個小型的工業,相關出版品琳瑯滿目,甚至包括小說以此為主題。既然是臆測,就無法完全逆料,但假使美國的民調與英國的學術研究可信,古巴人在自己可以選擇、可以作主的前提下,不會放棄醫療保健、教育、藝文與體育(至前次奧運,古巴每千萬人累積金牌數是五十八,居次的美蘇都是三十一左右)的現有水平,經濟上會持續改革,不會接受美國模式

的自由市場,比較可能走向歐陸與北歐的社會化市場,但維持較高的國有或非私有的經濟比重。

前(2006)年9月,美國蓋洛普公司在古巴兩大城市民調千餘人,顯示47%的人支持古巴目前的領導團隊、40%反對;79%與71%古巴人認為自己對人公平與支持平等價值;96%與98%的人認為他們的醫療保健與教育任何人均可使用,不分經濟所得;74%與76%的人對於醫療服務與社區教育表示滿足。去年,英國南安普敦大學拉丁美洲研究教授Elizabeth Dore在美國加州大學洛杉磯分校講演。她說,過去兩年,她們的研究團隊主要在哈瓦納田野訪談,根據這些民調所得,「美國人認為古巴有如古拉格,這是錯的。古巴人對於統治當局,很有可能出於同意而非被脅迫。」

英國《衛報》記者一年多前親至古巴訪問最活躍、最知名的政治異端帕亞(Osvaldo Paya),他不要泛稱為新自由主義的放任經濟改革,雖說「歐美都能幫助,但改變內涵得由古巴人自己決定」。

古巴人民能夠自己決定嗎?不談將近半世紀的經濟禁運與封鎖,美國多年來公然出錢,輕則暗地中傷,重則囂張地明目張膽要公然顛覆古巴,「號召」古巴人推翻政府。專對古巴發送節目的馬蒂電台從1985年5月20日開始播音,1990年加上電視。從1990年至2007年,預算增加了87%,積累達4億6千5百萬美元。政府編列預算的「民主基金」在1986至2006年間提供1千4百萬,「資助」歐洲傳媒生產古巴負面形象的內容。

2006年10月美國國會的調查表明,1996年以來,美國國際開發總署給予反卡斯楚組織的金額達6千5百萬美元;很可能得到美國「贊助」的反卡斯楚活動,從1997年的四十四起,至2004年達到一八〇五起。小布希在2006年7月11日更宣布,將再增加8千萬,經由衛星、有線電視、電台及網路,提供「未經檢查的資訊」給古巴人。有哪個小國家在面對全球首霸這種蠻橫威脅、文攻武嚇,還禁得起美國水平的自由?卡斯楚說,「美國是古巴社會主義的捍衛者」,諷刺得入骨。

通說古巴反美,實情卻是美國反古巴。古巴人很希望與美國交往,但美國反對社會主義制度,特別是在其「固有」的後花園、後院

居然有個熱帶社會主義國家,除了取得前述成績,另有一項在環保生態價值深入人心的當下,意義更是重大的第一名:「世界自然基金會」在2006年底提出報告,古巴是全球唯一的國家,一方面得到高標準人文指數(不輸歐美),同時又能符合可持續發展的要求,也就是國民消費水平並未破壞土地與海域資源的再生能力。

古巴革命成功以來,一直是國際的注目焦點。1990年代初「實存社會主義國家」崩盤於歐陸,古巴領受美國更大壓迫,各地後援組織相繼創立,無不認為古巴模式自然不能沒有缺點,但其存在仍可照耀拉美,對於人類也是重要的實驗資產。果真美國如願、果真邁阿密為首的反卡斯楚集團得逞,哀傷者、損失者又豈只是古巴?

五十多年以前,台北曾印行了一本小書《台灣與古巴》。當時,本地爵士樂先河、日後改名為鼓霸樂團的最初名稱是 Taipei Cuban Boys。其後,台灣與古巴斷了線。

明年,古巴革命也已經半世紀了,套句台社成員卡維波十三年前在《島嶼邊緣》季刊的籲請,我們可以再次擴臂疾呼:「慈濟(台灣人)!古巴人民需要你!」

(《中國時報》2008/2/26 A15版。原標題〈臺灣人,古巴需要你〉。)

原住民在台灣與古巴

「台灣歷史上的種族滅絕」[2],這個標題讓人吃驚。近日,「公民行動影音」網路媒體發布了這篇文章,引發交鋒與討論。

1732年,在漢人與平埔族人競逐生活空間的背景下,清廷派兵

2　歷史上,真正的「種族滅絕」發生在現在的小琉球,時為1636年。荷蘭人登島,小琉球千餘位原住民的絕大多數遭殺害,殘餘的少數人被送至雅加達與新港等地。一百多年之後,再有漢人陸續登島定居至今。

六千,以七個月殺死「大甲西社」九十二族人(包括戰後梟首該社十三位領導人),生擒男女老幼千人。兩年之後,清廷推展教育、引入漢人文化,以統治者的姿態,將平埔人的居住地,改名「德化社」、「感恩社」、「遷善社」、「興隆社」等等,最終迫使平埔族「被融合」,語言與文化凋零消失。

對於當年的平埔族,這是人命與「精神的嚴重傷害」。但對當時的人,特別是對當代人來說,「種族滅絕」四字也許不是那麼準確,即便泛稱平埔族的不同群體,其文化已遭滅絕,最多僅能或多或少,仍在日常生活留存祖先習俗的若干痕跡。

這就讓人有很多聯想,就說古巴。古巴如同加勒比海很多群島,原住民是塔伊諾人(Taino),古巴及哈瓦那等地名來自該族的語言。西班牙人到古巴時,散居其間的二十九個塔伊諾部落,可能還有十萬人左右。不過四十多年後,也就是1544年葡萄牙人船艦稱呼台灣是福爾摩沙時,塔伊諾人幾乎「已經被滅絕……」。因此,兩個月前,有部古巴紀錄片的主角,自稱是塔伊諾人後裔時,《哈瓦那時代》網站起了漣漪,許多讀者據此發表見聞與評論。

未來,古巴的塔伊諾人(如果還有)是不是如同近年的台灣平埔族群或原住民,也會在「種族問題」的理解過程,加入自己的角色,還不清楚。

但在古巴,不太有人談種族問題。重要原因之一是,被尊稱是古巴國父,所有拉丁美洲人都很尊敬的荷西‧馬蒂,在19世紀末領導獨立戰爭時,基於他本來就對種族歧視反感,也為了團結更多的人,屢次呼籲古巴人不要「老是提膚色,應該停止了」。他說,大家應該共同以殖民者為敵,不要因膚色被分化。果然,參與這次獨立戰爭的人,有三分之二是非裔古巴人。但恐怖的是,獨立之後,1912年竟有三千黑人,大多沒有武裝,在兩個月間被屠殺!

1959年古巴革命以後,屠殺不再可能,但左翼政黨過度凸顯階級色彩,傳統上不談種族問題的窠臼延續,甚至說新古巴沒有種族問題。過去半世紀以來,由於古巴對非洲原鄉的獨立與醫療支持,付出很多,菲德爾在協助安哥拉與南非脫離殖民,及解除種族隔離的過

程，高呼古巴是「拉美非洲國家」，可能都是要宣示，古巴對於黑人或黑白混血的國人，沒有偏見與歧視。

最多，菲德爾只承認種族問題「客觀上」是存在，特別是1990年代以後。比如，2006年的研究推估，白人從海外親友得到的匯款收入，是黑人的二點五倍，是黑白通婚者的二點二倍。又如，黑人在2004年，在黨政要職務的六百一十人當中，雖占了32%，但到了如政治局或部長會議等等高層，只有10-20%，中央委員也只有13.3%是黑人。

菲德爾堅稱，在日常生活中，古巴沒有種族歧視或態度。真沒有嗎？我去過古巴兩次，相去十八年，一次參加旅行團，這次自由行，似乎仍然可以認同菲德爾所說。但也有不少研究者說，種族歧視或偏見，是與美國不同，沒有那麼嚴重（美國警察一年「誤殺」五百多無辜民眾，不成比例的人數是有色人種。古巴社會平和，自然沒有美國的這個問題），但怎麼能夠說不存在呢？《再現古巴！古巴藝術、國家權力與新革命文化的誕生》的作者是非裔美國人，提及2004年她重返古巴時，白人警衛阻擋她及古巴非裔女友入內。她們抗議這是種族歧視，警衛卻只重複說，「古巴沒有種族歧視。」

最後，比較讓人不解的是，古巴究竟是白人後裔為主，還是非裔與黑白混血占了多數？1804年海地獨立後，古巴殖民者擔心黑人炮製，因此加速提供多種誘因，吸引歐洲白人移民古巴。這樣一來，1861年的白人後裔占了海島居民的56.8%，1877年上升到了64.9%。到了1953年，亦即革命前最後一次普查，72.8%是白人，而2002年的普查則說是65%。

但我與女兒銘如行走古巴，從西部的哈瓦那、中部的千里達，再到東部的聖地牙哥，覺得這個比例應該倒過來。我們在大街小巷馳目所得的印象是，非裔與歐非混血人數的比例，應該有六至七成才對。美國國務院及邁阿密大學的研究也說，古巴白人約占總人口的38%。古巴非裔學者、三次得到古巴教育部學術獎的多明格斯教授（Morales Domínguez），曾在2007年於古巴出版《種族問題的挑戰在古巴》，則說白人可能低至28%。

所以，這究竟怎麼一回事？假使古巴人口的構成，外界推估與政

府普查的落差問題,作何理解?

一是遊客如我們,以及美國及古巴學者的數字,來自印象與推估,不如政府普查數字正確。二是,在美國,界定人的身分,據說有所謂的「一滴黑血法則」,但在古巴不曾如此,通婚後人種計算方式與美國不同,另用毛髮捲曲與否等等面向判定,因此數字就有差異?第三個原因,如同日本動畫片《平成狸合戰》的啟發,太多無法戰勝支配者的人(動物),最後不管是被迫,還是主動選擇,並無遺世獨立的空間,而是融入了,並對支配者的文化有所增減,久而久之,忘卻出身,或出身仍可印記,但無礙於不同出身者的結合,共同推動改變歧視與偏見,以及,改變同樣重要的物質與權力分配不均的大業?古巴有色人種的專業與知識分子在2009年宣布,要恢復1998年創立的「黑人兄弟會」,應該就是這個用心。

(香港東網2015/8/23,原標題〈從「台灣歷史上的種族滅絕」談起〉。)

高玉樹　台北市長從紐約飛往哈瓦那

台灣與古巴天各一方,若要前往,往東經北美,或是往西經歐洲再到哈瓦納,所需時間與轉機功夫,相去無幾,兩地相去遙遠,可見一斑。至今,台灣人對古巴談不上了解,但印象是有的。

其中,有些負面的說法不是完全虛構,比如,政治的自由度不夠,物資消費不發達。惟古巴的正面表現,在負面說法籠罩下,往往無緣持續與台人見面。古巴除了棒球呱呱叫,這個面積三倍於台灣,人口僅及我們之半的島國,在歷年奧運的表現,相當亮眼,最佳是全球第六名,最差也有第十五,若以人均所獲獎牌的比例計算,很有可能世界第一,中美蘇日韓歐洲都不是對手。

尤其難能可貴的是,古巴醫生世界跑。其中,有些是用來賺取外匯,另有相當成分是人溺己溺,主動無償馳援醫療資源欠缺的國家。

比如,去年伊波拉疫情在西非爆發,世界衛生組織(WHO)總幹事陳馮富珍博士說,「我們特別需要醫生和護士……。」古巴回應這個呼籲,派出將近五百醫護人員,不但贏得WHO讚譽,美國國務卿凱瑞(John Kerry)也很難得,跟進而大力鼓掌。

古巴之於美國,也很接近台灣海峽的兩岸關係。去年底,美國總統歐巴馬與古巴總統勞爾・卡斯楚宣布即將建交。之後,為了建交,歐巴馬說,要將古巴從恐怖主義國家之列除名。這很有趣,古巴本來就不是恐怖主義國家,美國的說法多此一舉,此地原本無銀三百兩。

這個莫須有的舉動,同樣出現在海峽對岸。原本,台灣就是主權獨立的中華民國,無須九二共識,不需一中各表,事實俱在已超過一甲子。兩岸合組中華邦聯(或其他名號),各自出席國際場合,相互支援,天下立刻太平,哪裡需要說,如果九二共識遭到破壞,兩岸關係「地動山搖」呢?

執政黨總是小氣的。當前的對岸如此,當年台灣的執政黨也是。高玉樹(1913- 2005),曾經在1960年以卸任市長的資歷,參與雷震的組黨工作。1954年他第一次以無黨籍身分,以十一萬多票,擊敗執政黨提名的候選人王民寧,當選還是省轄市的台北市市長。

次(1955)年,美國市長會議在紐約召開,在冷戰背景中,邀請了台灣與西德這兩個國家的「戰時首都」市長前往與會。當時,高以英語講演,與德國西柏林市長簡短德語致詞,強烈對比。高玉樹說,他講演後「掌聲雷動」,「美國報紙熱烈刊登」。但是,執政黨控制下的「台灣新聞媒體,卻隻字不提」。放在當前,這是不可思議的小氣,即便是六十年前,高玉樹也不會無感。難怪,會後他從紐約前往古巴等國遊歷,直至返國多年以後,他猶憤怒難平,即便還是只能小心翼翼地抨擊,指中央政府執政黨「倒行逆施,排除異己……愛黨甚於愛國,與人民越行越遠……雖有大格局的領袖……忠言逆耳,小鬼難纏,哪來的中興氣象啊?」

(2015/4/30刊於香港東網。原標題是〈台北市長　曾經訪問古巴〉。)

陳菊　高雄市長緣慳哈瓦那

　　柯P出掌台北市政之前，高雄市長陳菊是最受注目的地方首長。十年前，在擔任勞委會主委兩千多日後，她因高雄捷運泰國勞工事件辭職，「向國人與勞動者致歉」，表示她捍衛人權初衷不變。記者則說，陳菊至今「最崇拜的偶像」，仍是古巴、「南美洲革命英雄切・格瓦拉」。

　　次（2006）年春天，陳菊寫了一篇〈早逝的英雄〉，表示自己是「老格瓦拉迷」。她說，1970年代起，她就跟情治機關「捉迷藏」，很像「是在叢林中打游擊的格瓦拉」。當時，同年齡的女子，很多是秦祥林、秦漢的粉絲，陳菊則「迷……更帥…的格瓦拉」。有了年輕時節的情懷，年歲既長的陳菊知道格瓦拉如同任何人，都有缺陷與弱點，但「依然是我的英雄」。同年6月獲得提名參選高雄市長，她成立「菊籽」青年軍，舉辦熱鬧儀式，主題是「當格瓦拉遇上菊娃娃」，希望高雄青年認識，並進而以格瓦拉為「學習榜樣」，要有「堅持理想的熱情」。

　　高雄市的緯度與哈瓦那相當，都在北回歸線南方數十公里，陳菊當選未幾就在參訪倫敦最後一日，前往馬克思墓園憑弔。她說，高雄市政必須照顧弱勢，使其工作與尊嚴得到保障，「改變世界」。不久，台灣若干社團在數個城市，聯合辦理小型古巴影展，慶祝古巴革命六十年，第一站就是高雄；7月登場的高雄世運會，在健力賽場中，有位選手穿戴古巴頭巾，參加比賽。

　　但陳菊迄今未曾到過古巴，或者說，如果她對古巴革命後的局勢多些掌握，那麼，2012年2月，她應該就已經進入哈瓦那，一定也會去格瓦拉埋骨之所，有所緬懷。當時，陳菊率領高雄市政府及跨黨派議員多人，加上屏東科技大學農學院教授，及傑出農民四位，總計二十人，前往古巴學習舉世聞名的有機農業，也到哈瓦那觀摩蘭姆酒產業，爭取世界烈酒評酒大賽在高雄舉辦。

　　然而，所有團員，包括副市長劉世芳，如同許多台灣遊客，都順利地進入這個加勒比海最大的島嶼，偏偏陳菊緣慳一面。

為什麼？

台灣多明尼加大使館曾經間接函詢，古巴依據國際慣例，並不說明。若說礙於政治，副市長的政治屬性與市長並無差異，因此外界指這是因為美國與中國大陸作梗，可能並不正確。美國想要欺負古巴，不讓台灣地方首長進入？陳菊都訪問大陸城市了，北京還不讓陳菊去古巴？「美、中、古巴聯手修理」陳菊的小標題，太會想像了。同理，硬說陳菊要把古巴當作「政治舞台⋯⋯不把（古巴）政府放在眼裡」，更是匪夷所思的胡說八道。如果古巴能作為台灣政治人物的舞台，那是當作負面符號。馬英九第一次參選總統時，2007年在中原大學講演，題目是「別讓台灣古巴化──談台灣競爭力與藍海策略」。顯然，類同陳菊的人，可能少得很。像馬英九的政治人物，應該更多，他們知道古巴的政治意涵，在台灣是負面多過正面。

所以，原因何在？邁阿密市長的看法，提供了端倪。

原來，高雄市與邁阿密是姊妹市。早在2011年5月，邁阿密市市長雷格拉多（Tomas Regalado）就來高雄訪問。2012年這次，等於是回訪邁阿密的陳菊，得到熱烈招待。但雷格拉多是由該市反卡斯楚的古巴裔美國人選出，他說，「陳菊可能因為與反卡斯楚政權立場鮮明的邁阿密政商界來往，而被古巴列入不得入境。」另有外電說，陳菊可能因「與反卡斯楚陣營互動」而無法入境。

真相究竟是否如此，迄今不得而知。但如果這是真的，倒是提醒我們，反對派與執政者相同，不一定都具有道德正當性，執政者若有問題，也不能說反政府就一定更有道理。美國古巴裔的反卡斯楚人群，在美國的聲勢日減，不能阻止歐巴馬與古巴建交，透露了這個道理；委內瑞拉的反對派，逢查維茲就反，見現任總統馬杜羅（Nicolas Maduro）也反，但無法得到美洲國家組織的支持，也是這層道理。

（2015/5/10刊於香港東網。）

台灣人遇同鄉　還有美國人

離開民宿當天,腳還沒有出門,就有兩位台灣旅客,入內共用早餐。一問,方知他們這次穿越南美大陸之行,就從哈瓦那起腳。

東方海島的人,竟然在相隔半個地球的西方海島,還能湊巧相遇。看來,古巴與美國外交關係的變化,同樣另有折射,反映在各國海外來客的數量,跟隨增加。

7月20日,睽違五十多年,古巴國旗重新在美利堅國土冉冉飄揚。美國國務卿凱瑞下個月也要親自到哈瓦那,主持美國駐古巴大使館半世紀以來的第一次升旗儀式。去年底兩國宣布改善關係以來,親履古巴的美國人數,至4月,已經比前一年同期增加36%。

將近二十年前,我第一次到哈瓦那,不曾看過一個美國人。[3]這次,一個多小時之內,就在「古巴之友協會」連見三個美國團體,一百多人。

古巴之友協會(西班牙文的簡稱是ICAP)早在1960年,也就是革命後次年就已創設。這是古巴對外推廣交流,促進世人對古巴理解

3　首度認識聲援古巴的美國人,是陸德(Sara Fletcher Luther, 1918-2015)博士。曾任明尼蘇達州眾議員兩任及其他公職的這位前輩,有書《美國與直播衛星:國際太空廣電政治學》經我迻譯,在1996年出版。隔一年,我在英格蘭Leicester等父親前來,他有繞地球一圈的願望,從台灣出發,先來找我,再同往紐約、洛杉磯,然後返台。陸德博士與夫婿紐邁亞(John J. Neumaier, 1921-2016)教授住在紐約州的波啟浦夕(Poughkeepsie),他們熱情邀約並且周到,安排十來位朋友,讓我前往略說台灣概況;家父與我住了一晚,陪我們前往的老友黃俊泰先回。次日,他們開車帶我們逛逛,談及陸德前往邁阿密時,常喜「挑釁」,刻意「裝扮」汽車,望之,便知是卡斯楚、古巴支持者。須知,在美國的反卡斯楚大本營,這可不輕鬆,若不能說帶有危險。前引翻譯書批評美國的太空電信政策,已經明示了她的政治定向。陸德與先生既是情感夥伴,也有相同的世界觀,認同於現在俗稱的「全球南方」。兩位前輩也送我一本精裝圖書,是他們與H.L. Parsons合編、剛出版的 *Diverse Perspectives on Marxist Philosophy: East and West*。往後數年間,我們時有傳統信函來往,兩人也引介我用英文寫些文章介紹台灣的傳播。惜乎,本世紀開始沒多久,彼此慢慢失聯,最後電郵也沒有了,不是相忘於江湖,是溫故知新原本並行。陸德博士的訃聞,特別提及她很有創見的書,在台灣有中文譯本。

與友善的重要社團,單在四十多個歐洲國家,就有八百五十個古巴友好團(Cuba solidarity groups)定期組隊前往訪視,透過寄宿民家,並從事簡單的農務工作,見識有別於一般觀光客所能接觸的古巴風情。

我們從舊城區一路西行,經過哈瓦那大學,穿越23大街,快到ICAP之際,很快就感覺氣氛與情況不太相同。上週第一次造訪時,僅有亞熱帶的午後陽光慵懶飄在樹蔭。這回,早有三輛中型與大型客運停放,一字盤據ICAP的街道。站立門外庭園,已可感受到ICAP內,人影晃動的盎然生意。這時,還不到十點。

循例進入ICAP,報上來意後,前行至會客區等候不久,已見第一批訪客聽完簡報,陸續穿梭出場,三兩成群,自行逡巡走逛,東瞧西看。第一位說,他來自首府華盛頓,不是華盛頓州之後,很快就歸隊上車。

正在懊惱所獲有限,不知美國客的身分之時,兩位體型壯碩,總在一百八十公分以上、一百公斤上下的和藹男子,笑瞇瞇地向前走來。他們說,華盛頓DC來了兩個團體,都不是旅遊觀光名義前來,事實上,目前美國政府還不准許美國人以這個理由前來古巴。他們說,這兩個社團之一是同志團體,不是同志者則搭其便車。至於同志團體的簽證與邀請,有些來頭。

原來,古巴總統勞爾的女兒瑪莉耶拉(Mariela Castro)在古巴主持「性教育中心」。多年以來,她投身倡導同志權益不遺餘力,美國社團兩年前擬在費城頒獎,肯定其貢獻。不過,在反卡斯楚古巴裔美國人的抵制下,美國政府未能核發簽證,瑪莉耶拉也就不得成行。這回,美國同志社團聯絡瑪莉耶拉,由她所主持的機構,出面邀請美國同志前來古巴文化交流,遂有今日訪問團的到來。

就在這個社團飛抵古巴的前幾天,美國最高法院以五票對四票,裁定同性婚姻合法,美國還沒有給予同志婚姻合法地位的十三州,至此也必須加入主流。性/別平權在美國的意識與實踐,已經從邊緣緩慢進展到了主流。古巴與美國關係的正常化,也會從此平順,不再逆轉嗎?

不好說,至少,存在逆流。大格局是,美國參眾兩院尚未修法,

未能解除對古巴的經濟封鎖與政治霸凌，白宮也不肯關閉關達那摩（Guantanamo）海軍基地。小地方是，明（2016）年，美國國務院仍然編列2千萬美元要「振興古巴的市民社會」，但這個關心遠鄰近朋的聲稱，古巴人再怎麼看，都是黃鼠狼在拜年。

（香港東網2015/7/24。原標題〈來到古巴　遇見美國人〉。）

台灣人在古巴探勘政治

泰勒教授說，古巴人如同所有人，不會很快跟觀光客推心置腹，還不熟悉之前，古巴人同樣經常信口開河。我到古巴的東方城市聖地牙哥時，另以「驚悚」的方式，體會到了泰勒的經驗。

龍蝦

泰勒（H. L. Taylor）是美國紐約大學都市規畫教授，以六年多光陰，研究古巴首都哈瓦那舊城區的居民生活。事有湊巧，就在針對三百九十八位居民的訪談竣工，團隊彙整了資料，自得其樂而辦理小小慶祝餐會當天，新聞傳來，菲德爾·卡斯楚住院開刀了。

對於2006年7月31日的古巴人，這是晴天霹靂。電視主播話語還沒有結束，餐會所有人靜默無聲，還有位年輕人飲泣，大家試圖弄清楚，發生了什麼事情。

卡斯楚開刀，退出古巴政經決策圈，很快過了九年，古巴還是古巴，龍蝦對古巴人的隱喻，還是沒有改變。

泰勒教授說，古巴人如同所有人，不會很快跟觀光客推心置腹，還不熟悉之前，古巴人同樣經常信口開河。這就使得外國人可能從其言行，搞錯了真相。比如，「我們古巴人永遠都沒有足夠的東西

吃……」這樣的話。海外旅客對於這個聲稱，可能大惑不解。走在城鎮與鄉村，滿眼古巴多壯漢及虛胖的人，瘦弱之徒卻是罕見。若是真有營養不良，可能是古巴的牛與馬，乃至於麻雀，比起台灣的同類，確實是小了一號。

因此，古巴人戲稱自己沒得吃，真意是說，「我們古巴人沒有龍蝦吃！」至於海外旅客平日也很少吃龍蝦，那是另一回事，古巴人固然知道，但他們堅持以龍蝦表達自己口腹之欲的不滿足。

我到古巴的東方城市聖地牙哥時，另以「驚悚」的方式體會到了泰勒的經驗。原先，住在尼加拉瓜的網路刊物《哈瓦那時報》主編，安排我在聖地牙哥訪問其作者，剛好是女性。由於彼此素不相識，當我在火星廣場見有人貼身，親熱地以常見禮儀招呼時，我就以為是作者了，畢竟，萬頭攢動，東方臉孔就只一人，很好辨認。

兩人沿街而行，找定一家餐飲店，寒暄後準備訪談。「來個龍蝦大餐！」當女士喚來侍者，喜孜孜地脫口而出時，她露出馬腳了。女兒銘如在電話中幫我約定時，她確定是說，餐後訪談，怎麼會有龍蝦大餐！

「龍蝦」當頭棒喝在先，我恍然大悟在後。對方顯然是釣凱子大亨的人，真正的作者還在「火星廣場」！已經送出的訪談禮品已經無法收回，我很快起身，掉頭離去（其實是落荒而逃），只聽到同樣錯愕的小姐，尖聲對著向廚房走去的侍者，呼喊「刀下留龍蝦，洛玻斯特（lobster）不要了⋯⋯。」

評論員

拋棄了「龍蝦」的呼聲，快步回到「火星廣場」，《哈瓦那時報》作者DA消失了。返家後趕緊再聯繫，得知她的手機不是每天使用。聖地牙哥「東方」大學另有一朋友YH，與她共享，兩人隔日輪替。至今年初，古巴約有五分之一的人持有手機。

DA讀歷史出身，從事十六年戲劇表演，從燈光舞台的設計到親自上陣，經驗豐富。劇團團長因癌症去世後，她先到藝術學校教了兩

年書，2009年《哈瓦那時報》創刊後不久，她開始不定期評論，題材多種，至今撰述了四、五百篇。

近來，她逐漸轉移陣地，目前主要為網址在歐洲，以西班牙文發表的《古巴日報》撰述。很多人說她不該「見異思遷」，但DA自有主見，窺其原因，部分可能與語言及報酬有些相關。DA不以英文寫作，因此在《哈》發表的文章，另得勞動該刊翻譯，為此，是否使得稿酬少些，不得而知。但DA說，現在她為《古》撰述，兩篇所得就超過YH的月薪，而通曉英文的YH做為化學專家，「若在西方，收入會很豐厚哩。」

薪資低是古巴人才外流的重要原因。DA說海外有不少人對古巴的想法很浪漫，主要是不真正理解古巴。她的意思是說，在美國與歐洲，半世紀以來的第一代至第三代移民有兩百萬，這是古巴國內人口的兩成左右。何以這麼多人往外跑？太多人對境內的生活水平太不滿了，能走，那就決不留戀。DA說，甚至有移民西班牙的古巴人，聲稱西班牙是祖國！

西班牙是古巴的祖國？這就如同印度人說英國是祖國，或美國人、加拿大人、澳洲人與紐西蘭人說，英國是祖國一樣的奇怪。不但奇怪，很多古巴人勢必難以接受這種心態。1886年起，古巴人決裂西班牙人，歷經三次戰爭，最終才在美國與西班牙戰爭後，取得獨立國格。現在移民海外的古巴人，真對現在的政權有這麼大的怨懟，致使不念前賢先輩的奮鬥與犧牲所取得的獨立地位嗎？憤恨不滿之心，完全泯滅了平心靜氣之後的歷史認同嗎？DA提及的人，若有，應該是少數中的少數。

已經四十多歲的DA有兄長非法進入後，目前住在美國。她則去年受邀去對岸，若是留美不歸，依照美利堅的政策，並無不法。只是，如同所有古巴人，DA的房舍、教育、工作與醫療需要，雖有缺點卻已大致由古巴政府解決。若是因為古巴消費不足而去美利堅，健保與住房，誰來買單？若她真在去年移民美國，我在聖地牙哥的「龍蝦奇遇」，也就無緣體驗了。

人權外交官

透過《1959革命後的古巴：批判與評估》，我得知《哈瓦那時報》這份網路刊物的存在，訂閱之後，某日讀到了坎伯斯（Pedro Campos）先生的評論，眼神一亮，有兩個原因。

首先，文末他列出自己的電郵。其他的所有評論者，幾乎無人提供聯絡電郵。在古巴，政府機關（含國營事業）與教育單位之外，上網至今不便與昂貴，但坎伯斯顯然常用電郵。電腦一開，就是工作，通訊就是一種組織活動，坎伯斯不但論政，並且同時公開電郵，宣告異端組織的存在。對古巴政府來說，這多少有點挑釁。

再者，文章引起我的注意，是因為標題赫然是「古巴有兩個共產黨」。一個是新史達林官僚共產黨，一個是遍布基層與共青團，努力提出新方式新手段，要來完成生產與服務，要求「政治民主化」與「經濟社會化」的共產黨。1991年，因蘇聯在1989年斷絕與古巴三十多年的密切經貿往來，古共第四屆大會開始提出這類聲音與作為。到了2011年，古共第六屆大會，這個路線更見清晰。該篇文章又說，前蘇聯之崩潰，不是因為與西方交鋒，是敗於蘇共內部的新史達林主義派的既得利益力量！

坎伯斯從1970年起擔任外交官，最後一個公職是以古巴人權委員會委員身分，駐在瑞士，1993年被迫退休。不過，他所代表的立場與聲音，在各種外電報導絕少看到。

從美聯社、路透社、《紐約時報》、《世界日報》，到英國的BBC與《衛報》，讀到有關古巴政治異端的新聞時，最凸顯的是，有家人遭致官方監禁的「白衣女士」團體，或者，是以經營「Y世代」部落格出名，三年前法新社曾經預測可望得到諾貝爾和平獎的桑琪絲（Yoani Sanchez）；雖然研究古巴已有五十多年的藍道（Saul Landau）認為，她的評論多是捕風捉影。去年，桑琪絲與十二位記者，另創辦了號稱古巴境內的第一家獨立媒體14ymedio，意思是2014年在哈瓦那某大樓的第十四樓。

這次，我們前往哈瓦那，沒有聯絡桑琪絲，但拜會了坎伯斯。當

天,他等待遷居,無法外出,我們於是登堂入室。原來,目前這個九坪大小的套房月租100美元,是他退休金的八倍,太貴了,他得搬家。古巴在2010與2013年修法,將古巴人行有多年的換屋,放寬至可以合法買賣,坎伯斯得以藉此賣房,也把任職外交官所獲的車子賣了,可能也有在厄瓜多工作的兒女之匯款,這才使得這位體態壯實、七十開外,多次被當局「騷擾」的老共產黨人,形同有了物質基礎,得以不斷從事反黨,同時又護黨的工作。

晤談之際,一位前社會學教授,目前從事房屋仲介的伙伴來了。他準時交稿,不是電郵寄送,是以隨身碟供稿,坎伯斯的兩台電腦都開著,他正在編輯創辦已有三或五年多,已經是第一六一期的電子期刊SPD,翻譯為中文,就是《社會主義、參與及民主》。

我明知,但還是故問了坎伯斯,「您不會同意桑琪絲的主張吧?」西方媒體青睞桑琪絲等人,而不是坎伯斯,道理何在?好像不太有人探討,但我猜答案不難確認,應該是桑琪絲的批評所預設的古巴前進路徑,是西方主要媒體更熟悉的體制。

相比之下,坎伯斯的民主社會主義對記者來說,實在流於高調,或者烏托邦。另外,也可能是一種情緒或傲慢心態的潛意識在作祟:西方都做不來了,古巴哪裡有可能做得來。有些時候,新聞報導是一種儀式,修辭也許不同,但內涵相近或相同,是一種同義反覆,並在此過程,再次肯定「現實」;儀式如果脫軌,就不是儀式,就會招致迷惑不解。兩個古巴共產黨的說法難以見諸天日,關鍵應該在此吧。

學運領袖的忠告

七十多歲的海登擔任美國加州州議員十八年,至本世紀第一年引退。更早,他從1960年代初,就是學生運動的領袖之一,獻身民權與環保運動至今。他與同世代的人相同,重要的政治啟蒙泉源之一來自「古巴革命」。海登觀察與分析美國的動向,2013年初開始回顧與撰述半世紀的古美關係,並預言歐巴馬總統在第二任時,美國與古巴關係將會解凍,邁向正常化的軌道。當時,訕笑的人多如過江之鯽。

但他的分析成真，去年底，古美兩國元首同步舉行記者會，宣布啟動建交工作。年初，海登出版了迷人的回憶錄，從個人的經歷、思考、評價與期望，寫了半世紀以來，兩國交往的重要事件，書名取作《聽好了，古巴很重要》[4]，用以致敬美國早逝的重要社會學家米爾士，並示傳承。米爾士在1960年8月訪談並與古巴知識分子、官員、記者與教授討論，包括與菲德爾·卡斯楚閉門大談特談三回合，每次都是連續十八小時，出版了當時風行美國的暢銷書，《聽好了，美國佬！古巴在革命》。

　　海登的回憶錄有如數家珍、娓娓道來之長，事件的選擇精確，沒有流水帳的索然無味。這是對重要歷史趨向的檢討與定位，言必有據，不託空言，公正的立論伴隨多種觀點的紀錄而出場；時代的軌跡與意義寓居在個人的傳記，遂能具體詳實，人物活靈活現，在舞台生動演出。

　　卡斯楚在1959年起義成功，推翻美國扶植的巴蒂斯塔（Fulgencio Batista）政權時，他不是共產黨人。事實上，當時的古巴共產黨遵從蘇聯的「和平共存」政策，與巴蒂斯塔合作。

　　新的古巴共產黨一直拖到1965年才告重新組成，主要由三股組織力量構成。從事叢林游擊作戰，以卡斯楚為主的「七二六」運動及其成員作為主導，加上在都會區集結而祕密從事反獨裁活動的學生組織，以及舊的共產黨。

　　美國一步一步將古巴推向蘇聯，古巴仍然多次示意，願意跟美國和平共處。對此正面回應的總統甘迺迪，未幾卻遭暗殺，凶手背後的集團，可能包括反卡斯楚、不願意美國與卡斯楚政權和解的古巴人。往後，古巴已無選擇，「最佳的防禦就是進攻」，古巴不從蘇聯，也與中國大陸不同，古巴公然以小島國的身分，不忘地緣、不忘出身，轉向拉美大陸與非洲輸出革命，乃至與越南共產黨聯繫密切。雖然這

---

[4] 承蒙林載爵先生支持，筆者翻譯後，該書在2016年由聯經出版。今日回顧，彼時若是從善，更易中譯書名，或《古巴美國關係一百二十年》，或《古巴、美國與社會主義》等等，或許這本很有價值的書，會有更多機會得到注意。（2023/7/24誌）

是國際主義的浪漫與理念之表現,但與古巴處境的脈絡應該也有關係。卡斯楚因此說,「革命的任務就是製造革命」,「古巴藉此才能逃脫遭致孤立的命運」,正是這個意思。

單說1960年代,就有一千五百至兩千名拉美人在哈瓦那接受游擊訓練,另有更多的拉美人,從古巴模式汲取精神與動能,投身拉美的政治、經濟、社會與文化的民主化進程。本世紀以來,從古巴經驗得到鼓舞的許多拉美國家的進步力量,紛紛執政,其中有多位總統在年輕時,都曾經從事游擊反抗行動或工會運動,有些人還為此入獄,如玻利維亞、巴西、智利、尼加拉瓜、薩爾瓦多、烏拉圭與委內瑞拉。現在,古巴重新與美國建交,固然有美國第一位黑人總統的成績,惟究其根源,仍是古巴奮鬥努力五十餘年的勝利果實。

海登說,古巴「不是天堂。但能有多少國家在革命後,挺過美國支持的傭兵侵略;禁受古巴裔美國人數十年的暗地滲透,在古巴境內發動八百次恐怖攻擊,致三千四百七十八人死亡與兩千零九十九人受傷;五十多年的經濟封鎖;以及,最重要的經濟盟友,也就是蘇聯與東歐集團的崩潰?」不只挺過,古巴的人均壽命、教育、體育、醫療及災難防制,比諸美國,並不遜色,有些部分還略勝一籌。海登認為,美國若放手,古巴的自我更新會有更可喜的成績,不會是共產主義,但也不會向經濟自由主義投降,儘管古巴的經濟消費不足。

海登老而彌堅,他的觀點讓人想起坎伯斯。今年7月,我們前往哈瓦那訪問這位昔日外交官、今日異端,也是七十餘歲的長者。斗室中,他的兩台電腦同時開著,忙於編輯第一六一期《社會主義、參與及民主》電子期刊的坎伯斯說,古巴共產黨有兩面,掌權者是史達林式的老官僚,他(們)的模式是民主的與自由的社會主義,不但在古巴知識界,也在古共而特別是青年團,擁有相當數量的響應者。

(《中國時報》2015/9/1-2 D4版/人間副刊。原標題〈蹣跚古巴〉。)

台灣創紀錄　電視製播古巴系列新聞

　　TVBS近日有個創舉，值得一記。該公司派駐美國華府的兩位記者倪嘉徽和段士元，以三個月時間，捨棄便宜行事，不以觀光名義進入，是以記者身分，正式申請取得採訪簽證，成為台灣第一次有新聞媒體進入古巴，大方採訪。

　　至9月5日晚間，TVBS新聞頻道在晚間的《十點不一樣》，至少已經推出了平均長度四分多鐘的報導四則，另有一則是在晚間五點多播出。

　　新聞只有五則（也可能是六則，但雪茄該則涉及影像版權，僅在TVBS播出一次？），很多真相無法呈現。比如，古巴五十多年來，無意反美，卻橫遭美國霸權無理封鎖，聯合國大會連續二十多年以壓倒性多數，譴責美利堅，山姆大叔文風不動，即便月前已經與古巴建交，封鎖是有減輕，但不是消失。那麼，身處這個難處，古巴究竟是怎麼努力的，至今還是維持自尊與主權，仍然在很多重要領域表現不俗，從而理當受到肯定與敬重。即便不能解答，TVBS若是能夠讓觀眾意識到古巴的存在，具有這個層次的意義，誰曰不宜？

　　不過，TVBS這些新聞大致說來，應該還是能夠拓展台灣人對古巴的一些認識。我曾經相隔十年，請課堂同學填寫古巴印象，兩次都得到了不少完全背離事實的說法，比如，以為古巴人「四肢發達而頭腦簡單、毒品、常發生動亂……」。TVBS正式播出的五則新聞並不會讓觀眾得到這些印象，即便其中有兩則新聞的結尾，輕則畫蛇添足，重則可能宣洩了記者也是某種意識形態的受害者。

　　在報導古巴人的網路、手機與「一週（資訊及）娛樂大補帖」（weekly package）時，TVBS何必以此作結？「不難想像，2018年勞爾・卡斯楚交棒後的後卡斯楚時代，古巴當局勢必將面臨更難控制的社會和政治局勢。」大多數方家的預測，似乎是傾向認定，古巴軍隊（FAR）因長年來海外援助的經驗與成績，在國內甚至威望高於共產黨，比較可能持續影響大局，不是一開放就沒命。TVBS的預言若能成真，那麼應該是美國的兩手策略奏效。今年6月，也就是古美建交

前一個月,美國撥款委員會批准新編3千萬美元,「作為提振古巴民主與強化市民社會」之用,若最後成真,2016年美國將在歷年固定編列的2千萬金額之外,新添一倍半的「搞活」古巴之經費。這是怎麼一回事?關心的人都在看。再者,介紹古巴棒球時,這樣的結尾同樣太過突兀,「資本主義浪潮吹向這個加勒比海島國,紅色閃電的旋風已經告終。」U18青棒賽,台灣不是剛剛輸給了古巴嗎?假使古巴告終,我們應該怎麼算?

不過,在五則報導之外,TVBS應該是在對外發布新聞稿時,提及古巴「物資嚴重缺乏,要水沒水、要油沒油」。沒想,TVBS雖然「只是」在網站刊登的文字出現這個意思,卻早一日已經在《自由時報》出現這個標題〈記者訪古巴好克難!沒水沒油沒網路〉。這個經驗是個人的,旁人也許只能尊重。然而,要將這個相當稀少的、個別的,很難想像,也不是大多數觀光客的經驗,在新聞或標題中凸顯,我們也只能說這果然應驗狗咬人不是新聞,人咬狗才是新聞的「古訓」;若為此而讓遊客大包小包,「盥洗用品之外,還多帶了藥品、電池、餅乾、泡麵……捲筒衛生紙……」,會不會讓乘興而來的觀光客以為將要很不方便,致使裹足不前不再敢去古巴呢?

最後,在〈獨家進入古巴採訪的台灣媒體〉這篇文字,讓倪嘉徽「印象很深」的一段話,倒是應該也會讓讀者或觀眾「印象很深」。既然古巴這缺、那缺,包括自由度比較小,很多報導也都說古巴人用腳投票,能出國就不要待在古巴,哪麼,何以記者問了很多古巴年輕人,包括藝術家,要不要去美國圓夢的時候,「得到的答案都是想待在家鄉,改變古巴。」記者好奇,我也好奇。

(香港東網2015/9/6。原標題〈TVBS的古巴新聞〉。)

接近古巴的另一種方式

古巴與美國建交,造訪古巴即將成為「時尚」。

去(2015)年1至11月,對岸赴古巴遊客數達兩萬五千七百七十七人,美國更有十三萬八千人(比去年同期增加71%)。耶誕節之後兩天,北京直航哈瓦那航班首航,每週三次。

最快從今年6月起,美國可能每日會有一百以上航班,來回兩岸,而白宮也放出風聲,表示歐巴馬可能訪問古巴,或許可能成為九十年來首位親履古巴的美國總統。

不但天外飛來旅客,海島特有的船運同樣熱鬧,新聞說,「搭郵輪到古巴當紅」。

與古巴同樣是海島,但天各一方的台灣,興奮於二十九年來,首次「擊敗古巴,台灣棒球史新頁」之餘,上個月,高雄勞工公園也推出「Peso比索古巴三明治」麵包車,每日限量供應五十份。

繼之,台北福華飯店上週跟進,稱讚古巴三明治是「美食」。本週二,可能是第一位前往古巴,專為長期學習西班牙語的台灣人林建宇,淺嘗了三個月,發表心得,表示「古巴老師對於教學……充滿熱誠,沒有讓人失望」,他準備至少再待六個月。

所以,能湊些時間、湊些旅費的人,盍興乎來,走一趟古巴?

若去古巴,除了參加套裝行程或自助旅行,還有一種方式比較少人從事,就是組團,聯繫ICAP。

ICAP是西班牙文「古巴之友協會」的縮寫,革命後很快在次年成立,用意就如字面所說,廣結善緣、爭取外界的理解與支持。

對於沒有金錢,但有需要的國家,古巴以其強大的醫護力量,盡量透過培育人才,以及派遣人員親往服務的方式,改善不少非洲、拉美,乃至於亞洲國家的醫療保健的素質。歷年來,聯合國與世界衛生組織對此表現,屢屢稱讚。最近的例子是,過去一年多,古巴對非洲伊波拉疫情的投入,也讓美國國務卿與《紐約時報》、《華盛頓郵報》,不得不刮目相看。

不過,這些及其他古巴的優異表現,知道的人少,誤會的人多。

比如,將近二十年前的一次調查,發現台灣有些大學生這樣形容古巴,「封閉保守、貧窮落後、經濟原始、人民貧苦、難民潮、販賣人口、走私、沒有休閒、沒有聲音、奸商、沒有社會福利、毒品、常發生動亂、運動風氣盛而棒球很強、雪茄外銷」。

台灣人及各國的人,現在還這樣認知古巴嗎?不很清楚。ICAP自知古巴有很多缺點,不是樂園,但他們的工作目標,就在「讓造訪這個島嶼的人,接觸什麼才是真正的古巴。對於難以計數,不時出現,有關古巴的許多虛假說法,勇於面對」。

因此,歐洲有四十五個國家,合計約有八百五十個古巴友善社團,透過ICAP的安排,有些定期,有些則否,採取一週或兩週或其他時程,自費前往古巴參訪,並且參與當地人的活動。有些是從事農事工作,但不很吃重,另外,加入多樣的文化活動,也是一環。半世紀以來,有一位ICAP項目的造訪者,日後出任北歐某國的首相。就連美國,友好青年團從1969年起,就以這個途徑,每年走訪古巴至今,即便FBI經常不定盤查,或說騷擾參加的成員。

有沒有華人組團,透過ICAP來了古巴?

好像沒有。亞太國家與古巴的團結友誼集會,啟動於1995年,都有ICAP的協辦。第一屆的參與人來自澳洲、紐西蘭、寮國、北韓與越南等五國,第六個國家是中國大陸。其後至去年9月的第七屆,參與者大多以在地國代表為主,另有大致來自十七至二十二個國家的人,國內外合計除曾在斯里蘭卡,一度來了四百多人之外,其餘大約兩百多人。主辦這些集會的國家,印度、越南、斯里蘭卡各兩次,寮國一次,但北京未曾主辦。

為要一探究竟,我拜會了ICAP。去年6至7月,先是隔空以電郵聯繫,然後是親身問津,想要了解的事情之一,就是有沒有華人組團前來。

ICAP的建築高挑寬敞,夏日仍屬舒適清涼,位在哈瓦那緊接著舊城的貝達多區(Vedado)的西北角,距離約翰‧藍儂(John Lennon)公園不到兩公里。抵達當天,因未曾約定,等候多時並在內部走動觀察後,決定擇日另來。

從第二大城聖地牙哥返回後，很快由銘如確認有人可以接待，便快步從民宿來到了ICAP。雙方聊了一陣，也就不到一個小時，得知曾經與ICAP聯繫並組團前來的人，亞洲當中，大致就是日本與南韓，團數雖不多，卻從近年開始有了。至於華人，確實沒有。她說，台灣雖然與古巴沒有邦交，但是ICAP本來就是結交朋友，促進彼此認識，那麼，任何人包括台灣人，假使能夠組團造訪，ICAP哪裡會有不歡迎之理？

　　「有朋自遠方來，不亦樂乎」，古巴人顯然也有這個認知與態度。北京哈瓦那既然有了航班，兩岸四地的華人若要前往，比起以前，多了一層方便，再過不久，說不准真會有人組團，與ICAP聯絡，不只是旅行觀光，而是用這個另類方式，接近古巴。

（香港東網2016/1/10。原標題〈接近古巴的另類方式〉。）

《新寶島》 古巴人與台灣人互換島嶼

　　古巴與台灣的對比，相當強烈。

　　古巴願意交好對岸美國，卻換來美國對古巴封鎖。台灣執政黨與部分國人，想要遠離對岸中國大陸，但兩岸歷史與地緣連結，無法否認，兩岸經貿來往密切，至今沒有因美國發動貿易戰而改變，如歐洲商會今年調查顯示，近六千家填答公司，四分之一表示要移動生產鏈，更靠近或乾脆進入大陸，只有9%說要遠離。

　　兩大島嶼另一差異是新冠疫苗。古巴欠缺外匯，無法對外採購，只能自力研發。台灣外匯存底至上月底5千多億美元，世界第六，外購消極，因為想要自主研發。

　　現在，尚未進入三期臨床實驗的台灣高端疫苗，引發議論。古巴五種疫苗則各有進度，相關研究已執行超過一千回，其中，「阿夫達拉」與「主權二號」先後在第三期測試十九至八十歲四萬八千人後，

結果將在月底公布。兩種疫苗可在2-8°C保存，得打三劑，每劑間隔兩週；阿夫達拉疫苗對Beta與Gamma變種病毒也有效果。主權二號則得到授權，上週開始測試十二至十八歲的青少年志願者，稍後會延伸至三至十一歲；這個進度，僅比在5月也得到授權，啟動對少年測試的輝瑞疫苗晚一個月。

現在約五十萬人已注射這兩種疫苗三劑，注射一或兩劑的至少有兩百五十萬人，古巴人口是一千一百萬。第三期期中報告可望符合期待，並獲得緊急授權，古巴估計8月底前，接種至少七成國民，年底前完成全部注射。諷刺的是，由於美國經濟封鎖（古巴譴責疫情期間加緊封鎖，「是種族滅絕行為」），古巴雖自主完成疫苗研發，但欠缺注射針筒！因此，阿根廷及歐美與亞洲已有民間組織與個人，從5月起響應募款活動，準備至少購買兩千五百萬份針筒相贈，已有部分送抵古巴。

亞洲的越南與古巴有深厚連結，起於切‧格瓦拉在半世紀多前，有圍魏救趙的國際團結之心，疾呼要在南美洲創造另一個越南，迫使美國放鬆對亞洲越南、寮國與高棉的濫炸與攻擊。現在，已研發四款疫苗包括有一種進入第三期的越南，其衛生部長日前表示要與古巴合作，購買疫苗或移轉技術。

黃崇凱最近出版一本小說《新寶島》，讓土地無法互換的古巴人與台灣人，一夕之間對調；醒來之後，台灣人住到了古巴島，古巴人住到了台灣島。這是小說家的想像，但若成真，倒是可以讓古巴與美國，台灣與中國大陸的關係，從不合走向融洽，減少軍事對峙的危險，也是對世界和平的一大貢獻。

（《聯合報》2021/6/20 A13版。原標題〈自主研發　台灣古巴比一比〉。）

美國的覬覦與霸凌

覬覦古巴兩百年

「古巴反美」,很多人經常這樣說。

這是美國人設定的說法。

假使讓古巴人設定,真相是「美國反古巴」。作為第三者,台灣人可以更精確地說,是美國由「愛」生恨,得不到古巴,翻臉變成反古巴。美國人這種情結,持續到前(2014)年12月17日,兩國同步宣布並啟動新局。不過,未來美國是不是翻轉歷史,不再覬覦古巴,還得再看。

根據西班牙經濟學者埃斯特萬(Javier Cuenca Esteban)的研究,1790至1811年,獨立不久的美國與西班牙殖民地(主要是古巴)的貿易出超,足以抵銷美國與其他國家的90%貿易赤字。再者,以1800年為例,美國與古巴貿易的關稅所得,竟然是「聯邦政府的稅收命脈」。

正是在這個背景之下,美國第三位總統(1801-09年)傑弗遜(Thomas Jefferson)就這樣寫著:「如果我們的聯邦可以再次增添一個州,最讓人感到興趣的就是(古巴了)。」第一位出生在美國本土,1825年繼任總統的亞當斯(John Quincy Adams)則在1823年時,就以國務卿身分,擬定門羅總統(James Monroe)的國情諮文,其外交說法就是「反對歐洲國家再於美洲奪取、干涉殖民地」,後人以「門羅主義」相稱。日後,這個立場演變成為,美國要取代歐洲,作為美洲的老大。正是在這個脈絡中,亞當斯說,古巴應該遵循自然法則,要向「北美統一」移動。

到了19世紀中後期，隨著英美法西相繼禁止黑奴交易，以及美洲殖民地獨立運動的勃興，不少西班牙裔的古巴人擔心特權不再，果然祭出選項，若捨棄西班牙，就要併入美國，不要獨立。當然，古巴人沒有作此選擇，反映古巴主流民意的是荷西·馬蒂。這位後人稱之為古巴國父，也備受拉美人尊崇的馬蒂在1895年戰死沙場前兩天，曾有最後一封書函寄給友人。信中，他說，「我的責任在於透過古巴的獨立建國，阻止美國勢力延伸至西印度群島……及美洲其他土地。這是我畢生所從事，以後也仍將永矢弗諼的目標……我在這個妖魔鬼怪內部生活多時，我知道它的裡裡外外。」

美西戰爭在1898年爆發，很快就有了勝負，山姆大叔取得菲律賓將近五十年，至於關島與波多黎各，納入美國的海外領地至今。美國雖然無法併吞古巴，卻在1901年3月2日自行片面立法，迫使古巴在其憲法寫入增修案。礙於拳頭小，古巴在6月12日修憲時，只好接受《普拉特修正案》（Platt Amendment），兩年之後，美國據此租借關達那摩省的海灣一百一十六平方公里，並在其上設置海軍基地，有美軍及眷屬六千在此居住。古巴革命後依據1969年《維也納條約法公約》第52條，指美方強租無效，告上國際法院，多次要求索回國土，但美方置之不理。美國民歌手西格（Peter Seeger）在1962年改編與倡導後，使得具有自諷、抗議、浪漫也是倡議和平的歌曲〈來自關達那摩的姑娘〉風靡世界包括台灣。美國於2002年增設監獄，囚禁阿富汗與伊拉克戰爭嫌疑犯，美國海內外清議持續反對這種一錯（強租）再錯（關押國內法不容許的人於外國）的作法。[5]

老羅斯福總統（Theodore Roosevelt）在1904-05年間說，既然美國不容許歐洲人干預拉美，那麼，美國就有責任維護這些國家的秩序與繁榮。次（1906）年，機會來了。

古巴第一任總統是斯特拉達·帕爾馬（Tomás Estrada Palma）。

---

[5] 川普（Donald Trump）二度當選總統就職後不久，就在2025年1月29日宣布，要擴建監獄至可容納三萬人，除了要繼續關押僅存的十五人，其餘空間要用來囚禁沒有證件的非法移民。

當選後,反對派指控他選舉詐欺,聲勢浩大,竟使他要求美國平息國內紛爭。老羅斯福借題發揮,表示「這個鬼模鬼樣的小小古巴,讓人惱怒。要讓我來,非得讓這些古巴人從地表消失。我還圖個什麼?無非就是他們得像樣些有些規矩,無非是希望他們順遂好運與快活快樂,這樣我們也就不需要干涉。現在可好,你倒瞧瞧,他們居然無端搞起這個毫無道理的革命來了」。他派出海軍,再度占領古巴,並成立臨時政府,公然統治「獨立的」古巴至1909年。

其後,美軍雖走,古巴其實是美國的後花園,直到1959年古巴革命。艾森豪(Dwight D. Eisenhower)總統起初不疑有他,雖說革命,白宮眼中,這只是往日政權更替的新說法,反正誰上誰下,都會買美利堅的帳。這次能有什麼不一樣呢?革命軍在元旦當天進入哈瓦那,早前兩週,艾森豪派兵支持腐化的古巴總統巴蒂斯塔,到了1月7日,為了向革命軍示好,艾森豪撤換大使史密斯(Earl Smith),繼任者是邦薩(Philip Bonsal),這位大使素有名聲,善於交往中間偏左的政府。

艾森豪沒有想到的是,當時,古巴共產黨遵守蘇聯第三國際的路線,要的是民眾的和平鬥爭,反而認為游擊隊是機會主義者,因此領導革命的力量與共產黨無關,而是菲德爾·卡斯楚(Fidel Castro)為首的「七二六運動」,這是激進的民族主義派與激進自由派的結合,雖然也有共產黨人(如格瓦拉與現在的總統勞爾)以個人身分參與其中。卡斯楚等古巴領導人想要與美國和平共存,但改革是要的,而真要改革,不可能對於美國的不當利益沒有調整。情勢使然,加上逃離古巴至邁阿密的前朝故舊,結合美商及黑幫在古巴的既得特權群體之大力遊說、煽動乃至於滲透,美國的主流政治黨派,不肯容許古巴真正的獨立,也就是自主地決定國內外政策。

於是,美國很快假借中央情報局羽翼傭兵,在1961年4月入侵豬灣,最後失敗告終,大傷顏面。[6]在這次戰爭之後,古巴選擇的空間

---

6 美國參謀首長聯席會議在1962年簽署十二頁報告,詳述「北木行動」(Operation Northwoods)。據此,聯邦政府將在美國城市執行「假旗行動」,「在邁阿密地區、

幾乎消失了，正是在這個時刻，菲德爾這才在革命兩年多之後，第一次宣布古巴要走社會主義路線。美國開始封鎖，古巴還能不另外結盟，那就奇怪了。豬灣戰爭後一年半，又有震動世界為期十三天的飛彈危機，全球首度陷入美蘇為首的核子戰爭的滅亡威脅。

儘管不到兩年之間，雙方兩次兵戎相見，但兩國領導人仍然私下互派人員，包括委託記者傳話，希望彼此尊重，和解共生。這些不能公開的相互測試與交往，從年輕的約翰·甘迺迪總統的談話看到了蛛絲馬跡。飛彈危機一年多之後，也是甘迺迪在1963年11月22日遇刺前一個月，他公開表示，「……就一定程度來看，巴蒂斯塔彷彿就是美國許多罪衍的具體展現。現在，我們必須為這些罪衍支付代價。」

有人認為，甘迺迪這些講話及其背後已在進行的試探，不可能不為關注兩國關係的局內人知悉。根據他們的研判，甘迺迪惹來殺身之禍，這是原因之一。當時曾經喧騰一時的傳言是，蘇聯與古巴是暗殺事件的幕後黑手，然而，古巴自知必須與美國搞好關係，甘迺迪又有善意釋放，卡斯楚哪裡會有動機殺人？蘇聯的路線本來就是「一國社會主義」，有什麼理由設局？反之，甘迺迪打擊美國黑幫，又使得他們無法重新取回「失去」的古巴，無不使他們狂怒憤恨，再要加上窩藏在邁阿密的前古巴勢力集團，更有動機，想要取人性命。

日後擔任加州州議員、從事社運也在校園教學，年輕時是美國1960年代學運領袖之一的海登去年出版新作。他對甘迺迪遇刺的歷史事件，至今仍因機密文件沒有解密而不能解開真相，不能諒解。他說，明（2017）年，美國雖然會解禁幾百萬文件，但甘迺迪「暗殺記錄檢視委員會」（Assassinations Record Review Board, ARRB）另有超過一千筆紀錄（每一筆都有一至二十頁），解禁之日遙遙無期；當年負責調查的華倫委員會，也有許多文件暗無天日；外界認為最能破解迷團的中央情報局密件，也就是兩百九十五個「若阿尼代檔案」

佛羅里達州其他城市，甚至在華盛頓特區發動一場古巴共產黨的恐怖運動」，然後嫁禍古巴，藉此欺騙美國人支持對古巴開戰。該報告另有數十個暴力構想，都是要挑撥美國人對古巴的敵意。甘迺迪總統拒絕了「北木行動」後遭暗殺。

（Joannides files），同樣下落不明。

甘迺迪與詹森（Lindon Johnson）之後，美國再次由民主黨執政，已是1977年的卡特（Jimmy Carter）總統。這時，兩國互設利益代表處，但卡特僅在位四年，其後就是共和黨的雷根（Ronald Reagan）總統接手。儘管雷根也曾派有密使穿梭兩岸，但他升高攻勢要「自由化」古巴，採用的手段包括設置馬蒂電台（刻意以古巴國父馬蒂命名），從1985年起，擴大對古巴心戰。接下來是老布希（George H. W. Bush）總統，再創馬蒂電視台（Marti TV）加入心戰行列。

柯林頓（Bill Clinton）作為學運世代的人，反而在1992與1996年簽署兩個法案，讓渡總統權力給國會，「規定」卡斯楚兄弟若有任何一人執政，或者，古巴沒有走向美國所界定的「自由與民主」體制，美國就不會解除對古巴的封鎖。柯林頓這個不友善的作為，可能與他個人素質有關；也可能部分根源於他的早年經驗，他在擔任阿肯色州州長時，曾處理古巴船民問題，感受不佳。但導致柯林頓簽署1996年法案的直接因素，應該是古巴流亡邁阿密群體的挑撥。由於擔心兩國關係正常化，將要危及他們所承攬的古巴（非法）移民商機，他們於是刻意多次將飛機開入古巴領空，毫不理會古巴再三警示，最後迫使古巴不得不擊落輕航機。這件事情造成輿論不分黑白譴責古巴，也致使柯林頓很難不簽署1996年法案。

柯林頓之後，來了小布希總統。他簡直就是見獵心喜，除了2000年就任以來，步步升高壓縮，他還在2004年特設「促進古巴自由化委員會」，投入3,600萬美元（對，折合20多億台幣！），完成近五百頁報告、規畫與行動綱領，彷彿很快就要「光復」海島，重新按照美國的形象塑造古巴。美國財政部2004年4月向國會報告，指其專門負責調查可疑的海外財務轉移之單位，也就是「海外資產管控署」（Office of Foreign Assets Control），總計聘用一百二十人，其中，對付發動對美國九一一恐攻的賓拉登，以及伊拉克等國家的人數是四人，但是，用以偵防與古巴有財務來往的職工，竟然高達二十四人！2006年，小布希還搞了「古巴醫護專業人來美專案」（Cuban Medical

Professional Parole Program），至2015年底，總計挖腳古巴七千一百一十七位醫護專才。《紐約時報》這家支持美國外交政策的媒介，對於這種惡質作法都說「難以接受」，大聲譴責。

歐巴馬在2009年上台後，情勢開始和緩，包括放寬古巴裔美國人回訪古巴親友的次數與匯款數量。然後，先有許多社會活躍分子及政治人的努力，加上古巴得到大多數拉美及加勒比海國家的支持，最後再有教宗方濟各斡旋，並有交換囚犯互相示好之後，兩國總算在2014年12月17日，由勞爾・卡斯楚與巴拉克・歐巴馬同步宣布關係正常化，至去（2015）年7月20日及8月14日，雙方外長分別前往華盛頓與哈瓦那升旗，再到了今年2月簽署通航協定，未來每天可望會有一百一十班次飛機從美國到古巴。3月21日歐巴馬訪問古巴，並觀賞棒球比賽之後，接下來應該就是勞爾定好時程，訪問美利堅了。

未來，有利古巴與美國關係順利推進的因素，應該是民意。今年2月，蓋洛普在美國五十個州進行民調，顯示美國十八歲以上的人，對古巴有正面傾向的比例，二十年以來第一次超過負面看待古巴的人，並且是54%對40%，差距很大。1997年第一次調查的時候，兩個數字是10%與81%。

不過，兩國關係仍然可能節外生枝。原因有大有小。

小的是，經濟封鎖如前所說，無法只是由總統解禁，必須由國會修法或廢除法律。美國強行租借關達那摩海灣的問題能否解決，可能也會繼續糾纏。

更大的麻煩可能是，假使年底美國大選，又是共和黨候選人當選，那麼，不論是克魯斯（Ted Cruz）或是魯比奧（Marco Rubio）這兩位古巴後裔之一，或是更可能出線的川普，誰又說一定不會重蹈覆轍，如同1970年代末卡特和解至半，突然又殺出了個雷根，致使前功盡棄？[7]

最大的麻煩是，美國的蠻橫態度不改，執意要以自己如今捉襟見

7　歷史不幸重演，川普當選後對古巴霸凌更多。拜登（Joe Biden）競選總統時，表示若當選，將放寬，但未兌現，甚至更有升高，見後文。

肘的體制,「改造」古巴。古美復交屆滿一年前夕,「美國眾議院撥款委員會」將所謂的「振興民主」(亦即「政制改變」)年度預算,由2千萬增加至3千萬美元,並放入條款禁止變更對古巴的宣傳機構馬蒂電台／電視台,即便它毫無用處、備受抨擊。

古巴外交部美國司司長何塞菲娜・維達爾(Josefina Vidal)因此說:「即便解除封鎖,即便歸還非法占用的領土關達那摩海灣……美國還必須放棄其歷史野心,其決定並控制古巴命運的欲望必須消失,否則正常關係並無可能。」

(聯合新聞網「轉角國際」2016/3/17。原標題〈「後院」的抵抗:古巴,被美國覬覦的兩百年〉。增加最後兩段後,作為筆者中譯、聯經出版的《聽好了,古巴很重要!》之序文,頁5-9)

邁阿密放電波　要「提振古巴的自由」

古巴人喜歡打棒球,而且打得好得不得了。原因何在?據說是要讓老美好看,卡斯楚眼見美國人那麼霸氣,自以為了不起,當然要單挑她的國球,表示古巴雖小,卻是一點不含糊,照樣可以棒球出頭天,而且是打破敵國的球。

除此之外,古巴也要防範老美處心積慮的顛覆活動。自從1985年,美國人每年編列預算(今年度是1千1百萬美元),成立收音機電台馬蒂,一天二十四小時向古巴人播音。馬蒂台雖然有所謂的自由派與堅決反共的死硬派,但總地說來,它的總體目標正是要「提振古巴的自由」,當然,這是美國人定義之下的自由經濟、市場體制。在國力式微,柯林頓政權因而已經決定在未來數年之間,裁併美國在國際間的收音機運作規模,循此而撙節2億5千萬美元時,向古巴進行空中宣傳戰的野心,未嘗稍減,非得弄到卡斯楚倒台不肯終止。

非但如此,在距離古巴最近的佛羅里達州的眾議員之支持下,馬

蒂台的電視機部門也營運了一些時日,每天凌晨三點到早上六點,以圖片影像向古巴人輸入美國式的生活——不足全球5%的人口,消耗地球四成的資源——不過,這樣的生活,顯然也不是美國三千萬沒有健康保險的人所能享受。

古巴這個中南美的模範生,已經搖搖欲墜了,美國人還不肯放過,實在有夠狠。誰說不是呢?台灣的有線電視系統,播放的美國節目還不夠多嗎?也就是美國影片商還賺得少了嗎?他們居然還不滿足,表示不能接受我方有線電視法限制外國人投資的規定。對於美國人這種鴨霸作風,大家一起來遮遮她的波。

(《中國時報》1993/8/9 第 27 版／人間副刊。刊登標題是〈遮蔽「美」波〉。)

美國弄巧成拙　古巴「難民」反攻

全球第一勇的古巴女排,下週五將到台灣;台灣的成棒9日在尼加拉瓜以一比七敗給古巴;古巴成棒明年終於要到本島訪問。國人對於古巴的印象,似乎隨著運動比賽而來,尤其是兩年前的奧運冠亞軍賽,古巴三兩下就是安打,輕鬆稱王的電視畫面,更是讓得到亞軍的咱們心服口服。

古巴確實是棒球王國,但為什麼呢?緊抱美國式自由市場的《經濟學人》說,因為美國是棒球王國,小古巴硬是要用棒子,轟垮敵岸山姆叔的國球。古巴總統卡斯楚當然不是意氣之爭,事實上,老美這個大陸老大,在外交上打壓、在經濟上封鎖、在政治上滲透加勒比海的島國古巴,無所不用其極,非常過分,讓遠在東方的知情閒人都要跳腳,何況是1959年起義抗暴,趕走美國財團大鼻子的卡斯楚?

不但卡斯楚氣憤無比,當年群起支持他發動獨立游擊戰的古巴民眾,一樣是同仇敵愾,數十年來陸續私自喬裝難民身分,以各種手段進入美國,抱著不入虎穴焉得虎子的心情,為古巴作舉事的內應。

1980年已有十二萬人在短短幾個月裡面，爭先恐後由佛羅里達上岸，就是要進行敵後工作；親如卡斯楚的女兒、孫女也在去年底，大搖大擺搭上飛機，利用國親身分造勢，以大義滅親投奔彼岸的姿態，造成風潮，取得美國宣傳戰的勝仗，攻敵先攻心；最近則有二十六人與十四人，分別在5日與10日，劫船與駕駛噴灑農藥的小飛機，勇猛衝抵神州大陸，海關移民官員驚慌地察覺，再這麼樣下去，佛州就要變成古巴的延伸，美土變古土，不得了。

古巴能不能夠繼續蠶食鯨吞，以義士喬裝難民身分，一步步吃下佛州，然後圖謀北上，逐鹿美土的中原，以具有古巴特色的社會主義，內應美國內部的同路人，拯救最具資本主義特色的美國，我們且拭目以待。

不過，在隔洋觀火的同時，咱們倒還要注意，千萬不能讓老美反噬，不能讓這個大陸大國吃掉了古巴小島，否則，明年誰來跟我們打棒球呢？

(《自立早報》1995/2/8 第4版。原標題〈反攻「大陸」，古巴「難民」衝衝衝〉。)

殺雞儆猴　美國處罰三個人

過去三十多年來，美國對古巴文攻武嚇。然而，歷經一個世代，古巴還是沒有倒……古巴奇蹟不是棒球打得好，好到美國受不了。古巴奇蹟也不是文盲少，教育醫療相對佳，放在拉丁美洲呱呱叫，醫療可能也比美國好。

說來奇怪，古巴奇蹟應該是美國的「恩賜」，最近就有三個例子。四十六歲的西班牙商人Ferreim，4月中旬在邁阿密被佛羅里達法院判處徒刑二十年，並可能罰鍰百萬美金，罪名是過去兩年來，他運送了二十多個貨櫃的番茄醬、衛生紙巾與紙尿布到古巴，觸犯「資

敵」罪。如果7月以前沒有拿出50萬美金辦理假釋，就要發監執行。Ferreim的女兒很生氣。眼睜睜看著西班牙政府毫無反應，一點都不保護自己的公民，但她可能有所不知，就算反應，說不定只是自討沒趣；老美好不容易找到一個外國人起訴，正可以此警告所有與古巴做生意的外國人。

若是這個審判早一點，也許早就真的發揮殺雞儆猴的作用，七十一歲的老富翁慈善家Hamon就會更謹慎了，他在3月時，駕駛自己的私人飛機，運送價值大約150萬台幣的盤尼西林與氣喘呼吸器到哈瓦那，免費供應古巴病童使用，沒有想到回航紐約後，被逮個正著，飛機遭沒收，人正待審。也許已經過了古稀之年，看得開，Hamon很正經地對檢察官說：「哎呀，這些物資本來是要送到開曼群島，哪裡知道飛機引擎出了毛病，沒轍，只好緊急降落，誰知道來到了哈瓦那？這老天真愛開我玩笑。」

相比他們兩人，Rojas這位同樣也是違反禁運物資至古巴的美國人，運氣好得離譜。同樣是4月初，同樣是邁阿密法官，他只得到兩年徒刑，而且法官先將他開釋，等待上訴。五十八歲的Rojas運的是空氣，本來就會飄到這個加勒比海的最大島嶼，所以刑輕而且暫緩？那可不。那麼，也許是因為這位老兄是反共義士，多年前本來就是不滿古巴政府而逃離（後來逃到美國的古巴反共義士太多了，山姆大叔只好從前年5月關門大吉，不再接受義士），這次他運送大批機關槍與炸藥到島上，是要讓反對卡斯楚的人能夠敵後起義，一勞永逸，永遠解決美國的心腹大患，因此，如果還不好說此舉正中美國政策的下懷，至少是愛美國無罪、其情可憫。

美國政府是很民主的，很重視人權的，很講究自由貿易的精神與務實的，所以，過去三十多年來，美國也就對古巴文攻武嚇。然而，歷經一個世代，古巴還是沒有倒，於是1991年蘇聯垮台之後，美國不鬆反緊，乘勝追擊，隨時準備補上古巴社會主義政權棺材的最後一根釘子，這就是為什麼去年美國通過了《赫爾姆斯－伯頓法案》（Helms-Burton Act），不但自己不與古巴往來，也向所有國家明白表示，與古巴往來的公司，其主管不得入境美國。處境這麼困難，物資

如此短缺，古巴竟然不崩潰，不只是奇蹟，簡直是神蹟。

(《聯合報》1997/6/3 第 41 版／聯合副刊。原標題〈古巴奇蹟〉。)

美國派兵　古巴派醫生

　　台灣人最早看到「伊波拉」三個字，可能來自電影。當時是1998年，電影情節說「伊波拉」是病毒武器，美軍在非洲開發，後反撲美土，人心恐慌。

　　今年3月，世界衛生組織（WHO）確認這次伊波拉來襲，不是個案、已經傳染。8月，疫情增溫，報導日多，最近美國出現本土感染案例，國人精神略見緊繃，〈伊波拉過境？江揆：擬提高防疫層級〉、〈伊波拉病毒入侵台灣　柯文哲：遲早的問題〉。年初至今超過四千五百人罹難、一點二萬人感染，是過去將近三十年（首例是1976年）因伊波拉致死人數（兩千四百人）的兩倍以上。

　　要降服伊波拉，按理並無困難。2009年，加拿大在實驗過程提煉的伊波拉疫苗，就曾經緊急應用，治癒了德國研究人員。科普作家納悶，「我們能夠移山倒海、不遺餘力搶救德國人，怎麼染病的人在西非，我們就束手無策？」美國「過敏和傳染病國家研究所」主任福西（A. Fauci）近日四處奔走，見人就說，「如果不是藥廠小氣，伊波拉疫苗早就唾手可得。」非洲病患沒錢，藥廠要利，不想研發，無意製藥。

　　相對於藥商的唯利是圖，政府存在的道理，就在必須伸出援手。WHO總幹事陳馮富珍說，「人力資源最重要，我們特別需要醫生和護士。」回應這個呼籲，〈三千美軍赴西非〉、〈美軍增兵〉。路透說美軍「要在當地建立協調的軍事控制中心」，其次是興建簡易醫療中心與設置病床。獨立媒介WND說，美國動機不單純，是要減弱中國大陸在非洲的影響。這個「猜測」可能誤會好人，但美國不宣布醫生

與護士何時到達,反而要與病毒「兵戎相見」,確實怪異。

　　古巴呈現強烈對比,島國不派一兵一卒,進駐西非的是醫護團隊,至今規模最大,WHO讚譽有加,美國國務卿凱瑞上週跟進鼓掌。第一批六十二位醫生、一百零三位護士已在10月1日抵達西非,將在當地工作六個月。他們都很資深、行醫超過十五年,海外援助經驗豐富,出發前先在哈瓦那接受WHO的伊波拉培訓。第二批古巴醫療團兩百九十六人將在本週派出。「美兵古醫」的對比,2010年也有一回。四年多前,海地大地震,二十三萬人死亡、一百五十萬人無家可歸,美國派遣海軍,他們抵達太子港時,1999年就在海地服務的古巴醫護人員,多年來已經累計拯救二十二萬條生命,治療一百四十萬人,執行二十二萬場手術,接生十一萬新生兒。

　　古巴實質人均所得6千美元,醫療服務國有化,生藥技術能力可觀,到處幫人。目前五萬多名古巴醫衛工作者在六十六國工作,部分無償服務,有些為國賺取外匯。大約十年前,WHO號召世人出錢出力,解決非洲二十三個國家的腦膜炎問題。各國藥廠眼見疫苗利潤微薄,裹足不前。巴西與古巴挺身而出,古巴研發藥品,巴西大量製造。至2012年,《科學》雜誌說古、巴聯手後,已經提供一千九百萬劑量,平均價格95美分,國際行情是15至80美元一劑。

　　假使美國學習古巴,世無疾病。但美國政府不此之圖,反而從2006年執行計畫,策動古巴海外醫護人員及其家屬,「就近」向美國使館申請「政治」庇護;近十年來,美國特別積極,想要遊說古巴駐委內瑞拉的醫護人員出走。那麼,在這場伊波拉治療中,美國外交人員會以美國水平的薪資,誘惑人在西非打擊伊波拉的古巴醫生,趁機「起義」歸附美利堅嗎?

(《人間福報》2014/10/21第5版。原標題〈對付伊波拉;美國派兵　古巴派醫生〉。)

華府封鎖　美國人來古巴治肺癌

　　世界衛生組織前天發布涵蓋四千三百個城鎮的資料，指「空氣汙染每年奪走七百萬人命」。當天，罹患肺癌十多年「永遠的孫叔叔」孫越離世。再早幾年，不抽菸的藝人陶大偉、演員文英、歌星鳳飛飛與前法務部長陳定南，也都因肺癌而走出人生舞台。

　　這些具體的病例背後，就是肺癌已經連續十年超越肝癌，成為國人癌症的最大死因。近年來我國積極投入，遂有新聞指「台灣研發抗肺癌新藥最快五年上市」。

　　古巴也有很多人罹患肺癌，但多屬抽菸導致，相比於我們最快五年後才能上市，古巴從1990年代初，就已經開始研製CimaVax肺癌疫苗，價格低廉，藥品也有不錯的品質，比起單靠化學或放射療法與手術，若能結合或單用這類疫苗，成效來得更好。

　　封鎖古巴經濟超過五十年的美國政府，在美國醫療團隊的建議及參與下，去年已經在紐約開始進行古巴肺癌疫苗的臨床實驗，原因在此。若能引進該藥，美國有二十二點四萬肺癌患者，就多了一種選擇與機會。

　　事實上，早就有無法等待的美國人，違反美國政府的禁令，為了自己的性命，前往古巴尋求治療。威斯康辛州人飛利浦斯（Mick Phillips）今年已經年過七十歲，六年多前醫生說進入末期肺癌的他，活不過五個月。

　　幾經打聽，飛利浦斯在對古巴毫無認識的背景下，抱著姑且一試的心情前往哈瓦那。不開刀、不雷射、不化療，只是打針，一週兩次？飛利浦斯很納悶，但還是接受了。他沒有想到，接受CimaVax疫苗，再偷偷走私足量的藥品返國，由護士女兒幫他注射，五年多了，他還活得好端端。

　　飛利浦斯的故事經過媒介（包括美國的公共電視網）報導後，已經有不少人前往古巴，美國一年約有五十人，另有來自拉丁美洲、加拿大及中國大陸等地的患者，單去年9月，總計就有約兩百人。

　　說來諷刺，飛利浦斯能夠到古巴找回活命，根源居然是美國長年

封鎖，致使古巴不能不自立更生，研發藥品！日前，對岸迫使古巴鄰國多明尼加與我們斷交，假使我們也設法求生，主動要求對岸與我們合組各有國際地位的邦聯，以「中華邦聯」作為「一個中國」的內涵，會不會是有益國人、有益世人的一條道路呢？

(《人間福報》2018/5/4 第 11 版。原標題〈美長年封鎖　古巴研發藥治肺癌〉。)

封鎖古巴　拜登恐得不償失

　　德國之音稱讚古巴的「奇蹟疫苗」，媲美莫德納與BNT；法新社報導古巴國產疫苗獲緊急使用授權，拉美第一。但這些好消息瞬間在十三日淹沒，外電紛紛指「抗疫不力　古巴爆發罕見示威　數十年最大規模」(《聯合報》標題)。

　　但「抗疫不力」背後，是因為古巴需要外匯，過早開放觀光，致使週末古巴的確診病例，突然暴漲至六千多位(依照人口比例，已經略高於同一天的英國三萬多確診規模)，引爆了週日開始的示威。近日完成醫學博士學位，即將從哈瓦那返回內蒙的大陸朋友，前日來電，指這個新的情況，「確實嚇了我們一大跳，不敢相信。病例突增很可能是因……開放旅遊的關係，今天出了政策，入境……需要隔離十四天。」

　　古巴至大前天雖有二十四萬多人染疫，但致死率不到0.65%，遠低於全球平均，確診人數因為觀光客入內而暴增，按理不至於引爆眾怒，問題因此還是出在經濟與政治。古巴因為美國封鎖，2019年損失約56億美元，去年因川普升高封鎖，增加至92億美元，使得古巴每年進口糧食所需的約20億美元，更是捉襟見肘。

　　政治方面，BBC昨日訪談多位專家。有一位不斷說，美國法律規定，「我們就是要改變古巴這個政權」，放棄禁運與封鎖，難道是

要延長這個政權的生命？另一位來賓也持續不解，她問，「美國究竟在怕什麼，怕這個小國家，究竟是為什麼？」BBC也披露了古巴官方的調查，指近年來古巴網路通訊普及很多，這次跨島多個城市的同步活動，早在一個多月前就已經在串連。這個指控能否取信於人，不得而知。但美國每年至少編列2千萬美元，說要「民主化」古巴，並非祕密，國務院有總體帳目可查，也有不少記者斷續核對具體項目的資料，指證有哪些銀兩，經年累月進入哪些人或團體的手中。

　　古巴的經濟困難，無法完全由自己舒緩，拜登總統若能改善美國與古巴的關係，如同他的前任歐巴馬，會是利人利己之事。邁阿密戴德郡人口二七〇萬，將近七成住民是拉丁裔，去年僅有7%投票給拜登，五年前尚有三成投給民主黨。歐巴馬第一次選總統僅得到三成五古巴裔選票，第二次增加至四成八，兩年後宣布將與古巴正常化，支持的人增加至將近五成四。拜登若要民主黨在明年期中選舉於邁阿密等地勝出，再不調整對古巴的政策，能夠如願嗎？

(《聯合報》2021/7/14 A13版。)

白宮縱容恐攻　古巴半世紀死三四七八人

　　從報章雜誌，到廣播電視與網路，談到美國與古巴，經常說古巴反美。

　　這真是天大的冤枉，真相是，美國反對古巴不遺餘力，古巴只好被動防患美國。

　　去年底，兩國宣布改善關係，這個月20日，古巴大使館已在華府正式開張。倒是美國，又晚了一步，要到下個月，才會由國務卿凱瑞前往哈瓦那，主持典禮。

　　恢復邦交的儀式，不但古巴舉行在先，美國在後。當年的斷交，也是美國欺人太甚，兵臨城下所致。

1959年古巴革命成功，美國很快撤換大使，派出善於交往中間偏左政府的邦薩。其後，所有國家與古巴完成協議，唯獨美國拒絕，並以此為由，至今吶喊要古巴賠償。但美國自己獨立革命後，未曾補償革命戰爭期間被剝奪財產的反革命黨派。墨西哥在1938年沒收美商油田，美國也沒有拒絕協商。

　　不但不協商，美國竟然還在1961年春，羽翼古巴傭兵在內的三千多人，出兵入侵古巴，這就是豬灣事件。到了這個地步，古巴想要與美國維持正常關係，不再可能，卡斯楚只好在次日追悼陣亡將士時，宣布古巴要走社會主義道路，結盟蘇聯。

　　過去半世紀以來，一些反卡斯楚的古巴裔美國人，滲透進入古巴，從事恐怖活動大約八百次，造成三四七八古巴人死亡與二〇九九人受傷。這個惡行惡狀，外界何以很少知道呢？麻省理工大學大儒、鑽研美國外交政治的杭士基五年前曾為《另一邊的聲音：古巴遭受恐怖攻擊的口述歷史》撰寫了介紹文字，他很贊成該書作者保連德的看法。最合理的解釋是，對美國來說，受害者是「對岸的人」，是「官方敵人」，一經美國政府作此處理，「政府菁英圈或主流傳媒之內，就不太可能認知這個歷史的存在。」

　　美國縱容反卡斯楚的古巴裔美國人犯罪，但古巴沒有關閉親善大門。古巴在1999年創設「拉丁美洲醫學院」（ELAM），免費培訓海外醫護人才，至2013年已經有來自七十個國家的兩萬醫學生畢業。卡斯楚在2000年6月也向美國眾議員訪問團承諾，提供美國弱勢群體五百個名額，至2004年底，確實共有八十八名美國人至ELAM學習，其中85%來自少數族裔，並有73%是女性。

　　美國參議院撥款委員會23日通過修正案，若獲得多數參議員支持，今年10月起，美國人即可自由進出古巴旅遊，停靠過古巴的船隻也可以立即，而不必等候六個月才能進入美國。這是進一步減少「反古巴」的色彩，很好。但另一方面，美國國務院明（2016）年仍然編列2千萬美元要「振興古巴的市民社會」。這是關心古巴嗎？還是適得其反，顯示去年春天美聯社根據一千頁密件所做的報導，陰影還在？美聯社說：「美祕密打造古巴推特　製造騷亂」。

(《人間福報》2015/7/28 第11版。原標題〈美國反古巴政策　鬆手速度應該加快〉。)

深入美國反恐　古巴五勇士的故事

　　電影《黃蜂網絡》（*WASP Network*，又譯《蜂起雲湧》）去年在威尼斯影展首映以後，又參加了各國影展。2020年6月，電影開始在Netflix串流，卻招來邁阿密部分古巴裔美國人的強大反彈，到7月初時累計近兩萬人連署，要求網飛下架影片。他們認為，這部電影對於從古巴流亡至美國的人，全無同理之心。其中有些人還威脅，這部影片根本就是在替古巴宣傳，膽敢在戲院放映就要縱火焚燒。如今Netflix上已找不到這部影片的蹤跡。

　　同情這類反應的影評人，不多。當中還有人採取對立看法，認為不喜歡影片就要燒戲院，與《黃蜂網絡》中對發動古巴恐怖攻擊的人，其實一丘之貉，都是極右派。

　　據「極端犯罪資料庫」統計，從2001年的九一一事件至2016年，美國人對自己的美國社會發動恐怖攻擊，有74%是極右派所為，「川普在2017年就任總統後，大多數攻擊國民的案例，也是出自（男性白人）至上主義者。」

　　2020年5月，非裔美國人佛洛依德（George Floyd）遭警察以膝壓制，窒息致死後，抗議浪潮席捲美國。川普指控藉機搞暴力者，是反法西斯主義運動的極左派（Antifa）。然而「美國公民自由聯盟（ACLU）」分析近三百份警方文件，發現內文中提及Antifa的部分語焉不詳；反之，描述右派的致命暴力與威脅，多屬實質也有具體指涉。這側面顯示，警方知道這些群眾運動真正麻煩來自極端右派，就像《蜂》片中反卡斯楚政權的人。

　　不過，古巴的機關報《格拉瑪報》也不怎麼認同這部影片，認為

導演沒有展示島內古巴人的訴求與義理。英國古巴後援會轉載與翻譯的訪問稿顯示,劇中飾演兩位主角的本尊認為影片沒有力挺古巴,但以歐洲人視野呈現的事實,對於不知情的人,「會更有公信力、能夠透過電影,展現(這些組織)對古巴的恐怖攻擊。」西班牙聯合政府的左派副總理伊格萊西亞(Pablo Iglesias)在推文則說:

「看了。是英雄,是大片。」

究竟《黃蜂網絡》的爭議與局限為何?下文將依序呈現電影的劇情、原著當中重要但影片沒有展現的部分、電影與原著不足之處,最後亦對特定團體在美國發動對古巴的恐怖攻擊,有所補充。

電影的劇情

「1959年以來,古巴就由共產黨統治,美國對其實施嚴格禁運,人民為此生活困頓,許多古巴人逃離這個威權國家,其中大多數落腳邁阿密,很多好戰團體在此矢志,為求古巴自由化而奮鬥。」

影片開場白以字幕帶出,接著是以下三人出場畫面:先是出生在美國,有古巴與美國雙重國籍的飛行員雷吶(René González)在哈瓦那的家居片段,鏡頭很快轉入他在1990年駕機投奔美國,並指控古巴物資短缺。

其次是飛行員洛克(Juan Pablo Roque),下海游泳六小時,向美國在古巴強租的關達那摩海軍基地投誠;第三位是曾在1961年美國由中情局資助,參加侵略古巴的「豬灣之戰」,其後在1991年於邁阿密創設「兄弟救援隊」(Brothers to the Rescue)飛航隊伍、反古巴反卡斯楚的巴蘇爾托(José Basulto)。

電影中段,主要呈現三人的互動:兩位「投誠者」雷吶與洛克為巴蘇爾托開飛機;FBI吸收兩人為線民;邁阿密的反古巴群體販毒、破壞古巴旅遊產業;「古巴裔美國人國家基金會」(Cuban-American National Foundation, CANF)主要創辦人、極端反卡斯楚兄弟且勢大力大的卡諾薩(J. M. Canosa)提供大莊園籠絡洛克,讓他舉辦豔羨眾人的盛大婚禮。

其後，FBI懷疑雷呐的「投誠」並在其住家安裝竊聽設備。導演透過旁白說明：古巴政府至1992年已經建成「黃蜂網絡」，已有十餘名古巴探員陸續進入美國，成功滲透反古巴政權的多個社團；而他們頭號要監督的人，則是頭號恐怖分子卡里萊斯（L. Posada Carriles）。

到了這個時候，觀眾已經從旁白（或字幕），得知這些古巴探員成功阻止了二十起恐怖破壞行動，古巴政府起出大量炸藥與武器，有些恐怖分子逃走，但也有三十餘人落網。

電影中後段左右，古巴安排洛克經墨西哥回到哈瓦那。接著，鏡頭轉回四個多月前的古巴。古巴人在哈瓦那街頭抗議砸物；此時旁白抨擊古巴政府，指其壓制異端，殘酷關押手無寸鐵的抗議人群。這段影片很短，不到一分鐘，無法清楚交代的是——1995年10月10日，有一百零一個異端社團組成「古巴議政會」（Cuban Council），號召古巴境內或大或小的反對力量，集結以改變古巴政體。他們的第一個具體要求，就是要政府核准他們在哈瓦那舉辦成立大會，時間則選在1996年2月24日。

一百零一個社團選擇這個日期，是因為一百零一年前的這一天，古巴人發動第三次獨立戰爭，要求脫離西班牙殖民。「古巴議政會」發難之後，英、美、西班牙乃至捷克領導人都說，將提供政治與道德支持，佛羅里達大小傳媒大肆報導，反卡斯楚群體也另以重金預約1996年2月24至27日的凱悅飯店套房，準備讓這些政治領袖就近「觀察」。

反卡斯楚的巴蘇爾托在邁阿密隔海唱和，宣稱即日起將伺機飛入古巴領空；同時，另一批反卡斯楚的邁阿密社團表示，他們也會帶船隊衝進古巴海域。對於日益升高的挑釁與刺激，美國處理古巴事務的拉美助理國務卿納西歐（R. Nuccio）說，這些行動招搖違反航空法規，「最壞結果是古巴人擊落這些飛機」。

對此，《美國之音》訪問巴蘇爾托：「古巴政府迄今沒有行動，你認為原因是什麼？政府失去了回應的能力？你會驚訝嗎？」

他挑釁地回覆，「古巴政權並非無敵，卡斯楚也不是堅不可摧。島上的同胞應該知道，我們承擔個人的風險做這些事，他們應該也要

跟進。」

接著鏡頭推進到了1996年2月24日。當天,巴蘇爾托執意派出三架飛機。古巴果然擊落兩架;然後,巴蘇爾托駕著第三架飛離,安全回到邁阿密。他飛離之後,畫面轉至洛克之妻的焦慮、美國總統柯林頓指控古巴,以及古巴外交部長的回擊。然後是洛克之妻眼見洛克在哈瓦那接受CNN專訪,指控反卡斯楚的激進團體,老是偽裝成為愛國主義者與人道主義者,卻從事暴力破壞,而古巴政府早已多次警告,再進入其領空就會擊落。

此時,導演的鏡頭一轉,來到FBI訊問、但沒有逮捕的恐怖分子卡里萊斯,並讓他大剌剌地重申「古巴經濟一蹶不振」、「我們在與共產主義作戰」;接著是反卡斯楚群體僱請傭兵,藉觀光身分進入古巴在飯店放炸彈、試圖暗殺到委內瑞拉開會的卡斯楚。再下來,反恐專家在內的六名FBI人員,突然在1998年6月搭專機從華府首度直飛哈瓦那,古巴內政部交付可觀的證據(很多來自「黃蜂網路」的調查),顯示卡里萊斯、博許(O. Bosch Ávila,另一名大尾的恐怖分子)與CANF的卡諾薩,三人勾結既深又久。

FBI幹員返回華府後兩個多月,他們與美國特種部隊及警察共約兩百人,在1998年9月11日集結,次日同步在十二個地方行動。除三個住址的人剛好不在,總計有十位古巴探員落網。不過,這十位落網的古巴探員,在電影中僅一起出現過一次,他們穿著橘色囚衣魚貫進入法庭,前後四十秒,由承審法官念出「罪名」。

觀眾無法從影片中得知的是:十人當中已有五人在認罪後,無須受審,他們也已經適用美國司法部證人保護方案,可以脫身。雷呐等五人則堅持認定,他們進入美國偵防恐怖主義者的行動,有理無罪,因此有「古巴(或邁阿密)五人」(The Cuban Five)一詞出現,他們甘願承受十多年至無期徒刑。在最後大約十八分鐘的電影片段,卡斯楚透過回覆記者的提問,陳述了古巴的立場:

> 最大的間諜國居然有臉,膽敢指責世界上最被密切偵察的國家從事間諜活動!確實,我們派出了古巴公民,滲透到反革命組織內

部,目的是向我們報告攸關利害的活動。我們認為我們有權這麼做,只要美國容忍顛覆組織武裝入侵、攻擊旅遊設施、走私武器及炸藥,致使我們的旅遊事業與經濟遭受襲擊。這些我們譴責過的活動只要繼續存在,我們就有權這麼做。

電影「未」呈現的原著

有了這段話,不就是事實與古巴立場的清晰闡明嗎?何以古巴政府的喉舌《格拉瑪報》對影片還有批評?原因可能有三:美國政府縱容暴力;「兄弟救援隊」的巴蘇爾托可能刻意製造危機,中斷古巴與美國已經啟動的外交和解;以及,「古巴五人」的審判不公正。對於這些要點,影片全未觸及,或者說得很少,也就不可能清楚。

電影一開始就說,劇情不是虛構,是真實故事,改編自巴西記者莫瑞依斯(Fernando Morais)的《冷戰的最後軍人:古巴五人的故事》。在這本書,莫瑞依斯花了一些筆墨,對以上三個要點,以記者的調查報導形式深入說明。本段落以下所引,如沒有特別說明,都是從中取材。

先看博許與卡里萊斯,他們是貨真價實的恐怖分子,卻在美國逍遙法外許多年,終老於美利堅。

博許參與推翻智利總統阿葉德的政變,1976年9月智利前財政部長萊特列爾(O. Letelier)及其美籍助理在美國遭人暗殺,他也有份。同年10月6日,他與卡里萊斯對準古巴,爆破蓋亞那飛往哈瓦那的航班,機上所有七十三位古巴人全數隕命,包括剛從中美洲運動會得到擊劍金牌的二十四位年輕選手,這是上世紀前八○年在美洲最嚴重的飛航恐怖攻擊。接受記者訪談時,博許說:

「所有卡斯楚的飛機都是戰機,航班的乘客沒有人無辜。」

FBI在1998年走訪古巴,取得邁阿密恐怖分子的罪證後,曾有《紐約時報》記者問卡里萊斯:1997年他讓人在哈瓦那放炸彈,無辜的義大利觀光客因爆破而死,這樣好嗎?卡里萊斯說:

「(這位)觀光客在不對的時間,坐在不對的地方。」

博許及卡里萊斯是反卡斯楚分子當中，直接從事最多恐怖部署及行動的人，這些簡述僅是其眾多暴力行徑之一。他們都曾經因為這些違法作為，在海外國家如委內瑞拉入獄。但他們在美國，得到FBI、聯邦法院或總統的庇蔭，自在生活，自然死亡；博許八十五歲死於2011年、卡里萊斯九十歲死於2018年。

仍然在世的巴蘇爾托，當年他眼見兩架飛機遭擊落後的狂笑，在電影中並沒有出現，但飛航錄音還原了他的真面目。

來自機艙的兩次錄音，第一次錄音由聯邦檢察官提出，重現了古巴控制塔台與古巴戰鬥機飛行員的對話。出庭聽審的人從擴音器聽到了，擊落對方飛機時，古巴飛行員興高采烈的粗魯語言。當時，出庭眾人及陪審團的驚恐表情，提示了最明顯的意思：檢方得點，大大的一點。這個部分也在電影中清晰重現。

幾日之後，古巴五人的律師播出巴蘇爾托座機的錄音，同樣引發騷動。就在古巴米格機發射飛彈，救援隊第一架機身粉碎消散的那一刻，巴蘇爾托突然一陣狂笑，接著是一陣叫囂：

「幹，趕緊離開，飛走。」

巴蘇爾托的座機立刻轉向佛羅里達飛去。

但電影中這段畫面沒有顯示巴蘇爾托狂笑，鏡頭的呈現反而可能讓觀眾覺得，巴蘇爾托很意外、也很驚訝氣憤及害怕，於是他趕緊抽身，飛返邁阿密。古巴五人的辯護律師是要透過這段錄音，說明救援隊的領導人巴蘇爾托才是造成四位飛航員致死的禍首。這段錄音就是證據，顯示巴蘇爾托他沒有猶豫，刻意誘使四位年輕人投入自殺飛航，古巴因此背負殺人形象，從而升高古美緊張關係。

果然，聯合國安全理事會「在美國強烈施壓下」，沒有表決就無異議通過「強烈責難」聲明。美國總統柯林頓簽署制裁古巴法案，所有與古巴經貿往來的公司行號，無論是美國還是他國，美國都要「制裁」（霸凌）。

但是，巴蘇爾托為什麼要阻止古美兩國改善關係？

一個是改變古巴政制。古巴裔美國人當中這批極右派的偏執「理念」，訴諸暴力，覺得這是海外起義、替天行道。這種認知框架之

下，美國若與古巴政權改善關係，等於就是否定了他們的「義理」。

其次，這可能涉及巴蘇爾托的個人利益。

柯林頓在1994年請卡斯楚務必阻止，不能放縱古巴人大量偷渡到佛羅里達。其後，兩國密商，最後就是「乾腳濕腳」政策。這個新政策若有效執行，將使「救援隊」失去生意，向其捐贈款項的企業行號與CANF也會卻步，不再掏錢，或至少減少獻金。巴蘇爾托原有高月薪及津貼，單是退款的單筆項目就有四萬美元，兩國和解後，就不可能，是以有了入侵古巴空域及其他挑釁與破壞的動機。

這些細節不是不重要，但若要以影像呈現，難度會比較高；同理，美國司法系統執意要在佛羅里達州邁阿密審理古巴五人，何以不公正？文字敘述也比影像容易許多。

邁阿密是距離古巴最近的美國大城市。1960年人口結構80%白人，到了1990年，因古巴為主的大量拉美移民，白人減至12%，拉丁裔高達62%，非裔是24%。並且，每十位邁阿密常住居民，就有六人在海外出生。2000年3月，佛羅里達國際大學人口學教授莫蘭（G. Moran）協同主持，在兩個城市執行民調，一在邁阿密，一在距離邁阿密四十公里的布勞沃德縣（Broward County）。

結果邁阿密民調高達50%受訪者表示：美國若武力入侵古巴改變其政權，他們同意；更高的比例（74%）認為，邁阿密反卡斯楚群體對古巴恐怖攻擊，可以接受或支持；相較之下，布勞沃德縣民的意見很不相同，對於以上兩個問題，反對的人都是三分之二。

人類學家培瑞茲（L. Pérez）向法院提出這項民調結果；但檢方表示邁阿密「不是落後地方，是免於偏見之地，不會隔絕公平審判」。結果承審法官採納檢方意見，連續兩次駁回異地審判的請願。見此情景，曾任卡特總統拉美國家安全顧問的巴斯特（Robert Pastor）教授，向《紐約時報》記者說：

「在邁阿密審判五位古巴情報員，就如同以色列情報員在德黑蘭審判那般的公平。」

五人入獄數年之後，《邁阿密前鋒報》在2006年9月8日頭版刊登了爆炸性新聞：在古巴五人審判期間，很多記者收取津貼，經常撰

發聲動的稿件。錢則來自聯邦政府的「古巴廣電署」，它負責管理專對古巴宣傳的「馬蒂電台／電視台」（Radio/TV Martí）。《前鋒報》發行人說，這些記者打破了讀者對報社的「神聖信託」。

反對卡斯楚但不會裝傻的人，都知道邁阿密的審判不可能公正。古巴政府遣人入美，更是愧疚與擔憂。

一是古巴政府給予探員的待遇不怎麼好。1990至1998年間，美國人年均收入僅稍低於4萬美元。在這段時期進入美國的古巴探員呢？古巴政府一年提撥20萬美元給十四位探員，扣除7萬元專用於偵察工作，一人年均僅有約9千美元過活。

對於這個待遇，反卡斯楚報社的記者都驚訝無比，這樣寫著：

「菲德爾・卡斯楚麾下探員在邁阿密的生活，完完全全不是〇〇七那種燦爛美滋的世界。我們在螢幕上看到的那些超級探員，他們沒有任何一人沾得上邊。接二連三的雞尾酒會，豪奢誇人的房車，一點點都與他們無關，他們的生活再簡單不過，過活的預算緊得很。」

被捕之前，探員的工作與生活條件已屬嚴峻；古巴五人可能遭不公正審判，古巴政府努力想強化五人辯護團隊的陣容。

2001年，古巴決定聘請遠近馳名、收費高昂的重量級律師溫格拉斯（Leonard Weinglass）。很快，宣判結果的2001年6月到了：

「我們陪審團全部無異議，認定被告有罪，檢方所有控訴理由成立。」

法官宣布半年後宣告徒刑，古巴五人決定訴諸美國民意，準備了三頁文件〈致美國人民〉（Message to the People of the United States）由律師團對外公告。他們重申：

「滲透美國的反卡斯楚組織，道理俱在，我們為國捍衛無怨無悔，我們宣告自己完全無罪。」

在美國，有罪認定後的這些陳述，可能遭法官舉為違法，有引來重罰之虞。

半年後的12月11日早晨九點，徒刑宣判。在此之前，律師團想：法官或許會貼近他們的意見，畢竟，三個月前發生了美國「九一一事件」，10月美國也才派遣探員前往阿富汗──美國派人偵察恐怖

主義者在阿富汗等地對美攻擊的動靜,合法有理;難道古巴派人入美偵測反古巴的恐怖行動,反而是大逆不道的犯罪?

但法官顯然不作此想,對於古巴五人,她判了重刑。其中,獲刑最重的是埃爾南德斯,法官認定他「犯下陰謀殺人罪(兄弟救援隊飛機擊落事件)、欺瞞美國、蒐集並外傳國防資料、偽造並不當使用簽證進入美國,是外國探員但沒有註冊為外國代理人。處以兩個無期徒刑及十五年」;擁有美國及古巴雙重國籍的雷呐十五年;另三人都是無期徒刑。

對於審判結果,外界不斷抗議。2005年5月27日,聯合國「任意拘留問題工作小組」宣布,美國對古巴五人的拘禁與審判違法;另有包括「世界基督教協會」(WCC)、歐洲議會、英國下議院、十三位美國市長、國際特赦組織、九個國家的總工會,以及數量更多的民間古巴後援組織,包括規模很小的「台灣古巴通訊小組」第十三期,也在2007年翻譯並轉發〈聲援古巴五勇士〉的網路請願書。

溫格拉斯等律師則持續努力,他們在2003年5月6日向亞特蘭大第十一上訴巡迴法庭提出上訴,理由是有新事證及程序瑕疵(審判地點不恰當等)。但是,又要經過六年多,才有三人的刑期在2009年底得到減刑;至於雷呐與埃爾南德斯,依舊沒有重新量刑的機會。在這段期間,聯邦最高法院拒絕檢視五人被認定有罪,是否違憲。

一直到2014年12月17日,在兩國恢復外交關係的過程,古巴釋放美國電信器材商人葛羅斯(Alan Gross),美國則釋放服刑未滿、仍然關在監獄的埃爾南德斯等三位探員。至此,古巴五人才全部重獲自由。

對電影的補充

至2020年,以「古巴五人」入書名的英文書籍,累計至少有八本,依據作者的身分,分作兩類:古巴人、記者、社會活動家與古巴五人的辯護律師編寫七本;「救援隊」成員寫了一本。

勞倫斯與黑爾(Matt Lawrence & T. Van Hare)在2010年出版

《背叛：柯林頓、卡斯楚與古巴五人》，強調自己在書中「焦點單一、一頁又一頁揭露古巴公然謀殺了美國公民」，以及「柯林頓團隊對美國及其價值的終極背叛」。他們聲稱，美軍沒有攔截古巴戰機在先，後又縱容古巴探員，沒有立刻逮人，即便美國政府沒有與古巴共謀，但卻「犯了錯」。

勞倫斯與黑爾曾經擔任「救援隊」的飛行員，他們聲稱：古巴擊落兩架美國民航機的位置是國際海域。這個認定的「唯一證據」，來自聯合國「國際民航組織」（ICAO）在事發後三個多月提出的報告。但巴西記者莫瑞依斯的深入調查則顯示，該報告有嚴重瑕疵，很可能是假造的「證據」。

該報告「確認」事發於國際海域，是根據「海洋陛下」（Majesty of the Seas）豪華郵輪船員約翰森（Bjorn Johansen）的航海日誌──但這份日誌可靠嗎？

幾點疑問：其一，在當庭陳述證詞時，約翰森自承對位置的判斷來自肉眼觀察，並不是透過電子檢測所確認。再者，在辯方律師追問之下，約翰森承認，這個觀察是次日（1996年2月25日），他從前一天的另紙紀錄，轉抄至航海日誌；其間，有多位FBI探員前來詰問。第三，律師要求約翰森提交航海日誌及他前一天所作的草稿筆記，但檢方介入並且得到法官支持，最終這兩份材料沒有提交陪審團。

最後，也很重要的是，當時辯方律師沒有提問：「海洋陛下」的船主是誰？

業主之一威爾普頓（Peter G. Whelpton）從不隱瞞觀點，自詡敵視古巴革命，他在正式履歷明白寫自己至1999年，都有指揮油輪的權力。同時，他還是CANF董事會的顧問，並且是CANF「重建古巴委員會」藍帶委員。《紐約時報》曾於1995年報導，CANF的創辦基金由威爾普頓所屬集團在內的四十家公司，每家提供2.5萬美元；其中，威爾普頓的集團更是激進，表示「要協助戮力推翻卡斯楚的古巴社團」。但古巴五人最初的辯護律師對此完全不知情，也就沒有當庭提出。

古巴遭受恐怖攻擊

殺人無理，但救援隊四人之死，古巴無法負責。

古巴探員進入美國，不曾滲透美國軍警或社會，是努力偵防與阻止有人從美國本土，發動對古巴的恐怖攻擊。古巴革命後，這類攻擊即已開始，1989年以來，隨東歐蘇聯解體更見頻繁。《另一邊的聲音：古巴遭受恐怖攻擊的口述歷史》就是在說這些故事：以邁阿密為大本營的反卡斯楚社團，恐怖攻擊兩類古巴機構，一是古巴駐海外官方與商務機構，一是針對古巴本島。

前者不計，僅算他們在古巴境內發動的恐攻，1960年至1990年代，大約有八百次，造成三四七八人死亡與二〇九九人受傷，1970年代則有五十萬豬隻死於生物細菌戰。該書作者保連德問：移民美國的古巴人對母國發動恐怖攻擊，美國政府何以縱容？

語言學家、美國外交政策觀察家與批評家杭士基引述美國財政部資料，顯示該部「海外資產管控署」在2004年時，有四個人專門負責監控伊拉克，以及發動對美國九一一恐攻的賓拉登，卻有二十四人負責古巴。1990至2003年間，該署反恐調查九十三次、罰款9,000美元；對古巴相關的調查一點一萬次，罰款800萬美元。

這些作為的原因是——美國政權知道古巴不富裕，假使哈瓦那調動資源從事防恐，用於民生就要減少，政府提心吊膽處處防範，人民自由也就更受干擾，兩事相乘，不滿政府之情滋生。中央情報局不少官員承認，縱容恐怖戰爭，不是要從軍事上打敗古巴政府，是要迫使政權採取更多措施限制市民，藉此招惹古巴民眾的不快，同時授予外界口實，指古巴政府侵犯人權。

若是這樣理解，古巴有比較縝密的監控系統、對於（特別是有組織的）政治異端與言論較不寬容，其實與這些恐怖行動與美國的虎視眈眈，存在連動關係；但是，外界無從看到美國縱容恐攻，是古巴限制古巴人民自由的重大原因。

對於這些恐怖行動與美國的縱容，古巴人怎麼辦？不外三個辦法：一是不斷在聯合國正式提出抗議，即便沒有實效。二是如同美國

在九一一之後,直接派兵進入恐怖行動的發源地阿富汗,但古巴沒有能力揮師邁阿密。三是派出探員進入美國,從事偵測與防制恐怖主義的工作,這正是「古巴五人」故事的根源。

結語

　　1990年代以來,古巴的不平等如同美國,是在加大而不是縮小;因為美國的封鎖,使得古巴的經濟更是困難,也是真的。然而,古巴人均壽命至今高於美國、嬰兒死亡率低於美國,也是事實。歐美中日以外,只有古巴以千萬人口卻有七成藥品自己生產,並有實力不俗的生化醫療產業,也是事實。

　　革命以後,古巴開展海外的醫療支援,1998年創設「拉丁美洲醫學院」以來,至今已為第三世界國家培育兩萬多名六年制醫生。2020年,古巴馳援三十餘國診治新型冠狀病毒肺炎,有歐洲與南、北美及北非國家的五十二個社團與三萬民眾連署,發起運動,希望推薦古巴競逐今年諾貝爾和平獎。

　　參照聯合國在2015年發布的「永續發展目標」,英國教授希格(Jason Hickel)去年撰文,發現古巴使用最少物資(碳排放量不到美國的五分之一),但取得最多的教育、醫療與基本生活所需,排名世界第一(美國排名第一百五十九)。

　　古巴沒有多黨制、政治的有效競爭與選舉不足,是真的;古巴各級組織,就重要公共事務經常討論,其意見彙整後送進決策單位,有些被當作花瓶,但也有些翻轉了政策。古巴政府在2018與2019年修正憲法,擬讓同性結婚合法,但因教會與不少民眾反對而無法如願,是一個較近的例子。

　　古巴異端不自由,但華府放縱恐攻在先;1980年代中後期至今,美國國務院每年編列1至3,000多萬美元,透過廣播與電視對古巴心戰宣傳;然後,國務院每年再有2,000萬美元,補協海內外人士在古巴從事「民主化」活動。世界超級強權以自己的文攻武嚇、黃鼠狼的招式,授古巴政府以口實,使其振振有詞管制「異端」。

1996年，古巴擊落侵犯領空的美國飛機後兩週，彼時蓋洛普民調顯示：十八歲以上美國人，高達81%對古巴有（很）負面的觀感，僅有10%（很）正面；2016年觀感改變了，這兩個數字分別是54%、40%，正向首度超過負向。

　　但《黃蜂網絡》登上Netflix串流，引發邁阿密古巴人新一波的言詞攻擊，顯見支持恐怖攻擊古巴的人，還在蠢動。

（聯合新聞網「轉角國際」2020/10/8-9。原標是〈《黃蜂網絡》冒犯了誰〔上〕：古巴間諜滲透美國……世紀末的邁阿密風雲〉，以及〈《黃蜂網絡》冒犯了誰〔下〕：只許美帝反恐？「古巴五人組」爭議大審判〉。前輩黃文雄、Peter讀到本文，來電郵說【Bravo! 尤其是「對電影的補充」那節……】）

美國的選擇

　　〈古巴去來〉（見2月6-7日《聯合副刊》）的作者楊柔遠問：格瓦拉「會認為……古巴已……邁向社會主義？」，海明威「會認同」古巴現在的「威權體制……嗎？」若能表述，兩人會說，部分答案得由美國回覆。

　　去年底，英國教授希格（Jason Hickel）參照聯合國在2015年發布的「永續發展目標」，發現古巴使用最少物資（碳排放量不到美國的五分之一），但取得最多的教育、醫療與基本生活所需，排名世界第一（美國排名一五九）。這也許算是生態社會主義的表現？不過，除制度因素，古巴使用資源效率超高，是美國「所賜」。兩國在2015年重新建交前，美國的經濟霸凌（外界說是「制裁、禁運或封鎖」）已使古巴損失相當於台灣十多年政府預算的一兆多美元（BBC的報導），川普出任總統後，更是升高霸凌。古巴人物資的進出口困難，僅能「置之死地而後生」，無法不善用資源。

　　除了經濟封鎖，山姆大叔近三十多年來，逐年編列1千至3千多

萬美元，專以廣播與電視對古巴心戰宣傳；另有2千萬美元用來「協助」海內外人士進入或古巴人入美，從事「民主化」古巴的活動（不含其他隱藏預算，也不含小布希總統年代連續兩年合計投入數千萬元美金成立「促進古巴自由化委員會」，詳細鋪陳「解放」古巴後所要從事工作的項目與順序）。

面對強大的美國，古巴政府如同所有國家包括美國自己，不可能認可他國以合法掩蓋破壞的行為，是以有了正當理由與藉口，為自己限制乃至於鎮壓異端的不合理成分，虛飾化妝，雖然可能難以完全說服世人其正當性，包括若還在世的海明威。但若知道美國六十多年來對古巴的行徑，完全指責古巴，合理嗎？

（《聯合報》2020/2/14 D3版／聯合副刊。原標題〈由美國回覆〉。）

古巴會不會有鄧小平　要問美國

「勞爾·卡斯楚交棒　要當古巴鄧小平？」《聯合報》這則外電的提問，要由美國回答，不是古巴。

古巴很願意也很歡迎美國人前往觀光旅遊與經商投資，但華府從1962年2月就全面禁止美國人與古巴有任何經貿往來，除少量藥品與食品，這就迫使古巴轉向，結盟前蘇聯為首的國家。蘇聯1991年底解體，白宮「乘勝追擊」，次年制訂新法，醫藥與食物也不賣了，然後，所有與古巴有經濟往來的美國與外國公司，美國都要「制裁」（最大的一筆是法國銀行BNP Paribas支付將近90億美元的罰款）。1996年，美國乾脆再立新法，內容等於是公然叫陣，要古巴投降或政變。

美國財政部資料顯示，2004年，也就是美國入侵伊拉克次年，負責監控伊拉克財務來往的專員是四位，監控古巴的是二十四位。1990至2003年，美國反恐調查九十三次罰款9,000美元，但與古巴有

關的調查一萬一千次，罰款800萬美元。

到了古巴與美國建交後次（2016）年，聯合國大會從1992年起每年要求美國解除封鎖古巴的決議案，已經有一九一國支持，包括美國自己也投了棄權票而不是反對，因為解封必須修法，無法只是行政調整。這就致使兩國建交之後，從2015至2017年6月底，仍有十一家公司因為與古巴來往，遭處罰款28億美元！

川普在任總統至今年1月，增加了二四〇項封鎖古巴的行政命令，法新社引述古巴政府的估計，古巴為此多損失了20億美元，相當於古巴2%的國民生產毛額。埃克森美孚石油公司則用川普放行的法律，發起訴訟要古巴兩家公司賠償2億8千萬美元。3月底，路透報導，全球五十個城市以車隊遊行，要求美國解除封鎖，而古巴外交部長羅德里格茲認為：川普在疫情期間增加的五十項禁令，「已經像是在種族滅絕」古巴。

新任總統拜登在競選期間，表示川普的古巴政策，「傷害古巴人民，與提升民主與人權完全無關。」

上個月，三十位民主黨眾議員聯名「去信拜登」，呼籲總統撤銷對古巴的霸凌；4月初，《金融時報》訪問奧格蘭德教授，這位研究古美兩國祕密外交的專家表示，儘管經濟因疫情而衰退更多，反對群體也大聲挑戰，但「只要美國持續封鎖與敵視古巴，古巴就能相對穩定。若這些壓力消失，整個系統就會調整，比古巴所能承受的速度來得還要快」。

近日，白宮表示調整古巴政策不是華府施政的優先項目。看來，要拜登從善如流，改善古巴的人權與民主，還要再等一等。（2025/2/5按：拜登除延續川普第一任加諸古巴的新霸凌，遲至卸任前幾日，是踐履他四年前的競選承諾，將古巴從恐怖主義國家名單移除，但川普就任後，數日內就宣布重新放回。）

（《聯合報》2021/4/26 A13版。）

古巴的堅定與成就

《低度開發的回憶》

1968年,艾列(Tomás Gutiérrez Alea)導演的《低度開發的回憶》名列當年最佳影片;2012年,它獲評選為有史以來,最佳電影的第一四四名。今年,影片問世五十週年,美國等地再次播放,緬懷之外,或許還有問津其當代蘊含的用意。

半世紀前的電影至今讓人稱頌不歇,必有美學內涵供人回味,對於現實,同樣大有啟發。請從當年這部影片在古巴,而不是世界任何其他地方產生的背景與脈絡,登堂入室,一窺究竟。

卡斯楚兄弟與格瓦拉為首的游擊隊,在都會區同志的協作與群眾的共振下,1959年元旦進入哈瓦那,從起義到驅逐獨裁,不到三年。起初,美國商界以新政府遠比其「期望要好得多」,強烈要求華府迅速承認新政權。不久,副總統尼克森(R. Nixon)與卡斯楚晤談三小時,知道他不是共產黨人,認定他「對共產主義一無所知」。到了6月,土地改革登場,兩國關係急轉直下,不當得利必須大筆回吐的美國要求卡斯楚「必須下台」;1961年4月,華府策動反卡斯楚群眾入侵古巴,兵敗豬灣,卡斯楚在紀念陣亡將士的講演中首度表示,這次古巴革命不是改朝換代其他照舊,是要建設社會主義。

雖有美國政府虎視眈眈,美國社會的民權運動卻從古巴革命得到莫大鼓舞。早逝的社會學家米爾士擁有眾多傳世之作,新古巴誕生當年剛好出版了《社會學的想像》。他更在次年(1960)來到島嶼,遍訪政界與知識界,包括與卡斯楚連續三天不中斷,每日閉門大談特談十八小時。返美之後,米爾士推出《聽好了,美國佬!古巴在革

命》,入榜當年暢銷書。拉丁美洲人更是雀躍,古巴開啟了新的方向與路徑,不願僅只是聽命於美國資產階級統治集團的人,磨拳擦掌而躍躍欲試,天下已在改變的氣氛,瀰漫空中,所有拉美文學界20世紀的偉大小說家,沒有一位不受革命所捲動的「文化能量所激勵」,其中名氣最大的一位,就是《百年孤寂》的作者馬奎斯(G. G. Márquez)。1960年代的古巴剎時成為「革命的聖地……樂觀的世界中心……對整個世界……形成了近乎直接的影響……19世紀初以來,這是第一次」。

不過,1960年代古巴的「軟實力」主要是對西方與拉美社會產生號召力,古巴最重要的盟友蘇聯,反應相當遲緩,古巴內部也是動盪不安。蘇聯歷來忽視拉美,也早就接受美國控制拉美的事實,古巴革命讓其「措手不及」,其後一年內從未「公開」示好古巴,甚至在豬灣事件後,蘇聯還是「不信賴」古巴,原因就在卡斯楚大談游擊與農民革命,這是比較接近毛澤東奪權的模式。往後,隨著國際形勢的變化,兩國更為親近,不過,即便如此,古巴並未完全聽命於蘇聯;這正如同法國與美國維持一臂之隔,1966年退出後在2009年才重新加入北大西洋公約組織(反觀英德義,則大致以美國為馬首是瞻)。

對於蘇聯,卡斯楚維持相對自主,對於想要離開古巴的人民,卡斯楚沒有強力禁止。1959年(人口六百九十萬)至1962年,累計共有二十萬古巴人離境不再返回。1965年卡斯楚又「大膽宣布:參與革命,全憑志願」,任何人想要前往「美國天堂」,悉聽尊便;結果是其後六年,又有二十六萬人離開。這些國民大多數是擁有資產或專業技術的白人。比如,古巴原有六千三百位醫生,至1963年已有三千位移出,到了1967年,古巴更是僅存二十二位醫學教授與一家醫科學府。豬灣事件之後,美國統治階層的核心團隊更是對卡斯楚有了「個人仇恨」,先是在1962年驅逐古巴,使其喪失「美洲國家組織」會員國的身分;美國接著推出行動綱領,想要從內部「瓦解」古巴,遂從1963年入春起,祕密支持古巴海外流亡集團,同時授權中央情報局打擊和轟炸古巴,發電站、煉油廠與製糖廠……乃至農田,無不列入破壞對象。卡斯楚說,當年有歐洲海盜騷擾,現在美國利用「擁

有最先進電子設備的船艦」攻擊古巴,「我們被迫回到荷蘭海盜⋯⋯的時代。」

局勢雖然艱困,古巴沒有束手無策,求生、奮進與苦壯的精神、意志與努力,持續緩進。美國執意封鎖,古巴輸出革命就是最好的自保,進攻成為「擺脫孤立」的一環,整個1960年代約有兩千名拉美幹部在古巴學習游擊作戰。早在1962年10月,在自己仍然困難的情境下,卡斯楚就呼籲古巴醫生志願前往剛剛獨立的阿爾及利亞服務。他說,「阿國大多數醫生是法國人,許多已經離開⋯⋯阿國人口比古巴多四百萬,但他們的醫生僅有我們的三分之一⋯⋯。」響應卡斯楚號召的古巴女青年醫生芭蕾蘿(Sara Perello)新婚未久,她回想當時的情景,「卡斯楚一說,我們無不感動。」次年5月,古巴海外支援團啟動第一次作業,古巴公衛部長說,「這很像是乞丐助人,但我們知道,阿爾及利亞人比我們更需要,他們應該得到這樣的協助。」古巴不是只有援外,古巴的「軟實力」也讓自己找來了國際幫手,他們聯手改革醫療制度,最重要的是發展社區醫護系統及預防醫學,同時也加緊培訓醫生。1961年,古巴醫科畢業人數三百三十五人,1969年已到九百四十位。醫療保健之外,古巴革命的另一項重要成績就在教育,也在革命後一年內達到初步目標:十萬學生與教師下鄉,總計有一百萬人學會識字,能讀能寫,脫離文盲的狀態,雖然反革命者經常殘忍攻擊,受傷不計,殞命師生就有四十多人。

有人革命有人反革命、有人建設有人破壞,自然也就有人「睥睨所有」而無動於衷地「馬照跑、舞照跳」。正是在這個時空背景之下,1953年即已支持卡斯楚的艾列在革命十週年前夕,完成了《低度開發的回憶》這部影片。

影片在海外放映之後,古巴與英美觀眾的反應各不相同,艾列作了對比。

首先是英格蘭人。雖然說不能一概而論,但似乎有比較多的人認為,影片是在批判乃至於顛覆古巴革命,甚至有影評人將艾列與索忍尼辛(Aleksandr Solzhenitsyn)相提並論。索忍尼辛是著名的蘇聯異端,諾貝爾文學獎得主,也是史學者,1982年曾應吳三連基金會邀

請,來台訪問。

美國人則看出了創作的重要意圖,是要批判革命之後,依舊普遍存在於古巴社會的「資產階級心態」,在劇中由塞吉歐(Corrieri Sergio)代言。不過,美國人似乎不那麼喜歡艾列的批判立場,因為片後影評人與觀眾的談話顯示,很多人希望看到稍見樂觀的收尾,也就是塞吉歐最終可以得到「拯救」,而不是影片所想要傳達的印象:新世界吞噬了塞吉歐。

影片的創作意圖與其他暗示,似乎只有在古巴的觀眾身上才算得到更多及比較完整的共鳴。艾列說,如實說來,由於影片試圖傳達與溝通的狀態多有幽微與細緻之處,不少古巴人同樣無法一片到底、不是登時就能理解,遑論很快就與作品產生良好的互動。但艾列發現,是有古巴觀眾再次回去戲院,看了一次以上,有人是看了「四次、五次」。這個景觀相當難得,艾列就此也另有思考及學習,他自忖:難道這不正是《低度的開發回憶》所要表述的重要訊息嗎?影片是要邀請或迫使人們思考,這也是古巴人再三返回螢幕的原因,他們內心有了想法,走出戲院還沒有釋懷,艾列說,「這是最有意思的事。」任何創作者無不希望自己的作品能在世界範圍內得到反響,但不爭的事實是,這部電影首先「是要與古巴民眾,不是其他國家的人,進行傳播與溝通」。

艾列邀請古巴人檢視革命之後,仍然普遍存在於古巴社會的「資產階級心態」,完全無礙於美國等地觀眾加入檢視的行列。影片的情境很特殊,講的是1960年代的古巴;但影片的主題也很普遍,觸及了我們當今還在面對的現象。地球悶燒,今年入夏加州出現有史以來最大的野火、雅典附近的海岸樹林起火致死九十餘人、熱浪襲擊東京溫度連日超過40°C而奪走人命將近一百三十位,這些難道不是「資產階級心態」及其創造的體制統治地球數百年來,即將危及地球生靈的永續生存之最近展示嗎?

「資產階級心態」不僅只是靠地租而舒適過活、不單是身處革命而毫無感應,也並非限於內心與外表都裝腔作勢而玩弄卻不知真實情感為何物,它難道不更是一種誤認,甚至自以為是,以為環境保育可

以共存於生產為了創造利潤並歸由私人占有的經濟系統,以為綠色能源與產業而不是減量消費從而減量工作,才是生態永續的關鍵?《低度開發的回憶》不曾提供答案,但觀眾若能透過影片,再對「資產階級心態」進行當代的探討,也許就能開啟不以鄰為壑、也不遺害後世的另一種心態,並予以置換。

(2018/8/20完成,是2018桃園電影節「騷動的時代精神1968」專文。謝謝鄭文堂導演的邀請。原標題〈《低度開發的回憶》歷久彌新五十年〉。)

深情凝視哈瓦那

「2011台灣拉美影展」本(12)月16日登場,未來三週於台北、高雄播映十七國二十六部影片及舉辦講座。今天下午兩點在台北光點,淡江拉美研究所長白方濟教授主講「歷史創痛對拉美電影的影響」,30日下午六點在高雄市電影館,策展人平臨泰、黃翠華主講「多元繽紛的拉美文化」,透過影像及對談,深入了解拉丁美洲當今社會文化多元議題。

這裡要介紹的是《哈瓦那組曲》(*Havana Suite*)。這部影片耐看,耐人尋味,觀眾愈看愈能入戲,還想多看幾次,文本這麼開放,容許的理解範圍超越很多電影。

出場的聲音柔和,微有海浪聲與風聲,畫面是暗夜燈塔的探照光線,入港出港的船鳴在背景中響起,約翰‧藍儂的雕像由暗轉亮,在黎明的晨曦中出場了。

為什麼是1960年代被禁止的批頭四,導演預留伏筆,懸疑劇情,邀請觀眾返思嗎?還來不及細想,一日之計已經始於晨,哈瓦那的蟲鳴鳥叫、上工、學童按鬧鐘、沖泡咖啡、牛奶加糖的叮叮噹噹,大聲與小聲……聲聲入耳。

依我們的習慣,吃在《哈瓦那組曲》並不充裕,事實上是相當匱

乏。只是,鏡頭所過,我們看到認真但怡然的畫面,切洋蔥一片一片、洗米掏米煞有介事,炒花生、打蛋、切青菜、舂麵粉,餐桌不會有太多盤的果蔬,分量也是稀疏零落,燴飯比較常見,不但「盤飧市遠無兼味」,食品也是不過緣。電影中的幾次洗澡鏡頭,都不是淋浴、更不是泡澡,是用馬克杯取水淋頭臉,小孩是「淋浴」了,但水細若游絲,用水也需要節儉若此嗎?

無價的滿足與快樂

　　這是觀賞這部電影的一個角度,許多古巴以外的人,可能比較容易看到影片所透露的貧窮。不是這樣嗎?

　　是這樣嗎?我們還看到了孩童的快樂笑靨、人與人之間的祥和關係、街上三輪車夫看著書報的一派輕鬆、身材姣好的女郎走動街頭登徒子緊隨在後、有人悠閒地縫衣服、有人騎單車到墓地以鮮花想念亡妻。夜幕低垂,紛紛登場的是流行音樂演唱會交際舞、聖歌繚繞與宗教團聚、體育活動棒球比賽、有人欣賞古典芭蕾舞、父子夜登屋頂共觀星空月色、退休的女藝術教師在家畫畫、馬克思主義教授在聽收音機、醫生半臥在床挨著五斗櫃燈光看書。「世界自然基金會」說,古巴是全球各國當中,唯一「同時」得到高標準的「人文發展指數」(指教育、醫療保健與壽命的水平),也符合生態足跡發展,從而能夠永續發展的國家。這是古巴的另一個謎,消費與物資不足,卻有這個成績,那麼,是我們太浪費?

古巴人的夢與想像

　　最後的場景呼應了片首。大雨滂沱,又有人來換班了。原來,藍儂的雕像有三個人輪班日夜看管!是物資欠缺到了有人要來偷雕像的地步嗎?還是,導演暗示,看管員是在照料古巴人的夢與想像,包括革命的遺產,看到藍儂,憶起他的知名歌曲《想像》?看管員坐在搖搖欲墜、背靠衰朽的矮腳椅凳,象徵革命的傳承即便困難,也得繼

續?或者,看管員代表國家,阻止人民接近藍儂的想像?幕落之前,我們看到了清晨的傾盆大雨把銅像與照管人淋得像是落湯雞。藍儂是在回首照管人(國家)嗎,像是哭了,為何而哭,答案模糊。港區的燈塔探照燈光射向漆黑的海洋,是在警告哈瓦那居民,注意佛羅里達海峽彼端的威脅嗎?或者,這是象徵,尖銳地傳達島上的人對外傳播的訊號?

或者,這些對立的理解都是想得太多,答案在片尾對十二位劇中、也是真實人物的「夢與想像」,已經清楚交代:導演培瑞茲(Fernando Pérez)只是細緻與親切地描繪古巴人的日常生活,一切那麼真實、如此簡單,是「詩意盎然、節奏從容,深情凝視哈瓦那及其居民」的紀實電影。

(《中國時報》2011/12/18 A19版。)

兩個古巴　不是天堂與地獄

歷經奮鬥,21世紀的古巴不但「反攻大陸」,取得中南美大陸與近鄰島嶼國家的支持與力挺;古巴更是「揮師北上」,力促聯合國大會以壓倒性比數,連續二十多年譴責美國;美國承認古巴、重新建交,總統歐巴馬是有貢獻,若從古巴的角度來看,卻也不無順理成章,水到渠成之處。

回首1990年代,古巴的情勢險惡。引來普立茲新聞獎得主誤判局勢,撰寫《卡斯楚的臨終時刻》。次(1993)年,財經雜誌《富比士》同樣誤認,舉該書作者是美國有史以來,最重要的五百記者之一。當時的人都說,古巴「奄奄一息」,因為占其八成貿易的蘇聯與東歐集團,業已背盟棄義,絕塵他去。古巴的進出口物資急遽下降,食品嚴重短缺。很具體、也很鮮明的指標是,短暫兩個寒暑,古巴的人均體重減少十公斤。

美國絕不袖手旁觀,是緊抓時機,落井下石,祭出新法。依美國自己的片面法律,山姆大叔要求,兩國關係若要正常化,不難,古巴必須放棄社會主義,卡斯楚昆仲必須走人。美國以為古巴行將就木,備妥棺木,準備上緊最後一根螺絲。沒有想到,孤家寡人的古巴只是更新,不舉白旗。對於島國依舊完整存在,《紐約時報》因此大惑不解,以社論表示,古巴以前威脅美國安全(按:這真是奇怪的指控),現在是「政治上,讓人迷惘。」

　　二十多年來,古巴並無春風,卻也是否極泰來。這個過程若是讓人迷惘,原因在於美國與古巴的關係有兩種;古巴的內政表現,也有兩種。

　　第一種古巴,美國「欲迎還拒」。前年底,兩國同時宣布關係將要正常化;去年建交,7與8月兩國外長分別前往華盛頓與哈瓦那,主持首次升旗典禮;今年2月,雙方簽約通航,美國可望每日將有一百一十航班,直飛哈瓦那及其他城市,3月,美國八十八年來第一位造訪古巴的總統,即將成行。然而,未來國會若是仍然拒不修法,美利堅國民前往這個海島,理由五花八門,可以是探親、交流、考察、學術活動、市民團體互訪……,就是不能填寫「觀光」!

　　第二種古巴,美國「欲拒還迎」。美國在1962年開始封鎖古巴,1970年代局部改善,功敗垂成。1980年代雷根上台,升高封鎖。民主黨的柯林頓簽署兩個法案,小鬆大緊。共和黨的小布希成立「促進古巴自由化委員會」,以3,600萬美元完成近五百頁報告,鉅細靡遺,儼然自居王師,就要空降海島,改造古巴。但是,就在此時,美國於2000年另定特殊法案,容許農產品賣至哈瓦那,因此過去十多年來,美商占有古巴農產品進口值的比例,最低16%,最高曾達42%。

　　古巴的內政也有兩種風貌。

　　本書《被遺忘的古巴人》呈現的是一種,雖然這個實體相,難免夾雜些許誇張的成分。

　　惟有趣的是,即便全書以負面角度描繪古巴,作者的筆尖倒也透露了另一種古巴的面貌。六十歲的牙醫認真敬業,幫作者洗牙四十五分鐘。作者準備付錢,沒想月薪僅折合三十美元的醫師說,使用健保

包含牙醫在內,「沒必要付錢」。這是因為,古巴人創造的價值,已經先由人民授權政府,從中抽取部分,不分滂沱大雨或涓涓細流,都要匯流注入水庫,政府再設水管,將水導向人們的基本需要,優先滿足醫療保健以及教育。

古巴的人均壽命與美國相當,嬰兒死亡率低於美國,原因在此。這讓我想到,去年7月我們在哈瓦那,拜會在圖書館工作的彼得與蘇珊娜(Pedro and Susana Urra)。銘如問及,老城區何以房舍老舊。彼得想了一下,他的回覆是,古巴的資源有限,政府說醫療保健與教育的提供,應該放在前面,房舍也很重要,但假使入不敷出,只好稍往後排。

不但國內醫護成績斐然,古巴人溺己溺的國際主義實踐,也很可觀。馬英九總統在2007年誤解古巴,曾說「台灣不要古巴化」,去年起改口,至今至少兩次表示,台灣要學古巴的醫療外交。革命成功後次年,古巴就已啟動海外醫療服務,近鄰智利遠邦非洲,無遠弗屆,到了1999年,古巴擴大規模,成立「拉丁美洲醫學院」,免費培訓第三世界國家的醫護人員,不是只救急提供魚貨,還要授予釣竿使其自立。至今,完整接受這些六、七年醫學教育的人數,超過五萬,包括2002年獨立的東帝汶之第一批醫生(八百多位)、中國大陸醫學生首批一百零一位在2013年畢業,美國低收入戶累積也有兩百五十位。1995年,台北的刊物《島嶼邊緣》呼籲慈濟發揮愛心,協助古巴;如今,慈濟前往加勒比海國家義診時,大多是與古巴合作,捨此則慈濟人手不足,成效難以彰顯。

近年來,古巴曾有研議,要對海外前來習醫的人,收取部分費用。古巴現在才作調整,算是晚了。反觀美國的作法,讓人難以恭維。小布希總統在2006年開始執行「古巴醫護專業人來美專案」,十年來總計有七一一七位專才,利用古巴派往海外行醫的機會,就近取得簽證,移民美國。兩國關係正常化後,2015年的人數不是減少,是另創新高,達一六六三人。《紐約時報》歷來支持美國的外交政策,但對這種公然挖角,並且是全世界最富有的國家利誘古巴,致使其人才外流惡化的作法,「格外難以接受」,曾經撰寫社論,大聲譴責。

醫護之外，古巴體育選手在海外滯留不歸的情況，也因為兩國關係改善，致使移民人數不減反增。以台灣最熟悉的棒球選手來說，2014年走了六十人，2015年前九個月是一百零二人！即便這些外流者不全是好手，仍有十分之一至五分之一的水準，具有潛能成為美國職棒選手。1993年以後，經年累月有體育人才流出，按理說古巴棒球隊的元氣必受重創，實則未必，這又是一項讓人迷惑的表現。去年11月，「世界棒球12強賽」在台北舉行，台灣二十九年來第一次擊敗古巴，但最後是「中華隊很強，就是沒有進入八強」；至於古巴，仍獲晉級，前往東京爭雄。另一方面，至今舉辦三十九屆的「世界杯棒球賽」，古巴勇奪二十五屆冠軍。

不過，展現古巴體育運動實力的最佳指標，可能不是棒球，是夏季奧運比賽。

夏季奧運總計已經舉辦二十七次，革命之前，古巴表現平平，其後參賽十二次，成績耀眼。冠亞軍獎牌總數一百九十七面，在所有國家排名第十六。若是更為科學地比較，考量參賽次數與人口規模，那麼，古巴每一千萬人參賽一次，平均得到十四點九三面獎牌，僅次於芬蘭的二十三點零八面，以及匈牙利的十九點三一面；亞洲較好的南韓與日本，分別是三點零三面與一點四九面。美國是二點八六面，俄國是七點六七面。

醫療保健與體育運動的表現秀異，加上幾乎百分之百的識字率，以及從幼兒園至就讀博士的受教機會，不因經濟地位而有差別，都是政府從全國收入提撥部分而集體支付，不是讓學生個別繳費，這就使得古巴在聯合國的「人文發展指數」，數值優秀、名列前茅。2006年底，「世界自然基金會」發布報告，指全球各國當中，能夠兼顧人文發展指數與「生態足跡」的就是古巴，只有古巴人文指數高但耗能低，能夠永續發展。與此對比，美國的人文發展指數雖然略高，但資源消耗太多，生態足跡是古巴的四倍多。再者，依據世界銀行等官方資料，相較於東歐、中歐、蘇俄與中亞等國，至2013年為止，古巴在人均所得之實際成長率、嬰兒死亡率，以及人均壽命的表現，均是略勝一籌。

然而，古巴不是天堂，雖然海內外人士不乏心懷希望，期盼這個島嶼國家能夠作為示範，實踐不同的發展模式，亦即現在不是，但仍要爭取未來是社會主義，「人人為我，我為人人」；互助而環保，不是競爭而鼓動消費主義。然而，行走古巴城鎮鄉村之時，羸弱的古巴人雖然罕見，但古巴一般人的消費不足，並非遊記或新聞的向壁虛構，特別是海外別無親友匯款的人，以及經改革過程受到損害的弱勢群體，食衣住行都有欠缺，是真實的故事。反觀台灣在內的許多國家，為了享受便利、反遭便利制約，有人消費仍有不足，但總體消費卻是過量，更有不少人的個體消費流於浪費，在此情境下，任何對古巴的期許，除了同樣必須用來反求諸己，也得注意避免落入陷阱，不能流於站著說話腰不疼，甚至是說風涼話的譏諷。

美國是比較開放與民主，但對外仍有帝國行徑，鑄成災難與悲劇。對內，每二十四小時就有一位或更多非裔美國人遭警察殺死，美國監獄關了全世界四分之一的犯人，美國的情治單位對社會運動的滲透，擴大了學運、社運的派系與徇私，並使其在1970年代走向暴力。拉美國家除烏拉圭，古巴是唯一社會治安平和的國家，但不談來自世界首強雷霆萬鈞的攻勢，僅說美國縱容反卡斯楚群體的破壞，幾十年來，他們在古巴境內累計發動八百多次恐怖攻擊，造成三四七八人死亡、二〇九九人受傷，傷害農作。在此壓力下，誠如美國學運老將、民意代表與教授海登所說，古巴不但存活，還有醫療保健、體育教育等優秀表現及國際主義的實踐，「贏得大多數國家的敬意」，容易嗎？

除了若干地方使用「傳說」，顯得失實之外，本書的鋪陳有其所本。但是，如同任何表述，即便是長期觀察、寓居其間而完成的見聞與紀錄，也都無法捕捉全豹。因此，閱讀本書描述的古巴，對照這篇短文的簡略補充，讀者也許會從內心產生《紐約時報》式的迷惑，但又不在此停留，而是激發另一股好奇，前進再發覺與探討，產生因人而異的古巴認知與書寫。

（寫於2016/3/5，登猴山八三五次。美國總統Barack Obama抵達哈瓦那與Raul Castro握手之前。）

(推薦文之一,刊登的標題是〈兩個古巴〉:L. Mendès〔劉美安譯2016〕《被遺忘的古巴人》,頁11-8。台北市:商周。)

看活潑的古巴人　進步的人文表現

　　《紐約時報》說,古巴的存在「讓人迷惘」。翻閱本書,讀者可能會發現,古巴其實很迷人。

　　1980年代中後期之後,從蘇聯、東歐至亞洲的中國大陸、越南與高棉等等先前存在的「實存社會主義國家」,若非解體變天,就是大幅度走向赤裸裸的威權乃至盜匪資本主義模式,進步的人文價值最多是乏善可陳,更糟則是幾乎蕩然無存。

　　古巴卻是另一番風情。強敵環伺五十年,美國透過經濟封鎖及政治顛覆,想要掐死哈瓦那,卻意外讓古巴以「中流砥柱」之姿,屹立不搖。古巴人因轉型期間經濟困頓,平均體重曾經在兩年內減少將近十公斤,但一直到現在,古巴的人際及國際互助的信念,還是在日常生活中不斷踐履。

　　不但理念鮮活,古巴的成就尤其讓人咋舌,她的人文發展指數(教育、醫療保健的水平)媲美西方,消耗海陸資源卻僅及其數十分之一。一百六十餘個國家之中,唯有古巴取得這個成績。紀錄片名家摩爾(Michael Moore)也深知個中緣由,因此前年製播《健保真要命》(Sicko),檢討美國醫療體系時,就在片尾呈現古巴醫療的秀異表現。

　　1964至2008年間,古巴在夏季奧運的排名,大致是第十名左右。若看獎牌數,更是驚人。每一千萬人,古巴四十四年來累計的金牌是六十枚,加上銀銅則是一百七十二枚。美國是三十三與七十六,蘇俄是三十三與八十五。亞洲最佳的南韓是十五與四十六(日本其次,是十二與三十六,舉辦2008年奧運的中國大陸是一與二(台灣少於一及十)。

今年適逢新古巴建國五十年，美玲與芳子的這本書，來得正是時候。1997年初訪哈瓦那，其後，這兩位香港朋友長期在古巴生活，學習語言、有機農業，以及攻讀博士學位之餘，透過同理心的來往，觀察、檢視與批評古巴社會，成就各個章篇，親切地邀請華人世界的讀者，從食衣住行藝文、政治評論、非洲連結與拉丁美洲區域發展等多種角度，扼要認識古巴的面貌。

在開卷有益、接近古巴的過程，讀者應該能夠體會古巴人雖然不太自由卻又很悠哉，很想出國卻又自尊地堅持在地，物資不足卻又堅持「意識形態」，以及古巴人「活潑幽默、笑得開懷、舞得忘情」的風情。

(《世界日報》〔美國〕2009/4/16。書介美玲、芳子〔2009〕《敲開天堂的門，古巴》。台北市：大家。)

古巴國際主義五十年

1991年聖誕節，蘇聯領導人戈巴契夫宣布辭職，蘇聯解體。古巴進入特殊時期，一年之內，進口量與出口量急遽下降八成，蘇聯的年石油供應從一千四百萬驟減至四百萬桶。短短兩年，古巴人體重平均減少將近十公斤。1996年，美國通過新法，升高對峙氣氛，加緊封鎖古巴，狀似要在棺材上鑽緊最後一根釘子。

美國沒有成功，又是十多年過去了，古巴還是好端端、屹立不搖，應驗了《紐約時報》當年所說，古巴的存在「讓人迷惘」。甲之毒，乙之肉。美國主流意識與價值的不知所措，正是另類理念的堅定向前。如同去（2008）年12月，現代世界體系理論的創始人華勒斯坦（Immanuel Wallerstein）的觀察，古巴已經否極泰來，正在「重返舞台」。

華勒斯坦說，這是「重大的地緣政治事件」。我們可以說，這個

事件其來有自,這是古巴心口如一,奉行國際主義五十年,日積月累所得到的部分成績。《紙醉金迷哈瓦那》既已鋪陳五十年前古巴革命的事出有因,這篇跋文就勾勒其後五十年來,新古巴的國際主義理念與實踐。

古巴國際主義的根源:美國的意識形態

早在1954年,瓜地馬拉總統阿本治(Jacobo Arbenz)得到共產黨在內的支持,發動土地改革。雖然阿本治的改革溫和,卻已損及美商青果公司的利益,於是瓜國軍官在山姆大叔操盤下政變,土改功敗垂成。當時,切‧格瓦拉剛好在瓜地馬拉九個月,事件的始末他都親眼目睹。

1959年元旦,古巴起義軍占領東部三省。5日,革命臨時政府在聖地牙哥成立,卡斯楚於8日率兵進入哈瓦那,腐化的總統巴蒂斯塔逃離的前一天,也就是1月7日,彼時的美國總統艾森豪已經向卡斯楚示好。他撤換殷富,並且與巴氏親善的大使史密斯。繼任的人是職業外交官邦薩,他與中間偏左的政府歷來交好。

卡斯楚上台之初,美國表現「正常」。畢竟,1902年古巴形式上獨立以來,主政者畢竟是經由民選,或是在政變後取得大位、是改革派或保守派,只要不攪動其利益,美國都會接納。換個方式說,五十七年來,無論是幕後操作,或是在前台公然頤指氣使,古巴與美國雙方的執政者,眉來眼去,一個老大自居、一個自甘做小,歧見不多。

1959年的武裝革命,開始有了差異。剛開始的時候,卡斯楚是資產階級的左傾領袖,還不是共產黨人,對於馬列論述與思想,他也沒有太多接觸。不過,新政府的另兩位重要人物,有些不同。卡斯楚的胞弟勞爾是古共黨員,格瓦拉還沒有入黨,但聲稱自己是馬克思主義者。

在現實政治方面,卡斯楚對蘇聯所知有限,北極熊對卡斯楚也無所了解,雙方要在古巴革命一年多以後,遲至1960年5月8日方告建交。在此,我們看到史達林路線所謂的一國社會主義,確實為其繼任

者奉行不渝,冷戰對峙出於地盤瓜分,非關理念的伸張。另一方面,美國依據慣例,總是敘舊為先,古巴同樣也因歷史使然,無法斷然與美國切割。當然,卡斯楚也不可能容忍美國繼續掌握古巴七成的可耕地,兩國交惡,只是早晚遲速的問題。果然,到了1959年5月,卡斯楚啟動土地改革,損及美國富商利益,古巴與美國的關係急轉直下。1960年10月24日,政府將古巴所有美國企業國有化,預告了1961年1月3日兩國斷交,但一直要到4月17日,美國以一千四百名傭兵入侵豬灣後,卡斯楚才首度宣告,這次古巴的政權變革,非比以往,古巴要走社會主義道路。

在豬灣事件之後,古巴人的危機意識不可能不升高。這個時候,古巴應該已經掌握清楚,作為一個社會主義政權,古巴自身的存在對於美國來說,就是「罪惡」。因此,要維持自主與尊嚴,有賴於更多國家的向左轉。畢竟,對於外國,而特別是對於拉美近鄰國家的易幟,美國經常透過其代理人,撲滅違反其意識的政權。美國內部的文件說,「卡斯楚政權的存在,就對拉美的左翼運動產生作用……。」古巴與美國無法和平共存,但不是古巴不讓美國生存,是美國容不得後院出現社會主義政權。

如此一來,古巴對外結盟乃至於主動攻擊(援助各國的左翼力量),也就等於是不得不然的自保與防衛措施,進攻成為最好的防衛手段。假使有更多的近鄰轉向,古巴的自主路線與活動空間才能更有把握。不過,古巴在對拉美大陸輸出革命經驗時,仍得謹慎而盡量減少美國干涉的口實。根據美國的估計,1961至1964年間,在古巴受游擊戰或政治作戰訓練的拉丁美洲人,有一千五百至兩千位。親身前往大陸的古巴人則不多,畢竟,「古巴的革命熱情仍有節制,因為不願讓美國找到介入古巴的藉口」。1961年8月美國允諾對拉美供應200億美元財政援助,這正是1959年卡斯楚提出,但美國當時不接受的拉美馬歇爾計畫。顯然,這是一個安撫懷柔的方案,旨在減少古巴革命輸出的能量與效果。

到了1964年,拉美革命火花連番遭到撲滅,委內瑞拉、祕魯、阿根廷、尼加拉瓜……的游擊戰相繼被擊潰。早先在1961、62年

間，蘇聯對於古巴的拉美革命輸出，原本就態度曖昧，到了這個時候則是公然表態，不予支持。這個立場反映在蘇聯運送至古巴的工業產品質量不佳，蘇聯技術與文官人員也很傲慢。對於莫斯科冷淡對待拉美的武裝鬥爭，古巴愈來愈不滿。蘇聯對於古巴同樣失望，因為卡斯楚的游擊戰路線，危及蘇聯與美國的關係。對於古巴的煽風點火，大多數向莫斯科輸誠的拉美共黨人也很不滿。1964年11、12月間，卡斯楚在哈瓦那召開拉美共黨祕密妥協會議後，古巴被隔離於拉美的解放鬥爭之外，沒有任何一國的共黨支持在本國展開武裝鬥爭，卡斯楚於是「接著⋯⋯將注意和努力⋯⋯轉向非洲」。

　　回顧半世紀前的這段過程，我們至少可以後見之明地說，新古巴在建國前兩年的摸索，行動於特定結構中，又盡量維持作為改良或革命的進步分子應有的理想色彩與成績。相對之下，革命已經四十年的蘇聯在1950年代末已經老化，如果青春期仍不乏理念，此時則已世故，顯露為觀望古巴的情勢多於主動馳援，若對比稍後立刻要提及的古巴外交政策，蘇聯的龍鍾老態更見明顯。

古巴走向非洲

　　1959年6月格瓦拉訪問埃及之前，古巴高層從來沒有到過非洲。次年7月，勞爾再次走訪埃及，9月卡斯楚在聯合國講演，鏗鏘有力，論及非洲問題。再過一年，卡斯楚於1961年在南斯拉夫與不結盟運動的亞非領導人接觸；當年10月，甫於年初加入古巴情報單位的阿根廷青年記者馬色提（J.R. Masetti）銜命來到突尼斯，帶來卡斯楚的協助意願。阿爾及利亞解放陣線從1954年起，就對法國展開獨立游擊戰。1961年12月，古巴送來一千五百支來福槍、三百挺機關槍（回程帶回七十六位傷員及兒童），但沒有志願軍。

　　古巴最初在北非的活動，「與東西衝突毫無關係」。早在1959年以前，為了追求各自的獨立與社會改造，古巴與阿爾及利亞的兩支游擊隊，已經發展出「自發的認同⋯⋯與兄弟之情⋯⋯」。1962年7月3日阿爾及利亞獨立，三個多月後，其總統貝拉（Ahmed Ben Bella）

走訪美國,參加阿國加入聯合國的慶典儀式。甘迺迪總統殷殷勤勤地接待了他。當時,美蘇未曾事先照會哈瓦那,正在暗地協商,密謀解決古巴飛彈危機的條件。在這個節骨眼,美國完全沒有料到,貝拉在拜會甘迺迪之後,次日旋即飛往古巴。見此,美國人自是大為光火,有位助理回憶起甘迺迪,說他「對於這起似乎無知到了荒唐,又像是精心算計的公然侮辱,感到相當困惑。」雖然與其平素言論不符,當時美國的《基督教箴言報》(*Christian Science Monitor*)倒是指出,貝拉前往哈瓦那,有其值得尊崇的理由:「感謝古巴在阿爾及利亞獨立運動時,給予的道德支持,也為了古巴對阿國孤兒的照料。」

1963年春夏,摩洛哥與阿爾及利亞等等鄰國,因領土糾紛而產生衝突。事端起因於摩洛哥的年輕國王哈山二世(Hassan II),他既醉心於權力,又以民族主義作為招搖的工具,意圖建構大摩洛哥。哈山背後有美國武器的支持,挾此優勢,哈山進逼阿爾及利亞,貝拉於是求助古巴。卡斯楚毅然出兵,這不是容易之舉。一來,這個決定得冒些風險,可能得罪法國;其次,古巴剛剛才與摩洛哥簽訂契約,取得大筆蔗糖買賣的生意。卡斯楚必須在伸張義理的堅持,以及出兵可能危及商機的忌諱之間,自作斟酌與決斷。古巴選擇前者,最終促使阿、摩兩國在10月簽訂息火協定。11月8日,貝拉接受法國《世界報》(*Le Monde*)訪問,他表示,「如果有必要,我願意為古巴而犧牲。如果古巴革命遭致摧毀或窒息,我將沮喪失望至極,因為這將等於舉世已無正義,寰宇不復存在尊嚴。」其後,蘇聯武器雖然大量抵達,直到1964年,蘇聯也一直強化阿爾及利亞的軍力,但情況是古巴人在前奔波,呼籲蘇聯要有更多的投入,而不是蘇聯驅使古巴作為其馬前卒。

美國約翰・霍普金斯(Johns Hopkins)大學教授葛雷傑西(Piero Gleijeses)窮六年之力,閱讀及交叉比對美國、歐洲與古巴官方的公開檔案,參酌當時的傳媒報導,著有專書《互有衝突的使命:哈瓦那、華盛頓與非洲》(*Conflicting Missions: Havana, Washington and Africa,* 1959-1976)。在這本獲得美國外交史學會年度最佳著作的書籍,葛氏提出的結論如後,允稱「一槌定音」:

古巴與阿爾及利亞的故事，今日幾乎無人復記；惟這是古巴與非洲的第一度主要接觸，不但如此，它也是古巴之非洲政策的前序曲、預演……日後複製而擴大，相繼對葡萄牙多個非洲殖民地的解放運動，亦伸以援手……始於1963年10月的阿爾及利亞經驗，其後推演到了其他政府，首蒙其利的是1965年的剛果。古巴的市民國際主義的英雄史詩，就從阿爾及利亞開啟。

古巴在安哥拉

確實，這是英雄的行為。十多年後，古巴快速且有效馳援安哥拉黑人政府，世人大為震驚，也是出於相類的過程。1961至1974年間，古巴派至非洲的軍人不到兩千。1974年春，葡萄牙政變，其殖民地安哥拉次年春隨即爆發內戰，三個追求獨立的組織「安解」、「安盟」與「安陣」，[8]分別得到蘇聯、美國與南非等同路人馬的不等支持。1975年10月23日，南非在美國默許下，出兵協助南非與美國所支持的安盟。台灣的研究者林永樂說，當時的南非政府「過分樂觀……政治上產生相當負面作用……（造成）非洲國家轉向（古巴與蘇聯支持的）安解……。」

當時，蘇聯給予安解的資助，以及美國、南非等國對安盟與安陣的支持，二者大約相當。不過，重要的在於，南非增兵後兩個多月之間，蘇聯居然未曾積極聞問，遑論出兵非洲。事實上，這次又是古巴自主決策，快速地回擊南非兵丁。美國總是認為，威脅其非洲利益的國家，最多就是蘇聯與中國，古巴全然未曾浮現在山姆大叔的腦海中。是以，1975年11月古巴部隊突然現身戰場時，美國根本難以置信，怎麼可能：小小的加勒比海島國，居然膽敢妄自發動，派遣部隊

---

8 安哥拉解放陣線（Popular Movement for the Liberation of Angola, MPLA, 安解）、安哥拉聯盟（National Union for the Total Independence of Angola, UNITA, 安盟）、安哥拉民族解放陣線（National Front for the Liberation of Angola, FNLA, 安陣）。三者目前均為安哥拉政黨，安解執政，2008年9月大選在87.36%投票率下，安解得81.64%選票，掌握國會220席次當中的191席，安盟與安陣分別是16與3席。

到了數千里之遙的安哥拉。會是這樣嗎？已經這樣了。美國寧願相信，卡斯楚只不過是蘇聯代理人，是承命令於蘇聯總書記布里茲涅夫（Leonid Brezhnev），圖像如果真是這樣，顯然更為符合美國及世人所認定的想當然爾，並且，美國政府也會覺得好受一些。特別是，古巴竟在這個時間出兵，太過奇怪、太過難解。因為，這是1975年，美國正打算局部恢復與古巴的正常關係，「何以卡斯楚對這個史無前例的機會，嗤之以鼻？」再者，中南美洲國家並無對外出兵的歷史與經驗。先前，只有巴西將領尾隨美國，在1965年派小批部隊進入多明尼加；1980至81年間，是有阿根廷出兵至尼加拉瓜，幫襯蘇慕沙（Somoza）這個腐化的家族政權。但自主揮師、濟弱扶傾而跨洋越海，三者合一，只有古巴。

　　再回到安哥拉。古巴出兵一個多月後，也就是1976年1月9日起，蘇聯才派飛機從哈瓦那運輸軍火與部隊，16日才與古巴簽軍事協同，表明將在該月底運送武器至安哥拉，直接供應古巴2,500萬美元軍火，這是蘇聯運送給古巴的第一批軍事物資。但是，在最艱難的11、12兩個月，蘇聯雖然也增加對安解的軍事資助，但卻未協助古巴運送人員與武器。「在安哥拉，蘇聯並非熱中的參與者」，原因終究難以透明。可能是1970年代的中後期，美蘇冷戰已經進入低盪，誰也不想開罪對方；也許是蘇聯不滿古巴未經諮商，自行決定出兵；又或許是蘇聯心存懷疑，認為古巴根本沒有能力阻止南非入侵；還有，也有可能是蘇聯對於安解還有一些保留。不論是以上哪一種情況，至少都能肯定一件事情：外界直觀的、脊椎反射式的想法，認定古巴聽命於蘇聯，完全不是事實，這也是不公允的認定。何況，1977年5月27日安解面臨一場政變，主其事者與蘇聯的關係緊密。該政變即便沒有取得蘇聯的積極支持，至少獲有蘇聯大使的同情。此時，古巴再次扮演決定性的角色，挫敗了政變。面對蘇聯，古巴採取雙軌路徑。一方面強調莫斯科的至高無上、是社會主義陣營大老。另一方面，古巴力挺與護衛安解，使其能夠努力維護自己所選擇的方向。

　　未事先徵詢蘇聯的意見，卡斯楚逕自揮師安哥拉，為什麼？可能是時間緊迫，南非已逼近安哥拉首都。可能是卡斯楚心意已決，擔心

徵詢被否決或淡然漠視,又將如何?畢竟前一(1974)年8月,古巴表示要出兵安哥拉,布里茲涅夫卻悍然對卡斯楚說不。最後,卡斯楚也有可能盤算,先斬後奏,說不定可以讓蘇聯不得不背書。當然,以後見之明來看,古巴這些行動其實是有跡可尋。美國自己在1968年就有情報顯示,卡斯楚長期拒絕蘇聯的顧問,他也公開批評蘇聯,指其既教條又投機。是以,1960年代的古巴外交政策,比較接近戴高樂時期的法國對美國的態度。古巴對蘇聯的外交關係,還不如羅馬之以美國馬首是瞻,也沒有英德那麼買美國的帳。葛雷傑西說,古巴對外伸出援手,「反映了一定程度的理想主義,放在大國或小國的外交事務當中,這都不是尋常可見。」除了西非,在1970年代中後期之後,古巴也響應語言、歷史與血緣淵源較遠的衣索比亞等東非國家的解放運動,這個部分的決定,也許存在較多的冒進成分,其成績也相對弱些。對古巴抱有同理心與肯定的人,對其評價於是多了一點負面的成分,如兩度成書,分析查維茲路線對於委內瑞拉及拉丁美洲之前景的高特(Richard Gott),在《古巴:一部新歷史》(*Cuba: A New History*)這本書,就記錄卡斯楚在這個階段的冒進風格,卡斯楚說,「部落主義可以快速到達社會主義。」不過,無論是理想或是冒進,確實都不合乎外交的斤斤計較。

　　古巴積極涉入非洲的解放志業,對於非洲人心有很大的鼓舞作用:被殖民者也能擊垮殖民者,黑人可以,並且已經戰勝白人。雖然1976年之後,安哥拉內戰持續直至2002年8月,三派才組成聯合政府,但先前仍有一段插曲,值得記錄。1987年11月,美國與南非再次支持安盟,它控制了安哥拉最大的產油地。兩國暗助安盟,使其對安解政府軍發動攻勢,迫使政府軍撤退至Cuito Cuanavale。這個時候,距離該地最近的古巴軍隊也有兩百多公里。來不及照會蘇聯的安解政府,只能立即商請古巴協助。如同1975年的情況,經過四個月戰鬥後,1988年3月,南非撤退,古巴再次成功維護了安哥拉政權,間接迫使南非白人政府與種族隔離政策,先做重大改變而後瓦解。1991年7月曼德拉風塵僕僕拜訪哈瓦那,當面向卡斯楚表達謝忱。曼德拉誠摯表示,古巴那些時刻的義舉所催生的後續效應,堪稱非洲史

的轉捩點。

　　古巴在1987年底第二度馳援安哥拉,主客觀條件與1975年已有很大差異。正因為情境迥然有別,而古巴風格不變如昔,似乎更能凸顯其國際主義的理念與實踐的深刻與持久,遠遠超過世俗常情的認定。1980年代末的古巴,不再是當年國內經濟承平而國際經貿暢順於蘇聯與東歐集團。古巴的經濟從1985年以降已經困頓,戈巴契夫在該年就任蘇聯總書記後,調整其內外政策,在此格局底下的古巴,只能日漸被迫成為「中流砥柱」,不得不進入真正自力更生的年代。1988年12月22日,涉及安哥拉局勢的各方代表簽署和平協定,古巴同意從1989元月起二十七個月內,分批將部隊撤離安哥拉。從1975年11月11日至1991年5月,人口一千萬的古巴計有三十七點五萬人次支援安哥拉。參與其間的將領強調,「這是政治連結與團結的一種行動示意」,參與其間的古巴戰士,必然是「真正地志願……若非志願,何以甘願冒生命的危險,就只為正義?」

　　投入前線的古巴戰士是否具備這個胸襟,是很重要。人溺己溺而馳奔他國流血流汗,是人因理念的貫穿而有的昇華行動,極其珍貴。但是,小國寡民卻能濟弱扶傾、對抗強權二十多年,如何取信於人?無論是依照第三者的旁觀,或是以其敵手,也就是指南非或美國的眼光看待,古巴人焉能如此?他們總是覺得,果真古巴戰士長年心存這個理念,必定是古巴領導層的意識形態教化相當成功。究竟是哪一種情況多一些,只有當事人知道,但至少有項重要的事實,可以就此澄清:古巴援助非洲國家,並非如同流行意識所說,以為是蘇聯授意或指揮。[9]誠如葛雷傑西教授考察與比對史實後,指出古巴在非洲的行

9　西方人這麼看,台人也是。在一本暢銷近三十年、增訂多次的傳播理論著作,對於美國外交政策多有批判的作者,在書中談及依附與世界體系理論時,李金銓教授也不免這麼寫著:「古巴以前依賴美國,現在靠攏蘇聯,哪一點獨立自主來著?」、「古巴即令斷絕了對美國的依存,卻逃不掉對蘇聯的經濟、軍事、政治依存」、「……社會主義國家都存在著嚴重的『政治依存』——這一點新左派常常視而不見。」台灣的輿情,最「正統」的意識複製可以舉《聯合報》社論(1976年2月4日)為例,指「蘇俄現正……準備……變安哥拉為另一個古巴」。至2008年3月6

動,出於「自衛與理念兼而有之的」動機,混合著「有些遲疑的、有自利成分的,也有理想成分的步伐」之展現。

古巴對外的醫療援助

新古巴成立後一年之間,流失許多高等教育人力。其中,六千位醫生走了一半。即便如此,早在1962年10月,古巴就曾派遣醫療團隊與護士前往非洲。「阿國大多數醫生是法國人,許多已經離開」,卡斯楚解釋著,「阿爾及利亞人口比古巴多四百萬,但他們的醫生僅有我們的三分之一,或還要少些……他們身陷的局面實在悲涼。」響應號召的女青年醫生芭蕾蘿新婚未久,她回想當時的情景,「卡斯楚一說,我們無不感動。」1963年5月,她隨古巴醫療團隊出發前往阿爾及利亞。這是古巴技術海外支援團的開始。古巴公衛部長說,「這很像是乞丐助人,但我們知道,阿爾及利亞人比我們還更加需要,他們也應該得到這樣的協助。」

到了21世紀,古巴對外的醫療資源配置,似乎分作兩部分。一部分如同商品,用以診治前來哈瓦那問病的人(俗稱「醫療觀光」,應該是以西方人士為主),以此賺取外匯。第二部分則大抵延續了古巴立國以來的國際主義襟懷與實踐,又可分作兩種。一是為比較貧窮的國家培訓醫生,規模頗大。《經濟學人》週刊說,這就是古巴在1998年創設的「拉丁美洲醫學院」,在2007年初之時,它有一萬名醫科學生(六年制),規模是美國最大醫科養成機構的十倍。這所醫學院只招收外國學生,大多數來自拉丁美洲,但也有九十一位中低階層的美國人,所有學生就學期間的食宿與學費全免。其中,物產相對豐饒的國家如委內瑞拉,也會以低於國際市場的價格,供應古巴石油等產品。再來就是古巴醫生來到保健相對落後的地區,為其住民提供醫療服務(比如,至南非協助愛滋病患)。這項服務也有平時與非常時

日,研究「非洲政治」的大學教授在《聯合報》的網路空間,也再次說「古巴更是蘇聯在這個地區的代理人(proxy)」。

期兩種。前者如古巴在委內瑞拉派有一萬五千位醫生與牙醫,後者如2005年10月25日,巴基斯坦發生大地震,古巴有兩千五百位醫療人員馳援,他們與災區的人生活在相同條件,比如,住在帳棚,不是住在飯店;古巴人馳援的所得也很微薄,甚至還比巴國人少些。

由於古巴每萬人平均醫生人數是美國的二點五倍,因此禁得起長年有三分之一醫生在海外工作或援助。讚賞的人每每稱呼這是讓人難以置信的利他行為。批評的人如賀栩斐(Katherine Hirschfeld)博士,她採取歷史與微觀的檢視,認為古巴的健保成就被美化。另有些人則難以想像,竟有這麼多古巴人的對外援助,出於自由意志。他們很難想像社會平等的關懷,對於古巴的重要性還是這麼高,更不肯相信短缺外匯的古巴政府,還在透過這個方式表達團結的情誼。

實況究竟是何等面貌,誠然需要更多的研究。比如,公醫系統引進商業措施,服務海外人士之後,對於古巴國內的醫療提供,會有多少不良的影響,為了賺取外匯而產生的排擠作用,是否尚在合理範圍?古巴人難免為此產生怨懟,惟不滿之情是否還算平和?反過來說,假使古巴國內的醫療健保維持合理的水平,則古巴醫護人員的海外動能,理當不致衰退,如同外交是內政的延伸,或許這樣的推論仍在情理之中?這裡有兩份材料可以作為佐證,說明古巴人民得到的醫療照料水平,即便在經濟困難的年代,應該還是相對的秀異。其一,2006年,德州大學「經濟不平等研究學社」(Society for the Study of Economic Inequality)發表詳細的調查報告與分析。作者群蒐集並解釋許多數據,指出全世界在1990年代迄今,不平等的幅度持續擴大,古巴雖然未能身免,但幅度小了許多,「相當值得一書」,其中的重要因素包括許多公共服務未被放棄,醫療保健的預算甚至從1990年占政府總支出的4.93%,增加至2004年的11.00%,學生免費教育(至大學)的預算更從8.52%倍增至18.96%。另一個也不妨參考的資料是民意調查。2006年9月,美國蓋洛普在古巴進行的研究,顯示96%的人認為他們的醫療保健任何人均可使用,不分經濟所得;74%的人對於醫療服務表示滿意;98%的人認為他們的教育任何人均可使用,不分經濟所得;76%的人對於本社區的教育表示滿意。

古巴理念反攻大陸

　　古巴的物產與消費物資並不豐裕，卻有傲人的全民健保，美國的山川富饒、消耗世界兩成多資源，仍有五千多萬人尚未得到醫療服務，兩國之對比莫此為甚。美國的新任總統歐巴馬矢志改革，是否成功，還在未定之天。美國號稱國內奉行多方協商的自由主義，對外卻是單邊霸道掛帥，不惜公然違逆聯合國大多數國家表達的意見，特別是美國對古巴長達半世紀的經濟封鎖。

　　在古巴因經濟情勢不變，進入特殊時期的第二年，也就是1992年起，聯合國每年10月大會就有一項議案，就美國是否應該解除禁運，進行意見發表與票決。第一年有五十九個國家「敦請」美國鬆手，履行她在世界各地推行的自由貿易政策。往後，作此要求的國家數目逐年增加，1994年破百，至2004年是一七九，2006年是一八三，到了去（2008）年，一百九十二個聯合國會員國已經有一百八十五國表態批評美利堅。2006年入夏，美國宣布，除援例編列預算補助古巴「民主」基金之外，將另外在次年度提供1億5千萬美元，「扶植」有心人及其社團，襄助他們公然顛覆古巴。彷彿是回應美國的挑釁，小布希宣布前述新預算後不到兩個月，擁有一一八個會員國、十五個觀察員的「不結盟運動」（Non-Aligned Movement）國際組織，再次以實際行動聲援古巴，選擇在2006年9月於哈瓦那舉辦第十四次大會。

　　各國的義憤很有道理。根據古巴提交聯合國的報告，至2005年為止，古巴因禁運而蒙受的損失，累計達810億美元，如果加上美國的破壞與顛覆等等活動，古巴的經濟與社會建設之失，還要多出540億美元。這些數字早就超過前蘇聯從1970年代中期以後提供的軍經援助總額。根據巴哈（Quintin V.S. Bach）在《蘇聯經援不發達國家：統計分析》所進行的獨立核算，不含軍事，1970至1983年間，蘇聯給予古巴的補助是258.981億美元。但禁運不是冰冷的統計數字，它是活生生的不可思議，讓人咋舌於山姆大叔的無孔不入，雖然或許還帶有發噱的味道：從英國記者工會（National Union of

Journalists）會員法索羅（Tom Fawthrop）的遭遇，我們可以窺見一斑。法索羅經常從哈瓦那撰稿。2006年11月他發出一篇有關古巴醫生的報導，澳洲的報紙刊登後，從澳洲電匯稿費至他在英國的帳戶，銀行卻拒絕給付。原來，負責執行封鎖古巴的「美國海外資產管控署」透過它的複雜軟體，攔截了這筆經由美國花旗銀行進行的電子轉帳，並由花旗銀行紐約分行向當事人發出電子通知，指「因美國官署要求澄清，閣下的交易無法完成。請說明古巴醫生這筆金錢轉移的細節及交易目的」。法索羅是英國人，不是古巴人，銀行轉帳沒有經過古巴，卻仍然納入美國政府的鷹眼監控。

　　美國的路線還能走下去嗎？外交跋扈，色厲內荏。內政不修，貧富擴大。1980年雷根上台時，最富有的百分之一美國人擁有全國財富8%，2001年已經快要到達17%，至2006年，超過20%。經貿方面，1980年以前出超，其後年年入超，近幾年數額直逼6、7千億美元一年，是台灣中央政府年度總預算的十倍！這些超額的消費長年依賴海外挹注，2008年仲夏起，捲起核爆，禍延世人伊於胡底，尚不可知。美國最為顧盼自雄的傳媒，除好萊塢之外，也得應對日漸增多的挑戰。1977年，《傳媒是美利堅的天下》，2007年，同一作者再出新書，換成《傳媒曾經是美利堅的天下：美國傳媒式微錄》。CNN獨霸國際電視新聞不到十年，就有英國BBC在1991年基於經濟利益考量，進場與CNN角逐。其後，愈來愈多國家切入，如南韓（1996）觀光部與KBS等電視機構聯手、中國大陸央視（2000）、卡達（Qatar）王室羽翼的私人半島電視台（2006.11）、法國（2006.12）、南非（2007.7），及日本（2009.2），紛紛打出旗幟，投入大小不一的資源，推出英語的新聞頻道。各國以母語推出的國際頻道，數量更多，包括六個拉美國家聯合出資成立的公有「南方電視台」（TeleSur），已經在2005年7月下旬開始製播，西班牙語為主，但也有葡萄牙語。

　　美國的力量相對走下坡，古巴的盟友日漸增多，特別是近鄰拉美國家在委內瑞拉示範下，正以不等的幅度與強度，遠離美國，靠攏古巴的理念。

1998年，查維茲首次贏得總統大選，2005年「二十一世紀社會主義」登場。2002年4月，委國的傳統菁英及其美國盟友發動政變，劫持查維茲。一時之間，智利民選的左翼總統阿葉德的命運，似乎就要歷史重演。1973年，在美國中情局支持的軍事政變中，阿葉德殉道；所幸，三十年後的委國人民迅速包圍總統府，浩大聲勢終於使政變不到兩日就戲劇性地瓦解。其後，兩種路線之爭在委內瑞拉更是赤裸進行，至今未歇。[10]2002年底，巴西工人黨魯拉（Luiz Inácio Lula da Silva）當選總統，雖然激進立場有所調整，仍有可觀的進步政策，也有不俗的政績，將執政至2011年。[11]接下來，出身工人家庭的醫學教授巴斯克斯（Tabare Vazquez）在2004年10月獲取烏拉圭的大位，歷史上，先前烏拉圭從來沒有左翼政黨掌權。2005年12月，心向窮人的莫拉萊斯（Evo Morales）在高達八成五投票率的選戰中，同樣以過半選票勝出，在他之前，沒有任何原住民擔任玻利維亞總統。一個多月之後，即2006年1月，前所未有，智利選出女總統巴切萊特（Michelle Bachelet），億萬富翁落敗，拉丁美洲至此有了六個國家由左翼執政。半年後，雖然左翼的前墨西哥市長以不到1%的差距，輸了大選，但很快地，曾在1980年代執政的奧特佳（Daniel Ortega）在野多年後，再度於2006年11月勝選，重新入主尼加拉瓜。到了2007年1月，又有左翼的政治經濟學家科雷亞（Rafael Vicente Correa Delgado）當選厄瓜多的總統；10月，阿根廷選出主張擴大南美共同市場的的女總統柯諿娜（Cristina Fernández de Kirchner）。2008年4月再有巴拉圭的盧戈（Fernando Lugo）破天荒，首次出現左翼政權，創下新的紀錄；由於自覺無力幫助貧民，曾在貧困地區擔任天主教會主教的盧戈在2005年卸下神職，一年後投身政治而兩年有成。2008年8月，玻利維亞的莫拉萊斯在公民投票中，獲得更高的支持

---

10 另見文末方塊的「委內瑞拉與查維茲」。
11 魯拉在2007年延攬溫格（Roberto Mangabeira Unger）入閣，擔任「策略事務部長」，負責亞馬遜森林土地管理在內的重要工作。英國《新左評論》雙月刊十數年來就對溫格有很高評價，他從事批判法學的教研，介入社會與政治甚深，同時是美國哈佛法學院唯一來自拉美的學人。

率，67%選民支持新憲法，莫拉萊斯即將啟動土地改革等等方案。查維茲則在2009年2月，以55%贊成、45%反對的優勢，翻轉2007年12月未獲支持的新憲法（當時只有49%支持），其後，總統在內的政治職位，如果能夠在選舉中得勝，可以沒有任期限制，如同內閣制國家。2009年3月15日，薩爾瓦多選民終結了二十餘年的親美政權；雖然執政黨投入的電視廣告經費是左翼聯盟的四倍，儘管傳媒一邊倒地支持執政黨。左翼政黨聯盟富內斯（Mauricio Funes）初試啼聲，當選總統。外界認為富內斯是穩健的改革派，但也懷疑真正的操盤手不無可能是其激進的副手史冉（Sanchez Ceren）。18日，與古巴斷交四十八年的哥斯大黎加宣布將與古巴復交。

過去十多年來，拉丁美洲的社會與政局既然有了這些進展，那麼，去（2008）年12月17日，拉丁美洲南方共同市場（Mercosur）會議，以及南美大陸和加勒比海二十三個國家組成的里約集團（Group Rio）高峰會在巴西召開會議時，古巴進，美國出，應該就是水到渠成。這是主客易位、歷史即將展開新頁的號角。1962年以來，古巴一直被拉美集體組織排斥在外，今日班師回朝，與此同時，過去經常與會的美國，首次坐上冷板凳，未獲邀請。華勒斯坦說，「古巴重返舞台」是「重大的地緣政治事件」，原因在此。台灣的中央社今年2月19日跟進特稿，精采描述「古巴情勢看好」，一年內八位拉美總統，加上兩位中蘇首腦絡繹於途，走訪哈瓦那的熱鬧盛況。

1962年10月，在沒有知會當事國古巴的情況下，美國與蘇聯私相授受，達成協議，是為所謂古巴危機的解除。當時，中共《人民日報》發表社論，號召〈全世界人民動員起來，支援古巴人民，粉碎美國戰爭挑釁〉。如今，近半世紀的歲月流轉，蘇聯不再存在、美國雖有歐巴馬卻欲振乏力、中國大陸經貿力量龐大而人文價值乏善可陳。大國黯淡，適足以映襯小小古巴，實有可觀。五十年來，而特別是1980年代中後期以降，古巴在困頓中有所為有所不為，有變有不變，外界固然不宜奢望古巴「光被八表」，惟即便不語，其存在的自身就是示範，提供拉美人民及世人一個參照，不完美的古巴模式之明滅，折射了人類命運的光影。

（寫於2009年3月21日，並從政治大學走樟山寺・樟湖步道）

委內瑞拉與查維茲

世界第四大石油出口國委內瑞拉雖有選舉，但從1958至1998年，卻是「民主已經約定，別無分號」（pacted democracy）。兩大政黨談好條件，輪流作莊，就地瓜分石油富源。這個「民主約定」的代價是選舉有名無實，以及中產階級滑落，貧窮日增，1998年12月查維茲以56%勝選，背景在此。1999年2月查維茲就任，推出新憲法，12月二度經公民投票複決，總統任期由五年延長至六年，可連任一次，並新設罷免機制。2000年7月依據新憲，查維茲參與大選，獲59.8%支持。舊有的石油權貴及其附庸強烈反擊，五大電視網及主流報紙無日不批評，先是2001年底，組織石油罷工，再來，2002年4月乾脆政變（美國首肯。台灣公視曾放映其紀錄片《驚爆四十八小時》）。半年後，他們再次鼓動，石油工會捲土重來，大罷工兩個月，還是沒有成功。

接著是2004年8月的罷免投票，仍然失敗。查維茲不能沒有戒心，2006年12月再次當選後，他開始推動新的修憲案，幅度很大，共有六十九項，包括總統任期次數不受限、工時由八小時減至六小時、投票年齡由十八歲降至十六歲、取消中央銀行的自主性等等。2009年，前番失利的查維茲再接再厲，但修憲幅度降低，以取消正副總統、州市長及各級議會議員連任次數為主，終於達陣。

一件事情至少總有兩種看法，究竟委內瑞拉的政局怎麼一回事？反對陣營淡化的是，醫療健保教育與其他社會文化乃至於社區電台的改革與興辦，成效良好；他們用力的是，暴露近年來升高的犯罪率與通貨膨脹。舊有勢力與一些海外評論，不談主流傳媒至今依舊掌握在昔日權貴之手，不因查維茲掌權十年而有本質的變異；他們更想要指控查維茲是所謂的獨裁，他們忘了說，查維茲的無任期制，其實內在於自由主義體制的矛盾，只要多數

決，甚至無須過半，就能號令天下（英國是個中最好的例子，執政黨選票常在40%左右或更低）。他們沒有將心比心，畢竟內閣制國家的領導人也無任期限制，德國柯爾（Helmut Kohl）從1982至1998掌權十七載，若無社民黨勝出，還要繼續當家；1979年執掌國政的英國保守黨柴契爾夫人假使不是因1992年黨內鬥爭，很可能在1997年才會因工黨勝選而下台。

究竟，未來的委內瑞拉將會如何？國際石油價格會是一個因素，但更重要的相關變數是，委國的傳統仕紳階級與海外（特別是美國）相類隊伍的合縱連橫是成是敗。葛蘭丁（Greg Grandin）出版於2006年的《帝國工坊：拉丁美洲、美國與新帝國主義的崛起》，讀之讓人難以置信。柴契爾夫人及前美國總統雷根都很推崇的諾貝爾經濟學獎得主海耶克與傅利曼在談及皮諾契特（A. Pinochet）將軍時，竟能語帶讚揚。在他們看來，皮諾契特血腥軍事政變、推翻民選總統、鎮壓異端肅殺數千人是可以容忍的，甚至彷彿說是通向自由所不能不有的手段。

海耶克說，「我個人寧取自由主義的獨裁，而不是民主政府卻無自由主義色彩……軍事政變後，在皮諾契特年代的個人自由，遠比前朝大得多了，我還真無法在智利找到任何一個人會不同意這個說法。」話都講得這麼白了，那麼，作為挑戰資本體制的最近、最為強勁的拉美動能查維茲及其階級，能夠因為歐巴馬主政而降低遭致反撲的可能嗎？（2025/5/8按：歐巴馬之後，川普與拜登兩位總統執政的2017至2024年，委內瑞拉因美國霸凌，石油收入累計損失相當於該國GDP的213%，每天約 7,700萬美元。見https://thetricontinental.org/newsletterissue/us-sanctions-venezuela-chile/）

（刊登標題〈跋：反攻大陸，古巴國際主義五十年〉，T.J. English〔閻紀宇譯2009〕《紙醉金迷哈瓦那》，頁344-61，台北市：時報。）

古巴革命六十年　同性結婚明年可望合法

8月13日英仙座流星雨來訪，九十多年來，當天也是古巴前總統菲德爾・卡斯楚的生日或冥誕。今（2018）年的8月13日則有兩個特別「活動」。

第一個是美國放大浪費。過去三十多年來，華府創辦的「馬蒂電台／電視台」每年都以2、3千萬美元（今年川普減半僅剩1,360萬），專門製作對古巴提供「民主」影音內容的節目，即便古巴人不怎麼收看收聽。不過，今年該電台有了新招數，它從8月13日起，將利用古巴無法干擾的技術，直接使用手機（半數以上的古巴人擁有）就能收到的方式大放送。美國人宣稱半年內這場「技術革命」就將使用短波滲透全島。至於這家電台是否賄賂記者，使其提供假新聞抹黑古巴，不得而知；前次東窗事發，這類醜聞遭人揭穿的最近一次，密集發生在1998與2000年間。

另一件大事，《紐約時報》稱之為「革命中的革命」。《紐時》是指古巴目前正在修訂的憲法，有很多條文引起外界注意，其中之一是要在憲法中，明訂LGBT（女同性戀、男同性戀、雙性戀和跨性別）擁有與其他公民相同的權利，包括結婚成家。古巴從嚴重歧視LGBT，走到現在要從憲法層次予以尊重與保障，雖然遲到，仍是難能可貴，即便前幾週仍有五大福音教會聯名反對。

古巴目前這部憲法是革命後第十七年，也就是1976年才制訂並施行。隔了這麼久，反映了古巴革命與其他名義上是社會主義國家的歷史軌跡，並不相同。在古巴，領導革命的力量不是共產黨，是卡斯楚等人為主的「七二六」運動。事成之後，新的共產黨才在結合原共黨在內的多種進步力量，於1965年正式成立，又再過了十年，才在1975年召開第一次全國代表大會。

今年是該憲法施行後的第一次修訂，已經在上個月22日由國民大會通過，共修正一一三條、增加八十七條、刪除十一條。接著就是8月13日要展開的公眾諮詢與討論，修憲草案印製百萬份全國發行，本月初已售出近七十萬份，這個程序進行至11月15日，然後在明

（2019）年，也就是革命一甲子的2月24日（現行憲法在1976年公投通過之日），再以公民投票決定是否接受。今年另有一個特別之處，海外古巴公民也能參與諮詢討論，但政府會怎麼看待他們的意見，並不清楚。

（《蘋果新聞網》2018/8/7。）

古巴人公投　先辦十四萬場討論會

　　近幾個月來，為了全民公投與同性婚姻權益等議題，台灣已有一些討論，但似乎沒有念及與台灣同樣是島國的古巴，其實剛好也有相同的進展。明（24）日古巴就要舉行新憲法的複決公投，我們不妨瀏覽一下過程。

　　去年古巴國會成立特別委員會起草新憲法後，從8月至11月，先讓十六歲以上的公民九百萬人討論，總共辦理了將近十四萬場規模不同的會議，參加者身分主要是一般公民與工會成員，各約八萬與四萬多回，農民與高中生各三千多次，大學生集會則辦理一千五百次。

　　透過應該還算是普遍與密集的研讀與討論，古巴人提出了第二份憲法草案，與第一版比較，總計修正了一三四項條文（占總條文的59.8%），另增加了兩項條文，三項條文完全移除，完全沒有更動的條文占了38.8%。在這段三個多月的諮詢期間，如外界所料，討論最多的條文就是同性結婚的權利。

　　第一版憲法草案的第六十八條，行文為「兩位依法有權的人，可以志願結合」。這個繞過性別的文字引來古巴某些教會反對，提意見的人超過十九萬（占提意見總數者的24.57%），但僅占參與諮詢人數的2.25%。他們當中的大多數人認為，應該恢復古巴現行憲法的用語「婚姻是一位男人與一位女人志願建立的結合關係」。

　　經過修正之後，第二版也就是今日要投票的憲法條文已經改成第

八十二條，內容不再定義婚姻，而是使用性別中性的用語「配偶」，也說婚姻「是家庭組織的形式之一」，亦即未來仍有同性婚姻的立法空間，並且承認今日的古巴家庭有多種形式。這個版本另有規定，要求國會必須在兩年內再向民眾展開諮商工作，創制新的家庭法，其中就得定義婚姻，該法並須公投才能生效。

在古巴倡議LGBT權益最力的人是瑪麗亞（Maiela Castro Espin），她也是國會議員，父親是古巴前總統。在憲法草案第二稿通過之後，她旋即講演，表示她認為新條文事實上對於婚姻、人與人的實際結合與家庭，提出了更為進步的概念，她對古巴人繼續溝通的效能很有信心，表示出路已在眼前招手。[12]

（《自由時報》2019/2/24 A13版。）

古巴歷史是美國的一面鏡子

《古巴：一部追求自由、反抗殖民、與美國交織的史詩》說，「古巴歷史的眾多功能之一，就是作為美國歷史的一面鏡子。」確實，這篇推薦文字將提示古巴歷史的重要人物，同時凸顯本書要點，特別是美國和古巴之間的關係。其後，另就本書較未論及的三個古巴現象，略作補充。

---

[12] 2025/2/6按：《古巴及其鄰國：民主運轉中》（*Cuba and Its Neighbours: Democracy in Motion*）的作者奧古斯特（Arnold August）認為，古巴提供獨特的民主形式，若與美國比較，則古巴民眾的前述參與政治的方式，接近我們所說的審議民主。修憲使同性結婚合法失利之後，推動的群體改從新的《家庭法》著手，該法在2022年9月同樣歷經多方討論與激烈辯論後，接受公投考驗，最後是94%投票率，66%贊成，33.2%反對，通過同性婚姻、LGBT收養子女，以及無償代孕行為合法化。值得一提的是，古巴這個參與民主議題之討論密度，也許不一定是革命後所創，本書述及1940年進步憲法的制定過程，對當時的審議過程亦多所著墨。

古巴遲至20世紀才獨立的原因

　　18世紀下半至19世紀初，美國、法國與海地接續爆發革命，聲勢浩浩湯湯，鼓舞了西班牙與葡萄牙帝國的美洲殖民地人民，他們紛紛宣告獨立。

　　但是，怪了，至1826年，尚未脫離西班牙的地方，只有古巴，以及至今依舊是美國海外領地的波多黎各。雖然沒有獨立，從1795至1812年，殖民地的古巴人民仍然爆發二十次起義，想要驅離西班牙殖民主。其中，已經贖身取得自由的黑人阿蓬特（J. A. Aponte）等人，在1812年的叛亂最具影響力；他以畫冊向參與舉事的人展示「另一個世界是可能的」。

　　阿蓬特的下場是遭古巴總督削首示眾，但是他的傳奇故事，後世大有共鳴。晚近的2017與2019年，仍有「阿蓬特的願景：藝術和黑人自由」跨國展覽，美國與古巴都熱烈慶祝，就是要重新詮釋阿蓬特的畫冊。

　　回到原初問題，何以古巴舉事頻繁，卻未能獨立？本書有答案。

　　關鍵是，獨立不久的美國，以及仍然是殖民地的古巴，兩地的白人政商菁英，可以從未獨立的古巴得到共同利益，於是狼狽為奸。西班牙從事非洲與美洲黑奴買賣三個半世紀，七成在1820年之後發生。再過十多載，古巴白人從非洲巧取豪奪的奴隸，有六成三透過美國船隻運送。黑奴買賣，佛羅里達海峽兩岸的白人賤買貴賣，這是第一筆暴利；無償或低價使用黑奴的勞動力數百年，這是第二筆暴利。

　　美國第十四任總統皮爾斯（F. Pierce）在1854年支持前州長、也是蓄奴富人派出遠征軍，想要「解放古巴，再將其併入美國。」皮爾斯後來「膽怯」，傾向購買而不是入侵，但仍然表示西班牙不賣，美國就「有理由強力……奪走」。這個赤裸往事，顯示美國聯邦政府「願意為維護古巴的奴隸制而發動戰爭」。事實上，更早之前，第三任總統傑佛遜在1809年就說古巴終將併入美國。這個認知的背景是，從1790至1811年，美國與古巴的貿易出超，抵銷美國與其他國家九成的貿易赤字。

古巴的三次獨立戰爭　美國收割果實

　　南北戰爭後，蓄有黑奴的美國副總統布雷金里奇（John C. Breckinridge）與國務卿班傑明（Judah Benjamin）在1865年渡海逃至古巴，他們在這裡擁有地產與黑奴。1868年10月10日，古巴東部一位擁有小型糖廠的白人塞斯佩德斯（C. M. de Céspedes），雖然身屬優勢種族也是地主，卻仍舉事而發動獨立戰爭，參軍響應者黑人為多，武鬥十年之後，他與馬德里談和。但才過一年半，1897年8月第二次獨立戰爭，再次從古巴東部開打，參戰者「更黑」，西班牙總督搬弄種族分化之術，使其不及一年而敗。

　　第三次獨立戰爭始於1895年，領軍者是日後成為現代古巴之父的馬蒂。他說，如果古巴獨立成功，將「成為美國擴張的阻力」，古巴也將因為反對當時美國的種族暴力而成為典範，「古巴革命將是一場世界性的革命」。同一年的5月，馬蒂中彈身亡，已經三度參加獨立戰爭的多明尼加白人戈麥斯（Máximo Gómez）與古巴黑人馬西奧（Antonio Maceo），各自率領兩大部隊，由東向西夾擊。追求獨立的行伍勝利在望，沒有想到美國坐收漁利，假借緬因號戰艦在哈瓦那爆炸導致兩百六十位水兵死亡，於1898年4月20日對西班牙宣戰，三個月後得勝。同一年底美西和談，華府取得古巴等四個西班牙殖民地；為獨立流血犧牲三年的自由軍（仍由黑白共組，文職的白人多些，戰士則以黑人居多）一無所獲，徒然只是美國的馬前卒！

　　接著，美國干涉古巴，將美國法律塞入1902年的古巴憲法。黑白混血、已從自由軍退役的建築師埃斯特諾茲（E. Estenoz）等人，在1912年5月20日古巴獨立第十年紀念日，揭竿舉事。[13] 埃斯特諾茲提出的階級與黑白問題，引起廣泛回響，最後卻在殖民總督主導，「新聞報導推波助瀾」之下，製造反黑人浪潮，將他們的溫和反抗講成造反，幾個月之內，政府已經殺害三千人，埃斯特諾茲也遇害身

---

13 卡斯楚在1959年革命勝利之後，指1902的建國是偽獨立，因為其後的古巴實質上由美國左右。

亡。其後，古巴政局無法穩定，美國或主動或「受邀」介入「排難解紛」。至1929年，總統指派人手暗殺哈瓦那大學學運領袖梅拉（J. A. Mella），由於生前他是古巴知識圈的重要政治人，認為建設「公正的古巴……需要與美國建立一種……美國不會輕易同意的關係」，這個主張頗具吸引力，是以出事後，民情激憤莫名。作者指出，1933年的革命、1940年的進步憲法，以及1959年的革命，在此發源，是前後連貫的「古巴激進主義潮流」。

作者的行文生動有序，引領讀者進入古巴歷史，對於古巴進步的群眾前仆後繼、互有傳承的百餘年之努力與犧牲，讀者必定有所感，夾雜悵然、感動、敬佩與對未來的期盼。書中念茲在茲，交代古巴的跨種族合作與尚未全然融合的現象，讀者自有領悟、警惕與反省：非裔古巴人對社會進步的貢獻很大，他們得到革命後政權的更多保障，更優於美國。比如，古巴黑人壽命在1981年比白人少一歲，美國黑人則少白人六點三歲；黑人和白人的高中和大學畢業人數相當；國家是雇主，就業種族歧視減輕等等。但是，古巴仍有不平等現象，隨種族差異而衍生。

革命前夕至2020年的古巴

本書第七部以後的篇幅占全書二分之一，都環繞著菲德爾·卡斯楚講述。軍人轉任總統的巴蒂斯塔影響古巴二十餘年，他殺害學運領袖埃切維里亞（J.A. Echeverria），在都會城市為卡斯楚運籌帷幄的派斯（Frank País）也遭毒手。兩位反對運動的重要人物先後隕命，原本已備受歡迎的卡斯楚，順理成章成為反對派的「象徵和領導人」。

卡斯楚在1959年1月8日從東部聖地牙哥驅坦克進入哈瓦那，演講至凌晨談到「和平」時，一隻白鴿在他的頭頂上盤旋然後落到他的肩膀上，似有神佑。新政府急急如律令，進城第六日當天，通過十四項法令；三個月處決舊政府五百多人，後來反對卡斯楚革命的人，都不否認，個中多數乃至大多數，依據這些人昔日的犯行與當時的人權觀念，都是該殺可殺。5月17日，立法推動「相當溫和」、是當時

「經濟思想的主流」、也出現在聯合國建議案的土改政策。這些，無不得到民眾與各大社團高度支持，包括天主教；只有美國「強力反對」土改。無往不利的新政府，想要更上層樓，格瓦拉與卡斯楚無不希望透過教育，鑄造社會主義新人，試圖凸顯道德力量多於提供物質報酬。但是，改變過往體制塑造的秉性，談何容易？新政府不可能有足夠的時間，也無法有承平的環境予以養成，新政府後來的成績受到限制，並不是沒有原因。

美國反撲，不給新古巴時間，1962年入侵豬玀灣；蘇聯在古巴部署飛彈，世界瀕臨核戰風險。或許是受制於美國，古巴必須廣結善緣，本書指出，古巴的「平民國際主義」規模驚人，表現為古巴每六百二十五名居民中，就有一位政府人員投入援外工作的協調，與之相比，美國卻是每三萬五千名居民才有一名政府援助人員。古巴另對海外有軍事介入，但不是窮兵黷武，而是對非洲南部多個國家的獨立與種族隔離之廢除，大有貢獻。蘇聯在1990年代初期崩解，古巴承受巨大壓力，開始調整政經戰略，即便美國追殺，哈瓦那以六、七年時間挺過難關，但人民經濟生活仍然無法恢復至1980年代前期的水平。

美國一度也有正面的變化，歐巴馬總統恢復美國和古巴的邦交。在談到革命前的古巴之時，歐巴馬的措辭與古巴政府「並無二致」。歐巴馬也說，美國當年把古巴「當作可以剝削的東西，無視貧窮，助長腐敗」。這就是說，革命確實是從美國手中解放了古巴。卡斯楚知道歐巴馬是善意，但懷疑美國能否穩定。很諷刺的是，卡斯楚這次又對了，美國的善意稍縱即逝。卡斯楚辭世後一個多月，川普總統就任，逆轉凍結的政策，川普加強封鎖，並且在卸任前幾天，再把古巴列入恐怖主義國家的名冊。在2020年競選期間，拜登承諾扭轉川普的古巴政策，但會做些什麼？「懸而未決」，全書基本上在此結束。[14]

本書出版三年之後，讀者已經知道，拜登違反承諾而蕭規曹隨，川普時代強化的封鎖依舊存在，拜登沒有回到歐巴馬的古巴政策，即

---

14 因本書其他部分已經述及，下文有關古巴的醫療生技、體育與教育等方面的成就，已經刪除；但略增古巴芭蕾舞的表現。

便他曾經擔任歐巴馬的副總統八年。至於解除古巴封鎖，既然不是總統權利，若無國會同意，還會延續很久。舉世皆說美國無理，全心支持美國主控國際秩序的《經濟學人》也認為封鎖古巴，「美國不智」。

近日（2023年9月），四家遊艇公司因從美國載送遊客至古巴，遭罰款4.5億美元。這些企業在歐巴馬的寬鬆年代合法做生意，總統一換政策也改弦易轍，竟至承受鉅額懲罰。如此，能有多少商家與國家，願意承擔通商古巴的風險？

古巴的芭蕾舞

古巴在藝文教育、體育競賽、公衛醫療與生化產業等領域，都有出色的建樹，這裡僅說馳名全球的古巴芭蕾舞，可從艾莉西亞·阿隆索（Alicia Alonso, 1920-2019）說起。

阿隆索的舞蹈天賦非凡，先在古巴接受基礎訓練後往美國學習，視力不佳反而激發潛能，讓她對芭蕾舞投入更深切的熱情。邀請她訪問演出的國家，累計六十餘國，阿隆索也獲得兩百六十多個國內外表演與創作大獎。

她與丈夫在1948年成立古巴國家芭蕾舞團，革命後得到更充分資源，芭雷舞教育在古巴更有進展，優秀舞者輩出，從上流社會逐漸走向大眾，已是古巴文化的重要組成部分，古巴芭雷舞團也名列世界十大之一，經常受邀在海外演出，僅說走訪對岸。阿隆索本人早在1960年代，就已經率團訪問北京等城市兩回，2002年是第三度訪華，演出《唐·吉訶德》。十年後在2012年4月28日至5月1日，古巴國家芭蕾舞團第四次訪華，是「相約北京藝術節」的重頭戲，北京的中央芭蕾舞團交響樂團八十人為古巴版《天鵝湖》伴奏，票房超過兩百萬人民幣，據說「一票難求」。阿隆索此時已經九十一歲，未能隨團，但錄製視頻問候大陸觀眾。三年後元月中旬，古巴在廣州大劇院再次演出《天鵝湖》兩日、2018年於上海演出《唐·吉訶德》，2024年11月底再訪北京。

成長於古巴,並在倫敦聲譽鵲起,擔任英國皇家芭蕾舞團(Royal Ballet)首席舞者十七年的阿科斯塔(Carlos Acosta, 1973-)有《無路可返》(*No Way Home*)回憶錄,拍成電影《芭蕾王者尤利》(*Yuli*),講述貧窮人家的小孩躍為巨星的故事,該片2019年也在台灣上映。[15]

　　阿科斯塔出身微寒,在目前有九百位(BBC則說有三千)學生就讀的「古巴國立芭蕾舞學院」(Cuban National Ballet School),不算稀罕。任職已經數十年的校長雷蒙娜・德・薩(Ramona de Saa, 1939-2024)說,辦芭蕾舞校成本很高,學校不可能自謀生路,經費都是來自國家,學生不必付費,學習材料如舞鞋緊身衣及三餐,也都由政府提供。但古巴經濟不寬裕,學生若是來自海外收入較高的地方,仍得收費,如來自美國、阿根廷、墨西哥、烏拉圭與義大利的學生約四十位,每個月支付兩百五十美元,便可就讀這所聲望很高的學校。這裡是古巴芭蕾舞星的人才庫,世界知名的公司也來這裡攬才。學校成功的原因,包括克服了種族歧視(以為黑人無法跳好芭蕾),古巴也沒有人認為,芭蕾舞僅只是高層社會的獨有舞台。當然,古巴在1959革命後,政府就一直支持芭蕾舞及其教學,但假使沒有阿隆索夫婦等人的堅強意志,沒有雷蒙娜這樣的師長對學生無盡的呵護與教育,也就沒有今日的成績。哪些古巴人能夠雀屏中選,得以進入芭蕾舞學校?這就完全得看學童的天分。整個教育長達八年,不但學習藝術,還有一般課程,其中,有些教師可以說是行遍天下,舞蹈海外。[16]

　　如同若干藝文或體育人才在海外表演或競賽時,不再返國,芭蕾舞星同樣有此現象,從2005至2013年至少有十三位。這個現象是有負面影響,但如同藝文與體育選手的不歸,古巴在這些領域的表現,仍然維持讓人稱道的成績,最重要的兩個原因,可能是政府的相關支

---

15 吳孟樵(2019/5/4)〈院線片《芭蕾王者尤利》天賦與使命　舞出生命格局〉。《人間福報》第5版。
16 本段取自Fernando Ravsberg撰寫的報導,完整編譯見「古巴通訊」675期:https://cubataiwan.blogspot.com/2017/10/675.html

持雖然因為經濟困難而無法強化，卻也在較大範圍內予以維持。其次，古巴受制於美國而有的經濟困難，古巴人深知，因此在外有更多資源的時候，經常也會努力回報社會與政府，如阿科斯塔已在2015年返回創辦了自己的舞團公司，兩年後再創辦學院（Acosta Danza Academy）。

古巴不是蘇聯的代理人

不過，淡化乃至否認古巴這些成就的人也不少。他們否定古巴的重要理由之一，是指這些成就來自經濟撐持，是蘇聯給予古巴金援有功。乍看之下，這個批評並非無理，比如，1970至1988年，古巴年均經濟增長率為4.1%，遠高於拉美平均的1.2%。然而，評估蘇聯（是否）給予古巴金援，需要同時有三個層次的考量。

首先，世界市場不是自然形成，是人為、強制甚至暴力安排的經貿關係。從這個觀念理解，當年所謂蘇聯對於古巴等國家的援助，其實是資本與共產體制兩種不同計價方式的差額。蘇聯若未解體，並無補助可言；補助之說，是根據西方資本計價系統而來。

其次，若按美國中情局估計，蘇聯一年援助古巴50億美元；但《經濟學人》指出，蘇聯援外所有國家，一年最多40億美元，「比不上美國⋯⋯給予以色列與埃及兩國的援助。」假使相信後者，一年援助全部盟友也才40億的蘇聯，一年若能給古巴10億已屬可觀，怎麼可能高達50億？這裡，學人巴哈在1980年代中後期的精心蒐集，完成了蘇聯立國後對海外國家的援助統計，比較嚴謹。他的核算是，從1970至1983年這段蘇聯援助古巴最多的時期，金額是228億4千4百萬美元，加上其他計畫的30億5千4百萬，合計258億9千8百萬。那麼，其後在蘇聯解體前的六年，補助額度一定銳減，若以應該已經偏高的50億計算，則蘇聯年代對古巴的補助，總額不會超過310億美元。本書引用的數字則是「接近280億美元」。由於蘇聯與古巴的經濟與軍事關係，幾乎所有人都想當然爾，指古巴是蘇聯附庸，無法自主。但正如本書披露的，古巴「從根本上挑戰了蘇聯的外交

政策」。

古巴1992年起在聯合國提案，要求美國解除封鎖。若從該年起算，美國造成的古巴損失，聯合國估計至2017年的二十六年間，累計達1,300億美元。川普上台後加強對古巴封鎖，他所造成的損失若僅按過往程度來算，則至2023年會是1,600億美元。納入通貨膨脹的計算後，美國封鎖造成的損失，仍然高於古巴得之於蘇聯金額的一倍半至兩倍半。我們也需注意，蘇聯減少補助的1980年代，古巴生化醫療產業開始起步；「拉丁美洲醫學院」是在金援終止約十年後的1998年創辦；至於其他藝文與體育運動及教育的表現，至今水準依然亮眼，儘管在美國升高封鎖、外援已失的環境中，可能略見遜色。

古巴的經濟與政治

疫情第一年（2020）古巴經濟萎縮11%，其後兩年實質增加2%與1.3%，但2023年可能再退1-2%，古巴生產毛額倒退回到2013年。民生困頓、疫情緊張，加上68%手機普及率與71%網路普及率，引爆了2021年7月的示威浪潮。這是革命以來最大的一次，西方說參加者「數以千計」，古巴政府說一萬人。隔年2月，二十人遭判刑，最重二十年，另有七百多人仍在關押。（按：天主教宗方濟各斡旋後，古巴在2025年4月再釋放五百五十三人。）

不過，最嚴重的一次判刑，發生在2003年4月。當時有三人因劫持船隻，遭到判處後，很快執行死刑；另有八人獲判有期徒刑。為了這次事件，支持古巴的國際左翼分裂。諾貝爾文學獎得主薩拉馬戈（Jose Saramago）說，「古巴讓我失去信心，挫傷我的期待，剝離我的幻覺。」古巴專家藍道不認同古巴執行（政治）死刑，但希望進步派同情古巴。

藍道指出，美國總統小布希前一年已指古巴是「邪惡軸心」，後又多次誣指古巴擁有生化武器，而當年3月20日又虛造理由入侵伊拉克。外有成功與未遂的劫機與劫船事件，內則美國制定形同煽動古巴政變的《赫爾姆斯－伯頓法案》（Helms-Burton Act，又稱《古巴自由

與民主團結法案》)[17]的同一年,古巴推動「瓦雷拉計畫」(Varela Project),至2003年美入侵伊拉克前夕,一萬人簽名響應,異端依法提出政經改革請願書。藍道說,這些恫嚇與行動,難道不會讓哈瓦那備受威脅,以為這是裡應外合,是美國即將入侵古巴的前兆,卡斯楚因此使出霹靂手段,殺雞儆猴?代價卻是支持古巴革命的陣營分裂,除了批評死刑的執行,也批評請願書聯名者有七十五人遭逮捕。

古巴革命的吸引力

去(2023)年12月4日,美國聯邦調查局逮捕美國高級別外交官、七十三歲的羅查(Manuel Rocha),指他從1981年進入國務院工作後,就一直是古巴間諜。中央情報局則說,古巴不需要用金錢與權勢作為誘因,也不需要脅,「通常意識形態就夠了……古巴革命激發的浪漫情懷」,就讓不少美國人主動為古巴效勞,包括去年初獲釋的「古巴女王」蒙特斯(Ana Montes),失去自由二十二年,也是「為古巴不為錢」。

不過,中情局有官員認定羅查等人的身在曹營心在漢,起於意識形態的偏執與誤認,或者,僅只是來自浪漫(竟可維持六十多年!),則未必準確。近作《革命之泉:為新世界戰鬥,1848–1849》(*Revolutionary Spring: Europe Aflame and the Fight for a New World, 1848-1849*, 作者Christopher Clark)也許能夠以古鑑今,提供更好的理由。將近兩百年前震動歐洲的革命,是有所得,新世界大門為此開啟,革命有成,「不信青史盡成灰」。間諜們及更多的人理性思考而後投身捍衛與支持古巴,靜默但積極持續付出,也很有可能是出於對歷史縱深的認識與修為,遂能篤定投身。

與其說美國間諜出於誤認或浪漫而力挺古巴,不如說他們呼應了《古巴:一部新歷史》作者高特所說:「古巴的革命沒有以同室操戈

---

17 本書作者說,該法反而有利於古巴壓制異端,因為,古巴政府此時若要「抨擊持不同政見者為美國服務……只需指出(這部)成文法案就可以了。」

的衝突而結束,卻持續地培養出了新的一代又一代受過良好教育的公民⋯⋯有著一種看不到,但卻能真實感受到的民族自豪感。」

(推薦序之一:Ada Ferrer〔2021／苑默文譯2024〕*Cuba: An American History*《古巴:一部追求自由、反抗殖民、與美國交織的史詩》。台北市:黑體文化。)

古巴的生化醫療表現

古巴海外醫療服務　美國抹黑

美國國務院最近公布報告,指台灣在一百八十多國當中,名列第一等(香港是第二等)、沒有沙烏地阿拉伯「嚴重侵犯外來移工權利」等情事,這則新聞讓人欣慰。不過,接下來的說法讓人詫異,該報告說,下個月即將在台南市與中華少棒隊較量的古巴「派遣醫生前往海外」也是「人口販運」,與沙烏地同樣名列黑名單。

歐洲人從1525至1866年,至少販運了一千兩百萬非洲人到美洲,這是驚人的數字。一是1820年的非洲,人口僅八千九百一十八萬。二是當年華人從粵閩(含金門)往外(含台灣)移民時,「十去六死三留一回頭」,亦即僅有三成的人得以登岸。非洲至美洲的航程更遠,上岸一千兩百萬人,那麼,三百多年來,西人販運的非洲總人數,至少三千六百萬。

昔日,西方把人當奴隸,買來(或抓來)販去。現在,美國發布報告,若能藉此責成世人改善,不失是為先人贖罪。但是,該報告竟說馳名全球、世界衛生組織都大力稱讚的古巴海外醫療服務是「人口販運」,明顯是刻意誤解,意圖混淆視聽,以便削減古巴的外匯收入,進一步封殺島國的經濟。

古巴每千人擁有七點五位醫生(美國是二點六),多年來都有人在海外服務,去年底是三點四萬在六十六個國家長期駐守。其中,對於低收入國家,古巴人不收費用,並代為無償培訓醫生(包括東帝汶在2002年脫離印尼獨立後的八百多位)。但對有經濟能力,偏有醫生不足或不願前往窮鄉僻壤服務的國家,古巴派人前往以換取收入,如

日前與阿爾及利亞簽約，從2019年起三年，阿國以石油換取古巴的千人醫護服務團。

美國這次誣賴古巴的部分，源自巴西新總統波索納洛（Jair Bolsonaro）對古巴的敵視。六年多前開始，由泛美衛生組織（PAHO）中介，古巴醫生進入巴西貧窮地區服務，巴西提供一人每個月3,000美元報酬，醫生本人約得三分之一（是在古巴行醫的十倍以上收入），其餘小部分歸PAHO，大部分進入古巴國庫，等於是古巴民眾以得到免費醫療與教育等方式，共同分享醫生的貢獻。

古巴醫生在巴西五年多，六千萬巴西人首度得到家庭醫生的造訪，兒童死亡率從17%降到了7%。但去年底波索納洛說，古巴政府把醫生當奴隸，沒有將3,000美元全部給醫生。見此，古巴政府不肯接受這個認定與隨後將有的新契約，年初撤離八千五百一十七位醫生。《紐約時報》近日指出，假使巴西政府無法補足古巴留下的缺口（將近三千個村鎮有三千八百四十七位公醫位置，沒人前往），十年內將使巴西多損失三點七萬年輕的生命。顯然，美國政府理當停止汙衊古巴，轉請巴西政府重視醫護人權。[18]

（2025/2/7按：美國人Mark Ginsburg在2024年12月第一週再次前往古巴，返鄉後撰有一文。他在一所大學，「詢問學術和臨床教授有多少人參加過國際醫療任務。二十四名教師有二十人興奮而自豪地舉手，我驚呆了。因美國政府和媒體宣傳，稱古巴參加醫療任務的人是奴隸，構成人口販運。海外行醫的醫護人員是不會拿到在地國提供的

---

18 按：這裡補充巴西引入古巴醫生的背景。魯拉在1980年與人共創巴西工人黨。他在2003至2010年當選總統，執政成績得到肯定，八年任滿的支持度仍有85%左右。他的繼任者、同屬工人黨的羅賽芙（Dilma Roussef）在2013年執行「更多醫生方案」（The More Doctors Program）。退伍上校波索納洛在2019年就任總統後，大幅裁減方案的規模，並對哈瓦那有羞辱語言，古巴撤出醫護人員。魯拉在2023年初回任總統，7月擴大方案，增加專業醫護人員服務巴西偏鄉九千六百萬居民，人數將從一點三萬倍增至二點八萬。工作合約四年，並可延長五年，月薪2,560美元，若是進入「高度脆弱地區服務，增加酬勞五分之一。魯拉說方案優先聘用巴西醫生，但亦可聘用他國的專業醫護人員。古巴政府的統計顯示，古巴在2023年有二點三七九二萬人在五十六個國家的醫療保健部門工作。

全部薪資〔但許多國家不必支付任何費用〕。儘管如此，古巴醫療工作者在國外工作時，仍然可以繼續領取正常的古巴工資，同時獲得外幣津貼。這怎麼能被視為奴隸或人口販運呢？這是美國政府刻意傳播錯誤資訊，詆毀古巴令人欽佩的國際團結活動，為什麼？我認為，這是對古巴廣泛經濟戰的一部分，要破壞革命並實現政權更迭，因為這些任務產生的外匯收入，用在古巴無償資助國內的醫療、教育和其他服務。」2025/5/8按：瓜地馬拉研究員 Henry Morales 按國際市場價格，將古巴援助折算為「官方發展援助」，發現1999至2015年間，古巴醫療與技術服務價值超過715億美元，每年占古巴GDP比例達6.6%〔歐盟與美國援外金額，占其GDP的0.39%和0.17%〕。在這十七年間，古巴海外醫護拯救六百萬生命，完成十三點九億次診療、一千萬台手術，接生兩百六十七萬名嬰兒，同時培養七點三八四八萬名外籍醫學生。若計入1960至1998年與2016年後的數字，貢獻更為驚人。〕

（《人間福報》2019/6/28第11版。）

別忘了古巴生技產業

　　台灣人對於古巴的認知，大概多數集中在雪茄、蔗糖、棒球、威權政治，以及卡斯楚、格瓦拉、革命與社會主義。雖然不少人在提及後面這四個語詞之時，不免帶著諷刺、時代錯置、事不關己的口吻，更糟一些者則有誤認與犬儒的心聲。

　　不過，《中時》近日連續三天對古巴所作的大幅報導，以及《工商時報》整版對於中央研究院院長翁啟惠的專訪，倒是讓人想起，其實，古巴還有一項重大科研成就，國人應該會有興趣知道。

　　翁啟惠說，台灣的「政府管太多」，以至於我們雖然擁有這麼多生化科技公司，卻「無法發展」。

　　怎麼會這樣呢？太奇怪了。第一，很多台人自誇的資訊科技產

業，能有今日的規模，剛好是起源於政府策畫。那麼，何以昔日奏效的政策導引，於今失敗？

第二，全球有四千五百家生物科技公司，其中40%在美國，但美國1980年代以來創設的這些公司，至今半數以上毫無利潤，其餘還能苟延殘喘者，大多沒有出路，雖然可以從風險基金取得資本，但僅有20%得以自足。據說美國政府管得比較少，那麼，管少的美國及管多的台灣統統失敗，也許管不是問題，怎麼管才是關鍵。第三，這裡，古巴就提供了有用的對比。

一年多前，望重士林的《自然》（Nature）雜誌說，「古巴業已取得比所有其他發展中國家更可觀的（生化產業的）研發能力……，古巴是怎麼辦到的？」

不僅具有研發能力，在旅遊、海外古巴人匯款等收入之後，古巴最大的進帳，就是各種生化藥物、疫苗等產品。所以，「古巴是怎麼辦到的？」

關鍵之一顯然是古巴的生化科技政策，獨樹一幟。哈瓦那有四十家生化機構、僱用將近兩萬人（包括七千多位科學家與工程師），數量不多，但其研究、生產與市場行銷等各個中心，整合完善，與西方常見的各自壁壘的作風，完全迥異。科研機構與工廠的界線撤除了，資訊流通更見豐富，滋潤了分享而不是專利獨吞的意識。

其次，為了支應古巴公衛體系的需要，古巴的生化產品除了忍受現有體制的不平等貿易，也必須重視利潤而對外商業行銷。雖然如此，古巴往往同時以國際主義的認知與實作，將研發果實「拓展於其他第三世界國家」，包括派遣數萬人次的醫護人員，攜帶藥品而馳援非洲、中南美洲的窮鄉僻壤，以及災區（如2005年底巴基斯坦大地震之後）。

甚至，對於嚴密封鎖古巴經濟四十多年的美國，古巴也在公元兩千年提供五百個獎學金，以未來幾年為期，要培訓非裔兩百五十位、拉美裔與印地安美國人兩百五十位至哈瓦那接受醫生養成教育（唯一條件是接受獎助的人，學成後必須返國至貧窮社區服務五年以上）。

古巴隔洋與美國對峙，經濟上被美國封殺，但無礙於聲援古巴的

國際聲浪年年高漲。1992年聯合國有五十九個國家首度決議，要求美國解除對古巴封鎖，至去年已經增加至一八三國。

言論與新聞自由是基本人權，並無疑問，但開口閉口以政治公民權（也許還加上物質生活不豐裕），否定卡斯楚或古巴人的集體努力與成績，減少不了古巴長存的豐富意義，只能讓發言者自暴其短，重則與某些古巴裔美國人的反動沆瀣一氣，輕則顯示了人文想像的薄弱與奮進意志的衰竭。

(《中國時報》2007/1/27 A19。)

古巴晉身生化製藥巨人的故事

Andrés Cárdenas O'Farrill

「古巴百分之百國營的生（物製）藥產業（biopharmaceutical）非常成功相當耀眼，足以作為其他國家的楷模」，小島國在美國箝制下僅得有限的資源，擁有一千兩百項國際專利項目，古巴作為「世界上最有效率的公衛系統之一」，關鍵是有這個產業。

革命成功那一年，也就是1959年，古巴的人均醫生數是世界第十一，在拉美排名第三。不過，雖非全部，但絕大多數都集中在哈瓦那等等大城市。[19]更糟糕的是，革命之後至1963年，古巴醫生原有六千三百人，累計已有三千位移民海外（在這四年間，古巴新的醫學院畢業生約一千八百人[20]）。到了1967年僅存二十二位醫學教授與一家

---

19 Gott, Richard（2004／徐家玲譯2013）《古巴史》，頁215-6。北京：中國大百科全書出版社。
20 Fitz, Don (2018) The Birth of the Cuban Polyclinic. *Monthly Review*, June, pp.21-32.

醫科學校。革命之前,古巴的醫療系統分作三塊,一般人對於利潤導向的醫療現象普遍不滿:

(1)公共系統:在1959年以前僅存在於主要城市,且長期經費不足。

(2)互助系統:西班牙殖民時代留存,會員繳交月費換取高品質醫療服務。

(3)私人系統:高品質但為牟利,沒錢無法參與。

革命之後,轉折開始,政府多管齊下。

一是設法整合革命前各自為政的醫療保健系統。二是讓本土醫藥產品降價15%,他方面減少進口量兩成。原支配古巴醫療市場的外商反彈,很多就此關門,或者採取其他行動,致使古巴藥品的供應有了危機;最後,古巴政府在1960年代將這些產業收歸國有。

三是增加對醫療教育的投資(包括創設綜合基礎照料體系),醫生固然需要,更大重點在重視預防醫學。舊有的醫療公會在1966年完全解散,改以政府支持的全國醫師工會取而代之,願意投入深化醫事改革的人,更自由地投入與獻身。政府雖然強烈反對,最後並禁止一些舊有的作為,但它們持續存在,直到1970年,新的古巴醫療體制已經完全吸納非公立的診所。四是開始提倡「內在動機」,鼓勵醫科生下鄉服務,不是遵循外在誘因,因此也不是取得較高報酬與工作條件而進入私人醫院,時代氣氛確實有利於學生在開放與互助環境分享知識,彼此合作。五是古巴重視基層照顧,因此注意蒐集源自社區的住民健康與疾病資訊,古巴藉此整合全國醫療紀錄,研判哪些地方有哪些特定或一般的疾病,需要哪些資源。

癌症或熱帶醫學等研究專家有不少人在1959年以後,陸續離去,少數留下的專家,以及新進但經驗生嫩卻在政治上較為同情新政府的醫生,以及海外專家前來教學,他們重新打造了古巴的科學景觀。1965年,最重要的機構「國家科學研究中心」(Centro Nacional de Investigaciones Cientificas, CNIC)誕生,第一年僅接受十三位對科研有深刻興趣的學生。比如,有人放棄月薪六百匹索的助理教授工作,進入月薪僅兩百的該中心學習與接受訓練。當中有些人結業後,

繼續前往西歐與東歐深造，也有人到了哈佛大學。

1966年，CNIC設置了「神經生理學」（neurophysiology），1990年擴大為「神經科學中心」（Neurosciences Centre），創始人迄今仍是主任。他是古巴這個領域的先鋒，曾與美國神經醫學知名專家合撰具有開創意義的論文，古巴的公衛系統成為世界首先使用腦電圖的國家之一：測量腦部電波活動，藉此確認腦部缺陷或問題。1990年代以來，CNIC集中在研發產品並將訓練整合納入結構，這是一般公司的典型作法。古巴與此不同，它仍然重視合作，古巴生藥產業與他國的差異就在這裡。古巴官員說，該產業有些核心公司仍以「閉路循環圈」的流動垂直整合方式，彼此非正式的合作開發，因此CNIC有不少具有新意的產品，通常至少有兩家公司聯合完成，這也是風險分攤的方式，進入國際市場時，也是協調進入。

古巴在1992年創立了The Scientific Pole（亦稱「西哈瓦那生物群集」West Havana Biocluster），但可上溯自1980年。當時，美國腫瘤科醫生克拉克（Randolph Lee Clark，美國第一所腫瘤醫院院長）[21]與北美代表團來到古巴會見官員，談及他對干擾素的創新研究，認為這是可以對抗癌症的「神奇藥品」（wonder drug）。不久後，兩位古巴科學家來到德州休士頓醫院，跟隨克拉克進行研究，在其指導下，兩人次年又到芬蘭赫爾辛基坎特爾（Kari Cantell）博士的實驗室，他在1970年代就曾分離人類細胞與干擾素。先後有六位古巴科學家在那裡學習，每次為期七天，演練大量生產干擾素的方法。返回古巴後，他們在哈瓦那先設置了小型的特殊實驗室 並在1981年底取得成功，但不是對抗癌症的「神奇藥品」，而是對抗在1980年代肆虐古巴的登革熱。

其後，古巴政府添加了一些小型的實驗計畫，由新的跨學科團隊操刀。古巴在申請聯合國生物科技移轉項目落敗於印度後，決定透過

---

21 這位美國醫生扮演了觸媒角色，讓卡斯楚決定投入生藥的研發，見Yaffe, Helen (2020) We are Cuba!: how a revolutionary people have survived in a post-Soviet world, p.141, Yale University Press.

自己的資源創設，這就是1986年創立的「基因工程和生物技術中心」（Centro de Ingeniería Genética y Biotecnología, CIGB），如今它已經是古巴最突出的生物科技公司之一。另外，最有代表性的是1987年創設，用來生產與商業化診療系統的「免疫測定中心」（The Immunoassay Center）、1991年的「芬萊研究所」（The Finlay Institute）與1994年的「分子免疫學中心」（The Center for Molecular Immunology）。古巴在2015年的生藥貿易淨值是8,600萬美元，至2020可望增加至1.19億美元。相比於歐美日等發達國家，這個數字不足為道。但若考量古巴的起點，以及世界上少有國家的生藥產業能夠有貿易淨值，觀感就不同了。

愈來愈多的證據顯示，古巴生藥產業很成功，當地自產六成自己所需要的生藥產品。從1995至2015年，古巴這個產業所賺取的外匯都高於進口的生藥品，雖然政府未能廣泛就此發布統計，僅在相關官員的報告有所觸及。如果不是自立生產，古巴絕對無法有足夠的經費進口國民所需的藥品。

對於古巴在這個領域的成績，海外輿論並沒有經常報導與理解，但在國際科學社群，還是得到廣泛的認可。因此，哈瓦那大學化學系的小型「合成抗原實驗室」（The Laboratory of Synthetic Antigens）得到了「世界智慧財產權組織」（WIPO）的金牌獎勵，因為，古巴完成舉世第一個綜合疫苗Quimi-Hib，可以用來治療B型流感嗜血桿菌（Haemophilus influenza type b, Hib）。最近，古巴治療肺癌的藥品也有相當成就，The CIMAvax-EGF疫苗是古巴第一個取得美國藥品管制單位同意在美國臨床實驗的藥品，開發該產品的是古巴的「分子免疫學中心」。生藥產業是為了服務社會大眾的醫療需求而生，後者又來自古巴的醫療哲學：預防優先，這是窮國提供全民都能付得起的健保之前提。

Hib等疫苗外，古巴知名藥品還有：PPG——從蔗糖取得成分減少因動脈粥樣硬化性心血管疾病，CNIC以此取得WIPO的1996年金牌獎。Heberprot-P是「基因工程和生物技術中心」研發，對治療糖尿病引起的足部疾病有用，WIPO在2011年頒給最佳青年發明獎，以

及金牌獎。

不過,也有很多常見、相當有用的藥品,並沒有得到注意,比如,世界上第一種對抗血清群B腦膜炎球菌(serogroup B meningococcus)的VA-MENGOC-BC®的商用疫苗。該產品由「芬萊研究所」研發,得到WIPO的1989年金牌獎,生藥界巨人SmithKline Beecham(現在是GlaxoSmithKline的一部分)注意到了,但傳媒不見提及,反而多年後,瑞士藥商Novartis被錯誤地說成是第一個研發出該藥品的廠商,因事實上古巴早在二十四年前就完成了。

生藥之外,古巴其他產業不振,這是事實,古巴政府投資生藥也不稀奇,很多國家都是這樣,但革命前,該國僅自產三成藥品,目前卻在美國封鎖下能於此取得重大成績:百分之百國營生藥公司,根據不同理念研發與生產,能夠淨出口近億美元。西方體認這個成就的文獻不多,一個例外是《自然》雜誌在2009年的一篇社論:古巴「已經有了世界上最堅實的生化科技產業,即便該國刻意迴避富裕國家認定必須遵循的風險資金創業模式」。

當前管理古巴生藥產值的是2012年創設的BioCubaFarma國有控股公司,下有三十三家子公司,[22] 兩萬一千六百名員工,目標之一是讓古巴生藥產品出口值在五年內,每年倍增至一年10億美元,亦即五年50.76億美元,前五年是27.79億美元。能達成嗎?得看。

外在的美國因素是否增加古巴的壓力,古巴無法決定,但內在的工作誘因需要注意,怎麼激勵是一個問題。過度以財政酬勞為誘因,似乎沒有讓員工更帶勁。以前,即便在1990年代中期危機之際,有能力的員工在較少金錢收入之下,仍然願意努力工作,如今似乎不是。2008年以來的調整,特別是2014年以來,醫療健保部門的待遇大多數都增加了100%,四十四萬健保員工獲益。但是,這並沒有維

---

22 另一資料指整合了三十八家公司,六十個生產設備,有兩萬兩千名員工,其中三分之一是科學家與工程人員。2017年已經向將近五十個國家出口產品,在海外擁有兩千項專利。這個重組是古巴2011年啟動的經濟改革之部分,但沒有海外風險/投機資金進入。見前注。

持勞動力的動能，也沒有達到提升生產利得目標，似乎還負面衝擊了生藥勞動力的動機，也許過分激起了部分員工對於財務報酬的意識，到了讓他們怒氣衝天的地步，跟著也就損毀了內在動機。生藥產業在過去兩年就有四成員工辭職！雖說不是所有離開的人都是科學家，這個數字足以讓人警惕。即便2014與2016年，古巴透過進口替代，省下了12.93與19.4億美元的藥品進口。但政府必須了解誘因的結構，要想方設法維持與激勵員工。古巴生藥產業若真必須高薪資才能維持，也就不會有今日的古巴生藥產業了。

簡化的分析依靠傳統的常見經濟學及經濟發展的敘述方式，不適用於古巴，無從解消古巴生藥產業的故事。這麼需要現金驅動的高科技產業，何以居然能在這麼一個窮困的發展中國家取得成功？

這個島嶼太特殊了，觀察者必然都要這樣說。若要解釋古巴生藥部門的成就，是可以說古巴有很多特殊之處，所有的傳統研究，都可在此有些反省。但是，大多數這些討論，往往輕忽各個制度與創新及經濟發展的複雜關係。比如，若是新古典經濟學，必然就要說，自由化與私有才能創新，這個框架以外的事實與分析，也就消失了，新古典經濟學無從看到。事實上：

> 透過合適的眼光審視古巴（生藥）產業……當能發現這裡存在強有力的故事，挑戰了強調財產權與對投資者回報等等最傳統的單一、同質的說法。古巴的生藥產業毫無疑問是這個國家經濟史最為成功的科學與技術故事。……古巴的路徑當然無法為所有國家複製，但是，古巴否認了新古典經濟學慣有的……簡單的與線型的……想要一勞永逸的模式。古巴的路徑對於許多國家，仍有奏效的可能。

（刊登於「古巴通訊」700期：https://cubataiwan.blogspot.com/2018/10/700.html，作者Andrés Cárdenas O'Farrill是古巴人，在德國Bremen大學取得經濟學博士。原文刊出兩天後，署名來自Northwest Detroit的留言說：「古巴這個部分的成績確實沒有在美國廣泛報導。去年9月，我與另五位古巴『拉丁美

洲醫學院」（ELAM）畢業生在華府DC參加古巴小兒腫瘤醫生的系列活動，討論改善美國與古巴醫療服務的具體方法。目前已有一百七十位美國醫生從ELAM畢業，另有九十位仍在就讀，全部都由古巴提供全額獎學金。來自Detroit區域的畢業及還在就讀的人有五位。每年，古巴提供十位醫學全額獎學金給美國人」。當然，另有其他留言表示謝意，也有人說，古巴醫療服務並沒有這類報導的那麼好。作者在2021年另出專書 *Cooperation Networks and Economic Development: Cuba's High-Tech Potential*. Routledge.）

古巴「神奇藥品」 可能攻克新冠肺炎

1月底，中國大陸選擇了三十種藥品，運用於診治COVID-19肺炎的療程。最近，《經濟學人》列出五種業已測試的藥品，指其具有潛力治療該肺炎。在這兩組藥單中，都有古巴的「a2b干擾素」（下稱a2b）。

在大多數發展中國家尚未進入之前，古巴已在1981年籌設跨學科的生物專業論壇，僅比舉世第一家生物科技企業（舊金山的Genentech）晚了兩年。當時，適巧兩件事情併發。

一是登革熱在1980年底開始零星在古巴中部、西部與東部出現，次年5月官方確認流行，至10月最後病例之前，共有三十四萬四千多人感染，高峰時一日增加一萬一千個病例，前後致死一百八十人。二是古巴自己的努力與幸運。1981年3月，六位古巴人前往擁有a2b相關技術的芬蘭學習，該國醫師拒絕申請其技術專利，執意開放給古巴人在內的所有人使用。這些古巴人僅在千湖國取經十二日，返國四十五天後，成功自行提煉出a2b，醫學界稱之為「神奇藥品」，不但成功治療，且在廣泛預防接種下，登革熱從此再沒有在島國流行，堪稱加勒比海地區的模範。

登革熱外，a2b的療效在對B與C型肝炎、帶狀疱疹及HIV-AIDS

等疾病，也都已經得到肯定。中、古兩國2003年合資成立長春海伯爾生技公司後，已在2008年推出a2b注射液，且很快得到認可，「口碑極高」。如今，醫界認為a2b對於類似COVID-19的病毒治療，應該有效，可以阻止病情惡化與致死的併發症。

當年的神奇之藥a2b，這次是否能再次神奇，還待分曉。不過，除了近鄰牙買加商請古巴來幫忙，也有不少拉丁美洲國家如巴拿馬、委內瑞拉、智利等向古巴進口該項產品；甚至，對哈瓦那很不友善、去年等於是驅離古巴醫生的巴西，也因疫情轉惡而要請古巴派遣醫生。更遠的南韓與德國，也都已使用a2b，在其八千多與九千多病患中，死亡人數相對較低，分別是八十四與二十六。

古巴也派遣一組醫護人員，協同大陸專家前往幫助義大利；英國郵輪布雷默號在吃了多國閉門羹後，最後由古巴接納停靠其港口，有一千多名乘客，含四十五位確診或需隔離的人。

（《聯合報》2020/3/19 A12版。原標題〈古巴「神奇藥品」 攻克肺炎之鑰？〉。）

古巴醫生會得諾貝爾獎嗎？

我國能即時取得COVID-19的國際疫苗嗎？全民關注。就在此時，已研發四種新冠疫苗的古巴舉行記者會，並得到海外機構徵信，宣布其中已進入第二期臨床試驗的「主權2號」，今年將有能量生產一億劑，可望年底前為所有古巴民眾完成疫苗接種，印度、越南、委內瑞拉與巴基斯坦及伊朗也表示有意獲得該疫苗。

好事成雙，去年5月啟動的連署，來自歐洲、美洲、非洲及拉丁美洲的四十多個團體，共同推薦「古巴亨利・雷夫（Henry Reeve）[23]

---

23 出生在紐約，1876年在古巴馬坦薩斯（Matanzas）為古巴獨立，與西班牙軍隊交戰陣亡，年二十六。2005年颶風卡崔娜肆虐美國路易斯安那州，卡斯楚表示願派遣一千五百位醫護人員前往協助，遭拒絕後他將援外醫護團命名雷夫至今。

國際醫護團隊」角逐今年的諾貝爾和平獎,至1月底,單在美國已有三萬多人或社團簽名,包括民代、學界、醫保社群、藝術家與社會運動者及和平團體數千位。

其中,更難得的是,偏向對古巴不友善的共和黨人,亦在名單之列。在小布希總統主政期間,擔任國務卿主任祕書的魏科升(L. B. Wilkerson)說,他首次認識古巴的國際醫療行動,是在2005年。當時,巴基斯坦大地震七點六級,致死約八點七萬人、受傷七萬多人,古巴派遣兩千兩百零六人(一千四百位是醫生)前往協助,並提供兩百三十四噸醫療用品與一次性物料,又在當地設置醫療野戰學校培訓三百位巴基斯坦醫科學生;那是他第一次意識到古巴的義舉,既感動又驚訝,也讓他對這個鄰國有了不同的評價。

亨利·雷夫團隊專為馳援海外而成立,主要是因應天災或其他緣故導致的緊急醫護災難,運作十五年,至今前往二十二個國家,累計完成二十八次任務。這些紀錄尚不包括去年從3月至年底,該團隊也應當事國邀請,動員三千八百位醫護專業人員,前往義大利等三十九個國家,參與COVID-19的治療。

但年底要頒發的諾貝爾和平獎,能實至名歸,由古巴獲得嗎?假使仍是川普擔任美國總統,應該無望。

川普以行政命令逆轉五年前古巴與美國關係的改善進程。川普指控古巴醫護以有償(而不是大多數無償的亨利·雷夫任務)方式在海外工作,是被古巴政府當作奴工;他也推翻歐巴馬與古巴政府達成的協議,阻斷古巴選手前往美國打職棒的合法管道。更荒唐的是,川普卸任前竟將古巴列入「恐怖主義國家」。

現在,既然改朝換代,拜登所要糾正的眾多川普錯誤施政,應該也要包括對古巴等國家的霸凌。果真如此,那麼即便不得諾貝爾獎,古巴也因為讓美國得到自我修正的機會,對美國形象改善有了正面的貢獻。

(《聯合報》2021/1/29 A13版。原標題〈拜登上台 古巴醫生諾獎有望〉。)

第三章

委內瑞拉的世界小姐與二十一世紀社會主義

委內瑞拉新聞　真假虛實

淺析委內瑞拉大選新聞

　　根據「世界銀行」等機構的統計，過去十年，拉丁美洲的貧富差距縮小，其他各洲則是擴大。原因是拉美許多國家在這段期間，左翼政黨紛紛勝選。其中，查維茲的成績尤其突出，他的「二十一世紀社會主義」建設，除了降低經濟分配的不公平、顯著提振教育權與醫療權，委國人參與社區及國政治理的認知與經驗，亦已擴散。有趣的是，國際輿論無意玉成其事，沒有人想要為舒緩或解決委國的問題，貢獻點子，遑論共謀籌畫。反之，見不得委內瑞拉好，是英美主流言論的基調。10月7日是委國大選投票日，先前一個月，共有十九次民調，其中四次說查維茲會輸3-6%，十五次則說查維茲勝選，少贏是2%，最多可達31%，平均差距是14%。但是，英美傳媒的報導都說，兩人在伯仲之間，鹿死誰手尚待分曉。何以如此？有人認為，這是委國及海外（特別是美國）反社會主義派預作準備。論者指出，假使查維茲僅只是險勝，反對派就可以大聲嚷嚷，硬指選舉不公，藉此尋求翻案的契機。

表3　2012年10月8-9日，台北四報的委內瑞拉總統大選新聞標題

報紙	8日	9日
蘋果日報	政壇帥哥緊追查維茲選情危	54%贏45%　查維茲3度連任
自由時報	委內瑞拉大選強人總統查維茲苦戰	委內瑞拉大選查維茲3連任總統生涯將挺向20年

中國時報	委國恐變天？查維茲陷苦戰	查維茲勝選邁向執政20年 委國大選投票率8成　查維茲得票54%　查維茲為何再勝
聯合報	落選邊緣／查維茲苦戰　委國恐變天	查維茲連任委內瑞拉總統 贏不到10% 傳查維茲癌末當不完6年總統？

　　台灣四家報紙的新聞標題，如出一轍如〈表3〉所示，「選情危、苦戰、恐變天」之外，別無他說。不過，最讓人跌破眼鏡的是《聯合報》。大選揭曉次日，它「獨領風騷」，先說查維茲「贏不到10%」，然後，雖是疑問句，其實是強調，「查維茲癌末當不完6年」。這個標題在台灣「鶴立雞群」，比諸國際，如《華爾街日報》亞洲版同日的標題（「查維茲大勝」），同樣凸顯了這位編輯的「匠心獨具」。今年1月14日馬英九以51.6%當選總統，馬贏「不到6%」，《聯合報》頭版標題則說：「馬英九贏了　92共識贏了」。假使採用相同標準，《聯合報》應該要說「查維茲贏了，21世紀社會主義贏了」。兩次標題完全迥異，與其說是反映了報社的立場或控制，不如說這類國際新聞，仍有個人的自主空間？畢竟，《聯合報》網路作家周世瑀在選前一日，曾在聯合網路撰寫「社區委員會的草根民主改造委內瑞拉」，內容與立場，剛好是紙版編輯的逆反。

（《共誌》2012/12/31 第5期，頁19。）

美國與台灣傳媒的委內瑞拉形象

　　吉米‧卡特卸任美國總統後，創設非營利組織，年度預算20餘億台幣。1998年以來，「卡特中心」派員進入委內瑞拉，觀察委國迄今的六次大選或公投後，無不發布報告。該中心說，委國1998年以

來啟動的自動記票系統,效率及公正性世界第一,它迄今未曾指控委國選舉過程有操縱或舞弊之事,包括今年4月大選。

委內瑞拉的總統大選在4月14日舉行,執政黨候選人馬杜羅(Nicolas Maduro)勝出,得票率50.7%,低於預期至少6%。雖然選贏、世界各國已經通電祝賀或承認,但美國不肯承認,並且反其道而行,呼應在野黨敗選人卡普利萊斯(H. Capriles Radonski)的無理要求。到了6月12日,即便委國選委會如期核計票數,確認馬杜羅當選無誤後,華府仍不鬆口。

在亞洲,馬來西亞5月5日大選,執政黨得票率46.7%,低於在野聯盟的50.1%,但因選舉制度使然,仍可主掌國政,美國則立刻承認,無視於賄選舞弊甚囂塵上,已至執政黨亦不好完全否認的程度。

馬國與委國的東西對比,非常強烈。委內瑞拉「社會主義統合黨」正大光明,勝選不被承認;馬來西亞「國民陣線」疑似偷雞摸狗,形勝實輸竟獲首肯。

美國政府不公正,美國主流傳媒的表現,同樣大有偏差。委國的4月大選後十多天,美國華盛頓智庫「經濟與政策研究中心」(Center for Economic and Policy Research)已在26日發布統計分析,指出即便如同卡普利萊斯的要求,重新稽核所有投票機器,卡氏因計票錯誤而翻盤的機會僅只是二十五千兆分之一。這個分析的新聞稿連同完整報告,對外發布兩次,許多拉美與西班牙媒介予以引述,但美國媒介全無提及。曾有美報記者告知該報告的兩位作者,指其主編拒絕刊登他們的統計分析。

5月14日,賓州大學華頓商學院退休教授、也是傳媒研究者赫曼,與他合寫《製造共識:大眾傳媒政治經濟學》的麻省理工學院杭士基教授,以及導演史東(Oliver Stone)、摩爾(Michael Moore)等十多位傳媒或拉美研究專家,聯名寫信給《紐約時報》,一週內得到一千零七十九人響應。

該信引述《紐時》的自我期許:「雖說大量文字每日川流不息,個別用語及詞彙或許算不了什麼,但使用什麼語言,非常重要。假使新聞組織接受了政府說話的方式,它們似乎也就接受了政府的思考方

向。對於《紐約時報》來說,決定用哪些語言,承載了更為重要的分量。」既然如此,他們不解,何以過去四年以來,《紐時》至少有十五篇新聞或評論,形容甫於3月辭世的委國前總統查維茲是「獨裁者」(autocrat)、「鐵腕暴君」(despot)、「專制統治者」(authoritarian ruler)與「軍事元首」(caudillo)。查維茲與美國總統不同樣都是經由選舉產生的嗎?何況查維茲贏的票數很多,去年10月是差距最小的一次,但也贏了9%。

與查維茲相比,《紐時》對待透過非法手段取得政權的總統,反而親善許多,咄咄怪事。宏都拉斯在2009年6月28日發生政變,波爾菲里奧・洛沃(Porfirio Lobo)推翻了民選總統,但他得到的是中性稱呼。《紐時》說他是「新的、實際上的、臨時的」總統。出於美國政府的默許,軍方拒絕前總統塞拉亞(M. Zelaya)恢復大位後,宏國政府在大肆鎮壓人民與檢查新聞的情境下,改選總統。當時,許多國際觀察團如「卡特中心」咸感憤怒,紛紛杯葛該次大選。洛沃當選後,宏都拉斯的軍警仍然經常殺害民眾。反之,即便人權團體也批評查維茲政府,但委國並無國家軍警、國安人員濫殺百姓!

這些事實的比對,讓人驚訝。就算《紐時》不同意委國的實質民主成就,但宏都拉斯違反民主之處,相比於委國,嚴重得不成比例。前引信函只請《紐時》自己檢討,沒有說《紐時》在這件事情乃至其他外交新聞,遵循華府設定的框架多於質疑。《紐時》優厚宏都拉斯,汙衊委內瑞拉,浪擲虛名、辜負讀者的信任事小,《紐時》若因此無法增加或流失讀者,只是自作自受。但是,查維茲政權搏鬥舊有官僚及昔日統治菁英的成績,鼓舞人心、足以成為另類發展路徑的重要參照,不但沒有得到公正的報導,反而成為抹黑的材料!《紐時》在內的主流輿論見不得人好,混淆視聽,世人之失!

台灣的國際新聞質量不高,眾所周知。四家綜合報紙在委內瑞拉去年10月大選後的次日新聞,《共誌》第五期曾作淺析(參見本文的前一篇)。其後查維茲去世、委國總統改選,四報在3月7至9日、4月16日,均曾報導或評論。總計兩起事件,報導篇幅最少的是《蘋

果日報》（四千字出頭），五千字的《聯合報》次之，《自由時報》約在五千五，《中國時報》最多，達九千餘言。

《紐時》的報導或評論雖多，但卻傳達失真或甚至相反的認知。相比之下，我國較少或沒有報導，反而不妨諷刺地理解為，這是善意的缺席，無心插柳的「與人為善」！沒有消息就是好消息，壞事傳千里，誰說不是呢？《聯合晚報》3月6日率先刊登查維茲死訊，但斗大的標題赫然是：〈挺他的窮人依然窮〉。這個評斷完全背離事實：1998年，也就是查維茲執政前一年，委國基尼係數（愈高愈不平等）是0.4865，到了2011年已經下降至0.3902（除古巴外，拉美最低。英、美與香港是0.41、0.45與0.537），原因之一是該國投入教育、醫療、住房及其他社會福利的支出，在1998年占國民生產毛額的11%左右，至2011年已達23%。再者，查維茲執政以前的十四年，委國的人均實質所得，平均一年減少0.8%，查維茲執政的十四年，增加1.4%（假使扣除2002/03年間，因為舊統治階級發動石油罷工，致使委國蒙受的重大損失，則經濟成長率是2.5%）。這個成績相較於常被美國引為拉美模範的智利，不但經濟實質增長尚不遜色（表4），經濟果實的分配成績，更是明顯超前。

表4　委內瑞拉與智利的經濟成長與分配（基尼係數），1998-2011

國名	經濟成長率（%）														經濟分配：基尼係數
	1998	1999	2000	2001	2002	2003	2004	2005	2006	2007	2008	2009	2010	2011	
委內瑞拉	0.3	-6.0	3.7	3.4	-8.9*	-7.8*	18.3	10.3	9.9	8.8	5.3	-3.2	-1.5	4.2	.390/2011
智利	3.2	-0.8	4.5	3.3	2.2	4.0	6.0	5.6	4.6	4.6	3.7	-1.0	6.1	6.0	.550/2010

* 委內瑞拉石油（占委國經濟產值約1/3），其工會當時仍為傳統菁英控制，2002年4月加入政變、12月發起罷工至2003年2月底，因此這兩年經濟大幅衰退。

《蘋果》則在3月8日獨家引述英國《泰晤士報》等來源，栽贓死者、未曾查證，作此抹黑：〈執政14年成巨富　查維茲留600億遺產〉。雖然英美網民查證後，很快就指出，此說根本就是子虛烏有。

《中國時報》的報導量最多,言論尚屬持平,放在台灣,居然也可以說是難能可貴了。3月7日,即便也許是杞人憂天?惟其社論尚稱平實。它的標題是〈後查維茲時代　拉美左派群龍無首〉,內文則指查維茲出任總統後,「暴露了過去文人治理的貪腐,也終結了治理無能的兩黨政治⋯⋯執政期間,赤貧人口減少一半⋯⋯美國對查維茲極端厭惡,但他⋯⋯區域內受到尊敬⋯⋯。」惟突兀的是,《中時》是台灣唯一在拉美派有特派員的傳媒,但其新聞不比外電真實,評論常比前引社論偏頗。比如,4月10日,委內瑞拉總統補選前夕,該報特派員指最新民調說,查維茲接班人馬杜羅支持度34.9%,落後卡普利萊斯的39.7%。耐人尋味的是,與該新聞幾乎同時發布,來自路透社與美聯社的外電,當時都還顯示,各家民調仍然預測馬杜羅不但超前,而且領先兩個數字!

　　對於委內瑞拉執政的「社會主義統合黨」(PSUV),台灣與世界各國的主流傳媒是同步的,並不落後,它們常有錯失或不公允的報導,何以如此?部分原因是,委國境內傳媒更為敵視查維茲路線。我們不妨說,這是某種統治者意識形態與價值觀的跨國串連。

　　依據委國中央選委會的統計,2012年總統大選前,該國的一百一十一家電視台有六十一家屬於私人部門(規模較大),十三家是公共部門,另有三十七家社區電視,後二者所占觀眾收視份額較低,約在一成之譜。AM收音機是一百七十二家私人,二十五家是公共。FM電台四百六十六家私人,八十二家公共,另有兩百四十三家社區台。報紙有大約一百家,其中20%挺政府或平衡,其餘壓倒性地屬於反對陣營。顯然,委國傳媒大致還牢牢控制在舊有統治集團的手中,雖然前引成績已經是十多年的改革成果:2000年的《有機電信法》建立社區傳媒權、2002年的《開放社區電台和電視台廣播裁定文》界定了傳媒產製必須以社區與獨立製作的內容優先、2006年以《廣播電視社會責任局部改革法》「提升公民的積極與直接參與」。這些非商業的傳媒,營運資金部分取自社會捐贈,部分由石油公司國有化之後,提撥部分收入挹注,另有一些也從公益廣告取得經費。難能可貴的是,這些新電台大多獨立經營,不受政府指揮,表現在許多節

目仍然高調批評查維茲與政府。

　　世局變動不居,但以拉美近十多年的變化,意義與潛力最見深刻,特別是委內瑞拉。拉美若能有所成就,人類出路、更好的出路,就會多一個可行可喜的選項。台灣與美國傳媒不肯就此著力,就連委國傳媒至今也是抵制多,共襄盛舉少,致使傳媒應有的監督功能,常有墮落為信口雌黃的危險。雖然,如同其經濟與社福改善,以及草根民主參與的重視與提倡,委國的傳媒生態也在改變。套句曾是鋼鐵工人,目前任教美國普渡大學,也曾深入委國蹲點調查的李‧亞池（Lee Artz）教授的用語,委國模式是「打造國家,推進革命」,包括推動傳媒改造的革命。

(《共誌》2013/11/13 第6期,頁44-7。)

沒有國際新聞　可以是件好事

　　劇作家布萊希特有一詩作〈致後來者〉說,「……生活在黑暗的時代……非常無奈。然而,倘若沒有我,統治者會更加安全。」
　　現在,資本及其關係如同癌細胞的不理性增殖,也因為「二十一世紀社會主義」的停頓,暫時「更加安全」了。
　　雖然不一定值得驕傲,但委內瑞拉是領先世界各國,擁有最多人次的世界小姐頭銜。不過,真正讓世人對委內瑞拉另眼相看的是,2005年初,該國總統查維茲宣布,委內瑞拉要建設「二十一世紀社會主義」。
　　這個目標很難達成,加上舊的文化、社會與政治及經濟結構不可能十餘年盡除,因此必定名勝於實。但是,十年以還,委內瑞拉的內政外交仍然取得不少成績。首先,不少委國人對自己主體的潛能與信心,得到滋潤與增長。
　　這是委國轉向之後,重視「草根參與民主」與「代議政治」的結

合,取得珍貴的成績。

其次,這個主體認知的強化與內涵的豐富,並非憑空而來,而是二十一世紀社會主義建設的部分結晶。該國強調,醫療保健與各級教育是基本人權,至2012年底,委國在這兩個領域的社會投資,增加了六倍與九倍,在文化、社會住宅與社會安全項目的投入,也分別增加六點六倍與二十一倍。人均實質所得根據國際貨幣基金組織的核算,增加24%。貧窮人口的比例從2003年的55.1%,大幅減少至2012年的21.2%。

正是這個主體認知的強化,以及實質豐富的感受,委國週日舉行的國會大選中,執政的社會主義統合黨（PSUV）即便內外條件相當不利,仍然在74.25%投票率、一千三百萬選票中,得到六百萬票,也就是將近45%選民的支持。

造成委國執政黨PSUV失去國會主導權（但除非遭國會發動罷免且成功,否則掌握總統與行政權的仍然是PSUV）的內外條件,大約有三。

一是委國如同加拿大、挪威、墨西哥與沙烏地阿拉伯等產油國,因國際油價大跌（2012年底一桶1百美元,現在40美元）而使內政所需經費遭致嚴重擠壓。

其次,外有油元驟減,傳統上控制委國經濟實業的大亨,也就是週日大選獲勝、同時也是1958至1998長期執政四十年的集團,早就在明暗交替進行的經濟（囤積與減產等,助長了通貨膨脹等）戰爭,趁機得逞。他們如同病菌,隨時都想入侵,卻只有在勞累疲倦的時候,人們才會病發。

第三是傳媒。

委國主流傳媒牢牢控制在舊的集團手中。透過本地及國際傳媒,加上社群媒介的散播不實資訊與評論,他們一直宣傳將要大贏,如若不然,就是選舉舞弊,若只是小贏,同樣還是舞弊。美國媒介如CNN等也是炮製這個說法。由於控制傳媒,反對黨很少辦理街頭活動。即便如此,舊集團選前仍然拒絕承諾將會接受選舉結果,即便美國前總統卡特成立的基金會,曾經實地調查而稱讚委國選舉機制「世

界最好」。

反而是委國總統在計票不到六小時,結果明朗後,就在推特說:「我們承認這些惡劣的結果,我們接受……這是民主與憲法的勝利。」「為社會主義而奮進,現在才剛開始……」。

在野黨那些惡形惡狀的錯誤資訊,所幸選前在台灣僅有一家財經報紙跟進兩則新聞,一家銷量最少的綜合報紙寫了一則力挺在野黨的評論。因為僅有這一小則,台灣讀者也就無從遭到不實資訊的汙染與誤導。

就此來說,台灣傳媒報導比較少的國際新聞,不會成為這些國際傳媒的傳聲筒,以致反而不是壞事了。

(《人間福報》2015/12/9 第5版。)

張冠李戴　假照片的真相

今年即將滿二十週歲,在六十多個國家擁有一百九十位記者會員的「國際調查記者協會」(International Consortium of Investigative Journalists, ICIJ),再次立功。

這一次,ICIJ邀請了一百零六家媒介(包括台灣的《天下雜誌》),約有三百七十位記者,跨國共事長達一年,全程保密毫無風聲走漏,聯合完成了「巴拿馬文件」,大快人心。從此以後,是不是天下太平,所有人都能恪遵人類一家、有錢出錢,以及「我為人人、人人為我」的古訓而誠實上稅,仍在未定之天。

儘管未定,這類國際新聞是很振奮人心。六年前是「維基解密」、三年前有史諾登,現在來了「巴拿馬文件」,那麼,三年之後會是什麼呢?不知道,但顯然會有更多。與此對比,卻有國際新聞選用的照片,造假弄虛。

這幅假照片的「苦主」是委內瑞拉,這個全世界石油儲存量最

大,「榮獲」世界小姐后冠最多的國家。

最初造假的人是委國部落客,他們是昔日統治集團的受益人,不滿1999年以來委國的變化,於是假造照片,抹黑政府。過去,傳統菁英先行刮走石油的大量收入,僅剩殘羹讓人分食。現在倒了過來,新政府重新分配石油所得,盡量雨露均霑,主要用途是擴充教育以及醫療服務,其次是成立基金,就地推廣,希望各個社區的在地生產事業能夠起步與成長。

外交方面,委內瑞拉積極結盟古巴,兩國聯手建立了「我們美洲人的玻利瓦爾聯盟」(西班牙文簡稱是ALBA),強調國際合作及相互扶持,不是無端競爭而疲憊人力、破壞環境。具體作法也以石油作為後盾。委國(人口近三千萬)以低於國際價格的方式,依照約定,輸送石油至另十個聯盟會員國(人口四千餘萬),價格固然無法如同委國油價那麼低廉(兩個月前,委國油價漲了六十倍,但一公升仍然不到一台幣),但差額仍有可觀(人口不滿三百萬的牙買加,一年可能就達6億美元),指定用於社會項目(福利的提供、小型生產事業的啟動等等)。

在這個轉型過程,舊有勢力還是盤據工商,乃至於官僚機器,因此,委國從內政至外交的新成績雖有可觀,但舞弊徇私及執政經驗不足等等,確實也還存在。到了2014年6月,超過百美元一桶的石油,價格急速下降,滑落至30至40美元之譜,致使依賴石油取得外匯收入的委國,荷包大幅縮小。

此時,政治上在野、經濟大權還是在握的昔日掌權集團,更是加緊早在進行的「經濟戰爭」(刻意減產、囤積、盜賣轉賣等),使得民生物資的供應更形嚴峻,於是出現造假的照片,顯示百貨商場物資空空如也,家庭主婦推著也是空空如也的購物車,買不到家用物品。

然而,該幅照片是路透社在颶風襲擊紐約之後,2011年在當地超市所拍攝。其後兩年,少數部落客轉傳,2014年以降,該照片進入大眾媒介至今,現身數百個新聞網站或實體紙媒。

最離奇的是,委國反對黨聯盟照樣引用該照片,並評論說〈貧窮、短缺、鎮壓加上檢查:委內瑞拉沉痾加重〉。國際油價低迷,加

上其他原因,委內瑞拉最近一年半的經濟確實不好。奇怪的是,反對黨派不肯「如實」選用「唾手可得」的短缺證據,偏要使用假造的圖片,這就讓人納悶,難道短缺沒有那麼嚴重,跑了老遠還不能拍到合適的照片,於是造假?

(《人間福報》2016/4/18 第4版。原標題〈國際新聞張冠李戴 假照片的真相〉。)

有消息就是壞消息

　　最近三年多,特別是去(2016)年一整年,「有消息就是壞消息」的最明顯應驗,就在委內瑞拉。因此,讀者看到了各種各樣的標題,光怪陸離。

　　三年多前是「短缺嚴重 購物騷亂 造成一男子喪命」(2013年6月12日)。兩年多前是「超市買麵包驗指紋」(2014年8月23日)。再來是赫然有此一說,「藥品匱乏致病人以寵物藥當替代品」(2015年8月10日)。去年進入眼簾的是委內瑞拉即將「崩潰 糧食庫存僅剩十五天」(2016年5月19日),「民眾闖入動物園宰馬食肉」(8月20日)。好像這還不夠可怕,於是來了「三囚犯疑被獄友殺來吃」(10月15日),以及「委內瑞拉糧荒持續……萬計飢民湧至巴西」(2017年1月2日)。

　　讓人費解的是,假使這是委國的全貌或完全真實,還有哪個國家歷經三年多的這種動盪,還能不崩潰?是時候未到,本文見報日或不久,就將傳來這個國度的土崩瓦解?

　　是很多國際外電的指控,此乃殘暴鎮壓的「維穩」?若真如此,過去三年來,委國的各種街頭暴力與公投罷免總統的行動,還能遂行無礙?太不合理。

　　更怪的是,根據國際組織,也根據委國政府發布的資料,委內瑞

拉從1999至2011或2014年間的經濟成長（4.8%，略高於常被引為拉美標竿的哥斯大黎加）與減少不平等的程度（基尼係數0.39，接近台灣，優於哥國的0.507很多），在拉丁美洲若非首屈一指，也是名列前茅。她的農產食品增產幅度，一度明顯提高，人民的能動性與政治參與更是顯著改進。何以主要的委國及海外傳媒報導，充斥前面類型的負面描述，後面這類正面成績卻很少見到？

也許冥冥之中，黑暗的陰謀集團在刻意隱善揚惡；也許是傳媒奉行「人咬狗」才是新聞的準則，致使正面的新聞進不了記者與傳媒機構的「法眼」；再就是天下文章一大抄，以訛傳訛。知名網路新聞Buzzfeed上個月指委國政府平價配送至府、足夠小家庭一週至一個月所需的基本食品，要價200至550美元，但其實僅2至5美元！它又轉述去年6月《洛杉磯時報》的說法，指一箱雞蛋150元，實際上是3元。配送至府的措施，政府去年初開始執行，民眾支持度達58%，但Buzzfeed隻字不提。

無論哪一個原因占了更重的比例，這些新聞的瀰漫可能造成政治效應，給予委國不肖、也是1999年以前委國的統治階層以大好機會，結合沒有對拉美放棄其狼心的美國，製造口實以便在當前執政者持續無能、未能有效改進的困境下，趁機介入委國內政，達到讓原有的保守勢力班師回朝的後果。於是，新聞製造委國「人道危機」的認知框架，引來路見不平、人溺己溺、入室救火的「義憤與正當性」，最終竟成「趁火打劫」的親痛仇快。

委國因為在野經濟菁英發動的經濟戰、兩年多以來的油價慘跌，加上執政團隊的效能不彰，是讓委國人民特別是中下階層的生活遭殃。但是，如同美國前學運領袖海登所說，若傳媒每天報導，在美國，「每二十四小時就有一位非裔美國人遭警察殺死」，美國的「監獄關了全世界四分之一的犯人」，然後就導引讀者誤認這就是全部的美國，顯然並不合理，也不正當。不幸的是，美國的形象不會落得這個下場，但只知醜化的國際新聞，卻早就讓委內瑞拉「落入地獄」了。

（《人間福報》2017/1/16第5版。原標題〈說句公道話，為委內瑞拉〉。）

三人成虎　委內瑞拉變成貓

近年來有關委內瑞拉的新聞，再次提醒我們，三人成虎、曾參殺人的故事，並非虛構。

早在2013年，標題就說「糧食短缺　委內瑞拉陷入分裂」，去年是「糧缺　五歲女孩體重僅五公斤」。經濟危機後，就是政治必須變天，因此上週日就有「反極權公投　聯合國聲援」。

無分海內外、不論私營或公營，從BBC、半島電視台到《紐約時報》與《衛報》，從中央社、央廣，再至公視等電視台、紙媒與網路原生傳媒的編譯與轉載，統統都說委國反對聯盟所發動的公民投票，有七百二十萬人參加且92%贊成；停辦月底所要舉辦的制憲公投代表選舉、總統大選提前，軍方介入並「捍衛」憲法。

中文報導中，僅有兩個小例外。一是香港《明報》的綜合編譯，指「委內瑞拉民間公投遜預期　有利馬杜羅總統」。

另一個是新華社提及，委國政府也在週日舉辦模擬選舉，且規模很大。雖然這兩則新聞難能可貴，但滄海一粟的稀罕，也就僅是寥寥數語。唯一著墨較多的是中南美多國在2005年聯合創辦的「南方電視台」（TeleSur），它刊登了十多年前，撰有《真正的委內瑞拉》的布魯斯（Lain Bruce）之報導。

布魯斯說，反政府派說有七百二十萬人參與投票，但該活動並非委國中選會主辦，無法核實。退一步言，即便是七百二十萬人投票，人數算多嗎？委國選民達兩千萬。過去十八年來，在所謂「獨裁」統治的二十多次投票，反對派得票數都比七百二十萬還要多！

另外，反對派投票的同一天，從早到晚，另有支持制憲會議的人群，唱歌跳舞，高興地演練兩週後就要登場的制憲代表之選舉。

有多少人參加這次的「枯燥」投票演練呢？布魯斯說，初步估算可能超過七百萬。

委內瑞拉的政經局勢，是出了大問題，甚至不能排除內戰可能爆發的危機。萬一到了這個地步，扼腕委國執政者的改革寡方是要的；譴責舊日統治集團的激進派執意發起連續多時的暴力街頭活動，是必

須的；美國政府力挺支持美國的反對派，合當批評；傳媒不予質疑與批評與已同調的反對派，反而語有讚揚，也得承擔相應的責任。

(《人間福報》2017/7/20 第11版。原標題〈委內瑞拉新聞　印證三人成虎〉。)

七成多委內瑞拉人　體重年減八點六公斤的新聞

近幾年來，有關委內瑞拉的新聞與評論，包括該國8月4日正式開議的「制憲會議」，都很黯淡。拉丁美洲粉紅色浪潮十七年，即將隨委內瑞拉政權的倒台而終結，應該就是這些報導所要營造的認知與框架。

三年半前至2015年，本地的新聞標題說「青年暴亂、委內瑞拉鎮壓示威、警察槍殺十四歲少年」。到了去年，傳媒連續四個多月，每遇委內瑞拉消息，都先套標「經濟崩潰」，緊接其後，就是「民生商品買不到、買不起……我們快死了！抗議民眾塞爆首都……。」

今（2017）年2月，委國三所大學與NGO連續三年記者會，公布「2016年生活條件」的調查報告，當時已有很多傳媒引述。剛好就在委國制憲會議日，另有台北的網路傳媒翻譯郝斯曼（Ricardo Hausmann）的評論，再次轉達令人怵目驚心的數字：

（去年有）74%的委內瑞拉人非自願地平均減少了八點六公斤體重。

但是，同樣援用該報告的黑林杰（Daniel Hellinger）教授，在6月為「美洲民主中心」（Center for Democracy in the Americas）撰寫委國動向觀察的時候，是這樣寫：

生活在極端貧困的人，平均減少約十九磅（筆者按：大約就是八點六公斤）。

哪一種引述比較正確？是「74%的」委國人，還是委國人「當中的極端貧困者」，少了這些體重？

在找出原報告，並核實其方法是否靠譜之前，無法百分之百斷定。但若參照三筆資料，黑林杰的文字可能比較準確。首先是古巴在最困難的1990至1993年，能源進口量從一千四百萬公噸陡降至四百萬公噸，在這三年期間，其人均體重也「才」減少二十磅。

二是，與前述三所大學發布大約同時，今年3月聯合國也發表2016年世界「人文發展指數」，指在一百八十八個國家中，委國排名七十七，得分0.767，在南美僅次於智利、阿根廷與烏拉圭，但比巴西的0.754、祕魯的0.740及哥倫比亞的0.727好些；雖然比委國自己2013年的0.771遜色，卻仍高於2000年的0.677。

三則是來自於《經濟學人》。該刊鄙視、當然也就痛批委國執政的「社會主義統合黨」（PSUV），但該刊卻在7月29日出版的這一期，透露重要情報：大約有30%的委國人定期得到補助，能夠取得政府的基本生活物資包。

古巴人二十多年前的困厄無援，遠甚於今日的委內瑞拉；假使聯合國的人文指數報告並無錯誤，那麼說所有人在一年內減重近於古巴落難三年的「水平」，至少並不太符合邏輯。高達三成委國人還需要得到額外的補助，這就反襯，外匯來源九成五依靠石油的委國，在油價低迷兩年多以來，確實存在嚴重的經濟難關，體重減輕、生活困頓的貧民，按理就是接受額外補助者的一部分。

委國實況確實不妙。當道的責任有三：

一是委國依賴石油出口的經濟八十年，沒有因為在其已有十多年的執政過程，得到明顯的糾正，反而有人認為，委國對石油的依賴還在增強？

二是它所採行的經濟對策看來已經失靈，有人指這是因為管制太多的社會主義經濟作為造成，另有相反的說法，認定正是還在搞太多的資本主義作法所致。

三則朝野政商的貪汙腐敗還是普遍存在，儘管彼此都有、也都互揭瘡疤，但不能否認當權者的責任比較大。但是，在野勢力「民主統

合聯盟」（Mesa de la Unidad Democrática, MUD）不是沒有責任，特別是重要的經濟生產資源，都還是由其陣營的人所掌握，因此他們採取的經濟戰作為，從刻意減產到囤積倒賣，再到遊說美國政府從海外發動攻勢，無不存在。

其次，所有民調都說，支持政府的人是大量減少，但比例更多的人也認為，在野聯盟根本沒除了減少社會支出以外的經濟對策！事實上，親近MUD的民調公司Datanalisis發布數字，指出53%委國人，仍然對現政權的創始人、四年多前去世的查維茲有正面評價，多數人並沒有像反對派主張的，一定要總統馬杜羅辭職的偏執立場。

反而，46.6%的人認為，若要解決衝突，查派與MUD都要參加，說只願意接受MUD的人為29.2%，10.8%則說只要查派。立場與Datanalisis不同的Hinterlaces民調機構，另有結果，其中35%支持查派、29%挺MUD，兩邊都反的是36%。

總統不肯、也不願辭職，與此相對，MUD呼籲總統必須下台、否則「瓜林巴」（guarimba，委國特有的暴力阻街示威乃至傷人與殺人的行動）就會繼續。由於沒有任何一方願意退讓，僵局也就無法謝幕，馬杜羅因此在5月1日採取主動，出乎朝野的意料。他赫然宣布要以制訂新的憲法，作為解決政治上朝野對峙的相持，畢竟，拉鋸戰於事無補，反而注定對人民、對社會有害。

反對制憲會議的人不限於MUD，查派也有反對者，但理由與MUD不一定相同，並且隨著局勢發展，查派有些人已然從反對的認知，有了轉變，他們有不少人也加入早就在積極鼓吹的陣營。這個時候，他們不但力挺，並且進而期待查派基層群眾的動能還能順勢再起——過去兩三年來的經濟險惡與政治缺乏出路，不少查派也受到「人窮志短」氣氛的影響，少了原有的奮進銳氣。

MUD反對的原因至少有三個：一是認為若要制憲，必須先舉辦公民投票，否則就是違反查維茲在1999年力爭之後才有的今日憲法；MUD對於查派當中，也出現像檢察總長奧蒂嘉（Luisa Ortega）這樣認為不先公投就是違憲的人物，自是歡迎有加。他們的認知是——制憲不先公投，就是馬杜羅要搞獨裁。

二是判定制憲代表的產生方式對MUD不利。三是MUD也可能認為，若加入制憲，就無法繼續以多年以來的對立方式反對馬杜羅；並且，即便不是曠日廢時，也得朝野休兵的制憲，仍有可能產生一部不但解決多年紛端的體制，甚至使得查維茲啟動的玻利瓦爾革命（The Bolivarian Revolution），向下深化。那麼，MUD若是參與，等於就是為執政的PSUV抬轎，智者不為。

究竟馬杜羅有沒有違憲？

那我們來逐次檢視三個反對理由，是否一定成立；或說，有多少道理。

首先，現行憲法第347條說：

> 憲法權力歸由委內瑞拉人民享有。召開制憲大會行使這個權力，是要轉變國家機器，創造新的司法秩序，草擬新的憲法。

反對者據此表示，既然由人民享有，那麼是否需要制憲則應先舉辦公投，詢問民意。不過，MUD其實在2013年也要求制訂新的憲法，只是當時他們無法符合憲法第348條的規範：「發動制憲會議的倡議，可以由共和國總統聯合內閣部會首長提出；可以由國民大會三分之二代表投票提出；可以由市政會議在開議期間由其三分之二成員投票提出；同時，也可以由在選舉處登記註冊的15%選民投票提出。」

MUD在2013年的國會席次僅約三分之一，顯然無法獨立要求制憲。不但有第347與348條，憲法第349條還說：「共和國總統不能有權力反對新的憲法。現在存在、構成政府的各個權威當局無權以任何方式阻礙制憲會議。」

至此，明顯的是MUD違憲，反而不是總統。MUD固然可以說總統違憲在先而召開制憲會議，這樣，既然制憲會議不合憲，他們當然沒有違反憲法第349條之虞。然而，如前所述，這裡涉及對於憲法條文的解釋，條文顯示總統召集制憲會議而沒有先辦公投，並不違憲，

雖然就「參與民主」的精神來說，未先徵求民意就發動制憲，是可能違反查維茲年代所制訂的憲法之「精神」。

這就是說，總統是否違憲確實存在爭議；然而，偏偏最高法院的政治屬性在任何國家都是必然（包括跟隨MUD起舞而硬說馬杜羅違憲、獨裁的美國，事實上，美國總統還可以撤換檢察總長，就此來說委國的分權比美國還多些），委國因此並不例外——事實上，委國最高法院確實已在6月1日裁定，不先公投，並不違憲。

MUD說制憲是要完成獨裁，英美傳媒竟然也扮演了文抄公的角色，點頭如搗蒜，跟進複誦如鸚鵡，指他是要成就「極權主義的一人統治制度」。這真是抬舉馬杜羅的能耐，極有人望的查維茲在油價高峰的時候都不能，領袖魅力確實減弱不少的馬杜羅到了油價低迷的當下反而能夠？

就算馬杜羅提出的修憲動機在於粉飾、遮蓋自己的野心，但他公開表達的希望，難道不算正當嗎？

> 新憲法要能克服當前的朝野衝突、恢復和平，並讓勞動群眾決定委國的未來。

這些話若屬空疏，接下來的期待就稍微具體：

> 維持十多年來的社會福利項目、走出對石油經濟的依賴、強化對腐敗貪腐的打擊成效、建立地方社區政經文化共同體、提振青年權利與促進多元文化而遠離種族及階級歧視，以及，維續委國的生物多樣性，並促進生態環保文化。

違憲的指控不太能夠成立之外，MUD不願意參與制憲的另兩個理由，不是完全沒有道理；但站在PSUV的立場，或甚至從英美等選舉模式的體制來看，可能也都能夠同意，MUD的反對，即便在英美也不見得能夠改變PSUV的決定。

7月30日選出的制憲代表，人數五百四十五位。除了原住民八位

沒有爭論，MUD認為，區域及職業（委國稱之為「部門sector」）代表都有問題。區域代表由委國分布在二十三個省（state）的三百三十五個城市（municipality）各選一人，但省會城市多一人，加上首都特區選出的代表，總計三百六十四席。

MUD說，依據省市，不理人數，致使偏鄉人口較少而支持馬杜羅的城市，與人口比較稠密的都會都是一個席次，不公平。對這個批評，可以有兩個回覆。一是，票票等值是原則，但英美選制屬於「贏者通吃」（first past the post），其等值的程度，就不如歐陸採行的比例代表，眾所周知。在英美選舉體制的國度，透過選區劃分以求「截利」（gerrymander）而有利於特定政黨的行為，雖然歷來為人詬病，但至今未歇，包括或說特別是美國。

再則，為求全國代表性，給予小規模地理區同等的代表與發言權利，不一定沒道理，如美國參議院不分大小，一州兩人。MUD也批評職業代表一百七十三人，都是支持執政黨的人。

區域選舉的特徵，往往會以錢財多寡作為依歸，一是候選人往往以富裕或中高層為主，二是選舉過程經常所費不貲。此時，以職業或部門先行篩選，可以是校正區域模式的缺失，假使政黨沒有特定的階級屬性，並沒有道理說這個篩選會對特定政黨有利與否。不但PSUV，組成MUD的二十多個政黨，也有少數幾個高舉社會主義旗幟。

委內瑞拉這次界訂了九種部門，其中，學生代表，以及查維茲執政後推動成立的「地方社區政經文化體」（commune）代表，都是二十四人，此外，退休人員代表二十八人，農漁民八人與身障五人，產業界代表也是五人；繼之，勞工代表共有七十九位，分別是公共行政十七人、服務業部門十四人、社會領域十二人、商業部門十一人、自營業十一人、製造業六人、營建業四人、石油部門與運輸部門各是兩人。

這個設計可以顯示，委國這次制憲設計似乎是希望有所平衡，避免區域代表反映較多優勢階層的政經利益？果真如此而不公平，似乎也能理解為經濟力量的不平等，現以政治介入稍微補正，即便結果不知，動機卻不一定不正當。

至此，MUD反對制憲的第三個原因，可能同時就是查派激進圈

轉而支持制憲的理由。這就是說，假使前面所述無誤，選出的代表階級屬性，將與資本體制的選舉出現明顯差別，這不就是執政黨PSUV符合自己在2008年創黨時候所當有的宗旨？不也是查維茲從執政前兩三年的「第三條路」，其後逐漸醒悟，到了2005年，他在巴西榆港的「社會論壇」向萬人講演，宣告要走「二十一世紀社會主義」道路再次由馬杜羅重申嗎？

果真如此，MUD的反彈與反對，完全可以理解。經濟危機已經擴大成為政治危機，在這個時候，居然還不能拉下馬杜羅與查維茲派。不但不能，竟然還讓這些人得到轉機，重新掌握立法與行政等大權，是可忍孰不可忍！不過，MUD也許是太過於「防微杜漸」，或者說，因為自己沒有掌權的實質且有效並得人心的政策，於是只好以「比爛」的方式不斷糾纏？

畢竟，從馬杜羅至其任命的制憲監察人及傳媒（包括台灣的中央社轉譯的外電及少部分評論者）都講了不止一次，並且即便不講，單說依照原有的1999年憲法，新的憲法若是還能順利制訂完成，並沒有辦法自動生效。是制訂之後，新憲法還真正必須通過公民投票，才能算數！

MUD避開這個重要，乃至於關鍵的規定或說常識，並且從不提起與強調，而英美傳媒大多數也在多數時候「為賢者諱」而不予聲張。這是因為一講，就會反襯從制憲決定發布以來，MUD的戰略失策，而指控馬杜羅的道理難以成立，遂為此少了「相罵本」，使得新聞鬧不下去，更難阻撓新的憲法之合法誕生嗎？

這是一個清醒的人無法理解的謎題。因為MUD認為，執政的PSUV屆時將會動用軍警鎮壓，強行違反公投才能通過新憲法的法定程序，同時也就是違反自己的信誓旦旦之政治宣告，因此不能等到瓜熟蒂落而已經來不及之際，再來反對，是以必須及早發難而防患未然？或者，MUD知道英美傳媒及海外而特別是美國及說不定也有歐盟的當政者，不管是出現了「國際主義」人溺己溺的認知，或純粹是遠祖帝國主義的基因在作祟，將要力挺他們到底，是以有恃無恐而不斷興風作浪，執意要糾纏至馬杜羅下台方休？

又或者，MUD居然以為在政經情勢如此不利，歷史條件也全不存在的現在，PSUV真還能夠唯心任事，鼓舞查派的熱情與其篤實的動能，不但制訂激勵人心的新憲法，並且還能通過公投，使新憲真正付諸實施？

委內瑞拉距離台灣很遠，即便不說蝴蝶效應的長程、遠期與微妙的緩慢效應，四海之內皆兄弟的認知也是國人自古有之，就請國人繼續注意委國動態，思索這個謎題。

（聯合新聞網「轉角國際」2017/8/7。原標題〈制憲會議是契機：還未絕望，委內瑞拉或許真會「變天」〉。）

暗殺總統　誰有錢買無人機

漏網新聞很多時候相當重要，與此同時，見報的新聞很多時候僅說眼前，未能將來龍去脈說個清楚，反而可能誤導。昨日主要報紙的國際新聞提供了現成的例子。

多家日報都顯著報導，委內瑞拉總統馬杜羅險遭無人機暗殺。誰主使暗殺？委國政府說，哥倫比亞與美國唆使，委國另有叛軍出面聲稱自己所為，美國則說總統自導自演。

理未易察，特別是這類政變新聞，短時間難以辨別真相。不過，假使過去的紀錄多少可以作為依據，那麼，美國唆使、授意、默許，或僅只是美國提供給反政府聯盟的金錢，被拿來作此用途的可能性，不能排除。

一是價格5千美元的無人機數具升空裝載炸藥，所費不貲，而根據可以查到的資料，美國在2000至2006年提供委國反對聯盟3,400萬美元，2008至2011約4千萬美元，2012有5百萬美元。美聯社上個月報導，去年美國總統川普「數度提及有意出兵委內瑞拉」。

二是哥倫比亞右派民兵在委國殺人的惡行，眾所周知。最恐怖的

劣跡發生在2014年10月,執政黨國會議員塞拉(Robert Serra)及伴侶雙雙在首都遭慘酷謀殺,哥倫比亞前總統桑佩爾(Ernesto Samper)說,這位政治新星、來日很可能參選總統的人遭暗殺,「顯示哥倫比亞民兵已經滲透到了委內瑞拉」。

三是委國確實在2002年發生政變,發動者赫然是委國部分將領與主要傳媒!當時,英國的《經濟學人》說,傳媒大亨聚會討論怎麼拉下當時的總統查維茲,到了政變當天,這些傳媒老闆進入總統府對政變要角說「傳媒支持你」。

在各大傳媒紛紛報導委國總統險些遇害,也報導國際貨幣基金組織(IMF)虛假的預測時(指委國今年通貨膨脹將達百分之一百萬),可惜的是,約翰霍普金斯大學經濟教授漢克(Steve Hanke)詳細分析指出IMF的計算謬誤很多,不見報導。

更讓人扼腕的是,8月初委內瑞拉偏鄉的大批農民,冒著溽暑酷熱的天候,以二十天長征四百多公里,抵達首都,提出要農地改革,充實在地糧食生產的建言書,得到了總統與制憲會議主席,也就是行政與立法兩個部門的首長之肯定。

眾多委國從事進步興革運動的人,見此莫不更是加緊腳步,準備為減少委國糧食進口的目標前進的新聞,卻出不了委國之門,不無諷刺地應驗了「好事不出門」的「道理」。

(《人間福報》2018/8/7 第11版。原標題〈委國暗殺案　鬧出新聞真假〉。)

美國新聞誤導台灣善意

「委內瑞拉人道危機全球會議」14日在華盛頓召開,我國駐美代表高碩泰出席並發表講話,他宣布捐贈50萬美元援助。

人溺已溺,捐贈物資救急是好事,理當肯定。不過,可惜的是,台灣的善意已被美國政府濫用與誤導,至少有兩項證據。

首先,川普總統執意升高對委國的經濟霸凌,使其損失以10億美元計算之後,再以區區數百萬美元(或二十五個國家總合1億美元)說要援助,先縱火焚燒,後澆水說要降溫,這個邏輯讓人費解。

　　何況,美國在二戰後,在全世界公然或暗中促成政變,包括這次已經高達六十八回,委內瑞拉政府懷疑這些物資,說輕是羽翼,想要暗助「臨時總統」瓜伊多(Juan Guaido)的人馬,並且這些物資不無一種嗟來之食的輕蔑。說重,則這些物資有可能是障眼法及煙幕彈,內藏與夾帶輕重型武器,要在委國內部製造動亂。美國在2002年於委內瑞拉屏障政變的紀錄,殷鑑不遠,現任總統馬杜羅的擔心不能說完全沒有道理。

　　事實上,「紅十字會」也說美國運送物資至委內瑞拉恐怕另有居心,美國公共電視因此曾就此報導,發布了該則警示新聞。

　　路透也報導,聯合國眼見美國指控委國不讓物資入境,而遭美國譴責,已經發言要求美國不要將外援當作棋子使用。

　　其次,美國主導的打造瓜伊多行動,並未得到多數國家認可,真正的實況是,聯合國仍然呼籲委國兩造協商,並無承認與否的問題。個別主權國家當中,雖然已經有四十八國響應美國,承認在上個月自稱是臨時總統的瓜伊多,但有一百四十一個國家依舊認可去年依法勝選的馬杜羅。

　　將近一個月的歐美通訊社與傳媒的報導,不提全球將近四分之三主權國家並沒有承認瓜伊多,讓人誤會他得到了大多數國家的認可,殊不知承認者是少數。

(《人間福報》2019/2/19 第11版。原標題〈援助委國　台灣善意被美誤導〉。)

又搞委內瑞拉政變　美國再次失敗

　　歐盟與美國的裂痕正在擴大,這是好事,假使川普總統能就此深

自反省。先是日前德國總理梅克爾在慕尼黑安全會議閉幕時,「炮轟川普獨斷獨行」。

接著是紐西蘭不一定拒絕華為。與此同時,英國政府宣布華為可以繼續在英倫投資5G等電信工程。這就使得英美紐澳加這個「五眼」聯盟,已有兩眼不跟從美國,見此,遂有分析師表明,來日可能會有「更多歐洲國家對抗美國」。

不但面對大陸華為的措施開始分歧,西方對委內瑞拉的立場落差也很大,雖然將近一個月以來,外電報導讓人產生印象,以為全世界都認同接受,在美國共謀乃至誘惑下發動外交政變的國會輪值議長瓜伊多。

歐洲固然有英法德等二十八個國家承認瓜伊多為「臨時總統」,但在義大利杯葛下,歐洲聯盟無法以集體名義承認瓜伊多,這就是日前美國副總統潘斯還在疾呼歐盟承認瓜伊多為委國總統的原因。在歐盟,較少或沒有殖民地國歷史的國家有二十二個,仍然接受馬杜羅為合法總統,義大利之外,還有挪威、瑞士、梵諦岡、塞浦路斯、白俄羅斯、希臘及羅馬尼亞等。

即便是在美國後院的「美洲及加勒比海國家」,承認瓜伊多的十七國,還是少於不承認的十九國。中東、非洲與「大洋洲與亞洲」更是都僅有一個國家,也就是摩洛哥、以色列與澳洲承認,未予承認的國家是分別是十六、五十一與三十三個。

委內瑞拉對於來自海外的善意,不帶偏見與政治圖謀的幫助,並不拒絕,就在美國找來台灣在內的若干國家,上週四在華盛頓開會,委內瑞拉公衛部長宣布,來自泛美洲健康組織(PAHO)及古巴與中國大陸的九百三十三公噸醫藥用品與器材,已經抵達。外電幾乎不談這批物資,讓人費解,畢竟,除了委國樂於接受,它還遠多於以美國為主所要送達的用品(食品可讓五千人用十天,藥品則有一萬人份九十天)。

我們假使透過紅十字會,乃至在委內瑞拉也有濟助經驗的宗教團體提供這筆50萬美元資助,不就更可以顯得沒有狹隘的政治考量、也不會變成亞洲沒有任何國家搭理美國,而台灣儼然變成美國霸凌鄰

國的應聲蟲,因此是比較可取的人道援助方式嗎?

(《人間福報》2019/2/20 第 11 版。原標題〈歐盟與美裂痕擴大　川普要反省〉。)

霸凌裝人道　委國不聽話　美國搞顛覆

　　委內瑞拉鬧雙胞政府至今滿月,美國聯邦調查局前代理局長麥凱貝稍前剛好出版新書《威脅:恐怖與川普年代FBI屏障美國》。假使麥凱貝說法屬實,英國富翁布蘭森及響應他的人,會在發起及參與日昨在委國與哥倫比亞邊界舉行的救援演唱會後,另有行動。

　　川普高舉美國第一,他認為美國應該減少海外駐軍支出,宣稱要從敘利亞撤軍、脅迫盟友支付更多的美國駐軍經費。與此相反,他卻說「對委內瑞拉動武是選項之一」。

　　川普行徑詭異,可能本就無法準確預測,他一下子說要從敘利亞撤軍,不旋踵隨即表示不排除派遣部隊入侵鄰國。不過,川普這個狀似矛盾的思維,反而事出有因。麥凱貝在新書第一百三十六頁提及,最慢在 2017 年 7 月的一次簡報:「總統接著就談到了委內瑞拉。他說,我們應該就跟這個國家來場戰爭。他們有那麼多的石油,他們又正在我們後院。」

　　麥凱貝與川普並不和睦,他的發言是否確鑿,可以存疑。但至少有四個跡象顯示,過去六年來,即便沒有川普,美國處心積慮已久,想顛覆這個不肯遵守美國路線的政權。

　　一是 2013 年現任總統馬杜羅首度當選,即便所有國家認可,美國律師公會也發布兩次觀選與查票結果而確認選務沒有過失數個月之後,白宮依然誣指造假而遲延外交承認。

　　二是 2017 年 8 月起川普升高對委國霸凌,製造更大經濟困難再稱委國有人道危機,以便將美國的霸道凌虐裝扮成王道之師。美國先讓

委國石油收入的減少以10億美元計，再說要與他國「捐贈」1億美元物資，不是很奇怪嗎？難怪聯合國與紅十字會告誡美國，援助不能有政治盤算。

　　三是在西班牙前總理斡旋下，馬杜羅同意反對聯盟所請，願意在2018年春提早總統大選，但在雙方簽約前夕，可能肇始於美國施壓，於是反對派不簽且杯葛選舉，致使聯盟溫和派參選後僅得三成多選票而落敗。

　　四是記者柯亨與布魯門梭三週多之前出版〈製造瓜伊多：美國創作委內瑞拉政變領導人的過程〉，揭露去年底華府先讓瓜伊多前往共謀舉事，接著國務卿龐培歐在事發前兩週見面的人，就是自封總統前僅有19%委國人知道的伊瓜多，然後就有了這次風波。

　　馬杜羅的政策是有錯誤，但是即便現在他的支持度最低，竟還有兩成一。何況，不能認可瓜伊多路線的人同樣眾多。

　　現在既然從聯合國、天主教宗到美洲組織，都說必須和平而不能動武引發內戰，馬杜羅數日前也已同意，並呼籲瓜伊多接受國會提前重新選舉之議。那麼布蘭森在主辦演唱會抨擊馬杜羅後，也應響應他的建言，促請瓜伊多與川普同意委國國會提前改選，還給委國人民喘息與復健的空間。

(《聯合報》2019/2/26 A12版。)

〈委內瑞拉的啟示〉 經濟學者搞錯了

　　經濟學者在《蘋果日報》的專欄撰寫〈委內瑞拉的啟示〉。讀了之後，有些感想，理當要吐，否則知而不報，便成隱瞞，辜負了新聞的守望功能。

　　一是查維茲執政至2011年的十三年期間，年經濟成長平均是2.81%，比當時的拉美「模範生」智利的3.65%，是差了，但與墨西

哥的2.83%相去無幾。不過，假使考慮2002與2003連續兩年，因美國挺政變及國營石油公司反查維茲派封廠，致使委國連續兩年經濟衰退8%以上，加上政變與封廠後，反查派結合美國的經濟戰攻勢並沒有減緩，反而升高，那麼，前述不怎麼理想的成績，若說情有可原，也許還不太算是巧言令色吧。

另外，不能說不重要的是，在這十三年間，委內瑞拉的不平等程度明顯縮小，亦即該國經濟分配的成績應予肯定。根據世界銀行的資料，委國基尼係數在2011年是0.39，是南美十餘個國家唯一低於0.4的地方，智利與墨西哥分別高達0.516與0.472。

到了2014年底，國際油價急速下跌至52美元（前面引述的〈委〉文說是2008年，應該是筆誤，2013與2014年7月還有105與98美元），2017年大多數時候也僅有40多美元，且這個時候美國對委國的經濟霸凌，拴得比以前更緊，繼任總統的馬杜羅也沒有查維茲的魅力與應對能力，致使情勢更嚴峻。海內外反查派遺產的攻堅行動在今年爆發又一個高潮，美國近日更是威脅印度不能買委國石油，至於俄、美據說要在羅馬商談，能否使委國情勢得有轉機，還待觀察。倒是歷來與美國一鼻孔出氣，指控馬杜羅是獨裁的《經濟學人》，本期已經老實引述委國平民的心聲，指川普掐住委國經濟命脈愈來愈緊，升斗小民無端受害：「他們沒有傷害到馬杜羅，他們也沒有傷害到（按：自封總統的）瓜伊多。但是，他們傷害到了我。」

最後，〈委〉文的用意，應該是呼籲國人要「對高舉社福和社會主義旗幟的候選人說『不』」。但台灣有候選人扛舉這個旗幟嗎？大家都說選舉如今都在說兩岸關係哩，真有人扛旗，鼓勵都還來不及，說要防微杜漸，距離還早得很哩。何況《到奴役之路》的作者海耶克都說：「確保一個人最起碼的衣食與住宿水平，使其能夠保持健康及工作能力，毫無疑問，是必要之舉。」、「以國家之力，協助人們創建一個廣泛的社會保險體系，相當有理（a very strong case）。」委內瑞拉在經濟崩壞之前，是否社會福利已到這個水平，可再確認。但近日世銀的調查顯示，歐洲投入社福的規模是GDP的17.7%，美國10.7%，東南亞是1.4%，台灣大約是2.76%。我們已經達到海耶克的

水準,因此要未雨綢繆先下手阻擋了嗎?

(《蘋果日報》2019/3/20 A17版。原標題〈有政治人高舉社福旗幟嗎?〉。)

不要霸凌委國　美國快回頭

　　從2002年起,連續擔任三屆聯合國祕書長特別顧問至今的薩克斯教授(Jeffrey Sachs),上週與設置在華盛頓的「經濟與政策研究中心」魏斯伯(Mark Weisbrot)聯合發表長達二十七頁的報告。

　　他們指出,2017年8月美國川普總統開始加強霸凌委內瑞拉,升高經濟封鎖之後,至2018年底,已經致使委國為此減少石油收入,進口困難增加,估計約有四萬人喪生,另有三十萬人因藥品短缺而有隕命的風險。

　　但是在本地主要傳媒,這些指控完全沒有出現。為什麼?應該是我們的外電無不翻譯自西方,特別是美國為主的消息來源。美國主流傳媒內政反對川普,但內外有別,美國外交而特別是對委國的霸凌行為,仍然得到它們的響應。

　　「公平」(Fairness & Accuracy In Reporting, FAIR)是美國的非政府組織(NGO),1986年創設,宗旨在追求與勸使美國傳媒要對世界有「公平與正確的報導」。5月1日,它發布為期長達三個月的紀錄與追蹤研究,發現從今年1月15日至4月15日,美國的《紐約時報》、《華盛頓郵報》,以及三家週日晨間新聞脫口秀與美國公視的新聞時段,總計評論了七十六次委國事件。

　　結論相當驚人,來自六家傳媒的評論,沒有一篇反對川普的立場,但有高達七成二是一面倒也明顯地認定,美國安排與支持委國國會議長瓜伊多,以違憲的方式推翻委國現任總統馬杜羅,有其道理。另有一成四因為沒有使用明顯支持的語言,或可說是採取了模糊的立場,雖然若讀全文,不難發現個中意思仍然是力挺川普。最後,是有

一成四沒有定論,但麻煩之處在於,這些評論還是提供了很多意識形態的彈藥,足以讓川普自圓其說。

在這些意見氣氛底下,就是外界(包括台灣)汲取委內瑞拉政情資訊的源頭。因此,即便沒有全部尾隨川普的視野,最多,我們僅能看到「委內瑞拉:衝突與混亂中的大國角力影子」之類的標題。表面上,這是一種平衡,交代了無奈的「事實」,似乎小國家注定就是美國與俄國兩大國家的遊戲場。

然而,以眼前的委國個案來說,罪魁禍首是美國,不是別人。美國從2002年支持政變失敗後,許多年來並未鬆手,先是不肯依照過往慣例,對委國要向美國採購軍事用品及其零件,如數提供,致使委國軍方只能另找來源,於是有了俄國開始供應委國軍事武器。到了今年1月,川普先安排、然後認可瓜伊多是總統之後,俄國才被迫且有限地介入,包括提供物資救人。

當前委國的惡劣情勢,除了馬杜羅政權無能,美國公然支持反對派與升高對委國的封鎖,也要負起責任。川普霸凌他國已經到了造孽的程度,川普趕快帶領美國回頭,才能走出因果輪迴的厄運。

(《人間福報》2019/5/3 第11版。)

風傳媒說　委內瑞拉出現「武昌起義」

台灣某大型網路原生傳媒日前有篇報導,標題驚人:〈拉丁美洲版的「武昌起義」為什麼失敗?下一步何去何從?〉。

看來,這家傳媒是加碼演出。受美國影響,我們的外電若偏向傳達美方觀點,並不稀奇。美國的主流傳媒反對委國政府,惡之欲其下台,但是,迄今似乎並未看到兩百多年前擊發美國獨立第一槍的「列星頓」(Lexington)起義,進入這些傳媒的標題。我們的傳媒卻很慷慨,無端奉送桂冠,任意以推翻滿清、締建中華民國的武昌起義,美

化惡行。

　　引喻失義之外，這篇兩千餘字的文稿，導言以假設語氣稱：「五月一日清晨，最高法院首席法官將宣布總統馬杜羅嚴重違憲，反對派推舉、歐美國家支持的臨時總統瓜伊多才是……領導人。」這段內容未見於該文發刊之前的《紐約時報》、《華盛頓郵報》、《華爾街日報》、路透、美聯社、中央社，或台灣四家綜合報紙及其網站，《經濟學人》也不是這樣說。

　　顯然，部分傳媒不只是編譯，還會加油添醋。「武昌起義」一文的例子之外，從2016年5月14日至12月13日，這家網路傳媒七個月內，在主標題如〈民生商品買不到、買不起，總統揚言接管工廠、囚禁老闆〉的十五則「新聞」之前，另以醒目的眉題，連續放了十五次「委內瑞拉經濟崩潰」。當時的美國建制傳媒固然渲染委國經濟的困頓，但沒有連續以十五次眉題，幸災樂禍到這個規模。

　　馬杜羅政府是該譴責，比如，委國政府高喊從事「社區共同體」建設十多年，但今年在Portuguesa省，因國營碾米廠在委由私人經營後，拒絕與當地米農共同工作，地方社運工作者群起占領米廠，事後卻有十人遭監禁至今七十一天。但支持在野政客的力量並沒有更好，就在瓜伊多與美國聯合發起暴力行動之際，他的支持者居然到處掠奪，包括縱火，焚燒首都西南方的Indio Caricuao共同體總部，這是當地居民集會議事之所，這些居民也擁有社區經營的紡織企業，所得就是社區各種地方建設的資金來源。

　　何以「社區共同體」遭到朝野兩方的擠壓？委國全國社區共同體運動人士網絡的發言人Atenea Jiménez說：「因為社共體是少數還能認真、也自我管理的空間，是建立……民主之地。」

　　我們常說台灣傳媒的國際新聞太少，量的檢討固然不錯，但還不夠，應該還得補充：在類如委內瑞拉這個性質的海外事件發生後，我們的傳媒還以不知為知，比消息來源更神奇地用了歐美傳媒不曾使用的「情節」、字眼與形容詞，加重扭曲與醜化美國所敵視的國家。

（《人間福報》2019/5/13 第11版。原標題〈武昌起義不在委內瑞拉〉。）

朝野左右較勁　美國的角色

委內瑞拉不是烏克蘭

　　烏克蘭、泰國與委內瑞拉的街頭政治活動，起因有別。內部問題之外，烏克蘭另有親歐美、親俄的分裂，泰國是2001年以來新舊資產階級內訌的延長。以上兩國未涉及的左右之爭，正好是委內瑞拉近日動盪的主因。

　　從2002至2004年之間，委國舊統治階層在主流傳媒大力襄贊之下，接連發動政變、石油封廠、罷免總統公投，無一成功。1999年出任總統的查維茲領受教訓，離開溫和的第三道路，在2005年宣告，委國要努力開創「二十一世紀社會主義」的內涵。

　　其後，各種鼓勵草根參與及厚植社區政經文化的大小計畫應運出籠，成績斐然，全國人口無分城鄉（委國人口僅多台灣六百多萬，國土是二十五倍多），都有醫療服務，2002至2011年，貧窮人口減少了42%，基尼係數從超過0.5降至與台灣接近的0.39。

　　見此，反對派捨棄2002至2004年的街頭路線，開始接受人民的選票考驗。去年，他們將12月8日地方選舉，定位為對總統馬杜羅的信任公投，結果大敗，原先4月大選僅落後執政黨不到2%，現在差距拉到將近10%！今年元月，反對黨聯盟領袖卡普利萊斯與馬杜羅會談公安問題。十多年前曾經參與政變、兩年前競選在野領導人敗給卡普利萊斯的洛佩斯（Leopoldo López）與馬查多（María Corina Machado）不肯協商，2月12日起將訴求通膨與物資問題的民生抗議，升高為要求馬杜羅下台的運動。不但馬查多的「市民組織」是由美國民主基金會提供部分資金，參與其間的學生組織也拿了錢，美國

每年提供4,500萬美元支持委國各反對群體的經費，學生以各種「青年推廣」項目為名，得到款項。

　　無論委內瑞拉的左右誰能勝出，這個國家相較於1990年代已經明顯質變。英國拉美信託法人的巴克斯頓（Julia Buxton）教授的分析，值得參考。她說，委國反對派的激進黨羽並無必要誘導人們推翻政權，罷免公投是憲法所賦予，也曾舉行。反對派必須讓委內瑞拉選民信服，不是訴諸多遭誤導的國際輿論。號召暴力但明知暴力的結果就是以暴制暴，不是負責任的作法。最後，記者的報導若要取得權威，必須查核事實，不是轉發沒有經過查證的推文：推特雖可提升民主，也能造成混淆。

（《聯合報》2014/2/25 A17版。原標題〈（向左走？向右走？）站在十字路口上的委內瑞拉〉。）

《經濟學人》很注意「二十一世紀社會主義」

　　上週五，《人間福報》有這則新聞：「石油換衛生紙　解委國物缺之苦？」扣除網路的外電，對於近況不佳、舉世石油蘊藏量最大的委內瑞拉之報導，這則報刊新聞應該最稱顯著。並且，這個加勒比海島國，也算是委國近鄰的千里達，作此建議也許有些「溫馨」。

　　千里達有國民一百二十萬、人均所得2.2萬美元，在美洲僅次於美國與加拿大，該國總理建議以物易物，算是救急，也是臨時抱佛腳，卻也可以是好事。但委內瑞拉平時就在燒香，並且更慷慨，表現在十年前該國已經號召，並且成立了「我們美洲人的玻利瓦爾聯盟」（ALBA）。根據ALBA，除了低價供應本國民眾石油外，委國另外加碼，要透過團結的連帶，不是經濟「理性」（賺錢，並且完全據為己有）的機制，針對七個加盟國，提供低於市場價格的石油。更重要的是，為了避免差額遭不當挪用，委國指定歷年各國所得到的石油差價

總額,作為各自社會教育與建設之用。

對於委內瑞拉這些內政與對外連結的成績,《經濟學人》相當在意。因此,委國前總統查維斯將這些原則與實踐,稱作是「二十一世紀社會主義」的聲稱,該刊極為重視。若以「查維斯,二十一世紀社會主義」查閱資料庫,得到四十一篇學術與雜誌文章,竟有高達十篇來自《經濟學人》。

何以這本高壽一百七十二歲的週刊鶴立雞群,領先眾多出版物,有這麼多篇夾評論於報導的文字,出現「二十一世紀社會主義」這個名詞?這裡只能大膽假設,然後求證。一是《經濟學人》忠於職守,二十世紀社會主義的模式因為各種原因無法回春,但人類的當前體制又有眾多疑難雜症,在此脈絡,二十一世紀社會主義不失為一個值得努力以赴的目標,刊物透過這些報導,提醒世人當有這個眼光與選項。另一個可能是,《經濟學人》其實是在冷嘲熱諷,是要訕笑社會主義不分二十世紀與二十一世紀,同樣不應該搬上檯面。

究竟是哪一種,若是通讀《經濟學人》十篇評述,答案就會更清楚。假使只看上月中旬的那篇,那麼,該文僅屬片面真實的報導,透露刊物的立場,可能是後者。它說,去年此時長達三個多月的街頭暴動,「死了四十三人」。此話不假,但是,其中半數挺政府,並且很多是被發起暴動的富裕中上階級所殺害,他們焚燒汽油彈,以鋼絲設置路障,死者包括騎車經過的人遭鋼絲割喉,這些激烈暴力行為,明顯是刑事犯罪,卻被國際主流傳媒說是政治抗議,並指責清除現場的委國警力是不當鎮壓。面對這些暴力場面與挑釁,委國警方是有不當,但反應過度的維安人員並未逍遙,已經都被起訴。

反觀美國,幾年來警察在沒有必要時刻殺害無辜者,次數不少且幾乎無人遭到起訴,《經濟學人》提供的數字一年都有四百五十八人(英國與日本都是零人),就算除以十(美國人口約是委國十倍),也還高於委國警方去年因為維安過當而誤殺的二十餘人,但《經濟學人》並沒有說美國是「威權國家」,更不曾說山姆大叔「滑向極權」。

委內瑞拉當前處境是困難,該國左派與右派,雙雙不滿。但比較持平的看法,誠如美國教授黑林杰所說,委國舊日統治菁英結合美國

軍政權貴，減產走私囤積民生物資、破壞經濟，伺機政變的作為，這是一回事。馬杜羅政府處理經濟困難無方，以及可能將政治異端變成刑事犯的嫌疑，是另一回事。兩種情況可能同時存在，彼此並不互斥。這個僵局若不能合理解決，無論是委國傳統菁英與美國得逞，或是如同廣受敬重的烏拉圭總統穆西卡（José Mujica）所擔心，委國軍方左派可能不耐膠著而發動政變。萬一到了這個地步，對於委內瑞拉、對於世局，都是禍端。

（《人間福報》2014/3/4 第 5 版。原標題〈《經濟學人》與二十一世紀社會主義〉。）

執政黨不要告反對派

　　1895年5月23日，委內瑞拉開打第一場棒球比賽；一週之後，中日在台灣爆發乙未戰爭，持續將近半年，我方陣亡一點四萬人。最近，出生在委內瑞拉的賈西亞（Freddy Garcia）到了台灣，薪資加上其他待遇，折合約一個月5萬美元，是職棒球員所得的最高紀錄。

　　1941年10月，委國與古巴對陣，意外戰勝，號稱不敗的古巴慘遭滑鐵盧。委內瑞拉贏得當年業餘棒球世界杯冠軍，舉國狂歡。公元2000年，委國人回顧歷史，猶然奉之為該國棒運最重要的歷史時刻。其後，委國棒球日有進展，至1998年，效力美利堅的球員漸多，賈西亞在1999年跟進，是投身彼岸職棒活動的兩、三百位球員之一。

　　相比於委國，台灣棒球隊首度打敗古巴與進入美國，晚了四十多年。1983年7月，莊勝雄主投，「中華成棒痛殲古巴實力已達世界水準」、「震驚世界業餘棒壇」。我們的雀躍情緒洋溢在字裡行間，據說，卡斯楚還向總教練吳祥木致意，留下了兩人握手的照片。

　　今年入春以來，委內瑞拉與台灣先後登台，頻繁成為國際新聞的

報導對象。我們可能沒有遭致扭曲，或說即便有，也不一定是傳媒的惡意使然。委內瑞拉的「運氣」沒有台灣好，本期的《經濟學人》提供了活生生的例證。

卡韋略（Diosdado Cabello）是國會議長，眼見《就是要這樣》這家雜誌刊載評論，指責他身居廟堂，竟然出言不遜，說他叫囂「那些因為本國不安全而不高興的人，應該離開委內瑞拉」。位高權重的人若是作此不負責任，甚至是挑釁的講話，無人能夠忍受。反過來說，正是因為話語太過白目，僅需稍加揭露，就可重挫發言者的政治地位。卡韋略自認沒有這樣發言，於是控告該文的作者與週刊主編兼發行人沛科夫（Teodoro Petkoff）「加重誹謗罪」。《經濟學人》越洋評論這件委國風波，直說有這麼嚴重嗎？《經》認為，即便《就是要這樣》引述失實、沒有證據，最多就是道歉，外加收回發言吧。確實，傳媒為了公共利益，發為評論，應該得到較多寬容與保障，政治人物不宜動輒發雷霆之怒。

但《經》是「項莊舞劍，意在沛公」，該評論沒有就此打住，它進而試圖透過美化沛科夫，導引讀者認定委國矢志建設的「二十一世紀社會主義」早就是明日黃花。該刊說，沛科夫在學生時代「受到古巴革命的毒害，率領游擊隊，武裝對抗民選政府」。後來他幡然醒悟、覺今是而昨非，出任計畫部長，下野後創辦並主編「完全獨立」的報紙。現在，這位八十二歲的報人，「分析十分透徹」，朝野雙方固然「兩極化、黨派化」，他卻能持平地「從雙方汲取洞見」，實在是「委內瑞拉進步的良心、民主的典範」。

不過，讓人難以理解的是，沛科夫是反對陣營的言論要角，兩年前因種族歧視遭致少數民族送上法庭，路人皆知，何以《經》選擇「為賢者諱」而不言不語？專業背景相同，美國華盛頓「經濟與政策研究中心」主任魏斯伯除了指證沛科夫的身分歷歷，他還羅列詳細資料，說明委國當前執政路線推行十四年，不但各級學校（含大學）擴充且學費全免、醫療保健遍及窮鄉僻壤、貧富差距降至拉美最低，委國推進的社會及政治草根參與，更是重要的力量，具有改善的潛能，可以導引現在仍有很多缺失的「二十一世紀社會主義」路線。

(《人間福報》2014/5/1 第5版。原標題〈從委內瑞拉的棒球說起〉。)

反對派大勝的原因

　　民進黨一意孤行，忽略三立電視台的行徑，堅持響應三立，主張要由該台主辦總統大選辯論。

　　這個決定讓人不敢恭維。根據楊琇晶的研究，該台2009年報導中國「六四」的新聞達十九則，繼之，逐年降低，並關閉知名談話節目，到了2014年，在太陽花學運後，六四新聞僅存兩則。

　　三立電視台這些行為不光彩，民進黨拋在腦後，置之不理，所為何來？

　　元月的選舉勝負已定。作為台灣主要的政治在野力量，民進黨的必勝祕訣，難道會是健忘或傲慢？或者，另有原因。外界這樣猜測：在公視，無廣告；在三立，有廣告。選三立，可以奉送三立蠅頭小利，政權交融第四權？

　　說不定是，但應該不是？可以確定的是，雖然沒有邦交，但曾經給予台灣免簽九十日的唯一南美國家，委內瑞拉，由二十多個政黨組成的「民主團結聯盟」（MUD），在上週日大選取得十六年來的第一次勝利，其來有自，原因很清楚。

　　在2010年，MUD得到47%選票，六十四個國會議員席次（總共一百六十五席）。本月6日，它攻占一百零九席次國會代表（現在的總席次是一百六十七席）。

　　1958至1998年，MUD的班底統治了委內瑞拉四十年。它在1989年2月採取新自由主義經濟政策與措施，導致民變，軍警發射子彈四百萬，殘酷鎮壓。拉丁美洲有史以來，這是最激烈的民變。

　　何以這樣的政治勢力，能夠捲土重來？

　　除了其同路人仍然穩固控制經濟與主流傳媒，MUD另有兩個必

勝的祕訣。

一是結交海外權貴，也就是美國。美國並不「見異思遷」，不會「喜新厭舊」，山姆大叔親近的是老戰友，也就是MUD。

不但外交力挺，白宮還公然設置項目，撥付MUD及其支持者的社團，款項以百萬美元計。去年，歐巴馬甚至將執政黨PSUV治下的委內瑞拉，列為危及美國家安全！對於MUD，美國何以一往情深？

說穿不值一文。美國自由左翼的老牌雜誌（1865年創刊）《國家》選後三日就有專文分析，指「委內瑞拉政治的根本衝突……就在石油」，即便美國開採國內頁岩油料有成，即便氣候變遷的威脅應該會降低人類對石化產品的依賴，委內瑞拉擁有世界第一的石油儲存量，對於美國佬，還是持續散發著致命的吸引力。

MUD致勝的第二個祕訣，就是文攻武鬥，交替進行。MUD的前身在2003年以前採取的路線，是彼時領導人沛科夫稱之為「軍事接管的戰略」，包括2002年春，美國所支持，但功敗垂成的四十八小時軍事政變，以及當年底至2003年春「貴族」工人掌控的工會所發動的石油封廠，委國長達三個月幾乎沒有石油收入。

武鬥失利，委國的傳統統治集團轉而在2004年訴求罷免總統的公投，2005年底則杯葛，不肯參與國會大選。但罷免失利，國會運作依舊，並且反而讓代表PSUV前身的查維茲，在2006年以62.8%超高票數連任總統。

2013年4月總統大選MUD還是輸了，但拒絕承認，即便美國律師公會等多個監選單位都再三發布調查報告，指過程公允並無不法。2013年底，原本是地方性質的選舉，MUD予以宣傳，並定調為，這是要對PSUV進行信任投票。結果是，PSUV的勝選票數之比例，反而由1.5%增加至10%左右。

至此，MUD的溫和派失去舞台。九成民調顯示，人民想要和平解決衝突，但MUD原本只是小黨派的群體，既是惱羞成怒，也是想要改走暴力路線，奪取MUD的領導權。他們於是高喊PSUV總統下台（La Salida）的口號。他們在反對派掌握的若干城市，從2014年2至5月，在要道與高速公路交流道，設置大小路障，連續衝突三個多

月，造成四十三人身亡，支持及反對政府的人，各半。

造成這段不幸事件的始作俑者是洛佩斯。他算是故態萌生、重施故技。2002年政變時，短暫代表前MUD陣營，當了一日總統的卡莫納（Pedro Carmona），在事後寫了一本書《在歷史前作證》。他寫道，當時反政府派的遊行隊伍突然改變路線，「授權的人就是首都加拉加斯Chacao區市長洛佩斯」。路線一改，隊伍就遭刻意導引往總統府前進，遂與挺政府的群眾發生衝突，造成十九人死亡。

當時至今，傳統菁英掌握的傳媒卻將責任歸給政府。事隔十二年，有些變化，但對於2014年的傷亡，傳媒還是誤導，它們將洛佩斯塑造成英雄，指他是政治犯而不是刑事犯。這個誤導並非無害，而是替同樣有偏見的國際傳媒提供了彈藥，用以指責PSUV政府，順此，更是方便美國大做文章。

這些長期的不實資訊與解釋，到了這次大選前夕，更見誇張。誠如華府「經濟與政策研究中心」的研究，已經「到了新聞報導、報紙社論、國際（如美洲國家）組織的宣稱，川流不息」的地步，說啥呢？顛倒是非。總統馬杜羅分明簽署承諾，表示將尊重選舉結果，卻不被強調，不少傳媒反而栽贓，說他不簽。

事實剛好相反，不簽的人，正好是MUD。他們的理由再次是，委國選舉機器不公正、PSUV劃分選區以利自己、執政黨會舞弊等等，儘管美國前總統卡特成立的基金會曾經實地調查，說委國選舉機器的運作「世界最好」。

MUD不肯簽署，是要預作動亂的準備。他們說，如果MUD沒有大贏，就是PSUV作弊，即便小贏，也還是作弊。選舉結果證明這些新聞與評論都是謊言，MUD得票56.5%，但席次將近65.27%。選後七小時，大勢甫定，馬杜羅立刻透過推特承認敗選，並說這是「民主與憲法」的勝利。

結果呢？〈在加拉加斯，民主如常〉，這是1983年12月，委內瑞拉還在傳統統治集團的不同派別，移轉政權，《紐約時報》給予的標題。這次，PSUV仍然掌握行政權，但失去國會多數的馬杜羅在敗選推文後，緊跟了一句，「為社會主義奮鬥，現在才剛開始」。那麼，

《紐約時報》應該檢討 MUD 的言論及傳媒的表現後，肯定 PSUV 的民主表現。

（香港東網 2015/12/13。原標題〈選舉必勝　祕訣大公開〉。）

反對派的真面目

「委國反政府抗爭四個月逾一百二十死」。近日，很多關於委內瑞拉的報導，都是壞消息不斷。但是，誰在殺人？

外電的報導從不或補充背景不足，這就等於誘使讀者自動對號，以為委國政府就是殺人犯。但實情複雜許多，若要簡述，反而應該說，反對派草菅人命。委國週日舉辦的制憲代表投票，短暫三日致死十五人，原因及身分仍待確認（但執政黨候選人至少兩位遇害）。惟美國教授與社運人士在 2003 年創辦，記者來自澳洲、英國與德國的「分析委內瑞拉」（venezuelanalysis.com）網路媒介查核了相關紀錄，指出至 7 月 21 日已經亡命的一百零八人，無法確認或有爭論四十七人、意外或打劫而誤觸商家電網致死十七人、維安人員執法誤殺十三人，因反對派直接暴力或路障及挺政府而死是三十一人。

反對派當中的暴力激進分子不但殺人多，同樣或更讓人駭異的是他們的階級與種族傲慢。鑽研拉美政治的美國研究者奇卡雷歐－馬赫（Gorge Ciccariello-Maher）博士說，2002 年的兩日政變，相同的這批人造成六十六人死亡。這次，不但施放暗槍，他們再以自製的迫擊砲攻擊維安人員，看到皮膚黝黑又窮酸相的人，輕則惡言相向與霸凌，殘暴與嚇人的是他們竟然還當街燒身，等於焚殺致人於死的紀錄，其中，非洲裔的費格拉（Orlando Figuera）在 5 月 20 日的遭遇，影像至今仍然存放在網路空間。

反對派殺人很多，社會也多有不滿，但是，面對這些設置路障與施展暴力行為，乃至殺人與攻入法院及公立醫療與社福機構的暴力

派,維安人員仍然不能傷人有理,誤殺也不成。這裡是個強烈對比,違法的政府人員已經遭到羈押與調查,但反對派的暴力分子卻逍遙法外。事實上,反對派當中採取溫和路線的人,同樣不滿;比如,國會議員、一直也都在對抗委國執政黨的阿巴羅多(Angel Alvarado)就說,「我們實在不知道怎麼控制他們,讓人嚇死了,擔心他們會整個豁出去,壞了我們的戰鬥。」

現在,30日的制憲代表投票已經結束,出乎意料的是,在反對派強力杯葛下,高達八百多萬人參與投票,比反對派在2015年底得到的七百七十三萬票還多,驚嚇之餘,反對派已經調高他們的數字:選前,他們說只有7%的人會投票,如今,反對派說,人數可能多些,是12%,官方說的41.5%投票率,是造假、是灌水。

(《蘋果日報》2017/8/1 A13版。原標題〈委內瑞拉反對派的真面目〉。)

委國反對派　公然要求美國派兵

　　委內瑞拉又有荒謬之舉。反對派占多數的國會前天通過議案,讓自己可以「尋求外國軍事援助」,推翻政府。去年元月,為反對聯盟助選總統失利之後,前往美國哈佛大學訪問的委國經濟學者豪斯曼(Ricardo Hausmann)曾經作此建議,沒人料到現在竟然得到響應。

　　7月以來,委國局勢詭譎。一方面是在挪威斡旋之下,朝野雙方同意,並且目前也還在巴貝多舉行會談,希望找到彼此都能接受的條件,結束對峙。再則,聯合國人權委員會由前智利總統蜜雪兒・巴切萊特(Michelle Bachelet)率員前往,仍然承認現在的執政黨黨魁馬杜羅是總統,等於公然對承認國會議長瓜伊多是總統的美國與歐盟多國打了一巴掌。但巴切萊特的報告發布後,外界報導的標題很可怕,任何人一看,必然憎惡馬杜羅政府:〈委內瑞拉維安人員在2018年殺害5287人〉。

這個報告很快引來反擊,不但委國政府抗議,美國獨立調查報導網站「灰色地帶」也批評,指這是把人權議題當作攻擊武器,是「美國力圖推翻委國政權的跟班」。前聯合國人權專員德・查雅思,以及創刊於1865年的政論雜誌、每週發行約十五萬份的《國家》也都說,這份報告太有瑕疵了。

一個是過度依靠在海外訪談已經離開委國的反對派;再來就是不公正地沒有譴責反對派發起暴力示威,很多市民受傷或喪生;三則讓外界誤以為受害者以政治犯為主,但拉美很多國家而特別是巴西、墨西哥、委內瑞拉、宏都拉斯、薩爾瓦多、瓜地馬拉等等,很不幸,至今都有不肖維安人員殺害平民的惡劣紀錄,這不是馬杜羅政權可以卸責的理由,惟本國反對派公然要美國介入且不排除出兵干預自己的國家,當前就只有委內瑞拉。在國際間散播這類言論,難道不會給予額外的理由,形同轉化意見氣氛,讓海外軍事入侵時,變成是王師進場,是正義的化身?

最後,美國霸凌委國,單是川普上台後,委國因藥品與食品進口受阻,至少四萬人喪生,報告輕描淡寫。報告也幾乎絕口不提委國政府在經濟困頓下,配合民間自發組織的工作,努力在試圖舒緩底層住民承受的傷害。比如,三年多前開始執行食物配送到府的作業,約有六至八百萬戶得到這項服務;又如,兩年多前,也就是美國升高霸凌之際,有三一一八個家庭住家,一點四萬多人志願承擔每日煮食,就近提供約六十四萬多人的三餐。

上週四,美國又宣布,原本用來給予瓜地馬拉與宏都拉斯作為人道援助的4,190萬美元,現在不給了,要轉來提供給委國反對派,作為他們的薪水、訓練與宣傳等等用途。在這種情況下,委國電廠本週遭受「電磁攻擊」,再次大停電,一定跟美國無關嗎?

(《人間福報》2019/7/26 第11版。)

執政黨會走向獨裁嗎？

委內瑞拉至少有三項第一：石油儲存量、當選世界小姐的人數，以及透過音樂培訓，進而拉拔中低階層青少年，使其成為社會中堅的績效。

現在隨制訂新憲法的代表選舉完成，委內瑞拉會創造另一個世界第一，從縱容街頭暴力的民主失序狀態，墮落為「總統將成獨裁者」而終止示威的地步嗎？

不僅只是《聯合報》有這個報導及憂慮，所有重要的委國及英美傳媒，近來也都傳達了這個意向。

不無可能。但原因不是委國制憲沒有法律依據，事實上，委國憲法第347與348條提供了不同的解讀，惟較多的看法傾向於認定，依照法條沒有問題。但是，檢察總長奧蒂嘉認為，應該先舉辦公民投票，詢問人民是不是要制訂新的憲法，否則就是違背1999年憲法的「參與民主」之精神。

既不違法，委國政府因此依據最高法院的解釋，已在上週日完成制憲代表的選舉。結果出乎意料，在反對派強力杯葛下，仍有高達八百多萬，也就是41.5%的人投票，超過2013年現任總統馬杜羅的七百五十九萬，也超過反對聯盟前年底取得國會近三分之二席次的七百七十三萬票。

由於美國前總統設置的「卡特中心」智庫，曾經長期現場觀察後，推崇委國選舉委員會辦理各種大小選務的經驗、效率、開票速度及公正度，都名列世界前茅。是以，這次結果即便讓不少人跌破眼鏡，反對派儘管質疑選委會，應無法得到太多籌碼；若要續作文章，就得另找理由。

再者，馬杜羅總統自己，以及他所任命，執掌監督新憲制訂的法學教授、律師艾司卡羅也都明確表示，原本就預定明年底舉行的總統大選將如期進場，那麼在野黨派同樣無法就此再生事。

真正會讓馬杜羅「獨裁」的關鍵，是在野聯盟的繼續戰略失誤。早在2005年，他們就曾杯葛當時的委國國會選舉，結果是所有議會

席次全部奉送他人。這次,在野黨派並未記取教訓,反而重蹈覆轍,致使自己的反對理由,竟成自我實現的懺語:如今,制憲代表很可能舊事重演,再次沒有自己的人馬。

但反對派現在僅需更弦易轍,就能反敗為勝。無論是依現在的憲法規定,或是委國執政黨派及其傳媒所再三強調,制憲代表集會一段時間而制訂完成的新憲法,必須通過公民投票才能算數。

馬杜羅雖然支持度高於巴西總統的5%,畢竟低於30%;加上國際油價長期低迷,不可能短期改善,依賴石油取得九成五外匯的委國根本無法走出經濟困頓;那麼,只要反對聯盟不再杯葛下一次公投,而是積極參與,顯然新憲法將會遭到否決,執政黨忙了三個月的制憲工作,也就白費功夫。除非新的憲法不但沒有獨裁的痕跡,反而充滿更新委國政經體質的契機,致使中間選民也改為支持馬杜羅,但這可能嗎?

(《聯合報》2017/8/1 A14。原標題〈委內瑞拉　會走向獨裁之路嗎〉。)

紐約人權組織
這次是白宮打擊委內瑞拉政府的工具嗎?

言行乖張,是美國總統川普的特徵,眾所周知。近日,東亞各國莫不注意北韓,擔心川普與金正恩可能擦槍走火,惹出禍端。沒想,就在(2017年)8月11日,委內瑞拉總統伸出橄欖枝,表示「希望與川普會談」。下場是,川普猛嗆「不排除對委內瑞拉動武」,也拒絕與委國總統通話。

君無戲言。在拉美,這番講話激起所有國家反彈,包括反委急先鋒、驅逐委國大使的祕魯,聞言後也立即「譴責川普揚言對委動武」。委國反對派同盟MUD趕緊聲明,「反對任何國家使用武力或威脅動武」。在美國,人在訪問哥倫比亞、阿根廷、智利及巴拿馬途中

的副總統彭斯,顧左右而言他,強調「和平解決委內瑞拉危機仍有可能」;中央情報局長則說,「川普想救當地人民。」

除了美國對拉美的倨傲姿態與立場,至今萬變不離其宗,川普對委內瑞拉的認知及行為,還會受制於白宮幕僚、主流傳媒,以及這篇短文所要談的——1978年創辦、總部設在華盛頓、年度(2014)預算6,920萬美元、網站約有十種語言的非政府「人權觀察組織」(Human Rights Watch,以下簡稱HRW)。

HRW:配合美國發動攻擊的人權組織

查維茲在1998年底當選委內瑞拉總統,2002年初,HRW首度與委國政府衝突。當年4月,委國政變,HRW與美國政府相同,很快就承認商界領袖卡莫納(Pedro Carmona)出任總統的正當性;外界沒有想到的是,在基層群眾奔走相告,以及軍方反正後,政變僅維持兩日,查維茲復位。2002年至今,HRW與委國政府的關係從未正常化,其中,HRW至少招惹兩次較大規模的反彈。

一次是2008年。當時,HRW發布報告,《查維茲統治十年:政治不寬容,委內瑞拉失去推進人權的機會》,並由美洲分會主任畢班科(José Miguel Vivanco)及副主任魏金森(Daniel Wilkinson)在9月18日於委國首都召開記者發布會。同日,委國政府說,這兩個人屢次以黨派傾向說事,意圖干預委國內政,應予驅逐。

事過四日,住在舊金山的一位美國文字工作者,積極活躍於社會的費拉莉(Elizabeth Ferrari)撰寫了一篇長文。她說,一般美國人若是得知委國驅逐兩位人權工作者,通常不會問「兩人做了啥事要讓人逐出」,因為,「我們美國人」自動就會認為,人權工作者所作所為都在為人權,若遭逐出,必然是當事國政府的不對。但是,她提醒美國讀者,並不盡然,至少,「假使是要了解委國發生的事情,這個認知就會有所閃失。」她又指出,大約與兩位HRW工作者遭人驅離出境的相同時候,委國及玻利維亞政府也都掌握確鑿的證據,顯示小布希政府是在從事顛覆兩國政府的勾當,玻、委兩國也為此驅逐了美國

大使。然而，HRW偏偏選在這個節骨眼，提前發布還得五個月才需要發布的委內瑞拉十年人權回顧。

這個「巧合」正好顯示，HRW確實偏好選擇敏感時刻，配合美國政府發動的攻擊，從「社會團體」的角度，提供增補的「新」彈藥，對準查維茲政府。這次發布的人權報告同樣惹人非議，一是毫無提前發布的急迫性；其次是它的指控內容了無新意，並且仍然是不公允、偏離事實。

費拉莉率先發難之後，更長的抨擊與行動接續聯袂到來。先是曾經在1960至1970年代走訪委國工會、長年關注拉美情勢的美國教授，撰文時已經年過七旬的貝卓司（James Petras）。他說，HRW硬指委國政府有政治歧視，解聘親資方與在野黨派的工人。但是，這是因為2002年底至2003年初，由親在野的工會發動的石油封廠，致使委國損失巨大（一項估計是200億美元）。那麼，發動與唆使罷工的人遭到革職，是不合理的政治歧視嗎？

HRW又說，查維茲把司法部門「弄得中立了」。這個批評是讓人不解。畢竟，司法不就應該中立裁判嗎？原來，HRW不經意之間，反而洩漏了實情，顯示委國未經改革的司法，果然怪象叢生。這裡是指，2002年政變之後，司法部門居然對於涉入政變的刑事犯，從裁定至發監執行，都有意興闌珊、阻止或延後的作為。那麼，任何立法者會坐視不理，聽任司法系統不改革嗎？2007年，委國最大規模之商業廣電集團RCTV，執照屆滿，沒有得到新證。背景是RCTV不但在2002年公然支持政變，並且其後五年間，辛辣的立場不改，屢次故態復萌。因此，委國傳播部在其執照屆滿時，駁回其換發執照的申請，但其節目可以轉至衛星頻道繼續播放。

在美國，ABC、CBS、NBC或FOX等無線電視頻道，假使公然主張政變，那麼在政變失敗後，它們還有可能繼續營業嗎？即便是衛星頻道，說不定也不成，遑論無線。這也是美國「公正外交政策」（Just Foreign Policy）社團所說：「RCTV個案與政治意見的檢查無關……坦白說，讓人詫異的是，這家公司在政變後還能廣播五年，查維茲政府居然等到它的執照到期，才結束它使用公共電波的權利。」

人權團體的偏私　引發專家眾怒

接著,「委內瑞拉分析」網站創辦人之一、社會學博士,撰有《掌握權力改變委內瑞拉:查維茲政府的歷史與政策》的威爾伯特(Gregory Wilpert),再以更長的篇幅(二十三頁,一萬兩千多英文字)撰寫〈烟霧與鏡子:分析「委內瑞拉人權觀察報告〉,給予更深入的分析與評論。然後,威爾伯特聯合丁克-薩拉司(Miguel Tinker-Salas)及葛藍丁(Greg Grandin)這兩位都在美國高校任教、也都專研拉美歷史的教授,另行撰寫信函挑戰HRW的作為。沒想信函發出後,很快得到專攻拉美研究的英美學者,以及中南美洲學術界共一百一十八人簽署該份兩千多英文字、標題是〈超過百位拉美專家質疑人權觀察組織的委內瑞拉報告〉的公開信。他們批評HRW:

就連最低度的嚴謹、不偏私、正確與可信度,都夠不上最低標準。

一個多月之後,美國傳媒觀察組織「公平」(FAIR)另起爐灶,加入檢討HRW的行列。三位「公平」作者執行了內容分析,提出一清二楚的的報告;文章的題目是〈委內瑞拉與哥倫比亞的人權報導,服務華府的需要〉。他們的研究區間剛好與HRW的委國報告相當接近,三人以1998至2007年間,《紐約時報》、《華盛頓郵報》、《洛杉磯時報》與《邁阿密前鋒報》評論委、哥兩國人權的文章作為分析對象,結果相當「怪異詭譎」。

在這十年期間,與哥國政府有所連結的民兵私刑隊伍(death squads),殺害很多記者、政治活躍分子及工運人士,但四報對此視若無睹,未予評論,也不藉此質疑哥國的民主。與此對照,另一個鮮明圖像卻是,四報「對委國產生了執迷,老說這個國家危機四伏」。十年之間,前述四家報紙刊登一百零一篇委國人權的評論,九十一篇都是負面,完全正面者,一篇也沒有;評論哥國人權有九十篇,負面呈現僅四十二篇,十六篇完全正面表述,三十二篇好壞皆有。

這個現象讓人嘖嘖稱奇。但是,怎麼解釋?三位作者同意楊格

（Kevin Young）的見解。楊研究《紐時》與《華郵》對相類主題的報導，發現艾德華·赫曼及諾·杭士基早在1988年成書所提的「宣傳模式」，確實再次於此搬演：美國的「新聞媒介對於阿巴羅·烏瑞巴（Álvaro Uribe）擔任總統的哥倫比亞，正面以待，這是美國的親密盟友；反之，查維茲的委內瑞拉既然經常是美國政府的擷抗對象，委國政府就會不斷遭致醜化」。三人進而認定，美國傳媒確實運作於這樣的系統：

> 編採人員似乎已經將美國的戰略思維內化，關於人權的評論與報導，無不臣服於政治，特定國家的人權紀錄究竟得到多少檢視，就得看該國與美國的友善程度而定。

三種C：對「集團黨」指控的偏誤

2008年之後，HRW在2014年再次觸犯眾怒。先是1月初，HRW的第二十四本年度世界人權報告出版，其中，有關委內瑞拉的篇幅雖然僅有六頁，卻被人找出三十個公然說謊、扭曲與省略之處。HRW這份報告至今都還有人引用，甚至在華文圈，它指查維茲派當中，不乏有人得到政府青睞，如政府支持「『集團黨（Colectivos，以下簡稱C）的民間武裝組織』」，查維茲並將之擴大，「規模……享有軍警訓練和重火力武器資源……充當政府殺手，蓄意縱火、與政府軍共同襲擊示威者，進行無差別殺人。」

這個指控與引述勢將造成很大的誤導。首先，C在委國有三種。大多數研究者而特別是新聞報導，僅將查維茲的崛起歷史與社會背景上溯至1989或1980年代，但其實應該追溯至1958年1月23日首都加拉加斯都會區人民起義、推翻軍人政府，隨後並發展出游擊武力的那個時刻。當前三種C的第一種，就在這個時候誕生，這是三者當中，最有革命意識與組織能力的一類；他們有較好的紀律，在社區除了有警衛與守望相助的力量，足以打擊宵小與幫派之外，他們也在社區肩負重要的社會工作，這是他們能取得正當性的原因之一。除了少數例

外，這類C的自主度很高，查維茲生前與他們也會出現衝突；甚至，最早的這類C與查維茲創設的社會主義統合黨（PSUV）全國黨部的齟齬，也很常見。他們堅持武裝自己，查維茲生前要他們交出武器，並不成功。

第二種C在查派聲勢最高的2007至2012年間崛起，信守「二十一世紀社會主義」、忠於查派，但自主水平弱些，也欠缺社區鬥爭的經驗，在馬杜羅年代因為資源減少，有人轉而作奸犯科。HRW在2014年報告書所說的C，不是前面兩種，而是第三種C。這是2014年出現的新種，它確實在反對派控制的地區，訴諸威脅並採取震盪作法，於是，外界指控C是魔鬼的說法，在此「變成有了所本」。但是它也有其他工作，包括協助政府，居中提供低價物資至社區，因此，就功能來說，第三種C也可以看成是一種社會服務或控制。

但是，這種C殺了很多人嗎？2014年春，家境相對較好的學生群體，結合反對聯盟MUD當中的激進路線主張者，發動長達兩個月、「與群眾脫節」的街頭暴力示威活動，前後造成四十三人死亡。當時，《經濟學人》這種對查維茲沒有好話的週刊，在多次提及該死亡數字時，至少還曾經老實一次，指朝野傷亡各半，但即便這樣的「平衡」，其實也並非全盤披露事實。

因此，委國有四十二位人權工作者在綜觀整個情勢後，聯名發布了兩份聲明，指出大眾傳媒，甚至有些民間社團都為了政治考量而扭曲了實況。2014年4月5日，針對當時已有的四十位遇害者，記者及這些人權工作者做了背景核對與統計，推定二十人死於反對派行動，或亡命於反對派所設置的街頭路障；五人因為維安警力的行動致死；十人狀態不明，五人死於意外。順帶記上一筆，今（2017）年4月至7月31日的死亡紀錄是一百二十六人，包括當局執法過當致死十四人，因為挺政府而致死的民眾三人，因為反對派暴力而死二十三人，反對派設置路障而間接致死八人，意外致死三人，打劫致死十四人，六十一人還無法確認或有爭論。

來自諾貝爾和平獎得主的譴責

　　HRW引發眾怒的2014年,到了5月12日又見高潮。當時,由兩位諾貝爾和平獎得主艾斯奇貝(Adolfo Pérez Esquivel)及馬達瑞(Mairead Maguire)領銜,另有聯合國前任助理祕書長史樸內克(Hans von Sponeck),以及時任聯合國巴基斯坦領土人權特別專員法爾科(Richard Falk)副署,加上一百餘位美國高校機構教授,總計一百三十一人,聯名發表信函給HRW。該份信函一開始就說,HRW聲稱自己是獨立運作,但HRW與美國政府的密切關係,已使這個聲稱蒙塵、顯得可疑。

　　比如,HRW的華府主任湯姆‧馬利諾夫斯基(Tom Malinowski)曾是柯林頓總統的特別助理,也是國務卿的講稿撰寫人;他在2013年離職,是因為要前往擔任助理國務卿。該信總計列出將近十位HRW人員與美國政府的關係。或許是出於這些連結,HRW在2009年還特別體恤CIA。HRW表示,在有限的情況下,CIA的非法行為「情有可原」。至此,信函筆鋒一轉,反問,幾時見到HRW對委內瑞拉有任何體恤之言?不但不曾,HRW在2012年底還很挑釁,硬是無中生有,漫天指控即將進入聯合國人權委員會的委內瑞拉人權不彰,資格不夠。假使這個質疑有理,那麼這一百多位簽署人不免納悶,曾幾何時,HRW質疑過美國「祕密的、遍布全球的暗殺項目及拘留嫌疑人」,包括在古巴關達那摩灣海軍基地的違法行徑?對於這些,HRW絕口不提。艾斯奇貝等人最後說的是,就請HRW關閉旋轉門,「即刻提出具體作法,強化自稱自己具有獨立主張的宣稱。」

　　信函一出,HRW的回覆已是6月3日,它指這封建議書的「關切搞錯了」。這個姿態引發第三者的不滿,便在6月8日以更多材料,寫了將近英文一千五百字,再次暴露HRW人員與美國政府官員的關係,從而質疑〈人權觀察組織的旋轉門〉是HRW對拉美左翼與右翼當權的政府,採取差別對待的原因。又再過三天,6月11日,美國重要的網路新聞與論政媒介「Democracy Now!」邀請HRW發言人,以及前公開函主要草擬人,同台交叉辯論,HRW再次拒絕後者提出的

建議。最後是7月8日，諾貝爾獎得主艾斯奇貝等人再以更多的篇幅（英文將近四千字），並以〈人權組織拒絕砍斷美國政府的紐帶，諾貝爾獎得主出手重擊〉為題，要求HRW認真並嚴正面對外界所議，他們並添加要求，建議HRW立即將前北約祕書長從其董事會除名。HRW乾脆相應不理。

HRW因為是「國際禁止地雷運動」（International Campaign to Ban Landmines）發起社團之一，在1997年分享了該組織獲得諾貝爾和平獎肯定的榮譽。HRW對兩位諾貝爾獎前輩的合理建議，先是虛應後則置若罔聞，是因為它自己也有這層光環的緣故嗎？

不得而知，但相當確定的是，人權與自由固然都是重要的價值，但也不能排除經常有人、有社團，挪用與誤用這兩個原本具有普世價值的訴求。十多年來，HRW涉及對委內瑞拉的人權報告，就有這個病徵。出身英國、目前是匈牙利布達佩斯中歐大學公共政策學院的比較政治學教授，也是委內瑞拉及拉美專家的巴克斯頓（Julia Buxton）的長年觀察，相當準確：

> 奧斯陸自由基金會（Oslo Freedom Foundation），加上美國的人權觀察組織，以及傳媒，三者聯袂，業已完成工作，委內瑞拉在其敘述之下，已是鎮壓人權之地。

（聯合新聞網「轉角國際」2017/8/16，標題是〈美國打手？「人權觀察組織」對委內瑞拉的認知誤導〉。）

美國霸凌　委國經濟雪上加霜

委內瑞拉總統馬杜羅週四即將開始第二個任期，但新政府能否順利運轉，還在未定之天。一是委國反對聯盟堅持馬杜羅當選「不合

法」,至今不肯承認敗選,甚至還在「尋求軍方支持恢復民主」。二是鄰近國家,包括美國與與加拿大,總計有十三個美洲國家拒不承認新政府。

最近四年多來,委國經濟低迷是事實,即便不是人道危機。但不承認馬杜羅政府沒有道理,更不是幫助委國人民的辦法。

去年五二〇大選,是該國朝野商訂的提前舉行,每個開票所都有反對派遣員監督,也有拉美選務專家委員會,以及非洲、加勒比海乃至於加拿大民間社團進入觀選;委國也邀請聯合國派員參加,但沒有得到回覆。在海內外都派員入內觀選之下,委國選民有46%參與投票,馬杜羅獲得六百二十萬張選票(67.7%)而當選,第二名的法爾康得到一百八十萬票,另兩位候選人分別是九十二點五萬與三點五萬票。僅有46%合格選民投票,確實偏低,但不能構成不合法的條件,否則,美國各政黨投入選戰的金錢規模舉世第一,使盡渾身解數想要催促支持者進場,其1996年的總統大選投票率是49%,比46%高很多嗎?

更重要的是,既然委國經濟不振,美國卻還支持反對派的說法而從2017年入秋,對委國採取多種經濟「制裁」,致使該國石油開採設備更新更加困難,石油產量因而減少,進口糧食與醫療用品還得繞道,費時而效率為此折損之外,一年多來已有人統計耗費達60億美元。顯然這些作法不是在幫助委國人民脫困,是讓效能欠缺的政府得以諉過的一個理由。美國響應委國反對聯盟當中的死硬派,並不明智,反而換來一個帝國猙獰面貌的指控。

(《人間福報》2019/1/7 第11版。原標題〈美國制裁　委國經濟雪上加霜〉。)

委內瑞拉的低迷　美國有責任

委內瑞拉在2002年爆發政變,美國暗中支持,兩日後失敗。當

時，平日認同美國主流價值的《經濟學人》都說，政變太不應該，它也諷刺委國民間傳媒，竟成「臨時政府的宣傳部」，拚命封鎖不利政變的新聞。

其後，美國玷汙民主之名，巧立名目、撥款資助委國反對聯盟，從2000至2012年間，已見披露的金額累計至少7917.5505萬美元。其後數字僅零星報導（如2017年9月就有90萬美元），但若有過之而無不及，也不會讓人意外，畢竟委國政府持續不肯聽命，致使美利堅執意掐死之心更強而不是減弱。

接著，歐巴馬任內後期已經開始「制裁」委國經濟的美國，到了川普當家，也就加碼。加拿大的分析家說，不到一年，單看委國石油的出口損失就有60億美元。委國總統馬杜羅則聲稱，僅計算2018年，委內瑞拉因美國霸道作風就使該國損失200億美元。

以批評馬杜羅政府知名的分析師羅德里格斯（Francisco Rodriguez）並沒有因為立場而盲目，他有長篇解剖，指華府聲稱「制裁」僅針對高階委國官員，根本混淆視聽，實情是這些禁令，早就使得委國在獲得金融信用的過程更為困難，石油開採設備的維修與更新舉步維艱。這些無不讓委國的經濟雪上加霜，一般人的生活水平與物資取得若還不趨向低下，那就奇怪。美國一方面將委國的經濟困頓說成「人道危機」，以此作為外力干預的口實，卻又奇怪地違反道理，對於已經載浮載沉的船隻與即將落海之人，不施援手，反而魔掌壓頂，阻止其駛進港口或泅水上岸。

現在，美國帶頭承認剛好輪值的國會議長才是委國領導人，堅持現任總統馬杜羅去年提前選舉而連任總統無效。川普這個宣稱立刻引發區域緊張，外界紛紛臆測，萬一美國出兵，或許會讓巴西或哥倫比亞充當馬前卒而先動手，製造動亂後再行入侵，致使內戰爆發，也不能說完全不可能。

但是，馬杜羅提前大選是應反對派所請，由西班牙前總理薩帕特羅（José Luis Rodríguez Zapatero）斡旋後，去年元月朝野同意在4月舉行，但雙方簽約前夕，反對聯盟片面宣告撤回。轉折突兀，馬杜羅決定4月仍辦大選，後又再次正面回應反對聯盟溫和派所請，將投票

日延後至5月20日。在極端派強力杯葛下,該次仍有46%投票率(柯林頓連任美國總統的投票率是49%,但那是無人抵制,且兩黨花大錢動員才得到的「成果」)。

暴力對抗說成起義

並且,選舉過程如同過往,國內外(含反對派)都有觀察監督團,本次則有美加英與拉美及非洲的民間社團前來,選後並有觀選報告發布。選前則有若干傳媒指認,包括半島電視台特派員的長篇分析,指「委國媒介自由超乎想像」,「唯一確認馬杜羅掌權無虞的原因,就在反對派」本身的分裂。但是這些聲音沒頂,因為外界幾乎僅集中呈現極端派,他們與美國共謀、執意杯葛選舉,同時發動多回暴力對抗卻被說是起義的面貌,成為委國反對派的唯一圖像。

美國看不慣委內瑞拉,肇因於去世五年多的查維茲生前竟然屢次通過民意選舉考驗,執意「宣稱」且努力要走社會主義道路。山姆大叔至今無法顛覆他的繼承人馬杜羅,但不是沒有「成就」:查維茲啟動土地改革後,已有三百多位農民遇害,包括去年夏季領導「農民反帝」大遊行四百多公里的五位;至於委國經濟產值,仍有八、九成落在私有財團手中。

美國統治集團挪用這些現象而魚目混珠,他們利用查維茲的主張來抹黑,美國群眾與世人更不會支持社會主義,同時,他們也遮掩委國政經低迷的情勢而查維茲與馬杜羅的成績有限之原因,部分來自美國政府的作梗。

(《蘋果日報》2019/1/26 A24版。)

美國利用委內瑞拉搞選舉

如同台灣,美國政界也已經摩拳擦掌,要為2020年的總統大選開始準備。另一個相同、但很讓人詫異的地方是,在台灣與美國即將到來的選戰,委內瑞拉居然也扮演了一個角色。

在台灣,有一家報紙的社論赫然出現這樣的標題:「委內瑞拉告訴台灣的故事」,該文諷刺行政院政績不彰,只會「喊口號」。美國總統川普更是語出驚人,他在上週發表國情諮文,表示美國絕對不採行社會主義,他同時將「亂成一片的委內瑞拉與社會主義連結」。

委內瑞拉確實有草根力量試圖推進社會主義,但是,出於歷史的局限,也因為美國的虎視眈眈與破壞,該國至今仍然是資本主義當道,經濟產值八、九成來自私有部門。那麼,川普為何豎立稻草人?主要原因就在他主政兩年以來,美國民主黨當中的進步派聲勢確實增漲。去年的蓋洛普民意調查顯示,民主黨人對社會主義的正面觀感高於資本主義,達57%,即便這不是搞革命,也不是要蘇維埃,而只是要跟進北歐模式,一方面運用自由市場,他方面則課徵比較高的稅率,重新分配所得以支應社會福利。

到了今年,這股民意趨勢似乎強化了,表現在民主黨三位重量級的總統參選人先後宣布,作為富裕國家卻沒有全民健保的唯一國家,實在是美利堅之恥,政府因此理當更為積極地介入,必須讓所有人得到健康保險的醫護權利;其中,已經有一位參選人主張對美國個人年收入超過5千萬美元的所得,課徵2%特別捐,對超過10億美元的部分取3%,預定一年可以增加2,100億美元的政府預算。

上個月宣布角逐民主黨總統候選人資格的第四位,也就是歐巴馬執政期間的溫和派閣員卡斯楚(Julian Castro),先前僅說大學免學費兩年,現在改口,要延長至四年。

人民看懂川普作為

1930年代的經濟大蕭條、1960年代的民權運動以來,現在是美

國進步派力量的另一個高潮。面對這個局勢，川普總統既有繼承，也有「創新」。前者是干涉拉美國家的老毛病復發，有人計算，這次在委內瑞拉搞的政變，是二戰以後美國在全球的第六十八次圖謀；後者是縱火再作態救火，搞壞委內瑞拉的經濟，再挪用並將委國「號稱」社會主義的名號予以染黑：前年入夏以來，因川普擴大「制裁」委國經濟，其石油收入銳減以10億美元計算，上個月底美國更凍結該國石油公司在美國的收入，委國進口民生物資更見困難，美國接著假惺惺大肆宣傳百萬美元「援助」品項遭到委國「軍方阻止入境」。

有很多美國人與世人無法知道個中真相，遂以為美加與歐洲力挺「制裁」的國家是正義之師，但委內瑞拉人心知肚明，他們當中有高達81%反對川普的經濟「制裁」，如果社會主義在委國尚有前途，無疑是因為還有洞若觀火的這些民眾。川普，小心了。

(《蘋果日報》2019/2/13 A14版。)

委內瑞拉的厄運　起於不服從美國

「委內瑞拉民眾爆示威　抗議大選被偷走」，雖是頭條標題，但來不及核實，也就會有新聞部分失真之虞。確定的是，此乃委國本世紀以來的「宿命」。

因為，將近二十年來的委國大選，這個劇碼重複出現，劇中主角有二。一是美國支持的舊統治集團，一是在2005年元月宣稱要建設「二十一世紀社會主義」的新權力陣營（至今年初已完成四百九十萬單位社會住房），包括現任總統馬杜羅。劇情則是，2013年以來的選舉，「舊」都大力宣揚，若其敗選則必定是政府舞弊而偷走了民意；「舊」試圖藉此翻本，而歐美傳媒大致都代為宣達這樣的抹黑。當年4月，馬杜羅首次參選，以50.7%選票險勝，比選前預期少6%，「舊」拒不承認。當時，曾派觀選團的美國律師公會，在5至6月再次參與

選票覆核，並在8月發布報告，表示選舉「公平、透明、參與度高而組織良好」。

　　接著是國會大選在2015年登場，「新」大敗，如同選前的承諾，認輸不鬧場。「舊」及為其抹黑張目的西方媒介，無一為自己選前的行為致歉。2018年，也就是前一次總統大選，「舊」的主力抵制，僅由次要人物參選，馬杜羅勝出更是易如反掌。這次，來自三十國的一百五十位國際觀察員，包括西班牙前總統薩帕特羅在選舉當日表示，「我對投票過程，全無質疑。這是相當先進的自動投票系統。」由於反對派僅由次角出馬，選前無人認定會贏，因此，美國這次的不承認理由，重心轉為投票率太低，僅有46%而正當性不足。不過，假使換算得票率，馬杜羅在杯葛下，依舊約有31%委國合格選民的支持，與2017年出任美國總統的川普幾乎相同！該年智利的總統大選，投票率44%，當選票數僅及選民總數的24%，卻因親美而未遭非議。反觀委國的命運，美國不承認之後，進而在2019年元月安排委國輪值國會議長，僅約兩成委國人認識的瓜伊多[1]先至華府會面，然後宣布他才是委國總統，這個鬧劇至去年初，瓜伊多同夥把他拉下，才算結束。

　　日前的這次選舉，「舊」同樣成功營造這個印象：反對派必勝，如若不然，就是馬杜羅詐欺。於是，眼見委國選委會宣布馬杜羅以51.2%選票勝出，得到44.2%的主要反對派候選人立刻說，出口民調分明顯示自己大勝！但他沒說出口的是，該民調機構歷來與美國中情局交情良好而多有來往。

---

[1] 瓜伊多因貪腐等問題，在2022年底遭委內瑞拉反對派自家罷黜。美國聯邦調查局2025年2月仍在調查瓜伊多的「臨時政府」，至少三事。一是美國給予1.16億美元，指定作為委國境內之用，但該款項很大部分用於該國反政府的海外政客與親屬。二是瓜伊多另得9,800萬美元作為「人道主義援助」；三則另兩位反對派要員得到5,600萬美元作為「恢復（委國）民主」之用。後兩項很可能也是中飽私囊居多。最後，美國在2018至2020年間提供反對派10億美元，但已有報導稱，妥善運用僅有2%的資金。以上整理自 https://www.telesurenglish.net/venezuelan-opposition-diverted-116-million-delivered-by-usaid/ (2025/2/3)

更值得周知的是,設於華盛頓的「經濟與政策研究中心」在選前數日發布研究報告,指投票日之前的民調,確實顯示馬杜羅落後將近28.9%。但研究2004至2021年的一百一十八次民調,可以發現,預測與實際結果落差很大,平均可能高估反對派支持率達29.5%。

假使糾正這個偏差,給予較為準確的民調機構更大重視,那麼,該報告選前數日的見解是,結果多種而「極不確定」,但一端是反對派會贏9.5%,另一端則馬杜羅勝8.1%。

該報告也提醒,投票之前,大部分報導都集中在馬杜羅利用國家資源助選,卻對美國霸凌委國而造成的選舉不公,絕口不提。一是該國近年的經濟衰退,半數以上肇因於華府欺負弱小的惡行。二則美國去年入秋,先行取消部分霸凌,但選前予以恢復,這似乎是在告知委國選民,投票給馬杜羅,白宮將會延長霸凌,進一步的剝奪、貧窮和更高的死亡率,就會繼續。

(《聯合報》2024/8/1 A 12版。)

委內瑞拉堅韌　有退有進

世界小姐與二十一世紀社會主義

　　所有國家,都是同中有異,委內瑞拉獨步全球的表現,有三。一是1975年創設的 El Sistema,直接翻譯是「系統」,實際是「社會行動音樂」,透過(古典)音樂的推廣及其教育,正面變化中低階層青少年的生命軌跡。由於成效良好感人,不但拉美鄰邦仿效,海外許多國家包括北美西歐,無不交相讚譽。

　　另兩個特殊之處是,委內瑞拉「盛產」世界小姐,委內瑞拉也在建構「二十一世紀社會主義」。

　　「地球小姐」(Miss Earth)的選拔雖然資淺,2001年方當起步,但提倡環境保育、減量消費的意識,讓人對這個後起之秀肅然起敬。迄今十一位地球小姐,分布均勻,亞洲、非洲、歐洲、北美與南美都有,委內瑞拉拔得頭籌一次,不算突出。

　　不過,眼光如果放到另三個歷史悠久的選美大會,委內瑞拉就顯得鶴立雞群了。無論是英國倫敦作為基地,起自1951年的「世界小姐」(Miss World);或是美國的「環球小姐」(Miss Universe, 1952);還是基本上都在日本舉辦的「國際小姐」(Miss International, 1960),委國剛好都取得六次的后冠,累計十八次,遙遙領先亞軍的美國(十三次)。

　　舉世第一的選美成績順應了主流價值,是對資本主義體制的臣服;何況,風風光光的選美,突出委國僅占21%的歐裔子女,形同黯淡了絕大多數的人口。所幸,委內瑞拉另有一項世界紀錄恰巧相反,它逆流而上,在冷戰結束、實存社會主義陣營潰敗、歷史終結號

稱二十餘年的當下,委國宣稱其現在與未來的行進方向,就在建構「二十一世紀社會主義」。兩種對立的世界第一,同時存在於委內瑞拉,關鍵人物是雨果・查維茲。

委內瑞拉的二月事件

1940年,委內瑞拉晉身世界最大石油輸出國,到了1970年,沙烏地阿拉伯方始取而代之,委國目前仍位居第五大。1958年,委內瑞拉兩大政黨談好條件,輪流做莊,就地瓜分石油富源。這個「民主約定」的代價是選舉有名無實,持續四十年。1983年2月油價大幅下跌,經濟活動快速滑落、貨幣貶值,貧富差距急速惡化。1989年,委國政府接受「國際貨幣基金組織」紓困方案的條件,財政緊縮、公共支出大幅削減,民怨及隨之而來的抗議行動四起,軍警在2月27與28兩日鎮壓首都加拉加斯及近郊的人群,死亡人數低估是三九六人,但另有人認為超過三千。這次殺戮對於查維茲等年輕軍官是一大刺激,軍人保國衛民,現在槍口對內!

三年後,又是2月,三十八歲、已是上校的查維茲發動政變,總統招降,他應允,但要求透過電視向民眾講演。他說,起義的訴求雖然落空,但失敗「只是暫時」。一分鐘的號召,查維茲頃刻成為全國英雄,民眾對政治建制的不滿有增無已。11月底另一群軍官政變,再度敗陣。

入獄兩年後,委國再次大選,新任總統以不再重返軍旅為條件,開監放人,查維茲回返政治圈,主流媒介少見聞問,地方鄰里小報及傳媒倒是甚為殷切,寄以厚望。此時,委國經濟情勢每況愈下,聯合國統計顯示,至1997年,也就是查維茲獲得推舉,代表新政黨角逐大位的一年,人均所得已經從1990年的5,192跌至2,858美元,貧窮人口從1980年以來也增加了17.65%,凶殺及其他罪案是1986年的兩倍,在首都一帶尤其慘烈。1998年底,他以56%選票當選總統。1999年,依舊是2月,查維茲就職,隨即史無前例地提出修憲公投之議,4月25日,88%民眾投票贊成;再過三個月,負責修憲的立委一

三一席產出,其中占人口1%的原住民取得五席次(三席是保障名額),參選的一一七一人雖有超過九成來自反對黨,支持查維茲的各種組合仍取得一二五席!8月3日修憲大會召開,12月新憲法公投,半數棄權,但投票者有72%支持。

改革與反撲

　　進入新世紀,查維茲政治支持度扶搖直上。2000年7月,依據新憲再選總統,59.8%選民力挺。現在,全國計已增加至一六五席次的立委、二十三位省長與三三七位市長,其中,分別有一〇四席立委十七位省長與約半數市長可以歸為查派。次年底,新政府創立四十九個法律並付諸執行。其中,《土地法》表明即將在2004年推動土地改革;《碳氫化合物法》阻卻石油公司私有化,另準備從2004年起,將石油營運商權益金從1%提高至16.6%(後來在2006年10月再提高到50%,在這段期間,台灣報端曾說〈委國搶油　中油擬訴諸仲裁〉);《漁業法》則有利於中小型魚戶或公司。三法的總合效應是,委國菁英優勢階層囊括數十年的經濟利益,有史以來首度遭到威脅。

　　然而,菁英好日子過得久,無法認知,或是不肯承認自己過去一直享受優厚、但不公平的特權,他們反倒怪罪不算激烈的矯正措施。2002年以後的動盪政局,根源在此。

　　再次,又是2月,查維茲在25日任命國營石油公司PDVSA新董事會,一舉拔除霸占該職務多年的傳統菁英,他們、PDVSA管理階層及外資的緊密臍帶,就此中斷。代表資方的總公會,原本就是先前執政半世紀、如今在野的政黨之入幕之賓,總工會CTV歷來也是親近PDVSA的舊董事會。現在,為了對付查維茲政權,算是閹雞工會的CTV逞其餘勇,不但不與資方衝突,反而合作無間,到了4月9日,更是罷工響應資方推倒查維茲的訴求!

　　情勢快速變化,新舊力量湧向大街,示威與反示威對峙僵持,一切悉如反政府派所設計的腳本,4月11日,政變如期登場,馬到成功。發動政變的人帶走總統,原已知情並穿梭其間的美國,現在很快

地承認新的造反派,也就是與其關係良好的昔日菁英。他們非法「推翻」了民選政權,山姆大叔立刻認可其為合法政府。美國與這些菁英沒有想到的是,負責看管查維茲的低階軍官接獲親友手機來電,得悉了實情之後,他們拒絕將查維茲送出境外,更不肯加害。說時遲那時快,支持查維茲的總統府衛隊迅速表明,政變者若不離開總統府,他們將開敞大門,放入麇集的人群。未幾,政變戲劇化地失敗,查維茲返抵。混亂中,十七人喪命街頭,雙方人馬都有。政變前數個月,已經進入委內瑞拉拍攝紀錄片的愛爾蘭團隊,意外地忠實攝製了整個豬羊變色的過程,曾以《驚爆四十八小時》為名在公視播放。時代可能是進步的,1973年9月11日,智利軍事強人在美國羽翼下,派飛機轟炸民選的社會主義總統阿葉德,政變功成而戕害千萬智利平民的往事,今朝不再能夠得逞。

在野朋黨未因政變落空而退卻或遭重罰,他們逍遙法外,以台灣或任何民主政體的眼光視之,應該都很難理解個中緣由,是因為舊勢力的盤根錯節太過深廣嗎？他們更不會因為失利以致「懷憂喪志」,反對勢力「不屈不撓」,繼續出招。政變失敗八個月後,也就是2002年12月,他們號召總罷工,特別針對委國命脈石油業,與此同時,舊的統治階級要求查維茲辭職。最後,查派發起更大規模的動員,另一批基層石油工人登場,作為重要的委國經濟命脈之石油生產,這才得以局部運轉。在紛擾的罷工與反罷工過程,許多社區民眾與軍方人馬加入勤王陣容。有了這些協作,食品供應得以沒有停擺,為期九週的罷工終告崩盤。這次,再不懲處就是縱容,就是養虎遺患。查維茲上台以後,第一次,迄今也是唯有這麼一次整肅國營事業員工的行動登場,參與罷工的一萬八千名管理、行政及技術員工,請你走路。

這場罷工在2003年2月告終,但反對勢力未被擊潰,在野勢力堅不雌服。不但頑強,他們更利用新憲法創設的罷免權,先訴求後行動,提出罷免總統的公投案。2004年8月15日公投的結果出爐:59%選民反對。第三次擊退舊勢力的查維茲毫不志得意滿,他在進取中鞏固成果。當年10月底,查派在地方選舉大有斬獲,攻占省長二十一位,反對者只得兩位,市長比例從五成增加到七成。11月,查維茲

主辦高層工作坊,所有支持他的新科市長與省長齊聚討論後,聯手推出「新策略路徑圖」(New Strategic Map)。

「二十一世紀社會主義」登場

經過工作坊的內部討論、辯論及凝聚共識之後,查維茲在2005年元月參加第五屆「世界社會論壇」,地點是巴西阿雷格里港(Porto Alegre)。面對現場一萬三千人,以及直視運動場外大螢幕的五千人,查維茲首次宣布委國的前途,就在追求與建構「二十一世紀社會主義」。現場人士熱淚盈眶,人類前途低迷數十年、公正民主自由的進步動能不進反退,查維茲從1998年秉持拉美傳統的民粹與民族主義訴求與凱因斯經濟模式,走了六年,雖然有些革新,仍在國家資本主義的叢林打轉,卻已無法見容於舊有勢力,至此,委內瑞拉如同當年卡斯楚在古巴革命後兩年,因美國封鎖、入侵,致使不得不進入轉捩點,積極邁向另一模式。社會主義的宣告,「可能如同許多左派的看法,終究只是毫無意義的概念。但是,當下此刻,這個概念既是不確定的反映,也是願景的許諾,尚在試驗,猶待步步為營地爭取。」

有人審慎地振奮,另有人不解、焦慮、憤怒。年初的這場「出櫃」,證實了固有勢力的「預言」,真正是人以情境為真,則其結果為真!2005年底,委國選立委,南北美洲國家除古巴外都是其會員的「美洲組織」,再加上「歐洲聯盟」,無不派遣陣容龐大的觀選團,形同監督大選。但是,委國所有反對黨聯合杯葛,致使投票率僅略高於25%,但既有國際團隊的監督,選舉之乾淨與合法並無爭議,反對派集體杯葛致使所有一六五席次,盡入查維茲陣營。

2006年4月,鼓勵、提倡參與民主的《共同社區議政法》施行,相關人可以自己設定地理區,少則十戶(原住民)、二十戶(鄉村),多則兩百至四百戶(都會)就可成區,在區內30%成人與會討論並民主多數決之後,就可決定專屬於本社區的任何事務(從微型金融合作社、造橋鋪路……至電台)。除鼓勵社區志工參與及自行募款,各級政府亦對社區提供財政等協助,如該法通過後八個月,次

(2007)年中央政府預算530億就有1億美元撥付這類社區。再者,查維茲並在元月宣布另移撥50億美元予以支持,到了2007年3月,也就是法律通過後一年,這類議政區已有一萬九千五百個,2011年約有三萬個。

黨的重新打造

2006年12月總統大選,查維茲以63%獲連任。次年3月查維茲公告計畫,表示擬逐步推動政黨協商與整合至11月。這個組織的再造與重整,雖有合縱連橫的盤算,亦有協力交心、存異會同之心,經過這番努力,終於有了「社會主義統合黨」(PSUV)的成立,黨員五百七十萬,由十一政黨組成,占46%選票,另有同樣支持「玻利維亞革命」(Bolivian Revolution),但選擇不加入PSUV的若干政黨(占16.5%,包括奉行馬列主義、1931年建黨的共產黨)。

2007年元月,查維茲勾勒走向社會主義的「五大動能」。首先是被私有化的重要產業,必須重新國有化,包括電信公司CANTY、首都加拉加斯電力公司、最大鋼鐵廠SIDOR。其次是8月15日的修憲案,有三十三條款,立法院於9及10月討論後另提三十六條款,最後有六十九條在12月付諸公投。其中,九成多涉及走向社會主義所需的內政改革(如工時由八減至六小時、投票年齡由十八降至十六歲、取消中央銀行的自主性等等)。但是,海內外傳媒對於這些民生議題並不關注,反而集中於抨擊行政首長(總統,不含省長與市長)若勝選可無任期限制等五項條文。這些建制傳媒設定了議程,對於英法德等內閣制國家首相亦無任期限制的事實,鮮見相提並論;修憲的真正意義,如業已啟動年餘的前述參與民主之建設,得不到彰顯。反之,查維茲要搞萬年獨裁、威權的形象,如同緊箍咒般與修憲大業如影隨形,致使查維茲1998年參選以來,首次在12月嘗到敗績,約56%有選舉權的人前往投票,支持修憲者是49.29%,反對者險勝1.4%。

2008年初,一六八一人參與為期近兩個月的PSUV第一屆全國代表大會,查維茲獲選為主席,其後,該黨與先前盟友關係轉壞,查維

茲甚至指控委共「說謊，會從政治版圖消失」。不過，或許是組織形式整合有成，或許是修憲內容從六十九條減少至五項，選民更能一目了然，2009年2月的修憲在七成投票率下，以54%過關，諷刺或饒富意味的是，這五項非關任何社會主義的實質內涵，而是一年多前備受反對勢力抹黑的任期規定，現在，若能勝選，委國地方至中央的政治首長，連選得無限期連任，除非敗選！2010年4月PSUV召開特別大會，凝聚黨的「總體共識」於社會主義、人道主義、馬克思主義、愛國主義、國際主義，對內力主黨內民主，對外捍衛參與式民主。9月，曾在2005年抵制選舉的各反對陣營，此番不再托大，業已組成「民主統合聯盟」（MUD），首度與PSUV對決，在66%投票率下，PSUV得48.2%選票與九十六席（委共另得三席），MUD是47.17%與六十四席。黨的交鋒之後，就是黨魁角逐大位之戰。2011年6月，首次傳出查維茲罹患癌症的新聞，2012年2月，MUD在初選後，推出三十九歲的卡普利萊斯，將在10月爭取總統寶座。耐人尋味的是，他「自稱是中間偏左的溫和進步派」。

查維茲能有明天嗎？

氣勢洶洶，聯合CIA發動政變、罷工、罷免與罷選的反對聯盟，現在以卡普利萊斯作為共主，他竟能捨棄昔日定位，不惜「屈尊俯就」而肯定「左」的符號象徵與價值，不是小事。這或許可以作為旁證，說明委內瑞拉歷經十多年的變化，內政改革已見成效，順此延伸，意識領導權的建樹才有可能。以言經濟，不平等逐年降低，石油富源不再中飽特權，通貨膨脹確實不低，1999至2010年平均達23.9%，但此前十一年（1987-1998）是53.9%。以言醫療健保、教育與其他社會文化生活，改善顯著，免費問診九年達七四五一萬人次；以言政治，不單只是選舉，草根參與模式已在委國強化，甚至生根。

當然，委內瑞拉從1999年的徘徊輾轉，到了2005年才矢志邁向「二十一世紀社會主義」，在國際情勢與國內走資的經濟與文化勢力敵對下，不可能在六年內就脫胎換骨。查維茲屢屢反擊美國，指委內

瑞拉居高不下的犯罪率,是前文所說,根源於1980年代惡質資本主義的「遺產」。同理,存在數百年體制的更多不良制度、習性與慣性,百年能予根除就算迅速,何能求其六載盡去?委國在三大資本選美盛會,奪得十八次后冠,七次是在查維茲掌權期間,不也是另一個有趣或說無奈的巧合與指標嗎?姓資姓社還會長期並存。一因PSUV組成的異質;二為海內外主流傳媒因恐懼查維茲姓社的有限成績,或將逐漸鬆動姓資的意識領導,是以刻意或意識形態作祟下,誤認與曲解查維茲,致使姓社成分獲得認知與滋潤的空間為之萎縮。最後,政變的陰影始終存在。美國資本及其國家機器聯手委內瑞拉舊的、失去政權十多年的統治菁英,是不是還會反撲,甚至製造「合適的時機」再次發動政變?2002年,他們在委內瑞拉失敗了,但2009年卻在宏都拉斯勝出了。未來,無論是2009年宏都拉斯的「溫和」政變,或是1973年智利的殘暴政變,能說都是明日黃花,永不再來嗎?

(《共誌》第4期2012/6/30,頁48-54。)

誰不相信「民主」?寫在委內瑞拉被孤立的大選過後

「西半球事務委員會」(Council on Hemispheric Affairs)成立已經五十多年,支持民主,譴責威權政體,專門研究美國與拉美國家的關係,《波士頓環球報》指這家民間組織是「自由左派」,《紐約時報》說它是「自由派」。它的資深研究員李普利(Charles Ripley)2017年9月完成了一份罕見、同時很有價值的報告,討論暴力與委內瑞拉的政府形象。

李普利認為,在美國,研究拉美暴力的資料庫,其資金大多來自國務院或中央情報局,較少諮詢拉美專家,也不常納入拉美人民的觀感。為此,李普利自行投入時間與人力,沒有申請外來資金,獨自檢視數百種英文與西班牙的消息來源,分析與統計從2014年2月至

2015年2月,對委內瑞拉暴力事件的報導與紀錄;雖然無法窮盡,但盡量納進來源的作法,大致確保了支持與反對委國政府,或者中立者的立場,皆已納入。

　　這個資料庫的內容起自2014年初,反政府、也就是反查維茲派（Chavismo）當中的強硬派,當年2月開始升高街頭暴力之時。其後一整年,政府行為致人於死的有十二起,反對派暴力致人於死是三十一起;造成身體傷害,九次政府引起,反對派十四次。加上其他暴力,政府合計必須為二十二起負責,有五十起是反對派造成。

　　但李普利發現,在這段期間,《紐約時報》總計報導三十三次發生在委內瑞拉的暴力行為,沒有任何一篇指認反對派要負責,卻將三十一次歸咎於政府,兩項未作歸因[2]。

　　該份報告發表的前一個月,又有長達四個月、致死一百二十六人的街頭暴力才剛結束（2017年3月底至7月底）。雖然至今尚未看到相類的詳盡調查,但歷經歐美主要傳媒多年來的反覆塗抹,「民不聊生、野有餓莩、人道危機、總統獨裁、鎮壓群眾、政府殺人」等等標籤與指控,其實早就泰山壓頂,說起委內瑞拉,人們大致僅存這些極其惡劣的印象,並有後列的推論:一戶之家失火,即便路人,亦當入內協助滅火;舉國陷入悽慘情境,人不分海內外,見此不支援,就是見死不救而道德有缺。

2　2014年入秋,委國國會議員羅伯特・塞拉（Robert Serra）以及他的伴侶海萊拉（Maria Herrera）在首都住家遭到殘酷謀殺,群情譁然。塞拉是委國歷來最年輕的國會議員,是查維茲派的新星,來日有望競選總統。李普利強調,眾多證據顯示這是「政治暗殺」,不是一般的謀財害命;哥倫比亞前總統埃內斯托・桑佩爾說,「塞拉這位年輕的國會議員遭人暗殺……顯示哥倫比亞民兵已經滲透到了委內瑞拉。」但是,《紐約時報》沒有報導,卻投入大量資源,報導阿根廷檢查官尼斯曼（Albert Nisman）的死訊,另見本書頁471。在研究的一年期間,與示威無關的重大暴力殺人事件,也是反對派所為,《紐時》還是未見一字:2014年11月,「謀殺受害人親屬聯盟」及其他社運人士發起抗議,因為大約有一百七十八位偏鄉農民,被富有的地主僱用殺手謀害！聯盟徵求了一萬七千人連署,要求保護農民不受恐怖行為侵害。《紐時》沒有報導。遊行後半年,農民領袖卡雷拉（Robert Carrera）在卡拉波波省又遭暗殺,《紐時》依舊隻字不提。

這個認知框架形成已經有了時日，到了2018年5月20日，委國總統大選揭曉前後，自然也就再次爆發。「民主統合聯盟」（MUD）是委國各個在野黨派的最大宗，抵制大選最力，其所代言的聲浪再次撲天蓋地而來。雖然無法代表所有的反對流派，MUD的「立場卻設定了傳媒報導與評論的框架，而委內瑞拉的（商業）傳媒至今所享有之自由程度與影響力，遠比外界普遍認定的水平，都要來得高出許多」。

從1999年失去政權至今，除了在國內仍然具備這個能耐，海外傳媒亦多背書MUD，如BBC多次專訪其要員（但沒有邀請委國官員或其同情者）並反覆播出，美國、加拿大、歐盟及十四個拉美政府也放大了反對派的聲勢，他們總體言論的力量流竄在網路與傳統媒介，如同水銀瀉地：

〈馬杜羅趁亂……提前總統大選〉、〈……結果出爐　馬杜羅在低投票率中連任〉、〈打壓威脅選民　委國馬杜羅勝選〉、〈買票獨裁總統續任　對手喊無效重選〉、〈舞弊　美國歐盟拒絕承認〉、〈利馬集團成員國召回大使〉、〈民眾忙逃跑：離開這裡比改變容易多了〉、〈美國可能制裁委內瑞拉　油價創三年半新高〉……。

接著，川普「加碼制裁委內瑞拉，禁止交易該國債券」、「中俄被美國敦促加入制裁陣營」。甚至，反對派宣稱「軍隊應推翻政府」，於是將近一年前，「川普威脅出兵委內瑞拉」，如今似乎要在選後捲土重來，因為「近60%選民棄票讓美國找到武力介入藉口」，俄國專家也研判，「美國近期可能挑起委內瑞拉政變」。在台灣，主要報紙之一亦赫然有社論，出現讓人莫名奇妙的標題〈台灣會是另一個委內瑞拉嗎？〉。

這些新聞標題的前半部（提前大選、舞弊）如果是真相，就足以構成後半部（不承認選舉結果、經濟制裁與召喚政變及美國出兵）的合理基礎嗎？

從2009至2014年，宏都拉斯、巴拉圭、埃及與泰國，接續發生

軍事政變——或至少是軟性政變——美國最多是表面譴責，但其實從未深究，經此奪取權柄的集團高枕無憂，與美國談笑如常，政變沒多久便事過了無痕，國際輿論不再深究。選舉造假或買票自然是程序不正義，執政也就沒有正當性，但難道（准）政變取得政權反而有了正當性而無須認真檢討？個中道理無法讓人理解。

難道就因為在宏都拉斯等國發動（准）政變取得政權的集團，親近美國，而委內瑞拉政府的意識形態不見容於美國、堅持要走獨立的內政與外交路線，有以致之嗎？人類進入21世紀，美國還在耀武揚威，橫行順我者生、逆我者昌的霸道作風，損人不利己的狂妄不見完全收斂，尚未遭致全盤唾棄，足見美國統治集團的進步遲緩。

何況，委國這次的總統大選真有買票與造假嗎？十多年來，反對聯盟幾乎每逢選舉就如此指控，包括2012年總統大選，以及2013年查維茲去世後的總統改選，買票說與造假說都是振振有詞而鑼鼓喧天。但是，美國前總統卡特成立的中心在2012年舉行記者會，表示「就我們觀察與記錄的九十二次選舉，我可以這樣說，委內瑞拉的選舉過程舉世最佳。」

針對2013年的大選，美國律師公會甚至三度派團前往委國，其中有兩次是參加覆核工作並發布調查報告，它指該次選舉「公平、透明、參與度高而組織良好」、「占有90-94%收視份額的私人電視在選戰期間偏袒反對派」、「（我們已經參與）擴大稽核的工作，再次認可委內瑞拉電子選舉系統的正確無誤，宣稱選舉造假毫無根據。」

2015年底國會選舉，MUD選前同樣吵鬧，總統馬杜羅簽署了同意書，是輸是贏，他都認可，不肯簽署的MUD未曾預料的是，該次選舉他們大勝，囊括將近三分之二國會席次。然而，選後MUD，以及隨MUD起舞並指控政府必然造假做票的主要傳媒，沒有任何一家因為自己的嚴重失真失職而反省，遑論道歉。而這次的五二〇總統大選，委國政府曾經邀請聯合國派遣觀選團，但可能是前有MUD杯葛，後有歐美加及利馬集團加入對委國政府的抵制，聯合國對委國之請並無回應。

考量這些紀錄之後，人們可能更有理由相信，MUD的指控以及

據此而產生的報導,大抵只是選舉策略,不必當真,即便有之,很有可能也只是選舉之小惡,並無翻轉選舉結果的可能。所謂指控,指的是由於石油收入銳減,經濟惡化,委國政府從2016年開始執行食物包配送工作(食物供應與生產地方委員會,CLAPs),對於委國約三分之一家庭深具補助效果,而該工作是有可能在選舉期間持續進行,配送單位因此讓人就近前往投票所領取一事,成為MUD指控的買票行為。

然而,這類物資本來就會依據家庭收入而給予,有資格領取者本來就是以低收入戶、也就是查派支持者居大多數,政府若是以此催促投票,究竟會有正面作用,還是引發支持者心理的反彈(我原本有份,政府何以要我投票才能領取),似可推敲:低收入戶中愈不是忠誠的查派,也許就愈可能心生反感,致使領取並投票時,輕則廢票,重則也許圈選反對派;反之,假使他們是忠貞查派,真要在投票所發放,才能促使他們投票嗎?

去(2017)年7月底,MUD也全面杯葛委國選舉制憲代表的投票,反查派急先鋒「加拉加斯記事」網站的執行編輯杜阿爾特(Emiliana Duarte)前往首都若干投票所觀察,她這樣書寫:

> ……讓人困惑不解,但眼前的景象確實顯示,還有數以百萬計的查派,他們完全出於真誠,彼此顯得相當親密,又很興奮地前往投票,支持制憲會議,即便他們大多數並不確定這次選舉究竟意味什麼,或者甚至不知道他們在選誰。整個反對派——以及親眼所見的我——對此根本就無法理解,因此就予以否認。但是,實情確實如假包換。

其次,這次的投票日是提前了,但這個調整不合理或不合法,足以構成事後翻帳之本嗎?

MUD固然抵制,但馬杜羅之外,另有四位反對派投入選舉(包括一位有別於官僚查派,批判的、真正的查派;其中一人稍後退出),顯然,他們不能以此主張選舉無效。依照慣例——但不是法律

——委國總統大選確實應當在任滿前兩個月左右舉行,亦即10月或11月辦理,方屬正常。惟關鍵是,這次提前並非沒有原因:由於油價從2014年底大幅滑落,估計委國出口石油的收入從2012年的770億,跌至2016年的250億美元。

總統馬杜羅是以啟動協商,期望朝野取得共識,綢繆良策以求舒緩經濟壓力。在西班牙前總理薩帕特羅斡旋下,雙方在多明尼加展開系列談判後,同意總統大選提前在2018年前半年舉行,最後將投票日定在4月22日。但到了2月初,就在朝野即將簽約前夕,反對聯盟突然片面宣告撤回,進行將近兩年的談判為之中斷。

何以驟然生變,原因不明,但有人認為,應該是美國作梗——山姆大叔已在2017年升高對委國經濟施加壓力,無意放鬆,不願雙方妥協,於是出面勸說反對派不要簽署。面對突如其來的轉折,馬杜羅決定大選照樣依原先商訂的日期辦理。MUD自然是依舊杯葛,但前拉臘州州長法爾康(Henri Falcon)等人宣布參選,並要求選期延後至5月20日。

政府同意該日期,最後參選人數有四位,包括馬杜羅。無畏MUD及歐美的反對與恫嚇,大選如期舉行。開票之後,反對派堅持投票率僅有31%,這可能是MUD的戰略規畫,早就準備好了這個固定的答案;也可能是他們沒有如同杜阿爾特一樣,未曾前往支持查派的中下階層居住區,僅在反政府的富人或中上階層區觀選,因此看到的投票人數自然較少。

無論如何,委內瑞拉中央選舉委員會公布的投票率是46%,並且得到「拉美選務專家委員會」的稽核與認可。其中,馬杜羅得六百二十萬票,占67.7%,法爾康是一百八十萬票,另兩人分別得到九十二點五萬與三點五萬票。然而,在反對派強力杯葛,致使大批群眾沒有投票的情況下,46%投票率算是低嗎?

過去二十年,委國與美國都有六次總統大選(含本次)。委國五二〇這次僅有46%合格選民前往投票,確實很低。惟無人杯葛,且各政黨投入選戰的金錢規模舉世第一,使盡渾身解數想要催促支持者進場的美國,其1996年的總統大選投票率是49%,比46%高很多

嗎？若是比較平均，則最近六次總統大選的投票率，委內瑞拉有66.5%，美國則是54.7%。

委內瑞拉最晚從2014年底以來，經濟運轉就隨國際油價下滑而困頓，也有物資短缺的難處，但這並不是人道危機。美國政府乃至於若干民間組織，卻執意不斷地以人道危機說事，並舉委國人「大量」外逃哥倫比亞等國作為證據。然而，聯合國統計至2017年的資料顯示，委國是有五萬人在哥倫比亞，但哥國移民委國約一百萬人。

美國中情局的統計說，委國是人口淨移出國，每千人有一點二人，發動拉美十四國反馬杜羅政府的祕魯是二點二人。如果委國有人道危機，表現為人民大量流亡，哥倫比亞或祕魯，又是怎樣的危機？更當非議的是，美國政府口說人道危機，與此同時又從2017年開始，透過經濟手段制裁委國，造成食品乃至醫療用品發爛而無法運入委國等等情事，時有所聞。

一手說人面黃肌瘦，另一手發動經濟戰爭，既減產又囤積，並阻礙貨物進出委國，若真有人道危機，美國政府結合委國MUD強硬派的作法，顯然不是減緩，反而加重這個危機，造成委國人更大的苦難。這個跨國的階級聯合起來聲稱，他們要從海外運送物資援助委國人民。但真是這樣嗎？還是，如同拉美專家黑林杰教授所說，這很有可能是MUD用來打擊政府的「正當」手段，甚至是屠城木馬？

眼見顛倒是非、造成莫大的傷害，美國退休教授、也是律師同時擔任聯合國獨立人權專家的沙亞思（Alfred de Zayas）鼓勵委國將美國政府告上國際法院。美國與加拿大一百五十位文人包括杭士基也聯名發表公開信，要求美加政府即刻終止對委國的制裁（霸凌），指其全然沒有道理，更沒有合法根據。

馬杜羅政權是有很大問題，但疾病根源不是太多的社會主義路線，剛好相反，其經濟體的特徵仍然姓「資」，從其私有經濟產值占國民生產毛額超過八成五，可見一斑；馬杜羅「當選容易當家難」已是共識，假使MUD不變，繼續連結美歐，不斷攻擊執政的社會主義統合黨（PSUV），委國局勢又要更為險峻，包括不能排除發生內戰的可能。

委國石油專家認為，若能改變開採地區，或許還能挽救因投資不足、設備更新緩慢而造成的石油產量下滑；更激進的人則認定，連任後的馬杜羅假使還是持續過往的中間取徑，委國局勢不可能讓人樂觀，遑論說是要邁向社會主義。

　　委國的中下階層、進步與批判的人意識清楚、心知肚明。他們知道，反對派若上台，就是過往強凌弱的文化與政經秩序的復辟。他們不是兩害相權而票選馬杜羅，也不一定如同美國進步派所說〈馬杜羅勝出　是黯淡時光的亮點〉，但他們知道，PSUV 及其盟友若傾倒，那麼，他們努力從事多年的基層社區與大社區之生產成績，以及隨之而來的培力經驗與其積累，將要中斷、流失與倒退。

　　排山倒海、驚心動魄，以美國為首，四十餘歐洲與美洲政權聯合起來，為虎作倀。他們沆瀣一氣，試圖要將委國拉回從前，讓歐裔、高社經地位的前朝統治者重拾權柄；他們文攻武嚇，想要推翻「社會主義統合黨」所推動的玻利瓦爾革命。資本主義的漩渦巨大，革命扛舉的粉紅旗幟不能說是形將滅頂，卻也出現載浮載沉的危險。

　　但1999年至今，委內瑞拉三千兩百萬國民，包括當中的五成七，也就是擁有非裔、原住民血統的許多劣勢群眾，確實在這個旗幟的鼓舞下有了進境。相當質量的人群已經走出唯唯諾諾、逆來順受、無力自流的窠臼，他們逐漸有了主體自覺、意識及更多的結社能力，構築了現在能夠立基、來日可以進取的陣地，不斷奮進就是他們的從事。

（聯合新聞網「轉角國際」2018/5/25。）

委內瑞拉逆水行舟　小有成績

　　六四當天，川普政府下達新的行政命令，限縮美國人前往古巴。未來，假使官方政策不變，美國人不再能夠採用郵輪這個物美價廉、也是美國人最常用的方式，前往島國交流及旅遊。川普說，這是因為

哈瓦那執意支持委內瑞拉，不理會美國的封鎖，華府若不「制裁」，顏面盡失。

1月至今，美國執意推翻委內瑞拉政權，已經不是新聞。新鮮的是，如今川普居然挑軟柿子吃，到了這個地步。美國封鎖古巴已經將近六十年，古巴人不曾屈服，美國這次縱使加碼霸凌，哈瓦那若要屈服，就是天大的新聞。

明知無用，還要逞口舌之能，山姆大叔應該是對委內瑞拉已經無計可施，這是色厲內荏的表現。一是上週六，美國國務卿龐培歐承認，他所支持的反對派四分五裂，很難顛覆委國政府。二是6月5日，習近平率領一千人，大陣仗訪問莫斯科，不但中俄外交增溫，兩國更是堅定表述，繼續支持委國的穩定。克里姆林宮甚至補充，川普說俄國軍人已經撤出委內瑞拉，根本是假新聞。前天，俄羅斯總統普亭則「狠批美國帝國心態，破壞全球安全架構」。

但美國的封鎖確實已經重創委國。該國在2017年的每日平均石油產量仍有一九一點一萬桶，當年夏天川普升高霸凌手段及委國開採設備更新太慢，致使2018年跌至平均一三五點四萬桶，到了今年5月，已經滑落到了八七點四萬桶。美國阻止委國支付購買食品與藥品的款項，在5月28日已經超過1億美元。對於幾乎完全依賴石油出口取得外匯的委內瑞拉，這些經濟損失極其嚴重，讓人驚訝或說難能可貴的是，委內瑞拉不但沒有崩潰，社會住房興建以及基本物資的生產及分配，仍小有進展。

首先是聯合國上個月底在非洲舉辦居家環境大會，委內瑞拉大放光彩，與會的一百九十三個國家無不稱讚。原來，委國2010年底因暴雨沖毀房舍，次年啟動社會住房計畫，至今已經竣工兩百六十四萬單位，服務了一千兩百萬人（約占總人口的37.4%）。近日，委國再核可1.84億美元購買建材，在土地無虞，專業人才主導而住民出工及參與興建之下，預計在2025年以前累計完成五百萬單位的房舍。[3]

---

[3] 至2023年7月20日，完成四百六十萬單位。https://www.telesurenglish.net/news/Venezuela-President-Maduro-Delivers-House-Number-4.6-Million-20230721-0011.html

另外，委國在2016年由全國婦女會等四個社團聯合組成「食物供應與生產地方委員會」（CLAPs），藉此確保底層人民至少有基本溫飽。CLAPs每個月兩至三次派發麵粉、食用油、大米、豆品、肉品等食品袋，98%費用由政府補助。

　　在美國的霸凌與封鎖升高之後，固然不少住民越境離開國家，但CLAPs也擴張及強化了功能，除了分配食品，部分另已肩負就地生產蔬菜根莖類作物，以及漁業及家禽養殖工作。

（《人間福報》2019/6/10 第11版。）

委內瑞拉的社區電台

　　一年容易，去歲6至8月，文化部辦理九場「文化國是論壇」。本月15、16兩日，「文化元年基金會籌備處」檢討龍應台一年的成績，再辦「文化部危機解密論壇」六場。

　　在電視方面，去年是尋尋覓覓，說要「尋找更『高』、『清』的公共空間──公廣媒介的未來」。今年直截了當：「打開電視，要你好看：台灣公廣集團（TBS）的任務」。

　　電視怎麼樣才好看？近日因美國人史諾登揭密，再次引起世人注意的拉丁美洲，提供了不錯的例子，特別是委內瑞拉。

　　在2005年以前，委內瑞拉的傳媒都是商業廣電的天下。其後，幅員遼闊（台灣二十五倍多）的委國，數以百計的非商業的、地域或社區電台紛紛升空，公共電視頻道雖僅增加個位數，卻可通達全國，個中「南方電視台」尤具特色，不播廣告，在拉美十個城市有二十六位特派員。該頻道由委國出資51%，其餘由拉美十國以不等方式參與，年度預算少則3億多台幣，多可達13億。

　　TBS現有頻道十個，台灣國家通訊傳播委員會（NCC）容許頻道家族的整合上限，也是只有十個。但是，TBS空有十個頻道，卻因銀

兩不足,節目重播比例高到如同灌水。格局如此,國人對於數位也好、高畫質之說也罷,很難存有任何正面、嚮往的觀感。假使要把十個頻道都弄成「要你好看」,所費不貲。那麼,重點突破,先從電視新聞著手,日後圖謀其餘,並無不可。我國有八個電視新聞台,成本低廉、內容雞毛蒜皮。TBS若能選擇一個頻道(比如,華視有個數位頻道,究竟是新聞,還是休閒,現況模糊不清),改造後使其以國際新聞為主,佐以相對認真的本國新聞,重質不重量,培養觀眾國際視野,捨棄一味追求收視數字,TBS的特色可以立刻凸顯。

其次,委內瑞拉的社區電台不播廣告,錢怎麼來?再以2005年為例,紐約皇后學院社會系教授佛南荻絲(Sujatha Fernandes)的實地調查顯示,政府提供了若干資助額度,另有部分是地方人士的志願與定期捐輸,如汽機車修理店每個月47美元;麵包烘焙店每個月71美元。電台定位仍是非商業,另一方面,國營石油公司設置的各種基金,有更多進入了電台,惟這個財政挹注,無損於電台屢屢在重要議題批評政府。佛南荻絲說,主流商業電視節目、肥皂劇與猜謎遊戲迎合消費主義文化,但社區電台的談話、教育、地方文史、兒童節目及許多舞蹈音樂節目,擁有更多滋潤公民的養分。

委國傳媒環境乃至社會體制,是否有朝一日將要變天,透過這些目前地處邊緣、強調參與及公民素質的電台,包圍主流,致使主客易位,是值得繼續關注的課題。

眼前TBS不妨以委國為例,建請行政院釐定政策,將TBS還欠缺的電台同時納入。日前NCC宣布,FM全國網大功率電台執照,兩張要給客委會與原民會,一張競價拍賣。那麼,TBS請行政院協調這些部會,一將原民與客家新電台委由其經營,再則商用電波的拍賣所得,加上國發會前年匡列給文化部、但還沒有動支的40億,不就可以讓TBS更好看,也更動聽了嗎?

(《人間福報》2013/7/15 第5版。原標題〈打開電視,要你好看〉。)

委內瑞拉催生「南方電視台」

「國際傳播」的進行，可以分作兩大類，動力有別。一種是商務考量主導，再就是政治意志或力量的延伸，惟二者仍可能混合交叉。混合最為「成功」的政商模式無疑就是號稱「小國務院」的好萊塢，1920年代迄今，它行走全球而所向披靡、無往不利已經將近一個世紀，形成了以其發行體系為首的「文化的新國際分工」，各國電影工業絡繹於途，如同佳麗競相求寵於好萊塢（電影產製模式）的帝王。

在新聞方面，1970年代曾經出現「新世界資訊與傳播秩序」（NWICO）的倡議。當時，脫離殖民而取得政治獨立地位未幾的新興國家，不但驚覺經濟依舊處於依附的局面，更是發現彼此之間的資訊流通無法自主。第三世界國家認為，各國接收的境外電訊與新聞，幾乎都是工業發達國家所掌控，特別是美利堅，不但馬克思主義者指控這是《大眾傳播與美利堅帝國》，自由派也說《傳媒是美利堅的天下》，他們為此而跨國串連，呼籲建立NWICO。

聯合國教科文組織回應這個要求，籌組了委員會鑽研這個課題，歷經兩年，提出《麥克布萊德委員會報告書》（MacBride Report），主張「若要擴張傳播系統，優先順位應該給予非商業形式的大眾傳播」。今年春辭世、《百年孤寂》的作者，如同唐吉軻德般地奮鬥，終生以筆墨為掙脫美國對拉美不良影響而努力的文豪馬奎斯，當時曾以該會委員之一的身分，特別「堅持必須發展第三世界國家的交流基本設施」。NWICO的建設宗旨，就在希望各國或區域之間，出現非商業、有利於促進跨境溝通與了解的傳播媒介。

NWICO的推進，如同任何理念的實踐，都是進進退退。若是放眼全球南方國家（Global South），那麼，委內瑞拉領銜，數個拉美國家參與的「南方電視台」，可以說是彰顯了NWICO的意義與成績。

最早是在2004年，在委內瑞拉查維茲與古巴卡斯楚的倡導下，拉美國家創建了「我們美洲人的玻利瓦爾聯盟」（ALBA），強調公平貿易與往還，並在這個過程尋求建構拉美國家的另類發展與交流路徑，至今有八個會員國。雖然不乏有人認定該聯盟僅是出於查維茲的

推動,但亦有論者強力指認,表明早在2001年,經濟新自由主義在拉美造成莫大傷害而開始潰敗之時,工運分子及社運人士已經明白提出類似ALBA這個性質的跨國組織之方案。對他們來說,ALBA的出現是葛蘭西(Anthony Gramsci)的「意識領導權」之爭霸概念在國際政治的實現;這是一種「由下而上,力求改變全球化及反霸抵抗的戰略」,是「具有變革能量的地域主義」,是要透過打造反抗的新政治文化,形成新的認同,循此走向「民主的全球化」;國家與NGO或其他社會能量,在此不是二分,而是互相形成既有緊張,也有合作的動態有機關係。

ALBA涉及十九類項目的跨國合作,有三個戰略領域,石油與金融銀行的合作之外,就是TeleSur為首的傳播部門,它包括三個項目,「拉美加勒比海收音機網」、「拉美傳播公司」,以及最重要的TeleSur,它在2005年7月24日以西班牙語開播,當天是拉丁美洲最知名、領導脫離西班牙帝國,爭取獨立的玻利瓦爾(Simón Bolívar)之第兩百二十二年冥誕。

TeleSur定位於「橫向」流通,是拉美各國首次建立相互報導與傳播的電視管道,「整個南方就是北方」(The South is our North)是其台呼。創台台長、烏拉圭人阿瑞哈尼安(Aram Aharonian)表示,「毫無疑問,社區傳媒很重要……但還不夠,我們還要大處著想……全球發言。」各國決定參與TeleSur的時程及其播出管道,均有不同,最晚的是烏拉圭,雖然其總統在2005年3月已經批准,但國會至2009年6月方始同意。

2006年至2009年,TeleSur陸續與半島電台、BBC與中國央視訂約交換內容與進行技術交流、培訓並分享其他資源。2009年9月TeleSur理事長伊薩拉(Andrés Izarra)在第二屆非洲南美高峰會宣布,TeleSur將與三個葡萄牙語國家(莫三比克、安哥拉與幾內亞比索)簽約,透過無線頻道播放部分節目。2008年,TeleSur運作屆滿三年前,八十多個不結盟運動國家在委內瑞拉開會,各國部會首長簽署《瑪迦里特宣言》(The Margarita Declaration),認知「新國際傳播秩序」的價值,力挺創建另類全球傳媒網絡的議案。他們表示,一一

八個全球南方國家理當共建「不結盟新聞網絡」，TeleSur的運作經驗可作參考。委國總統查維茲即席表示，「我們希望建構宏偉的世界之社會電視，在加勒比海、亞洲與非洲都能廣設辦公空間、影音棚、攝影機。」據此，九個拉美國家先在2011年聯手創立「拉美新聞聯合通訊社」，下設三委員會，分由巴西、古巴與墨西哥領銜；該年8月，TeleSur與美商Globecast World TV簽約，使其視訊在北美、中美洲與加勒比海地區多了潛在觀眾一億戶，部分重疊於先前在北美、歐洲與中東取得之潛在觀眾二點五億。至2012年左右，TeleSur約有一百二十位專職記者分布在美國與拉美十二個首都，並與二十二個海外傳媒機構簽訂合作關係。TeleSur在2014年建立英文網站，2015年開始有二十四小時英語報導與評論，重點與角度及立場，自然有別於西方的主流傳媒。

（取材自馮建三〔2014/10〕。〈政府涉入型對外衛星電視與NWICO〉，《西南民族大學學報》，v. 35; No. 278，頁160-7。）

委內瑞拉社區電視　走入國際

　　《在地翻轉：台灣社區　媒介新浪潮》（胡元輝編）介紹十六家小媒介、《新聞創業相對論》（陳順孝編）訪談十八位傳播人。關注民主政治、（地方）新聞（創業）的人，必然可以從中溫故知新。兩本圖書介紹的（網路）傳媒遍布東西南北，最主要的服務對象是本地住民。

　　相對於此，委內瑞拉的「達杜伊公用電視」（Tatuy Televisión Comunistaria, TTC）的特徵有二。一是內外兼顧，部分影音作品加配了英文字幕。二是十四位成員無一支薪，所有人都是志願貢獻，各盡所能，產製內容。

　　「達杜伊」地處海拔一千五百公尺高原，位在委國首都西南方

六、七百公里的Merida省。2006年委國啟動社區營造,記者、影視製作人、社會運動工作者……聚集謀事,次年起申請電波使用權,至2012年取得第四十八頻道。但在五年籌備期間,他們沒有閒著,是攜帶影片四處放映並與居民座談,準備推進政治的變革。在這個階段,聯合國表意自由報告員Frank La Rue大力稱讚,認為委國將電波分作公有、私有及社區所有三類,對社區傳媒提供技術協助(包括補助設備採購),堪稱「拉美及世界的模範」。他說,這正是聯合國多年前的政策建議,是在「邁向新且更公正、更有效率的世界資訊與傳播秩序」,委國今日的回應雖然遲到,仍是表率。

其後兩年,TTC每日播出十二小時。但好景不常,一因開創社區傳媒遠景的查維斯總統在2013年春辭世。二是2014年底國際油價大幅滑落,委國財政日漸吃緊,補助減少。面對危機,有些委國社區傳媒引入廣告。TTC不肯,而是捨棄無線電波,以此節省維持傳輸的人力與物力。TTC放棄版權並擴大網路傳播。TTC現在把自己當作是「彈藥」(內容)提供者,所有影音任憑非商業者無償使用。至此,不但委內瑞拉,是整個世界包括拉丁美洲都能使用。沒了自己的頻道,對外傳播更有效,無我成就了大我。

最能彰顯TTC服務國際社會的內容,是「基進與激進的查維斯」(Chávez the Radicals)系列短片。TTC在2010年完成第一集約一分鐘,最近(上個月推出)的第二十九集超過八分鐘,其中十九集已有英文字幕,全部可透過網路觀看與下載。短片結合了飽滿生動的畫面、強勁有力的話語、簡潔的字幕及俐落的節奏,讓觀眾震撼,理解了自由、平等、博愛、國家、市場、利潤、私人占有、社會生產、民族、階級、性別、世代、環境保育等等人文社會關鍵詞的複雜關係,觀眾會驚訝於具體影音與抽象概念,可以結合至這個水平!

假使再考量TTC的成員及運作方式,更要讓人驚豔。TTC女九男五,多數人擁有全職工作(在大學教授政治經濟學、負責影視工作等),較少人則在TTC歷練與尋求機會。十四人輪流執行不同的工作內容,沒有勞心勞力的差別,因此從清掃、設備歸定位、器材維修及確保其狀態良好可用等各種職能,所有人都要操作。又因當前物質條

件困難,無人不需擔任廚師為人備妥菜餚。每個人都會攝影、剪輯與運用蒙太奇等技巧。當然,在工作過程各人的特長與能力傾向仍然存在,但TTC不會因此就將每個人的工作固定化,輪換仍是原則,發揮特長與歷練一般能力,經常並行。不但以影音作品溝通社會,TCC在團隊協作的同時,也以親身的夥伴關係,展現了比較理想的社會面貌。

(《人間福報》2019/6/13 第5版。)

拉美粉紅浪潮的崛起、受挫,再起

古巴打前鋒　委內瑞拉與巴西繼起

　　今年的台灣很拉美,很古巴。從農曆新年開始,慶祝古巴革命成功五十年的影展就從高雄開始,一路北上,經過嘉義而後新竹、台北縣市,再穿越中央山脈,來到花蓮。就在十部影片五、六十場次的半年放映期間,兩本古巴書也先後出版。《紙醉金迷哈瓦那》詳細鋪陳革命前夕,美國黑幫與古巴權貴的酒池肉林。《敲打天堂的門,古巴》描寫古巴人的物資不足,卻又「活潑幽默、笑得開懷、舞得忘情」的風情。

　　現在,入秋時節,十多年來親臨阿富汗、巴爾幹半島、東南亞與西藏,鳥瞰中韓歐美非,並進入「中東現場」深究,已有三冊文集的張翠容,再將她近年來多次遠赴中南美九國深入採訪與報導的作品詳加注釋後,集結成為她的第四本書。大約同一時候,包括切・格瓦拉的《古巴革命紀實》與《玻利維亞日記》在台出版;他的四小時半傳記電影,也在台開映。

　　詭異、湊巧或刻意的安排是,電影上演之日,正是「九一一」。八年前,恐怖組織「基地」派員十九人劫機,從天俯衝紐約世貿雙子星大樓,二九九三人殞命,反恐之聲挫傷美國民權,伊拉克與阿富汗受難至今,這是美國的九一一。三十六年前,民選總統在軍事政變中壯烈殉道,異端與無辜人士命喪黃泉、失踪、入獄或逃離國門,血腥屠夫劊子手的背後,正有美國撐腰,這是智利的九一一。

　　眾所周知,格瓦拉對美帝國主義不假詞色。人們如今記憶比較淡薄的是,1964年底,切前往阿爾及利亞,參加亞非團結大會並發表

講演,他說,「社會主義國家集團是二號帝國主義」。不但對蘇聯,對於當時關注國際政情的人,這次演說都是轟天一雷。既然兩邊都已開罪,古巴追求自尊自保的道路,只能是對外結交更多的盟友或輸出革命。1967年4月,古巴機關報《格瑪拉報》在頭版發布切致亞非拉美三洲會議的賀文,目的在「製造兩個、三個以至更多的越南」。這個浪漫情懷蘊含著務實的需要。卡斯楚支持這篇文章的刊登,可以看作是證據之一,顯示兩人是有分進合擊的默契。

這些事蹟歷歷在目。如果美國1967年6、7月起,未曾大力支援玻利維亞軍隊,切是否兵敗、是否被捕後次日會遭槍決,都在未定之天。歷史不能重來,但這不是要點。重要的是,《拉丁美洲真相之路》向讀者展示,切雖死猶生,不單他的理念、行動與事蹟鼓舞了世人,許多中南美洲的人,特別是「年輕人」,對切的革命夥伴卡斯楚也是「推崇備至」。閱讀張翠容的這本書,我們就會知道,追求另類世界的革命精神、號召與踐履,在拉丁美洲的許多地方還是活生生地上演。

雖然沒有特定機構的長期支持,但作家、記者張翠容千里迢迢、馬不停蹄而險地必往。她多次造訪古巴,觀察販夫走卒之外,更訪問了切的長子卡美路(Camilo Guevara),她也到了玻利維亞,找到四十二年前與切並肩在叢林穿梭的兩位戰友古絲曼(Loyola Guzman)與伯蘭度(Antonio Peredo)。這些努力與用心讓人肅然起敬,歷史洪流就在眼前翻滾的感覺,油然浮現。新聞報導的魅力在此,聯繫歷史與當下的翠容說,「記者的工作就是阻止遺忘」,信然。

拉美反抗西班牙、英法而後美國(半)殖民帝國的最大事件,就是1959年古巴革命成功,打破「地理宿命」論而影響至今。1998年底,查維茲當選委內瑞拉總統,1999年修憲啟動「二十一世紀社會主義」,石油權貴及其附庸強烈反擊,五大電視網及主流報紙無日不批評。他們先在2001年底組織石油罷工,繼之在2002年4月政變(美國首肯。公視曾放映其紀錄片《驚爆四十八小時》)。失敗半年後他們捲土重來,再次鼓動石油工會罷工兩個月。2004年8月他們發動罷免公投,再次失利。權貴階級的子弟兵沒有賦閒,這些大學生走上

街頭反查維斯,美國公然給獎50萬美元,頒贈「自由戰士」稱號!查維茲不能不反擊,今年修憲公投成功,仿效歐日內閣制,連選可以連任、不受次數限制,繼續推動更多所得重分配、教育醫療及市民參與等等改革活動。

　　德不孤,必有鄰。委國政局有驚無險,拉美近鄰斬獲漸多。2002年底,巴西工人黨魯拉當選總統,激進立場雖有調整,進步的政策與政績仍然可觀。出身工人家庭的醫學教授巴斯克斯2004年獲取烏拉圭大位。2005年,心向窮人的莫拉萊斯以過半選票勝出,在他之前,玻利維亞沒有任何原住民總統。2006年,前所未有,智利選出女總統巴切萊特,億萬富翁落敗。同年底,武裝革命出身的奧特佳在野多年後,重新入主尼加拉瓜。2007年11月,就任厄瓜多總統未久的科雷亞,席不暇暖來到中國社會科學院,「闡述二十一世紀社會主義背景」。2008年,盧戈破天荒,以解放神學的教義與背景,掌權巴拉圭。8月,67%玻利維亞選民支持新憲法,莫拉萊斯啟動土地改革方案。今年3月,薩爾瓦多人民終結二十餘年的親美政權,雖然執政黨投入的電視廣告經費,是左翼聯盟的四倍。4月,科雷亞再破紀錄,連任總統。9月,曾在2003年訪問卡斯楚三十小時,製作《司令官》(*Comandante*)卻遭HBO拒絕播放的導演史東擴大規模,完成巴基斯坦裔、英國《新左評論》編委阿里(Tariq Ali)編寫的《國境之南》,前述幾位南美領導人逐一入鏡,其中,查維茲還在7日親赴威尼斯影展,參加紀錄片的首映,喧騰熱鬧。

　　查維茲及其領導團隊,以及拉美其他易幟的國家,其理念能有多大永續發展的空間?得利於舊有政經與文化秩序的人,坐擁許多海外國家與其同聲出氣,公然招搖而文攻武嚇,一意想要復辟。「按理應該」聲援查維茲的國家,卻有官員連忙表明,指南美的社會主義「與中國無關」。確實無關。但切的玻利維亞戰友、曾在1960年12月1日與切一起在北京與毛澤東會面、目前是該國「邁向社會主義運動」黨籍國會議員的伯蘭度說,「社會主義也不是一成不變,它已發展出不同的面向,就好像資本主義。」說得在理,中國大陸在拉美採礦購油以外,若能加採這些理念,更好。

究竟是哪一種理念能夠行遍天下，從來不能一勞永逸，從來不是全有全無。翠容對拉美的另類理念具有同理心，但對其發展的前景，不能不審慎地觀察、採訪與落筆。「二十一世紀社會主義」是什麼、能不能為人類開拓新的天地，事關重大，我們何其有幸，在動盪轉變的大年代，有記者張翠容，作此記錄，見證現場。

　　（2009年9月11日，芒果樹之下巧克力之上）

（推薦序：張翠容〔2009〕《拉丁美洲真相之路》頁4-8。台北市：馬可孛羅。刊登的標題是〈試看明日拉美，竟是誰家天下？〉。）

墨西哥起義　驚動拉美

　　1994年1月18日，天寒地凍。來自台大、世新、文化、東吳、北醫、淡江、輔仁等校大學生，怒氣沖沖，衝到墨西哥駐台商務辦事處及美國在台協會，〈向美墨抗議〉。學子響應蒙面騎士、世人稱之為新「切・格瓦拉」的馬可仕總司令（Subcomandante Marcos）。馬可仕在「北美自由貿易區協定」生效日（元旦），在墨西哥南端恰帕斯（Chiapas）省分與原住民並肩，興兵舉事。台灣青年隔洋響應，加入指控「經濟侵略」的行列，抨擊墨國政府不該「武力鎮壓印地安農民」。

　　馬可仕奉行《改變世界不奪權》的路線，背離槍桿子出政權的傳統；他善用傳播通訊科技發布資訊，頗見成效。馬可仕對抗資本主義全球化的反擊模式，人們稱之為後現代的游擊戰。

　　馬可仕崛起地平線的同一年，甫出監獄的查維茲訪問哈瓦那，與卡斯楚徹夜長談。1999年，查維茲就任委內瑞拉總統，重返傳統，運用與〈打造國家，推進革命〉。

　　路線雖有兩種，但不是衝突，而是彼此聲援與掩護，究竟是捨此或就彼，得看各地的具體情勢，無法定論孰優孰劣。確定的是，蒙面

騎士發難二十年之後，拉美大地相繼出現更多的進步運動，取得了初步成績。1995年起，「拉美年度民調」（Latinobarómetro Public Opinion Poll）連續在各年5至6月（但2012年未調查），面訪拉美十八國兩萬餘人，提供最為穩定的跨國資料，世人若需掌握拉美人民的政治認知、態度與行為，這些民調數據會有參考價值。

負責執行調查的組織設在智利首都聖地牙哥，贊助者包括聯合國發展計畫、拉美開發銀行、瑞典國際發展與合作署、挪威合作署、英國資料檔案、美洲組織、歐洲聯盟、拉美教科文組織，以及美洲開發銀行等。這些「有頭有臉、頭角崢嶸」的贊助者，可能因為它們的主流與建制色彩，同時，可能也因為美國政府亦會支援這些調查，致使不少美國的進步傳媒幾乎不太報導與評論其發現。無論是線上傳媒，如 *Democracy Now!*（創辦於1996）、*Alternet*（1998）、*Truthout*（2001）、*Upside Down World*（2003），或是同時出版紙本的資深傳媒 *The Nation*（1865）、*The Progressive*（1909）或 *The Counterpunch*（1994），歷來對於這個機構的調查成果，少有理睬、鮮見聞問。

《經濟學人》截然不同，許多年來，對於自己就此專題的「獨家」報導，該刊相當自豪。進入該刊網站，鍵入 'Latinobarómetro' 一詞，單計2002至2013年間，出現大約一百篇左右，包括報導、評論、讀者回應，或僅只是內文引述。報導雖多，發行一百五十七萬份（半數在美國）的《經濟學人》在解釋拉美調查的結果時，固然有執守專業的面向，卻也同時顯現偏執，凡是與其世界觀不符合或有所違抗的事實，它要不是壓抑，就是淡化。因此，《經濟學人》若是得在左與右之間揀精擇肥，可能就會寧右勿左；假使無法不肯定左翼政權，就會凸顯「好」左派，而不是「壞」左派，特別是對於委內瑞拉、玻利維亞、厄瓜多與尼加拉瓜這些「壞」左派，盡量要少說好話，避免「為敵張目」。

針對2013年的拉美民調，《經濟學人》說，「支持民主的委內瑞拉人，比例比2011年增加了十個百分點，2013年達87%，拉美最高。」依照字面理解，這個陳述是對委內瑞拉的正面肯定或讚揚；再不濟，應該也是中性的報導。但是，這本刊物另有新解，突兀地使出

回馬槍,緊接前面那句話之後的文字,赫然有變成一種暗示的樣子,或者,它顯得是在誘惑讀者,促其認定總統馬杜羅即便是「採行了威權的干預」,致使惹毛了選民,但認同民主的人數還是居高不下。

《經濟學人》何出此言?一個解釋是,該期出刊之日是11月初,而12月委國即將舉行選舉,雖是地方性質,惟反對派認定這是對馬杜羅(4月才當選總統)執政能力的公投,從他當選日起就高喊選舉瑕疵(雖然美國律師公會兩度的觀察與調查,早已在其報告中,陳述該次選戰如同往常,是公平的),不肯承認他是總統。繼之,反對派持續推動各種經濟戰與傳媒宣傳戰,包括《經濟學人》也是一路負面呈現委國政府,遂有這種讓人跌破眼鏡的遣詞用語。但事實勝於「雄辯」,一個多月之後,地方選舉結果揭曉,馬杜羅執政聯盟得票從4月的50.7%,增加至54%,支持馬杜羅的委國選民以實際行動否定了《經濟學人》等等傳媒的片面抹黑。

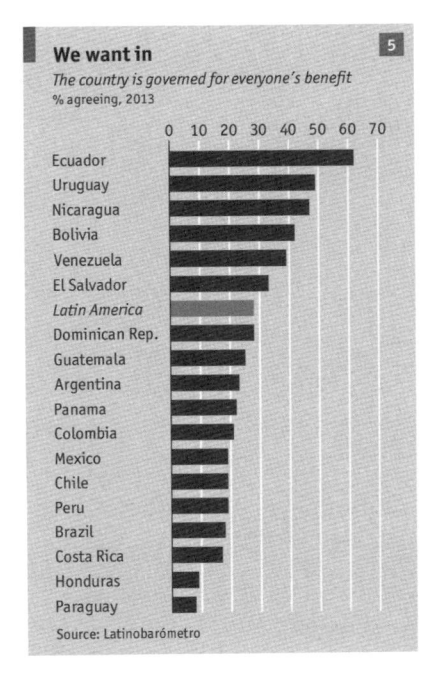

《經濟學人》呈現拉美各國民調數字的圖表。

不過,《經濟學人》還算局部誠實,當它原汁原味,呈現民調數字不另作牽強的解釋時,任何人都看到了該刊不願意透過文字述說的事實(如上頁圖):同意「本國目前的治理狀態,能使任何人都得到好處」的比例不高,拉美各國平均不到三成,但高於這個數字的所有國家(六個)都在左派政權治下,並且有四個國家也都是美國政府與傳媒刻意羅織為「壞左派」:厄瓜多、尼加拉瓜、玻利維亞與委內瑞拉分居第一、第三、第四與第五!在美國默許之下,先後在2009年6月與2012年6月發生政變,致使左派總統下台的宏都拉斯與巴拉圭敬陪末座,在十八個國家當中,僅有這兩個國家低於10%!《學人》雖然局部誠實,卻還不夠大方,上圖不見於紙版,僅在網路版流傳,並且只有圖,沒有任何解說的文字!

紐約大學拉美研究所博士楊格(Kevin Young)則是「慧眼識英雄」,他也看出了這些民調的價值。相比於《經濟學人》,他更願意從中肯定拉美左翼的表現,這種實事求是的態度,對於社會溝通更有價值。楊格說,2008年至2013年間,「拉美年度民調」相當一致。這就是說,民眾對於「壞」左派政權的評價,其實反映了這些政權減少貧窮與不平等的成績,名列各國前茅。反之,數十年來最得美國政府「青睞」的哥倫比亞與墨西哥,落後很多。2013年,各國受訪者支持民主體制的比例,平均是58%,哥倫比亞第十(52%),墨西哥吊車尾(37%),最高者已如前述,是委內瑞拉的87%,阿根廷第二(73%),厄瓜多第五與玻利維亞第六是62%與61%,智利63%是第四。依照邏輯,若支持民主,可能就對民主體制的績效,滿意程度較高。這裡,委內瑞拉雖僅第七,但其42%仍然高於平均(39%),第一至第四的烏拉圭(82%),以及厄瓜多、尼加拉瓜與阿根廷,也都是左派執政。至於哥倫比亞與墨西哥,分居倒數第六(28%)與倒數第二(21%)。

支持民主與否,以及是否滿意本國的民主表現之外,並行旁側的是對於本國經濟資源與總體公正與否的主觀感受。在這裡,「壞左派」表現依舊不俗,十八國平均有35%的人說,受訪前十二個月,家裡曾經缺錢購買食物的受訪者比例,委內瑞拉低於平均,卻仍有

27%（與巴拿馬相當），但低於哥斯大黎加的28%與祕魯的29%，玻利維亞是25%，厄瓜多是26%。認為本國資源分配公正或非常公正的比例，十八國的平均是25%，最高的前六名依序是厄瓜多（58%）、委內瑞拉（43%）、尼加拉瓜（41%）、烏拉圭與巴拿馬都是35%，玻利維亞是33%，敬陪末座的是巴拉圭與智利的10%，哥倫比亞是14%，墨西哥19%。

「拉美年度民調」僅就人民感受進行調查，楊格另比較多種機構的統計數字，採取廣泛被認為最為可靠的材料，也就是聯合國「拉美與加勒比海經濟委員會」（Economic Commission for Latin America and the Caribbean, ECLAC）的報告書，進一步比對主觀感受與客觀實體的異同。他的發現是，無論是絕對貧窮的減少，或是相對貧窮（不平等差距，以基尼係數為準，數字愈高愈不平等，美國、香港及新加坡都超過0.4，台灣在0.3-0.4之間）的降低，委內瑞拉的表現最為出色。楊格特別提醒讀者，委內瑞拉在醫療與教育等社會福利的表現可圈可點，卻無法反映在ECLAC所使用的測量方法。惟即便如此，ECLAC的跨年統計已經顯示，2002至2011年間，委內瑞拉家戶貧窮人口減少了42%，玻利維亞是35%，墨西哥是8%，哥倫比亞（該國政府自行製作，不是ECLAC資料）雖然也減少了34%，但主因是哥國政府變更測量法所致。基尼係數方面，委內瑞拉從0.5降至0.4，玻利維亞從0.61減到0.51，委、玻兩個常遭指為「壞左派」的國家成績相同，都減0.1，墨西哥是0.51與0.48，哥倫比亞即便變更測量法，依然高達0.57與0.55，兩國分別僅減少了0.03與0.02。墨、哥是美國傳統「邦誼」及軍援最多的國家，表現明顯不堪，卻在《經濟學人》掩護下未見於其報導！

《經濟學人》的報導採納了權勢集團的立場，因此，該刊今年第一期論及北美自由貿易協定實施二十年時，強調在這段期間，美墨貿易額增加5.06倍，美國與其他國家貿易額則僅多2.97倍；又說美加墨三國之中，墨西哥受益最多，表現為外人直接投資迅速增加，製造業生產力高升而成為世界第四大汽車出口國云云。只是，若有金玉其外，敗絮其中的例子，那麼，《經濟學人》說了金玉，同屬英國的刊

物《衛報》則讓我們看到了敗絮：1994至2012年間，墨西哥每年的人均所得成長率低於1%，《衛報》文章所統計的二十個拉美國家當中，墨國是第十八名。但是，1960至1980年間，也就是尚未採取私有化及經濟自由化之時，墨西哥人均所得增加了一倍！如果當年墨國經濟政策沒有轉向，現在其人均所得可能會有接近西歐水平的機會！

2000年以來，拉美有十一個，也就是半數以上國家陸續向左轉（宏都拉斯與巴拉圭後因美國默許的政變而右轉），每年經濟成長平均約有1.9%，雖然低於1980年以前的歲月，以本世紀起轉向以前二十年（1980-1999）的年平均（0.3%），已然好得很多。但墨西哥仍舊未能跟上這次列車，2000年至今的年均經濟成長率低於拉美整體之半，不到1%，致使其貧窮率在2012年停留在52.3%，與1994年的52.4%幾乎完全相同，原地不動。南美大陸許多國家於過去十多年進入相對長期的左翼執政，採取有效政策，貧窮率得以從2002年的43.9%，銳降到了2013年的27.9%。

拉美是台灣最多邦交國的地區，拉美也有許多人絡繹於途，努力開啟人類的另一種前程。前者可以是，也不必一定是我們關注拉美的原因；後者必然是台民在內的世人，理當關注的動態之一。開拓與積累更為深刻的拉美認知之工作，值得從事。《經濟學人》等等傳媒的拉美報導遮蔽了拉美的精采面向，老調重彈行將就木的陳腔濫調，其報導卻經常全文翻譯於坊間報刊雜誌。這是另一種資訊不平衡，與其聽任統治者意識形態跨國傳播，台灣必須、也要努力進行跨境的另類意識之傳達與連結，不捐細流，所以成大。馬可仕總司令躍馬墨西哥之際，台灣青年立刻在1994年初跨海聲援；吳音寧挺進恰帕斯，在2004年推出《蒙面叢林：深山來的信、探訪墨西哥查巴達民族解放軍》；2014年伊始，《共誌》再以短文，向奮進的拉美人致意與致敬。

（《共誌》2014/2 第7期，頁20-2。標題是〈拉美起義二十年 《經濟學人》無動於衷〉。）

巴西電視在1980年代的民主貢獻

　　巴西是南美第一大國,長期由軍政府執政,十多年前開始有較大的變化。

　　先是在1982那年,反對黨贏得地方選舉,並在國會占有若干席次,於是反對黨將政治運動帶上街頭,許多社會及勞工組織跟進。他們此時訴請國會通過憲法新增條文,促使總統直選,接著,各界壓力撲向仍由軍方掌控多數的國會,幾經衝撞,終於換得軍政府宣布直選總統。

　　從搖頭到點頭,大眾媒介在逼請軍方同意直選總統的過程,一反溫順聽命的舊習,扮演了強大的觸媒角色,尤其是「環球電視公司」(Globo Television),表現更是讓人吃驚。

　　Globo與獨裁軍政府同步誕生,不但規模龐大,是全世界第四大電視網,它還擁有四十三個電視台,以及巴西最有影響力的報紙,更有許多廣播電台,並且兼及雜誌、書籍與漫畫書的出版。

　　推動總統直選運動登場之前,Globo與政府合作無間,為軍方粉飾太平。比如,政府為了興建橫跨亞馬遜河高速公路,大舉開發亞馬遜河流域,雖為災難一場,但Globo美化之。它在轉播巴西國家足球隊出戰外國時,用心強化愛國意志,協助建構了國族的榮光驕傲,是軍政府得以從意識形態上,繼續控制與操縱巴西社會的重要因素。巴西軍統時期的獨裁者梅迪西(Emilio Medici)曾說,每天晚上與五千萬觀眾,共同收看Globo的電視新聞,是最快樂的時光,因為其他媒介充斥著世界上許多地方的罷工、暴力及衝突,但Globo的新聞卻是平靜一片,讓人覺得像是辛苦工作一天以後,服下了一帖鎮靜劑。

　　1984年2至6月,轉變的關鍵期。反對勢力不分黨派,甚至執政黨若干派別,都加入直選運動,一連串集結與示威,有如烽火並舉,在各大省城及大都市爆發。最初,Globo的鏡頭,放在藝術工作者與音樂人員,把他們的政治訴求,簡單說成「著名藝術家帶領群眾至市中心廣場」。到了6月,由於群眾運動實在聲勢難擋,幾乎所有重要的巴西報紙均已報導,Globo不但不能再置身度外,它聰明地西瓜靠

大邊,開始將整個八點檔新聞時段用來報導示威事件。

面對緊急狀況,軍政府極力鎮壓。總統直選案於國會投票當天,軍方宣布首都進入緊急狀態,限制報業自由、檢查所有從首府發出的新聞,但這已經是困獸猶鬥。大批記者反抗,主管支持,比如,里約熱內盧的收音機電台凍結所有新聞,只是反覆不斷地告知聽眾,首府事件在軍政府檢查下,無法傳出。Globo 的觀眾則看到演員 Jo Soares 突然靜坐在螢光幕前,不言不語達一分鐘。Globo 還向軍方說不,拒絕政府派員上節目,Globo 與軍政府同日生,但拒絕同日死。

直選案未獲通過,但政府分裂,而反對勢力再壯大,組成「民主統合聯盟」,並推出候選人,再與軍方周旋選舉人團選舉的正副總統。Globo 還是不持平,只是反向而行,它將軍方候選人塑造成國家的「絕對公敵」,代表聯盟出馬的內維斯(Tancredo Neves)則是慈祥老好人,將拯救巴西。軍政府告急,重施故技,控告反對黨中傷、誹謗政府,值此關卡,八十歲老記者,也是 Globo 老闆站出來說話,要求政客老實無欺,在人民意願面前俯首。

1985年元月15日,內維斯當選,卻突然因盲腸炎入院,巴西政局危機又來。按照憲法,繼位人選有二,紛爭再起,各家媒介又各自扮演要角。最後,Globo 支持的人當選,而老闆的朋友也被圈選為傳播部長,「新共和國巴西誕生」。從前種種譬如昨日死,軍政府的國家意識形態工具,如今卓然自立,搖身成為「強有力而獨立的新政治力量」。

(《聯合報》1996/3/5 第37版/聯合副刊。原標題〈巴西電視與總統直選運動〉。)

巴西工人黨繼續執政　西方主流失望了

雨量豐沛,水力發電曾經占95%發電機容量的巴西,今年乾旱,八十年僅見。雖然天有異象,人有禍福,但啟動已經十二年的巴

西維新，因工人黨現任總統羅賽芙（Dilma Rousseff）26日以近52%選票連任，可望繼續向前行。

2003年工人黨執政後，推動「家庭補助金」政策。低收入貧戶家長只要將孩童送進學校就讀，也讓學童定期接受健康檢查，可以月得30美元，加上其他政策，已使四千萬人脫貧，失業率也創歷史新低。

內政不俗，外交也走向獨立自主，重視拉美整合，不再以美國馬首是瞻。巴西制訂《數位人權法案》後，去年另與德國在聯合國一起推動《數位年代隱私權法》。7月，以色列攻擊加薩走廊，聯合國設置的學校也無法倖免，巴勒斯坦平民與學童殞命超過兩千人，巴西說這是「大屠殺」，並與拉美許多鄰邦向聯合國大會提案，通過今年是「聲援巴勒斯坦人民國際年」。

若回到1967至1984年的軍事政府，或是其後至2002年的右派聯盟執政，滅貧的社會項目不會是巴西政府的優先施政目標；而國內進駐美軍基地、美國暗示支援哥倫比亞加入北約，這類怪現象難保不會在巴西發生。

作為拉美第一大國（人口超過兩億）、世界第七大經濟體，巴西這些內政外交經驗，儘管一點都不激進、只是中間派，卻已不符合美歐右翼政權所希望看到的前進方向。假使工人黨繼續執政，他們所希望製造的假象就會破功。

他們想讓不知情的人以為政府鬆手、（金融）資本更自由流動，財政緊縮、減少社會支出可以「創造」就業機會，經濟於是增長、果實就會下滴、環境保護就能更好。現在，他們無法執政，這些謊言在拉美就是少了一大塊散播的園地。

5日首輪投票前七天，羅賽芙說要修法降低媒介壟斷力。這個不惜得罪傳媒的主政意向，反映了拉美左派與主流輿論的固有衝突。

巴西傳媒的海外同道很多，主流財經報刊如《華爾街日報》、《金融日報》等報紙確實反對她的路線，綜合刊物如《泰晤士報》更是有話直說，表示「政權變天」最好。

《經濟學人》同樣赤裸，標題寫〈時代正在轉變〉，內文說工人黨若下台，可望顯示「左翼意識領導南美大約十二年後，開始有了政

治潮流的轉向」。在首輪投票後，這些刊物如同選前的多數民調，跌破眼鏡，外界看好的中間派席瓦（Marina Silva）竟然墊底。原先，他們希望在第二輪投票時，席瓦可以得到第三名的支持，最終勝過羅賽芙。

何以預測失準？《經濟學人》的解釋是，席瓦選戰後期衝勁弱了，反觀傳統右派、也就是其後在26日與羅賽芙對決的尼佛斯（Aecio Neves），當時堅持不懈、愈戰愈勇，選前三天的「電視辯論表現自信」，可圈可點，於是從第三衝到第二；「選民應該拋棄羅賽芙。」候選人表現在最後幾天，能讓一成以上選民翻轉心意？前所未見，不太可能。

美國中左刊物、創辦已有一百五十年的《國家》解釋說，黑白混血的席瓦最後落敗，原因無他，就在民調不妨說支持，真正投票時，利害考量才會出現，二者必有落差，她從第二變成第三，「毫無疑問，就與最沒有進步色彩的動機有關：種族偏見。」巴西白人約占總人口48%。

(《人間福報》2014/10/29 第5版。原標題〈巴西繼續進步 《經濟學人》失望了〉。)

拉美團結　古巴重返「美洲國家組織」

歐巴馬的古巴政策跨出了第一步，方向正確，後續步伐有多大，還待觀察。

美國外交作此調整，也許有歐巴馬因素在內，但最重要原因仍是拉美各國團結一致，不滿美國執意封鎖古巴的聲勢，到了本世紀愈來愈烈。

2009年，三十四個美洲國家邀請被孤立的古巴重返「美洲國家組織」；兩年前，在哥倫比亞舉行的第六屆美洲高峰會，各國表示，

美國若再排除古巴,將杯葛明年春的峰會。果然,第七屆地主國巴拿馬已發出邀請並獲古巴同意。

近日,《紐約時報》罕見連續幾篇社論,也可以看作是反對美國外交政策的輿論,明顯強化。10月11日,《紐時》社論說,〈歐巴馬應該結束封鎖古巴〉,19日再出社論讚揚〈古巴的伊波拉角色可圈可點〉。11月2日的社論〈與古巴互換俘虜〉則說,六十五歲的商人Alan Gross確實是在古巴「祕密從事挺民主計畫,違反了古巴法律」,因此要求古巴「無條件釋放」是死結,少有可能。果然,昨日美國也釋放已被關了十六年的三名古巴人,他們在美國想與FBI合作,協力反對古巴裔美國人的恐怖破壞與殺人行動,卻被美國入獄。《紐時》再接再厲,16日則抨擊美國在布希年代(2006年)制訂法律,煽動古巴援外醫護人員「起義來歸」,《紐時》說,這種大國要小國醫護人員「援助」的幅度,最近兩年合計已達二二三七人,太過分了。

美國全面封鎖古巴超過五十三年。據BBC報導,古巴損失總計1兆1千萬美元(幾乎是我國政府十五年總預算,而台灣人口是古巴一倍,人均收入是其四倍左右),美國僅一年損失12億美元。歐巴馬的行政手段雖然也能對古巴的封鎖帶來相當幅度的減壓,但若無國會改變相關法律,兩國關係的正常化就還得等一陣子。

(《聯合報》2014/12/19 A23版。刊登的標題是〈拉美團結　破冰催化劑〉。)

巴西最受歡迎的總統　為何入獄?

巴西總統波索納洛,去年參選前曾經訪問台灣。現在,就任八個多月的他,身陷風暴。經濟低疲、凶殺犯罪增加之外,主要是普立茲新聞獎得主葛林沃(Glenn Greenwald)等人的調查報導團隊,上週起連續獨家披露「巴西祕密檔案」,先以葡萄牙文撰寫三大長篇,後

再佐以兩篇英文的濃縮版海外通報。

這些系列報導的重心，就在指控波索納洛任命的司法部長摩洛（Sergio Moro）等人徇私濫用權力，受益者可能就是總統本人。

摩洛是法官，從2014年起，他負責主審當時爆發、至今還沒有終結的政商貪汙腐敗醜聞，其後，涉及人數與企業行號只增不減，至今年5月，這個連環爆案件涉及十八家公司、四二九人遭調查並起訴，一五九人定罪。在所有已經定罪並入監服刑的人當中，爭議最大的是巴西工人黨創黨人之一，也是巴西史上最受肯定的前總統魯拉。

魯拉執政八年（2002-2011），治理成績秀異，包括啟動方案，窮苦人家若讓小孩就學，就能得到現金補助的福利，涵蓋一千四百萬家戶，約巴西三分之一人口，至今不分朝野，還在奉行。任期屆滿前一個月，魯拉在巴西仍然有八成七支持率，這在巴西是空前的紀錄。

巴西人沒能預料的是，檢調單位在2016年突然衝進魯拉住家搜索，宣稱他涉及貪汙。怪異的是，在沒有物證，僅有一名「人證」之下，魯拉被指控接受建商120萬美元整修海濱房舍。但魯拉說，這不是他所有，他也從來沒有住過。受理這個案子的人就是當時的聯邦法官摩洛。一年後，魯拉獲刑九年半，在上訴期間，檢調單位再加入其他罪名，至2018年春天，案件終結，魯拉刑期增加至十二年。

很多人懷疑，巴西的老統治集團不肯讓工人黨東山再起，遂以這種莫須有的罪名羅織，不讓魯拉再有參政的機會。魯拉當時仍然高居民調第一，若無案件纏身，必定可以代表工人黨再次參選，也必然可以再次當選總統。

現在，新的大量材料，從文字、影音、私人通訊到官方文件檔案，一應俱全。在記者調查團隊悉心查證與整理之後，真相曝光於世。顯示整起案件的多位檢察官在言談之間，公然表示他們要以司法案件為外裝，阻止工人黨再次贏得大選，也披露了摩洛暗中且違反倫理與這些檢察官合作。他們聯手設計整個案情，目的就是抹黑並坐實魯拉的罪名，也就自然而然拔除他的參政權。這些調查及其看法是正確的嗎？波索納洛或他的幕僚事先知情，因此就任後，他很快創設「超級司法部」讓摩洛獨攬司法大權嗎？

波索納洛總統上週五首度發言力挺摩洛，距離「巴西祕密檔案」曝光已經四天。何以總統沉默了四天呢？耐人尋味。（2025/2/10按：魯拉在2021年4月15日經巴西最高法院全體法官確認，恢復政治權利後，在2022年參選並第三度當選總統，於2023年元旦就任。）

（《人間福報》2019/6/17第11版。原標題〈巴西祕密檔案　曝露司法黑暗面〉。）

巴西政變　美國默不作聲

　　以「反送中」為訴求，6月9日香港百萬人「遊行寫歷史」至今七十餘日尚未停止。美國總統川普一改頤指氣使、霸凌成性的作風，對這次香港事件選擇「不作為」，但引來「國會兩黨、國務院、歐洲盟友以及⋯⋯白宮鷹派顧問」的不滿。眾議院議長甚至另發聲明，表示「如果美國出於商業利益不為中國的人權發聲，我們就失去了在其他地方發聲的道德權威」。

　　但是，川普在內的美國總統之對外言行，不僅為了商業利益，也因為意識形態及地緣政治的考量，早就以不作為，或屢次採取不合理乃至殘忍的作為，犧牲了很多人權。不談建國以來，美國透過軍事部署，在全球擴張國土或勢力的兩百餘年歷史，只說最近十年發生在拉丁美洲的故事，已經可見一斑。

　　宏都拉斯在2009年、巴拉圭在2012年、巴西在2016年，相繼發生總統被迫去職。宏國因總統提議修改憲法，只是舉辦公投，就遭軍人驅離。巴拉圭因無地農民遭警方槍殺，總統挺身支持農民，居然失去大位。巴西總統美化預算，編列是有瑕疵，居然招來不成比例的反彈，成群身陷貪腐官司的國會議員，發起罷免得逞，形同政變。

　　對於這些政變，美國不發一語，或者，應該說美國竊喜。因為，喪失大位的總統不肯響應美國，或者說，他們大致相同，都是反對美國的拉美政策。反之，在這三個國家，新總統無不尾隨白宮動向。政

變之後，人口略多於九百萬的宏都拉斯，凶殺案高升至2012年的七千多人；現任總統2014年在詐欺爭議中當選。宏國人民認為執政路線錯誤的比例，三個月前已經高達86%。巴拉圭總統任期五年，在唯一反美總統執政將近四年期間，凶殺率減少了24%，其後沒有明顯減少。巴西新總統就任後，因貪汙案與經濟更為不振，支持率下跌世所少見，最高7%而最低是2%，這是1985年巴西走出軍人執政以後，民意指為最差勁的政府。

　　去年底發布的拉美十八國民主調查顯示，巴西人滿意度敬陪末座，倒數第一；近年備受主要國際傳媒奚落及詆毀的委內瑞拉，竟還「高居」倒數第四。但政變以後，巴西最近的兩任總統因為與美國聲氣相通，川普從不對其指東道西；對於委內瑞拉，剛好相反，美國製造口實，以便干預其內政，讓自己中意的人入主總統府。

　　美國總統川普在2017年8月以13808號行政命令，要求各國銀行不與委國來往，使其物資採購困難，比如，委國以3,900萬美元進口藥品，但至11月被銀行拒絕達二十三次。當時，委國朝野已同意總統大選提前在2018年春天舉行，美國卻又要求反對派撕毀協議，其後更領導世界輿論，指委國照樣舉行的大選無效。接著就是今（2019）年初，美國國務卿與委國國會議長瓜伊多見面，兩週後他自封總統，美國立刻承認，並有拉美及歐洲等五十餘國跟進，所幸還有一百多國頭腦清楚，至今並不承認瓜伊多。

　　到了6、7月，海外輿論對瓜伊多政變的熱度降低，朝野雙方於是在挪威斡旋下多次協商，希望找出委國還能脫困之路。但8月6日，川普竟又升高霸凌，祭出三十年來最嚴厲的經濟封鎖，無論是否有意，此舉等於是要減少朝野協商的成功機會。局內人一旦和解，代表美國利益的局外人再想上下其手，就會棘手一些。

　　現在，香港「我要攬炒」團隊不計較美國的劣行，拋球要美國通過《香港人權與民主法案》，川普會狡猾地接下這個漂白的機會嗎？

（《人間福報》2019/8/20 第5版。刊登的標題是〈美國總統壁上觀香港　事出有因〉。）

白宮影響巴西與阿根廷　網飛成工具

　　美國的網飛，美國的政治，從地球的結合，飛到太空一起共鳴。

　　川普起的頭。去（2019）年8月底，雖然仍有專家反對，川普宣布成立美國七十二年來的新軍種：太空部隊（Space Force）。四個月後，川普自稱「大勝利」，表示將以4千萬美元，先招募兩百員額太空兵，年預算是150億美元，最終會有一點六萬人。

　　然後，Covid-19疫情襲來，社會紛擾夾雜恐慌，國防部處變不驚，仍在2000年5月推出第一支廣告影片，招募太空兵，意向簡潔，召喚年輕人，它說，「現在不可能，來日有望，現在就要計畫。」你，曷興乎來？

　　不過，網飛更快，兩個意思。一是國防部的三十秒影片推出前幾個小時，「網飛」的同名電視劇《太空部隊》，搶早已將預告片上網。二是真正的太空軍還在招募，虛擬的第一季、十集影片，在上週五（5月29日）已經堂皇登場，包括在台灣。

　　實在太巧了，川普宣布成立太空部隊不久，在台灣，我們也第一次看到這樣的新聞，說〈國人首支探空火箭2月13日挑戰紀錄〉。二者可能無關，不過，這樣帶有太空意向的消息，可以是一種打造，是觀看電視劇的文宣。在美國，更湊巧了，僅比網飛這部新影集的開播晚了一天，〈美SpaceX火箭載人升空　開啟太空旅行新時代〉的新聞，也飛上了螢幕。

　　這些是巧合，沒有企業集團的詳細規畫與預謀嗎？應該沒有，資本若真有這樣的能耐，那就太神奇了。巧合或算計，留待疑猜。比較重要的應該是，究竟，影集會讓觀眾覺得太空軍的成立，終將使得軍備競賽延伸到了太陽系。或者，網飛的劇集會讓人們覺得，美國僅是要自衛，保護愈來愈重要的衛星及其傳播能量，不使潛在的敵手，其實也就是中國大陸與俄國，近前破壞？或者，影片會讓人們不解，畢竟，國防支出7,320億美元的美國（2019年），比起中國大陸（2,610億）與俄國（650億）加起來的兩倍，還要多些，自衛之說有道理嗎？說不準，導演會有好生之德，代替美國人提問，這麼龐大的預

算,假使用一小部分轉來提高最低薪資,不就能拯救成千上萬美國人的生命嗎?何以不轉!許多年來,不同期間不同學者的研究都說,只要最低薪資增加一美元,就能減少中低或低教育水平者的自殺人數,一年至少挽回一〇五九人。

唉呀,言重了,這麼說,讓人頭疼,至少,讓人莫名其妙。你說這些是看電視的重要事情,那是你的自我感覺。要電視劇承擔那麼多的質疑,太沉重了。我們看影像,更多是為了娛樂,哪裡是要探詢事理與真相。這是新聞人的事情。大多數影片的投資人,也是志不在此,他們是要提供娛樂,大賺或者小賺一把,不是要說教。

這樣說沒有錯,但這正就是要處。網飛或者任何製片公司,如果有那麼多心思考量這些提問,固然就能透過更有效、比較巧妙的手法,以不著痕跡的方式,在其創作中灌輸、投合、撩撥或挑戰觀眾的既有認知、態度與行為。不過,無論是否有此等念頭,有不少影集的劇情、人物的言行與舉手投足、各個角色的正邪與其關係的描述,以及色彩與音樂的烘托,對於我們的價值觀乃至於國際秩序的觀感,都會是一種暗示,甚至時而是明白的表述。這就是娛樂的政治性格,我們若是認可這樣的政治,就說這是「寓教於樂」;如果不能認可,就說這是「洗腦愚民」。

近兩年,在網飛推出的拉丁美洲作品中,至少有兩部引起了很大的爭議。一部是電視劇,另一部是紀錄片,相同的是,兩部都很政治,即便創作動機不明。

第一部是2018年3月播出的《黑金高牆》(*The Mechanism*)。

魯拉在2002年第三次競選後,當選巴西總統;2011年卸任時,他的民調支持度仍然高達八成五,美國總統(歐巴馬)稱讚他是「世界上最受歡迎的總統」。網飛推出《黑金》時,魯拉準備再次競選,民調支持度是後來當選、也是現任總統波索納洛的一倍。該次大選,魯拉沒有贏,但也不是落選,是還沒正式競選,他已被剝奪參選資格,法院以莫須有的非法罪名,在2018年4月把魯拉投入大牢。魯拉身陷囹圄,並非影集造成,但難道魯拉支持者的大聲抗議,指這部犯罪影集聲稱改編自真實,卻根本是「曲解事實,是充滿謊言的政治栽

贓！」所強化的輿論效應，百分之百與魯拉的入監，一無相關嗎？影集的主角就是魯拉，導演將他說成是幾十億美元貪腐事件的幕後首腦。事過境遷，雖然導演 José Padilha 為此事道歉，但十六集電視早就流串多時。十個多月之後，網飛在2019年元月播出《民主的邊緣》（*The Edge of Democracy*），這個時候的魯拉鋃鐺入獄將近九個月了。今（2020）年初，該片獲提名角逐奧斯卡最佳紀錄片時，有位巴西法官一度下令網飛移除該片，繼之，波索納洛說，他沒看過影片，但「嚴厲譴責」導演「虛構故事」。

這部作品對於魯拉的政黨較無偏見、或說比較同情，網飛購入並播放，或許是補償，但兩小時紀錄片對十六集劇情片，差距很大。波索納洛在朝，他耀武揚威鎮壓原住民、工會、環保運動與性別平權的訴求；魯拉在野，不斷奔走呼號人權而特別是窮苦人家的人權，落得牢監之災。雖非網飛之罪，但它讓加害魯拉的惡勢力得到了掩護。

同樣遭惹物議的是《倪斯曼：檢察官、總統與間諜》（*Nisman: The Prosecutor, the President and the Spy*）。網飛在今年元旦推出，這是六集紀錄片，引導觀眾跟隨導演的鏡頭，再次演練特定的觀點，也藏匿重要的事實。

倪斯曼（Alberto Nisman）是檢察官，以偵辦1994年阿根廷首都猶太中心的汽車炸彈案知名，該案致死八十五人，是阿國最嚴重的恐怖襲擊。倪斯曼在2006年指控伊朗政府是事件主使者，2015年1月，他再指控當時的總統柯姵娜（Cristina Fernández de Kirchner）掩飾伊朗的罪行，觸犯了叛國罪；不久之後，他被發現死於自家浴室。

也許人死為大，加上時間先後的暗示，整起事件很快讓人產生印象，以為檢察官控訴總統及檢察官的死亡，存在因果關係（當年的法院調查認定，倪斯曼是自殺；但2018年重起調查又說，不能排除他殺）。六集紀錄片的大多數時間都是檢察官與間諜人物出場，導演 Justin Webster 呈現部分事實，指阿根廷警方與情治單位聯合美國FBI與司法部調查二十年。影集也說，這些調查從來就無法找到任何證據，足以證實爆炸案與伊朗有關，從而，倪斯曼對總統的控訴，變成純屬無稽。不過，這些是基本事實，紀錄片若是真予閃躲，那就犯規

太過招搖;既然無法迴避,就不會以此作為重心,作成插曲也就是了,因此,影片最主要的部分,是環繞著檢察官家人與朋友的回憶及生前影像而進行。

　　倪斯曼提出控訴後,似乎對自己必須前往國會答辯顯得不安,僅說必須在支持他的國會議員在場,並且沒有記者參加的前提才會前來。等到得知這將是公開聽證之後,他要求國會議員友人阿蓉莎(Laura Alonso)延後聽證一週。但在聽證前一天,他陳屍於浴室。此時,哀傷的音樂從影片流瀉,阿蓉莎說舉國瀰漫著陰沉的氣氛。紀錄片沒有告訴觀眾,阿蓉莎是阿根廷反貪腐組織的主持人,而這個組織不是名稱所顯示那般正義,相反,它是歐美石化集團埃克森美孚(Exxon Mobil)與殼牌(Shell)出資成立。何以石油公司反貪腐?何以阿蓉莎出掌?原來,總統柯訥娜要將石油工業國有化,阿蓉莎是阿根廷人當中最積極抨擊這個政策的人。紀錄片也沒有說,柯訥娜下台後,阿蓉莎是受益人,繼任柯訥娜擔任總統的富豪馬克里(Mauricio Macri)轉換她的身分。先前,她在民間組織工作,現在,她入主政府反腐部門。但是,在影片中,這些利益與職位消失了,她的身分僅是倪斯曼的朋友。

　　片名所示的另兩位主角,分別是總統與間諜。間諜是是史提烏索(Antonio Jaime Stiuso)。阿根廷軍政府期間(1976-83),他任職情治機構SIDE,參與三萬人失蹤與死亡的執行,權勢極大。阿國民主化之後,歷任總統因其權勢大而忌憚,直到柯訥娜就任總統才在2014年底將他拔除。遭開革一個月之後,他的夥伴倪斯曼控訴柯訥娜叛國。六集影片中,史提烏索出場時間最長,他的眼神閃爍著孩子氣、嘴角微張露出好奇的神色,影評說他「很迷人,讓人難以捉摸」。

　　第三位要角才是總統柯訥娜。她在2007至2015年間掌權,拒絕「華盛頓共識」之政府盡量退位、私人在市場盡量自由的政策。除了採取凱因斯主義的經濟政策,她還強化工會,啟動大學提高最低薪資的法令,重新將戰略產業國有化。對於華府來說,她與古巴的卡斯楚、玻利維亞的莫拉萊斯與委內瑞拉的查維斯都是搗蛋鬼,都是不受歡迎的人物。紀錄片沒有一面倒,從頭到尾都有支持柯訥娜的政黨與

記者為她發言;奇怪的是,儘管她相當雄辯、也很願意為自己辯護,導演卻僅讓她每一集出場一分鐘。比如,第五集給她五十秒,柯訊娜的表述是,不止阿根廷,其他國家而特別是巴西,都存在各國的親美集團,利用司法手段與傳播媒介對付政敵,乃至發動政變,撤換違反美國路線的政黨。倪斯曼死後,阿蓉莎陣營的人繼續指控柯訊娜叛國,即便如前所說,這是毫無根據、難以成立的罪名,但各大傳媒還是散播這些言論。最後,馬克里在2015年底入主大位,美國政府與企業財團控制的傳媒也交相稱讚。不同於巴西的是,由於馬克里很快改變了公衛與教育系統,公務系統成千上萬的人遭解僱,私有化再次登場,貧窮上揚、食物短缺。既然如此,民心無不思變,於是就有費南德茲(Alberto Fernández)在去(2019)年底,以7%選票的差距勝出,當選了總統;這次,柯訊娜出任副總統的職務。

〈網飛、伊朗與地緣政治武器紀錄片〉是米爾(Brian Mier)近日發表的評論,刊登在「公平」這家創立於1986年的媒介監督網站。他說,美國政府在拉美以政變推翻不合「美意」的歷史很長。確實,去年玻利維亞總統莫拉萊斯倉促離鄉,至今無法返國,是最近一次美國點頭的政變。近日,美國伊朗交惡,緊張情勢升高,新保守派基金會的副總裁德秀維茨(Toby Dershowitz)不但在《倪斯曼》現身,現在又將阿根廷新任正副總統費南德茲與柯訊娜,再次與伊朗恐怖分子聯繫在一起。米爾最後提問,那麼,我們是否應該注意,美國政府與這些企業財團與傳媒,會不會再次聯手,伺機準備興風作浪,繼續顛覆新的、不肯尾隨川普「美國第一」路線的政權?

後記:

美國「干涉」是出於見義勇為,還是恣意霸凌?前者有理,後者無情。美國1941年底對日宣戰,是受害者的反應;戰後對西歐的馬歇爾計畫是善行、自利與圍堵蘇聯的混合體;1953年(與英國對)伊朗的政變,以及1954年對瓜地馬拉至去年對玻利維亞,多次介入拉美政局,是霸凌加上私利作祟。美國從1980年起,年年巨額貿易入超、國內生產不足需要海外挹注,按理美國應要鬆手,但美國反其

道而行，不斷強化軍事投資，至今武力無人可敵。這是拳頭，乘以國際交易及金融體系對美元的依賴，「成就」了罔顧國際道義的霸行。現在，新冠肺炎來襲，美國甚至升高而不是放鬆對小國霸凌。「網飛」從傳統公司郵寄DVD，到製播垂直整合的OTT不到十年。《衛報》前年報導，至2016或2017年，網飛虧損達3百億美元；到今年3月底，累計赤字最少可能還有55.21億美元。《經濟學人》說，鉅額虧損還能持續，所依靠者，「僅是投資者尚未動搖的信念，認定有朝一日（網飛）能在世界範圍取得支配的市場地位。」反過來說，如果消費者罷看，將使投資者斷金，網飛也就只好入土。

（媒改社「媒體有事嗎」週評2020/6/6。刊登的標題是〈美國的網飛，美國的政治〉。）

白宮反控中俄「干預內政」 作賊喊捉誰

美國國務卿龐培歐上週訪問智利等四個國家，一出口，就驚人。他斥責俄國與中國「干預委內瑞拉內政」。

美國把世界顛倒了。眾所周知，美國在2002年支持委內瑞拉軍人政變失敗以來，兩國交惡。其後，美國公然支持委國反政府聯盟，十多年來累計數億美元。到了今年初，美國乾脆另立瓜伊多，在他違憲宣稱自己是代理總統後，華府很快承認，至今五十三國跟進，但仍有三分之二以上國家堅持民主，並未認可瓜伊多。在這一百四十多個國家看來，美國打著民主旗幟，其實正在踐踏民主精神與制度。

事實上，英美近來的民意調查也有類似發現。先看約翰牛，川普上台後，BBC在十九個國家調查一點八萬人之後，它發現，認為中國大陸影響力對世界有正面與負面意義的人是41%與42%，美國是34%與49%。山姆大叔的蓋洛普在一三四個國家也有民調，指出世人支持美國領導世界的比例跌至30%（川普上台前，最高曾達48%），

低於中國的31%。

美利堅的軟實力快速下滑，不一定肇因於川普對遠方的神洲發動貿易戰，但一定與他對近鄰的蠻橫霸道有關。

比如，如前所說，美國不僅干預委內瑞拉、圈定委國總統人選，川普還封鎖委國對外經貿往來，包括斷絕其金融借貸。起初，委國最大外匯來源（石油），在打折後還能賣給印度，但經川普威嚇，印度上個月只好屈服，不敢再買。假使沒有俄中等國與紅十字會的捐輸，委國困頓的經濟只會讓基層民眾更是民不聊生。

對古巴，川普不理會兩國已經在三年多前恢復邦交。前年，川普就任不久，很快就減少駐古巴使館人員，使得需要前往美國的古巴人更不便利。接著，美國人享受僅一兩年的權利也告終止，現在，美國人不能以自由行的方式旅遊古巴。到了今年，動作更大，為了爭取明年大選的佛羅里達州選票，川普從3月19日起，准許美國公民向美國法院控告與古巴有經貿往來的外國企業，擺明阻止外資進入島國。4月至今，已有兩起大動作。先是川普阻擾委國輸油給古巴，想讓古巴停止派遣醫護人員入委國服務；然後，經過兩年洽談，就在古巴球員可以合法前往美國加入職業比賽，不必再非法從事、也就不再遭美國人蛇剝削的前夕，卻在川普政府干預下，雙方棒協簽訂已經快半年的合約就此泡湯。

鴨霸的美國在川普主政下更是動輒聲稱要「制裁」他國。但美國有什麼資格指東道西？語言傳達了價值。「制裁」是指在該動詞之後的人或國家，道德或行為有虧，行使制裁的人儼然變成正義的化身。但真是這樣嗎？

美國建國兩百多年來的疆域擴張歷史，無不在戰爭與侵略中完成，我們不必以史為鑑而指控美國故態萌生，單只是就事論事，必然也就要說，川普當前封鎖委內瑞拉與古巴的經濟是製造災難在先，再求趁虛而入，如同宵小入內放火然後在外高喊救火，蓄勢趁火打劫。偏偏有眾多傳媒，或是因為不明就裡，或者根本就是與華府沆瀣一氣，未能揭發事實，而是以川普的眼光看世界，混淆了視聽，以致美國不但沒有霸凌與蠻橫的形象，反倒可能披有「制裁」的外裝。委內

瑞拉與古巴是「被侮辱者與被損害者」,他們還在抵抗與奮鬥,如果兩國能夠自助人助,翻轉逆境,必將大快人心。

(《人間福報》2019/4/17 第 5 版。刊登的標體是〈美國與中國　古巴與委內瑞拉〉。)

拉美政績第一　玻利維亞總統「辭職」

　　咄咄怪事正在發生。拉美洲執政最久(十四年)、成績最佳(拉美經濟成長率最高且貧富差距大幅縮小)、原住民開始可以接受軍官教育,國防部長首次有女性出任的玻利維亞,其總統莫拉萊斯竟然在連任的大選中,勝過挑戰者六十萬選票(略多於一成的投票人)之後,宣布辭職。

　　美國總統川普說,這是「民主的勝利」,理由有二。一是玻國三年前已有公民投票,以51%對49%,認為莫拉萊斯不能再次參選總統,但他卻繞道,透過大法官釋憲,認定公投有瑕疵不合法。顯然,不尊重民意在先,如今下台,僅是遲到的正義。其次,就算可以參選,但這次開票大有問題,很可能舞弊,參與選務觀察、五成多經費由美國捐贈的美洲國家組織(OAS)早在三週前就已經發布聲明,予以指控。

　　反對莫氏的玻國人確實也都高舉這兩個理由,特別是都會中產階級與大學生。不過,這些人是反對莫拉萊斯的最大來源,還不是唯一。原住民大多數支持他,卻也有若干人因政府要在其居住地開發水利或礦產而群起反對,也有人說他「變了、不再平易近人;戀棧權位,把持國會」。

　　支持莫氏的人則指出,OAS有聲明,卻沒有列出細節。華盛頓智庫「經濟與政策研究中心」就質疑,玻國開票資料透明且任何人都能從資料庫即時取得,而據其當時的初步查核,開票並沒有不正常的

情況；該中心的四位研究員兩週後發布詳細的檢視報告，更說莫氏超越對手，以10%差距勝出，不僅只是可能，而是「很可能」。創刊於1865年的時論週刊《國家》則說，川普政權正在腐蝕玻國的民主；媒介觀察團體、1986年創辦的「公平」其報導認為，莫氏辭職，其實「是政變，因為美國要讓這事發生」。

烏拉圭等國聯合創辦的「南方電視台」也有評論，指莫氏已經同意重選，即便他自認並無選舉舞弊情事，他另同意重組選舉委員會並讓OAS重新驗票且將在12日公布結果，但莫氏卻被迫提前在10日「辭職」，太過蹊蹺。這些違反常情的快速變化，會是反對莫氏路線的玻國富豪卡馬丘（L.F. Camacho，三年多前，多國調查記者揭露跨境逃稅或避稅的「巴拿馬文件」，他的大名在列），以其福音教會與極右派領袖的雙重身分在幕後運作所促成嗎？還得調查。

南美大陸近日發生很多值得注意的事件，顯示本世紀初開疆闢土的「粉紅色浪潮」（pink tide）還沒有終結。

玻利維亞總統辭職與政變的疑雲僅是一件。智利這個歐美交相稱讚的反粉紅國家，民眾抗議已經致使其九位部長辭職，年底的APEC與氣候高峰會議也跟著雙雙取消，政局不穩，作東出洋相的機會只增不減。執掌巴西政權八年至2010年，卸任時國民支持率還高達八成六的魯拉，去年遭誣告而入獄致使無法代表工人黨參選，已在上週提前獲釋。委內瑞拉本世紀初屢遭美國施壓，今年初以來的文攻及經濟封鎖，竟然還未讓美國中意的人上台。國際貨幣基金組織史上最大借貸款560億美元，無法讓阿根廷右派繼續執政。《經濟學人》稱之為墨西哥百年來最大政局變化，亦即去年底就位總統的歐布拉多（Andrés Manuel López Obrador, AMLO），在莫氏去職後很快譴責這是政變，並派出專機將他迎接入境。無論莫氏能否班師回朝，與其說玻利維亞與拉美的粉紅注定褪色，不如說萬紫千紅，今日不紅明日紅。

（《蘋果日報》2019/11/17 A17。刊登的標題是〈政變與辭職　南美繼續粉紅〉。）

拉美粉紅再起　墨西哥創紀錄

卡斯楚等人在1959年「武裝革命」，取得古巴政權之後，所有拉美國家的左翼政黨，若是再有執政機會，無不透過「民主選舉」。

其中，具有承先啟後地位的是委內瑞拉。查維茲在1998年底首度參選總統就勝出，次年執政，在2005年宣布該國的努力方向是要建設「二十一世紀社會主義」。

這個宣示可以鼓舞人心，卻也會引來更多的激烈反彈。不過，如同《紐約時報》記者所說，這個訴求不是「那麼紅，是粉紅」；並且，一枝獨秀的粉紅，很快「已成『粉紅浪潮』」。到了2009年，若含古巴，十五個拉美國家是粉紅。[4]

內中，委內瑞拉執政績效可觀，從1999至2014年，通貨膨脹從在此之前十年平均的48%降至28%、失業率由10.6%減至5.5%、極端貧窮率是10.8%與5.4%，領到退休金的人數是38.7萬與258.4萬。

國際油價及其他原物料價格在2015年初開始下跌，對石油占出口金額達95%的委國，打擊重大，同年底，委內瑞拉「社會主義統合黨」國會選舉落敗，其後至2018年初，累計有十個拉美粉紅政黨因敗選或軟性政變而下野，「粉紅浪潮」已成明日黃花的認定，瀰漫拉美。

獨排眾議的是艾爾納（Steve Ellner）教授。他說，本世紀的粉紅浪潮有五個現象，已使拉美以前僅只是零星出現的左翼短期執政，與今日的粉紅浪潮並不相同。一是左翼在多國長期執政。二是這些政權跨國區域組織推進拉美統合，希望有更自主的外交政策。三則取代粉紅的右翼政權，聲望低、無政績，或者，身陷貪腐官司。四是國際政治發生變化，中國大陸與俄羅斯對於拉美的作用或支持，先前所無。最後，是粉紅國家在個別成員陷入政治危機時，都在相互支援，這些團結行動也是史無前例。

4　阿根廷、玻利維亞、巴西、智利、厄瓜多、薩爾瓦多、瓜地馬拉、宏都拉斯、尼加拉瓜、巴拿馬、巴拉圭、祕魯、烏拉圭，以及委內瑞拉。

以行動證明艾爾納教授之分析正確的國家,很意外,是本世紀沒有左翼執政經驗的墨西哥,核心人物是歐布拉多AMLO。

AMLO曾任州長,其後當選墨西哥市長,2005年任滿時,他的支持度仍有85%。2018年7月,他當選總統,再創紀錄,一是競選政策等文書達四六一頁;二是他在首輪投票就以54%的過半支持而當選,墨國百年僅見;三則他是數十年來,墨西哥第一位左翼總統。就任後,他對墨西哥的沉痾,也就是販毒與凶殺犯罪問題,採取減貧與家庭扶助等手段,希望予以舒緩,推出「擁抱,不是子彈」(hugs not bullets)的訴求。外界對這個作法評價不同,但至任期已將近五年,僅存一年多任期的2023年夏季,他的支持度仍在六成以上。

在他就任一年之後,玻利維亞爆發政變,總統莫拉萊斯在2019年11月10日被迫倉促離境,AMLO派出專機將他接往墨西哥市。一個月後,阿根廷再次由粉紅總統當選,便應莫拉萊斯之請,安排他飛往跟玻利維亞接壤的阿根廷。再過一年的2020年11月,玻利維亞大選,莫拉萊斯總統任內的財政部長當選總統,他光榮返鄉。再來是祕魯,在曾經於古巴習醫而後轉政的政黨黨魁支持之下,小學老師卡斯蒂洛(P. Castillo)在2021年當選總統(但在2022年底又因美國樂觀其成的政變而下台)。然後是2022年,依序是宏都拉斯、智利,以及百年來出現第一位左翼總統、美國在拉美有最多駐軍的哥倫比亞,紛紛重新或成為新進的粉紅。2023年,拉美最大國、人口逾兩億的巴西,魯拉相隔十二年,再次當選總統。至此,拉美粉紅政黨掌權的國家,重回十一國,人口則在墨西哥與哥倫比亞的「入夥」下,超過2009年十五個粉紅國家一億多,聲勢更大。

拉美粉紅再起,內政成績與走向還要觀察之外,各國比較明顯的共識是在國際政治,有三個指標。

首先是魯拉2022年以仍是在野的身分,批評烏克蘭總統澤倫斯基,指不能這樣當總統;這個言論在魯拉就任後,沒有使他成為烏克蘭的排斥對象。其次是,AMLO在2022年宣布,由於輪值國美國執意不邀請古巴、委內瑞拉、尼加拉瓜出席「美洲國家組織」年會,他也抵制不前往美國。

《經濟學人》週刊在2023年5月以不滿的語氣表述，指「拉丁美洲政治人物是這個星球上最左傾的人」，十九國有十二國、占了拉美人口及國民生產毛額九成二與九成，他們相同的地方是關注環境保護生態，要求國家更積極介入經濟，要求外資不再剝削其綠色資源（比如鋰礦）。他們大致也認為，必須透過更多稅收壓低不平等，國家要提供更多健保與社福等。

　　在外交方面，2023年入夏，歐盟雖然表示將在數年間，加碼投資拉美數百億歐元，祈使兩造的夥伴關係更為緊密，但在與「拉丁美洲和加勒比國家共同體」（CELAC）於比利時召開峰會時，CELAC並不同意在雙方的聯合公報列入譴責俄羅斯的文字。這並不是拉美國家支持俄羅斯入侵烏克蘭，而是殺人者有罪，但誘發殺人的美國與北約不是無辜；並且，如同魯拉所說，烏克蘭極右派當道的基輔政府，同樣不能免責。如此，假使單獨譴責俄羅斯，除了不符合真相所蘊含的事理，對日後停戰與和解之條件，以及各方責任比重與隨之產生的補償烏克蘭之比例，很有可能將要失去準確；果真如此，懲前毖後、前事不忘後事之師的學習，成效當會減弱。

　　阿根廷在2023年底由左轉右。不過，2024年初至年底，瓜地馬拉與烏拉圭都由右轉左、墨西哥第一位女總統承繼AMLO路線，其間則有玻利維亞左翼的內部衝突，以及美國以舞弊為由，拒不承認社會主義統合黨候選人當選委內瑞拉總統。美國總統川普在2025年初就任後，鑽研拉美社會與歷史的人認為，拉美本世紀以來的粉紅浪潮雖有起伏卻不失積累豐碩，即便白宮施展川普誓言的劫貧濟富、否認地球暖化的「野蠻」模式，對於拉美政體與其價值走向，理當不會產生太明顯的改變。

（2023/8/2完成、2025/2/7補充，為本文集而作）

第四章

未來世界與另一種知識

研究文化

傳播政治經濟學開山祖師　掀起盲點論戰

達拉斯・史麥塞（Dallas W. Smythe, 1907-1992）走出人生舞台的前一刻，手邊還擺著從圖書館借來的六十多本書。對於周遭現象的好奇，表現在他的知識生產及公共事務的參與，對人的關切與非人化環境的不滿，使他的這些活動「逆時鐘」運轉，向左秒分走動，扣除史麥塞四十二歲以前的論述（包括1939年他與Philip Arnow合著的一九五頁，足以作為學位論文的關於報紙工業的經濟研究），單是他的後半生，也就是從1948至1992年，總計出版了書籍、專冊或應邀撰寫的著作一五一篇，向政府單位提出的證詞或報告共十五份，發表在期刊的論文九十二篇。

書中輯錄的論文，除了篇幅最長的第一章出自作者未及出版的自傳以外，其餘十六章均摘選自這批為數龐大的文字。作者的論述之外，本書編輯並在各章之前記述了各文的寫作脈絡及當代意義，對於有興趣了解美國傳播研究史，乃至於學院及政治關係的讀者，這些編者之言具有非凡價值；編者的書末頌詞及Bill Melody（澳洲墨爾本大學傳播暨資訊科技國際研究中心主任）的卷首介紹，扼要勾勒了作者的生平及論述要旨。

史麥塞的第一份工作始於三十歲那年（1937）。當時他進入臨時設立的主計局任職，其後陸續在不同政府單位打轉，然後在1943年，由於聯邦通訊傳播委員會（Federal Communication Commission, FCC）想要在原有的法律、工程與會計部門增設一名能夠處理勞動經濟學的職務，史麥塞遂憑藉他在博士論文的知識（有關交通經濟），

出任FCC第一任首席經濟學家。

　　成立於美國新政時期、強調公共干預色彩濃厚的FCC，初期的運轉與現今不同，能夠較為公正地對抗私人利益的進擊。1946年，史氏參與合寫的FCC報告《廣電執照持有人的公共服務責任》（*Public Service Responsibility of Broadcast Licensees*），認定使用公共電波的人有其不能迴避的責任必須履行。這份報告書招惹物議，指其「顛覆性十足」（p.34, 39）（有趣的是，史麥塞日後認為他在FCC任內的研究，唯一發揮實效的是關於農村電信服務的報告案，p.9）。後來，麥卡錫主義（McCarthyism）威脅美國社會，在此之前，該報告及史麥塞的其他言行已經招忌，在忠貞及安全等反共理由的盤詰之下，史麥塞不再戀棧，於1948年掛冠求去。

　　此時，史麥塞有兩個選擇。一個是到哥倫比亞廣播公司、公關或廣告公司就職，另一個是到甫成立的伊利諾大學傳播研究所，他挑選了後者，開設了「幾乎一定是全世界第一個有關傳播政治經濟學的課程」（p.43）。其間，聯邦調查局對他的騷擾未曾讓他動搖政治立場，也沒有使他卻步於批判美國當道的資本主義思潮及政策。但是，到了1963年，目睹他們熱心參與的反核及和平運動（十六篇論文中有三篇與反核武相關），沒有能夠阻礙甘迺迪政權的核戰陰影以及向蘇聯、東德與古巴挑釁的政策之餘，史氏夫婦心生厭倦，決定若要死於核戰也不要死在美國，於是在友人穿針引線下，當年夏季他們離開美國（另一位政治經濟學訓練出身，日後亦獨樹一幟，曾於1994年5月訪問台灣的許勒〔Herbert Schiller〕，在史麥塞之後進入伊大傳播所工作六年），返回加拿大三十載以後，在溫哥華去世。

　　翻讀輯錄在書中的論文，雖然其出版年代最早者迄今已四十多年，但對照現今的美國，甚至當今的台灣，都還讓人覺得歷史經驗及契機確實經常重演。

　　1948年9月至1952年4月，FCC暫時凍結核發電台執照，反對商業營運廣電資源的社會力趁機集結。當時，美國許多知識分子對於商業電視深惡痛絕，並認為廣告是其病源，於是許多人認為直接付費的電視（pay TV）將可改善這個情況。史麥塞在1950年發表論文，指

出在產權仍為私有的前提下,付費電視還是不能走出利潤導向的資本邏輯,於是也就不能真正提供好的服務,並且,有線電視還可能對現存的無線電視產生收視時間與收入的襲奪效果,影響後者節目製作的費用及品質。稍微看一下美國及台灣的有線電視之發展,情況是不是很相近?同年底,全美教育廣電人員協會(National Association of Educational Broadcasters, NAEB)集會,決定向FCC遊說,使其保留若干頻道作為教育廣電之用,史麥塞受託就商業電台的節目作一內容分析,以此作為證據,指控商業電台未能提供好的節目服務,因此FCC應將頻道撥由NAEB使用。這個相當數量化的工作,顯示史麥塞是有能力,也不排斥經驗研究,但他拒絕再對分析結果提出詮釋。事實上,在他眼中,「文本分析」(textual analysis)根本就是浪費精力,「如果我對文本研究者的成果靜默不語,原因純屬我對文本不以為意,出於禮貌我不想冒犯……雖然對於這麼一大票聰明人為此虛耗光陰,本人深表遺憾。」(pp.60-1)

史麥塞對同樣心存批判,而切入點相異的文本分析的人,尚肯縮手,但對《報業四種理論》(*Four Theories of the Press*)這種至今仍然是美國新聞科系重要教科書,分析卻失偏頗的論點,可是一點不假詞色。他熟讀該書(單是前書的姊妹作《英格蘭的新聞自由》之讀書手記就寫了二十二頁),表示「非常生氣……決定動手寫個東西,一舉將它炸毀」,他從史實考證該書引為泉源的密爾頓(John Milton, 1608-1674)著作《論出版自由》(*Areopagitica: a Speech for the Liberty of Unlicensed Printing*)的出版沿革,赫然發現該書在17世紀賣出不到一千多本,其後「兩百年,再沒有出版過」,是以,它「怎麼可能是報業的理論傳統?沒人聽過這本書。」據史麥塞的意見,報業四論的史實及史觀謬失太多,以致他若真要痛批,「可要花個五或十年……所以,我放棄了。還有更重要的事等著我。」(p.93)苦口婆心,卻不肯分析當今媒介實乃運作於財貨、勞務、勞動力及媒介本身俱已商品化的社會,這算什麼?史氏說,「一個盲點」。他的席不及暖,往往處理一個主題未完,或只留下未及出版的手稿就忙著奔向另一個題目的習慣,使後生小子不知應該是連連讚嘆可惜,還是感謝

他開疆闢土成果豐盛?

　　身為馬克思主義者,史麥塞往往並不從浪漫情懷論事,而更經常是植基於物質基礎的實存主義者(realist)。到了1960年,史氏眼見美國商業廣電力量太大,於是繞道而行,指明《傳播法》(*Communication Act*,1934制定)對於商業台的節目表現之法規要求,既然形同虛設而無法執行,那就乾脆放棄了。他另行提議,認為電波既然為公共所有,且其使用具有排他性,那麼,在私有產權暫時不能改變之前,何不把電波資源比作公有土地,政府則代替人民出租及收受電波費,而其計算則以商業台的年度收入(不是盈餘)作為基礎,累進課徵(pp.88-9),然後用以支持公營電台?前兩、三年,台灣不是有一批人組成「民間公視籌備會」,訴求重點之一,不正與此契合嗎?而在美國,至少在1970年代及1980年代初期,乃至於接近世紀末的現在,不都也出現了這樣的呼聲嗎?

　　舊題未解,新科技又來。由於前蘇聯成功發射人造衛星史普尼克(Sputnik),美國急起直追,在1960年代伊始後來居上,但對衛星究竟產權的歸屬未有定案。1961年,史氏為文,雖然稱許稍前美國總統甘迺迪有條件的私有制尚稱「明智」(p.188),但亦提醒甘氏,在Bell公司強力運作下,FCC根本只是其「欽定工具」(p.192)。當年史氏一派的意見是衛星在「政治及外交關係之重要性,已凸顯衛星與傳統的公用器物迥然有別」、「其他國家應該也要能夠共享衛星的產權及使用權……我們需要的是一個非營利的公共機構,使其操作傳播衛星系統來服務所有現存的傳播機構……而這個非營利機構則可以作為聯合國底下的一個單位……〔譯按:而作此組織設計的一個合理原因是,〕衛星科技的研究開發費用來自政府,不是私人企業」(p.184)。三十年後,天空秩序因為衛星用作資本積累之用而大亂,美商利益掛帥,資源浪擲,總要讓人再想到這段往事。1964年史麥塞在FCC公聽會上指控AT&T濫用壟斷地位,主張將AT&T分成數個較小的公司,當年未被接受,但至少在1984年實現了。他對衛星資源的配用觀點,日後是否多少會得到實現的機會?

　　史麥塞的第三世界觀持續至後。1972年他在聯合國教科文組織

發表論文,大聲說出商品既然有其意識形態成分,則第三世界國家不照單全收,而應該有權利「進行文化篩選」的意見,尤其不能見容於美國為主的西方勢力。從那年以後,他成為該組織的拒絕往來戶,雖然他與一夥同路人已經成功點燃新世界資訊秩序的烽火,並燃燒至今(新的名稱是「新世界資訊與傳播秩序」,NWICO)。[1]早於前文發表一年左右,史麥塞曾走訪中國大陸,對文化革命的傳播及意識形態觀相當贊同,事實上,這次訪問經驗亦是督促他次年在教科文組織撰述前文的原因之一,而他對中國採取正面評價的態度,認為比前蘇聯更可能是提供了有別於西方資本主義的道路。史麥塞的這個觀點,似乎直到中共在1980年代改採開放政策以後才有轉變。[2]

廁身學院,但親身或透過文字廣泛參與公共事務的史麥塞,雖然以其書寫風格平易,近乎「新聞體裁」而「廣受歡迎」,卻不必然能夠為學院出版品的規範所接受。如同文集編纂者,也是史麥塞第一代學生,專研國際電影工業的古貝克(Thomas Guback)說,幸虧史氏早就得到終身職,否則他的兩棲生活及寫作習慣或許已對他造成不利後果亦未為可知(p.18)。

是或不是,事過境已遷,畢竟難逆料。不過,作為曾經翻譯史麥塞另一廣為人知之論文〈傳播:西方馬克思主義者的盲點〉[3]的人,

---

1 有關NWICO的討論,另見唐士哲、魏玓(2022)《國際傳播──全球視野與地方策略》。台北市:三民;以及《傳播、文化與政治》發刊詞(2015年6月)。

2 史麥塞對中國的正面觀感,是他願意讓〈腳踏車之後,然後呢?〉變為中共內參資料(p.229),雖然他自己不對外發表全文。當年,得到中國政府同意而親履中土訪問的西方人士不多;其次,該文並未在西方正式發表而只是口耳相傳。可能出於這兩個背景因素,這篇文章反而成為一種傳奇,直至本書才將它收入(pp.230-44),首度出版。1988年,馮建三參加「國際大眾傳播研究協會」(International Association of Mass Communication Research, IAMCR)在西班牙巴塞隆納舉辦的雙年會,曾有機會向Michael Traber(去年甫從 Media Development 近三十年的編職卸任,而該刊是近年來倡議NWICO的主要刊物之一)詢問,他表示曾經聽史麥塞說,對於中國進入1980年代以後的變化非常失望。2020年1月補注,史麥塞當年的這篇內參已經翻譯為中文:王洪喆譯(2014)〈自行車之後是什麼?──技術的政治與意識形態屬性〉《開放時代》第4期:95-108。

3 該文及梅鐸(Graham Murdock)對史麥塞的批評之譯文,均刊載於《島嶼邊緣》

更為好奇的是,到底是什麼力量讓他一往直前,至老不改,甚至愈老愈激進地逆時鐘行走而產量不減?這終究與許多人的經驗相當不一樣,無論是身在學界或實務界。史麥塞不是教徒,在古貝克與他辭世前一年的談話,卻清楚說道,基督神學與基進政治經濟學、經濟正義與宗教、終結壓迫的鬥爭與基督經濟倫理,這三者之間連結已經日漸緊密(p.333)。所以,是沒有宗教形式的宗教精神,讓史麥塞翻轉馬克思筆下的宗教乃是受壓迫者之鴉片的控訴,成為支撐他老驥伏櫪而不知老之將至的動力嗎?

(《新聞學研究》1995年51期,頁223-8,原標題〈史麥塞〔1907-1992〕的學術與公共生活:介紹《逆時鐘》論文集〉,介紹 Guback, Thomas〔1994〕 *Counterclockwise: perspectives on communication.* Westview: Boulder。三個月後,另以同名月刊登於《當代》月刊1995年10月114期,頁12-7。2009年另以〈史麥塞掀起西方馬克思主義盲點論戰〉為題,收錄於魏玓、馮建三〔編2009〕《示威就是傳播》,頁65-70。台北:唐山。)

傳播政治經濟學與文化研究會師台北

當薩・加力(Sut Jhally)「唱作俱佳、技驚全場」,邊放影像邊講解的時候,上週四在中央圖書館國際會議廳的近百位人士可能不知道,這位屆滿不惑年歲的美國麻州大學傳播教授,先前已花費將近十年作此「表演」,因此能夠得到這份火候。

伴隨《廣告的符碼:商品崇拜與消費社會的意義政治經濟學》[4]而

(1992),「廣告、閱聽人與商品」專輯,第一卷第四期,均由馮建三翻譯。

4 這是加力的博士論文,英文本1987出版,馮建三譯1992年(遠流)。該書是對史麥塞首提的「閱聽人商品」最有系統與清晰的分析與捍衛。加力在台時,我曾詢問,他的論文尚未答覆後來有人提出的問題:閱聽人商品只是價值「形式」的展現,不是價值本身,價值是由「內容」生產者創造,而經由閱聽人的收看/聽而表現、實

在台灣小有知名度的加力說,除了研究所的小班討論,他每年在大學部都必須面對上百人的大班十數次以上,為了吸引學生,他慢慢地發展出影像與講解並行的方式,行之既久,也就覺得講壇有若舞台,上課直如表演,相當享受、過癮。甚至,三年多前,他更進一步,將課堂經驗再作提煉,由他與學生共同策畫並拍攝錄影帶對外流通,成績不惡,至今得有1.2萬餘美元的盈餘,足以充作後續影帶的製作基金。

許勒(Herbert Schiller[5], 1919-2000,左一)與加力(左二),右二澳洲Murdoch大學教授John Hartley與右一新竹清華大學教授陳光興,1994年5月5日在台北師大和平東路某冷飲店月旦世局。(馮建三攝)

現爾。加力博士可有答辯?加力笑而不語。加力返回後,寄給陳光興若干他的教材,那是1990年代初,尚無網路可傳輸。

[5] 前輩許勒等人這次來台,由輔大李天鐸教授邀請。正式活動完成之後,陳光興安排大家見面。當晚席散,我陪許勒走回台北市許昌街青年會館,步伐輕快,不似已經七十五,說到長子Dan Schiller,老許勒頗自得,兩人政治觀與學術取向頗稱一致,雖說文風有別。許勒返美後,寄來新版 *Mass Communications and American Empire*(1969/1992)相贈,允是提攜後生之意。刊登在《中時》的這篇短文與照片,自然也影印後寄往留念;許勒得知,我們在台灣常有機會在報章雜誌發表時論,頗為肯定也極鼓勵。三年後,我們又在英格蘭Coventy一場小型媒體改造研討會相遇,自是歡喜。當天也碰見斯帕克斯(Colin Sparks),及昔日博士班老朋友Ayo Oyeleye,他已在伯明罕教書,有車,雖不順道,仍帶我回一小時可達的Leicester。日後,在上海與北京得有機會與Dan見面,不免相詢,老許勒說你每個月千元美金購書,真有此事否?

當然,這些影帶絕非泛泛或保守的商業作品,事實上,有感於反資本文明的人還沒有能夠充分開發圖像的潛能,加力製作這些另類(alternative)影帶的動機之一,是希望能夠藉此刺激較少接觸文字,而久已被商品迷得團團轉、只求從消費找認同或出路的心靈。目前他總共推出了四卷每部長在四十分鐘上下的影帶,內容包括音樂影帶、菸草、影像的批判之外,更有意義的一部是教導公眾如何善用影像科技進行另類傳播,還有一部探討暴力、媒介與社會的影帶,也已接近完成。

　　擁有雙碩士學位的加力,成長於英格蘭的印度移民家庭,在約克大學攻讀社會學碩士時,開始對媒介產生興趣,但在開始著手這些另類影帶的攝製以前,他一直沒有影帶的實作經驗。他說,電子技術學來不難,短期可以奏效,但涵育看世界的方法並不容易,有賴長期耕耘,尤其是在市場機能像癌細胞般地腫脹,瀰漫社會而使人誤惡為善的當下,更是要有角度與立場之後,才能弄清楚這個世界到底怎麼一回事,唯其如此,影帶或其他符號活動才能不致落入純消費的被動窠臼,才能得有契機催化積極的行動意義。

　　加力對於改變現狀的強調,連帶讓他對所謂「生涯規畫」頗有微辭。以自己及家人為例,他說,大英帝國肆虐,使他父母流離肯亞而後英格蘭,這與個人規畫有何相干?他本人因為「幸運」(luck)而得到獎學金到加拿大,正式進入傳播政經學門大老史麥塞門下,並由此取得博士學位,再赴美國找到教職,都是「機緣多過眼光」,何來規畫?

　　真的丁點計畫都沒有嗎?加力稍作思索,兩束長眉往上推擠:「也許,說是方向感來得真確一些吧。」在他看來,目前那麼多大學生有「徬徨少年時」的現象,很可能必須從資本文明以利為尚,致使生活其間的人不能沒有焦慮這樣的事實,找尋原因,而他既然早從青年時代就對此不滿,有了「反」建制的方向,自然也就不興作那些規畫,不會為其所苦。

　　說到這裡,他忍不住要敲一下美國傳播學界頗具影響力的薛德森(Michael Schudson)。他說,薛氏的《廣告:說服匪易也》(沒有中

譯本，2025/2/11按：已在2003年由陳安全中譯在大陸由「華夏」出版，《廣告，艱難的說服：廣告對美國社會的影響撲朔迷離》），狀似分量十足，但卻歸結於「我們先要有文化理論，才能理解廣告，才能批評廣告」，實在讓人啼笑皆非，標準是沒有方向感的產物。「是啊，這簡直是只為現狀說抱歉（apologist），然後袖手旁觀。」端坐加力旁座，七十多歲但鬥志依然高昂的媒介政經老前輩許勒，淡出一句，點頭稱是。

(《中國時報》1994/5/12第42版／開卷周報。原標題〈薩‧加力推動「另類傳播」〉。)

文化研究第一人　胸懷另類社會的方案

　　雷蒙‧威廉斯（Raymond Williams, 1921-1988），在英國知識社會中占有獨特地位，被舉為該國最為秀異的政治思考者。以英國人的立場論事，不免要說法國的沙特可以相當於英國的威廉斯。雷蒙出身文學批評，但著述廣泛，成績斐然，劍橋大學的同事總愛說他是社會學家或史學家。譯者寫的這篇導言，分為四個段落，從威廉斯的生平開始介紹，然後進入他的政治與社會活動，再次則引述他主要的著述與論點，歸結於本書重點的評估，並兼及威廉斯與英國傳播媒介研究的關係。

生平概要

　　微有起伏的山巒腳下是班弟（Pandy），一個界於英格蘭與威爾斯的邊城。
　　1921年，雷蒙‧威廉斯誕生於此。青年威廉斯在十八歲那年來到劍橋大學三一學院，延伸中學時期的興趣，主修文學。原本已經略

有文字習作經驗的他,至此更是熱中於創作小說詩文。另一方面,威廉斯早熟的政治細胞也在劍橋繼續發酵:出任學生會主席,發表論政文字,參加政黨發起的讀書會討論活動。這些,都可以看成是日後威廉斯對於政治社會事件保持高度關心,並且介入的早期徵象。1941年7月,政府徵召威廉斯入伍,戰爭結束之後,他返回劍橋大學,補修學分,完成正式的學院教育。此時,校方提供每年兩百英鎊讓他繼續攻讀博士學位。然而,威廉斯無意於此,除了當時他已經有了兩個小孩,以及另一份年薪三百英鎊的工作比較具有吸引力之外,更重要的原因還在他本人的個性不願意再接受學院的規範。因此,威氏在1946年9月到了牛津,開始從事勞工成人推廣教育,其間並夥同友人興辦雜誌。除了藝文創作與理論著述之外,對於時事與現實政治的興革也投注心力。1961年,劍橋大學的基督學院延請他前往任職,被舉為院士。威廉斯在1974年升任教授,1983年退休,1988年1月26日猝然辭世。

政治社會活動

威廉斯是威爾斯人,在歷史上屬於被英格蘭人征服的少數民族,因此,他雖然已經不能使用威爾斯語(類似台灣的平埔族),但骨子裡似乎已然根植反抗外力強權的因數,終其一生。也許因為這個緣故,當全球經濟轉惡,普遍失業從徵象轉為事實,進而刺激了英國「左派書社」(Left Book Club)在1935年出現,並且成功營運的時候,威廉斯首先就從該書社出版的圖書接觸了殖民與帝國主義等問題的討論。在另一方面,或許是由於父親出身鐵路信號工,而且涉入工黨(Labour Party)甚深,他在十四歲時就第一次充任義工,替工黨助選。自幼基本政治立場已然劃定也許並不特殊,但威氏比較不同的地方或許是「老而彌堅」。很多人年過四十而趨向守成,但他在那個歲數進入劍橋大學工作,批判現世的精神與行動較諸中年以前,如果不能算是更為激越與基進(radical),至少是毫不遜色於後生。當然,他對於政黨並沒有幻想,經常表示不能認同工黨的黨綱或政策

（甚至應該說是反對）；事實上，一如他早年加入英共而早於同儕退出，威廉斯對於工黨也深表不滿。

1966年，為了工黨政府支持美國介入越戰，他正式退出該黨；只是現實政治往往容不得人們率意行事，在堅持有所不為之外，仍然必須有所作為。威廉斯對於工黨的很多事務都不以為然，但這並沒有讓他從社會活動中退縮而只求自保，他也沒有變成犬儒而只憤世嫉俗。真實的情況是，政黨之不足恃，促使他更加執著於草根意識與國際胸襟的養成運動，繼續透過文字與社會活動不斷參與社會事務。此外，在選舉來到的時候，或許是基於兩害相權取其輕的心理，威廉斯依舊挺身正式替工黨助選。但他總愛說「週四投工黨，週五反工黨」。[6] 理解現實但不默然接受，堅持當權者永遠必須被人民批判與督促，這樣的見識與行動，事實上並不單見於威廉斯，與他大約同期問學於劍橋大學的著名史學家湯普森（E. P. Thompson）與霍布斯邦（E. J. Hobsbawm），莫不如此。或許，這是英國知識分子的一種典型。1979年，柴契爾（M. Thatcher）領軍保守黨取得政權，以未及半數選票卻能夠得到絕大多數國會議員席次，原因之一就在英國選舉制度的不合理。工黨執政期間，他就已經指陳這種制度的不民主。1988年末，英國知識界發起憲章運動，他們主張將這種制度修改為「比例代表」選舉制，如果不是早逝，威廉斯必然是發起人之一吧。

綜括威廉斯對於社會行動的期許與看法，或許以他自問自答的一段文字，最為傳神！

> 如果有人要我陳述自己的最後立場，我會這麼說：把勞動階級組織起來，進行經濟上的抗爭，是最能夠更新社會體質的活動；……但是代議民主作為一種原則，並沒有割捨的必要，雖然

---

6 英國大選在1917年以前投票期間長達四個月，1918至1930的六次大選，僅一次在週六。一般認為，這是因為週五發週薪，民眾可能買醉而不去投票，週日則民眾可能上教堂，也會減少投票。1935（含）年以後的投票日都定在週四。2010年（含）以前，英國首相隨時可以解散並改選國會，2011年修法後，除特殊情境並有國會議員三分之二同意，都是每五年大選一次，日期都是第五年5月的第一個週四。

我認為我們的視野要超出其限制……我們應該以全然不同的政治行動來支持社會主義的出現；……從資本主義社會之內產生的各種意義與價值體系，我們必須憑藉智識與教育工作，以最具有持續力的方式，經由長期抗爭，將它們整片拔起，從根鏟除。這就是我所說的「革命之道長且遠（the long revolution）……」。

著述與觀點

威廉斯在理想社會與現實政治之間抗爭；在學術研究當中，他則來回於抽象的形而上思維與具體的分析之間。一般說來，他的早期著作（不是全部如此）存在濃厚的「文化情結」（culturalism），有人甚至指責他不願意或是沒有充分地分析物質運動的過程。因此，他的學生伊戈頓（Terry Eagleton）在一篇著名的論文裡先禮後兵，以愛師但更愛真理的態度，毫不留情的說他是膨脹了主體的力量而竟至於像是全然不顧結構的限制；太過於強調共同的文化，而流於從空洞的人類學角度論事，不能合理的剖析文化本身乃是意識形態的產物，往往有其強不同以為同的霸權壓迫作用；歌詠人性的本質而至把政治現象一併比同。這些，伊戈頓說，都是威廉斯「浪漫民粹主義」（romantic populism）的表現。威廉斯之所以如此，則是因為他本人出身低層，奮鬥以後晉身社會中流，太過於推己身之經驗為公眾之歷史的緣故。伊氏所指陳，雖有部分道理，但不免以偏概全，誠如他自己日後所說，當年的孟浪放言，盛氣凌人，苛責師長之處實在有失公道。如果平心的論斷，應該是說，威廉斯一直是在兩極之間徘徊。一方面，他的確是以「觀念理想論者」（idealist）的立場評述文化在社會形構之內的角色，但他也同時以「物質論者」（materialist）的身分看待文化之內的各種活動與行事。並且，就如巴內特（A. Barnett）所觀察到的，威廉斯「愈來是愈強調物質的作用了」，1968年以後的著作尤其如此，這就是他謝世前十多年反覆致意「文化物質論」（cultural materialism）的原因。比如，在《邁向西元兩千年》（1983）書中，威廉斯不只一次地分析，在跨國公司與菁英都會知識分子合力運作下，

文化與政經社會生活所面臨的困境:前者挾其經濟實力真槍實彈地將文化推向同質的路徑演進,後者則在理論層次上進行攻防的工作。

當然,上下層之間的決定論問題從來就不容易解決。十多年前,高丁(Peter Golding)與梅鐸(Graham Murdock)曾以討教的口吻質問到「真是詭異啊」!他一方面強有力的指出,密切處理經濟決定論的問題是文化社會學不可或缺的一環;他同時卻又堅持,在文化生產過程與經濟運轉的動態之間絕無可能找到從屬的關係。誰又真的能夠提出讓人滿意的答案呢?梅鐸現今的論文不是回過頭來引用威廉斯的著作嗎?兩人現在也是說,決定論「宜取其所設定」的層層限制與無時不在的壓力,而不好說是傳播內涵可以預測而歷歷不爽,或是傳播內涵已被政治經濟力量完全控制。從政治與經濟的分析入手,然後出乎文化的關懷與興革,確實是研究社會現象所必須努力的方向。但不要忘了,在缺乏有用之論述可供參考的情況下,威廉斯幾乎孤力取得的成就已經非常可觀;畢竟,今日的文化研究或政經探討,仍然猶豫地走向彙通之路上,威廉斯至少是跨出了勇邁而結實的一步。

晚近十多年來,由美國傳至歐洲,西方世界(近幾年的台灣也是)如此談論「後現代主義」(post-modernism)的熱情有增無已,威廉斯曾在《邁向西元兩千年》裡,這麼寫著:

> 「現代主義」有兩個面目。就其創新的一面來說,它們確實摧毀了早先資產階級社會的固定的表現形式;不幸的是,在漸次沉澱之後,它們竟又變成人類文化史中,表現存在事物之最為粗簡的形式。那些飄渺無定而經常顯露絕望的影像從何而來呢?就從那些鮮少,或者甚至是無法與他們所賴以存活的社會發生連屬的文人身上,生發蔓延;這些飄如陌上塵的文人,多的是片斷與無根的感覺,多的是淪喪與人溝通之能力的喟嘆,在他們把這些愁緒傳播開來的過程,「現代主義」與「後現代主義的建制」(establishment)也就構築了起來。

以後人文思潮的發展是不是也會朝著這個方向演進,否定了後現

代主義之中虛無的成分呢?這也許是日後我們可以觀察的現象。

　　生前,威廉斯的論述以書籍形式出版的共達二十八本。去世的幾週之內,學術期刊的追念,披露於報端的文章已有十數篇。英國四個電視廣播網之一也為他舉行了一次討論會。對於生前主張傳播資源要由公眾(public)所有、反對商營的威廉斯來說,這些飽受他訾議的私人產業仍然對他如此禮遇,反映出他畢竟是跨越黨派,超出意識形態的界線,是人心所共的資產。威廉斯離開人間未及兩年,又另有四本後人與門生將他生前仍在寫作的文字,以及學者論述威廉斯的文字,編成文集行世。他的論述被收入別人編纂的專書,數目高達九十篇。發表在日報、週刊、月刊以及學術期刊的論文、時事雜文、書評以及電視評論,更是讓人咋舌,達五六七篇。在英語世界中,以類如威廉斯那般嚴謹的態度,論述文化、社會與文學而有如此成績,並且擁有廣大讀者的人,可能再難找到。截至1977年,單在英國本地,他的著作已賣出七十五萬冊。

　　除了這些直來直往的議論,威廉斯也透過文藝創作來表達他對社會人士的看法與期望,其中,小說是他最常使用的形式,數量與品質俱佳。然而,威氏並不是赤裸裸地想要文以載道,事實上,從讀劍橋大學的時代,威廉斯就對他一度加入的共產黨的文藝路線甚表不滿。他認為過分地把藝文當成工具,只能使文藝變成教條;這樣的文學觀貫穿了他的一生。相比於耗費在硬性論文的時間,威廉斯盡力在抒情言志的小說,其實更是嘔注心血,不斷地往返增刪與校閱。比如,他在生前出版的五本小說,寫作綿延的時間短則六年,長者竟達二十載,修訂的次數也在五到七次之間。畢竟,天才從來不可依恃,唯有苦功能夠成就人事。

　　然而,著作等身並不能立刻等同於成績或影響力。就文字工作而言,數量眾多不是品質的代表。相反地,如果筆墨多屬應酬與時論,難免會以量害質,損害了創意。以威廉斯的情形來說,質與量卻是難得的相符,兩相共生共長,提攜彼此;因為這個原因,威廉斯乃得到士林的敬重,彌足讓人景仰。亡故以後,數量繁多的悼念文字、活動與論文集不列入計算,有關威廉斯之資料編錄成重要學術參考書,至

少有六種；專門以他為對象進行訪談而發表的文章至少在十回；評論他的著作、細論或總論他的政治社會文學觀的期刊文字，應當不少於一四〇篇。在台灣，1984年有謝國雄的碩士論文探索威廉斯。威廉斯的成名作《文化與社會》，在1985年由彭懷棟翻譯後，聯經公司出版。[7]

另外，除了因為反對越戰，憤而拒絕接受美國學府的邀約將近十年（1965-1972）以外，威廉斯的足跡多次越過英吉利海峽，親履法國、德國、義大利與南斯拉夫，講學並結交學術或政治上的友人。威氏的影響力，不單是要從其著作的銷售狀況窺知，最能直接表現出他過人之處的，或許還在於他所融鑄的觀念與語彙，已經成為人們討論相關問題或現象之時所經常援用引伸。以本書為例，有兩個概念迄今仍然得到學者反覆的引證，其中電視的「流程（flow）」在本書第四章有比較集中的介紹，譯者也曾就此為文討論，[8]在此不再複述。（蔡蕙如在討論串流影視時也提及威廉斯的這個觀點[9]。）第二個概念則是「流動的藏私」（mobile privatisation），現在進一步解說於後。

威廉斯在1964年的小說《第二代》裡，首先醞釀了這個觀念，十年後在《電視》這本書正式加以命名。之後，不但引用的人不限於文化與大眾傳播研究學界，到了1980年代，社會與政治經濟學界為

---

[7] 美國哥倫比亞大學出版社在1983年重印《文化與社會》，威廉斯撰寫新的導言，指該書1958年出版後，「人們都說這是英國**新左翼**的開創著作之一。現在還常常有人把這本書與後來的《漫長的革命》……《識字的用途》……與《英國工人階級的形成》放在一起，統稱為開創了全新知識和政治傳統的作品……這些著作……常常被人劃入文化激進主義的行列……更為傳統的**社會主義**把這種文化激進主義遠遠甩在了後面。」譯文引自高曉玲（2011譯）《文化與社會：1780-1950》。吉林出版集團。台灣的彭懷棟1985年譯本，沒有譯出英文確實有的「**新左翼、社會主義**」等**斜黑體**文字，這是1987年解嚴前夕的台灣知識界狀態。

[8] 逢見山（1990）〈電視節目的流程分析〉《當代》52期，8月，頁138-142；另收於馮建三（1992）《資訊、錢、權：媒介文化的政經研究》，頁27-32，台北市：時報。

[9] 威廉斯的流程概念「仍具有說服力……有助於分析網飛追劇閱聽人的情境」，見蔡蕙如（2020）〈串流媒體時代下的閱聽人商品觀點再檢視〉《中華傳播學刊》37期：83-112。引自頁91。

了要解釋柴契爾主義，也將「流動的藏私」引為主要的依據之一。

將近三十年前，威廉斯試著以駕駛汽車的經驗比喻工業資本主義的社會關係。他說，人在車中，手握轉盤，無論是東奔或西馳，心中感受到的是隨心所欲，耳際環繞的是可輕可快的音樂；在這流動的車殼裡面，隱藏著暫時脫離外界的個體。可是，只要稍作思索，開車的人不難發現，如果沒有公共道路，哪裡也去不了；如果其他開車的人不遵循公共的行進規則，他的行動恐怕不能那麼如意。也就是說，人一方面必須倚賴社會提供的財貨與服務才能發展，他方面卻又相互競爭並且各自為政；外在世界是人生活的依靠，他在閉鎖的空間裡，卻短暫地以為他是獨立自主的中心（雖然他仍然必須隨時注意外界的動態，才能展開因應的行動）。這種既能「流動」，又可以「藏有個人財貨」，並且達到「隱私目的之現象」，除了清楚地表現在開車的經驗之外，更是具體而微地表現在家庭之內人們收聽廣播與觀看電視的行為：對於許多人（尤其是那些無法四出遠遊的人）來說，電子大眾媒介無異是大千世界的化身，個人避居家中而足不出戶，並不妨礙他知悉外界所發生的事（雖然這是經過中介的認知，但卻似乎是無人得以倖免的現象），這樣的現象也就更加強化了現代社會以家庭作為生活重心的傾向。

但是，如果希望家庭的一切消費行為能夠繼續進行或是其重要性保持不變，那麼，外在於家庭的社會所提供的生產活動，依舊是這一切的基礎。試想，如果經濟情勢變動，勞動者失了業，短少了收入，家庭生活顯然要大受影響；如果社區或國家取代了家庭傳統的核心功能（如育幼養老），家庭勢必也要重新調整角色。類如這種既能自外於社會（追求隱私），而且要有家私可藏才能生活，卻又不得不隨時注意社會情勢之變化的現象（保持彈性與流動），才能適時地趨福避禍，著實描述了當代工業社會的一些特質。這樣子的世俗化，在資本主義擴張到了一定的階段（指西方福利資本主義國家）以後，就又使得家用消費品的享有，以及隱蔽而流動的生活形態，變成了文化認同的對象；從前憑藉資產以及權威的有無作為階級的象徵，逐漸褪色隱晦。即使在資本主義出現了危機（比如柴契爾夫人當權的1980年

代),能夠繼續保有這種「既流動又隱藏」之生活模式的勞工與中產階級,雖然不是社會中的最多數,卻總還足夠維持這種文化意識的存在與運作。經由這個微觀層次的觀察,往上,威廉斯等於是維繫了葛蘭西的傳統,以個人生活經驗來闡明階級意識的形成。往下,威廉斯提供了重要的線索,讓霍爾(Stuart Hall)之威權人民主義得到了物質的基礎,循著流動藏私這個概念,霍爾可以接筍他過去十餘年來,有關柴契爾主義之所以風行英國的解釋。到了當代,威廉斯的重要闡述人,業已很有說服力地展示,何以在網路與手機結合、二十四小時都可以連線的年代,新自由主義的個人化身分更是沃土,致使流動的隱私或藏私幻象,發揮得更見淋漓盡致。[10]

結語:威廉斯與英國傳播研究

威廉斯重視文化的表達,以當代的情境而言,討論這個主題而不及於大眾媒介,實在難以想像。知識分子觸鬚是否敏銳,平日蓄積的學養是否已經讓他適時就社會現象發表觀察所得,往往可以從他(她)對新事務的見解窺見一斑。如果拿這個標準來評判威廉斯,那麼他可以當之無愧,稱得上是知識分子之時者也。早在1962年,威廉斯就已經撰寫關於電視的論點,再早兩年又已發表〈廣告:魔術系統〉,文中論點(比如,廣告)把人低貶成消費單位而抹煞其參與的角色,迄今尚為人引用不輟。同樣在1962年,他更出版了這個領域最早的專書之一《傳播》(改寫自他在牛津從事成人推廣教育所用的講義),先後共出三版,印行十次以上,或可說是替後之來者(英國最早的三個設立於大學的媒介研究中心,相繼於1960年代中期方始創辦)清理出了一塊足以進攻的地基,他在書中所提出的傳播環境改善芻議,涵蓋面的廣泛與深度,在同儕中仍不多見。這就難怪「開放大學」社會系主任霍爾指出,威廉斯不但是英國文化與媒介研究的主

---

10 McGuigan, Jim (2013) 'Mobile Privatisation and the Neoliberal Self'. *Key Words: A Journal of Cultural Materialism*. No.11:75-89.

要奠基者之一,並且借著持續的新作不斷,在這個領域保有連綿的影響力。

文化、政治與科技之間的關係如何演變,就像威廉斯在本書序言中所說,一直是他關注的焦點。這樣的研究旨趣,讀者從本書的副題,很輕易就可以掌握到。威廉斯立論的起點是個人的「意向」(intentions),彙整之後形成了社會的需求,預期了某種科技的出現。在這過程裡,意向與需求固然會因為優勢團體(如資本家)的塑造而變形,但也要在最小可以接受的範圍內,得到其他人(如一般勞動者)的首肯。新聞傳播研究有個拉斯威爾公式:「誰,經由什麼媒介,向哪些人,說了什麼,得到什麼效果?」對於行為取向的大眾媒介研究,影響力甚大,但在威廉斯看來,正是因為「忘了問『為了什麼意向』」而暴露了缺失。電視為什麼能夠出現?電視造成了什麼社會效果?威氏先行分析了兩類型的看法,然後加以批評,從中凸顯他自己對於科技與社會之關係的見解。

根據威廉斯的分析,第一大類是科技決定論(technological determinism)。明顯表現於外,或是隱藏於後的說法是,科學與技術進展到了一定程度,電視自然就應運而出。有了電視之後,其他媒介拱手讓出原有的新聞與娛樂功能。另一方面,電視集影像聲響於一身,改變了我們對於社會實體的認知結構、人際關係,人與大自然的關係也澈底發生變化。命定論的人以為,電視所帶來的衝擊是我們無從預知或引導的,它不僅左右了人們獲取新聞與娛樂的方式,更且波及了整個家庭、文化與社會生活。

另一類主流派看法認為,除了以成熟的科技作為基礎,電視也必須滿足兩種需求才得以被開發。第一、1930年代的社會需要一種工具,藉以形成統治階層所想要有的言論與行為。其次,電視也應合了經濟需求,提供資本投資的對象,這就如同20世紀行將結束之際,另有高解像度電視爭著要破土而出是一樣的。

這些議論都有可取之處,但都沒有照顧到「意向的問題」。威廉斯說,第一、並不是科技條件成熟以後,電視的出現就水到渠成。歷史上的證據顯示,從電力、電報、照相術到動畫的發明,人們就已經

在心中構思了它們的種種情況,以電視為基礎的「傳播體系」,在重要的技術組件發明或改進之前,人們就已然預測到。還有,電視的內容很難說是電視形式可以決定的。在剛發明的時候,電視與電報或報紙不同,只是要用來接收概括性的訊號。商業電視強調娛樂,是為了利潤,並非電視的本質如此。最後,我們從電視制度的差異,也就能夠反證人在不同的歷史與社會之下所作的回應,才是醞釀電視實質表現的因素。比如「美國的電器商」大到政府無法控制,因此變成了純粹的商營;法國與義大利則由「國家直接規範電子媒介」的運作;在英國,又有與它們不同的情況,所謂的「公共廣播制度」在這裡開始延展。這是因為英國的幅員相對狹小(只及法國之半),民族文化也早已形成(義大利成為國家只是近代的事),美國的歷史更短;因此,對於什麼叫做「公共服務與責任」,英國的統治階層比較可以取得一致的見解。當然,由於英國原本與法國不同,她並沒有行政的中央集權傳統,是以英國寧可委派中間人管理廣播系統,而不是揮刀直入,由政府部門直接監理。

如前文所述,威廉斯長期游動在理想論與物質論(但偏向後者的立場),在本書中,我們從他對科技與文化的論述也可以窺知:他沒有班傑明(Walter Benjamin)的盲目樂觀,也不至於像阿多諾(Theodor W. Adorno)的只知絕望。[11] 威廉斯胸中對於新媒介的革命性力量素表歡迎,但對於資本家與政客的「同心協力」,利用新科技遂行資本累積與社會控制的事實,同樣不曾淡忘。同樣地,脫胎於英國文學批評傳統的威廉斯,並沒有為它所局限。李維思(F. R. Leavis)對於商業媒介體系深惡痛絕之餘,無視於新的傳播方式所帶來的民主作用,而且對於民眾不表信任,總害怕他所植根的上層文化就此消失無形。威爾斯工人家庭出身的威廉斯拋開了這個包袱,基本上是以昂

---

11 阿多諾在1960年代對德國的公共廣電有更正面的評價,論證他與霍克海默(Max Horkheimer)並未那麼悲觀的最佳著作是:Peters, John(2003/唐士哲譯2013)〈霍克海默與阿多諾的微言大義:讀「文化工業」〉,頁57-75,收於《傳播研究的典律文本》(Katz, E. et al. ed.2003/夏春祥、唐士哲與羅世宏譯,五南)。

揚的精神對抗資本生產體系對於傳播方式的隱性控制，同時拒絕政治上官僚勢力的顯性掣肘。他總不會忘記傳播科技由人手創，堅持解鈴還得繫鈴人，唯有透過人對於社會的改變，才是導入傳播科技於正途的關鍵；一味的厭惡機器，終究不是值得提倡的態度。

（譯導讀：Williams, Raymond〔1974／馮建三譯1992〕《電視：科技與文化形式》，頁5-18，台北市：遠流。收入本文集時，增加五個注解。該文大部分曾刊登於《自立早報》副刊1989/4/2-3，1991/1/25-26。2009年另以〈威廉斯走上街頭傳播另類社會的方案〉為題，收錄於魏玓、馮建三〔編2009〕《示威就是傳播》，頁83-93，台北市：唐山。）

《查泰萊夫人的情人》催生「文化研究」

過去六、七年來，文化研究在許多西方國家都已經成為大專院校的科系名稱或教授學門。「始作俑者」之一是英國的英語文學專家侯苟（R. Hoggart）。

1964年，伯明罕大學提供學舍並支援行政，出版人艾倫（Allen Lane）因侯苟挺身，辯護當時身陷《查泰萊夫人的情人》（*Lady Chatterley's Lover*）是否淫褻而依法不能出版，感念之餘，他與報社應允連續資助七年，每年2,500英鎊，[12] 由侯苟在英語系搭夥，設置「當代文化研究中心」。侯苟找來霍爾，認為霍爾對理論的嫻熟正好補助他的不足，而霍爾是誠篤的馬克思主義者，又恰能配合他溫和社會主義者的個性。

在共事之前，侯苟與霍爾已經有些名聲，因此前來報考的學生大約也是「站在左邊」的那一些人。1968年西方學運大舉來潮時，他們果然站在浪頭前端，加入先鋒，帶頭「惹是生非」。這個色彩讓有

---

12 2024/12/6按：大約折合2023年的6.5萬英鎊左右，亦即約270萬台幣。

些學生大表善意的不滿,認為這樣一來,會很困難招到對政治懵懂或立場不同的人!因此也就沒有發揮教育作用,不能增加左邊的人口。

與學生相比,英語系及校方對於侯苟與霍爾的意見可就有點黃鼠狼拜年的味道。當年有許多在英語系執教、研究的人拘泥於古典文學,眼見自己的地盤橫被「庶子」侵犯,早就心中嘀咕,如今又發現旁出者受歡迎的程度後來居上,於是懷疑侯苟以較低的門檻,授予高教學位來換取較多學生的投效,他們並且說,雖然拓展視野是好事,但學子進了文化研究的門,恐怕日後不容易找到差事哩。

1972年,侯苟借調聯合國教科文組織三年,一年多以後,被要求延長至五年。侯苟喜歡新的工作,但也覺得這與年前和校方的協議不合,於是決定辭職以便霍爾能夠正式接任主任職缺。就在這個節骨眼,校方接到一封信,指控文研中心幾年來都在從事宣揚左派的勾當,校長登時有些遲疑:侯苟這位溫和主義者的掌舵都會創造這個形象,那讓霍爾來幹還怎麼了得?校長於是決定調查他們歷年教學與研究成果,再定奪繼續支持中心及是否讓霍爾真除主任。

根據調查,宣傳的「罪名」不能成立,但有兩個大的缺點必須改進,一個是集體合作的研究與創作太多,應提供研究生更多的獨立探索空間;另一個是,文化研究中心有些人太喜歡使用術語,不少出版品的內容經常出現形容老半天、文句長過天,抽象解釋轉了好幾圈的情況。

不過,伯大英語系至今仍把文化研究看成「怪鳥」,使得「當代文化研究中心」在文化研究綠葉成蔭之時,揮手向英語系說再見,在與社會科學出身的新秀結合後,1988年起自立門戶。侯苟說,這代表著英語等語言科系有了新的成長方向。

(《自立早報》副刊1989/2/13。)

霍爾的文化研究：經濟一開始就在制約

　　世紀末的最後十年，自得、保守的官方及學院論述，繚繞國際化與本土化而喋喋不休，就在這個時候，殺出了一個陳光興教授，努力、自信卻又焦慮地拋出「國際在地主義」，批判的成績匪淺，壓倒眾聲的喧嘩。

　　這本平易近人的訪談文集就是成績的一部分，主角是出身雅買加，成名於英國，而後蜚聲國際的霍爾。在威廉斯等老成相繼凋謝之後，霍爾更是如同日月，雖然無意，甚至恥於自居盟主，從事或旁及文化研究的人，不免多少閱讀之仰望之。

　　但什麼是文化研究？很多人想問，唯佛曰不可說，霍爾許之。不可說的原因，就如同文化這個概念，與其說我們能夠透過定義的方式去掌握，不如說閱讀好的文化研究之作品的人，更能實在地理解其內涵。而好的文化研究必屬批判，對於各種文化形式與意識形態提出的批判，霍爾承認批判有其基礎，出發自特定階級、性別意識等等立場，但他不肯化約，所以，他對經濟決定論之說嗤之以鼻（不過，值得注意的是，霍爾固然不承認經濟決定了文化風貌，他卻說，文化面貌為何，經濟經常是第一個作用其間的因素）[13]，倒又同時願意說，一旦去除決定論，他的論述可以說仍然在馬克思「理論的推論界限」。

　　但霍爾似乎亦有曖昧之處。一方面，他在意文化研究可能在被接受以後（尤其是在美國），「不再具有批判與解構力量的鋒刃」。另一方面，他卻對於釐清的功夫，在必要的時候作為某種監督、監控的角色，以求文化研究能夠「政治正確」一事，「絲毫沒有興趣」。陳光興在訪問時，至少二度提起這個問題，但霍爾的解釋似乎不足以廓清

---

13 2025/2/11 按：「經濟（最後）決定論」（determination in the last instance）常使粗心的人，掉入教條僵化的陷阱。霍爾在1983年有一篇〈沒有保證的馬克思主義〉，因提「一開始就在決定」（determination in the first instance）予以糾正，得到廣泛引述。不過，Ralph Miliband 在1977年出版的 *Marxism and Politics*（p.8）已經這樣說：「但是，將『經濟基礎』當作起點，當作是第一關卡（a matter of the first instance），會更為恰當與具有意義。」

讀者的疑問。

最後,說霍爾等出身第三世界國家,現今在歐美擁有強大學院發言分量的知識分子之經驗為某種的「流離失所」,或可商榷。霍爾的物質生活以英國為基地,出於自願的選擇,既無形體的流離,更無失所的哀戚無奈,說他或與他類似的人,就地戰鬥並能移情、設身處地為遠者謀,可能比較恰當。

(《中國時報》1998/08/27第42版╱開卷周報。書介陳光興(唐維敏編譯1998)《文化研究:霍爾訪談錄》。台北市:元尊文化。)

布赫迪厄的「文化素養」說
政經與文化研究者一起推崇

譯者說明

布赫迪厄(Pierre Bourdieu)是巴黎法國學院的社會學教授,年歲只過半百而著作已經等身。他在法國、歐陸與英美等地都享有盛名,厭惡「後現代」與「論述」(discourse)分析,說它們是「對於科學的虛無式攻擊、抽象而讓人無法苟同」。是什麼理由可以讓他這麼「囂張」地「詆毀」當代顯學呢?這當然必須從他的著作來找答案。十年前,英國研究傳播文化現象的兩派人馬,在他身上發現了聚合的可能:威廉斯(Raymond Williams)與岡恩(Nicholas Garnham)分別是文化研究與政治經濟學派的要角,他們卻共同在《媒介、文化與社會》(*Media, Culture and Society*, 1980, July)推出了布赫迪厄專集。能得到時而「冷戰」之兩派的共同首肯,顯然不是泛泛之輩。

必須說明的是,布氏文字以長串聞名士林,並不是清爽易讀型,他甚至非常感謝幫他英譯的人,以忠實態度將原文的「特色」表現在

英文上。學術作品是不是一定會寫得叫人讀來叫苦連天,才能傳達作者旨意,從來有不同的看法,以下編譯梅鐸(G. Murdock)對布赫迪厄的評述文字,可以做個例子。梅鐸是英國媒介研究中,政治經濟取向的標竿人物之一,但是不畫地自限,並且著墨廣泛,可從譯文看出;他本人已出版專書數本,論文八十餘篇,心儀布赫迪厄十數年,但堅信寫作可以而且必須有「民主化」的作用,就是說,以盡量平易的文字解說複雜論點,在梅鐸看來不但可能,而且是寫作人應該努力的方向。此外,他對布赫迪厄的批評,可以在譯文裡清楚地讀出,不必贅述。倒是英國對於法國結構主義論者的主流意見,已經可以從中窺知一二。湯普森毫不留情地撻伐阿爾杜塞(Louis Althusser),總是不如霍爾之推崇泛層決定論而又鞭笞「經濟最後決定論」來得有影響力,就是另外一個例證。譯文的首尾兩段分別為譯者自撰與改寫,目地在求文氣的連貫。

布赫迪厄的「文化素養」說

義大利語言哲學家艾可(Umberto Eco)不但專精於語意分析,擅長寫時事短評,最妙的是他寫小說的手法,經常把文史典故揉和在語意懸宕的情節。去年他的《傅科擺》英譯本才問世,評論家認為該書「當作小說看,不免是敗筆,但卻是迷人的散文」。儘管如此,該書一如他第一本英譯小說在1983年所引起的旋風,登時又告洛陽紙貴;只是,不可否認的,艾可的小說要欣賞到十分的確並不容易。

舉例來說,他的第一本小說《玫瑰的名字》有兩組不同的線索,讀者不但要費點心思,而且要有相當的「文化素養」(cultural competences)才能夠把全書的神髓通盤掌握。一方面來說,《玫》只不過是一本推理偵探小說,在中古世紀的古堡裡,令人毛骨悚然的謀殺案件,一連串的發生,在緊張的氣氛中直叫人猜不出是誰幹的。然而,這本小說又同時充滿了談笑風生的隱喻,它所影射的其他文學作品,在在需要「內行人」才能解讀。比如,書中主角是來自「巴斯克維」,名喚威廉的僧侶,他到古堡的目地正是要偵察命案的緣由;在

這裡，艾可顯然是借用英國福爾摩斯偵探故事中最有名的〈巴斯克維的獵犬〉。另外，書中也在很多地方涉及了阿根廷著名的作家波赫士（Jorge Luis Borges），波氏自稱小說是他最喜歡的文學形式。小說《玫》的命案關鍵是在古堡中有如迷宮般的圖書館裡發生的，而波赫士最有名的短篇小說不正是〈巴別圖書館〉嗎？其次，那個目盲的壞蛋圖書館員不也叫作波赫士嗎？還有，艾可在《玫》書一開始不是向我們暗示，這本小說的故事有一部分是從一本古書中取材，而此書正是從阿根廷首都布宜諾斯艾利斯的舊書店發現的，不要忘了，波赫士本人在這個都市工作了大半輩子哩。這些難道會是巧合？不是的，整本小說的布局所展示的其實就是艾可本人寫作理念的具體實現。他說，整體的文字要有預留空間的效果（the open text），讀者可以由此而「得到最豐富的詮釋可能性」，他們可以在正文之外，以他們現有的其他知識，對正文盡情的從事「推理猜測的漫步」。但很顯然的，不是所有的讀者都會聯想到波赫士；絕大部分人可能聽都沒有聽過波氏其人。因此，我們怎樣才能解釋「文化素養」之差別的問題呢？

縱觀社會科學界，布赫迪厄的著作無疑是這方面最值得借鏡探討的。固然他在方法學與概念上的問題留有瑕疵，就肥沃批判性研究的土壤來說，他在兩方面提供了養料。第一，他不僅只是給我們一幅圖，以配對的方式指出對於文化的詮釋必定有所不同；布赫迪厄更進一步去找出造成這些不同的社會機制。第二，他以詳細的實證資料作為基礎，企圖為「文化消費」的結構性決定因素建立理論架構，能夠結合理論與資料的人，在批判研究中甚至都還少見。

素養的成分（Constituents of Competence）

布赫迪厄說，詮釋外界事物的活動，需要三種主要的「文化素養」：分類的本領，如此才能在接觸新事物時辨別出它的屬性；品評的能力，如此才能將文化成品依序排入價值的位階；掌握分寸，不同的文化消費形式有互異的社會要求。因此，學習跳迪斯可所需的素養能力，與學習如何在古典音樂會中正襟危坐或如何在畫廊觀賞，並

沒有高低之別。

由於判定文化產品的方式不一而足,「分類本領」對人們如何對它反應或使用會有很大的影響。比如,《驛馬車》可以說是一部「古典西部片」,是約翰・韋恩主演的影片,或是約翰・福特導演的戲。不同的說法,就代表了不同的期待,從而使人有不同的聯想與比附——這就是「文際活動」(intertextual activity)——因此,用什麼樣的語彙描述,就容易導向什麼樣的觀照經驗。誠如布赫迪厄所指出:「有多少,有什麼樣的語彙來傳達概念與知識,就有什麼樣觀照的能力,換句話說,語彙是感知的程式。」

消費,也包涵了美學上的品評能力。布赫迪厄從他在法國蒐集的調查資料,提出二元對立的美學體系,「通俗與化育」,大致上可以是相對於「自然/寫實主義」與「現代主義」之間的關係。「通俗」的美學,出發點是認定藝術沒有高論,只是從生活中直接延伸而得;它所看重的藝術表達形式或成品,以在真實上或情感上反映生活為貴,要讓消費者能夠「進入狀況,與其中的人物同喜同悲,為其命運焦感」。反過來說,「化育」的美學講究的是,藝術要能不假外求,是一塊自主的領域;它所期待的是,藝術表達形式或成品要能夠凸顯出,特定的美學效果是如何產生的;因此,它以超脫於世的姿態,將自己與其他藝文目標相比,而不是比擬生活百態。但要點是,以上兩種美學體系的競爭,並不是在平等基礎上進行的;正好相反,它們所密切接合的是失衡的權力關係。也就是說,「高高在上的冷美學」,向來只有智識分子擊掌叫好,是意識形態的一環,用意無非是要低貶,甚至「管教」通俗品位,而現狀的權力分配也就得以周而復始,生生不息。

以這些特徵來探討美學問題,是很勇敢也很有用的一個起點;只是,布赫迪厄將美學的品位設定為雙元對立,水火不容,未免又流於粗陋而不能捕捉日常消費形態的複雜狀況。最近巴西有一項關於該國主要電視網連續劇的研究,其間顯示出來的觀眾之階級差別與觀看的關係,乍看之下,似乎頗能支持布赫迪厄的論點。比如,勞工階級「全神貫注以戲為真,與劇中人物同喜同悲」;專技人員的家庭則置身

劇外,視之為一種文化虛構之物,而只是對劇中的「對話、攝影與其他技術層面與美學功夫,品頭論足」。再仔細考察一下,我們卻可發現更多複雜的對比。比如,由於勞工階級看過太多的連續劇,他們對於電視台粉飾太平移醜作美的作風,清楚得很;因此,他們雖然跟隨情節起伏,總還是知道導播一直是在用特定的風格與手法來吸引他們的注意。換句話說,他們的解讀並不是直來直往,他們自有頭腦以作中介,他們也會援引其他經驗而有「文際活動」。相比之下,中上階層的觀眾相對來說是欠缺看連續劇的「素養」,造成他們只能一本正經地看戲,反倒是被節目的內部邏輯牽得團團轉。

如果只依照布赫迪厄的概念體系,絕對看不出這層細緻的差別。原因是他對於身居文化消費重要環節的電視,並不是有太大的興趣;再一個原因就是傳統上寫實與現代主義,學術與前衛,左派與右派的對立,影響他的美學品位的分類太深。事實上,現世的現代主義形式也同樣可以在通俗娛樂劇中找到;而後現代的文化形式也是繁複不一,從精緻藝術、建築,到「不入流」的錄影帶與廣告,跨越了整個文化領域。另外,布赫迪厄一昧地認定美學上的判斷是直接來自政治與道德上的價值,也使得他沒有辦法爬梳出評價、情感、意識形態與愉悅之間的分別;但這樣子的分別,在電視充斥的社會裡,對於我們怎麼樣體驗其間的文化,是極為重要的。

素養的產生與不同的結構位置

以上我們已經把文化消費過程所涉及的不同素養指明了,現在留下來的課題就是要了解這些素養是怎麼產生的,擁有不同素養的人又怎麼樣在結構上有不同的位置?布赫迪厄用來處理這些問題的核心概念是「習氣」(habituses),指的是「思索、感知、評價與行動的各種依據」,依此具體的文化行事與作為才能出現。

根據他的說法,每個階級或因階級而起的派別都會營造本身的「習氣」,由其成員共享,使他們「能夠在沒有指揮的情況下,演奏自如」,他們的文化作為也因此能夠「井然有序,前後一致,首尾相

從」。但這又並不表示他們對特殊的品位毫無差別,只是說他們的偏好,仍然可以從一些基本的鑑賞與評價觀點,找出蛛絲馬跡。「習氣」不是「習慣」(habits),其間自有規律但並不僵化,有跡可循但又不是一成不變;它們為結構性的差異拉下變異的底線,拿個比方,這就好像成十上百的爵士樂手,可以在即興的狀況下,就一首知名的曲目共同演奏。

布赫迪厄關於文化消費的這些推演,在很多方面與英國許多研究人員關於「次文化」(subculture)的心得,有相通的地方,雖然二者的研究活動分隸而互無關聯。次文化的研究目標是「找出一套分類閱聽人的模式」,它認為閱聽人不是由孤立的個人所組成的烏合之眾,而是認為他們之間會形成不同的次文化團體,在同一個次文化之下,成員自會有共同的文化取向,據以解讀各種訊息。但是,布赫迪厄的著作,比次文化的研究心得更有獨到的理論進境。第一,次文化研究者的目的只是勾畫出「一幅地圖,顯示社會位置不同的次級團體,會有對應不同的文化背景與符號資源」;相對地,布赫迪厄所關注的卻是,如何找出日常消費類型與經濟/符碼之結構的關係,他的做法就是去發掘介於二者之間的「習氣」所由產生與複製的「祕密」。第二,布赫迪厄一再強調,由於階級位差所造成的美學品位的不同,基本上是持續不斷的;相形之下,次文化研究所反覆而過分致意的卻是,兩代之間品位的斷裂與衝突。

布赫迪厄的基本論調緊跟著社會化理論。「習氣」的產生是累進訓練的產物,先是家庭後是學校。「原初的習氣」是因應客觀的社會條件所出現的,家庭在社會生產體系所占據的位置,是最為重要的社會條件;「接收課堂訊息的基礎」,正是由此而來。然而,學校所看重的卻是中層與上層階級所化育的習氣,它們所傳授的各種素養與品位,也是以此為重。這樣一來,居於弱勢的族群等於是陷入不利的局面,他們只好退出這些傳授學識的殿堂,也就不能取得更多不同的素養。取得專業知識,掌握正式而特殊的論述,熟悉精緻的文化分類,這些都與文化消費形態大有關係,但弱勢族群等於是自幼就「無緣」深入。很明顯地,源自家庭養育的等差素養,在各級學校裡又被強化

與複製了。尤有進者,這樣的社會體系隨時在自行強化。怎麼說?某種文化品位與作為,在社會中常被看成是特定社會團體的表徵,其他團體因此就不能加以利用。筆者對於青少年音樂偏好的研究,特別清楚地證明了這個現象。

音樂喜好從來就不只是美學上的選擇;它們也反映了人的自我形象與社會關係。不同的音樂喜好,在相當重要程度上,在成功與失敗的學童之間畫出了界線;它們因此是傳達結構分際的符號。很多學者以為搖滾樂代表的是沒有階級界線的「青年文化」,其實不然,對搖滾樂的不同口味,正是階級分際之存在的印證與重申。筆者與同僚的實證研究,很清楚地支持了布赫迪厄的論點,在家庭所得到的「原初習氣」確實是日後作為(practices)的主要基礎;青少年的音樂喜好無疑是父母的延伸。

舉個實例,筆者的資料顯示,厭惡商業曲調而偏愛獨立創作的樂手,大都是在校學習比較成功的學生,而他們的家庭出身又多數是「新中產階級」。原因何在?布赫迪厄是對的,他說這個階級(包括教師、藝術家、臨床醫學家等專業人員)注重的是能夠表達自我(expressive)的一種個人主義,講究生活格調;他們不是傳統上,市儈商人與小資產階級那種占有欲(possessive)強烈的個人主義。因此,這個「新」階級要的是自我實現,而不是物質上的成就與作品在市場上的暢銷。

布赫迪厄在理論與實證兩方面,對於聯繫結構特徵與被約制的作為之關係,有他獨到的慧見,這是無庸置疑的;他的論點卻同時也有一個明顯而重要的漏洞。「家庭」是他理論架構中重要的單元,但他一點都沒有仔細說明,家庭中各個因素是如何造成「習氣」的。他說不同的習氣不是有意訓練出來,而是間接得來的,這又使前面提到的理論漏洞更為嚴重了。布赫迪厄是特別強調家庭角色之間的關係,還有語言的習得過程,對於造成習氣不同的影響。可惜,他只是提出了很有價值的研究架構,卻沒有將它充分發揮。

社會語言學家在這方面的研究已經很有分量,在此暫時不去引述。我只想再次指出,個人原初所形成的習氣,對他日後論述之能力

與素養,產生了結構性的約制,是我贊同布赫迪厄的終點;因為我並不認為原初的習氣一經養成以後,就一定不能逆轉。布赫迪厄的立場,實在是矯(現象學/詮釋學等等主觀派別之)枉過正,又跑入決定論的死胡同了。在一個人的後期生活經驗裡,仍然有可能習得「原初習氣」所能約制之外的論述。比如,一個人在加入了狂熱的宗教團體,或是參加了政黨組織的強烈抗爭活動之後,他(她)論述事物的語彙很可能就會改變,方向也就不同。「語言設下的牢房」著實是高而險阻,難以攀越,但,脫逃的可能性總還是存在的。

(《自立早報》1990/8/26-28副刊,顧秀賢主編。原標題〈什麼是文化素養?寶笛〔Bourdieu, P.〕告訴你……〉。節譯自 Graham Murdock (1989) 'Critical inquiry and audience activity', in Dervin, B. et al. (eds.) *Rethinking Communication* Vol. 2: paradigm examples, pp.226-49. Sage. 2025/2/11 按:這篇譯文發表時,Bourdieu 在中文世界尚未聞名,譯為「寶笛」有任意性,現改為 Bourdieu 的通用譯名。)

布赫迪厄投身電視改革

有人老來保守,甚至翻轉年少的熱情浪漫,反動有餘。有人老而彌堅,吾道一以貫之,並且入世愈深愈廣。

法國乃至於全球人文社會學科泰斗之一布赫迪厄屬於第二種。

布赫迪厄崛起於1970年代,豐盛的創作力提供了彈藥,廣為多種學門援引。跨海峽的英吉利,也有紀登斯(Anthony Giddens)略有相類的風采與經歷。

但是,布赫迪厄與紀登斯的類同,僅止於此。兩人的差異更大,分別代表了兩種不同的抉擇,或說傳達了學術與政治結合方式的兩種路線。

紀登斯是英國新工黨的政策分析師,在他的《第三路線》一書,開宗明義地指其起始點是「社會主義之死」。布赫迪厄對馬克思主義

固然有歉難頓首的地方,但他獻身投入,無論是知識或行動實踐,均以鼓舞、集結與強化挑戰資本支配的力量為目標。

布赫迪厄活躍的範圍深廣,就只說晚近十年左右他對電視的社會參與。1988年,德法政府合作經營的電視文化頻道,布赫迪厄是七位委員之一。當年10月,法國數以百計的藝文人士帶領,得到二十萬人簽名,要求電視戲劇在播放中不能插播廣告。他們另有主張,要求公共頻道完全不能播放廣告,經費應全部取自執照費與徵收自私營頻道的廣告收入;至於私營部門,那就允許它完全按照「自由市場」的原則去競爭。這個活動的發起人之一就是布赫迪厄,今年4月退休的解構大家德希達(Jacques Derrida)也在稍後加入。

可能是因為重視知識的政治意涵,布赫迪厄宣稱他的反思社會學(reflexive sociology)不同於古德納(Alvin Gouldner)及民誌學派(ethnomethodologist)。他認為,後者是一種「順服的分析」、「規避了政治」。但是,布赫迪厄並沒有因為投入廣義的政治,以致一頭栽入而滅頂於大眾傳播的漩渦。雖然,在這所謂媒介的年代,知識政治的主要戰場不也包括聲光俱全的電視與報紙嗎?

然而,布赫迪厄對法國記者的抨擊不假辭色。許多地方(包括台灣)念茲在茲的學院與媒介知識分子,應該盡力溝通理論與實務,共進志業之說,在他看來,雖有道理,但他選擇致力於批判,以致引來法國新聞工作者「口誅筆伐這位法國最具分量的知識分子」。

不過,若說布赫迪厄站在制高點,以知識貴族姿態俯瞰媒介而於事無補,倒也未必。他對自己有關電視的論述如此定位:「我仍希望這些分析……提供工具或武器,給所有為了如下理想而奮鬥的影像從業人員:讓媒介成為一種民主……公器,而不是……成為形象符號的壓迫手段。」

就西歐德英法義的電視環境來說,利潤極大化且歸於私人的壓力,在法國算是頗為嚴重。但法蘭西與這三國及所有歐洲聯盟的十餘個會員國相同,仍然擁有還算龐大的公營部門電視。這個部門雖然不能不受到這股壓力的驅使,但它的存在就是公部門與私部門的抗衡鬥爭仍在進行的明證,誰輸誰贏也就無法決戰於一朝一夕。

回看台灣，較諸法國，應該是更為嚴重。最誇張的表現，也許是每週五天，每天有六、七個談話扣應節目，一個節目一天要有一個題目，要有外賓三至五人，一年下來，假設來賓與題目不重複，將消耗掉大約兩百五十個題目、六千人。這應該算是奇觀。本來可以作為推廣、辯論公共知識的電視，如今成為民粹發洩情緒，甚至彼此叫囂的場所。

聽任電視繼續如此表現，是可忍孰不可忍。台灣電視生態如今正在轉捩點，陳水扁總統競選的媒介藍圖，對此已有優先規畫，主張台視華視的私人股權應該由政府購回，轉為公有，然後使產權與經營權分離，兩台由專業者經營，且在相當長的年間內，仍然依賴廣告取得收入，但將利潤回流節目製播與人才培育。假使這個政策能夠兌現，對往後的媒介環境之改善可以有較大助益。問題在於，新政府不太可能主動落實競選藍圖，因此，有心改善台灣環境的人，此時再不集結利用大好良機，更待何時？

(《中國時報》2000/7/10 第 37 版／人間副刊。原標題〈媒介戰場〉。)

布赫迪厄：新聞暴露了經濟暴力的社會成本

去年來台兩次，畢業於英國伯明罕文化研究中心，卻以傳媒政治經濟研究馳名的斯帕克斯（Colin Sparks），談到卡利尼科斯（Alex Callinicos）可說是欽敬有加，認為他年出新書一本，持續經年，且大立場不變而論述變化有致，實在匪易。

卡利尼科斯則說，社會科學研究陣營中，兩位傳媒研究引述頻次較多而同樣崛起於 1970 年代的紀登斯及布赫迪厄，代表了兩種不同的抉擇（或說學術與政治的結合方式），前者是新工黨的政策分析師，在他的《第三路線》一書，開宗明義地指其起始點是「社會主義之死」；而後者力圖集結、強化既存力量，挑戰資本支配的結構。

這個觀察是否得當,理應再予斟酌,惟這裡所要做的,只是想從布赫迪厄這位老而彌堅、愈戰愈勇的研究者之近作,尋得吉光片羽,很隨興地反思,找尋文化與媒介研究的新課題。

在1997年底的一次講演,布赫迪厄以自身為例,就知識分子所可能扮演的角色陳述剖析。其中之一是,他與許多歐洲同僚正在進行一項工作,構築當前經濟暴力所導致的社會成本,藉此證據的系統性發覺、整理與展現,訴求理性的傾聽,使人們查知,經常被當作不相干的經濟現象與社會病態,其實有其因果聯繫,從而對經濟走向產生糾正的作用。

所謂經濟暴力,布赫迪厄是指銀行等金融行業所推動的資本自由跨國流動、削減福利、放鬆勞動力市場管制等等經濟政策。所謂社會成本,布赫迪厄提出的是工作意外、職業病、酗酒躁鬱、自殺、青少年犯罪、強奸等等。

如果說社會學與文化及媒介研究有其分工,那麼,當布赫迪厄等人戮力以知識作為調動社會敏感度的槓桿之時,文化研究者可以從媒介找到什麼樣的素材,在另一些層次、領域與方向,對另一些人進行類同的召喚、刺激工作?

我發現余黑中、楚風寫於1977年3月的新詩與評論,以及曾台生寫於同年8月的評論,堪稱很好的示範。楚風寫了〈從廖明方事件談新聞報導的「喜劇」〉一文,對這則「簡單」的新聞有兩、三千字的抨擊。余黑中則以詩諷刺:

> 經過兩小時的磨難
> 烟囪上面風雨大　廖明方被救了下來
> 他的女兒直喊：　中國時報說是喜劇
> 「爸爸快下來,又說是一場誤會,上面太冷!」
> 把事情說得輕鬆一點
> 他的女兒不知道原來自由世界
> 下面也使他心涼　老闆有賺錢的自由
> 辛苦做工三十年　工人也有失業的自由

> 甜頭吃盡被丟掉　　所以這種事不奇怪
> 跟甘蔗渣相同　　不必激動　　不必激動　　不必激動　　不必

余、楚兩人不滿媒介虛飾太平之餘，執筆為文，也就間接啟動人們對失業現象的另一種對立之理解方式。曾台生則從有關三重市民郭家悲劇的報導，疾書三、四千言，回顧了新聞人物所凸顯的貧窮家庭的悲劇史，再進而將問題推向台灣的社會醫療制度。

類似的題材充斥在媒介，有關犯罪、「獨居老人之死」、「原住民自認處社會最下層」、「大學學歷　年輕貌美　三十四名越南女工歡喜來台」等等新聞，都曾經在筆者當前大眾傳播問題的課堂作業中成為學子的剖析對象。

只是這些單篇，顯然不足以構成扎實的陣地。過去十年，相應於媒介文化工業的快速發展，傳播相關科系的師生人數增加，似乎在人文社會學科當中算是最快最多者之一；表現在研究及教學，就是新領域的開拓，其中文化研究也成為媒介研究當中，醒目而不可或缺的一環，中華文化研究學會在此背景下於兩年前成立，正反映了這個外在社會的動態面貌。

然而，文化研究及媒介研究對再現的探討，對於以國家及其政策為主軸的議題，好像沒有那麼重視，因此比較難以扣連到布赫迪厄式的問題意識。筆者約略知道，高丁等人曾經就英國社會福利之再現，以及人頭稅及地方政府、報紙的權力再現等課題，提出了很好的分析；在我看來，這些應當是文化或媒介研究領域很值得問津與開拓的對象。在台灣，有關國家角色、市場機制、社會福利（包括全民健保、國民年金、失業保險與救濟、老人照養等等），乃至於犯罪模式及類型與整體社會福利之水準的關係，相關的認知內涵應該說是很狹隘片面的，對特定階級是不利的、對人性良善面向的開發啟迪是欠缺的，其造成原因，既有由來已久的傳統及制度約束，相當程度也受到很大的媒介流行意識之牽制。布赫迪厄的提問方式，應該能夠提供文化與媒介研究重要的參考價值，亦即使分析國家及其政策的再現內涵，成為正當、值得從事與提倡的課題。

（政治大學傳播學院《傳播研究簡訊》2000/3/15 第 21 期，頁 11-2。原標題〈Bourdieu 對文化與媒體研究的啟示〉。）

整合兩種文化　一新經濟耳目

　　北大西洋兩岸的傳播學術社群，基於各自社會的不同歷史與情境，也就在日後逐漸形成的傳播研究領域各有特徵。[14]不過，既然兩岸學人也有共同的課題必須面對，那麼，彼此就相關議題交流，也就可以說事有必然，特別是英美這兩個語言相通的國家。

　　科斯（Ronald Coase）在1950年代從英國前往美國發展，很可能是因為對BBC的知悉與分析，讓他成為美國經濟學界中，對於廣電制度有較早與較多論述的一位。[15]最近，鑽研美國傳播政策、傳媒多樣性與閱聽人的拿波里[16]，提供證詞，為英國傳媒學術與傳媒改革社團助陣，表明梅鐸這個類型的人，屬於「具有意識形態色彩的傳媒事業主，他們如今購併的經濟誘因低於政治誘因」。再者，很值得一提的是，兩位姓氏一字母之差的學者（Pickard, Picard），聯合撰述了長

14　分見兩篇重要文獻：Lazarsfeld, P.(1941). Remarks on administrative and critical communications research. *Studies in Philosophy and Social Science*, 9: 2-16，以及 Merton, R. K. (1949). Introduction to Part III: the sociology of knowledge and mass communication. In R. K. Merton, *Social theory and social structure* (1968 enlarged edition) pp.493-509. New York, NY: Free Press.

15　馮建三（2007）〈科斯的傳媒論述：與激進的反政府論對話〉，《台灣社會研究季刊》68期，頁361-92。

16　Napoli, Philip (2017) 'Statement to the Competition and Market Authority re: 21st Century Fox-Sky Merger Inquiry', p.33 in pp.3-35, Media Reform Coalition (2017/11/29) *21st Century Fox / Sky merger Inquiry: response to 8th November submission to the Competition and Markets Authority by 21st Century Fox, Inc*, http://www.mediareform.org.uk/wp-content/uploads/2017/11/MRC-submission-30-Nov-consolidated.pdf

篇倡議文《制訂當代傳媒與傳播政策的必要原則》。[17]兩人都出身美國，Pickard是後起之秀，經常以論述結合社會運動，授課賓州大學之外，他也深度參與美國重要的改革社團「自由傳媒學社」（Free Press）；Picard在1989年以實證取向出版第一本英文《媒介經濟學》之後，周遊多國，近年主要落腳英倫，他與Pickard合作，或許是其早先著作精神的復甦？對於民主的式微，他曾經提出「民主社會主義者的公共政策回應」。[18]

本刊是「媒介改造學社」主辦的刊物，自始重視政策意識的提倡，很關注相應能力的培育，也希望能多結合不同社團與力量，共同為足以服務社會與人群的傳播與文化政策盡心盡力。一年半前，本刊曾經在第三期推出〈2016年文化與媒介政策倡議書〉。明年初春，劉俊裕（2018）教授即將出版專著《再東方化：文化政策與文化治理的東亞取徑》。該書議論恢弘，包括對睽違十多年的「全國文化會議」重新在2017年再次辦理的經驗，提出了鋪陳與檢討；本刊藉此再次表明，若能「整合兩種文化」，或許更能「一新經濟耳目」。

但是，老問題，什麼是「文化」？化繁為簡，引入「機械」後，也許可以豁然開朗，將文化分作兩種。

一種無須機械中介，不妨逕自稱為「不待機械中介的文化」，或說「現場文化」。文字與印刷術、照相機、留聲機、攝影機發明以前，所有歌舞、戲曲、祭祀、儀式、畫作、雕作、遺址……及口語傳說等等影音圖文（及其作者），必須各人親身前往現場參與、觀賞或聆聽。這個時候，文化生產者或其作品與接收者（或稱使用者、消費者、觀眾、聽眾、讀者、受眾，或者，粉絲，以下統稱「閱聽人」）必然同時在相同的現場。

再來就是「機械中介的文化」。工業革命後，先前生產與使用空

---

17 Picard, Robert G. and Victor Pickard (2017) *Essential Principles for Contemporary Media and Communications Policymaking.* The Reuters Institute for the Study of Journalism, Oxford University.

18 Picard, Robert G.(2015) *The Press and the Decline of Democracy: the democratic socialist response in public policy.* Westport, Connecticut: Greenwood Press.

間及時間已經分離的（閱讀）文化，規模更見擴大。然後就是靜態攝影、動態攝影（無聲電影）、聲音廣播、有聲電影、電視相繼出現，接著，（平版）電腦、網際網路及其服務（谷歌、臉書……）與手機，無一不在擴張機械中介的文化之範疇，無遠弗屆，日常生活浸淫其間；在（後）工業化社會，手機占用人們的時間不知凡幾。

當然，雖說二分，個中難免存在灰色地帶。如數萬人在現場觀賞體育賽事、演唱會，或參與群眾事件，常配合使用各種音響器材或個人器具（比如望遠鏡）。更有趣的例子是「聯合國教科文組織」今年正在評估，是否要將古巴的工廠說書人及其現象列為「非物質文化遺產」。原來，早在1865年，古巴在政治改革過程引入了說書人，讓捲菸人在工作時得到調劑，同時也能吸收知識。目前，儘管古巴菸草葉已經大幅萎縮，仍有約兩百人從事這項工作。每日早晨八點半，說書人開始朗誦或解說，一次三十分鐘（然後休息、再開始，反覆整日），現場有一百五十位捲菸人一邊工作，一邊似有若無地聽取；在工廠其他地方，另有兩百五十位菸品包裝及分級人，則得透過工廠內的播音系統才能收聽。

斯諾（C. P. Snow）在著名的《兩種文化》講演，曾說「文學知識分子」與「科學家」分處兩種文化。他對「一分為二」並不滿意而「想（改）善，但……決定不這樣做……（因為）過分精細的分類，將無助於體現其真實價值」。因此，這裡依樣畫葫蘆，至少是藉此自圓其說，主張以機械中介與否，將文化分作兩種。這個區分法至少會有五個「真實價值」。

首先，依此劃分易於了解，彼此可以窮盡與互斥，又符合最佳分類的原則；並且，這種區分法不涉及研究者或政策制訂者的偏好，不會因人而異。

其次，是否透過機械中介，就會讓兩類文化涉及的閱聽人數量產生變化。機械中介的文化，閱聽人眾；不經機械中介，閱聽人寡。量變通質變，兩種文化的性質於是必見差異。若以商品經濟角度視之，就是兩類文化能夠商品化、市場化、產業化、標準化的程度會有差別；至於商品化又有哪些類型，以及商品化是否為兩種文化的最佳出

路,是另一個議題。有了閱聽人質量的差別,相應的經濟邏輯,以及政治對策就會、或就得不同。事實上,依據這個機械中介與否的判准,最知名也較早從事的人,正就是1946年出版《啟蒙的辯證》一書的霍克海默與阿多諾;該書列有專章論述的〈文化工業:作為大眾欺騙的啟蒙〉,主要就在指涉書報雜誌、電影、收音機,以及業已起步但還不發達的電視。其後,法國人米耶(Bernard Miège)固然對於法蘭克福學派的「文化工業」觀有所景從,卻很正確地予以補充,佐以進一步的區分,由單一的culture industry,耙梳了運作邏輯不同的culture industries,也是根據機械中介與否來區分文化。其後,將米耶的論說引進英語世界的岡恩則另以公共政策的角度,以英國為對象,主張左派人士對於文化政策的建構,仍可善用而不是完全排斥市場機制,雖然不能全然聽命市場,因為這會致使人們疲於奔命。後起之秀,何孟哈夫(David Hesmondhalgh)同樣沿用了這個分野。

再者,「文化(創意)產業」與《保護和促進文化表現形式多樣性公約》這兩個術語/名詞,歷經一、二十年的演化,業已在許多國家產生普遍的訴求。「公約」已由一百五十餘個國家贊同、加入、驗收或批准,理當具有法律案會有的規約或示範作用。「產業」固然是許多國家的重要政策或修辭,但青睞之政府,遠遠不及一百五十之數。其中,台灣是特殊例子,值得一提。台灣不是「公約」簽署國,因受國際政治所限,卻在2010年制訂並推行了《文化創意產業發展法》。台灣就此立法,且以文創之名行世,不知是否全球第一?確定的是,「公約」之受孕與成長,「受惠」於「產業」當中有關影視傳媒(「機械」中介的)文化的爭議在先,藝文等等非機械中介的文化形式,後續才成為《公約》的入幕之賓。

第四,在經貿擴增、交通與傳播技術日新月異、世界走向息息相關的國際體制,依舊存在政經與文化支配的現象;同時,若要區辨文化產品或勞務跨國交換、流通或貿易的難易程度,「機械中介」照樣可以作為依據。一是高度可以跨國流通的文化內容,無不是需要機械的中介。依照現有科技水準,在沒有人為政經或文化因素而予以限制時,這類文化很輕易可以跨國交換、流通或貿易。具體言之,影音圖

文等內容一旦（數位）電子化，從天南傳至地北，由東土奔赴西域，轉瞬間即已完成。二是不能經由機械中介的文化，必然屬於低度跨國的文化：涉及人員（比如觀光客、留學生、教師、工商或政治考察……）的流通與接觸後所產生的文化經驗，無論是前往傳統的博物館、美術館、藝廊、文化遺產或古蹟，或是親至近數十年興起的商業主題公園。親身的接觸經驗無可替代，實質的走訪與觀摩體驗，不能數位傳輸。

　　第五，若從法律角度考察，引發爭議或說新聞報導較多的是機械中介的文化形式。比如，好萊塢指控某國、某廠商或某人「盜用」其成品，致有重大損失云云。這類指控可能也會涉及表演藝術等等現場表演形式，但少了很多。這就是說，機械中介的文化，由於容易複製與流通，特別是在數位化而透過網際網路傳輸之後，複製、傳輸與使用頃刻同時完成，等於是提供龐大的經濟誘因，鼓動他人從仿製或拷貝中牟利。文化經濟學者宿陶斯（Ruth Towse）等人在2000年9月，亦即數位影音分享先驅Napster啟動（1999年6月）後一年多，即已組織研討會，並出版專書《著作權在文化工業》，原因在此；陶斯說，「數位化的技術變化長足地影響了文化部門的市場……對於文化工業與消費者的意義重大。」

　　雖有以上的說明，但兩種文化經常聯合。一是機械中介的文化，倒過來促進「現場文化」。比如，特定影音內容若能備受歡迎，人們經常前往現場，親身體驗該場域的文化。如《悲情城市》之於九份、《海角七號》之於恆春，「影音作品所帶動的觀光旅遊」（film-induced tourism）這個（不一定不可疑的）說法，緣此而來。好萊塢大廠在東京、香港、上海、洛杉磯、佛羅里達、巴黎等地，授權設置了相應的主題公園，規模很大。二是現場文化透過傳媒，成為機械中介文化的一部分；以前的說書講故事，或是街談巷議，今日就是新聞或時事評論，搬上螢幕，不成問題。《觀看的方式》已是經典小書，也讓讀者恍然大悟，原來當代廣告這個流行文化的重要創作泉源之一，正是西洋古典畫作！既有這個性質，傳媒機構提供資源，自己內製原先屬於現場文化的活動，然後透過機械中介而對外傳輸，所在多有，直至

1990年代初期，台灣最早的三家無線電視台都有專屬樂團，BBC的表演藝術團隊之年度預算，至今仍在2千多萬英鎊之譜。BBC去（2016）年的電視收入25億英鎊，英國其他電視公司從廣告或商業訂戶的收入，總計將近95億，幾乎是BBC的四倍；但是，BBC提供英國人收看電視新聞的76%時間、網路新聞的56%，英國人看電視約有70%是在客廳而其中35-40%是在看BBC（內製為主）的電視劇、新聞與綜藝節目等等。看來，BBC整合現場與機械中介文化的績效與貢獻，頗有可觀；有人推估，僅以電視（BBC另有龐大收音機）部門為例，英國政府若改變BBC的財政，由英國人志願捐贈或容許BBC取廣告，因此也就不再強制家家戶戶提交執照費支持BBC，那麼，英國電視的「內容投資」將減少5-25%（「首播內容」降25-50%，嚴重影響創作部門）。

BBC這類公共服務媒介在歐洲、日本、南韓、澳洲與加拿大等國，仍然是整合現場文化，以及機械中介文化的重要機構。劉博士的探索宗旨，是要另闢「文化經濟」的蹊徑，他似乎贊同，或說希望澳洲學者的看法成真：「創意產業……帶動……整體經濟的成長……是…『創新體系』的必要元素……透過新文化觀念、技術與經濟的協調整合……創造整體經濟進化、變革的創新體系」；這是已經「浮現的『文化經濟模式』」。未來，「殘餘的」補助模式還會存在，但是，若要與當前依然占有「主導」地位的「文化經濟」模式、也就是僅將文化當作一般商品的模式一決雌雄，那麼候選人必然是「創意產業」。停筆移墨，本書戛然而止，尚未進一步表述，也就無法申論BBC這個性質、集合影音圖文於一身且有相當規模，並能善用技術的公共服務媒介，會與創意產業產生哪些連結與關係。

創意產業的提倡，出自「文化研究者」，不是經濟學者。將霍爾式文化研究引入美國的格拉斯堡（Lawrence Grossberg）說：「一旦你了解『經濟』無法脫離脈絡而抽象存在；如果你體認言說對於經濟關係的構成有其重要性；假使你體認各經濟體的複雜性質與多重性質，又如果你體認到，經濟可以當作是一種脈絡化的言說現象而存在，那麼，你會怎麼閱讀與搞、研究（do）經濟？」解構「經濟」與「文化

經濟」，與此同時，另求「一新經濟耳目」的建構，這是一體兩面之事，值得文化研究者繼續投入心力；本書邀請讀者進入，共同努力。
　　（2017/10/29上下猴山九三九回）

(《傳播、文化與政治》第六期（2017/12）編輯室報告，頁i-vii。另以「推薦序」收於劉俊裕〔2018〕《再東方化：文化政策與文化治理的東亞取徑》，頁v-ix，台北市：巨流。）

研究經濟

研究「經濟」與研究「政治經濟」

「經濟學」一詞，誕生比較晚，是19世紀中後期，真正的流行，已是20世紀。

因此，馬克思在1867年出版的《資本論》（第一卷），有個副標題：「政治經濟學批判」，他主要是在繼承之餘，也要批判從斯密（Adam Smith）以來至19世紀中葉的政治經濟學論述。馬克思的批評哪些是真知灼見、哪些已經另起爭論，是一回事，但在這裡更希望說明的是，在從「政治經濟學」轉為「經濟學」的過程，「政治經濟」一詞所連結的「倫理、價值與美好生活」的關注，基本上已經從（特別是20世紀中後期以來的主流）「經濟學」消失。

自18世紀誕生以來，政治經濟研究就「根植於我們應當如何界定『好的社會』和『好的生活』，以及我們需要怎樣的資源和社會組織形式」這類道德哲學及制度的探討。依此視野，必然就會探詢與評估公權力所必須與可以扮演的角色，它認定公權力必然需要積極任事，在社會乃至於全球分工複雜化的過程，尤其對公權力將有更高的要求。

晚一個世紀浮現並在本世紀「大放光芒」的主流經濟學從事者，則進入價值中立之說，執意要有各種數理工具才是讓研究人之經濟活動的知識，能夠進入「科學」的殿堂；據其見解，公權力僅能是輔助角色，或可在私人逐利過程出現弊端時予以矯正，惟其極端者則有警告，聲稱公權力在矯正私人行為之缺時，不免經常適得其反，導致更糟的後果。

《國富論》

　　《國富論》的作者斯密，本職是道德哲學教授（如較早出版的《道德情操論》之書名所展示），在這本全名是《探索國民財富的性質和起源》的巨著，顧名思義，就是在研究社會為何得以累積財富，換句話說，是要理解經濟是怎麼成長。其次，雖說《國富論》僅只出現一次「看不見的手」，但後世有很多人經常予以引述，指透過「市場」這隻看不見的手協調社會分工，政府不需有太多介入，就可以讓各行各業適得其所，不但財富（經濟）增長，並且順理成章也自然能讓各個社會成員，得到相應的經濟果實；市場居間協調，生產的餅就大了，每個人就能分配得餅，這個道理如同天體的運行，日落月升。然而，究其實，斯密對於當時沒有後世那麼詳細的分工，卻已經對勞心勞力的二分，及在其下重複操作相同作業之人，所造成的心神呆滯等不合乎人道的情景，已有警示；他對於要怎麼舒緩這些讓人不快的現象，重新讓人對社會產生向心，讓人與人相處更能和諧，已經論及，因此，他在《國富論》有這些文字：

> 音樂，最為具有激發的能力，可以將社會之人團結在一起、聚合在一起所需要的情操與熱情，激發出來……增加民眾的娛樂機會，使民眾從中感到愉快，（是國家不訴諸）暴力，也能……糾正國內分裂林立……（的手段之一），藝文能夠驅散人們的部分憂鬱與幽暗，藉此也就改善了人們的社交與群處能力。

　　芝加哥大學經濟學教授維納（Jacob Viner）在《國富論》出版一百五十年時，於1927年講演，題目是「斯密與放任主義」。這位世界知名的經濟學者作此總結：「斯密並不是……教條主義者……他看出政府活動的範圍有其廣度與彈性……也看出自利與競爭有時候會危害本來應該服務的公共利益，因此他準備讓政府行使某些控制……他不認為放任……永遠好……或永遠壞……這要視情況而定……。」

政治經濟學的兩次收縮

其後,斯密以降的主流(政治)經濟學至少有兩次收縮,其學術逐漸與美好生活的倫理目標脫勾,不再或少有聯繫。第一次是將「政治」排除在外,政治經濟學變成經濟學;第二次是進入象牙塔,以數理模型建構、理解,甚至預測世界!

第一次是19世紀中後期,英國、瑞士與美國的學人異地並舉,提出「主觀(心理)效用論」,逐漸取代「價值的衡量有客觀標準」,主觀說認為,一種勞動是否會有價值,不是取決於人的勞動本身,是要以消費者的主觀感受才能確認,因此:「珍珠賣得一個高價,並不是因為人潛水把珍珠撈上來的緣故;相反,人之所以潛水把珍珠撈上來,是因為珍珠可以賣得價高。」這類主張一方面否認價值可以客觀衡量,卻又同時主張,有一種「客觀」「事實」:政府公權力在最低必要限度之外,若仍介入運作,必然不利於市場經濟的「自然」運作。這種學問,後人們稱之為「新古典」經濟學,它逐漸揚棄「政治」一詞。進入這個階段之後,其學人自認為本行所探討的人事規律,如同物理等自然科學,都有定則,「市場」是自然的,假使擁有合法暴力支配權的政府(國家)超越守夜人執掌之外的介入,就是違背與破壞了當有的自發與成長的和諧秩序,他們因此認為,經濟學是「科學」,必然與一般社會學科不同,更與人文學科迥然有別。

第二個階段是第一次的延伸,去政治化的聲稱表現在馬歇爾(A. Marshall)刻意捨「政治」,於1890年出版教科書,並名為《經濟學原理》。藉此,進入了第二次或說深化了第一次轉變。馬歇爾要「昭示」經濟學如同物理與數學,已經是科學,馬歇爾的這本新教科書,首度使用「供需曲線/需求彈性/消費者剩餘」等等數量化尺度。到了1920年代,已經進展約半世紀的經濟學數理化,似乎已有成績,這個時候,進入晚年的馬歇爾反而不無懊惱,他為自己早年曾經努力將經濟學科學化而「感到後悔,但木已成舟」。

到了1930至1950年代,在經濟大蕭條的脈絡下,美國芝加哥大學與考爾斯經濟研究委員會(Cowles Commission)有了更深的聯

繫,後者希望建立模型,預測經濟循環等等,從中自然就得運用數學。雖然芝大的經濟學者不乏對此不表認同的人,如弗里德曼(M. Freedman)認為,「太多經濟學家說的是深奧而無關緊要的數學語言」,他同意數學有其用處,卻也指其「用得過火」,並不允當。在這個階段,薩繆爾森(Paul Samuelson)在1935年從芝加哥大學畢業,並在哈佛大學取得博士,1940年獲頒最佳博士論文獎;1948年,他出版了《經濟學:導論式分析》,至今有十九個版本並翻譯為四十一種文字。該書前十一個版本售出三百多萬本,幾乎不用數學。原因或許與薩繆爾森在1940年求職時,「沒有多少(美國大學的科系)要聘用數理經濟學的人」有關。然而,正是薩繆爾森繼續推進1870年代以來的「進化」,先是「政治經濟學」演變成為「經濟學」,然後是為了自居科學,再有數學化的引入,到了薩繆爾森,則後見之明顯示,正是「他使經濟學成為純粹的邏輯科學⋯⋯把全無經驗內容的⋯⋯均衡分析推向極致」。百年來的去政治,主流經濟學一方面運用數學工具,支撐自己是中立、專業、客觀與科學;另一方面,經濟學者強調人的自私與不受外力干涉的「自由市場」機制,也進入更多生活領域的分析,儼然有凌駕其他社會學科的模樣,致使有了「經濟學帝國主義」的說法。

對新古典經濟學的「理論與方法」之批評

這裡,值得強調的是,薩繆爾森其實能力不俗,他以曉暢文字傳播其說,同時,這也沒有妨礙他成為數理經濟學的當代奠基人。這就說明一件事實:對於新古典主流經濟學的批評,不是僅對其數理模式有所針砭,而是對理論與方法的雙重質疑。主流經濟學的個人自利與市場自由等「理念」,解釋日常生活現象,使經濟學有了前舉「帝國學科」之說的同時,對於這些「理念」及主流經濟學過度運用模型與數理的「方法(論)」,至少激起了經濟學習者與教學者三個回合的不滿與反擊。

第一次似乎在1970、1980年代,曾有經濟學者在1980年代調查

美國六校經濟系碩士生，結論是這些學生認為：「經濟學愈來愈脫離現實」。第二起較大規模的反彈，最早似乎是起於本世紀第一年後連續三、四年，從法國到英國再及於美國，三個國家的經濟系學子，紛紛起身抗議與建言，依序是〈孤芳自賞不足為訓　法國學生要求經濟教學多元化〉、〈經濟學要「開放胸襟」：劍橋學子的方案〉，以及〈創造具有人味而負責的經濟學——哈佛大學經濟系學子「共享宣言」〉。（三份宣言已經收入，放在後文。）

在這兩次反彈之後，經濟領域的學人也先在1999年創辦「異端經濟學會」（Association for Heterodox Economics, AHE），次年9月就有《後孤僻經濟學新聞信》（*Post-Autistic Economics Newsletter*）、2001年12月擴大為《後孤僻經濟學評論》（*Post-Autistic Economics Review*），2008年3月在金融核爆後再更名為《真實世界評論》（*Real-World Economics Review*），[19]然後是2011年成立「世界經濟學會」（World Economics Association, WEA），[20]出版數種電子期刊與多樣圖書至今。

對於這兩次反彈，在經過兩次調查（1980年代與2000年代）之後，科蘭德（David Colander）在2007提出一個看法，他認為，「對於門外觀察者來說……經濟學今日還是顯得高度技術化及理論化，也對現實毫不關注。不過，若與我們先前最後一項研究比較，當前經濟學是有了改變，從為了理論而理論，向經驗研究與運用移動，這個強烈變化很明顯。」

這個回應有其合理部分，一來如前所說，經濟學數理化是1950年代以後才漸次成為主流，其內部仍有人並不認同數理化。美國國防部首席經濟學家恩多芬（Alain Enthoven）在1960年代就說，「國防部運用的分析工具，是最簡單、最基本的經濟理論概念和最簡單的量化方法……國防部運用的經濟理論……是那種我們當中大多數人在大

---

19 這些刊名及刊物規模有別，實則係出同門的電子期刊可在下列網址自由取用：
　　http://www.paecon.net/PAEReview/
20 https://www.worldeconomicsassociation.org/wea/general-information/

學二年級時學的東西⋯⋯需要博士加盟，只是因為直到他經歷了研究院生涯並（透過流行經濟論）獲得了既得利益之前，許多經濟學家並不相信他們所學過的經濟理論。」美國前總統尼克森的首席經濟顧問斯坦因（Herbert Stein）也說，「經濟學中對指導公共政策有用的大部分內容，基本停留在本科課程的入門水平。」以「交易成本」知名、諾貝爾經濟學獎得主中，有最多關於傳播議題研究的科斯，他開創的法律經濟分析不但鮮見數理模式，他也對課堂上用公式導入假設存在的條件而推演，指其是「黑板經濟學」，學習者要注意其限制云云。2000年諾貝爾經濟學獎得主赫克曼（James Heckman）則說：「如果把論點表達得非常清楚，普通人天生就有一般常識，就能理解政策⋯⋯任何真正重要的事，都可以用簡單、有效的方法來表達。」

然而，看在另一些學者眼中，主流數理模型化的經濟學，方法論與實質內涵的改善都不足夠。他們同樣跨國聯合，在2013年創建「經濟學課程開放近用資源」（CORE）網站[21]，至2017年已有八十九個國家與三千餘位教師，2024年全球有五〇四所機構、每年有十五點五萬學生使用網站教材（另有紙版），網站並有英法義等三種文字。集結在CORE網站的學人仍然有此批評：「為什麼經濟學這個學科，如此脫離我們真實生活的經驗？」甚至，出身古典政治經濟學的《經濟學人》週刊，同樣呼應這個課程，表示經濟學要讓學生更能了解當代的世界，改進自己的教學內容，要「留住進入經濟學的學生，以此作為路徑，進而了解當前世界所面對的巨大挑戰，而不只是將經濟學當作一個賞玩優雅模式的地方」。

這裡，需要注意的是，WEA這個群組的經濟學者認為，CORE的創辦組織「新經濟思維研究所」（Institute for New Economic Thinking, INET）儘管用意良善，相對於主流，它也確實算是激進，惟若從WEA的「年輕世代經濟學者」（WEA Young Economists）等群體看來，CORE還是很可能遭主流吸納，未能滿足WEA的期待。

對於主流經濟學的不滿，除方法論之外，對於其實質的脫離社會

---

21 https://www.core-econ.org/

現實,更是歉難同意。[22]這裡,就是不平等與貧窮的問題。主流思維既然信任市場機制,就會認定經濟成長之後,自然能往下分配,多少能有雨露均霑的下滴效果(trickle-down)。斯密在《道德情操論》也是這樣說的,他認為富有的人固然「滿足……無聊與貪求無厭的欲望,但他們終究還是與窮人……分享……一切成果」、「豪門大戶……浪費奢侈……零工生活簡陋……然而……在歐洲……勤儉的佃農……的生活水準……勝過許多非洲國王……。」

經濟研究與不平等

然而,財富增加,經濟成長,但參與其間的人固然取得部分果實,惟該經濟大餅的分配並不合理,惹人怨懟,朱門酒肉臭路有凍死骨的景象未必普遍,但有人吃飽了撐著,有人不得溫飽,並非新聞。財富有了,分配不平等的問題出現了,特別是在1970年代以後,貧富差距更是逐年擴大。但是主流經濟學對於這個課題的注意,明顯欠缺,坐實了它被指控為脫離現實的證據之一。

在美國,專研領域之一是不平等的社會學者賴特(Eric Olin Wright)指出,在很長一段時間,美國新聞界與學界是會注意絕對不平等,也就是貧窮的問題,但保守派或自由派都很少注意不平等的問題。在2008、2009年的金融爆炸後,約從2010年以來,這個情況開始轉變,到了2013年法國學者皮凱提的《二十一世紀資本論》出版並在2014年英譯在美國發行後,更是標誌財富持續成長但分配不平等擴大的事實,得到了更廣泛的關注。到了2019年,對不平等議題

---

22 值得強調的是,本世紀第二個十年以來,主流經濟學的內部反省似乎也在增加。以下兩本著作的作者都是諾貝爾經濟學獎獎主,當是佐證:前者在理論方面同意「需要」與「欲求」的差異,並且說他們取了「社會學家與文化人類學家……的心智架構」分析經濟現象(Akerlof, George A. & Robert J. Shiller, 2015/廖月娟譯2016,《釣愚:操縱與欺騙的經濟學》。台北市:天下文化);後者在方法上捨棄數理模式(Shiller, Robert J., 2019/2020許瑞宋譯,《故事經濟學:比數字更有感染力,驅動和改寫經濟事件的耳語、瘋傳、腦補、恐懼》。台北市:天下雜誌)。

的注意與凸顯，從學術界進入了政界，表現在重要的美國民主黨總統候選人桑德斯（B. Sanders）與華倫（E. Warren）等人，在2016與2020年都是據以提出政策綱領，主張課徵財富稅以求舒緩不平等。在這段期間，美國最富裕的10億美元以上富豪，有十八位具名、一位匿名，也在2020年聯合發布公開信，表示〈向我們課徵更多稅賦的時候到了〉（*It's Time to Tax Us More*），他們呼籲參選美國總統的人，無論是共和黨人或民主黨人，都應該向他們在內的所有美國富豪額外課稅，也就是在他們已經繳納的個人所得及財富稅之外，每年另加新的「財富稅」。

研究世界不平等的頂級權威之一祖克曼（G. Zucman）接受G-20國集團主席國巴西的委託，在2024年完成全球億萬富翁最低稅的可行性研究。在《各國協調對超高淨值個人徵收最低有效稅賦的藍圖》這本報告，他指出，全球「對10億美元以上的富翁，若徵收相當於其財富2%的最低稅」，「每年將從全球約三千個人那裡籌集2,000至2,500億美元。」假使將稅收範圍擴大到淨資產超過1億美元的個人，將使這一總額每年最多可再增加1,400億美元。兩項相加除以二，是3,650億美元，接近聯合國的估計：舒緩全球共同面對的氣候變遷、暖化問題等等，一年需要3,870億美元。G-20在2024年11月18日決議，僅阿根廷不從，其餘各國都承諾「合作以確保超級富豪的個人淨財富，有效繳納稅賦」。「賦稅正義網絡」的調查則發現，跨國公司與個別富豪在2023年逃稅3,470與1,450億，共4,920億美元。[23]

然而，主流經濟學重經濟與財富成長，並認定有了成長，其後必

---

23 有關稅與不平等的問題，隨有志有力之士的努力，已在另類傳媒乃至主流輿論，見光機會日多，本段所引資料，依序見 https://www.taxobservatory.eu/publication/a-blueprint-for-a-coordinated-minimum-effective-taxation-standard-for-ultra-high-net-worth-individuals/, https://netzero.cna.com.tw/news/202311040129/, https://www.commondreams.org/news/global-wealth-tax-2669945403, https://taxjustice.net/wp-content/uploads/2024/11/State-of-Tax-Justice-2024-English-Tax-Justice-Network.pdf。另有兩個網站或資料庫，蒐集與更新或即時發布經濟不平等與分配的資訊，值得推薦：https://inequality.org/，https://wid.world/。

有成果下滴分潤的傾向至今存在,這也是我們在各種傳媒所看到的新聞,充斥有關經濟成長的新舊聞與消息,但相形之下,關於成長後的分配狀態,見諸傳媒就只是滄海一粟,若浮若沉,無法穩定並有力地看到分配太過不均的現象。

不重視經濟資源的合理分配,已是缺失。主流經濟學乃至社會科學,另有一個盲點,就是對「美好生活」的議論,時而停留在資源說或主觀說。

因此,我們會看到一個說法,指「美好的或成功的生活⋯⋯重點不在不公正,而是關於幸福的可能性⋯⋯美好的生活⋯⋯是意指生活中有著豐富而多面向的『共鳴』經驗⋯⋯是一個存在主義的或感性的概念,而非一個認知性的概念⋯⋯」。這就出現「社會學界⋯⋯若不是認為『生活是否美好』是個人主觀感受,不是社會學的問題;不然就是⋯⋯以為只要擁有豐富的資源就等於擁有美好的生活,所以只去談政治經濟的(再)分配問題⋯⋯美好生活的問題被『資源拜物教』遮蔽了⋯⋯」。

美好生活的主張

在這裡,政經史學者史紀德斯基(Robert Skidelsky)與其子政治思想史家愛德華(Edward Skidelsky)父子,應該是提供了更有益的主張與討論。

他們是自由主義者,但以「美好生活」這個主張對於不同自由主義者的吸引力,區分人我,從中凸顯了他們對於兩個重要項目的看法:一是堅持「需要(求)」(need)與「欲求」,理當有別,也必然有別;二是政府在滿足「美好生活」過程中理當承擔的角色。[24]

---

24 詳見Skidelsky, Robert & Edward Skidelsky(2012/李隆生、張又仁譯2013)《多少才滿足?決定美好生活的7大指標》。台北市:聯經。

堅持需要與欲求的不同

對於需要與想要的區分，古希臘哲學家都很堅持，並且在「需要」得到滿足後，對於「想要」在倫理與個人行為的選擇，也不肯縱容。犬儒派的例子雖然極端，但從中清楚展現二者有別的堅持：第歐根尼（Diogenes）住在大桶，見到一位「小孩用雙手喝水後，就丟棄了他唯一的碗」。二者的區分在古典政經學所分辨的「使用價值」與「交換價值」，同樣來自於這個差別。需要是「客觀的」存在，「是生命的必要或是美好生活」；「想要」則是「心理學的現象」。但19世紀中後期以來，「部分原因是為了回應馬克思」，經濟學者開始走入心理的「效用論」，因此門格爾（Carl Menger）這位先驅說：「價值並不是財貨內生的，不是他們的財產，也不是能自行存在的獨立事物。價值是一種經濟判斷，人們可以依此來任意決定財貨的重要性。」這就是現代新古典經濟學認為，二者不需區分的根源。

政府有責任促進「美好生活」

史紀德斯基父子指出，若有人認為自由主義應當「中性」「看待不同類型的良善，這是對自由主義的膚淺理解……中性……政府輕易地將權力交給資本的守護者」。但「資本主義是一把雙面刃……讓物質條件獲得極大改善；另一方面，卻激發了人性最黑暗的一面，諸如欲望、嫉妒和貪婪」。他們又認為，羅爾斯（John Rawls）類型的學者讓人覺得「自由國度並不會擁抱正面願景，而是只堅守必要的原則，讓不同喜好和理想的人們得以和諧相處。就公共政策來說，倡導美好生活這樣的正向想法，在定義上就是褊狹，甚至是極權主義」。父子認為，羅爾斯的看法，是對「自由主義完全錯誤的理解」。與此相對，他們指出，凱因斯、柏林（Isaiah Berlin）等類型的自由主義者，卻「都理所當然地視提升文明為政府的功能之一」。

羅爾斯在1971年出版《正義論》後，認定自由主義者必須堅持人應該在不同的良善維持中立，這就導致任何人都不宜給各種倫理觀

點不等程度的重視,對他來說,國家這個擁有強制暴力的組織,更是不能介入良好生活的界定。於是,他們主張政府應該讓人民「自由遵循自己的道德導引」。然而,父子提醒,這種概念「從未真正落實」,比如,禁止海洛因等等食品或藥品的自由買賣、菸草與碳酸飲料遭課徵「罪惡稅」(sin tax)等等存在已久,一直是由政府強制執行也往往得到社會支持。不過,父子不無扼腕地指出,在西方,「羅爾斯的理想原型得到勝利」,使得政府的強制作為或主張政府應該干預的主張,都要繞道講述,於是,譴責色情刊物的理由,是為了避免剝削女人,避免色情誘發男性從事不軌行為,「然而真正的冒犯──降低品味和感受──卻隻字未提。」長期以往,這就使得「公共辯論產生寒蟬效應,將原本應該提出的倫理觀點,以枯燥無味的技術旁道代替」。

史紀德斯基父子認為,這是誤解,將自由主義者的「包容」,混同於「中立」;一直到1960年代,自由主義者說的是包容,尊重差異,但不否認自己或公眾能對某道德或宗教表達偏好,並且包容仍有「無可容忍之事」(如新納粹／戀屍癖等等),中立則皆可,並無不可容忍者。這就造成「後羅爾斯」的自由主義和新古典經濟學相同,「兩者都禁止對任何生活方式的公共偏好,都不反對讓個人自己決定哪種生活方式是『好的』。」

最後,他們說,「健康、安全、尊重、個性、與大自然和諧相處、友誼、閒暇」這些美好生活的基本元素,不但具有普遍性,並且其本身即是善,不是通往其他善的方法,它們自成一類,不是其他善的一部分,它們是美好生活所不可或缺,任何人一缺,就是損失或傷害。政府理當思考或採行的政策方向,至少包括:

1. 提高稅率減少分配不公,即便會引來政治抗拒。
2. 立法減少工時,收入不會因此減少太多。
3. 施行基本所得,不是最低所得。
4. 政府可透過稅捐政策影響消費方向。
5. 降低競爭性消費,在超過一定經濟層次後的花費常沒有意義,而「只是讓擁有者認為可以藉此比別人優越,或至少不輸給別人」。

但是,這種消費迫使人們增加工時以增加收入,並且將因競相消費成為比賽而「破壞了友誼與個性」,以前的禁奢令之部分考慮由此而來,經濟學者如法蘭克(Robert Frank)延續卡爾多(N. Kaldor)、米德(J. Mead)等人的見解,他們主張對超過一定額度的消費,課徵累進消費稅,也包括課徵金融商品稅。

6. 減少廣告與行銷,從19世紀末20世紀初至今的福利經濟學,再至高伯瑞(J. Galbraith)的著名分析,都在論證這類活動及廣告,並非經濟成長所必須,但會引導或造成氣氛,鼓動不必要消費的罪惡,除課徵各種媒介含網路的廣告稅,也得立法禁止企業將廣告列為營業成本的支出。

(初稿在2021年完成,未發表,最後修訂2025/2/12。)

孤僻自賞不足為訓　法國學生要求經濟教學多元化

一群法國經濟系學生在2000年6月透過網路發布宣言,抗議經濟學界「運用數理模式,不知節制」。他們呼籲,經濟學理當廣納更多元的取向,他們強調經濟學要能與經濟現實有所對詰。英國社會主義經濟學界在1970年創辦的《資本與階級》(年出三期),在2001年第一期轉載該宣言以示支持,《台灣社會研究季刊》亦在此翻譯介紹,共表同心。

我們是經濟學界的學子,對於歷來加諸我們身上的經濟學教義,難以釋懷,在此宣達不滿,這是因為:

我們自有期盼,我們要逃離想像的世界!

我們當中的大多數人選擇學習經濟學科,是因為我們亟思深入了解當下公民日夜均須面對的經濟現象。然而,吾人所受教導的絕大部分都是新古典理論,或自此源生的取向,總體來說,它們無法回應我

們了解現實的要求。這個典範自稱要超脫須臾短暫的變動，此一說法誠然有其正當之處，但它卻從來不肯回歸現實百態。人類歷史長河的繁複事實、各種典章制度的運作，以及各種歷史動能的行為及策略之研習等等經驗面向，在此視野之下，幾乎已經無復存在。尤有進者，經濟學的這個教學鴻溝、經濟學的這種罔顧具體的與活生生的事實，對於自期之人，對於有志從事經濟與社會行動的人，不啻是製造了巨大的難題。

　　運用數理模式，不知節制，我們深表反對！

　　以數學作為工具，並加援用，有其必要。惟若完全以數理規格化為馬首是瞻，反客為主，不再是工具而是目的本身，那就真正是精神官能的分裂，自我崩解於真實的世界。規格化之後，建構習作與操弄模式也就更為容易，但這樣的習作與模式的意義，僅限於尋此發現「好的結果」（也就是從最初假設所推論得到的邏輯演繹），這樣才能寫就「好的論文」。就在科學的面具裝扮之下，諸如此類的習作有助於同儕評選，對於我們就當代經濟各種辯論所提出的論題，卻毫無回應能力。

　　經濟學的研究，取向要多元，我們如此要求！

　　課堂講次，無暇可供反省，師生卻已習以為常。逼近經濟問題的各種取向，師長通常僅教導其中一種。如此，經濟的真實就好像「只此一家」，透過一種純粹的公理式的過程，萬事萬物的解釋，已在其中。這是教條，吾輩拒絕接受。我們要求學習多元的取向，以此因應複雜的客體組合，因應大多數經濟大問題的不確定性（失業、不平等、金融市場的角色、自由貿易的利弊、全球化、經濟發展等等）。

　　我們謹向吾師呼籲：猛覺醒，否則為時將晚！

　　吾輩深知，我們的師長教授都已自陷困境。雖然有此領悟，我們仍向了解吾輩呼籲的師長，仍向也冀求改變的師長，作此訴求。改革必須認真、必須快速，若不如此，大難即將臨頭，人數已經大舉下滑的經濟系學生，更將離心離德，成群結隊大舉逃離，不是他們對於經濟學失去興趣，而是他們之所學，脫離現實社會既久，他們之所學，無法與當代世界的辯論有所對話。

吾輩再也不能聽任如此孤僻自賞的學科橫加於我們身上。吾輩之所請，絕無不可能之處，我們之所言，僅只是常情所通達。以此，吾輩之聲音，理當速速得到迴響。

(《台灣社會研究季刊》2001年3月號第41期，頁272。刊登時未列為正式文章，因此未登錄於期刊電子資料庫。馮建三翻譯。)

經濟學要「開放胸襟」 劍橋學子的方案

台社41期（2001年3月）刊登法國經濟學子的呼籲，未幾，英國劍橋博士生亦有類同意見及行動，台社樂意見證相關辯論在台灣的開啟，故再侈譯以東西呼應。

我們是劍橋大學經濟系博士生，人數二十七，我們希望敦促當前經濟學界，開啟辯論。以下所書，是吾人眼中當今經濟學的特徵，哪些部分需要辯論，原因為何，我們也俱陳於此：

窺其教導與研究實務，我們認為，林林總總的經濟現象之解釋及分析，已然為單一取向所壟斷。據此取向的核心要旨，任何堪稱有效的研究，必須援用形式化的邏輯模式。作此陳述的證據，唾手可得。舉凡本學科的主要期刊、教職員工及所有的課程，其內涵莫不如此。

在我們看來，我們理當辯論，援引這個形式化的取向，是否就足以理解經濟現象。這個辯論，合當展開。這些形式化的方法，在哪些條件下，才稱得上是激發良善解釋的最優途徑？這些方法的用處是哪些，以及隨之而來的問題是：這些方法的局限又在哪裡？經濟學還應當運用其他哪些方法？在經濟學界之內，在各經濟學家之間，諸如此類的問題及辯論，均應進行，而不是將它排擠至學科的邊緣，更不能將它排除在外。

我們特別呼籲就以下兩類課題,進行辯論:

(1)主流取向的各種基石,理當公開辯論。不適格的批評,正如同不適格的辯護,學界均應堅定地排斥。研究經濟學的主流取向,其優劣強弱何在,學子、教師與研究人員,應該都能認知並掌握。

(2)與主流取向具有競爭關係的取向,都是理解經濟現象的工具,理當接受相同程度的批判辯論。萬事公決於這些取向是否能夠提供具有意義的洞見,協助吾人掌握經濟生活,只要力能至此,均應教授,而其研究也都應該在經濟學領域之內,取得一席之地。惟現況是,與主流競爭的取向,僅因為它們不肯雌伏於主流所認定的經濟學內涵,率爾就遭受低扁的命運。吾人理當能夠明白,諸如此類的境遇,造成主流的自我強化,不容異端。

發動此一性質的辯論,相當重要。因為,吾人認為,現況至少在四方面帶來弊端。第一,學生習得主流經濟學的「工具」,卻茫然不知其適用領域與範疇。這些主流觀念的由來及演化,如同與其具有競爭關係的各種理論之存在與地位,率皆受到忽視。第二,社會亦因此蒙受不利,經濟學所能啟示吾輩者,遠比現況來得豐富。經濟學是社會科學,透過其對各色政策辯論的衝擊,委實具有巨大潛能,足以綻放異彩。惟若就其當前的格局,其效能不得不有所局限,原因就出在主流方法的運用,毫無自我批判的意識。第三,向前推進,以求更加深入理解經濟生活的許多重要面相,為之受挫。這是因為經濟學的研究,獨尊單一取向,其他具有競爭潛能的取向,也就嚴重受阻,或甚至無法出頭。第四,也就是最後一點,膽敢不從於流俗、不按照當前欽定方式執行研究的經濟學家,已然陷入困境,察覺其人之研究,難以獲得認可。

主流取向的支配態勢創造了一種社會慣例,致使唯有能夠契合於主流取向的經濟知識生產,才有可能是好的研究。如此一來,所有其他模式的經濟知識,若不是順手就被指為不入流,就是被說成不是經濟學。許多經濟學家在此格局之下,面臨了兩種抉擇:其一是運用他們認為並不合適的方法,回答經濟問題。若不如此,他們所用的方法,雖然他們認為最能理解當前的問題,結局卻很有可能是,同儕經

濟學家不加理睬。

尚請容許吾輩強調，我們的結論當然並不是要反對主流經濟學的取向本身，吾輩論稱的是，主流經濟學在經濟學領域所取得的支配地位，不該是理所當然。吾輩並未反對主流方法，而是認為方法及取向的多元並存，理當得到這場辯論的支持。多元苟能存在，也就意味另類經濟作品不僅得到容忍，並且另類作品得以繁盛的物質及社會條件，亦如同當前主流經濟學之地位，均已獲得滿足。吾輩疾呼經濟學要「開放胸襟」，道理在此。

(《台灣社會研究季刊》2001年6月第42期，頁253。刊登時未列為正式文章，因此未登錄於期刊電子資料庫。馮建三翻譯。)

創造具有人味而負責的經濟學
哈佛大學經濟系學子「共享宣言」

公元兩千年起，法、英學子先後籲求，提出改革主流經濟學及其課程的主張（參見台社41與42期）。該呼籲引起廣泛迴響，除了本刊出版的6月，將有上千位學者齊聚美國Kansas市參與「非主流經濟學之未來世界論壇」外（相關報導見《當代》月刊，2003年3月號），哈佛大學學子也在今年春季發難，台社援照前例，譯刊他們的宣言如後。

創造具有人味而負責的經濟學（Students for a Humane and Responsible Economics, SHARE）是我們的宗旨。我們的目標是，籲求哈佛大學改進經濟學科的教育內涵。我們希望經濟課程更寬廣更多元；我們希望提供校園論壇，聚焦於國內外經濟政策的社會效應，既討論又辯論當前的各種經濟課題。

我們認為，經濟領域的知識扮演要角，塑造了社會的基本組織結

構、諭知了對於個人福祉有深遠影響的國內外政策。經濟學既有實然層面的這種影響力，我們就更認為經濟學的教育，勢必對於人類的發展有其重要的作用。學子以經濟模式為鏡，藉此學習審視社會的運作之道。我們認為，哈佛大學所提供的經濟模式只有一種，從中我們無法透過批判的視野或另類的模式，解析經濟及其社會效應。

哈佛校園並沒有提供真正的經濟言論之市場，學生浸淫於此，卻無法成為具有批判思維的人、無法成為有為有守的公民。我們以為，在這些標準化的經濟模式裡，涵育了特定的價值觀及政治信念，哈佛學子無可避免，他們的價值觀及政治信念勢將受其影響，甚至他們的生涯抉擇亦勢將受其影響。

最後，我們還認為，在此熏陶之下，經濟學徒然僅只是實證科學，了無倫理價值，這就造成了哈佛學子再無知識的能動性，他們自己做主人自己做決定的空間，亦為之萎縮。

雖然哈佛所授之經濟學有此局限，我們依然認為，經濟學是提出了有關社會的許多根本問題，若要與此對話，提出廣泛的回應，就必須採用跨學科的取向。我們心懷批判論述的精神，冀求經濟學能有更廣泛的影響力，也能在知識層面開拓更大的可能空間，因此，SHARE的目標有三：

第一、哈佛的經濟課程理當多元化。我們特別以為，經濟導論課程（「社會分析10-經濟學原理」，以下簡稱Ec 10）尤其必須多元化，校方應該修正課程內涵，或開設另一門包括批判視野的經濟導論課程。我們認為，經濟導論課程必須走向多元，或校方必須修正Ec 10，有五個理由：（1）哈佛目前僅提供Ec 10，選修其他經濟課程之前，都必須修習該課程，它也是許多集中選修課程的必修科目。情況既然如此，不滿意該課程的人除了選修，別無選擇。（2）Ec 10既然自稱是導論課程，言下之意，理當交代、調查各種經濟模式。但是，Ec 10僅只教導新古典模式，學子的錯誤印象就此產生，他們會以為，經濟學領域之內再無其他模式。許多學生在哈佛所修習的經濟學，其實就是Ec 10，這就使得錯誤的印象更加危險。（3）大多數學生在大一時選修Ec 10，他們在這個階段還不完全習慣質疑教授的課

程內涵,因此也就比較不可能質疑他們在 Ec 10 的學習內容,更可能的是,他們會照單全收,而不是察覺,這僅只是特定的一種分析及詮釋架構。(4)資料手冊所蒐錄的文章大部分是馬汀・非史坦(Martin Feldstein)教授自己寫的,或是由相近意識形態及政治信念的人所寫。(5)課程沒有提供討論的空間。非史坦教授並未在課餘提供辦公室時間,如果學生想要就授課內容或閱讀材料提出具有反思內涵的問題,也是就教無門。課程講授的方式也是一成不變,若是有人想就講授內容或閱讀材料提出較為深入的問題,其實也無法在課堂上提出。授課教授的認定是,學子僅需複誦教室所傳授的資訊,無庸質疑。

　　第二、哈佛的經濟學教師理當多元。經濟課程的同質化,同樣反映在所有教師幾乎都接受了主流的經濟模式。既然欠缺多元知識,學子就不可能從教師當中,求得導師來引領他們追求經濟批判的視野。哈佛大學聘用的經濟學教師必須多元,學生的興趣多元、經濟學領域多元,教師的組成就應該要多元。

　　第三、哈佛必須教導學子,在主流模式之外另有其他經濟學,哈佛也必須提醒學子,經濟學自有其社會的、政治的意涵。為了達成這個目標,我們希望透過邀請講演者、執行定期的團體討論,也在哈佛學生及另類經濟政策研究機構之間建立聯繫,我們希望以此提供論壇,持續不滅生生不息。最後,我們尚須表明,我們希望成為這樣的中心,提振有關另類經濟學的研究與學習,庶幾師生得以在此,進行具有批判經濟學內涵的對話。

(《台灣社會研究季刊》2003 年 6 月號第 50 期,頁 278-9。刊登時未列為正式文章,因此未登錄於期刊電子資料庫。馮建三翻譯。)

研究政治

美國的選舉困境

今（2004）年元月18日，載有五百公斤炸藥的自殺汽車在巴格達引爆，致使美英入侵伊拉克十個月之後，美軍的積累死亡人數逼近五百。

五百之數，以及慘重遠甚於此的伊拉克生靈與國土，原本有可能避免，如果美國總統大選如同法蘭西等國，採取直選與絕對多數決（台灣慣用語，本書的二輪或多輪複選制，可能是較精確的說法）。

眾所周知，小布希能夠在公元兩千年勝出，得力於美國總統大選的選舉人制，以致得票較多（48.38%）的民主黨高爾，反倒拱手讓出寶座給共和黨的小布希（47.87%）。假使高爾當選，美國新保守主義人馬很可能無法假借小布希，蔑視聯合國決議而再次入侵伊拉克。

當然，歷史不能重演，可以也必須改進的是選舉制度。本書結構井然，從選舉與正當性、取得資格的關係，單職位（總統、縣市長等）與多職位（立法委員、縣市議員等）的選舉，十三種選舉僵局或困局的評介，作者都能娓娓道來。舉凡超克困局的技術與實質辦法，美國選舉的社會與歷史之演變，書中都已擇要交代，趙教授也以簡易的數學，提示何以即刻複選制、統一轉票制與正副議員制的設計，能夠兼顧代表度與可治度的要求。

趙心樹教授的這本大作既有嚴謹的說理與推陳規矩，又能以文采與耐心的書寫、豐富的舉證與材料，誘導興趣，發揮深入淺出之功，帶領讀者登堂入室，掌握選舉政治的奧妙，也讓讀者看到了改革的遠景。開卷有趣有益，洵非溢美之詞，常人斷難有此能耐。

作者寫作的用心、為讀者謀，以及不肯隨俗之處，亦展現於漢譯文字的推敲斟酌。比如，華人翻譯英語「legitimate, legitimacy」時，常出以「合法、合法性、法制、公義」等，趙教授則解釋何以「正當、有資格」才更能夠掌握原意。又如，通說西方政府是行政、立法與司法的三權分「立」，但在讀了本書的議論之後，想來不少人將如同筆者，開始覺得趙教授所建議的三權分「工」，更貼切一些。對於gerrymander，英漢辭典通常得花上十個字解釋，作者的「截利」一詞，則乾淨俐落，音義兼得，無論是神來之筆，或是拈斷數根鬚而終有所獲，都已嘉惠社會。至於英語鍵盤何以「5與％」都在同一個鍵盤，「國會制與內閣制」以及「集選區與複選區」等等譯法的優劣，這裡賣個關子，請在書中尋找。

　　本書的長處很多，以上只是蜻蜓點水，深入閱讀的朋友必定能有更多體會，但還請容許野人獻曝，再提三點，結束這篇介紹短文。

　　一、作者對「批判」、「革命」等字眼深具戒心。這雖不難理解（不說台灣有許多人滿嘴批判，其實只是廉價牢騷或信口雌黃，對成長於中國大陸而在1980年代負笈海外的作者來說，見此二詞而不躊躇，實不容易），惟趙教授若能勉為其難，亦對這些用語所蘊藏的內涵，發揮類如本書對legitimate等中文譯詞的正名用心，或可更加寬慰人心。畢竟，法國、俄國、中國發為革命，英國革命號稱「光榮」，美國號稱對內政治自由對外讓人難以恭維，各自以其方式，改革人類社會，得失俱在，似不必然能夠共量比擬優劣。

　　二、作者對還沒有達到質變之前的量變改革，亦多所警惕。如美國選舉最引人詬病的「財務困局」，作者有精采的討論與改進芻議之建言。不過，即便去（2003）年12月10日，美國最高法院以五對四，認定2002年的《競選財務改革法》合憲，但國際菁英主流刊物《經濟學人》都不能不承認，「人們繼續找到更多漏洞並利用之，其後則新法再規範之」的魔道共同成長之情況，恐怕將繼續存在。

　　三、作者對電腦化、網路化等新技術的潛能，寄以厚望，特別是，假使放長歷史眼界，如果美國都花了兩百年改良選舉而還有書中所述的問題，則類如中國大陸等後進國家，先作討論以為未來時機來

臨，為更能兼具代表度與可治度的選舉制度，預作規畫，甚至後出轉精，並非完全是妄想。正視技術，對於類如筆者這種因鍾情社會多於技術，以致大多數時間仍在使用十多年前PE2版本的人，無疑有重大當頭棒喝之效。但與此同時，這也重新讓人想起一段話，「機器縮短勞動時間，它的資本主義應用延長工作日；機器減輕勞動，它的資本主義應用提高勞動強度。」果真如此，則如何善事運用電腦與網路，不談革命但求改革的量變，終有導向社會體系質變的到來，當然也就值得我們付出同等的關注。

值此台灣公民投票之議引爆視聽，泛紫、廢票、族群平等聯盟，以及資本家王永慶、學術人李遠哲與文化人林懷民等不滿現存台灣政黨之力量，俱已發為言論與行動的當下，閱讀趙心樹教授的精心著作，感念特深，敬為讀者推介。

（猴年大年初一於猴山岳）

（推薦序：趙心樹〔2004〕《選舉的困境：民選制度及憲政改革批判》。台北市：亞太。）

內政不修　連累美國形象

美國蓋洛普民調機構最近發布「2019年全球情緒調查」，發現西方人當中，美國人的情緒不佳。比如，表示很憤怒的美國成年人，比例是22%，若說感受（生活與工作）壓力很大，則比例更高，達55%。相比之下，北歐四個國家的這兩個數字，分別是低於10%與30%。德國與法國居中，平均大約是16%與35%。

美國人何以又憤怒又壓力大？原因應該有很多個，包括貧富差距的水平比較高，因此，即便在透過社會福利的協助後，美利堅的基尼係數（衡量貧富差距）還有0.38，反觀德國與法國是或略低於0.3，北歐則是0.25。

又如,《人間福報》日前報導〈美國大學生忍飢挨餓上學去〉,三分之二學生畢業時,平均每個人背負大約新台幣86萬元的學貸債款。這個美國場景,根本不可能發生在德法或北歐學生身上,這些國家的人,就讀大學不必支付學雜費,是由政府編列預算予以支持,他們日後工作若有高收入,再繳稅貢獻國庫即可。

主觀的情緒相對低迷,加上客觀的物質分配更不公允,顯示美國的內政相較於歐洲出了大問題。與此相應,就是美國的國際形象不佳。英國的公共服務媒介BBC,本世紀以來,幾乎每一年委託專業機構,執行許多國家的國際形象調查,幾乎沒有例外,歐洲得分都高過美國,以2017年的結果來看,美國甚至低於中國大陸。認為美國對世界影響力產生負面意義的人,高於正面意義的人,達15%,中國大陸也得負分,但僅1%,正面評價歐洲聯盟的人,遠高於負面看待的人,並且高達18%。

蓋洛普與BBC的調查,印證了大陸資深記者、現居美國的何清漣的看法。她在台灣出版了五本著作,近日來台。在新書《紅色滲透:中國媒體全球擴張的真相》,她提醒大陸當局,「內政是外宣之本/一個國家的國際形象由其國內政治社會狀態決定。」

這個建言當然不僅適用於大陸,也可用在任何國家:宣傳行銷固然必要,但無法取代實際的表現。簡單地說,化妝也許有用,卻無法粉飾真相。單是「美國國際媒介署」(U.S. Agency for Global Media)每年預算就有新台幣230億元左右,不說美國政府還有其他對外宣傳的款項,但美國的國際形象,如前所述,不但落後歐洲很多,居然也在中國大陸(也有龐大外宣經費,但具體金額無法得知)之後。

美國與中國大陸是全球最大與次大的經濟體,但內政與社會各自有更大的問題,致使花了大錢搞宣傳,也無法完全遮掩世人的耳目。

(《人間福報》2019/5/17 第11版。原標題〈強權美國 國際形象為何不佳?〉。)

美國衰退　中國大陸是否崛起

　　法國人德布雷（Regis Debray）是個傳奇。半世紀前大約這個時候，他應卡斯楚邀請，重返古巴。其後，隨切‧格瓦拉進入玻利維亞打游擊被捕，得到法國總統戴高樂、哲學家報人沙特等等發動營救，入獄三年後，方始「在智利被祕密釋放」。

　　1973年，德布雷在聖地牙哥目睹美國所支持的智利將領，調派飛機轟炸總統府、發動政變推翻民選政府的九一一事件。他在1979年出版的《教師、作家、名人》允稱先聲；其後，德布雷有關政治、社會與知識的創作中，有關科技形式與文化及歷史的探討漸深、著作日豐，並鑄造了「媒介學」（陳衛星教授譯詞）這個概念，英譯之外，漢語版今年兩本在對岸推出。上週，德布雷在華訪問，前一次是2010年。

　　去（2013）年，〈西方衰退了嗎？〉這篇長文在巴黎與倫敦同步發表。文中，德布雷認為，美國為首的西方（北大西洋公約組織），憑藉五張王牌，是有史以來最強大的世局主導力量。首先是該陣營「團結一致史無前例」，以前有東西、南北……各種對立，現在，北約擴及東歐與前蘇聯，日韓台紐澳「站在民主陣營」投懷送抱；甚至，南美哥倫比亞在美國支持下，傳聞想要作為北約觀察員。中、印、蘇是大國，周邊有事，是有能力自行調理，但若要派遣軍隊天涯海角，唯有北約。

　　其次是拳頭，儘管美國恣意作為，並不全部依靠軍事，即便一年國防預算7,000億美元，確實高於世界各國的加總。美國還有軟實力，可以不戰而屈人之兵，「溫柔」地讓人「心悅誠服」。再者，縱使中國設孔子學院、德國有哥德學院，美國卻不費吹灰之力，「十部好萊塢電影就在中土大發利市，中國奇蹟要讓自己讚嘆都有困難。」高教學府而特別是企管、經濟學科唯美國（西方）是瞻、未來權貴在此交好，不說如虎添翼的金融機構從來就是美國禁臠；慈善基金不需狼子野心，自主運作大致就能符合帝國利益。第四，西方壟斷了普遍價值的聲稱，世人心智的敏銳遲鈍受其約制，1980年至今，美國每

年鉅額貿易赤字、入不敷出,美元地位更見強勢;「伊斯蘭國」(IS)刻意驚聳,殘忍鋸割記者首級,果然遂其所願引來轟炸,以色列空襲致死兩千平民的畫面「稀疏平常」,美國參眾兩院還要加碼軍援!社會異端無法在《紐約時報》發言,卻有眾多另類媒介與網路可作出路,資本擁有海量胃納能力,足以回收紅色細胞反覆使用。最後是科學創新所向披靡,加上英語作為溝通語言、成為思考工具,「資訊科技革命是新教資本主義的售後服務」。

但是,五大王牌不是無往不利。德布雷認為,美國(西方)模式同時必須面對五大要害。比如,傲慢目中無人、不知民生疾苦,民主種類繁多,美國模式偏偏短視近利,縱容商業傳媒濫用自由,政治選舉重複金錢遊戲,購買電視時段耗費鉅資,反觀歐人選舉,電視仍是「用錢免談」。

五張王牌與五個要害,兩兩平衡嗎?人類還有前程嗎?德布雷無解。但我們不妨引申:作者有個歇後語,他否定了「中國崛起」或「中國威脅」的說法。西方沒有沒落,還是獨尊,證據之一可能是中國的主流表面對抗美國,實質卻想複製美國但尚未如願以償。就此理解,假使路線沒有改變,中國東施效顰的崛起反而凸顯西方並未衰退,是壯大!

(《人間福報》2014/9/26 第5版。原標題〈西方沒有衰退!中國並未崛起?〉。)

新聞不公正　川普坐收漁利

川普以總統之尊,利用言論自由打擊新聞自由,有兩個根源。一個是他的「理性算計」。進入不安定的年代,以言行強化並同時鞏固基本群眾的支持,遠比改變反對派或游離人士容易。

第二個涉及美國的傳播政策。1949年起,美國聯邦通訊傳播委員會(FCC)在授權廣電業者使用電波時,都會要求業者必須「如

實、公正與平衡」報導。

但這是行政規章,1978與1991年,美國眾議院兩度試圖將這個「公正原則」(Fairness Doctrine)制訂為法律條文,如同歐洲國家。但雷根(與老布希)總統(先後威脅)否決,眾議院不敵總統,FCC在1987年8月以四比零,廢止公平原則。

就是在這個法規改變的時代氣氛中,林堡(Rush Limbaugh)這位廣播名嘴崛起。1988年他從加州來到紐約,從地方電台至全國電台,至去年為止的八年簽約金達4億美元。

林堡以引發爭議、涉嫌或明目張膽的種族歧視等等言論(當然也包括對氣候變遷等環境議題,抱持與川普相同的認知,不承認),打破了美國當時據說是「僵化如石的脫口秀格式」,扣應過程你來我往將節目吵得熱鬧非凡,透過全美AM電台,他擁有一千三百多萬固定聽眾。

美國這股《反動的修辭》在1996年隨著「福斯電視新聞網」(Fox News)的成立,從收音機進入了電視,威力更大。總裁艾爾斯(Roger Ailes)建立了福斯的特色,就是以「憤怒、陰謀驅動的新聞與言論品牌」變得「與眾不同」及「鶴立雞群」。如今,CNN等新聞頻道早就被拋在後頭,福斯新聞頻道一年獲利10億美元以上!

到了本世紀,收音機與電視之外,這股「後公正原則」的高度自由放言不負責任的作風蔓延到了新興的網路。布萊巴特新聞網(Breitbart News)的點擊人數數以百萬計,它的負責人巴農(Stephen Bannon)出任川普的競選總幹事,現在「更上層樓」是白宮的首席策略士,遂有川普就任前後至今的言談舉止。

美國的傳播政策轉向三十年,某些業者與名嘴及記者遂能恣意利用部分社會現實,賺取大筆銀兩,也打造出了川普。

(《人間福報》2017/3/1 第11版。)

總統參選人桑德斯　要改革美國新聞

　　台灣明年大選的局勢已經明朗，主要是三人角逐。在美國，也是。不過，不是三個勢均力敵的人選美國總統，是民主黨歷經數個月的辯論，上週彙整的多回民調顯示，最後與川普對決的民主黨人，不是前副總統拜登（27%），就是參議員華倫（19%）或四年前捲起旋風的桑德斯（16%）。

　　三人當中，拜登與三年前輸給川普的希拉蕊，色彩相同，目前民調居前，但滑落中。支持另兩位的刊物則強調，研究表明，中間選民對大局的影響不大，不選華倫，就當圈桑德斯。

　　桑德斯是老將，2016年得到四成三支持。他的政策有多方面讓美國人欣賞。一是主張公立大學當看齊歐洲大陸，先以稅收支持，學生就讀不收學費，日後畢業若收入高，自然就能依照現行的累進稅率，回補國庫。這個主張在四、五年前提出時，不少人嗤之以鼻，現在則不然，幾乎所有民主黨參選人或多或少都已支持。

　　第二是健保，美國醫療費用高漲，比加拿大或歐洲國家多了一半以上，但還有幾千萬人沒有得到合理的照料，原因是沒有全民納保，也沒有如同台灣有政府作為單一健保給付人，致使藥商與醫院能有較強的議價能力，從中取得超額利潤。根據不同的調查，有說美國選民贊成單一給付制的比例已經七成。另有長期多回的民調則說，美國人在2016年2月首次以50%比例支持單一制，至今沒有下滑，今年至這個月的六次調查更顯示，贊成者以平均將近55%力挺，超過反對者的40.5%，這是近四年最大的差距。

　　既然有穩定多數支持單一健保給付制，按理，即便只是為了「迎合」，傳媒也會大聲放送這個主張的好處。但實況不然，特別是商業電視有兩種顧客。第一種是「觀眾」。他們固然也花錢購買電視等硬體，也得支付觀賞影視內容的電費，但這些硬體與電費支出，並沒有進入業者的荷包。「廣告廠商」才是商業電視的直接客戶，以美國藥商來說，一年就有45億美元投入電視廣告，這就扭曲了電視的性格，有利一般人（觀眾）但會降低藥商不當利潤的單一給付制，為此

無法合理地在電視得到持續與公正地呈現。

　　桑德斯說，舉證會掛一漏萬，但他還是要再舉個例子。美國近年的失業率史上較低，但薪資低迷也未見成長，反而是大企業利潤不斷增長，這就出現「工作的窮人」現象明顯。但美國七家主要報紙，僅有《紐時》與《華郵》在2016年對貧窮的報導，比2007年多了六成多至一倍，其餘反而減少。桑德斯又引述捐款創辦新聞學院的普立茲之言：認真的新聞事業「永遠都在追求進步與改革，從不容忍不公不義，從不忍受貪腐，永遠都對巧言令色的人，不假辭色」。但最近十年美國地方報紙關得太多，記者少了，連帶使得輿論監督的力道減弱，施政效能打了折扣。

　　怎麼辦？桑德斯有想法。媒介兼併壟斷的條件要多些，比如，要收購的人必須舉證，合併並後不會影響編採獨立。要鼓勵各傳媒施行「工作場合民主計畫」，為薪資與福利，也為報導少受傳媒業主及政商的不當侵犯。又如，參酌成例，課徵谷歌與臉書……的廣告收入，用以創辦新聞等內容基金。老驥伏櫪的桑德斯再次率美國政治之先，提出改良新聞傳播的方向，這會如同高教學費與健保，另造聲勢與跟風嗎？

（《人間福報》2019/9/19第5版。原標題〈美國明年選總統　會有三腳督〉。）

美國先進口絕望　後有川普

　　美國先發射五十九顆飛彈襲擊敘利亞，然後，再以威力僅次於核彈的「炸彈之母」轟炸阿富汗，似乎，這是要升高對北韓先發制人的震懾效果。對於這些軍事行動，美國的主流媒介翻轉立場，不再批評，而是支持。

　　CNN甚至還說，白宮有了新的國際主義，川普也終於知道不能老是美國第一，美國總統要有體認，不懷更大的利益觀點不是大國。

然而,在俄羅斯支持下,原已大占上風的敘利亞政府軍,有什麼理由需要這麼殘暴,並且愚蠢地使用化學武器而觸犯眾怒?追求真相的媒介不能川普云亦云,不可跟隨起舞。即便難以調查,傳媒至少也得就個中虛實與詭異,有些質疑。[25]《經濟學人》曾說,美國主流媒介經常呼應其政府的主戰立場(如本世紀初入侵伊拉克戰爭,致死百萬以上的平民),但如今已有反省。現在看來,這個說法未必正確。

另一方面,《經濟學人》的報導與評論,也有發人深省的時候。

例子之一是,至1998年為止的二十年,美國四十五至五十四歲中年人的死亡率,平均一年減少2%,如同西歐。但是,1999至2015年,美國幾乎每一個州,不分城市還是鄉村,死亡率不減反增。這很奇怪,因為,西歐中年人的死亡率同期仍然以每年2%的比例下降。但2013年,美國白人中年人的死亡率,是瑞典所有相近年齡人口死亡率的兩倍!

原因何在?死亡率上升與毒品、自殺及酗酒的增加有關,但何以有這些行為?關鍵是資本利益所主導的社會變遷,致使低技術而特別是製造業的人,在更強調自由而不是公正貿易的趨勢下,工作條件變更差(從失業到低薪)、更不穩定。加上過去二十多年的流行意識強調個人必須為自己的得失負責,這就使得有人從中得到解放(只要我有條件、我喜歡,就可以),但這也變成對失敗者的譴責,他們無助與絕望之餘,有時傷人,但更多可能自傷自戕(在美國,買槍容易,自殺者半數用槍)。

因此,在對比美與歐之後,《經濟學人》認為,最重要的因素是社會安全網,美國欠缺或不牢靠。比如,美國的失業補助支出,僅是

---

25 民主黨聯邦眾議員、反川普,後轉支持川普的加巴德(Tulsi Gabbard),在2025年初擔任川普的國家情報總監(Director of National Intelligence),統領十六個美國情報組織,她在2019年為文質疑化武攻擊之說而遭批評。但另有不少來源也認為敘利亞沒有使用化武,其中,曾至文化大學講演的博伊德巴雷特教授,更有專文提十點理由,作此論稱,見Boyd-Barrett, Oliver (2020) 'Western news media, propaganda and pretexts for neoliberal war', pp.63-74 in *Media Imperialism: Continuity and Change*, edited by Oliver Boyd-Barrett & Tanner Mirrlees, Rowman & Littlefield.

「經濟合作暨發展組織」三十五個成員國平均值的四分之一，訓練勞工的費用則僅五分之一。

這就是說，美國等於是進口了大量絕望，從中衍生造成早逝的傷身行為。與此對照，由於富裕國家的製造業工作外流，其實是把對於環境會造成汙染的工作，輸出到了環保管制更為寬鬆的相對貧窮國家。這等於是歐美國家製造業的工作雖然減少，卻也把汙染往外派送，形同輸出死亡。最近有個跨國、跨學門的研究在《自然》發表，第一次就此提供了可靠資料。以2007年為例，該團隊發現，全世界有三百萬人因為PM2.5空汙而早逝，其中有22%正是前述原因導致：有錢的國家進口商品之同時，出口了髒空氣及死亡！中美雖然不是最大的早逝「進出」口國，但每一百萬人仍「進口」一三○與「出口」二七四位亡魂。

在川普崛起之前，美國的經濟與低社福模式已經替他鋪好進場的道路。現在的美國在他主政下，還要將福利壓得更低，經濟手段則是無助於美國經濟的老套，「川普點名，台灣等六國又被列外匯觀察名單」。看來，若不更弦易轍，三年多之後，川普注定下台，美國進口的絕望，不會更少。

(《人間福報》2017/4/20 第5版。原標題〈先有「進口」絕望的美國　後有川普〉。)

拜登總統要「重建美好未來」

聯合國氣候變遷締約方大會月底登場，但報載「拜登砍四兆能源預算⋯⋯光說不練信用受創」的警示，還不僅涉及美國的「潔淨電力計畫」是否告吹，它還可能涉及川普代言的利益與觀點若在2024年捲土重來，是否能夠獲勝，以致川普再對美國也對世局，造成更負面的衝擊。

這是因為,該則新聞的「能源預算」是拜登「重建美好方案」(Build Back Better, 3B) 的一小部分,這部分若遭腰斬,其他更大部分也有可能無法通關。

3B由三大方案構成,美籍諾貝爾獎經濟學者在9月聯名發表信函,予以支持。首先,1.9兆美元紓困新冠疫情的受害人群,已在執行,成績不錯。研究顯示,缺此,美國兒童貧窮率無法在一個月內從20%降低至16%。尚待通過的另兩項,有硬有軟。1.2兆的鐵公路橋梁與寬頻擴大等等,是「硬」基建。3.5兆的「軟」基建,包括社區大學兩年免學費、所有家庭的雙親育嬰假12週有薪資與擴大醫療保健,以及要結合太陽能風能建設與工作機會創造的「新政」等等。

「硬」基建,共和與民主兩黨都同意。但共和黨全部及兩位民主黨的保守派參議員,反對「軟」案。偏偏民主黨在參議院僅有五十人,兩人走票,兼任議長的副總統之一票,就派不上用場,軟案也就無法過關。

哪兩位民主黨人不支持?一位是擁有石化利益的曼欽,《滾石雜誌》說他是「煤礦大亨」。另一位是希尼瑪,《紐約時報》指稱「反對進步法案財團才會捐款給她」。《哥倫比亞新聞評論》說:「絕大多數國會民主黨人支持拜登的提案,曼欽與希尼瑪卻有不成比例的否決權力。」

《金融時報》揭露,兩人募款成績創紀錄,曼欽今年第三與第二季得到163萬與150萬捐款,希尼瑪合計約300萬,但第一季拜登方案尚未推出,兩人捐款不到18與38萬。該報用詞低調,指這些數字對三年後才需要改選的民代,「實在多了些」。隔洋的英國《衛報》看不下去,報導蘋果電腦、迪士尼、亞馬遜及微軟等大企業也支持反拜登法案的遊說團體,即便它們信誓旦旦,要為降溫、要為對抗氣候危機盡心盡力。

《華盛頓郵報》有一篇評論,指曼欽「正確掌握民意」而反對軟基建。但這顛倒事實,美國從8至9月至少有四項民調,無不顯示支持的比率遠遠超過反對,差距在12-24%,共和黨支持者最常看的福斯新聞網,其民調都顯示贊成比率是56%(反對是39%)。拜登若能

將這些已經見諸新聞的報導，以總統的地位再次彙整，提示兩位保守派的「自家人」，應該能讓他們知恥改過；拜登若不提出有效辦法反制，民意注定失望，竊笑的人就是川普。[26]

(《聯合報》2021/10/19 A12版。原標題〈拜登能源軟肋被掐　川普竊笑〉。)

社會主義正在拯救美國

社會主義正在拯救美國，如果2020年11月美國總統大選後，民主黨候選人勝出。為何這樣說，有五個線索，四個當下還在進行，一個來自歷史考察。

去年7月，就在美國國慶前一天，《紐約時報》以將近四千字報導〈千禧年社會主義者大步向前〉。原來，三位得到民主社會主義組織支持的女性年輕人，分別擊敗美國資深民主黨現任眾議員或知名政治家族的候選人，得到民主黨提名。去年底她們果然統統當選，其中，年紀最輕（二十八歲）的歐加修－寇蒂茲（Alexandria Ocasio-Cortez）更是了得，她與資深眾議員轉參議員的馬基（Ed Markey）在2月7日提出十四頁的《綠色新政》決議文，試圖一箭雙鵰，同時為困擾世人的氣候暖化與經濟不平等問題謀求方案。至今已經有八十九位眾議員與十一位參議員連署。

第二個線索是英國著名雜誌《經濟學人》。一般說來，該刊能就一個題目撰寫兩頁已屬難得。但上個月中旬，它也以〈千禧年社會主義〉作為封面專題，推出的篇幅長達五頁，即便評論相當嚴正，認為

---

26 2025/2/12按：3B法案未通過，但2022年8月通過《降低通膨法》（Inflation Reduction Act, IRA），預算僅存7千多億美元，將分十年用於增長綠能與社福等，以歐洲水平衡量這個規模不可觀，但用美國標準已經空前。嚴格批評與監督時局的杭士基扼腕其規模縮小，但仍願意說，這是美國有史以來「最重要的乾淨能源」法案。2025年川普再次退出巴黎氣候協定，可能使IRA內涵生變。

「千禧年社會主義就要進退維谷」。

是嗎?川普總統的看法似乎不同。他發現,2014年的民意調查顯示,美國雖然有人贊成由單一機構提供健保給付(如同台灣),但比例僅有21%,然而,去年相同機構的調查顯示,認同的人已經高達70.1%,並且,即便是共和黨選民也有60.1%的人接受這個制度安排。

健保管「身體」,五年來美國民意已經有了明顯變化。教育管「頭腦」,進展也很驚人,高達60.1%的人贊成,公立大學生讀書時不必先繳費,而是由州及聯邦政府支出,反正天下沒有白吃的午餐,美國學歷高薪資高眾所周知,日後大學生就業自然透過所得稅繳回,這本來就是歐洲與加拿大的常見作法。難怪民主黨十八至三十四歲的支持者當中,超過六成認可社會主義。

委內瑞拉提供了第四個線索。川普也許對於前述民調非常敏感,因此在上個月國情諮文至這個月初的講演場合,多次提及「社會主義……在……委內瑞拉去日無多了」。但是委內瑞拉有八、九成產業為私人持有,怎麼會是社會主義?川普扣帽子,應該是為了國內選舉打算,移花接木,把當前委國的經濟困境說成是社會主義,不正可以打擊民主黨人的聲勢嗎?

這裡,就是歷史給我們的啟示了。早在1973年,智利民選總統確實推動社會主義路線,三年的成績不俗,最後卻在美國公然安排下,當年9月11日由智利軍人調派飛機轟炸總統府,完成血腥政變,不讓智利搶得頭籌,推進民主社會主義的建設。

當前,世界已經不同,川普與幕僚原本不排除出兵,近日似乎不再揚言,轉而用更多的經濟霸凌,明擺著要迫使委內瑞拉政府倒台。這就讓人懷疑,除了委國當權者的無能,近日該國斷電數日,一定跟這種霸凌惡行所積累的後果完全無關嗎?

「千禧年社會主義」是美國民主黨被扣上的帽子,外界並不看好,不乏論者指出,民主黨的溫和派如果無法出頭,川普勝選在握。最後的結果究竟如何,只能再觀察。只是,如果川普兩年前會讓世人震驚,民主黨激進派若能逆中取勝,也只不過是再次技驚全場。

(《人間福報》2019/3/13 第5版。)

研究新社會

忽聞海上有仙島　高子請你來作夢

「想像有這麼一天，我們又可以悠哉悠哉，不必再做沒有必要的勞動。不同的市場機能還在運轉，但我們的生活在市場之外，保留有大片的活動餘地。讓我們順著高子的思維，掀開新生活的第一頁。」

筆者按：近世的工業革命從歐洲生發蔓延，這個地區的人文社會與科學技術的思潮，也在其他角落烙印了明顯的刻痕；當前的「新社會運動」也從這裡出現。這些女權運動與綠色和平運動等等，在華沙集團以外的歐洲地區，最近的發展如何，草根人物之外，知識界是怎麼定位它們的，對於受到世界體系卡得這麼緊的台灣來說，是值得觀察的現象。

高子（Andre Gorz）1924年在奧地利出生，成長於法國；在1968年以前，他與沙特等人，對法國當時政治文化的形成，頗有可觀的影響力。在六〇狂飆年代之後，對於法國知識圈仍然持續保有作用力的「前1968」左派文人與社會運動家已經寥若晨星，高子是其中之一。1980年代，在歐洲大量失業的背景下，高子出版了《向勞工階級說再見》(*Farewell to the Working Class*)，宣稱以勞動階級作為遞嬗的唯一動力，已是歷史跡；他在該小書中並強調「不勞不工的非階級」（non-class of non-workers）是未來西歐社會應該致力實現的前景。

書甫出版，英譯本隔年便已出現，所謂毀譽交加，在他身上又見重演。當前西方左派的知識分子，談論所謂後工業文明時，高子是他

們所不可不提到的文人。對於我們來說,他的分析欠缺國際層面的探討,是最明顯的缺憾;另外,由於歷史、地理與社會脈絡的差異,高子所描繪的「美麗新世界」也許不是我們現階段可以理解或欣賞的。但是,歐洲社會的現實狀況與未來的可能走向,在高子的思維裡已經透露出一絲線索。所謂牽一髮而動全身,歐洲這個總體社會力與經濟力皆大於美日的變動,過程也許甚為緩慢,也許不仔細觀察則無法發現,但以台灣目前各種新社會運動方興未艾,捲入世界體系日益難以自拔的情況看,高子的吉光片羽,有我們值得知悉與考察的地方。以下文字,摘譯改寫自〈蓬萊仙島?〉,原文由開因(John Keane)訪問高子而來,刊載於《新政治家與社會》(*New Statesman & Society*)1989/5/1,頁26-31。開因本人是知名的政治理論家,近作包括《民主與市民社會》(*Democracy and Civil Society*)。

開因(以下簡稱「開」):九年前你出版《說再見》一書,宣稱凱因斯已死。你現在還是認為「充分就業」已經不再可能嗎?

高子(以下簡稱「高」):當然,充分就業如果是指一年四季全時的工作,直到退休,那麼,它已經一去不復返。近來經濟學家口中的「不增加就業的成長」是這個意思。原因是為了保持在世界市場中的競爭力,舉國之投資必須以新科技為焦點,藉以節省勞力與資本的支出;因此,投資不再是為了、或是用來提高就業人口,而是在世界市場中生存。這就是「凱因斯已死」的原因。

開:但有人說,由製造業失去的工作,可以從服務業來吸收;為什麼你一直堅持地認為這種成長是一種衰敗的徵兆?

高:很簡單,這會是極端不平等的社會。一般服務業的收入低下,路人皆知;這種行業人數膨脹的意義,等於是一大批人不為社會生產所需,他們只能以出賣個人的服務,從荷包飽滿的另一群人換取生活所需。這不是19世紀下半葉的再版嗎?當時有六分之一的勞動力做的是僕役小廝的工作。這等於是開民主的倒車,回到「南非式」的社會。全時而長期的工作是資本主義最邪惡的一種發明。以目前的科技條件,我認為最理想的是,只從事我們在社會生活中所必須的工

作分量，人人有工作，每週三天，或每年三十週，已經足夠。

開：對於英國首相柴契爾夫人模式的論調，認為只有讓市場「密不透風」地主導經濟機能，毫無國家中介的阻攔，毫無工會對工作環境與工資的索求，當今的科技革命才有可能使所有的人受益，你作何看法？

高：這真是無稽之談了。所謂科技革命，在美國乃是由軍火工業與太空開發計畫而來；在日本，眾所周知，大藏省的官員，銀行界與工業界的合作才有他們今日的成積；在歐洲，飛利浦與西門子都要求政府提供補助，才肯開發16百萬位元的晶片。私人產業從來就不是科技革命的主導力量，政界先行，私人跟進，然後通力合作。新自由派的經濟學者總是認為，資本「自動」會跑向最需要它們的地方去投資，但這卻不是事實。這也就是為什麼英美這兩個新自由派政策最風行，經濟情勢卻也最為糟糕的原因。在這兩個國度，工會力量的消退，工資水平的下降，所造成的是經濟力量的急速衰退，而非改進。反觀工資水平最高，工會力量也最為強大的歐洲國家如瑞士、瑞典與西德（其工資比法國高30%，比英國高50%），卻有最高的生產力與成本效益。

開：但從你的著作中，你對這些高所得、組織力量強大的勞工「貴族」，並不讚賞。

高：你說得對。我非常不喜歡這些「工人貴族」，因為他們等於是和現代資本家充分合作，享受了特權。這樣的勞工在西德占去四分之一勞動力；另有四分之一是半技工或非技術工；剩下的一半則是時有時無，有如侯鳥般的工作。這些「幽靈人口」主要就是契約工與服務業從業員的來源；就是說，有將近一半人沒有全時的固定工作。

在英國，三分之一就業力從事的是兼差工作，加上失業人口，等於也有將近半數勞動人口的生活重心不再是有酬工作。這些每週工作不滿二十五小時，一年做不到半年的人，顯然不會從工作中找到他們認同社會的方式；事實上，即使在全時工作的人當中，認同職業的人也逐漸變成了少數。在西德，「不願意讓工作入侵生活空間」的人，是年輕就業人口中的52%，是全部就業人口的46%；相對的，對閒暇

時間更表興趣的人，從1960年代的29%上升到最近的46%。事實上，三十歲以下的人這更高達62%。我強調這些調查數據，是要在這裡明確指出，左派「恢復舊式的充分就業」的黨綱，實在錯誤之至。我向來主張，有充分的所得，不必有充分的就業。就業的步調，要以自行設定為原則，時斷時續。

開：不過，典型的兼差工人常常是家庭主婦；她們既要照顧丈夫與小孩，又要出外賺錢以貼補家用，這對女性是雙重負擔，男人卻因此占盡便宜。

高：沒錯，但反過來說，如果每人每週都只工作三十小時以下（西德、荷蘭與義大利的工會已定此為1990年代的目標，在此順便提一下），那麼因性別而起的分工就會產生巨變。目前的趨勢很明朗，正朝此發展。愈來愈多已經當人父的工人，想要有多一些時間留在家裡陪小孩。三年前的美國有12%工人有此意願，現在則是26%。

開：當代歐洲政治的主要主題之一正是關於時間的安排。雖然人們還較少察覺，但現象已明顯存在。比如，工會要求減少工時；婦女爭取是否要有小孩，如果有，什麼時候生；生態運動的訴求重點則是為後代留下淨土。你主張的理想狀態，讓市民有更多的閒暇時間，與這個趨勢若合符節。你能不能談談你從哪裡發展出這些思緒，又為什麼更多的閒暇，一定是好事一樁？

高：人們不必將全部或大部分時間花在工作，就可以換取生活所需的物資，這就是「富裕」，事實上，自有文明以來，就是如此認定。這個想法卻與資本主義的運轉邏輯搭不上調；當前這個資本文明眼中的「富裕」是商品多多益善，而不是生活的享受，這只是經濟掛帥的工具性思維。馬克思不也強調過嗎？「富裕就是自由」，自由的享受生活，自由的改進心靈：富裕就是我們有足夠的時間，可以自由運用，如此而已。過去十五年來，在歐洲的研究顯示，更多的人寧願有多一些閒暇時間，而不是賺更多錢。為什麼人們渴求更多的閒暇？因為複雜分工下，大家只是螺絲，工作索然無味，純粹是為了餬口不得不的生計。到現在，還能夠說「我的工作就是為了實現自己做為一個人的終生職志」的人，已經寥寥無幾。說來諷刺，從事發明各色武

器的人,可能是這些少數中的一群。他們的工作讓他們忙碌不堪,薪水好工作環境優良,他們工作場所的人際關係也極為良好。反人性的極權體系還能運作,與此不無關係。

開:此外,主張更多的閒暇時間,是否與過度消費的問題有關?消費更多,意味著要以更多的時間從事生產來支付,如此,休閒的時間也就更少?

高:確實如此。但很少人會問,如果根據自己的需要來決定工作時間,我們一週要工作多久?畢竟,一大部分的消費並不是我們的需要,而只是廣告誘導出來的。《哈佛商業評論》(*Harvard Business Review*)訪問各大公司的總裁,發現有90%承認,沒有廣告則無法賣出一件新產品;85%承認廣告使得顧客「經常」買些他們用不著的東西;又有51%回答,廣告使顧客買些他們原本想都不想買的商品。

開:你在《天堂之路》(*Paths to Paradise*)一書裡提到,如果要讓大家有足夠的可支配時間,必須要消除生產、交易與消費過程中的市場機能;相應地,你認為要由市民直接行使控制權,決定產銷什麼,如何產銷。在此,你的理論與某些社會主義者的主張有所乖違,因為你說透過國家,進行特定的中央計畫與宏觀總體經濟政策的控制,必不可少。同時,你卻又強調,培植多元非市場導向的生產單位以限制國家的權限。這到底是怎麼一回事?在當前這種市場機能的術語滿天飛的時候(很多社會主義分子也作如是觀),你這麼說,相當大膽。

高:我並沒有主張廢除所有的市場行為與商品關係。我說的經濟體系是由三個部門組成,「總體社會」計畫部門,「個體社會」的自由企業部門,以及非市場也非商品的部門(由社區的人自行產銷,而不是交換)。我的基本理念是,「這不是商品,不是要在市場中出售的」範圍越大,我們個人以及社會整體就會更有人樣。市場機能並不等同於市場或市場經濟,其間有個重要的區別。我們可以有商品生產與交換的關係,可以有市場與市場機能,但這並不是等於一個市場經濟。所謂的市場經濟,一切以供需定律自由的調節,但這種經濟哪裡去找?大概只存在於新自由主義派經濟學者腦袋的空想。在所有高度

工業化國家，如果沒有國家出面調節貨品與服務的價格，社會就注定要分崩離析。凡是重要的東西都有補貼：農產品、住房、公共衛生、交通、教育、圖書館等等。就其他東西而言，也有各種名目的稅。市場關係的範圍越廣，就越需要國家的介入。這也是市場關係本質就是反社會的地方：它們是孤立的個人，彼此追逐眼前利益的關係，因此需要國家干預。

開：我們可不可以談談綠色政治？你在《生態就是政治》這本書中，好像是在反駁生態觀點的重要性？你說這個觀點與資本主義的脈動理性水火不容，你卻又說，生態運動最後會被吸收，因此本身不是一個目標。為什麼你含糊其辭？

高：是這樣，如果生態運動（ecology）被化約成「環境主義」（environmentalism），那麼，資本主義在付出高昂代價以後，遲早會將它吸納。在這種情形下，汙染控制終會普及，生產成本增加，變得更為資本密集，更多的不平等與貧窮也就接踵而來。與此相對，生態主義不以解決環境汙染的危機為滿足；它先要問，為什麼特定的產銷形式與科技，先得到了某些人的使用與倡導。追問下去，就會發現，這與資本累積的邏輯有關：日見增多的資本，必須要在獲利的前提下投資，也就是商品的加速流動，以及農工礦原料與能源加速消耗的根由。但我們一再說明，商品多並不是滿足我們需要最好的方式；所以，導正科技發展的方向與種類，是另一項關鍵所在。

開：你這樣不等於是在說，在後凱因斯的這個時代，國家、資本家與勞工必須有某種妥協？在早期的著作，你採取的是革命的立場，為什麼現在你又對改革的可能性寄予希望？

高：你很可能是對的，在革命與改革之間，我確實沒有闡釋得很清楚。我認為革命性的結果可以由不斷的改革完成，但前提是（這點很重要，與所謂點滴工程論有別），改革的視野要放在現有社會秩序的徹底變革。掌握住我一貫的主張，擬定並執行關於時間的政策（人人有工作，每週三十小時以下等等），終將可以把資本主義的理性連根剷除。

開：也許並不盡然。在這個後凱因斯時代，雖然已有遜色，但私人資本依舊扮演重要角色；你之所說，不等於是認為，資本主義可以靜悄悄無聲無息的被摧毀嗎？

高：你當然可以說，資本家在面臨喪失權力的當頭，勢必會掙獰而凶暴地反擊。左派分子常要問我：「誰可以來打敗這些反撲的力量？」有些人的言下之意是，如果我說不出一個道理，拿不出方案來替代現在已然消退的革命性勞工運動，那麼，這筆帳就要算到我頭上。這樣說吧，我想資產階級的反撲，我們在可預見的未來，都還沒有完全將它擊潰的能耐；但在公眾人民的識見愈來愈清明，價值觀也歷經變動，各種結盟也相繼出現的情況下，資本主義粉身碎骨的可能性也是相當的大。十年前，誰敢說核能發電會被趕出西德、瑞典或義大利？這麼大到不可思議的核能工業的惡勢力，誰敢說有什麼力量能動得了它？但事實擺在眼前，我們做到了。

人們對於物種的消滅、熱帶雨林的消失、臭氧層的破洞、溫室效應、地下水的汙染，農耕使用過量的化學品等等問題，是真正的焦慮。人們覺得現在不做則為時已晚的情緒愈見急切，歐非（Claus Offe）所說的「價值上的保守分子」與左派之間的聯盟，正在形成。我們知道，化學工業的一些高層主管，並非對此無動於衷；他們私下也會感覺到事態嚴重，也會自省如此人生有何意義，而他們的子孫又會怎麼評價他們。文化上的變遷，價值觀念的遞嬗，可以是自發的一股力量。

我當然不是說，這些資本家的代言人會幡然悔悟，轉瞬間就向生態原則輸誠。但等到公眾力量足夠壯大了，立法也強硬了，他們之間有很多人是會採取合作態度的。我想變遷的動力並不來自政黨或工會，而是人民自己。美國消費者運動的推動者內達（Ralph Nader）是我非常敬佩的人。他現在做些什麼，我不太清楚，只知道上次聽到他的消息時，他已經變成一個信誓旦旦的社會主義分子。

開：高子先生，很多人要說你是在夢想囉。不是嗎？在你所說人們有充分的時間可供支配，生活所需卻又可以無缺，不是像極了布勒

哲爾的油畫,在一片蓬萊仙島的淨土上,那些整日無所事事的人,只需躺在樹蔭納涼,大嘴一張就有美酒佳餚飛進口哩。

高:(大笑)你大概是第一百個這麼說的人。

(《自立早報》1989/8/20-21副刊。原標題〈〔為文化聽診的人〕忽聞海上有仙島　高子請你來作夢:世紀「蒙想家」高子訪談錄〉。)

公共新聞學與自由社會主義

去(2002)年11月4日發自華盛頓特區的電訊指出,根據威斯康辛大學麥迪遜校區的研究,美國所有大大小小的一千五百家報紙,至少有三百二十二家,也就是五分之一以上在1994至2001年間,執行了某種形式的公共(或稱市民,civic)新聞學的作法;並且幾乎所有報紙都認為,公共新聞學的理念及主張對於美國的社區生活產生了正面的影響。很有趣或很吊詭地,全世界主要民主國家當中,公共電視(public television)的規模僅勝過台灣,但遠遠落後於歐、日、南韓、澳、紐與南非等國的美國,卻有全世界最發達的公共新聞學(public journalism,以下簡稱PJ)運動。[27]

這是一個很突兀的對比,究竟怎麼一回事?為什麼美國的公共電

---

27 一般認為,PJ起於1989年。當時美國喬治亞州哥倫布市的報紙 *Columbus Ledger-Enquirer* 主編Jack Swift投入眾多心力,準備進行系列報導,總計畫名稱是「公元兩千年以後的哥倫布市:開啟進步的議程」(Columbus Beyond 2000: agenda for progress),內容包括對四百位住戶就許多議題(種族關係、就業、醫療保健、地方經濟事務等等)的意見展開調查。PJ的推動也得到了Pew Centre的支持,該中心有年度預算1.8億美元,至1997年8月已經給予PJ各種推動方案800萬美元。至1990年代中後期,已有橫跨歐亞非等五十多個國家的相關學者或記者參訪,1996年4月末,有六十多位阿根廷相關人士在布宜諾斯艾利斯參加了PJ兩日論壇,同年另以類似活動在東歐舉辦。

視規模如此之小，而PJ如此風行，二者存在因果關係否？又為什麼是報紙在談，而不是電視在談公共新聞學？為什麼《紐約時報》及《華盛頓郵報》這兩家鼎鼎大名的菁英報紙，竟對公共新聞學的思維與實作有所保留？

出版於1999年的兩本書，都沒有提出這三個問題，也就不會回答，但對第四個問題，二者以對立的方式提出回應。人稱公共新聞學導師（guru）、以杜威（John Deway）及李普曼（W. Lippmann）對新聞志業的看法作為論文而取得博士學位，目前任教紐約大學新聞系的羅森（Jay Rosen），在《記者所事何事？》（*What Are Journalists For?*）一書特別開闢專章與兩報有所平實的對話。本文所介紹的《美國的公共新聞學運動：新聞室的福音使者》則另有見解。

《美》書作者柯瑞根（Don H. Corrigan）任職美國密蘇里州韋伯斯特（Webster）大學。全書十章的結構井然、寫作清晰。首章展現了PJ的大致內容（見後），次章介紹了六十一位（包括已逝者）積極主張PJ的學界及實務界的人，然後以第三章抨擊PJ，主要批評對象是曾任《美國新聞與世界報導》主編的法羅斯（James Fallows），特別是他的近作《解讀媒體迷思》（另見本書頁60-61）。柯氏認為，PJ有關美國的公共生活與論述之式微的說法，「很可能是錯誤的，至少是很有問題的」。再者，PJ見樹不見林，只看到推進美國新聞事業前進的動力，從以前到現在大多數確實是「充滿了瑣碎、煽情、醜聞……」，卻不承認「公眾如今有更多的選擇，可以選擇更多的新聞資訊頻道、來源」。何況，類如Clinton-Lewinsky的醜聞，把新聞當作奇觀，難道不也「提供了很多的公共教育機會嗎」？美國民眾豈不更知道上流社會的虛偽已至這樣難堪的程度嗎？至於美式橄欖球明星O. J. Simpson的新聞，其實也就讓一般人知道「美國種族分裂的程度」，這「並沒有任何學術報告能夠有效企及」。

第四至七章是經驗調查的展現。作者在1996至1997年間，以署名問卷的方式，郵寄問卷給學院及業界人士大約各半的受訪者，總計回收七百二十份，教師回收率達50%，主編則是37%。透過調查的討論，讀者可以知道，究竟（根據柯氏所認定的）PJ的具體操作定義是

些什麼[28]，以及傾向接受與排斥的人次比例。據此調查，柯瑞根語帶贊同地引用他人之說，認為 PJ 未免「妖魔化《紐約時報》與《華盛頓郵報》」。畢竟，兩報恪守傳統新聞學，勉力追求客觀、平衡與中立的觀察紀實準則[29]，盡量嚴守看門狗的角色，難道真已造成讀者的疏離？與公共新聞學所說要將讀者當作是公民，而不是消費者有所背離？難道兩報不是在協助或提振公共論壇？兩報的所作所為又豈有不符合公共新聞學的目標？難道菁英色彩就注定兩報不能扮演公共服務的角色？（但憑良心說，閱讀羅森前引書對於兩報的討論，實在不能說 PJ 將兩報妖魔化。反倒是《紐約時報》言論版主編 H. Raines 指法羅斯的書「簡直就是要將記者轉化為跟班」，而《華盛頓郵報》的執行總編輯 L. Downie 則說 PJ 所為，根本只是「我們報社的促銷部門」之活動項目。）

反面觀之，柯瑞根不免另生兩個狐疑。第一，由於業界聘用了許多顧問公司，再加上大眾傳播等社會科學領域的人如今支配了新聞

---

28 舉例，訪談問題包括「在民主的運作過程，記者將自己視為參與者的程度，理當高於將自己視為僅只是看門狗的程度」、「相較於傳統新聞學，公共新聞學代表了一種改革的理念與作法，因為它嘗試報導深陷不利境遇之族群之正面事務，而不是集中在揭發業已發生的負面事務」、「記者應徵集公民的想法，運用焦點團體的訪談結果，選擇媒介所要採訪的題材」、「記者眼中不應該將人們視為新聞的潛在消費者，而是理當將人們當作民主過程中，有能力解決周遭問題的潛在行動者」、「記者理當採寫影響一般人最深刻的題材，而不是遷就當下的主要新聞話題」、「公共新聞學意味在選舉中，報導更多具有意義的題材故事，而不是集中在選舉的跑馬新聞」。更具體的問題則包括，「報社推動一項行動方案，邀請贊成墮胎與反對墮胎雙方，以其討論看他們是否有意見相同的部分」、「報社推動一項行動方案，試圖讓幫派分子彼此鬥毆互殘的情況，因此而漸次終結」、「報社推動一項行動方案，邀請企業界與環保人士齊聚共商，達到使用社區資源的共同意見」，以及「報紙、收音機與電視三者合力探訪，共同贊助公民論壇，邀請候選人參與」。

29 2025/2/12 按：客觀、平衡、中立與不偏倚誠然是新聞編採所需奉行，但要注意兩點。一，不能讓這些原則變成阻礙真相的發掘。二，紐時、華郵在內的西方主流傳媒包括BBC，在報導一些國家，特別是戰爭時的俄羅斯與以色列，並未遵守這些原則，同樣沒有盡情告知真相。參見筆者的〈戰爭新聞與國際政治：俄羅斯、烏克蘭、美國與北約〉，《台灣社會研究季刊》第 129 期，2024 年 12 月，頁 177-234。前刊 130 期將續刊〈兩種戰爭新聞與兩種國際政治：巴勒斯坦與以色列〉。

系，使得「教授花了太多時間在研擬、發展傳播理論，也花了太多時間執行神祕兮兮的研究……卻少有現實世界所需要的價值」，以致 PJ 充斥著術語，實在讓人不能清晰掌握它的要旨（第八章）（不過，這麼說好像有些無的放矢。有興趣的人，可以找出先前已引述的法羅斯中譯作品，自行判斷 PJ 是不是不容易懂）。第二，公共新聞學所強調的參與角色、與社區合作而重視正面新聞，以及透過各種焦點訪談等等技巧來提供社區人們解決周遭的問題，最多是1940年代美國的媒介社會責任論，以及1960年代的媒介參與者模式之最新改良版本，卻另有巧立名目、定義含糊之處，以致徒然說盡好話，但有可能成為商業行銷的另一種手段，也可能接近於威權（政府）而接受新聞檢查的實質，是一種第三世界國家所主張的「發展新聞學」、「社會主義或馬克思觀點」的翻版（第九章）。

顯然，作者認為 PJ 接近於發展或社會主義新聞學，因此合當批評。但作者所信仰的自由主義是否不能接合於社會主義，從而傳統的與 PJ 的新聞理念，是否完全不能相容，卻是一個很嚴肅而值得探索的課題，實在無須一筆勾消，更不該彼此視如寇仇。特別是本書第十章說，美國新聞事業十大問題當中的五項（媒介欠缺競爭與壟斷逐年加強、政治討論的窄化、公共關係占據了支配地位、調查報導的式微，以及國際新聞的消失）[30]，豈不都肇因於私有產權及利潤歸私以致不能合理分配所造成，而（經濟）自由主義者經常為此束手無策，所以需要另行取經嗎？發展或社會主義新聞學有其價值，PJ 最多只能說是與此接近，但也因它鮮少批判產權私有而集中等問題而不受社會主義者（如 Robert McChesney）的信任。這樣看來，透過閱讀本書而思考自由社會主義新聞學的樣貌及可能空間，將是更有收穫的閱讀之旅。

---

30 作者指認的其他五項美國新聞事業問題是：屈從於政治體系（美國選戰獻金需要大力改革，但從來沒有 PJ 之報紙對此著力，是否因為許多捐款給政治候選人的企業，這些企業也是媒介的重要廣告廠商，以致這個議題根本就上不了 PJ 議題？）、新聞自主空間的減少與記者工作滿足感也在減少、書寫文字的末日即將到來、新聞教育的失敗如新聞系與廣告公關等共用傳播之名，以及，任教新聞系的人要有博士學位，這是「白痴」的要求（p.180）與自信心的危機。

(《新聞學研究》第76期2003/7,頁187-90。評介Don H. Corrigan [1999] .*The Public Journalism Movement in America: Evangelists in the Newsroom.* Westport, Conn: Praeger.)

自由社會主義

湖南書法家劉明燈以台灣總兵的身分,率軍走過「草嶺古道」、在巨石題刻「雄鎮蠻煙」的那一年,馬克思剛好出版了《資本論》第一卷。

同樣是1867年,年長馬克思十二歲的密爾(John Stuart Mill)撰寫身後才發表的長篇論文,認為民主選舉權普遍落實後,勞工階級早晚就要取回他們理當擁有的生產成果。密爾與馬克思都是理論家與社會活動家,兩人繼承與開啟了不同的學派,雖然算是身處相同時代,彼此卻很少注意到對方。[31]

---

31 本文2017/11出版時,有兩失。一是密爾年長馬克思十二歲,不是原寫的七歲,這是筆者加減錯誤之失,錢永祥與萬毓澤先後指正。二是「彼此卻很少注意到對方」一語,可能引來誤解,經李尚仁轉萬毓澤之言後,另在此補充。該語引自Evans, Michael (1989) John Stuart Mill and Karl Marx: some problems and perspectives. *History of Political Economy* 21 (2 :273-298)。Evans以贊成的口吻引述G. Duncan出版於1973的 *Marx and Mill: two views of social conflict and social harmony.* Cambridge.。Evans主要是說,密爾對馬克思所知不多,但經工人組織的接觸,密爾得知馬克思以普法戰爭為題的講演。據稱,密爾對該講話「非常樂見」,而馬克思知道密爾的反應「顯然很高興」,或因馬克思生前在英國名聲不大。Evans在意或探討的是,《資本論》第一卷英語本在1887出版,亦即馬克思死後三年,而密爾在《共產黨宣言》出版的1848年,剛好也出版《政治經濟學原理:兼論其社會哲學的應用》,該書「很快成為19世紀英格蘭經濟學的聖經。在密爾生前共有七個修訂版,最後一版是1871年」。密爾在1873年5月去世。因此,馬克思理當以密爾為最必須在理論上駁斥的對手,但依據Evans的研究,馬克思一直到了1867年《資本論》(德文版)的第一卷時,除在注解及其他十處簡筆提及,才在第十四章〈絕對剩餘價值與相對剩餘價值〉的最後一兩頁有較多引述與討論。但是,在這裡,Evans認為馬克思有

密爾很認真地考察與分析之後,呼籲統治階層注意赤貧、分配不正義,以及隨之衍生的各種身心與社會困境。當時主流社會對於這些現象的反應,密爾不以為然,至於社會主義者的看法,他區分了兩種;他一方面同意,但也同時認為他們的描述都很「誇張」。接著,他說,主要在歐陸的那種社會主義者所提出的解方,並不可行。至於另一種社會主義,也就是傅立葉(Charles Fourier)等人所提倡,要由地方鄉鎮的人,從合作社、互助會到工會就地聯合擁有「生產工具」,以便「讓整個勞動者團體參與利潤的分配。在給予資本家一定的報酬」,也在扣除其他必要的社會基金後,「以勞動者收入的百分率為形式,在他們中分配全部的收入或固定部分的收入……」,倒是可能會有好的效果,應該也能夠得到支持。

不過,密爾的願望沒有落實。剛好相反,在前文完成後的五十年,也就是1917年,以「論自由與代議政治」而更為世人熟知的政治經濟學家密爾所反對的那一種社會主義模式,卻真在歐陸落實了。革命成功的蘇俄很快完成經濟的過渡,到了蘇聯階段所採行的正是密爾認為「更為勇敢」,但不可行的模式。蘇聯「透過一個中央權威……管理國家的所有生產性資源」,宣布自己代表「工人階級……占有所有國家財產,為了普遍利益而進行管理」。

在那個時代,作為第一個反資本體系成功的蘇聯,對於心向社會主義的人,吸引力很大,1929年經濟大蕭條與法西斯興起之後,更是如此。這可以從英國費邊社(Fabian Society)社會主義的韋伯(Sidney Webb)夫婦之轉變,窺見一斑。原本,他們以點滴工程的漸進改革知名,19與20世紀之交,馬克思主義陣營、遭致正統指為「修正主義」的德國民主社會主義黨人伯恩斯坦(Edward Bernstein)多少是受其影響,但到了1930年代,韋伯夫婦反而轉向,蘇聯成為他們觀察與寄以信心的來源。

誤引,或者因不經意或刻意而未引的情況,未能讓讀者知道,其實密爾也已經有了馬克思所說的「社會必要」與「剩餘」勞動時間的區分,也指出利潤來自於剩餘價值。另外,有人指馬克思剽竊密爾,Evans在推敲後認為這個指控並不合理。

不但當時讓人刮目相看,事實上,至少到了1960年代,蘇聯的經濟表現較諸歐美日並不遜色。英國首相麥克米倫(Harold Macmillan)都說,「社會主義經濟可以比西方國家經濟更有生產力」。美國第一位諾貝爾經濟學獎得主薩繆爾森在其暢銷的教科書《經濟學》第十二版(1985年),甚至以圖表說明,1928至1983年間,蘇聯的平均經濟成長率4.9%高於英美、高於德日。

英相與薩氏是不是誤信蘇聯統計而有這些判斷與數字,可以爭論。再者,評比各國的表現,僅看經濟生產力,未能同時注意其分配與人身消極自由等等面向的成績,是否恰當,更是可以爭論。但更重要的是,蘇聯以自己的存在與實踐,形同終結、或至少是在極大範圍內稀釋與淡化了建國以前及其後,對於非中央集權的社會主義模式之討論,也幾乎完全壟斷了馬克思主義與社會主義的解釋權。1950年代以後,西方馬克思主義興起,儘管既延續、復興、也活絡了姓資姓社的論述內涵,並有不同水平的突破。但是,這些努力及其捲動的變化,仍然無法不受限於冷戰的對峙所設定的兩極框架,致使蘇聯以外的社會主義光景的想像與建構,還是處於從屬,以及隱而不顯的狀態。

相當意外,或說以後見之明來說,新格局反而在福山(Francis Fukuyama)稱之為「歷史終結」之後,方見浮現。蘇聯與東歐的「實存社會主義」模式解體不到一個月,鄧小平1992年元月南巡,1993年中華人民共和國修憲,原先的「國家在社會主義公有制基礎上實行計畫經濟。國家透過經濟計畫的綜合平衡和市場調節的輔助作用,保證國民經濟按比例地協調發展」,改成「國家實行社會主義市場經濟」。這是一句簡潔明瞭的表述,它解放了「市場」,不再將市場完全拱手讓給資本主義;儘管中國大陸其後的變化軌跡,尚難說是符合其憲法所示。

1994年,義大利反法西斯健將羅塞利(Carlo Rosselli)出版於1930年的《自由社會主義》首次翻譯為英文在美國出版,它的序文說,「冷戰並沒有徒勞無功地結束⋯⋯當今要讓社會主義理念保持活力的途徑,就是要提出各種擴大政治活動領域的方案⋯⋯要將社會主

義當作是民主傳統的構成部分。」

分析馬克思主義學派的羅莫爾（John Roemer）同樣在1994年介入。反駁「蘇聯與東歐的共產體系覆亡以後……社會主義已無樹可棲」的老生常談之後，羅莫爾回顧1930年代以來的五個世代辯論，進而主張未來很長一段時間，假使社會主義要有實現的機會，必定是《市場社會主義》（雖然其模式不僅一種）。

「自由」社會主義可能讓人有較多的「政治」聯想，「市場」社會主義似乎邀人聯想「經濟」。

相同的是，1990年代以前的「實存」馬克思主義與社會主義，認定二者都是異端乃至於是叛徒。其後，而特別是2008年以來的金融核爆肆虐至今，當代的人應該重拾並豐富「自由社會主義」與「市場社會主義」的傳統，藉此要讓「修正主義」得以還原成為正統的理念。伯恩斯坦自己認為，他對馬克思有更正確的辯證詮釋，因此也就是更忠實於馬克思，畢竟，「馬克思不能完全等同於馬克思主義」。霍布斯邦在這本文集，及其後至他生前的最後一本書《如何改變世界：馬克思與馬克思主義的回顧、反思與前瞻》（2012年），也是三番五次提及這個主題：馬克思的歷史命定論指社會主義一定因為資本主義內爆而誕生，以及勞工階級是推動人類進入社會主義的行動主體，必須修正，甚至揚棄；「馬克思主義者不需要是經濟或社會決定論者」，「我們也不能仰賴歷史決定論」。受薪階級的勞動者包括勞力者與勞心者，他們的合作共進依舊是推動歷史量變而質變所不可或缺的構成部分，但無法「科學」論證其必然，也無法論稱歷史的變化必然僅有這個途徑；拉丁美洲在本世紀興起的「二十一世紀社會主義」運動，其進退得失的險象環生，也是歷史尚未終結的當代證詞之一。

對於這個認知、對於霍爾在1980年代所說的「馬克思主義並不提供任何保證」（Marxism without guarantee），更早之前，也就是還在蘇聯冉冉上升的年代，羅塞利已有鮮明與準確的表述。他說，「修正主義的新馬克思主義和工人的實踐……是新的自由社會主義……格言是：社會主義會發生，但它不一定會發生。如果我們想要它，如果群眾想要它，那麼透過一種有意識的創造性努力，它就會發生。正是

這種懷疑,正是這種強有力的相對主義,給了行動者一種強有力的動力。」雖然,羅塞利也有些不協調或耐人尋味的轉述,他以贊同的口吻,引用了19世紀的政治人物、四度出任首相的樂石(William Gladstone)的談話:「如果英國人民遵從不訴諸暴力的認識,維持秩序,英國人的自由就永遠不會到來。」

社會主義的「自由」與「市場」之內涵,與資本主義的自由與市場,有同有異。

就政治來說,自由社會主義也能善用代議民主的典章制度,但不受其局限,並且要將代議延伸至更多領域,包括用以突破科層與官僚組織的僵化,也要在合適的範圍與時機,認知與落實直接民主的價值。此時,固然要「捍衛並主張個人自由以對抗國家(的不當介入),無論在經濟與政治領域都當如此」,但同時它又必然強調,不能讓「個人主義變成延伸民主理念的障礙」,同時也要強調個人不是孤立存在,而是有其社會性,個人也有很多的「主體位置」(比如,不只是消費者,也是生產者)所共織的性質、參與了很多社會關係、同樣也是不同群體的一員,個人所擁有的身分不是僅有一種。自由社會主義必然「與長久以來支配自由主義傳統的個人主義思考模式,劃清界限。」

羅爾斯的《正義論》對羅莫爾討論分配正義時,助力很大;該書也曾引述市場社會主義的文獻,認知「至少在理論上,社會主義政權是有能力運用(市場經濟),厚實自身」。但羅爾斯主張在「基本人需」得到滿足之後,自由主義者必須「中立」,對於不同的良善,政府不宜給予各種倫理觀點不同的重視。史紀德斯基父子認為,這個看法混淆了「包容」與「中立」,不是他們所能認同的自由主義;它會致使政府聽任人民完全「自由遵循自己的道德導引」,而羅爾斯至此流於變成與新古典經濟學相同,否認價值的客觀存在,墜入僅存效用的主觀感受,二者都變成「禁止對任何生活方式(表達)公共偏好,也都不反對完全讓個人自己決定哪種生活方式是『好的』」。史紀德斯基父子還認為,相較於羅爾斯的「基本人需」,森(Amartya Sen)與努斯鮑姆(Martha C. Nussbaum)所提的「實際機會的能力」,不

再只是強調人要「自主」追求好生活,而是凸顯人要有追求好生活的「能力」,確實又進了一步。但是,森與努斯鮑姆對於好生活理當有哪些「基本元素」的議論不足,因此對於這些元素「不只是私人的適當目標,也是政治行動的適當目標」之認知,也是少見著力。史紀德斯基父子認為,個人與公權力雖然理當包容價值的差異,但仍然要釐清客觀的價值、證成提倡偏好的理由,這是重要的基礎,順此自由主義與社會主義能夠建構更多的接筍。

以言經濟,社會主義與資本主義的市場必然不會完全相同,在此前提下,可以簡短申述如後。

即便在資本主義國家,除了教育及醫療,至少還有一種產品沒有完全搬用市場機制。這裡是指,從各種藝文展覽與表演到電影電視劇等等雅俗文化之生產與使用,都有不等規模的公部門補助。尤其是大多數國家的公共廣電機構,現在因為數位匯流,一般另以「公共服務媒介」(public service media, PSM)名之,至今都還在擴張,它們往往不取或很少取廣告作為財源,也就沒有製造閱聽人商品;即便其增長幅度遠不如私有傳媒,但若念及,除了PSM,幾乎所有公營產業從1980年代以來都已進入私有化的航程,應該就能在對照之下,發現文化的特殊性。這個特殊性也反映在基特(Russell Keat)窮十年之力,論證「市場機制要能以『其自己的條件』成功於世、要能成功地生產消費財來提高人的福祉」,那麼,國家必須出面支持文化後設財(cultural meta-goods)、透過非市場的各種文化機構予以提供,同時對於這些文化後設財的商業提供亦應予以規範」。這個特殊性也同時展現在2007年開始施行、原先是為了對抗「自由貿易」原則適用於文化流通而制訂的《保護和促進文化表現形式多樣性公約》。

《資本論》問世不久的1870年,英美日法德的政府支出(假設等於稅收)平均約占「國內生產毛額」(gross domestic product, GDP)一成,至2015年,該比重超過四成。公權力抽取經濟產值的比例,既有天差地別的增加,一個半世紀以來的市場機制,就已不同,性質也是迥異;在政治上採取自由民主體制,但生產工具無法合理公共化或採取其他非私有化的國家,其稅收(與非私有事業的產值)所占

GDP的比例愈高,就愈是往自由的市場社會主義接近了一步。北歐同時取得的自由與平等水準舉世第一,雖然還不是社會主義國家,卻已提示世人往前靠近自由社會主義的一種途徑;如同泰雅族人在司馬庫斯從事互助生態旅遊事業有其成績,這對於政府支出少於一成五GDP、凸顯互助水平低落的台灣,也是一盞明燈。

(2017/4/26登猴山第八四九次,靜觀藍腹鷴漫步十八分鐘之後。)

(收於Eric Hobsbawm〔黃居正譯2017〕《革命分子》,頁411-9。台北市:左岸。原標題〈「革命分子」,之後呢?自由社會主義〉。)

市場社會主義

> 「挑戰資本主義世界秩序的力量,必將繼起,持續綿延。我們必須提出更清楚的願景,呼應、支持挑戰,指認可能的世界面貌,是些什麼。」(Schweickart, 2002: xv)

「市場社會主義」作為一種「真實的烏托邦」

繼1993年出版《反資本主義》之後十年,施偉卡特這位哲學、數學博士,並鑽研及開設經濟學等課程的美國教授,再以昂揚的口吻,出版《資本主義之後》。

施氏表明,《後》是具有「實作」意向的理論之作,《反》則是純理論意向的理論作品。他也反省,何以歷經經濟新自由主義猖獗未歇的1990年代,客觀情勢猶容許他發此激越之聲而有《後》書,務求與更多讀者對話。[32]

---

[32] 施偉卡特指兩類因素督促他出版《後》書。一是他的個人體驗。西班牙在1997年推出《反》書的西班牙文譯本,出版社次年安排他前往展開巡迴演講。這次經驗及

如同封建王朝,資本主義也只能是人類歷史的一個階段,終將謝幕。但其後若仍有人類社會,並沒有必然進步於今的保證,是以,善事體察與分析現狀所透露的可能空間,標舉規範價值與行動者互動或導引其努力,求能對抗倒退反動的價值與勢力,自當是一項重要的知識建構工作,於焉進步而「真實的烏托邦」理性營造,方見可能。

本導讀的寫作策略

作為「真實烏托邦」的模式之一,各種形式與重點的「市場社會主義」之倡議與辯論,由來已久。[33] 由於相關文獻繁複,這篇述而不作的導讀,採取了兩步驟的寫作策略,說明如後。

第一,先將英語文獻粗分作四類,然後考慮三個因素之一(或以上),挑選作者,製作為〈表5〉:撰述較豐、有代表性、本書正文未提及。至於本書已有較多篇幅述及的重要市場社會主義代表人物,如藍格(Oskar Lange)、布魯斯(Wlodzimierz Brus)與諾夫(Alec Nove)(以上參見本書第四章),不再置語。海耶克(Friedrich August von Hayek)與史迪格里茲(Joseph Stiglitz)這兩位相去二十

其後他在美國多次演講讓他深信,很多立意良善的社運與工運積極分子,需求有別於資本主義的另類方案,相當急迫。二是外在情勢的客觀發展。首先是所有非歐洲系統的共產國家並未崩潰,這與人們的預期不同。其次是,崩潰者並非至今仍自稱是「實存社會主義」(actually existing socialism)國家的經濟(如中國、古巴、越南等),而是努力在復辟資本主義的社會(特別是俄羅斯)。再就是全球不穩定度的急遽增加,如施氏1995年在義大利目睹一百五十萬勞工關廠數日、1999年11月西雅圖「震驚世人的五日」以來至今,都有反資本全球化、另類全球化的運動等等在進行。2001年的「九一一」也是反體制,但施氏比之為1930年代納粹運動,二者均是對資本主義情境的反應,但言其健康則未必。施氏說,這些及歐洲新納粹分子的崛起,在在強化了他的看法,「世人需要有別於且能替代全球資本主義意識形態的『進步』方案」。

33 分析馬克思主義學者、提出「矛盾階級屬性」的美國威斯康辛大學社會學教授賴特(Wright, 1996)輯有一書,蒐集了十六位學者評述本書「市場社會主義」模式的文章(詳後),該書即為「真實的烏托邦」(the Real Utopias Project)系列書籍其中的一本。

七年、先後得諾貝爾經濟學獎的學者,則因在另作詮釋或提示之下,顯得認可政府干預或「可以」是市場社會主義者,所以亦予列入。

第二,逐次介紹〈表5〉各人,惟因亞伯特(Michael Albert)與卡力尼可斯(Alex Callinicox)近日(2003年底)新作與(市場)社會主義有緊密對話,因此除在譯導讀提及,譯者另成附錄介紹他們的觀點(「附錄二」)。討論作者羅莫爾的文字眾多,但取原書在1994年出版後,他人的回應為主。

表5 主張與反對市場社會主義者的分類,以英語文獻為限

	主張市場社會主義	反對市場社會主義
(源出) 馬克思主義者	Blackburn Roemer/Schweickart	Callinicox Devine and Adaman
非或反馬克思主義者	Stiglitz, Yunker	Hayek, Albert

資料來源:本研究整理。

諾貝爾經濟學獎得主與市場社會主義

海耶克作為經濟新自由主義宗師之一,不單反市場社會主義,而且是反對所有形式的社會主義,並無疑問。不過,海耶克是否主張自由放任,曾有思想史研究者略提疑義,比如,他曾在1944年的《到奴役之路》(頁120-1)說:

「確保一個人最起碼的衣食與住宿水平,使其能夠保持健康及工作能力,毫無疑問是必要之舉」、「以國家之力,協助人們創建一個廣泛的社會保險體系,是非常必要之舉(a very strong case)。」[34]

---

34 然而,在1976年為該書寫新序時,海耶克又說,1944當年,他沒有完全從干預主義者的迷信中解脫,以致彼時的許多讓步,如今想來實在沒有必要。這兩段引文都

譯者提示海耶克這個或有出人意表的意見,可能使得服膺海耶克而反政府干預的人,在詫異之餘重新思考市場與政府的關係,也可能使其淡化這個意見。若能如此,這其實顯示了發言者的身分、色彩與位置,以及其發言內容的是非,很多時候不能完全分隔,而是提供了基礎,使得因人舉言或廢言的情況得以存在。

　　假使以上對海耶克的提示,不免引發爭端,則史迪格里茲的立場是人民資本主義或市場社會主義,同樣也有爭議。施偉卡特(Schweickart, 2002/2003: 262, 271, 278)多次強調,史氏在《社會主義走向何方》(*Whither Socialism*)一書,再三指出股市無助於投資基金的配置效率,而「銀行配置,儘管絕非毫無麻煩,可能更為有效」;羅莫爾(Roemer, 1995: 126, 128)的〈反海耶克宣言〉不但重引史氏以上觀點,並且另從資訊經濟學的角度,指其分析架構與方法,應當能夠讓人推論,史氏也許會選用「人民資本主義」來總結他的模式。

　　不過,羅莫爾還是論稱,既然史氏主張,「我們並無理由認為,無情競爭的市場經濟定然比有節度的競爭之市場經濟,來得更有效率」,則史氏應該會贊成其市場社會主義模式。對此,〈海耶克與社會主義〉長文的作者提出異議,他認為該書,「最好是視為揚舉資訊經濟學之作,主要用意在於質疑社會主義的可行」,不應放在社會主義經濟學的文獻,因為《走向何方》一書,引市場社會主義論辯之處是個位數,引述史氏自己先前的作品則達一二二次。(Caldwell, 1997: 1877)

取自克雷威爾的詮釋(Cladwell, 1997: 1870)。克氏的論文堅稱海耶克絕非自由放任者,雖然海耶克強調自發的秩序,長期演化後,自可產生料想不到的好結果,任何修正的企圖都將招徠意想不到的後果。錢永祥(2002: 185-90)檢視海耶克的這種演化論,指此說固然為某些自由主義者所喜,卻不能與自由主義不能迴避的評價問題對話,以致無法「發揮批判或規範的作用」,於「思考制度」也就沒有用處。似乎,與其稱海耶克為自由主義者,不如說他是演化論者,或是某種不為錢氏認同的演化論自由主義者。

楊克的市場社會主義

反對社會民主派、人民資本主義之論的楊克（Yunker, 1997: 21,72）從1974年就倡議市場社會主義。他與羅莫爾相同，兩人同樣能夠與主流經濟學對話，他們都遵奉新古典均衡分析，主張「利潤導向的市場社會主義……這個模式可說是極盡漸次演化、邊際效用與點滴增加的取向……與當前經濟典章制度及當代資本主義的諸多過程，乖隔僅屬有限」，差別「僅」在產權。（1995: 685）

在此模式下，楊克認為可設一全國性機構，暫且名之為「公共產權局」（Bureau of Public Ownership, BPO），接收個別家戶所持有的股票、證券與其他金融工具，原金融單位所持有的股票等無須移交BPO，可維持原樣。

BPO的角色如同資本主義底下的董事會，但功能在於設定企業的利潤目標，不能干涉經理人員的各種決策（有關生產品種類及其產量、價格、行銷預算、盈餘保留額度、投資程序等）。這也就是產權要與經營權確實完全分離，人事權也僅止於任命總經理，其餘需由總經理決定，BPO須貫徹分層委任的原則，因此全國性BPO之外，各地又有許多地方BPO，其收入來自各地企業支付給全國BPO的部分利潤，至於中小企業，仍可由私人擁有。[35]

可能因有意在美國主流經濟學界引入相關討論，楊克的舉例具體而生活化、[36]他的言語溫和、態度與人為善，他並認為，僅在一國之

---

[35] 楊克（1995）這篇文章介紹了七種市場社會主義模式，也扼要回應了對這些模式的批評，惟他幾不引歐洲學人關於市場社會主義的作品。楊克的書寫及舉例適合作為初步教材，除前引文外，《經濟民主》（Yunker, 1997）亦見特色。《經》正文已達三三三頁，卻不作注且無文獻徵引，顯見作者有意藉此更為推廣自己的作品，該書文末附十七項子題「導覽」市場社會主義文獻（達五十頁），有其分類參考價值（pp.335-84）。

[36] 比如，他再三反對未勞動即獲得之收入（unearned income），包括股市等金融交易、炒作之所得、繼承收入等，至於企業精神、勤勞乃至於（影視／職業球員等流行文化）明星的高薪則可容許。（Yunker, 1997: 85-97, 106, 134）又如，他說，若放棄公產權主張，而代之以累進稅、產業的規範及各種福利手段，只是社會民主派，

內,也可長期實施市場社會主義。[37]

他說,只要(如,美國)中產階級有機會認知,其家戶每年形同被當前資本主義社會(以美國1990年代中期為例)剝奪了2,600美元,則他們必然願意選擇他所主張的市場社會主義模式。既然最終每個人都會為此得到好處,這就「提高了每個人終將受此啟蒙的可能度」,即便如此,推進這類認知的首要工作是,「遊說必須非常保守與低調。至於邏輯上說理不清而散亂,修辭浮誇,情緒上歇斯底里地攻擊資本主義,均須刻意又持續地避免。」(Yunker, 1997: 56-7, 312)

楊克對改變之可能動力,除寄望善意外,實無分析,這就使得他的論證不無一廂情願之處,招徠了很大的譏諷,甚至輕佻。(Brown, 1998)相比之下,楊克引為盟友的本書作者羅莫爾,行文固然不是沒有催促實踐的意圖,但羅莫爾的論述重心仍然著重於理念層次的爬梳,也就是就理論談理論,申述「市場」與「社會主義」並無不能結合之處。〈表5〉左上角的布雷克朋(Blackburn, 1991)也是屬於這個情況。不但如此,既以馬克思主義者自居,則除了對於社會主義的前進方向不能不廣泛且深入發言之外,他們也得總結過去的實踐經驗,對於聲稱以馬列主義建國的(特別是歐洲)「實存社會主義」,從第二次世界大戰後至解體這段期間(特別是經濟)的表現提出見解。

他們主張的累進稅大多取自中產階級而非上層,以致「他們自己的生活標準可能不會受到太大影響」(p.24-5)。他也說郵政、教育與「主要公用事業」(essential utilities)等不應受利潤原則所支配(p.138)。

37 許多的論述都說,經濟既已全球化而資本可四處移動,國家勢將失去作用。對此,他的答覆是,所謂(金融)資本之移動,卻不能否認「金融資本底下是物理資本,金融資本的高度可動,並不等同於物理資本具有相同程度的移動可能。資本家移民無法帶走工廠與機器,而就最後之分析來說,這些機器與工廠才是他們資本所得之來源。」(Yunker, 1995: 710)不過,楊克有其讓人不解的言語,如「美國富有,而世界人口眾多,且大致稱貧。富者總受貧者之羨慕,悶聲不響的怨氣,假以時日,遇有適當情境,則往往爆發為公然的敵意。美國保有若干核子武器,方可確保未來不致有『非法移民』在坦克前導下,突如其來地進入美國。」(Yunker, 1997: 292)這讀來更像是種族論者,而不是社會主義的發言。

放進市場：馬克思主義的「思想解放」

首先，羅莫爾與布雷克朋都局部肯定蘇聯時代（特別是1920-30年代到二戰時期）至1970年左右的經濟表現（見本書第五章），其中布氏更提醒世人，蘇聯的存在有其「外部效益」。這裡是指前蘇聯對西歐形成壓力，是促成西歐走向福利國家的原因之一。[38] 其次，兩人各自檢視馬克思（主義）的文獻，佐以發掘馬克思（主義）的內在邏輯，進入「思想解放」之旅，建構市場社會主義，匯通自由主義與社會主義。[39]

布氏說，馬克思指控資本主義無政府狀態的生產造成浪費，這是一回事，如何克服之，這又是另一回事。布雷克朋的言下之意是，馬克思從來沒有認為日後以其名成立的政權，能以中央指令計畫，解決這個難題。他宣稱，在馬克思的主要著作中，只能在《資本論》卷一，出現一次比喻，[40] 讓人可以反推馬克思或許曾經認為，經濟之運

---

38 比如，布雷克朋說，「愈是鄰近蘇聯的國度，社會福利愈是慷慨……西歐如今仍在享受1945年的果實」，蘇聯亦對第三世界（包括中國）解放運動之鼓舞，產生重要作用。（Blackburn, 1991: 24；另見Golan, 1988）

39 本書第一章已明示，作者的市場社會主義模式，得力於自由主義政治哲學家羅爾斯（J. Rawls）的分配正義觀甚多。另據段忠橋於《在自由中失去》（Roemer, 1988/2003）的譯序，該書標示了羅莫爾的研究重點，業已轉入了政治哲學。遠比市場社會主義更激進的主張，亦認知馬克思主義者應大力借助自由主義者的分配正義概念。（參見「附錄二」）此外，凱茲尼爾森（Katznelson, 1996）秉持米爾士（C. R. Mills）之言，為「建構推動變遷的國際社群」而作，並為接合自由主義與社會主義，論述其必須、可欲及可能。他標舉米爾士的《馬克思主義者》一書，指古典自由主義最珍貴的部分，正在其可整合於古典馬克思主義。順此，凱氏提出了「頗具野心」、「雖說是策略，亦是規範」的「自我節度的革命觀」，說明融通二者之間的路徑，必然是蜿蜒曲折，「充滿了驚奇與陷阱，吾人自當學習如何穿越。」凱氏又引用波蘭共黨時代的著名異端分子米希尼克（Adam Michnik）之語，指「唯有刻劃自由主義與社會主義所能交會的區域，民主左派的更新始有可能」；惟凱氏論稱，更能提供思想資源，求使自由主義並容且豐富於多元主義者，是洛克、柏林而不是小穆勒或羅爾斯。（Katznelson, 1996: 9, 23, 51, 61, 71, 104；另見 *Economist*, 2002/4/27: 52對米希尼克的報導）錢永祥告知並贈送凱氏前引書，特此致謝。

40 這個比喻如後（Marx, 1868, 引自吳家駟譯文，頁95），「設想有一個自由人聯合

作有可能端賴「一個無所不在的計畫單位」。

但這只是比喻,萬一有人推定可以作此實踐,布雷克朋已預作了反駁。他表示,這種「孔德式的社會主義」,必然不可能是馬克思心儀的對象(Blackburn, 1991: 12注6)。其次,布氏從路線鬥爭的失敗者(如遭史達林處決的布哈林、遭人刺殺於墨西哥的托洛斯基)或具有浪漫革命形象的格瓦拉的著作,乃至於列寧與史達林的言論,援引他們對市場機制的支持[41],試圖從中強化市場機制理當存在於馬克思主義的正當性。

在很多馬克思主義者眼中,分析學派的馬克思主義簡直是大逆不道,包括指控其方法論個人主義,違反了社會結構的整體分析。[42]惟

體,他們用公共的生產資料進行勞動,並且自覺地把他們許多個人勞動力當作一個勞動力來使用。在那裡,魯濱遜的勞動的一切規定又重演了,不過不是在個人身上,而是在社會範圍內重演。」

41 依其引述先後,摘要如後。德國社民黨主要理論家考斯基(K. Kausky, 1854-1938)在1902年的著作已指出,各生產單位之協調問題,「將最為棘手」,他認為在革命成功之後,收歸公營的部門必須繼續存在的私營部門保持競爭,從競爭中證明優越性。稱考斯基為叛徒的列寧,其晚期的經濟思索已較容忍「內部市場機能」、小商品生產與外資。史達林也承認行政指導模式之限制,以及對商品元素的依賴。布哈林(N. Bukharin, 1888-1938)主張運用市場,並與小生產者採取長期合作關係,眾人知之甚稔。托洛斯基(L. Trotsky, 1879-1940)固然主張計畫經濟,但認為計畫無法全面,他在1922年說,「轉型時期的各企業必須多少都各自進入市場關係,並歷經市場機能來粹鍊自身……國營企業不僅必須承受來自國家機器的技術指令,它還得經由市場力量從下加以控制。」1932年托洛斯基則說,「設有普同之心存在,力能同時登錄所有自然與社會之所有過程,因此也就能夠測量它們的所有動靜,並據以預測它們互動之百般結果——這麼樣一個心靈,必能事先擬就無所擬疵、無所不包的經濟計畫……科層組織經常自以為擁有這樣的心靈……這也就是為什麼它很輕率地免脫於市場的控制之外……(但)計畫有待市場之制衡,且很大部分必須透過市場才能實現……若無市場關係,經濟算計將無法想像。」他在1933年又指,「衍生自資本主義的經濟與財貨計算方式,拒斥不得,而是要加以社會化。」歷來被舉為反官僚的國際主義者格瓦拉(Che Guvera, 1928-1967)在1964年2月說,經濟計畫必須遵守價值規律,也就是要遵循市場關係,因為價值高低取決於社會必要勞動,且需放在國際之間衡量,任何國家或可在特定(短暫的)期間,自行封閉而不理會其變動,唯長期以觀,必定不能。(Blackburn, 1991: 24, 26-30, 45-6)

42 有關分析學派馬克思主義的精要闡述及其對批評者的回應,賴特之作可能最為清晰

作為其成員的羅莫爾，對此批評不以為侮之外，他更表明，新古典經濟學的微觀及均衡分析，大可接合於社會主義（因此才有本書在內的許多作品）。羅莫爾的一般剝削理論更強調，剩餘勞動價值論根本是錯誤的；但這並不妨害我們指控資本主義是一個嚴重的剝削系統。既有此說，則羅氏接續的推進就是，所謂資本主義將因資本有機構成的增加，以致持續出現利潤率的下降趨勢而進入最終的危機，亦難以成立；儘管如此，這並不妨害我們說，資本主義具有內在傾向，會出現週期的經濟危機。[43] 反對剩餘勞動價值論、不談危機說，羅莫爾仍然反覆申明，以人之原初及其後「財產關係」，作為分析資本主義的核心概念，極其重要。他舉例論稱，剝削等現象的產生，重要因素之一在於財產關係，而資本、商品或勞動力「市場」的存在，不是剝削所必要，社會主義因此不單無須拋棄市場，反而應該更為重用市場。[44]

（Wright, 1989/1994），但這仍無法說服他人，論者仍以更嚴厲的言辭抨擊他們不是馬克思主義者。（Lebowitz, 1994）另有馬克思主義經濟思想史學者認為，羅莫爾不強調市場的存在作為剝削的前提條件，其實仍然可以相通於馬克思的看法，差別在於，羅莫爾不是如同馬克思的「邏輯與歷史」並重，而是獨取「邏輯」方法，他所服膺的新古典靜態分析可能構成了新古典「經濟帝國主義」的發展，也就是新古典方法運用於愈來愈多的領域。總結，他們的評價是，羅氏等理性選擇學派的人，糾正了「馬克思主義政治經濟學……對經濟模型的嚴密系統之闡述持漫不經心的態度」，「是對馬克思主義的有益影響」。（Howard and King, 1992／顧海良、張新等人譯，2003: 351-2）

43 惟應注意，理解馬克思主義危機說的方式之一，本就不是指其長期的經濟衰退或停滯，也不只是指資本主義的最後死亡，而是指資本積累過程的中斷，以及資本重組自身的手段，以求開啟另一輪的積累。（Kenway, 1990）有關資本主義的積累危機及其出路（包括國家的介入，Held, 1983; Shakiah, 1983），史威濟（Sweezy, 1946/1997）的古典著作仍是較佳的解說，他反對危機導致於各部門無政府狀態之競爭所出現的「比例失調」，而是主張資本主義注定產生的消費不足趨勢。早年的布倫納，從階級鬥爭角度解釋西歐封建主義過渡至資本主義，在其近作，則採比例失調的視野，解釋戰後至1990年代末美日德的經濟走向。（Brenner, 1998/2002/2003；另見 Perelman, 1996/2000, 2001）此外，強調在競爭未受總體協調之下，將因各生產部門的比例失調而產生危機之說，亦存在於非馬克思主義者的論述。（Group of Lisbon, 1995/2001）。

44 本書未直接討論，本段所說的論點另有較簡易的介紹（Roemer, 1988／段忠橋、劉磊譯，2003，特別是第五章）。

海耶克等奧地利學派，固然對於馬克思批評資本主義是「無政府狀態的生產」，嗤之以鼻（見後）。市場社會主義者則對此沒有直接或詳細的對話，楊克與布雷克朋似乎未能提及。羅莫爾如前所述，是在引史迪格里茲時，形同間接承認了市場社會主義的競爭，勢將必須也比較能夠節制與協調競爭，從而減少浪費。[45]羅莫爾（Roemer, 1988/2003: 120）倚重甚多、也是分析馬克思主義要角之一的柯亨（Cohen, 1991）則似乎是在對比中央指令與市場經濟的二選一情況下，否定了浪費的指控。[46]

　　接受這個批評的人，除施偉卡特以市場社會主義者的身分有所回應外（見「附錄一」），其餘反市場社會主義的左派人士，統統不肯使用「市場」一詞稱呼他們所認可的經濟系統。如艾耳森（Elson, 1988, 2000）選用的術語是「市場的社會化」。惟雖然她對家務勞動、國際人權公約、消費者保護運動，及若干具體案例之提及，略有新意，但是否市場的社會化不能同流於市場社會主義之說，實有疑問。麥內利（McNally, 1993）對她與布雷克朋，同表反對，原因之一或許在此。亞伯特主張「參與型經濟」，它很像是一種反馬克思主義的共產主義。卡力尼可斯的規範價值與亞伯特雷同，但他寄託的列

---

[45] 另外，來自奧地利經濟學派的批評者，適巧說明，至少在心向資本主義的學人陣營中，羅莫爾模式的「市場」，顯然與資本主義的市場並不相同。論者認定，既然公民的配給券不能自由使用，不能如同貨幣般購買現貨，投資則因非私人所屬的銀行之作梗，將要造成國家職能膨脹，而這些都不是「正常的」市場現象。（Wohlgemuth, 1997）劉世鼎代為從英國寄來這份資料，特申謝忱。

[46] 柯亨似乎是少數市場社會主義的主張者之中，直接回應社會主義者對市場的批判。他說有關反對市場的批判，原因可分作四類：（1）生產無效率、浪費、過度生產；（2）無政府狀態；（3）結果的不公平；（4）誘發人們生產的動機被定位在貪婪與恐懼、貪高薪、懼失業等。他同意後兩個批評，但認為需找第三條路補充之，不是完全要扭轉（3）或取消（4）。對於前二者，柯亨斷然答覆，「傳統的社會主義觀點……沒有能夠認知到，毫無計畫的市場組織其資訊的效率竟是如此之好……就此來說，米塞斯及海耶克是對的。」（Cohen, 1991: 17-9）柯亨顯係僅為對立中央指令與市場機制之別，別無深思，否則不可能說市場的運作「毫無計畫」，規模愈大的公司愈有計畫的擬定與執行，市場與計畫實非對立的概念，幾已是常識。（Auerbach et.al., 1988）

寧－托洛斯基主義,以及他對馬克思主義的堅持,無法見容於亞伯特,兩人的共識只在於,市場社會主義不吻合馬克思主義。

兩種不完整的知識

艾德曼與狄萬(Devine, 1988, 1992; Adaman and Devine, 1994, 1996, 1997, 2001)則自成類型,曾有論者讚譽他們提出的架構,具有「路徑突破」的格局。(Westra, 2002注1)與亞伯特同,他們也主張一種全面的參與型經濟,但仍在馬克思主義傳統發言。他們使用市場這一概念,但界定了「市場交換」(market exchange)與「市場力量」(market forces)的差異,即前者必須善用也必然存在,後者則否。其次,他們提出兩種知識(或資訊,以下「知識與資訊」二詞視為同義字)不完整的原因。依其見解,任何的經濟論述,無論姓社姓資,都必須考量這兩種知識的不完整,對於「計算、動機與發現」的過程,也就是計算生產(品的)質量、激勵工作動機與創新以發現新知,構成挑戰。艾、狄論稱,無論是市場論者或中央計畫論者都僅處理了兩種知識不完整的一個,而忽略了另一個。

知識的無法完整,原因之一起源於市場,因為它的決策是分散的過程,致使個別生產者在市場情境中,進入輕重程度不等的混亂失序的競爭情境,這也就是馬克思在《資本論》的觀察:「資本主義生產方式迫使單個企業實行節約,但是它的無政府狀態的競爭制度卻造成社會生產資料和勞動力的最大浪費。」(Marx, 1868/1990: 579)20世紀英國最重要的馬克思主義經濟學家多布(M. Dobb, 1900-76)繼承這個看法,提出「中央計畫機構」作為解決的辦法,惟它並未能夠在西方實施,即便執行,亦將因未能意識到第二個原因,也就是「只能意會、無法言宣」(tacit)的知識之存在,而難以成功。這是一種博藍尼(M. Polanyi, 1891-1976)稱之為「親身的」知識(personal knowledge)。這是奧地利經濟學派共有的知識觀,他們認定唯有透過敵對的市場競爭過程,才能得到這樣的知識,庫茲納(I. Kirzner)並且在《競爭與企業家精神》這本書裡,據此反駁市場競爭的浪費說:

「如果因為競爭過程只在浪費發生後才能糾正錯誤,就逕自指競爭過程為製造浪費,那可真像是說,能夠治療疾病的藥方反倒是造成疾病了,或甚至是,診斷疾病所需的步驟反倒遭受譴責了。」(轉引自 Adaman and Devine, 1997: 63)

艾、狄二人認為,來自新古典經濟學的知識觀是靜態的,無論他們主張資本主義或社會主義,都沒有認知這兩種動態性質的知識。[47]

奧地利經濟學派當中主張資本主義的人,不肯承認第一種(也就是市場過程導致的)知識的不完整是病因,奧地利學派的市場社會主義者[48]則不同,以施偉卡特來說,或許他已經注意到了這個問題,因此他雖贊同有商品的市場,卻認為應審慎處理資本市場與勞動力市場,如他主張透過社會投資,舒緩或解決無政府狀態的生產問題。不過,顯然施氏的區辨仍不能說服艾、狄,他們認為,任何一種模式的市場社會主義者在面對效率與公平這種魚與熊掌的困境時[49],都不能提出比他們更合理的面對方式。

---

47 當前資本主義社會的主流經濟學固然出於新古典均衡分析(惟美歐另有經濟學界的異端,近年來的聲浪亦見高漲,見2003年3月《當代》月刊頁4-13,以及,已經收入於本文集頁534-40的《台灣社會研究季刊》的2001年3月與6月及2003年6月相關文件),艾、狄指稱的新古典經濟學知識觀的市場社會主義者包括了楊克、羅莫爾、藍格、諾夫等人。社會主義陣營另有不求市場、不求中央極權的直接計算派,如早年的藍格、晚近的考克薛特(W. Cockshott)與考崔爾(A. Cottrill),在艾、狄看來,也都未脫新古典派的知識觀。(Adaman and Devine, 1997: 72-5)
48 艾、狄認為,海耶克、熊彼得等人是奧地利學派資本主義論者,施偉卡特、布魯斯、李斯卡(T. Liska)、拉斯基(K. Laski)、艾斯春(S. Estrin)則是奧地利派知識觀的市場社會主義者。
49 艾、狄說(Adaman and Devine, 1997: 72):為提高平等,於是人們以各種非私人擁有的方式取代私產權;為避免源自國家之行政指令,以及政治干涉而來的欠缺效率,則企業體必須或多或少擁有自主權。於是,非私產權的經濟體之各企業體也就仍需經由「市場力量」來協調其各個決策;但為了讓市場力量運作以追求其效率,則企業體需有更多而非更少的自主權。問題在於,果真這麼放手,市場力量、競爭成敗的誘因機能造成了不平等,再加上市場社會主義者也很在意的更大社會效應(環境等),也是另一股壓力,會要求企業體的自主權需受節度、限制,這樣一來又使市場力量的運行範圍萎縮了。

參與計畫模式與市場社會主義

批評之後，合當宣揚自己的主張。他們認為，「參與計畫模式」能夠一舉解決這兩種知識的不完整問題。（Adaman and Devine, 1997: 75-8）[50]

艾、狄認知奧地利學派所說的不可言宣之知識，相當重要。但後者認為只有企業家在市場敵對環境中，才能取得該知識並產生行動誘因，最終才能有所發現（創新）。但是，他們認為「一般人」亦有此能力，若能促使個人與集體之各種價值，透過合作與協商，也就能達到互動而彼此型塑的目標，於是不可言宣的知識可以得到闡述與接合（articulated）的機會，我們的經濟生活，也就得以在既沒有國家，也沒有市場力量的要脅（coercion）之脈絡下，「由吾人有意識地加以控制。」

既然強調社會主義者的協調與合作，不是資本主義廠商為壟斷求利的聯合，就不能不消滅私人產權，而須代之以社會產權，讓各企業由其工人、顧客、原料供應商、企業所在地的社區與地域（regions）之代表，依不等層次聚合協商，並可擴展至全國乃至全球的層次。如此，各企業體將盡可能地透過協商過程，於資源投入之前即已能發現並學習，以此達致相互倚賴的決策；執行此決策後，又能進而發現與學習，以後續決策調整先前決策的不足。這個過程必須取得三類「量」的資訊（包括會計資料以決斷企業績效、以現存生產活動預估未來需要與成本的變動值，以及為創新而須支付的成本變動值）及二類「質」的資訊（協商各方代表說明各企業績效有別的可能原因，以及得到與未得到投資地域的代表說明當地的經濟與社會情境）。

人們從「知識論」與「可行性」等兩個角度，批評這個模式。第

---

50 參與計畫模式的前身是工作場所的自我管理模式，然後延伸於整個社會，特別是1920-30年代的「基爾特社會主義」（Guild-socialist）運動。另參見當前與艾、狄二人有別，但亦聲稱源出這個傳統的「聯合式民主」（associative democracy）。（Hirst, 1994; Hirst and Bader, 2001）

一,侯吉森(Hodgson, 1998)批評二氏,指他們根本就沒有弄清楚什麼是不可言宣的知識,因為博藍尼已說,它的精義在於不是所有人類事務均可經由公開、理性的討論而得到知識、方案、政策,知識有其不可符碼化的部分。許多知識必然僅能意會而不可言說,因為語言無法在描述各事務的關係時,又同時說明這些事務的特性。任何具有創造性意義的想法(idea),無法得到全面的、公開的考量。(pp.418-20)其次,包括布雷克朋等人,認為這個方案太過複雜,將使行政負荷過重,導致太多的會議,以致難以運作;創新誘因、速度與種類都將不足;由於人們不會那麼想要參與,以致這可能流於指令計畫的偽裝,或者,所有部門的所有企業仍需競爭,於是造成這「根本就還是主張某種版本的市場社會主義。但這藥丸卻因為夾了太多層協商與民主計畫的糖衣,最後糖衣太厚太多層,以致藥丸之苦再也看不到了。」(pp.413-4)該模式說要區分市場「交換」與市場「力量」,惟仍很可能流於概念之分,不是實作時有太大區別。

艾、狄(Devine, 1992; Adaman and Devine, 1996 and 2001)的回應如後。首先,他們認為侯吉森沒有體認不可言宣的知識,其實有「事前」(ex ante)與「事後」(ex post)之分,而奧地利學派僅將此知識視為「事後」的發現過程,他們則更強調「事前」這個過程,彼此協商就較可解決原子化、彼此敵對競爭所必然導致的不確定性,也能讓動機增強。另外,歐尼爾深入奧地利學派的知識論,重點在於梳理紐拉(Otto Neurath)的論述以啟示有關「不可言宣」知識的辯論,(O'Neill, 2003)該文的結論實可視作是支持艾、狄。歐尼爾指出,侯吉森(而特別是海耶克)對市場的縱容,其實剛好與兩人的認識論背道而馳。因為很吊詭地,由於市場機制所鼓動的是一種「算計」精神、是一種可共量性、是一種僅接受資訊/知識的典碼化與抽象化,以致有害或消滅了貼近在地的(local)、實作的(practical)等等不可言宣之知識。於是,如果侯吉森而特別是海耶克認為市場機制以價格表達出來的準繩,才能偵測不可言宣的知識之存在,豈非正好適得其反,使他們重新投入自己所批判的假理性主義之懷抱?(p.202)

至於這個參與模式是否可行,艾、狄認為,「事前」協商的機制

其實在現存的體制已經如此,而創新不是僅依賴「怪異、獨特的企業家」,因為企業家為了取得融資,同樣得說服(也就是一種協商)金融機構或授信單位。

艾、狄主張的「審議民主式」協商,依賴多元標準,經由反覆不斷會商、修改而後仍需採「多數決」[51],各涉及單位均派人參與,考量其社會生產性、潛在的不具生產性與破壞性;至於現制則幾乎完全以私人潛在或實質利潤為依歸,依賴市場力量來裁斷與強制。他們也引用「敵營」(反社會主義)的諾斯(D. North)在1984年談交易成本的文章,指出在現存資本主義體制之下,GNP當中,最多有高達半數是用於分工的增加、組織形式的繁複化、人們的疏離、人們的自我牟利,以及在各種社會關係日益敵對之下,投入於監理及警政的費用![52]言下之意是,艾、狄認為,在事前與事後的協商合作機制引進之後,不願意參與的疏離與異化情況將大幅減少,不但減少警政查核之開銷,並且也不致於多過現在已有的頻繁會議之象。

檢視對羅莫爾市場社會主義模式的批評

相對於艾、狄二人,羅莫爾在本書所主張的模式,以其接近現制(「僅」產權可見立即的差異),因此也就具體許多。於是,對羅氏的批評,除仍有是否為市場、是否為社會主義等「正名」之辨,已經另有實質損益的推敲。

本書的主要論旨在1991年已經發表於美國的《異端》(*Dissent*),同一期中並同步刊登二人提出的評論以及作者的回應(Roemer,

---

51 多數決是艾、狄模式與亞伯特的重要差異之一,他們認為亞伯特,(1)要求所有經濟決策「事先」均協調,過度複雜,終將窒礙難行;(2)對主要投資如何事前協調,語焉不詳;(3)僅依賴各種互動票投的程序,代議民主的政治過程及機構似無棲身餘地。(Devine, 1992: 82)

52 據報,2007年以前,英國將裝設2,500萬具街頭攝影偵測機,幾乎每兩位英國人就有一部!見何信全、張煜麟(2003年12月19日)〈拆掉監視器,還我自由的生活空間!〉,《中國時報》,A15版;*Guardian*, 2004/2/21。

1991）。1994年5月，因應這本書的出版，同為分析學派馬克思主義陣營的主角、也是羅莫爾的長期盟友賴特在美國威斯康辛大學邀集學友十數人，以兩日為期，舉辦討論會，對本書提出批評與建言。

這十篇文章在修正後，先發表於1994年12月號的《政治與社會》（*Politics and Society*）季刊。後來，這些文章經各自作者之潤飾，加入六篇，約兩年後另在倫敦出版（Wright, 1996）。[53] 該文集的首章仍由羅莫爾以原書約五分之一的篇幅，摘述原論旨，惟其中「配給券經濟體」這部分在與會者的建言下，有些微調整（這個部分另譯於本書第八章之後），其餘不變。

〈表6〉以這些文章為主，將各作者的意見歸為六類，並在正文中續作較多的轉引及評述。讀者可以先閱讀本書的譯文，再返回接觸這部分的評論，也可以把這些評語當作閱讀譯文的提示。

羅莫爾未能說服奧地利學派，後者還是認為，前者的模式最後將一步一步滑向強調國家職能，他們認為，羅莫爾構想中的「公共部門，形同刻意設計來挫折私資本的浮現」，這樣一來，市場機制亦就受挫而僅存社會主義。（Wohlgemuth, 1997: 217）與此對立，亦有論者認為，羅氏其實近乎平等自由主義，非關社會主義；他的努力與其說是使馬克思主義得以「更新、回春」（rejuvenation），不如說僅只是「動人的煉金術」（inspired alchemy）。（Milonakis, 2003, para. 63 & 76）除了相同文本的兩樣解讀，羅莫爾假設利潤均分之下，沒有人可因生產的外部性（如汙染）而獲得不對等比例的利潤，是以可望降低汙染的推理，但有人提醒（Putterman, 1996），邏輯亦可往另一個方向推演，也就是股權均分的社會大眾，反願意共謀，因為汙染就可有更多生產，利潤更大而人人有份。

---

53 羅莫爾得到學術同儕的禮遇，或說，這群知識工作者願意集中以一個人的著作為核心，齊聚撰文討論，以求共進志業，相當可敬。前文引述的艾、狄二人之作，援引及討論者固然亦多，惟並無類同「待遇」。施偉卡特等學人（Schweickart et. al., 1998／段忠橋譯 2000）於1995年4月參與「社會主義者學者論壇」，在紐約市以正反身分，就市場社會主義的問題，交叉辯論，亦屬難能可貴。

表6　批評羅莫爾「經理人市場社會主義模式」的意見摘要

批評大要	批評者
論說的邏輯未能釋疑，比如，本書模式的內涵仍然是社會主義嗎？	Puttermann; Wohlgemuth*,1997; Milonakis*,2003
減少的不平等程度不足，或難以兼顧經濟平等與效率的要求。	Simon; Folbre; Satz; Putterman; Thompson
增加平等度的代價太大，無法同時滿足其他社會主義所重視的的價值（如合作）。	Simon; Folbre; Satz; Meurs; Sensat
（過去的及現在的）實存社會主義國家因政治體制民主化程度低，難有機會走向市場社會主義。	Puttermann; Burawoy; Weisskopf
未指認促動歐美社會走向市場社會主義的力量（包括理論的「物質性」）。	Cohen and Rogers; Puttermann; Block; Brighouse; Levine; Folbre
不應該排斥工人自營社會主義模式。	Block; Satz; Thompson

* 除作者旁另標誌出版年，餘出自 Wright（1996）。

早於本書出版前一年，施偉卡特（Schweickart, 1993/2002: 50）在一處不起眼的注釋提及，以1987年為例，美國個人收入來自利息的部分超過5,000億美元，比同年所有公司稅後利潤高三倍，也比租金淨收入高二十倍。[54] 施氏意不在批評羅莫爾，但後者將所得分作利

---

[54] 利潤占GDP比例似乎不高，美國1991年的聯邦、州及地方稅收是企業利潤額的五倍以上（Folbre, 1996）。以公司稅占GDP比例來說，美國在1970年仍有3.8%左右，至2001年僅存2%以下；同樣這兩年，德國是1.7%左右與0.7%，英國是約3.1%與3.3%。（*Economist*, 2004/1/31: 65）美國2020年的聯邦、地方政府與企業及個人的利息支出，依序是3,450、2,850億美元，以及1.6與1.1兆美元，合計3.33兆美元，是當年21.43兆美元GDP的15.539%（2025/2/12詢問ChatGPT與DeepSeek，數字不同，取前者）。台灣2000年的營利所得稅，占所有稅收的5.08%，低於薪資、股利與利息所得稅（分別占了稅收的54.86%、24.31%與5.26%）。（《聯合報》，2004.2.20: C2）這就是說，台灣在2000年的當年稅收若占GDP的16%計，則營利所得稅、薪資、股利與利息這四個項目分別占GDP的0.8%、8.8%、3.9%與0.8%。

潤、薪資與地租三部分而僅談利潤重分配,卻未就薪資結構及其與利潤的關係,另作說明它究竟是否理當計為利潤的部分,或以累進稅原則,納入重分配之列。[55]這樣,在評述本書模式的人看來,羅莫爾減少不平等的程度,低到了滑稽的地步。何況,造成不平等的因素另有大於企業利潤的變數(如性別),美國1992年的男女全時工作者的收入差距是1,320億美元,超過各公司的總利潤三分之一,女性主義者以羅氏未見及此,抨擊他太過階級中心,對平等的界定實在太狹隘,低估了根據民族、種族、性別、年齡與性取向之集體認同的力量及其等差,只注重收入的重分配,輕忽了教育、醫療保健、家庭等等,實在很像列寧的口氣:「先占據經濟高地,再對付其他的不平等。」(Folbre, 1996)

更可憂心的是,即使不平等可望明顯減少,本模式將強化人性的競爭貪婪面向及其制度,無助於制度創建,無助於使社會主義所強調的人之互助與團結面向,[56]得到更多的培育機會及更寬廣的空間。毛澤東式的「為人民服務」、格瓦拉式的「社會主義新人」固然牽強,但不促進「合作文化」的滋長,反發揚光大個人的原子化,顯然並不明智。(Meurs, 1996)重點是物質制度要能有利於社會主義態度的養成,不是要以唯心的立場反向塑造制度,這也是馬克思與恩格斯在《德意志意識形態》所說,「共產主義者並不將自我中心與自我犧牲

---

55 賴特(Wright, 1996: 133)則儼然繞道代答。他表示在「配給券社會主義」之下,由於資本不能以外逃、怠工等方式要脅國家,國家取稅的政治能力會強化,且連環互動之下,將強化民主能力,很大程度上也就取消了資本家的系統權力。
56 英國近五十年來最重要的馬克思主義政治理論家密力班,其傳記(Michael Newman, 2003, *Ralph Miliband and Politics of New Left. Monthly Review.*)在2002年10月出版前,由作者紐曼、社會主義理論與行動家溫賴特(Hilary Winwright)、英國工黨元老班東尼(Tony Benn),加上紀登斯(Anthony Giddens)聯袂參加在倫敦政經學院舉辦的座談。席間,聽眾提問,請紐曼指出資本與社會主義的根本歧異何在。紐曼未就生產工具產權形式這個經濟面向作答,而是從文化層次的差別著手。他說社會主義以合作為軸心,資本主義則強調競爭。羅世宏提供這筆資料,在此致謝。此說亦可是卑之無甚高論,惟仍值得經常提醒與強化。孫中山亦言,「物種以競爭為原則,人類以互助為原則」。

對立起來……反之,共產主義者力能展示,自私或利他均有其物質情境,這些情境消失則自私或利他的傾向也就消失。共產主義者不以道德律令責人:相親相愛,切忌自我中心等等。反之,共產主義者心知肚明,自我中心一如自我犧牲,在特定的環境裡都是個人自恃(self-assertion)的必然形式。所以,共產主義者決不以『普遍意義之下的』自我犧牲的人為名,要求消滅『私下的個人』。」(轉引自 Sensat, 1996)

　　作者推出本書,確實仍對東歐(含前蘇聯)及中國等非西方的實存社會主義社會的轉型,乃至於歐美社會的改變,有其意圖。惟羅氏只說他的主張僅只是市場社會模式的一種,而雖然未來一段時間,市場社會主義已是我們所能努力以赴的最明確目標,但他也審慎地說,在此之後,會是什麼光景,他並不預言(第十五章)。因此,批評者以其模式溫和,不能出以更為「烏托邦」的想像以成就人心激勵的作用,也許並無必要。(Brighouse, 1996; Levine, 1996)這正如同〈表6〉的第六類批評,在分析之後,其實未必完全站得住腳,也就是作者並不因為主張經理人市場社會主義模式,就否認了工人參與等等的價值。[57]

鳥瞰中國的「市場社會主義」文獻

　　中國大陸在1979年重啟經濟改革之後,同樣必須對於其統治意識,也就是共產黨宣稱信奉的馬克思主義,展開重新詮釋的工作。[58]可能由於中國自身的處境有別,可能由於其他仍待發覺的因素,當中共在借用市場機制來作為導引資源的生產與使用時,至少並沒有刻意援引在西方已經進行百年以上的市場社會主義之概念,而是採用另一

---

[57] 見「附錄一」的討論。
[58] 有個說法是,中共黨校培訓幹部必教的《資本論》,教學重點在1978年十一屆三中全會前,為第一卷,旨在召喚階級鬥爭的意識。此後,由於強調經濟建設,重點轉向第二卷,談產業平衡發展理論。至1992年鄧小平南巡後,因開始推動社會主義經濟,於是再轉至第三卷的市場運行機制理論。(《聯合報》,1998/11/24:13)

個稱號,也就是「社會主義市場經濟」。

如〈表7〉所示,中國學人在其篇名直接標誌,因此也就是有意識地引介或評述西方「市場社會主義」概念的人次,仍然稀少,雖然1999(或1997)年以來,稍見增加,卻還是停留在一年二十篇上下,相較於「社會主義市場經濟」用語的數百乃至千篇,不能同日而語。

表7 「市場社會主義」與「社會主義市場經濟」的文章篇數,1994-2003

期刊篇名出現下列術語	1994	95	96	97	98	99	2000	01	02	03*
市場社會主義	1	11	5	11	5	16	11	21	17	8
社會主義市場經濟	2142	1355	929	822	580	479	451	411	381	362

* 2004年6月27日查詢「中國期刊網」,2003年部分,因資料庫建檔必有時差,這裡的篇數可能遠少於全年的實際篇數。

理論原本有其限制,其普遍性亦屬堪疑,各國而特別是中國的幅員及歷史政制,都使其可以擔綱掛帥或至少以自身的動靜、啟示、乃至於豐富社會主義與市場機制能否相容,或在不同階段如何並行之辯論成果。

從本身的特殊性出發是一件事,向外廣求相關認知並求彼此對話,是另一件事。二者顯係相輔相成而非衝突。雖然在1992年以前,中國亦有歐洲「市場社會主義」論述的譯介,[59] 且在1997年之後,有積極對話意識的人似亦增加,[60] 但總體成績至今落後。何以如

---

59 早在1984年,中國就有人翻譯了波蘭市場社會主義者的著作(Brus, 1972)、1991年譯行了英國諾夫(Nove, 1983)、1993年又見《市場社會主義》(Grand and Estrin, 1989)。顏鵬飛(1996)在介紹西方「激進政治經濟學派」時,回顧英國從1920年代以來的市場社會主義思潮。

60 1997年重慶人民出版社譯行了本書(Roemer, 1994)(譯者按:在翻譯中途得知本書有簡體字譯本,至2004年2月底完成翻譯時,仍未取得該譯本。6月10日始於廣

此?是因為思想解放度仍有不足,官定用語未能改變之前,投身的人也就裹足不前?是因為中國自身的經濟體制變化,愈來愈難以自圓其說是符應了社會主義(即便是初級階段、即便是具有中國特色)的想像,以致即使是言談官定用語「社會主義市場經濟」的論文,十年來(1994年的兩千多篇至2002、2003年的少於四百篇,〈表7〉)也已銳減80%以上?是因為只要是國家意識形態總是招徠抵制,以致即便真正持有信念的人,也往往規避有所不及,遑論探索?或者,這顯示了總體價值趨向真空,經濟發展之外,別無意識的領導?

州中山大學外文津閣書店購得),1998年12月上海人民與三聯書局聯合出版了《從馬克思到市場——社會主義對經濟體制的求索》(Brus and Laski, 1989)。接下來,1999年除了北京東方出版社出版了《新市場社會主義:對社會主義命運和前途的探索》(Pierson, 1995),並有似為最早引介分析學派馬克思主義的余文烈為該中文本撰寫導言。余說,該書的出版是配合中國社會科學院「精品管理項目」的「市場社會主義研究」及中華社科基金項目的「國外市場社會主義的理論與模式研究」。可見中國學界的相關研究、對話,相對增強了。當年,時為中國人民大學經濟學院副教授的張宇,相繼出版了《過渡之路:中國漸進式改革的政治經濟學分析》(1996)、《社會主義與市場經濟的聯姻》(1997)之後,亦將其新著命名為《市場社會主義反思》。在這本書,張宇剛好與吳宇暉(見後)相反,張反對工人自治市場社會主義(但理由與羅莫爾有別)。吳宇暉在2000年出版了《市場社會主義:世紀之交的回眸》。作者任教於吉林大學經濟系,前書是其博士論文的延伸。他曾於1989年得到中英獎學金至格拉斯哥研究,又在1993年得到美國傅爾布萊特獎學金至美國舊金山州立大學,進入了研究本書的旨趣。吳頗有企圖,因此回顧市場社會主義在西方的經驗,特別是其實踐的經驗,也就是工人自我管理及經理人管理模式的市場社會主義(吳所主張的模式),然後用以照亮中國當前的實驗。吳又主導了知名著作《社會主義政治經濟學:一種馬克思主義的社會理論》(Horvat, 1982/2001)的翻譯。公元兩千年另有施偉卡特(Schweickart et.al., 1998/2000)等社會主義人士交叉辯論市場社會主義的文集之出版,紀軍也在當年11月,於「九五規畫項目」之下,介紹了《匈牙利市場社會主義之路》。2002年初先有呂薇洲(2002)出版博士論文《市場社會主義論》(譯者謝謝翟明國代為購贈本書),後有施偉卡特專書的翻譯。(Schweickart, 1993/2002)

結語

　　假使資本主義與社會主義的分野還沒有被超越，假使某種模式的社會主義仍然有作為推進人類文明的參照價值，則鑽研、實驗與論述「市場社會主義」的意義已在其中。雖然眾多中國學人在內的進步知識分子，各以不同考慮，均已避開了姓社姓資的語境。

　　中國作為世界體系的一員，其現況與未來能否與市場社會主義這個理念對話，也就不是僅關乎中國。因此，關於市場社會主義的討論，一方面有其特殊性而須由中國自行面對之處，另一方面亦具普遍意義而能夠作為其他國家的參考。近十年來，不滿現狀發為找尋出路的動力，與時俱增，西方超越左右、第三條路、兩種資本主義之戰、新社會主義之說，實為此種狀態的表徵之一。

　　在台灣，《台灣社會研究季刊》於2000年曾轉載汪暉完成於1993年而至1997年才正式發表的〈當代中國的思想狀況與現代性問題〉，並同時刊載了趙剛、瞿宛文，以及錢永祥與該論文的對話。其中，趙剛（2000）指汪未提規範性前景／計畫，瞿宛文（2000）指汪文未能處理國家與經濟發展的面向，錢永祥（2000）自述沒有進入實質討論，但仍願以「潰而不敗」（non-defeatist）的認知，「頑強地批判」以「維持烏托邦的遠景」。

　　那麼，是否市場社會主義的說法、內涵，可以作為提供了這樣的計畫、國家的角色及烏托邦遠景的候選人之一？

附錄一 「經濟民主、猛龍經驗與勞動者自營公司」

　　本書作者羅莫爾反對勞動者自營公司（Labour-managed firms, LMF），招惹莫大非議，但有趣的是，理當更深入討論其論點的人[61]，並沒有真正與他對話，反而僅只是選擇容易責難的部分聲討再三。

---

61 這裡是指E.O. Wright（1996）主編、專為討論本書而召開的研討會文集當中，Debra Satz、Fred Block與Louis Putterman等三人的批評。

依譯者之見，真正與羅莫爾對話的人，是先任教大學數學系，1969年開始接觸並從此深入馬克思主義的施偉卡特。雖然羅莫爾書中全未引述，也就未能回應施氏的看法。[62] 施氏的主張在本書出版前已經流傳，近年來他仍不時加以發揚。

如同羅莫爾，施氏也是美國的市場社會主義代表人之一，兩人差異在於施氏主張的是羅莫爾所不贊成的「勞動者自營」模式，施氏將此模式放在「經濟民主」（economic democracy）的概念架構中，使之明確作為市場社會主義的旗幟，且在經濟理論上，較諸同樣使用此概念的許多人，有更周延的論述、辨明與堅持。[63]

不過，究竟羅莫爾反對的是些什麼？歸納言之，大致有兩項。一、資金。要自營，則得由勞動者自己提供資金。如此，勞動者的風險太大，且將使得LMF的規模無法太大，或無法適應資本密集的產業。若容許LMF從金融或股票市場取得資金，勢必得讓渡若干控制權，如此則LMF與外力妥協後，究竟經理人模式與LMF模式之間，還會有多大的實質差別，顯有疑問。二、LMF不必然追求利潤極大化，可能產生兩個結果。一是僱傭人數超過所需，特別是在經濟衰退期，尤其有此傾向。再就是承擔風險的意願或投資量較低而並非最適水平，以致創新活動減弱。

雖然如此，在兩個情況下，羅莫爾仍可接受LMF。首先，經濟

---

62 Schweickart（1993/2002, 1998, 2002, 2003），下文對施氏論點的引介，除非另有說明，當以1993/2002一書為準。再者，值得一提的是，羅莫爾多年前反對LMF的重大理由，竟然與反市場（社會主義）的麥內利相同，兩人同指LMF最多是「工人的資本主義」、「人民的資本主義」（Roemer, 1988/2003:13; McNally, 1983:181-4）。

63 選擇「經濟民主」為書名或篇名的其他著作很多，惟似不若施氏之一貫且能與羅莫爾對話，如道爾（Dahl, 1985）出於政治哲學的成分更多，而亞雀（Archer, 1995）雖說是為可行社會主義獻策，實則至多是德國、瑞典，以及書中所引以為具體事例的（但似不恰當）澳洲等國的社會民主之統合模式，以致對其說持保留者眾多（Dodd, 1996; Johnston, 1996; Higgins, 1997）。與「經濟民主」一詞經常伴隨或交替出現的術語，至少還包括「勞動者產權」（workers' ownership）、「勞動者控制」、「參與型經濟」、「南斯拉夫模式」、「產業民主」、「德國勞資共治模式」、「生產者或勞動者合作社」，當然，它們的內涵並不總是完全相同，僅能說自有相通的部分。

體雖包括LMF，但同時維持充分數量的經理人公司，他認為循此才能誘發可欲的創新比率。羅莫爾反對的是「所有」公司均是LMF，因為此時經濟體的均衡狀態可能僅只是次優。其次，羅莫爾強調，原本勞動者已經擁有可觀經營與管理權的公司，在市場社會主義的改革開動時，自可存續，無須改回經理人公司。[64]

既然不是從「本質」上反對LMF，甚至接受其合適比例的存在，則羅莫爾顯然不至於反對員工分紅入股（employees share ownership, ESOP）[65]。羅莫爾應該也不致反對，在沒有持股之下員工依照公司營運績效得到比例獎金，或是如同德日，不必然擁有股份，

---

[64] 本段及前段的摘要整理自原書頁47-52，122-3。羅莫爾特別指出，前蘇聯與東歐可能有許多具有發展成為LMF的公司。有關中國的勞動者（職工）與其公司之關係的最近調查與討論，見朱曉陽、陳佩華（2003）。吳宇暉（2000）似乎是中國學人當中，主張LMF模式最力、亦與英語文獻展開對話者之一，該書對羅莫爾的模式也見批評（頁155），張宇（1999）明確反對LMF，劉長庚等人（2003）則以「聯合產權論」指稱公有及私有公司，均應納入勞動者作為部分產權所有人並參與經營的體制。台灣最大的LMF可能是在私有化過程，「被迫」由前台灣汽車公司轉成立的國光汽車公司，其命運值得關注。（《聯合報》，2001/7/2:社論；2003/1/14:北部綜合新聞版；《經濟日報》，2001/7/2:15；《中國時報》，2001/3/7:1；《新新聞》，2002,7月，803期:68；連結第七期，2002.8）

[65] 即便是英美模式，分紅入股也行諸多年。英國晚近的例子再次興起於1970年代（Baddon et.al., 1989/ 2001）。美國部分，最早、最有力之倡導人是財經律師凱梭（Louis Kelso）。凱梭以稅為誘因，推廣此概念於資本家，並推動立法使之轉為實務。1956年，他首度以此鼓勵賓州報業公司的雇員向業主買下該報。到了1970年代初期，包括當時的加州長雷根（Ronald Reagan）也是ESOP的倡導者，美國開始有了相關的立法事例。至1990年代末，美國國會通過了二十種法案，鼓勵一萬多家公司依此實行了ESOP，2002年初，估計有2,500至3,000萬美國雇員持有其公司若干股份。2003年9月17日，美國參議院財政委員會全體無異議通過《美國雇員儲蓄暨信託股份保證法》（National Employee Savings and Trust Equity Guarantee Act），是為ESOP的最近發展。凱梭在1958年出版《資本家宣言》（2000年重印），1986年另推出《民主與經濟權力：拓展ESOP的革命》（*Democracy and Economic Power: Extending the ESOP Revolution*，1991年第2版），後書另提「消費者入股」（consumer stock ownership, CSOP）等七種方案，頗有為前蘇聯與東歐、中國國營事業轉制獻策的意圖，1996年南京大學出版中譯本，俄文譯本則有兩種。（以上參閱http://www.kelsoinstitute.org以及http://www.nceo.org）

但因法律規範或社會傳統與企業文化的慣性，員工擁有較英美模式合理的工作環境及決策參與權等等。

那麼，以資金來源（控制權的依據），及特別是利潤未極大化（經營動力）以致投資、效率與創新不足為由，反對LMF，是否能夠成立？我們似乎可以區分三個層次的看法。

第一，羅莫爾指的是，若「全部」或大部分公司都是LMF，則將出現他掛慮的創新與效率無法達到最適水平。既然現實世界絕大部分的公司產權與經營權並不是LMF，則相關歧見與其說是經驗可印證或否證的問題，不如說是主張者所信服之學理爭論的展現。[66]

第二，羅莫爾所接受的新古典模式，以市場競爭狀態之下的利潤極大化，作為激發創新與效率考核的依據，歷來不同經濟學的典範亦各有差異見解，所有對新古典提出批判的論述，都能同樣用來批判羅莫爾。[67]

第三，是以，對於LMF及新古典的終極狀態，是否能夠達到最適創新與效率水平，本文選擇存而不論或說暫時擱置，轉而選擇摘述施氏的「經濟民主」模式，包括對施氏在內的LMF模式所倚重的西班牙北部巴斯克（Basque）自治區之「猛龍」（Mondragon）集團，略作介紹。

施偉卡特所主張的LMF、經濟民主模式，雖然重視市場，但只強調「商品」市場，對於「資本」與「勞動力」市場，施氏並不強

---

66 喬梭與柯歐謀（Jossa and Cuomo, 1997）著有專書討論LMF，其中第十章則以數理運算，批評LMF將有投資不足的說法，「並非真正的情況」。

67 這裡並不一定是指馬克思主義所強調的市場競爭之無政府狀態，以致形成社會資源的重複投資與浪費，也不必然是指培瑞曼（Perelman, 2001）援引著名的賴賓斯坦（H. Leibenstein）X-效率說，進而論證競爭隱藏高昂成本。批評新古典經濟學的聲浪，見本書「第四章　未來世界與另一種知識」的「研究經濟」。在眾多挑戰完全競爭即能夠帶來「資源分配最優化」的經濟學者當中，也許最「有趣」或明確的說法是格拉夫（Graff）的計算（轉引自吳宇暉，2000：155），他說，即便市場是完全競爭，仍得另有十六個條件才能達到柏雷托最適境界。至於若只是為了效率與創新而追求效率與創新，也就是把手段異化成目的，又是另一個更大的問題了。

調,他甚至宣稱LMF模式並沒有後兩種市場存在的餘地。[68]於是,其LMF(1)除了生產資料由勞動者以民主方式管理,但這些生產資料不是他們所有而為社會整體的財產之外,(2)這些公司仍重利潤,但不必然追求極大化,且其分配可在勞動者內部以民主方式決定,至於其商品質量的產銷則仍須服膺供需所決定的價格,(3)最重要者,其營運資金不來自員工,而主要是向銀行借貸,銀行資金則並非取自私人的儲蓄,也不是從股票市場取得融資,[69]而是由國家對各企業課稅所供應。施氏宣稱,這是「對投資進行社會調控」,能夠對資本主義生產的無政府狀態,有所「紓解」。[70]

世界各地的所有LMF公司,規模最大且聲譽最為卓著者,應該就是「猛龍」,它創辦於1956年,其後陸續擴張並自有銀行,1990年代中期是西班牙第十大企業集團,至2001再前進為第八大,由七十五個獨立的公司以及五十五個子公司組成,僱用了西班牙巴斯克德巴(Deba)河谷七萬勞動力的近半數,另有海外三萬員工,預計在2002至2005的四年間,向全球投資20億美元,僱用一點六萬人。猛龍在2000年的營業額是43億英鎊,利潤2.5億,唯其總裁的薪資一年是6萬英鎊,僅為最低薪資者的七倍(至1990年代初期,猛龍的最高與最低薪資比仍是四點五倍左右)。1976至1986年間,巴斯克區失業人口增加了十五萬,猛龍員工則逆向增加了四千兩百位,1991至1992的衰退期,猛龍未裁員而是暫時減薪(最高減30%)。至2000年初的世界經濟不景氣,據報猛龍仍表示不裁員,惟此時或更早之前,它已

---

68 施式(Schweickart, 2003)並曾引申,若要能盡量不背離社會主義的實踐,則中國的發展策略應該是:(1)參與國際「商品」競爭並無不妥,(2)但不同地區之競爭,以及工人最低工資之競爭則可能不好,(3)引入外資則是權宜之計,以限制為宜,且最好是技術轉移方式。

69 股票市場並非生產單位取得資金,或監督其運作的有效管道,施式在前引文多次引用史迪格里茲(Stiglitz, 1994)的著作,再三表明。

70 施氏(Schweickart, 1993/2002:75-6)說,他只主張對「新投資」進行計畫,不是規畫所有的投資。他以美國1970-84年間為例,指其總資本構成占美國GNP的26.2%,若扣除非資本部門及折舊,則他所說,在其經濟民主模式,由銀行出資所形成之投資基金,約占GNP的10-15%左右。

經發展了新策略,即為因應市場供需變動,猛龍有五分之一勞動力是兼差或臨時短期契約工,可以較輕易地解聘。[71]

1970年代末起,猛龍的故事開始廣為人知,[72]相關學術研究也相當多,似乎除了一或兩本著作之外,[73]引述或探討者均肯定有加,大都讚賞其價值:猛龍長期存在且持續擴張,已使得認為LMF僅能在本國,且僅能在特殊情境中生存於一時的說法,不能成立[74]。不過,

---

71 *Guardian*(2001/10/23)。錢尼(Cheney, 2001)對猛龍有較多背景介紹,該文的編輯另評介了1987年10月猛龍集團年會(Mondragon Cooperative Group Congress)通過的十個基本運作原則。
72 開啟外界認知「猛龍」經驗的較早著作,可能來自歐柯夏(Oakeshott, 1978)。本世紀則文獻漸增,如施氏(Schweickart, 2002),另有美國大儒、年近九十的梅耳門(Melman, 2002)。歐氏當年指出猛龍的成功要件有四:資金足夠、經營得法與人才充分、員工忠誠,以及員工股份僅能在退休或離開時折現取回。1981年他並協助BBC以此為題拍攝了紀錄片,廣泛放映的程度,據說當時的美國總統雷根都看了。(Schweickart, 1998)
73 這裡指的是卡思咪(Kasmir, 1996)。從1987至1992年間,她前後累計在當地十二個月,與猛龍員工及經理人員廣泛接觸、訪談五十八位猛龍人員、三十六位私人公司員工。至少六人評論該書,給予該書資訊及品質高度評價。她提醒,有三個猛龍迷思。一是該地有平等傳統,實則此說經常淪為他者操弄,如當地小資產階級藉此強化巴斯克民族主義的意識形態。二是員工積極參與公司事務。三是員工都以平等之心相互對待,並且快樂工作。儘管如此,卡思咪的材料顯示,比起私人公司,猛龍更加平等(高層工程人員比相應的私人企業少賺30%、經理調漲薪資常在員工投票下遭到否決。管理層要調整8月的四週有給假,改成兩週在8月,另兩週分配至其他月分,易遭員工反對。猛龍有更多女性管理人員,並且認真辯論性別議題,僅有10%受訪員工說,寧願在私人公司任職)。(轉引自Schweickart, 1998)錢尼(Cheney, 1999)則在1992、1994與1997三度造訪猛龍,前後停留了六個月,訪談三百人。他的提問是,猛龍所標舉的民主、平等與團結等價值,是否在市場競爭日趨增加的過程,有了變化?他提出了資料,顯示猛龍是在此過程出現一些罷工、其海外子公司是沒有完全得到如同本國公司員工的待遇,但錢尼也說,猛龍結構大體沒有改變,如員工選出的管理委員會任命總經理,另以員工選出的諮議會具有準工會的角色,同時,猛龍並有員工必須參加的年度大會。書評者認為,錢尼只提問題卻不談成就,也沒探討可能的答案,不足為訓。(Ben-Ner, 2001)
74 特別參見Whyte(1985)。英國「史萬-莫頓」(Swann-Morton)公司也是有趣的例子,其創辦人瓦特·史萬(Walter Swann)是英格蘭北方大城Scheffield工程師,蘇聯革命成功的1917年開始工作,1932年開始以社會主義原則經營該公司,1980年

批評猛龍的著作並不否認其（收入及性別）較私人公司平等，而是抨擊它未能增進社會主義的志業，反而淡化了勞工階級的積極與激進意識。對於這個異議，施偉卡特坦然接受，他說，畢竟猛龍僅只是「在資本主義之海的合作社島嶼」，至於有論者指猛龍在生存與壯大之餘，推進的社會主義理念尚稱不足，甚至逆反，「那就留待讀者自行判斷吧。」[75]

參考文獻

朱曉陽、陳佩華（2003）。〈職工代表大會：職工利益的制度化表達渠道？〉，《開放時代》，2月，頁120-32。

劉長庚等人（2003）。《聯合產權論：產權制度與經濟增長》。北京：人民出版社。

吳宇暉（2000）。《市場社會主義：世紀之交的回眸》。北京：經濟科學出版社。

呂薇洲（2002）。《市場社會主義論》。河南人民出版社。

汪暉（2000）。〈當代中國的思想狀況與現代性問題〉，《台灣社會研究季刊》，37：1-44。

紀軍（2000）。《匈牙利市場社會主義之路》。中國社會科學出版社。

張宇（1997）。《社會主義與市場經濟的聯姻》。經濟科學出版社。

──（1999）。《市場社會主義反思》。北京出版社。

趙剛（2000）。〈如今，批判還可能嗎？──與汪輝商榷一個批判的現代主義計畫及其問題〉，《台灣社會研究季刊》，37：45-74。

錢永祥（2000）。〈現代性業已耗盡了批判意義嗎？──汪輝論現代性讀後有

去世。至2000年其股份由員工集體擁有50%，另50%則公益信託。每年約有28%利潤分配於員工，以2000年來說，大約是110萬美元，每位員工2,680英鎊。2000年的營業額1,370萬英鎊，利潤260萬英鎊。員工兩百八十位，每週工作三十五小時，十週有給假。它供應95%的英國全民健保系統使用的手術刀。（*Economist*, 2001/4/14:56-7）

75 引自施偉卡特（Schweickart, 1998）的書評。

感〉,《台灣社會研究季刊》,37:75-90。

──(2002)。〈演化論適合陳述自由主義嗎?對哈耶克式論證的反思〉,《台灣社會研究季刊》,46:173-91。

瞿宛文(2000)。〈全球化與後進國之經濟發展〉,《台灣社會研究季刊》,37:91-118。

顏鵬飛(1996)。《激進政治經濟學派》。武漢大學出版社。

Adaman, Fikret and Pat Devine (1994). Socialist renewal: lessons from the Calculation Debate. *Studies in Political Economy*, 43: 63-77.

──(1996). The economic calculation debate: lessons for socialists. *Cambridge Journal of Economics,* 20(5): 523-537.

──(1997). On the economic theory of socialism. *New Left Review*, 221: 54-80.

──(2001). Participatory planning as a deliberate democratic process: a response to Hodgson's critique. *Economy and Society*, 30: 229-39.

Archer, Robin (1995) Economic Democracy - The Politics of Feasible Socialism, Oxford: Clarendon.

Arneson, Richard J. (1996). What do socialists want?, in Wright (Ed. 1996: 209-30).

Auerbach, Paul, Meghnad Desai and Ali Shamsavari (1988). The transition from Actually Existing Capitalism. *New Left Review*, 170: 61-78.

Baddon, Lesley et al. (1989/朱賽霓譯2001) *People's Capitalism*《人民資本主義》。重慶出版社。

Ben-Ner, Avner (2001) 'A reivew of Values at Work: Employee Participation Meets Market Pressure at Mondragon, *Administrative Science Quarterly*, 46 (3:575-7).

Blackburn, Robin (1991). Fin de Siecle: socialism after the Crash. *New Left Review*, 185: 5-66.

Block, Fred (1996). Finance and market socialism, in Wright (ed. 1996: 159-69).

Brenner, Robert (1998). The Economics of Global Turbulence. *New Left Review*, 229: 1-26.(後擴大為2002年的 *The Boom and the Bubble: the US in the World economy*,2003年由王生升譯為《繁榮與泡沫:全球視角中的美國經濟》。北京:經濟科學出版社)。

Brighouse, Harry (1996). Transitional and Utopian market socialism, in Wright (Ed. 1996: 187-208).

Brus, Wlodzimierz（1982／周亮勳、榮敬、林青松譯1984）。《社會主義經濟的運行問題》。北京：中國社會科學院。

Brus, Wlodzimierz and Kazimierz Laski（1989／銀溫泉譯1998）《從馬克思到市場——社會主義對經濟體制的求索》。上海：人民／三聯出版社聯合出版。

Burawoy, Michael (1996). Why coupon socialism never stood a chance in Russia: the political conditions of economic transition, in Wright (Ed. 1996: 265-76).

Caldwell, Bruce (1997). Hayek and socialism. *Journal of Economic Literature*, 35(4): 1856-90.

Cheney, George (1999) *Values at work: employee participation meets market pressure at Mondragon*. Ithaca, N.Y.:Cornell University Press.

——(2001) 'Mondragon cooperatives', *Social Policy*. Winter, 32(2:4-9).

Cohen, G.A. (1991). 'The future of a disillusion'. *New Left Review*, 190: 5-20.

Cohen, Joshua and Joel Rogers (1996). 'My utopia or yours?', in Wright (Ed. 1996: 93-109).

Dahl, Robert A.(1985) *A Preface to Economic Democracy*. University of California Press.

Devine, Pat (1988). *Democracy and Economic Planning*. Oxford University Press.

——(1992). Market socialism or participatory planning. *Review of Radical Political Economics,* 24(3&4): 67-89.

Dodd, Nigel (1996) 'Economic Democracy: the politics of feasible socialism', *Sociology: the Journal of the British Sociological Association*, v30n1:201-2.

Folbre, Nancy (1996). Roemer's market socialism: a feminist critique, in Wright (Ed. 1996: 57-70).

Golan, Galia (1988). *The Soviet Union and National Liberation Movements in the Third World*. London: Unwin and Hymnn.

Grand, Julian Le and Saul Estrin（Eds. 1989／鄭正來、徐澤榮、景躍進、張曉勁譯1993）《市場社會主義》。北京市：經濟日報出版社。

Held, David (1983). Crisis in capitalist society, in Tom Bottomore et.al. (Eds.), *A Dictionary of Marxist Thought* (pp.118-21). Oxford: Blackwell.

Higgins, Winton (1997) 'Economic Democracy - the Politics of Feasible Socialism',

Economic & Industrial Democracy, v18n1:149-52.

Hirst, Paul and Veit Bader (Eds. 2001). *Associative democracy :the real third Way*. London: Frank Cass Pub.

Hirst, Paul (1994). *Associative Democracy*. Cambridge: Polity.

Horvat, A.（1982／吳宇暉、馬春文、陳長源譯2001）《社會主義政治經濟學：一種馬克思主義的社會理論》。吉林：人民出版社。

Howard, M.C. and J.E. King（1992／顧海良、張新等人譯2003）《馬克思主義經濟學史第二卷：1929-1990》。北京：中央編譯出版社。

Johnston, Paul (1996) 'Economic Democracy : The Politics of Feasible Socialism', *Industrial & Labor Relations Review*, v49n4:762-4.

Jossa, Bruno and Gaetano Cuomo (1997) *The Economic Theory of Socialism and the Labour-managed Firms*. London:Edward Algar Press.

Kasmir, Sharryn (1996) *The Myth of Mondragon: cooperatives, politics, and working class life in a Basque town.* Albany: State University of New York Press.

Katznelson, Ira (1996). *Liberalism's Crooked Circle*. Princeton University Press.

Kenway, P. (1990) 'Crisis', in Eatwell, John, Murray Milgate and Peter Newman (eds.), *The New Palgrave Marxian Economics*. London: Macmillan.

Levine, Andrew (1996). 'Saving socialism and/or abandoning it', in Wright (Ed. 1996: 231-49). Lisbon, Group of（1995／薛絢譯2001）《競爭的極限》。台北市：正中。

Marx, Karl（1968／吳家駟譯1990）《資本論》。台北市：時報。

McNally, David (1993) *Against the Market: political economy, market socialism and the Marxist critique*. London: Verso.

Melman, S. (2002). Mondragon: A model for linking innovation, productivity and economic democracy. In M.F. Jonathan and G.N. Jessica (eds), From Community Economic Development and Ethnic Entrepreneurship to Economic Democracy: The Co-operative Alternative. LTAB: Linkoping.

Meurs, Mieke (1996). Market socialism as a culture of cooperation, in Wright (Ed. 1996: 110-21).

Milonakis, D. (2003). New market socialism: a case for rejuvenation or inspired alchemy? Cambridge Journal of Economics, 27(1: 97-121).

Nove, Alec（1983／徐鐘師、王旭、周政懋譯1991）《可行的社會主義經濟學》。北京：華夏出版社。

Oakeshott, Robert (1978) 'Industrial co-operatives: the middle way', *Lloyds Bank Review,* January:44-58.

Perelman, Michael (2001). Competition: the hidden costs of the invisible hand. *Challenge,* 44(2): 85-124.

──（1996／石磊、吳小英譯2000）《經濟學的終結》。北京：經濟科學出版社。

Pierson, Christopher（1995／薑輝譯1999）《新市場社會主義：對社會主義命運和前途的探索》。北京：東方出版社。

Putterman, Louis (1996). 'Coupons, agency and social betterment', in Wright (Ed. 1996: 139-58).

Roemer, John E.（1988／段忠橋、劉磊譯2003）《在自由中喪失：馬克思主義經濟哲學導論》。北京：經濟科學出版社。

──(1991). 'Market socialism–a blueprint: how such an economy might work'. *Dissent,* Fall: 562-75.（包括Joanns Barkan and David Belkin的評論及Roemer的答覆）

──（1994／余文烈、李惠斌、張金鑑譯1997）*A Future for Socialism.* Harvard University Press.《社會主義的未來》。重慶：人民出版社。

──(1995). 'An anti-Hayekian manifesto', *New Left Review,* 211: 112-29.

Satz, Debra (1996). 'Status inequalities and models of market socialism', in Wright (Ed. 1996: 71-89).

Schweickart, David (2002). *After capitalism.* Lanham, Md.: Rowman & Littlefield.

──（2003）〈關於馬克思主義與向社會過渡的十大論題〉，原以英文發表於2002年7月在杭州舉辦的會議，後由中國中央編譯出版社譯為中文在2003年收於曹天予（編）《現代化、全球化與中國道路》，頁251-91。北京：社會科學文獻出版社。

──(1998). A book review of The Myth of Mondragon. *Science & Society,* 1998/1999, 62(4): 597-600.

──（1993／李智、陳志剛等人譯2022）《反對資本主義》。北京：人民大學出版。

Schweickart, David, James Lawler, Hillel Ticktin and Bertell Ollman（1998／段忠橋譯2000）《市場社會主義：社會主義者之間的爭論》。北京：新華出版社。

Sensat, Julius (1996). 'Socialism as an attitude', in Wright (Ed. 1996: 250-62).

Shakiah, A. (1983). 'Economic crisis', in Tom Bottomore et.al. (Eds.), *A Dictionary of Marxist Thought* (pp.160-5). Oxford: Blackwell.

Simon, William H. (1996) 'Inequality and alienation in the socialist capital market', in Wright (Ed. 1996: 45-56).

Stiglitz, J. (1994). *Whither Socialism?*. Cambridge, Mass.: MIT Press.

Sweezy, Paul（1946／陳觀烈、秦亞男譯1997）《資本主義發展論：馬克思主義政治經濟學原理》。北京：商務印書館。

Thompson, Frank (1996). 'Would Roemer's socialism equalize income from surplus', in Wright (Ed. 1996: 170-83).

Weisskopf, Thomas E. (1996) 'The prospects for democratic market socialism in the East', in Wright (Ed. 1996: 277-89).

Westra, R. (2002). Marxian economic theory and an ontology of socialism: a Japanese intervention. Capital & Class, 26(3: 61-85).

Whyte, William Foote (1985) 'Learning from the Mondragon cooperative Experience', *Studies in Comparative International Development,* Summer: 58-67.

Wohlgemuth, M. (1997).'Has John Roemer resurrected market socialism?' *Independent Review*, 2(2): 193-216.

Wright, Eric O. (1989). 'What is analytic Marxism?', in Eric O. Wright (1994). *Interrogating Inequality* (pp.178-98). London: Verso.

Wright, Eric O. (Ed. 1996). *Equal Shares: making market socialism work.* Lodnon: Verso.

——(1996). 'Political power, democracy and coupon socialism', in Wright (Ed. 1996: 122-36).

Yunker, James A. (1995) 'Post-Lange market socialism: an evaluation of profit-oriented proposals'. *Journal of Economic Issues*, 29(3):683-717.

——(1997). *Economic Justice: the market socialist vision.* Lanham, Md.: Rowman & Littlefield.

(本文是〈譯導讀〉，收於John Roemer〔1994／馮建三譯2005〕《論市場社會主義》，頁3-37。台北市：聯經。除了出版社，翻譯該書得到「國科會國家科學委員會」與時任國科會人文處長、中央研究院院士王汎森博士的支持，在此致謝。收錄在本文集的文字，僅這篇留存所有注釋及參考文獻，內文與注解僅微量更動。）

研究新社會的人

個人歷史與當代記憶

英國有三多，訃聞、傳記與回憶錄，都與新聞媒介有關。

每一天，英國幾家主要的報紙，總有一大版幾乎是見光死。真的，通常評論版面的前頁或後頁，一定有一整個版面，名字出現其間的人物，絕大部分最遲在見報前一天，就已經升天。沒有消息就是好消息，在這裡得到應驗。

假設一家報紙平均一天刊載三篇訃聞，乘以設有這種版面的報紙數目，一年下來，扣除外國人、扣除重複撰述的人，總還有上千英國人上榜，也就有上千寫手。這會有什麼意思？

如果還不能說是反映，報紙至少是社會文化的折射。訃聞撰述的頻繁也就顯示，英國社會對於公眾人物、在其本行稍有特殊意義的人，或是生活歷程值得一談的人，比較重視，紀錄留存得比較多。對於研究歷史或當代現象，這幫助很大，進而對於一個社會從經驗中學習，也不無助益。甚至，我們還可以說，若是寫作訃聞不是敷衍，也不是文抄公式地追悼，更不是人死為大因此瞎捧或為死者諱，而是整年有上千人以業餘之身，能夠在短暫數小時或數天之內，蒐羅足夠的資料為上千人寫就死亡報導或評論，那麼，久而久之，如此龐大文字及人力所樹立的人世功過與月旦標準，總會對公民人生的是非觀培育發生潛移默化的作用。

訃聞假手他人，代表別人對自己的評價，自己再也無法置喙，好的自傳或回憶錄是自己對自己的定位，是提交社會的一份報告。在這方面，英國新聞傳播界的老闆、總編輯、記者或高層主管的出版紀

錄，數量相當龐大。

BBC執行長在卸任後撰寫回憶錄，幾乎成為慣例，其中不乏佳作，如柯蘭的《天衣無縫》（筆者已經中譯，承蒙陳世敏老師的建議，易名為《統理BBC：英國廣電協會的變遷歷程》）被譽為自由主義者談廣電哲學與實務的最佳著作之一。最近一本是米蘭的《執行長》，縱觀作者在BBC三十多年，由基層製作人到執行長，而後因為屢次處理新聞觸犯柴契爾政府的禁忌，最後被迫掛冠的經過。電視第四頻道在1982年底開播，再度創造世界紀錄，以保守黨而主張市場競爭的意識形態，怎麼會接生這個不求賺錢，卻是要鼓勵實驗創新、服務少數品味的機構？首任執行長以薩在《第四頻道的風暴》中，清楚曉暢地陳述他的觀察，把這個前所未見的第四頻道的誕生歷程，往前推到1962年，可見它不但不是無中生有，而且是許多人與社會團體推動了許多年才得到的成績。以薩又彷彿暗示，第四頻道沒有被保守黨某些人硬是拿掉，也許不無出於誤認的可能。就在第四頻道開播未久，日後出任保守黨主席的提貝特，很不滿地對以薩說，「你要弄清楚，你完全搞錯了，弄這些同性戀等等的節目，根本就弄錯了。國會從來沒有指望這些東西。我們認為你應該加以滿足的不同興趣，不是這些啊！高爾夫、玩船與釣魚……各種休閒娛樂。我們指的是這些。」

平面媒介的人，原本就擅長文字，他們出版的這類準歷史之作，更是一本接一本。從戰前世代的北岩勳爵，到當前正紅的梅鐸，每個人都有，甚至多達五、六本。在報老闆當中，最奇特的應該是西爾·金，1960年代時，他的權力無人可敵，掌握英國全國性報紙半數銷路以外，又是英格蘭銀行主席，工黨政府因此三度請他入閣以茲籠絡，金則回絕，表示寧可「旁觀」，而日後他果然將日記逐年出版。他們的總編輯也不含糊，尤其是與業主交惡以後，出書正好用來警惕來者、稟告公眾，最新的是去年底已經介紹過的《全盤揭露》，最有名的卻可能是前《泰晤士報》總編輯伊凡士1982年的《好時光，壞年冬》，此書居然兩年前又加些資料再版。

英國媒介生態是有很多毛病，但比起我們高明了不少，反映在台灣幾乎沒有可靠而又全面的媒介統計資料，反映在政府好像不把媒介

當成文化看待,因此欠缺足堪比擬我們那據說是「奇蹟」的經濟政策的傳播政策,當然也反映在好的新聞媒介工作者的傳記或回憶錄,寥如晨星。

(《聯合報》1997/1/14 第37版/聯合副刊。原標題〈訃聞・傳記・回憶錄〉。)

勞動者在挖掘意義

礦工在劈、在挖煤礦的時候,總是伴隨著許多嘈雜的聲音、塵土,以及許多沒有用的石塊。類似的道理,煤礦大罷工發生後,[76] 有些核心議題對於社會來說具有重大意義,但環繞這些議題之周遭,經常也有許多雜音與塵土,以及足以造成困惑的、短期的或惡意的論點,致使這些議題隱諱不顯。千千萬萬的礦工當中之絕大部分,已經以其非凡的人文品質,歷經集體的磨難,履行了他們對工會的責任。現在,社會主義者的責任在肩,我們在任何情況下都得持續支持礦工,不僅如此,我們還得澄清核心議題是些什麼,在未來的數十年,我們得透過社會遊說推進議題;未來,英國社會將呈現哪些光景,將由這些議題所決定。在這場罷工中,界定這些議題的四個關鍵詞是:經營管理(management);經濟(economic);社區、社群(community);法律與秩序(law-and-order)。以下,我將逐次討論這四個關鍵詞,使之

---

[76] 譯按:英國工黨在1947年將煤礦國有化,1984年保守黨因要減產並由進口煤礦取代,於是意味裁員,引發長達一年的大罷工,礦工失敗告終後,英國政府逐步推行煤礦工業私有化,至1994年完成。這是英國1926年全國總罷工以來,最劇烈的勞資世界觀的對立事件。工人領導中樞頑強,竟至執政保守黨與在野工黨雙雙畏之、恨之如虎,罷工多年以後的1990年代初,情治單位與主流傳媒形同聯手,導演了數個月的抹黑工會事件:Seumas Milne (1995). *The Enemy Within: MI5, Maxwell and the Scargill Affair*. London: Pan. 該書部分另以〈打壓礦工的祕密戰爭〉收錄於 John Pilger(2004/閻紀宇譯2006)《別對我撒謊:24篇撼動世界的調查報導》,頁339-86,台北市:商周。

導向總體層次的議題。

「經營管理的權利」

在「經營管理階層」片面決定關閉部分礦坑後,工會開始罷工。在這裡,我們必須處理的議題實乃攸關社會主義鴻圖大業的核心。早先,有關各種協議與程序的論點,僅屬當下與立即;早先,人們談論的政治脈絡與風格固然重要,卻遠遠望此議題而莫及。這個議題是,勞動者認定他們應該有權,不僅控制自己的薪資與工作條件,而且也要能夠控制他們的工作之本質。無庸置疑,這個認定具有絕對的人文內涵。假使否認這個認定的正當,或僅只是要為其設定成立的條件,都等於是要使男男女女的整個階級,臣服於他人的意志之下。我們可以預期,資本家會否認這個認定。他們建立其世界的基礎,是透過其資本權力,設定僱用的經營管理條件,然後臣服實質的大多數勞動者。每當有人挑戰這個權力,他們就滿心憤怒,也滿心鄙視。另一方面,歷經許多世代、奮進於極其困難的實務條件,社會主義者是在朝向一個社會願景前進,是要讓這個認定的人文內涵能夠開始為人認知,乃至最後能夠得到實現的機會。我們自己的勞工運動之主流,選擇了一個特別的路徑。這就是,我們將主要的產業與服務業國有化,這樣一來,這些事業代表者,就不是資本家以私人利潤形式展現的利益,它們將使得國家或公共利益得以具體展現。這似乎是合理的前進路徑,是替代老舊的、不負責任的資本主義之方案。

但是,這個路徑導向何方?這場礦工大罷工說得一清二楚。遠比其他任何單一事件,它讓我們更能清楚認知,這個路徑與其原初的人文認定之內涵,相去還是相當遙遠。了解個中差異的關鍵詞,正是相當滑溜的一個字眼:「經營管理」。在所有現代產業的發展過程,我們都看到了「經營管理」這個詞,這是事實;它與更早一些的用語「主人」(master)及「雇主」(employer)之間存在著混淆的關係,一種堪稱嚴重的混淆,而且有些時候是人們刻意造成的混淆。

(譯按:勞工在促使生產工具)走向國有化的路徑時,催生了一

個單位，依理它得代表公共利益，其次，另有一個單位，職司技術的經營與管理，負責生產與分配的監督，這些就是新式結構的理想要件。勞工理當控制自己之生產這一回事，此時已被擺在一旁，人們提出的理由是，還有更大的國家利益以及最有效率的可能生產方式得優先照顧。人們提出的這些優先項目，固然相當重要，只是，假使人們引用這些項目，作為拒絕或設定勞工人文內涵的依據，我們就得注意，接下來發生了些什麼事情，這一點很重要。第一，「煤礦委員會」（the Coal Board）實際上成為了如同企業般的雇主，它並未代表總體的公共利益，它在政治與財務上僅與國家產生關係。「公共」委員會與「技術經營管理」團隊之間的區隔已經模糊，這樣一來，原本僅只是應該肩負專業操作的「經營管理」團隊，成為另一個字眼，掩護了「實質」雇主的意志及算計。

這是一種混淆，並且這種混淆的後果格外嚴重。因為，幾乎所有地方的所有事業，確實都有經營管理的需要。對於任何複雜的操作來說，研究、組織與計畫都很重要。前述混淆所造成的錯誤是，當前強加於「經營管理」的內涵，已經將經營管理一再化簡，使其必要的計算過程，僅僅剩下雇主的統合營運計畫，並且雇主又僅用自己的界定方式，理解他所認定的、能夠獲利的操作模式。「經營管理」團隊所說的，於是成為一組不容挑戰的技術決定，而實際上的經營管理──很清楚，這裡是指早先的主人或雇主──是在足以產生決斷效力的情境中，透過短期的政治與商業的計算而達成。

有了這個理解，我們應該能夠看出，礦工起而挑戰的是「經營管理的權利」已被片面決定。此時，資本等權勢集團卻動員了起來，他們想要動員大量意見，擊潰礦工的認知。在這裡，我們清清楚楚地看到了，整個現代的工作組織，出了哪些關鍵議題。經營管理團隊遂行其當下決策時，他們甚至沒有諮詢礦工及其工會，若他們真有諮詢，也少於應有的諮詢範圍與深度。礦工的認定是，他們的一輩子都已經投入在這個行業，礦業應該怎麼規畫長遠方向，他們從一開始就應該要被諮詢，他們致力抗爭的目標，就在這裡。真正的經營管理是一個持續，並且複雜的資訊與協商過程，一直要到某種總體的，但又總是

還可以協商的協議達成了。

錯誤的根源在於，空談「經營管理的權利」，卻對於這個困難的過程刻意漠視，使之無法進行，或甚至事後推翻之。至此，它根本就是沒有意義的言詞，它只是另一種說法，內涵是「雇主」獨斷而不容挑戰的權利。對於這種傲慢與含糊，對於其露骨的面貌，礦工提出了挑戰；此時，礦工不僅為己，礦工也是在為所有的勞動大眾發出不平之鳴。礦工在為所有人，無論是廁身於醫院、大學，或其他服務業與製造業的所有人，提出挑戰，礦工正在為具有深遠且重大意義的原則而奮鬥、而戮力爭取。是以，這已涉及了所有人的利益：在自己崗位努力辛勤工作的人，不容資本與國家以「經營管理的權利」作為其掩飾，遂行這些獨斷的操作之實的人。我們身處於這樣的時代，非常強大有力的跨國資本，祭出了不等形式的旗幟，便宜行事地東挪西移、南遣北調，百萬千萬億萬資金任其役使；我們也身處於這樣的時代，各式各樣的金融集團經常迅速且獨斷地接管或合併了各種事業。幾乎不可倖免，礦工此時此刻的處境就是你我明日可能面臨的困局。

一直到目前為止，我們依靠工會保障我們，我們秉持公共部門的理念保障自己。但是，這次罷工顯示，任何一種的保障在所有關鍵點都遭受了攻擊。不管當下這場行動的命運為何，如果我們無法領受教訓，無法建立並推進一個意識、一個運動，藉此捍衛並提升民主的核心條件，那麼，我們將無地自容：這就是說，我們的勞動是我們自己的勞動，不容他人獨斷，不容他人對我們的勞動指東道西。

「經濟是什麼？」

但是，另一種聲音說話了，它語帶保留而說，人總得面對現實。如果你的勞動並不符合經濟，你有任何權利依賴勞動而生活嗎？這誠然是活生生的一個問題。不過，描述這個問題的依據，不能是管理單位用來對抗罷工的那種說法：他們的說法就是本文一開始提及的，是雜音與塵土。經此說明，我們當可知道，這裡的「經濟」也好，「經營管理」也好，從一開始就不是出於資訊暢通的、專業的或中性的評

斷,絕非如此。到底什麼是經濟,我們只要攤開礦坑的直接交易帳目,就能提出相當不同的,甚至足以替代管理單位之定義的「經濟」內涵。如果我們真攤開「煤礦委員會」制定的會計程序,對於這些程序是否真的那麼清楚、是否真的那麼相關,我們勢將提出嚴正的專業質疑。官方的任何計算標準,我們都有權利挑戰,與此相同,礦委會的這些規則也應該容許他人挑戰,礦委會無法訴諸「經營管理的權利」,就想在知識上保障這些規則或標準。

礦委會再怎麼述說其論點,都不能忽視另一個層次的問題,這就是說,我們必須將「經濟」作為一個關鍵詞,檢視其內涵——正就是在這裡,我們觸碰到了「經營管理與協商」的實質內涵。所有的資本主義經濟學都有這個性質,甚至,捲入資本主義術語而論述的社會主義經濟學者,同樣帶有這個性質,他們會說,特定的一些商業是與整體經濟脫鉤而運作。我們可以理解,這是一種技術層次的說法,我們是得透過特殊的手段,檢視特定的一些操作與投資。但是我們也不能忘了,所有這些操作與投資,總歸還是得回返作用於整體經濟,它們畢竟是整個經濟的構成部分,不但如此,它們還得回歸於社會,因為整個經濟所要支持的目標就是社會。

若從這個角度觀察,煤礦這個例子極為強烈,也很特殊。煤礦是這個島嶼的深層經濟資源,任何人對於挖礦的經濟計算,若要合理,不僅要計入當前的交易,並且,總體能源政策的長遠及相關計算,也得統統納入。一經這麼看待,我們就會發現,採取某種算計,使生產集中於目前最有利可圖的礦坑,卻又根據另一算法,關閉無法獲利的礦坑,即便僅從孤立的經濟過程來看待,以上作法無疑已經很有問題,並且,這些作法對於煤礦的長期儲存量又會造成什麼效果,其實也未曾納入其經濟計算之中。

但是,事情的全豹遠比這些作法所關照的層面來得寬廣許多。(譯按:經營管理者的)會計算法,僭越而取代了總體經濟的算式。誠如煤礦工會所說,管理者投入於擊潰罷工及資遣人力的成本,比起維持現有礦業的運作成本還要來得高。但還不僅於此,還有更為一般層次的事實,假借「經營管理的權利」之名,原先存在於悠久礦田之

大量社會資本及持續的社會投資，轉瞬間就被當作過時，不再有用。位於這些地區的各種大小房舍屋瓦、各級學校與各個醫療機構及其設施，以及大街小巷，它們在在都是巨量的經濟投資，與其比較，任何產業（譯按：其實是指礦業）的交易計算，實在只能是小巫了。正就是在這個最為根本的層次，礦工已經開始界定社會主義經濟體的真正議題與困難，是些什麼。礦工已經開始暴露資本主義經濟體的長遠毀滅屬性。我們復甦勞工運動的各種政策，必須以這個認知為基礎，以社會全豹這個更為寬闊的基礎，才能建立。

「捍衛真正的社區、社群」

在輿論看來，煤礦罷工是舊秩序的最後一擊。若以正確眼光視之，這卻是邁向新秩序的第一步。特別是礦工再三強調，他們要保障他們的「社群」。這裡又是另一個關鍵詞，我們必須理解它的內涵。

如同大多數的人，當礦工說及社區時，他們指的是他們已經居住多年的地方。但不僅於此，這也是他們還要繼續居住的地方。他們在斯土斯地已經居住好幾個世代，他們投入了許多經濟的以及社會的心力，他們投入了許多的人文關懷，在他們之後的許多新世代，還會繼承轉化。這種投入是濃郁強烈的、是全心全力的，假使沒有這股投入，社區也就沒有內涵可言。

然而，community這個字還有另一種用法，它是社群、共同體，它指的是一個抽象的總合體，並且其成員所共有的利益，並非經由協商而來，而是有個獨斷的過程。這個意思之下的社群，並非指涉真正的地理空間或任何活生生的人。無論是一個民族或是一個種族，這類範圍更為廣大的社群，若要真實地存在，必然包括所有真實的、多元繁複的社區。假使要以社群、共同體之名、要以「公共」之名摧毀真實存在的社區，那麼，這還不僅是不對且錯誤的，這還是很邪惡的。

可是，這卻是現在這麼強烈的、迎面撲來的社會秩序之邏輯，雖然它這麼讓人難以理解：這是新式的資本主義的邏輯，它的游牧作風利用活生生的地理空間與人，然後（在自以為合適的時候）持續移

動。真是這樣,這個新式的游牧資本主義之代言人,望之愈來愈不像是真正的人,反而愈來愈像是塑膠的游牧浪人,在看在說話:浪人站在遠離既定的工作及生產活動之外,這些人來了、拿了錢,等著讓人告訴他們,不管他們去哪裡、在什麼旗幟之下,他們都會好好地幹。拉回現實,這些人是在陰影底下操勞的,無論是到了都會中低收入區,或是到了早已經成為廢墟的煤礦村落,活生生的男男女女都知道,他們面對的是紙鈔與貨幣築成的異化秩序,似乎是那麼強大有力的異化秩序。他們生活在社區,他們敢於反抗,所有的礦工、所有的女人、所有的老人,以及社區的其他所有人,他們挺身站立,不單反對,他們更要挑戰強大有力的勢頭,這是他們留給我們的永恆榮譽。

可是,假使挑戰要能成功,要能真正擊潰這個異化的力量,那麼,這個挑戰得涉及更為寬廣的範疇。從煤礦切入,這是好的開始,因為煤礦的重要性具有總體意涵,且持續重要。但是更為寬廣的挑戰與推進,必然得進入更為困難的領域。我們得徹頭徹尾,重新建構經濟與社會的各種關係,這是個至為根本的問題。因為擺在我們眼前的事實是,就在那個異鄉秩序裡,將有一個接著一個產業的、愈來愈多的人,在這些一長串系列事件的決定之後,會陸續遭到解僱。這些異化的力量透過私下言說與運作,有一部分就順順當當地進入了傳媒,我們於是看到了長長一串的統計數字,叫嚷著在更多工人被解僱後,生產力增加了、利潤增加了。他們所構築的這條道路之終點,他們忙著宣布,這個是不經濟的、那個是多餘的,但淪落道途者,又豈只是特定的一些社區,而必然是所有的人類社會——以前人們稱之為「不列顛」(Britain),但現在他們稱之為「聯合王國」(Yookay)[77],也只不過是排在前面的人選而已。

對於這些遊走四處、身段柔軟的人,我們無須為他們操心,雖然他們拿著與我們名義上相同的國籍。他們會不停地遊走,或說,無論他們從哪裡得到利潤,都會得到重重的保障的。假使我們這些在地

---

[77] 譯按:Yookay是UK(United Kingdom)的另一種念法,一般認為是本文作者所創,該詞以嘲弄的意味,取U與K兩個字母的音調而成。

人，並且也繼續會是在地的人，想要擁有而且也要維持真正的社會，那麼我們就必須尋覓另類的經濟秩序；如果沒有真正的社會，我們也就永遠不會有任何社會主義。

堅持社會主義不能只是說空話，這不足以迎戰這場挑戰。務實以進，勢將極其困難；我們現在就必須嚴陣以待、認真投入的原因，正在這裡。有階級，就必然有社會的不平等，作為社會主義者，我們總是對此有所體認。但是我們社會主義者經常忽略了，土地本身，以及我們擁有的土地，其實同樣存在類似的不平等。這場罷工再次教導我們，讓我們重新憶起，煤礦是一種天然資源，而正也是這樣的思維——這種思維無異於一種既務實又特殊的審視，讓我們正視我們賴以維生的手段，既是資源也是技術——藉此我們才有挑戰的能力，挑戰有關財富與利潤的主流界定方式。

因為，財富其實僅能存在於人，僅能存在於人所勤力的土地與海洋，它們超越了所有的異化類目。想要使用這些財富，卻又要拋棄與放逐人力，二者顯然存在深層的矛盾，終究會導向社會災難，這就如同，若是不知節度的開發土地與海洋，自然災害也就緊隨而來。從實實在在、活生生的人出發，我們才能設計出符合需要的經濟政策，用以維持人們的永續生活。在思考時，我們必須來個大轉向，如此，符合我們需要的經濟政策才能出台，礦工以其行動，以其有關礦坑與社區的論述，已經顯示了大的轉向，他們拒絕分離經濟、人及社會。

「秩序這個理念」

正是在這樣的脈絡下，我們應該檢視最後這個關鍵詞：「法律與秩序」（law-and-order）。在我看來，這個複詞是一個單詞，因為當下該詞與「糾察」（picketing）這個詞對立。兩個相當不同的詞彙與概念，卻在獨斷的裁量下合為一個術語，正是因為這個緣故，我們於是得以掌握理解當前意識形態效果的鑰匙。社會需要法律規章，複雜社會需要立法與修法，所有社會莫不如此。真正的問題是「秩序」。傾聽內閣部會首長的言語，他們口出「秩序」，但真正的意思卻是指

令：順從法律權威。或者，我們其實應該說，在與「經營管理的權利」結合使用後，「秩序」意指順從所有權威。礦工身處這脈絡，必然感受到了極大的侮辱。然而，「秩序」作為一個理念，遠比服從權威重要。法律必然是特定社會秩序的工具，缺此，沒有人能夠生存。但若以特定法律來說，卻經常引發衝突，因為，真正造成問題的是，我們想要的社會秩序，其基本定義是些什麼。這樣看待事理就能發現，很多法規而特別是限制工會權力、限制勞工集結的法規，或是介入自由勞動力市場的法規，必然是由資本支配了。挑戰這個秩序，就是挑戰這些法律。

　　認清這個事實對於我們社會主義者非常重要。因為，很多人經常攻擊，指社會主義者支持脫序。我們在回答這個問題時，必須不再只是守勢、不再只是消極對應之，這一點相當重要，社會主義者必須謹記在心。因為，在抗爭經營管理權利的時候、在爭取另類經濟政策的時候，在爭取社區的存續條件的時候，沒有哪一種行動不涉及「秩序」的長遠原則：秩序不能是指令、不能是威權，秩序必須經由多數公民選擇，是人們選定的生活方式。社會主義者應該翻轉態度，不是防衛式地為脫序辯護，而是要利用每一個機會，大力陳述刻正發生的事情，真相是什麼：政治力與經濟力聯合攻擊我們，我們熟稔的社會秩序，因此為之脫序，我們的社區，遭其摧毀。

　　礦工及其家小生活於陰影之下，他們飽受威脅，他們的礦區朝不保夕，對於此情此景，他們早就一清二楚。他們直接捍衛的是生活方式，是特定社會秩序的一部分；以另有發展的地方之眼光視之，它現在是遭受了殘酷無情的壓制。社會主義者必須領受這些啟示。無論是從各礦區的分裂與差異、無論是從罷工發生的方式，無論是分區決定或是全國投票，凡此種種情況都已經清楚告訴我們，形同是深深刻畫於大地的物質不平等，對於我們是不是能夠在較大範圍，透過協議而達成社會秩序的建構，勢將產生深遠的效應。

　　生活在肥沃而足資獲利的礦田的人，他們在最淺層土地，就能開掘礦苗，他們對於其社區未來的認知，可能與他人極為不同。由於存在這些差異，因此勞動者在籌組全國工會、全國的社運組織或政黨

時，若說要泯除這些差異，使整編成為單一政策、一種另類秩序，是會遭遇理論難度，如果再加上環境的實質差異，那麼，整編的可能性就會更加有限了。社會主義的政策，以及其小部分的修正，從一開始必須仰仗迴然有別於資本主義政策的基礎，原因在此。

一直到現在，資本主義政策並無兩樣，仍然是在市場上低價買入、高價賣出；晚近數十年，對於人們最想要自由選擇的社會秩序，這種作風已經造成了長遠的顛覆效果，因為，人們若能選擇，人們最想要的是，以獨立、能夠自我更新與永續經營的國家面貌而存在。無論是訴求「法律」，或訴求「秩序」，它之所以還能產生效果，主要還得有賴於人們的國家認同。然而，號稱公營的企業，無論是鋼鐵或電力，或是現在已經輪到的煤炭，如今居然到了這個地步，這些個別企業要以自己當下的市場計算，公然壓制真正的國家利益（比如，他們跨洋越海，從境外拖卸燃煤進入英國，不惜挫傷、減少或甚至關閉本國的國家產業），到了這個時候，深刻的社會危機已經浮現了。

危機的核心是特定的「經濟」或「不經濟」的說法上揚，一有必要，它在實際上、在便宜考量之下，就壓過了所有其他的社會價值。假使這個說法繼續橫行無阻，我們在爭取我們意定的社會秩序及其法律時，我們還能有什麼空間呢？進而言之，所謂的「經濟」，又還能有什麼內涵呢？少數殘存的產業與服務業，難道還能在生產的國際競爭壓力下，挺立勞動的條件嗎？世態終將炎涼，國際資本標準運作下無完卵，想要不強制任何人成為多餘而失業，想要爭取可長可久的社會秩序，終局以觀，不再可能。

觀察當前的政策——如果這個嚴肅之名號，還能使用——政府是要聽任荒蕪的出現，或者，實際以言，應該說政府加速其出現。政府認為，所有失業者及被拋棄的社區，必然一蹶不振，處於政治邊緣的位置；或說，政府認為，如果這批人僅只依靠自己的行動，那麼，政府可以透過中央化的通訊傳播手段（在這場罷工，政治論述不在國會中進行，而是在收音機與電視上展現），以及新形式的監理手段，加以控制。

有了這個領悟，我們就能看出，礦工從兩個主要方向導引我們進

入決策時刻。為了英倫島嶼，無論是以任何標準衡量未來的政策，礦工的煤礦及礦工的技術都是重要的資源。他們不是（譯按：商品）容不得市場部門的品足論道，他們是我們的經濟生活得以永續存在的關鍵。（譯按：前述這一點之正確，並無疑問，惟下列）第二個面向的思考，才能超越一般經濟位置的發言。就經濟談經濟這個部分，固然不失其說服力，但還不充分，我們得提升論點，使之走向社會議題的層次；這就是說，英倫社會的未來、勞工運動的未來、攸關社會主義鴻圖大業的未來，也就是所有人的社區之存續問題，是必須先有這個層次的討論才能決定。社會主義若要復甦，就得面對這些危機四伏的社區，（譯按：能夠面對，社會主義就能）成長：這些社區的困境不是僅限於它們自己，具體而微，它們凸顯了所有地方的需要。有此體認之後，多元就能存在，就能彰顯我們對多元存在的尊重，我們於是能夠期望社會大眾，醞釀形成其力量，從而尋求有效的政治構連。這條道路會很遙遠、細部景觀會很難以描繪，但是，這些充滿毀滅意涵的關鍵詞，「經營管理、經濟、法律與秩序」，礦工已經加以挑戰；這些關鍵詞掩飾了新的、不知行將帶來災難的資本主義之真實運作，為了他們自己的利益，礦工挺身而出，礦工同時也勾勒了普遍利益的新形式。

　　這場罷工走入尾聲的時候，我們會有許多事情必須討論，必須提出主張：有關策略的、有關時機的，以及，毫無疑問的，我們也得處理有關人格品行的議題。但是，快速並明確地超越這些事項，卻是重要之事當中最為重要的，在罷工這段期間已經明顯浮現的、具有普遍意義並且至為關鍵的議題，我們必須提出。

（Williams, Raymond〔1985／馮建三譯2005〕'Mining the meaning: key words in miners' strike', *New Socialist*, March 25. 以〈挖掘意義：煤礦大罷工中的關鍵詞〉收入丘延亮（2008）《實質民主》，頁183-96，台北市：唐山。

勞動者的內外團結

提起利物浦，想到的不是披頭四，是碼頭工人。

六十歲的吉米，在港口搬上搬下將近四十年，視公司需要，經常得早出（七點）晚歸（十點），一週七天隨時候傳。去年他與同事共八十人，因為不同意加班超時，一天內全被開除，他們旋即組成糾察隊，訴請進入公司的人不要進港工作，響應的三百二十九人也在幾天內全被解僱。

利物浦高達13%的失業人口，讓公司能夠以時薪4英鎊（大約180台幣）輕易找到臨時工。於是，船運專業報紙刊載生產力「全歐洲最高」、去年生產力也是港口有史以來最高紀錄的利物浦碼頭工人，就在公司盈餘從1989年的900萬英鎊，增加到了3,100萬英鎊的去年，仍然因為加班工資問題而被炒了魷魚。

事發之後，全英國運輸工會幹部起先表示要與公司周旋到底，不多久就改了口，說工作不可能要得回來。吉米等四百多人只能自己救自己。在港口這邊，老老少少男男女女全家動員，風雨無阻也管不了寒冷，每天從六點起在公司門前糾察，發傳單靠口語，讓前來替代他們工作的人知道個中緣由，若是因此支持那就更好。七天的糾察「工作」，總有一天全部是婦女，帶些小孩。開始的時候，這些碼頭工人老是愛笑，總說女人怎麼幹得了這檔子事呢，沒有想到，「她們急急如旋風，把清流吹進了工會」。她們還帶小孩到公司，為年薪8.7萬英鎊的經理唱生日歌，「你知道怎麼個結果？經理報警囉。」

不但在家鄉動作，國際上也有利物浦之友在奔波。英國工人受到法令約束，不能支援碼頭工人，於是他們覓員四處折衝，將動員訴求散播到歐洲大陸與美加紐澳。紐澤西同業聽到這樣的事以後，開到碼頭的貨車掉頭就走；佛羅里達的國際工人會議慷慨解囊，募款匯集了5萬美元（大約是近四百個受解僱事件波及的家庭，一週最低食宿所需）；洛杉磯甚至還組成了糾察線，拒絕越線工作的人；讓人意外，包括沒有工會保障、薪資低廉的墨西哥運匠也參與了；紐約拒絕為利物浦的船隻卸貨。澳洲海運工會代表也在前往利物浦開會時帶去了6

萬澳元，他說，「一百多年前澳洲船運工人就這麼做了，我們要再來一次。」

相比於國際間活絡的支援，英國本地的反應倒是出奇地平靜，甚至很少人知道。這場持續至今快要十五個月的工作權事件，比1984至1985年間的礦工大罷工還要長，但在事發以後兩個多月，全國性報紙才刊出這則消息，而且還是多位蘇格蘭作家（包括英國年度書卷獎得主凱門〔James Kelman〕）聯名的讀者投書，不是新聞。這些作家在信中說，全英國人對此不聞不問、不清不楚，實在是媒介、朝野兩大黨之間的「沉默陰謀」，「他們的『君子協定』就是不要大家知道這種不愉快的事。」

但透過口耳相傳，總是有人知道這件事始末。他們可能是鄰居，於是在工人門前放袋雜貨；他們可能是遠方陌生人，於是在信封中裝著5鎊（英國最小額紙鈔）寄來。12月14日，繼9月在利物浦的大遊行，碼頭工人將在倫敦海德公園集結示威，18日肯洛區（Ken Loach）的新聞紀錄片《火光熊熊》（*Flickering Flame*）將在晚間黃金時段於BBC第二頻道播放。稍後，利物浦大學社會學系教師對此展開的調查報告即將出版。如此規模的全英國性公告周知，雖然遲到，總是比沒有好，至於利物浦碼頭工人，能不能夠因此重新獲得他們的工作，當然沒有把握，但若是沒有集結、沒有報導，那肯定不能。

(《聯合報》1996/12/17 第37版／聯合副刊。原標題〈利物浦的碼頭工人〉。)

員工參與公司治理

長榮空服員上週開始罷工。依照常理，罷工沒有收入，很少人膽敢響應。這次很不尋常，上週五就有一千四百人加入，週六超過兩千，等於是七成多員工已經支持。

見此，資方狀告工會幹部，罷工一日，求償3,400萬元，並說工

會要求公司「增設勞工董事」，道理不合。政大勞工所教授成之約認為，資方提告不合法理；工會則澄清，其訴求是要求公司提供必要資訊，方便員工參與公司治理，可以是、但不一定是新設勞工董事。

員工持股、適當揭露資訊，或者員工以其他合理方式參與公司治理，不同政治立場的人可能都會支持。個中原因是，這個安排可以讓勞資一體，改善經營績效，等於也是勞資共同支持當前的資本體制；當然，市場競爭是動態進行，沒有人能夠保證公司長青，因此員工入股不一定能夠分紅，可能也會承受損失，參與治理並非只是享受權利，而是同樣承擔責任與風險。

正是因為前述勞資關係符合資本需求，美國的員工入股公司，數量與比例都是世界第一。美國成年勞動人口持有自家公司股份的比例將近四成，2010年是一三五〇萬人，到了2016年又增加了八十萬人。不過，這類公司的績效及員工保障與薪資，固然優於沒有員工入股的同行，但員工的參與水平及薪資差距並不相同，分為兩種。美國集團寶鹼（在台灣的名稱是「寶僑」，Procter & Gamble）是其中一種，雇員九萬多，一成股份由員工及退休人員持有，但執行長往往外聘，且薪資是一般員工的二八七倍，高於美國一般的一三三倍。另一種是雇員將近八萬的西班牙的猛龍合作社集團（在台灣的子公司是發格自動化公司），其主要股東都是員工，執行長及各分廠或公司的經理，通常也由員工升遷而來，他們的薪資與基層雇員最低所得的差距是五比一。

員工（以入股等方式）參與經營對企業有利，但其出現的動力大多來自公司負責人，英國零售業大亨、僅六十歲的瑞徹（Julian Richer）在5月宣布提撥六成股份成立信託要讓員工持有，是最近的例子。

或許是認為依賴個人的善意，不如以法律推進其成長，因此英美兩國近日都有重要政治人物，表示明年若能執掌大位，就會創制法規，予以加速。民調超前川普總統的民主黨總統候選人參選者桑德斯（B.Sanders）與華倫（B.Warren）兩位參議員都已提出，前者在6月5日甚至要求大公司設置員工董事。英國工黨更早宣布，將會要求雇員

超過兩百五十人的公司,逐年提撥一成股票給員工。美國股票之神巴菲特(W. Buffet)出錢成立的NoVo基金會,其所支持的智庫,派人遊走英美,遊說政治人採取行動,讓員工參與公司經營。

(《人間福報》2019/6/24 第11版。原標題〈英美新主張　員工入股治理公司〉。)

社會運動者可以是攔路虎

　　那種不民主、專制,只管搶劫蒼生滿足自己的貪婪,沒有想到在據說已經從經濟奇蹟要跳到民主政治典範的台灣寶島,重見天日……而英國的攔路虎不怎麼兇,倒是有點可愛。

　　這批為了阻止政府開發新道路的人,來自不同階層與政治黨派,除了綠色環保運動人士是當然的成員以外,他們還包括環境與居住品質受道路開發波及的地方居民,以及保守黨人當中,為了維護鄉村景觀而不惜與中央保守黨政府決裂的社團。

　　他們為自己貼上「直接行動的大學」的標籤,頗為已經完成的業績而自豪,他們還想採取國際在地的立場,向托洛斯基學習,把「我們的方法教給全世界的入」,就像前一陣子台灣與南韓環保組織超越資本國際的糾纏,聯手反對核廢料輸出到北韓。

　　這批攔路虎確實有值得學習的地方。1990財政年度,英國政府新開發的道路是五十五條,到了去年只剩下一條,至於今年是否會有新路開工,要到5月前後大選結束才能明朗。政府說,反對新建道路組織的行動,不是造成政策轉向的原因,但大家都知道,這真是此地無銀三百兩。事實上,反道路組織在全英國有兩百五十個分會,以倫敦作為聯絡站,彼此協調行動,非但屢出奇招,而且前仆後繼,單是去年反對新堡(Newbury)開發新路的活動,就有一千人次遭到短期拘禁。

　　再看上個月甫落幕的「公平哩」(Fairmile)拉鋸戰,持續十多

天，文字新聞先不談，單是電視裡，從黃金時段到深夜收播新聞，家家戶戶都看到了空中鳥人與鑽地鼠。原來，反道路組織的成員兵分兩路，部分人在道路預定地的大樹上架木為巢，另有一些短小精悍之人，則拚命向地底挖洞，深入路面數公尺。

在這種情況下，若是施工機構貿然動工，必定傷及性命。於是警方只好先出動直升機，活像老鷹抓小雞，把鳥人移到了地面，然後再把大樹砍倒，釜底抽薪。但土撥鼠可就麻煩許多，坑洞狹窄不容易進出，土壤什麼時候坍方也無從預測，找來聲納探測鑽地鼠的位置，卻偏偏發現那兩三位老兄老姊挖洞速度奇快無比，測不勝測，更厲害的是，這批鑽地鼠早就在洞穴中藏好糧食，周旋的本錢不淺。等到警政單位歷盡千辛萬苦，大功告成而把鳥人與地鼠全部出清，反道路組織所想要達到的告知全國民眾的策略目標，也已經透過媒介報導而大抵完成。

空中與地底之外，地面反抗也同時登場。為了增加施工成本，阻卻建設公司承攬工程，反道路組織者也對推土機等器物略加破壞，這個動作雖然沒有傷害到工程人員或警方的身體，但曾在組織中遭到反對，認為會讓外界有不好的觀感，支持破壞行動的成員則說，開發土地「對於環境造成的損害如此之大，相形之下，燒毀少數幾部挖土機，實在是算不了什麼，小巫見大巫」。

除了假借媒介報導與評論以外，反道路組織者在行政與立法部門也都布下暗樁。國會議員經常遭到他們的遊說，不能不有反應。官員中，道路開發署的政策與環境保護部門的立場各自不同，財政部眼見開路要花大筆銀兩（去年新堡的開工安全防護措施就花掉了1,900萬英鎊，大約是8億多台幣），也願意順水推舟，不開路省事，更重要的，可以撙節開銷，何樂不為？

對比英國，我們的政府太過於「大有為」了，南橫快速道路遭到各方環境保護社團反對，偏偏行政與立法單位聯手執意開路。地方官吏為了土地利益而遭致殺身之禍，至今無法破案。台中市的土地，據說已經「重劃」一百多年，這大概不會是深謀遠慮的結果，倒是讓人想起法王路易十四放言「我死後，哪管它洪水滔天」的狂妄、可惡。

三百年前那種不民主、專制，只管眼前搶劫蒼生滿足自己的貪婪，沒有想到在據說已經從經濟奇蹟要跳到民主政治典範的台灣寶島，重見天日，也許，這只能說是總統制剽竊卻又竄改法國第五共和制的前序曲吧。

(《聯合報》1997/2/25 第37版／聯合副刊。原標題是〈英國的攔路虎〉。)

交流串連是人生的樂趣

　　咪咪、阿狗、小牛、老鼠與大嘴在地底待了七天，出來以後，意外發現自己已經成為新的青年楷模。

　　咪咪十七歲，父親以表演魔術為生。她的格言是：「如果理念不能與生活搭配，那就真正貧窮了。」於是，她在大學預科鑑定考試以後（得到了十個優等），來到了英格蘭東南方的「公平哩」，加入聚集在那裡紮營阻止新開道路的人群，包括了大專院校教師、公關人員、劇場演員、法律與藝文科系學生、退役軍警，在長達十七多公里的新路預定地的橡樹林，樹幹上面架木為巢，樹幹旁邊搭起帳棚，各色人馬，應有盡有。

　　阿狗很早就離開學校，幹過攝影，在英格蘭中部教了四年媒介研究，因為不滿學校的經營方式而辭職。其後幹了三年的推銷員，覺得乏味，因此想要做點對得上口的，「任何人要想蹂躪這塊土地來賺錢，甭想，我要擋他們的財路。」

　　小牛的臉蛋四四方方，笑起來也是四四方方，才二十歲出頭，就為了阻止開路被四度指控妨礙公務或超越警戒線，其中三次在兩天內發生。他也在扣留所被關了兩個星期。他的家人有電腦工程師，有教師，有保守黨人，也有自由民主黨人，但都支持他，雖然小牛認為對抗「開路的醜聞與貪婪」，值得全「職」從事的想法，還沒有能夠讓家人完全接受。

老鼠的身軀短小，蹲在地上時，還比坐在一旁陪伴他的獵犬矮了一截，曾經在北英格蘭湖區國家公園當過保育義工解說員，他最想做的是巡山員。老鼠只想安安靜靜生活，是五個人當中最害羞的一位，為了避開記者訪問，他故意裝成口齒不清，呼哼哈哈嘰嘰喳喳。

大嘴是年紀最長的，已經有十六歲女兒與十八歲兒子，家人常抗議他去抗議。

到公平哩阻擾新路開工的人，有些是為了政治想法，有些只是個人性格，有人來保護橡樹林的動物，他們彼此生活一陣子以後，對於流浪漢與人權等等問題，談多了，見識也自動跟著增長，友誼也在這裡滋生，熱情也在寒冷的冬季交流。1月23日，週四晚間九點半，當大部分人拿到了該週的失業金（約台幣1,800元），到營地附近的臨時酒吧聚會聊天時，咪咪與阿狗正在橡樹林裡生火吃麵條。咪咪先看到警方的移動，大吃一驚，火速通報還在地底下四到五公尺處挖掘坑道的大嘴等三人，然後匆匆忙忙也從通風口鑽進了地洞，面對不可知的發展。

他們五人藏身的洞穴，彼此相距長寬高各約一公尺，分別都裝置了通訊設備，以便他們能夠與地面反道路組織者聯絡。另外，他們與各路同志也預料警方遲早會出動大批人力來驅離，於是預先在地底通道準備了糧食、蠟燭、睡袋、飲料、開水與手電筒，還有一些圖書，包括蝙蝠俠漫畫、錢鼠小說、所羅門王指環、公平哩地方誌等等。很愜意吧？一點都不。地洞空間狹小無法伸縮之外，潮濕、空氣不清爽、喉嚨帶沙，絕對不健康，即使身強體健，過不了幾天也會染上支氣管炎。

有位保守黨國會議員候選人對此非常了解，他建議，警方應該灌進瓦斯、快速催蛇出洞，以此才能斷絕媒介對事件的競相報導。但警察畢竟採取柔性作法，因此，五人窩在地底而換取了時間，反道路組織的想法有了錘鍊，得到了合理的報導。英國政府最後不得不承認，公平哩的道路，若是委由美國銀行與德國建設公司等聯合開發，經費確實比政府自行承攬還要來得貴。不過政府不肯公布明細帳目，而英國汽車協會AA估計經費會貴四倍，這個商業機構歷來都鼓吹道路愈

多愈好。

這些資訊經過披露後,英國民意調查顯示,贊成反道路組織者訴求的人高達80%;他們的抗議行動反而成為渲染目標,連帶有許多家報紙、雜誌、電視與電台都要專訪、提供篇幅請他們寫專欄,甚至有音樂公司要請他們出唱片。不過,五位攔路小虎見好就收,不想再跟某些只顧扯淡的媒介繼續糾纏。他們稍事休息之後,已經在2月底前往北英格蘭最大城市曼徹斯特,支援在那裡反對新建機場的同志。

(《聯合報》1997/3/11 第41版/聯合副刊。原標題〈再記英國的攔路虎〉。)

新聞人示範民主

當某黨報記者「打抱不平」,微諷廖學廣與蔡明憲等人多次要求羅福助辭職,是放著正事不幹而「樂此不疲」的時候,英國的記者也卯上了他們的國會議員,緊緊盯住了這位曾經擔任重要部會貿易暨工業部次長的漢米爾頓(Niel Hamilton)。

1983年,當次長還是後座議員時,控告電視台成功,得到2萬英鎊賠償。事隔十多年,漢米爾頓加官晉爵,對媒介有關他的報導想要再度提起訴訟。他認為英國唯一公共信託產權的《衛報》,刊登他與商界關係的新聞不實,折損他的名譽。

沒有想到這次漢米爾頓踢到了鐵板,《衛報》不但沒有退卻,反而投注更多的記者與資源,調查相關細節,持續刊登,並且出書。結果,去年9月底,就在法院調查庭即將展開的前一天,他居然自行撤銷這樁求償金額達到新台幣4、5億元的控訴案。

《衛報》顯然贏了,立刻在頭版以通欄標題大書「他說謊!他是騙子!」斗大的字,下面是漢兄的巨幅照片,左欄是新聞,右欄放社論,然後二、三版再整版追蹤報導、分析與評論。這還沒完,此後好幾個月,《衛報》冷新聞與舊新聞一起再上,沒多久就擴大刊登:不

是官員不控告報紙就算了，報紙還要不斷提醒讀者，這件事還沒有結束，首相還沒有公布國會對此事件的調查報告，政治企業界的非分往來還沒有澄清。

然而，到了今年4月初，漢米爾頓還是穩如泰山，如果保守黨不另外提名人選，那麼，由於他所在的選區是保守黨傳統票倉，因此5月1日大選後，他幾乎篤定會連任國會議員。這個時候，「鐘聲」（Martin Bell）響了，這位在BBC工作了三十五年，曾在八十多個國家從事採訪工作的現任記者，決定辭職，登記為無黨無派的候選人，對決漢氏。鐘聲說，未經法院判決，他當然不敢說他的對手一定政治操守有瑕疵，但既然喧騰一、兩年，顯然此人不再值得選民信託，否則會有「民主的債務」，因此，他鐵了心，將競選到底，除非保守黨陣前撤換候選人。

到底漢米爾頓幹了什麼勾當，怎麼英國媒介如此窮追猛打，一年不夠兩年來，完全違反新聞沒有歷史只有現在、只有五分鐘熱度的定律？說出來我們可能大感不解。這位仁兄就只拿了幾千英鎊，在國會議事的時候為出這筆金錢的商家問了幾個問題，英國人的「潔癖」讓人不敢領教。對，就這麼簡單，但已經可以是《衛報》大肆報導與追蹤，然後其他媒介跟進的題材，而我們的黑金，從地方夾攻到中央，民主還有生機嗎？

但我們的黨報整天還在大剌剌地說，台灣已經是「民主典範」。最好這個黨只是宣傳心切，一時疏忽，而不是沒有人是士大夫，否則，某黨的無恥，不就是我們的國恥了嗎？

後記：鐘聲已於5月1日當選，得票超過漢米爾頓一萬。鐘聲表示這不是他的勝利，是選民向各政黨與政府強烈表示，不容許政治人物不乾不淨。

（《聯合報》1997/5/20第41版／聯合副刊。原標題〈記者與政治腐化〉。）

記者要求政府積極作為

即將脫離「歐洲聯盟」的英國最近出了小插曲，緣起是記者善用《資訊自由法》（Freedom of Information Act, FOIA）。

英國的《資訊自由法》在2005年初（台灣是「政府資訊公開法」，同年12月28日）施行，第一個月就有四千件申請案，半數是由記者提出。

若看前兩年，平均一年十二萬人次申請，記者占了20%。政府為此支付3,550萬英鎊，申請項目的成本高於600（中央）或450英鎊（地方）時，申請者必須另外付費。若以英格蘭中部、人口七十萬的李斯特郡（Leicestershire）為例，光是警政單位在過去十四年，累計收到一萬件請求，為了完成這項工作，警方已經增聘八人，分析資訊與處理行政業務各有四人。法案施行的前五年，BBC也額外花了約40萬英鎊，不包括BBC法務等人員的時間支出。

外界索求的地方與中央機關的相關資訊，可說是五花八門。比如，舉凡英國傳播法案在擬定過程，有哪些傳媒大亨的代表人或團體約見、提出了哪些材料，再到首相晚宴的客人名單，統統在列。甚至，索取未婚警察的電郵等瑣碎事項，居然統統出現；更怪的是，地方警察說，「有些全國性報紙不斷要求，舉凡犯罪紀錄出現『性』與『騙子』，它們就依照FOIA提出申請。」更有人問，「BBC電視中心有多少廁所呢？BBC怎麼決定買哪些餅乾呢？」

到了2009年2月，英國第一次出現行政機關拒絕公布檔案。當時，國會議員要求工黨政府公布六年前該國跟隨美國入侵伊拉克的內閣會議紀錄，首相拒絕後，官司跟著進行。資訊委員長最後裁定，申請者有理，政府合當提供。但內政部長認定，若訴請司法仲裁，並無把握會贏，於是他逕自依照職權，以公布紀錄「將會危害國家安全」為由，否決了申請案。

十年之後，類似的情境再次出現，但這次是要求公布的記者與傳媒勝出。事情得從英國保守黨國會議員在1993年成立的「歐洲研究社」說起。歐研社的單一目標就是脫歐，其運作與研究費用由「獨立

國會標準局」(IPSA)提供。2016年6月，英國通過脫歐公投後，最高法院裁定國會必須先立法才能啟動脫歐程序，次年3月保守黨予以完成。

見此，每週刊登新聞、調查報導暨評論六十篇、一年有七百萬人次造訪的「開放民主」(Open Democracy, OD)網站，根據FOIA在2018年元月向IPSA提出請求，主張歐研社各種脫歐研究報告的虛實，攸關公共利益，IPSA必須對外公開這些報告全文。

未料，IPSA表示，揭露將對歐研社的商業利益有不良影響、致使公共事務無法有效溝通，並使IPSA與歐研社的關係「大受傷害」。總之，IPSA拒絕提供。OD上訴負責主管FOIA的資訊委員長，但再次遭到駁回，理由是揭露歐研社報告固然符合公共利益，但IPSA依照保密約定以利對歐研社的監督，也是符合公共利益。

眼見行政救濟失敗，OD改走司法路線，承審法官表示，IPSA僅能向歐研社承諾不主動公開報告，但FOIA是法律，若有人據此申請，不能算是IPSA違反保密約定，公開這些材料有助於社會大眾了解IPSA的運作，增加國會運作的透明、負責，從而取得公眾的信任，若說IPSA與歐研社的關係可能受損，那也不大。法官裁定IPSA本月11日以前公布歐研社報告，其後，脫歐大概還是翻不了盤，但OD已經善盡職責。

(《人間福報》2019/7/12第5版。原標題〈記者勝出　英國資訊自由法奏效〉。)

請政治人物認真想像

我當然不可能是英國的廣電部長，一來我不是英國人，二來英國沒有廣電部。英國自有收音機與電視以來，到今天已經七十多年，其間從來沒有一個像樣的政府對口單位，從郵政總局、郵政電信總局、內政部到現在的民族傳統部(national heritage)，不但主管機關讓人

覺得牛頭不對馬嘴，而且廣電事宜往往只是其業務的一小部分。

在這種「朝中無人」的背景下，英國廣電政策歷來皆有口碑，而其庇蔭所及，廣電節目亦表現得可圈可點，屢次被人舉為世界第一，確實讓人詫異。若是對比法國，那就更加奇怪，法蘭西素來以強調文化建設聞名，尤其是馬盧（Andre Malraux）與梁杰克（Jack Lang）在任文化部長的1960與1980年代（至1993年），更是法國文化界的黃金時期——但法國廣電生態，不如英國之處，多矣。

英國廣電界有此佳績，最關鍵（若不是唯一）因素，就在英國雖然有播放廣告的收音機與電視，但它們的收入大致不與公營的BBC衝突，而且播放廣告者彼此天各一方，互不競爭收視率，於是得有令譽。若是這種模式可以維持，將可給予其他社會的廣電改革，在滔滔商業化的不理性環境中，得到振奮人心的範例；若是這樣看待，英國廣電界在未來幾年的變化，其意義也就不再褊狹，而可以產生若干程度的跨國內涵。

明年5月以前，英國即將大選，工黨很有可能替代主政十七年的保守黨，入主唐寧街，許多論者紛紛拋出議題，總想趁著改朝換代之際，促使當政者注意，預先播撒良好政策的種子。在眾多意見當中，以旁觀者清的優勢，我認為關於電視與收音機生態的安排，應該採取以下見解：

向公眾說明，過去十年有線與衛星電視的發展，全靠體育轉播及電影。以前家家戶戶都可看到這類節目，如今卻要這些公司的訂戶才能看，也就是說，新媒介靠著讓一些人看不到以前誰都可以看到的節目而賺錢，豈不豈有此理？我還要提醒大家，若是不付執照費，其他給付廣電經費的方法還要更貴。與此同時，我要保證執照費先凍結在目前水平，直到BBC高層管理不再巧立名目，或向商業媒介拋媚眼，或直接動手腳與他們合作，我還會要求高層主管不能拚命替自己加薪，也要讓非關節目製作的人事再大幅減少，至於其董事，選擇方式要更加民主，而類如現任總經理John Birt被指控越權，以他的私人關係羽翼財團，不讓BBC已經花大錢製作的新聞紀錄片播放，當然要請Birt公開說明是否真有其事。關於播放廣告的電視公司，現行讓

最高標者得到電台執照費的作法,必須廢止,另以品質最佳者上場;再看衛星或有線公司,它們也必須與BBC等接受相同的內容與跨媒介產權的規範。收音機方面,逆轉今年初的廣電法,限制一家公司所可取得的執照數,另外則要鼓勵小型、非營利而由地方控制的電台之誕生,補足現有BBC與商業部門的不足。

　　做完了這些事以後,我還要進行國民外交,或者「外援」廣電制度比較不合理的國家。比如,也不必好高騖遠,就從同樣是島國的台灣開始,建議「電視文化研究會」再接再厲,繼10月4、5兩日的「電視──社會意識的建構與重整」論文發表會以後,再辦一場,此次不妨直切問題核心,也許可以取名「以總統府權力之大,可不可能在公元兩千年讓台灣廣電環境,脫胎換骨?」

(《聯合報》1996/10/22第37版／聯合副刊。原標題〈如果我是英國的廣電部長〉。)

國際政治經濟學：歐美、拉美與未來世界

作　　　者	馮建三
封 面 設 計	林宜賢
協 力 編 輯	曾淑芳
國 際 版 權	吳玲緯　楊　靜
行　　　銷	闕志勳　余一霞　吳宇軒
業　　　務	李再星　李振東　陳美燕
總 經 理	巫維珍
編 輯 總 監	劉麗真
事業群總經理	謝至平
發 行 人	何飛鵬
出　　　版	麥田出版
	地址：115台北市南港區昆陽街16號4樓
	電話：(02)2500-0888　傳真：(02)2500-1951
發　　　行	英屬蓋曼群島商家庭傳媒股份有限公司城邦分公司
	地址：115台北市南港區昆陽街16號8樓
	網址：http://www.cite.com.tw
	客服專線：(02)2500-7718｜2500-7719
	24小時傳真專線：(02)2500-1990｜2500-1991
	服務時間：週一至週五 09:30-12:00｜13:30-17:00
	劃撥帳號：19863813　戶名：書虫股份有限公司
	讀者服務信箱：service@readingclub.com.tw
香港發行所	城邦（香港）出版集團有限公司
	地址：香港灣仔駱克道193號東超商業中心1樓
	電話：+852-2508-6231　傳真：+852-2578-9337
馬新發行所	城邦（馬新）出版集團【Cite(M) Sdn. Bhd. (458372U)】
	地址：41-3, Jalan Radin Anum, Bandar Baru Sri Petaling, 57000 Kuala Lumpur, Malaysia.
	電話：+6(03) 9056 3833　傳真：+6(03) 9057 6622
	讀者服務信箱：services@cite.my
麥田部落格	https://ryefield.pixnet.net
印　　　刷	漾格科技股份有限公司
初　　　版	2025年7月
售　　　價	799元
I S B N	978-626-310-867-7
E I S B N	978-626-310-866-0（EPUB）

copyright © by 2025 Rye Field Publications, a division of Cite Publishing Ltd.
All rights reserved.

Peters World Map
© 2025, Mrs. Arno Peters. Represented by Huber Cartography, Germany.
版權所有　翻印必究

國家圖書館出版品預行編目（CIP）資料

國際政治經濟學：歐美、拉美與未來世界／馮建三著. -- 初版. -- 臺北市：麥田出版：英屬蓋曼群島商家庭傳媒股份有限公司城邦分公司發行, 2025.07
　面；　公分
ISBN 978-626-310-867-7（平裝）

1. CST: 國際政治經濟學　2. CST: 文集
552.107　　　　　　　　　　　　　114003336

城邦讀書花園
www.cite.com.tw

Printed in Taiwan.
本書若有缺頁、破損、裝訂錯誤，請寄回更換。